Springer-Lehrbuch

Bernhard Felderer · Stefan Homburg

Makroökonomik und neue Makroökonomik

Sechste, verbesserte Auflage

Mit 97 Abbildungen

Springer-Verlag
Berlin Heidelberg New York
London Paris Tokyo
Hong Kong Barcelona
Budapest

Prof. Dr. Bernhard Felderer
Ruhr-Universität Bochum
Wirtschaftswissenschaftliche Fakultät
Universitätsstraße 150
D-44801 Bochum

Prof. Dr. Stefan Homburg
Otto-von-Guericke-Universität Magdeburg
Fakultät für Wirtschaftswissenschaft
Postfach 41 20
D-39016 Magdeburg

1. Auflage 1984: 1.– 4. Tausend
2. Auflage 1985: 5.– 12. Tausend
3. Auflage 1987: 13.– 27. Tausend
4. Auflage 1989: 28.– 47. Tausend
5. Auflage 1991: 48.– 80. Tausend
6. Auflage 1994: 81.–112. Tausend

ISBN 3-540-57553-7 6. Aufl. Springer-Verlag Berlin Heidelberg New York

ISBN 3-540-53415-6 5. Aufl. Springer-Verlag Berlin Heidelberg New York

Satz: K. Triltsch, Würzburg, Druck und Bindung: Ebner Ulm
42/2202-543210 – Gedruckt auf säurefreiem Papier

„Die vorliegende Abhandlung ist ein Versuch, mit Hilfe der neueren Arbeit und unter Bezugnahme auf die neuen Probleme unserer eigenen Zeit eine moderne Darstellung alter Lehren zu geben.“

(Alfred Marshall)

Vorwort zur sechsten Auflage

Als wir in den Jahren 1982–84 ein Lehrbuch der Makroökonomik schrieben, haben wir uns nicht träumen lassen, hiermit einst eine sechsstellige Auflagenhöhe zu erreichen, die ja außerhalb der Belletristik durchaus unüblich ist. Ebenso freuen wir uns über die bereits vorliegenden oder in Arbeit befindlichen Übersetzungen des Buches ins Englische, Griechische, Slowakische und Russische.

Infolge größerer Änderungen bei der 5. Auflage und wegen der relativ kurzen Zeit, die seither verstrichen ist, wurden diesmal nur Korrekturen und Verbesserungen im Detail vorgenommen; die bewährte Konzeption des Buches blieb unverändert. Auch diesmal gehen fast alle Änderungen auf Vorschläge unserer Leser zurück, wobei wir stellvertretend Frau Birgit Mackenthun (Universität Bonn) danken.

Bochum und Magdeburg, im Oktober 1993

Bernhard Felderer
Stefan Homburg

Vorwort zur fünften Auflage

Sechs Jahre nach der Erstveröffentlichung war es an der Zeit, das empirische Zahlenmaterial auf den neuesten Stand zu bringen. Außerdem haben wir etliche Abbildungen verbessert, Ungereimtheiten beseitigt und überall dort etwas weggelassen, geändert oder hinzugefügt, wo dies nach unserem und dem Urteil unserer Leser angebracht erschien.

Überhaupt unsere Leser – ihnen schulden wir nun schon zum vierten Male Dank für schriftliche oder mündliche Verbesserungsvorschläge, die oft nur ein Detail der Darstellung betrafen, in ihrer Summe aber eine erhebliche „Mutation" des Lehrbuches von der ersten bis zur jetzt vorliegenden fünften Auflage bewirkten. Stellvertretend danken wir insbesondere Herrn Professor Dr. Heinz Holländer (Dortmund), Herrn Professor Dr. Ewald Nowotny (Wien), Herrn Richard Samieske (Bochum) und Herrn Dipl.-Vw. Ulf Schiller (Köln).

Als Begleitlektüre zu diesem Lehrbuch haben wir neuerdings ein *Übungsbuch Makroökonomik* verfaßt, das im selben Verlag erschienen ist. Gerade für jene, die sich die makroökonomische Theorie im Selbststudium aneignen wollen, wird es nützlich sein, den Stoff nicht nur zu konsumieren, sondern aktiv einzuüben.

Bochum und Dortmund, im Juli 1990

Bernhard Felderer
Stefan Homburg

Vorwort zur ersten Auflage

Lehrbücher zur makroökonomischen Theorie sind nicht eben rar, und um so dringender stellt sich für den Leser die Frage, was ihn hier erwartet. Darüber wollen wir kurz Auskunft geben.

Die wirtschaftspolitische Diskussion unserer Tage ist geprägt durch ein Neben- und Gegeneinander verschiedener theoretischer Konzepte. Da finden wir die „Neoklassischen" Vorschläge zur Gestaltung der Wirtschaftspolitik, die sich anscheinend im Gegensatz zu „Keynesianischen" Rezepturen befinden, aber wohl im Einklang mit „Monetaristischen" Empfehlungen. Zusammen mit Splittergruppen verschiedenster Provenienz ergibt sich für den Betrachter ein verwirrendes Bild; und nur zu oft gleiten die genannten Begriffe in schlagwortartige Polemik ab, verführen zu schematischem „Freund-Feind-Denken".

Wir betrachteten jene Spaltung der Wirtschaftstheorie als Aufforderung, den Aufbau eines Lehrbuches danach auszurichten. Die schrittweise Präsentation der einschlägigen „Orthodoxien" ist nichts weniger als trockene Dogmengeschichte und dient gleichzeitig mehreren Lehrzielen:

- Es wird ein nicht bloß oberflächliches Hintergrund – bzw. *Doktrinenwissen* vermittelt, wobei die Unterschiede der diversen Theoriegebäude klar herausgearbeitet werden können.
- Durch Befassung mit den nicht zuletzt methodisch verschiedenen Ansätzen kann zwanglos ein Großteil der makroökonomischen *Methodik* behandelt werden.
- Schließlich wird gezeigt, daß *jede* der hier vorgetragenen Theorien die Einsicht in den Wirtschaftsablauf verbessert und es deshalb unnötig und töricht ist, sich zum „Anhänger einer Orthodoxie" zu machen.

Das Buch richtet sich vornehmlich an Studenten; es wurde mehrfach in Veranstaltungen des Grund- und Hauptstudiums an der Universität zu Köln erprobt. Der Teil „Makroökonomik" und eventuell das Kapitel zum Realkasseneffekt eignen sich für das Grundstudium, während die „neue Makroökonomik" eher für Studenten höherer Semester konzipiert wurde. Zur Verbesserung der Lesbarkeit haben wir soweit wie möglich auf die Verwendung mathematischer Techniken verzichtet. Indes spielen jene in den heutigen Fachveröffentlichungen eine wichtige Rolle, und um eine wirklich umfassende Einführung in die makroökonomische Methodik zu geben, wurde dem Buch ein *Mathematischer Anhang* beigefügt. Jener ist speziell auf die Makrotheorie zugeschnitten; es werden dort die wichtigsten relevanten Techniken erklärt und einige schwierigere Probleme des laufenden Textes behandelt. Die mathematischen Anforderungen im Text selbst konnten dadurch niedrig gehalten werden.

Kurz zusammengefaßt ist das Buch also eine *Methoden-* und *Doktrinenlehre;* es soll damit ein fester theoretischer Grund für wirtschaftspolitische Anwendungen geschaffen werden.

Jede Konzeption hat ihren Preis. In unserem Falle bestand er darin, die Nebengebiete der Makroökonomik – wir denken etwa an die Außenwirtschafts-, Konjunktur- und Wachstumstheorie – zu vernachlässigen. Diese Vorgehensweise entsprang nicht allein dem Smithschen Prinzip der Arbeitsteilung, sondern ebenso dem Bemühen, einen nicht zu umfangreichen Text zu erstellen. Darüberhinaus haben wir der Versuchung widerstanden, „Realitätsnähe" und „empirische Relevanz" durch Vorlage einigen Zahlenmaterials vorzuspiegeln: Die empirische Makroökonomik, als Gegenstück zur theoretischen, ist *selbst* an bestimmte Methoden und Theorien gebunden, ohne deren Beherrschung wir keine kritische Kenntnisnahme empirischer Schätzungen und Tests erwarten können.

Zahlreiche Personen haben uns bei der Erstellung dieses Buches einen Dienst erwiesen; für die kritische Durchsicht des Manuskriptes danken wir insbesondere Prof. Dr. Manfred Neumann, Prof. Dr. Werner Rothengatter, Prof. Dr. Hans-Karl Schneider, Prof. Dr. Christian Watrin, Dr. Ingo Barens, Dipl.-Phys. Dirk Müller, Dipl.-Volksw. Bernd Prüfer und Frau Hildegard Voit. Durch die Unterstützung der Genannten konnten einige Ungenauigkeiten und Fehler vermieden werden.

Im übrigen läßt sich der zweite Hauptsatz der Thermodynamik ohne weiteres auf den Prozeß der Lehrbucherstellung übertragen: Sinn wird *von selbst* zu Unsinn, sei es aufgrund von Denkfehlern, Ausdrucksfehlern, Tippfehlern, Setzfehlern, Korrekturfehlern . . . – und es bedarf zur Umkehrung dieses Prozesses beträchtlicher *Energie.* Lesern, die einen Teil *ihrer* Energie diesem Zwecke widmen wollen, sind die Verfasser sehr verbunden.

Köln, im Mai 1984

Bernhard Felderer
Stefan Homburg

Inhaltsverzeichnis

Zweites Buch: Makroökonomik

Drittes Buch: Neue Makroökonomik

Mathematischer Anhang

Definition der Variablen

Zum Zweck des späteren Nachschlagens definieren wir vorweg alle verwendeten Abkürzungen, sofern es sich nicht lediglich um Funktionssymbole oder Koeffizienten handelt. Aus den jeweiligen Dimensionierungen wird unter anderem ersichtlich, ob es sich um Bestands- oder Stromgrößen handelt.

A – a) Auszahlungen, gemessen in Geldeinheiten pro Periode
b) autonome Nachfrage, gemessen in Gütereinheiten pro Periode

α – Vektor exogener Variablen, $\alpha := (P, w, \pi_0, M_0, T)$ oder $\alpha := (P, w, \pi)$

B – (Bonds) nominaler Wertpapierbestand, gemessen in Geldeinheiten

C – (Consumption) reale Konsumnachfrage, gemessen in Gütereinheiten pro Periode

c – reale Konsumquote, dimensionslos

C′ – reale marginale Konsumneigung, dimensionslos

c′ – nominale marginale Konsumneigung, dimensionslos

D – a) (Deficit) reales Budgetdefizit des Staatshaushaltes, gemessen in Gütereinheiten pro Periode
b) (Demand) Marktnachfrage, gemessen in Gütereinheiten pro Periode

E – a) Einzahlungen, gemessen in Geldeinheiten pro Periode
b) (Excess demand) Überschußnachfrage eines Marktes, gemessen in Gütereinheiten pro Periode
c) Erwartungswert einer Variablen

G – (Government spending) reale Staatsnachfrage, gemessen in Gütereinheiten pro Periode

I – (Investment) reale Investitionsnachfrage, gemessen in Gütereinheiten pro Periode

i – (Interest) nominaler Zinssatz, gemessen in 1/Periode.

K – Realkapitalbestand, gemessen in Gütereinheiten

k – a) Kassenhaltungskoeffizient bzw. durchschnittliche Kassenhaltungsdauer; Reziprokwert von v
b) beliebiger Koeffizient

L – (Liquidity) reale Geldnachfrage, gemessen in Gütereinheiten
M – (Money stock) nominales Geldangebot, gemessen in Geldeinheiten. Neokeynesianische Theorie: Auch Geldnachfrage.
m – a) (Multiplier) Multiplikator, dimensionslos
b) Natürlicher Logarithmus von M
N – (Number) Beschäftigung, gemessen in Arbeitsstunden pro Periode
n' – nominale marginale Arbeitsneigung, dimensionslos
π – (Profit) nominaler Gewinn, gemessen in Geldeinheiten pro Periode
P – (Price level) Preisniveau, gemessen in Geldeinheiten pro Gütereinheit
p – Natürlicher Logarithmus des Preisniveaus
Q – Nettoeinzahlungen, gemessen in Geldeinheiten pro Periode
q – relative Marktrate des Realkapitals, dimensionslos
R – Grenzleistungsfähigkeit des Realkapitals, gemessen in Prozent pro Periode
r – (Rate of return) nominaler Zinssatz, synonym zu i
r_B – (Bonds) Nominalverzinsung der Wertpapiere
r_E – (Equities) Nominalverzinsung der Realkapitalanteile
r_k – Marktrate des Realkapitals
S – a) (Saving) reale Ersparnis, gemessen in Gütereinheiten pro Periode
b) (Supply) Marktangebot, gemessen in Gütereinheiten pro Periode
c) Standardabweichung einer Variablen
T – (Tax) reales Steueraufkommen, gemessen in Gütereinheiten pro Periode
U – (Rate of Unemployment) Unterbeschäftigungsrate, dimensionslos
u_t – Stochastische Variable
v – (Velocity) Umlaufsgeschwindigkeit des Geldes, gemessen in 1/Periode
v_t – Stochastische Variable
W – (Wealth) Realvermögen, gemessen in Gütereinheiten
w – a) (Wage rate) Nominallohn, gemessen in Geldeinheiten pro Arbeitsstunde
b) Verhältnis von nicht-menschlichem zu menschlichem Kapital, dimensionslos
x – Menge eines Gutes, gemessen in Gütereinheiten pro Periode
Y – (Yield) Realeinkommen, identisch mit der Güterproduktion einer Volkswirtschaft, gemessen in Gütereinheiten pro Periode

Indizes

x^d – (Demand) Nachfrage
x^e – (Expectation) erwartete Größe
x_f – (Firms) Index für die Unternehmen
x_g – (Goods) Index für die Güter
x_h – (Households) Index für die Haushalte
x^n – Nominalgröße
x_t – (Time) Zeitindex
x_0 – Ausgangsgröße oder Gleichgewichtsgröße (im methodischen Sinn)
x^* – Gleichgewichtsgröße (im theoretischen Sinn)
$\bar{x}$ – Rationierungsschranke
$\tilde{x}$ – Effektive Nachfrage im Sinne von Clower
$\hat{x}$ – Effektive Nachfrage im Sinne von Drèze
$\dot{x}$ – Ableitung einer Größe nach der Zeit ($:= dx/dt$)

Erstes Buch: Grundlagen

Kapitel I. Einige methodologische Überlegungen

Es ist klar, daß es sich hier um eine Sitzung in Makroökonomik handelt; gleichwohl stellen wir dieses Kapitel voran, weil wir ein wenig Methodologie für sehr wichtig halten. Wir haben uns bemüht, dieses Kapitel kurz und – sozusagen – praxisnah zu halten. Der Leser wird nur mit wenigen Methodenfragen bekanntgemacht und nur mit denjenigen, die für die weitere Lektüre unerläßlich sind.

§ 1 Volkswirtschaftliche Theorien

Die Volkswirtschaftslehre als wissenschaftliche Disziplin befaßt sich mit den Tätigkeiten des einzelnen, der Gesellschaft und des Staates, soweit sie mit der Gewinnung und dem Verbrauch von knappen Gütern zusammenhängen. Knappe Güter sind solche, die einesteils begehrt und anderenteils nur begrenzt verfügbar sind. Von Anfang an waren es vor allem drei Ziele, um derentwillen sich Menschen mit dieser Thematik befaßten, nämlich das Erklärungsziel, das Vorhersageziel und das Gestaltungsziel. Das *Erklärungsziel* hat zum Inhalt, daß der Volkswirtschaftler ökonomisches Geschehen zu verstehen und zu erklären versucht. Ihm nachgeordnet ist das *Vorhersageziel:* Ist es erst gelungen, den Wirtschaftsablauf in dem Sinne zu verstehen, daß man gesetzesmäßige Zusammenhänge erkannt hat, so wird dadurch die Vorhersage (Prognose) künftiger Ereignisse möglich. Neben diesen beiden verfolgt die Ökonomik[1] seit jeher das *Gestaltungsziel,* das bedeutet, sie will die Wirtschaftspolitik und die Gesellschaft insgesamt beraten und zum Beispiel eine bestimmte Organisationsform des Wirtschaftens (etwa eine markt- oder planwirtschaftliche) vorschlagen.

Zur Erreichung dieser drei Ziele bedient sich die Volkswirtschaftslehre der Empirie und der Theorie. Unter einer *Theorie* versteht man ein System

---

1 Eine Bemerkung zum Sprachgebrauch: Man bezeichnet eine Volkswirtschaft als Ökonomie (engl.: economy), die Volkswirtschaftslehre als Ökonomik (engl.: economics). Die Worte stammen von griech. oikos – der Haushalt; im Altertum war die „Ökonomik“ die Hauswirtschaftslehre.

von Definitionen, Bedingungen (Prämissen) und Aussagen (Hypothesen). Man unterscheidet drei Theorietypen:

Klassifikatorische Theorien versuchen, verschiedene Komponenten der wirtschaftlichen Realität begrifflich zu fassen, zu definieren. Im nächsten Schritt kann die Wirklichkeit mit Hilfe dieses Begriffssystems beschrieben werden. Ein Beispiel für eine klassifikatorische Theorie ist die Marktformenlehre, die bestimmte Markttypen (Monopol, Oligopol etc.) definiert, welche zur Beschreibung tatsächlicher Märkte verwendet werden können. Eine weitere klassifikatorische Theorie ist die im dritten Kapitel behandelte Volkswirtschaftliche Gesamtrechnung.

Nomologische Theorien (von griech. nomos – das Gesetz) decken gesetzesmäßige Zusammenhänge auf. Eine nomologische Theorie ist etwa die Newtonsche Gravitationstheorie.

Entscheidungslogische Theorien befassen sich mit bestimmten menschlichen Verhaltensweisen. Dabei unterscheidet man wiederum deskriptive und präskriptive Theorien. Eine *deskriptive* Theorie unterstellt zum Beispiel rationales Verhalten der Wirtschaftssubjekte und untersucht die sich daraus ergebenden Folgen; insofern sind diese Theorien den nomologischen verwandt. *Präskriptive* Theorien beschränken sich demgegenüber nicht auf die Analyse, sondern empfehlen bestimmte Verhaltensweisen.

Um Empfehlungen abgeben zu können, stützen sich die Theorien auf Werturteile, man nennt sie dann *normativ;* der Gegenbegriff hierzu sind die werturteilslosen *positiven* Theorien. Gedanklich lassen sich diese beiden Typen leicht trennen, in der Praxis aber ist eine Unterscheidung schwierig. Man wird sehen, daß die meisten Theorien neben ihrer positiven Erklärungskraft auch eine normative Gestaltungskraft besitzen.

Zur Erreichung der drei obengenannten Ziele muß jede Theorie eine der Realität ähnliche Struktur aufweisen. Um ein Beispiel aus der Physik zu nehmen, läßt sich über den Satz

„Alle schweren Körper fallen zu Boden."

sagen, daß er mit den beobachtbaren Tatsachen gut übereinstimmt. Derartige Gesetze findet man durch *Induktion* (von lat. inducere – hinführen). Viele besondere Beobachtungen führen dabei zu einem allgemeinen Satz. Die Induktion ist demnach die Verdichtung von Einzeltatsachen zu einem Gesetz. Dieses Vorgehen ist in den Realwissenschaften[2] untrennbar mit der Schwierigkeit verbunden, daß sich Gesetze durch Induktion nicht

---

2 Realwissenschaften befassen sich mit empirisch Gegebenem; Beispiele sind die Naturwissenschaften und die Sozialwissenschaften, zu denen auch die Volkswirtschaftslehre gehört. Im Gegensatz zu ihnen haben die Formalwissenschaften (Logik, Mathematik) erdachte Objekte zum Gegenstand.

streng beweisen lassen (*Induktionsproblem*). Selbst unter idealen Bedingungen lassen sich Beobachtungen nur für eine begrenzte Zahl von Tatsachen anstellen, aber nicht für alle. Die Induktion ist also ein alltäglicher, auch für die Wissenschaft essentieller, aber nicht logisch zwingender Schluß[3].

Es ist in den Realwissenschaften demnach nicht möglich, die allgemeine Gültigkeit eines durch Induktion gewonnenen Gesetzes zu zeigen, es zu *verifizieren;* viele Gesetze lassen sich jedoch durch ein Gegenbeispiel widerlegen (*falsifizieren*).

Die Wissenschaft bedient sich neben der Induktion auch deren logischem Gegenstück, der *Deduktion* (von lat. deducere – herabführen). Die Deduktion ist der logische Schluß von einem allgemeinen Satz auf einen besonderen. Es ist unmittelbar einleuchtend, daß man (sofern das oben angeführte Gesetz gültig ist) zwingend schließen kann auf:

„*Dieser* schwere Körper fällt zu Boden."

Daneben bezeichnet man als Deduktion jede definitorisch richtige Umformung von Sätzen und die Verfahren der Mathematik, welche ja nichts anderes als eine besondere Form der Logik ist.

Ausgehend vom Induktionsproblem hat man sich den Gang der Wissenschaft so vorgestellt[4], daß alte Theorien durch neue abgelöst werden, wenn sie einer kritischen Überprüfung nicht standhalten; dieser Position des sogenannten *Kritischen Rationalismus* zufolge wäre dann die Falsifikation der Motor des Fortschritts. Der Kritische Rationalismus hat sicherlich einiges für sich, aber es sind auch sehr kritische Zusätze angebracht. Zuerst einmal ist gerade in der Volkswirtschaftslehre, wo kontrollierte Experimente fast nie durchführbar sind, die Möglichkeit einer Falsifikation sehr erschwert; zudem werden die ökonomischen Gesetze meist als Tendenz- oder Wahrscheinlichkeitsaussagen und nicht als Hypothesen strenger Gültigkeit aufgefaßt.

Daneben und damit zusammenhängend spielt in der Wissenschaft der „psychologische Faktor" eine nicht zu unterschätzende Rolle: Ist eine Theorie erst einmal etabliert, so wird sie nicht wegen (unsicherer) empirischer Befunde vom Tisch gewischt. Vielmehr zeigen eingeführte Theorien ein erstaunlich großes *Beharrungsvermögen* und werden erst dann verwor-

---

3 In der Mathematik kennt man mit der „Vollständigen Induktion" ein im Grunde deduktives Verfahren, mittels dessen sich etwa eine mathematische Regel für *alle* natürlichen Zahlen beweisen läßt.

4 Vgl. insbesondere POPPER, K. (*1973[5]) Logik der Forschung; Tübingen: Mohr. (Anmerkung zur Zitierweise: Der „*" deutet auf eine deutsche Übersetzung hin; das Original ist im Literaturverzeichnis angegeben.)

fen, wenn neue, überlegene Theorien zur Verfügung stehen[5]; die Situation eines „Theorievakuums" ist dagegen nicht zu beobachten.

§ 2 Wirtschaftsmodelle

„Ein Modell, das die ganze Buntheit der Wirklichkeit berücksichtigte, würde nicht nützlicher sein als eine Landkarte im Maßstab Eins zu Eins."

(Joan Robinson)

Die vielleicht erste Einsicht des Ökonomen ist, daß das volkswirtschaftliche Geschehen chaotisch und geradezu undurchdringlich erscheint. Deshalb entwickelt er zunächst ein überschaubares, stark vereinfachendes Abbild der Realität: ein *Modell.* Durch Verfeinerung desselben kann er anschließend versuchen, zu immer besseren Beschreibungen der Wirklichkeit zu gelangen. Man nennt diese Verfahrensweise die *Methode der abnehmenden Abstraktion.*

Ein Modell soll diejenigen Aspekte der Wirklichkeit herausgreifen, welche gerade als relevant erachtet werden und alles übrige vernachlässigen. Deshalb *darf* das Modell nicht nur von der Realität abstrahieren, sondern dies ist seine ureigene Aufgabe. Die Qualität eines Modells bemißt sich weniger nach der „Wirklichkeitsferne" seiner Annahmen, als nach seinem Erklärungswert.

Um diese auf den ersten Blick vielleicht seltsam erscheinende Auffassung verständlich zu machen, sei abermals ein physikalisches Beispiel bemüht, nämlich das Grundmodell eines Pendels. Zur Berechnung der Schwingdauer des Pendels treffen die Physiker eine ganze Reihe von sicherlich unrealistischen Annahmen:

- Die gesamte Masse des Pendels liege in seiner Spitze,
- das Pendel schwinge völlig reibungslos und
- vom Luftwiderstand werde abgesehen.

Gleichwohl führt das Modell oftmals zu ausgezeichneten Näherungslösungen. Ist das nicht der Fall, weil etwa die Reibung zu groß ist, dann lassen sich gemäß der Methode der abnehmenden Abstraktion die Annahmen modifizieren und die Ergebnisse verbessern. Man erkennt daraus, daß die Restriktivität oder Angemessenheit jeder Annahme sorgfältig geprüft werden muß – eine Aufgabe, die oft schwierig und manchmal geradezu unlösbar ist.

Aber wenden wir uns wieder der Ökonomik zu. Ein Wirtschaftsmodell ist im Prinzip folgendermaßen aufgebaut:

---

5 Vgl. KUHN, TH.S. (*1981[5]) Die Struktur wissenschaftlicher Revolutionen; Frankfurt a. M.: Suhrkamp.

I. Definitionen

a) der Wirtschaftssubjekte und -objekte sowie der Institutionen,
b) der *exogenen* Variablen, die für das Modell gegeben sind,
c) der *endogenen* Variablen, die im Modell bestimmt werden sollen.

II. Prämissen

Dies ist die Menge aller vorausgesetzten, das heißt unbewiesenen Sätze. Darunter fallen die *Axiome* (unbewiesene, allgemeine Gesetze) und die *Postulate* (spezielle Forderungen).

III. Empirische Gesetze

Empirische Gesetze sind qualitative oder quantitative Beziehungen, die zuvor durch empirische Messungen, zum Beispiel Statistiken, gefunden wurden. Nach dem in § 1 Gesagten besitzen die empirischen Gesetze keine strenge Gültigkeit.

IV. Schlußfolgerungen

Im Rahmen der Deduktion werden die eigentlichen Ergebnisse abgeleitet. Diese nennt man *Theoreme* (bewiesene Gesetze) oder *Implikationen* bzw. *Konklusionen* (logisch abgeleitete Schlußfolgerungen).

Bei Betrachtung dieser idealtypischen Modellstruktur ist dem Leser vielleicht die Ähnlichkeit von Modellen und Theorien aufgefallen, und in der Tat sind Modelle ein Hilfsmittel der Theoriebildung. Insofern ist auch eine strikte Trennung der beiden nicht möglich.

§ 3 Methoden

Unter einer *Methode* verstehen wir eine bestimmte Vorgehensweise zur Gewinnung wissenschaftlicher Erkenntnisse. Bei der Theoriebildung arbeitet man nicht völlig konzeptionslos, sondern nach einer bestimmten Methode; demnach ist die Methode der Theorie vorgelagert, sie ist das logisch Frühere. Synonym zu „Methode" verwenden wir die Begriffe *Analysetechnik* und *Betrachtungsweise.* Wir sehen keinen Grund, hier weiter zu differenzieren, denn alle drei sind „Werkzeuge der Theoriebildung".

Mit der Induktion, der Deduktion und dem Verfahren der abnehmenden Abstraktion haben wir bereits drei wichtige Methoden vorgestellt; einige weitere ökonomisch relevante Methoden und Begriffe werden in den nun folgenden Paragraphen eingeführt.

§ 4 Gleichgewicht und Ungleichgewicht. Stabilität

Der Begriff des Gleichgewichtes nahm in der Volkswirtschaftslehre seit ihrem Beginn eine zentrale Stellung ein. Delikat und zugleich ärgerlich ist dabei, daß dieser Begriff nicht in einem einheitlichen oder auch nur vorherrschenden Sinne gebraucht wird und deshalb zu ständiger Konfusion Anlaß gibt. Aber es lassen sich wohl drei Hauptbedeutungen von „Gleichgewicht" unterscheiden[6]:

Der *methodische* Gleichgewichtsbegriff steht dem naturwissenschaftlichen nahe und faßt das Gleichgewicht als einen zeitlichen Ruhezustand auf, einen Zustand mit Beharrungsvermögen. Ein ökonomisches System befindet sich demnach im Gleichgewicht, wenn sich die endogenen Variablen (bei Konstanz der exogenen) im Zeitablauf nicht ändern. Der methodische Gleichgewichtsbegriff ist sehr allgemein und bezieht sich nicht auf spezielle Gegebenheiten (z. B. Planerfüllung), die zu einem Gleichgewicht führen *können;* deshalb ist er nach unserer Auffassung der geeignetste. Entsprechend seiner Allgemeinheit läßt sich der methodische Gleichgewichtsbegriff in der Ökonomik universell anwenden; wenige Beispiele sind das Markt-, Zahlungsbilanz- oder Wachstumsgleichgewicht[7].

Der *theoretische* Gleichgewichtsbegriff ist wahrscheinlich geläufiger und bezieht sich im Normalfall auf einen Markt: Ein Markt befindet sich genau dann im Gleichgewicht, wenn Angebots- und Nachfragepläne übereinstimmen. Spätestens bei Behandlung des Unterbeschäftigungsgleichgewichtes wird sich zeigen, daß diese Definition zu eng ist und geradewegs in ein begriffliches Chaos führt; es ist dann die Rede von „Ungleichgewichtsgleichgewichten".

Um diese Schwierigkeiten zu vermeiden, bezeichnen wir die Übereinstimmung von Angebots- und Nachfrageplänen als *Markträumung* oder *Marktausgleich.* Zusätzlich bezeichnen wir sie als Marktgleichgewicht, wenn sie gleichgewichtig im methodischen Sinne ist – und nur dann.

Der *normative* Gleichgewichtsbegriff steht den beiden anderen an Gewichtigkeit nicht nach: Ist ein Zustand erst einmal als gleichgewichtig identifiziert worden, so wird er bisweilen schon allein deshalb für wün-

---

6 Wir verweisen an dieser Stelle auf MEYER, U. (1983) Neue Makroökonomik; Berlin usw.: Springer. MEYER (S. 6f.) unterscheidet gleich acht Aspekte der Gleichgewichtsidee, als da sind: Konsistenz, Planerfüllung, erfüllte Erwartungen, Zufriedenheit, Optimalität, Ausgleich von Kräften, Zustand der Ruhe, Reproduzierbarkeit.

7 Man nennt das Wachstumsgleichgewicht ein *dynamisches* Gleichgewicht, weil sich die Gleichgewichtsgrößen im Zeitablauf verändern. Gleichwohl handelt es sich um einen „Zustand mit Beharrungsvermögen", da die *Rate* der Veränderung im Zeitablauf stabil ist.

schenswert gehalten, was etwa bei einem Unterbeschäftigungsgleichgewicht oder bei einem Wachstumsgleichgewicht mit politisch nicht gewünschter Wachstumsrate ganz unbegründet ist. Ganz ausdrücklich wurde dem „Gesamtwirtschaftlichen Gleichgewicht" im Stabilitäts- und Wachstumsgesetz von 1967 eine normative Bedeutung verliehen; ersteres wird dort durch die Erfüllung der vier wirtschaftspolitischen Ziele Stabilität des Preisniveaus, hoher Beschäftigungsstand, außenwirtschaftliches Gleichgewicht sowie angemessenes und stetiges Wirtschaftswachstum definiert. Im Rahmen der theoretischen Analyse werden wir von „Gleichgewicht" immer nur im positiven Sinne sprechen; später wird sich zeigen, daß ein „Zustand mit Beharrungsvermögen" und die Erfüllung der obengenannten Ziele unter bestimmten Bedingungen nicht zusammenfallen.

Warum ist der Gleichgewichtsbegriff so grundlegend für die ökonomische Analyse? Nun, erstens ist ein gleichgewichtiger Zustand ex definitione zeitlich beständig, während ein ungleichgewichtiger nur vorübergehenden Charakter hat. Es ist deshalb *wahrscheinlicher*, daß sich die Volkswirtschaft in einem Zustand des Gleichgewichtes befindet oder zumindest diesem zustrebt.

Zweitens, und damit zusammenhängend, dient ein gleichgewichtiger Zustand als Bezugspunkt (Referenzpunkt) der Theorie. Wenn zum Beispiel der Gleichgewichtspreis auf einem vollkommenen Markt fünf Mark beträgt, der momentane Preis aber drei Mark, so kann ein Steigen des Preises vorhergesagt werden. Durch Vergleich von Gleichgewichts- und tatsächlichen Größen läßt sich also die zukünftige Bewegungsrichtung angeben.

Gemäß ihrer Reaktion auf äußere Störungen teilt man die Gleichgewichte ein in stabile, indifferente und labile.

Bei einem *stabilen* Gleichgewicht bewirken innere Kräfte eine Rückkehr zum Gleichgewicht, falls eine äußere Störung auftritt. Bei einem *indifferenten* Gleichgewicht fehlen solche Kräfte, und das ursprüngliche Gleichgewicht wird nach einer Störung nicht wieder erreicht. Von einem *labilen* Gleichgewicht spricht man, wenn die Störung eine fortschreitende Entfernung von der Ausgangslage bewirkt.

Daraus läßt sich die für die ökonomische Analyse grundlegende Erkenntnis ziehen, daß ein Gleichgewicht stabil sein muß, soll es ökonomi-

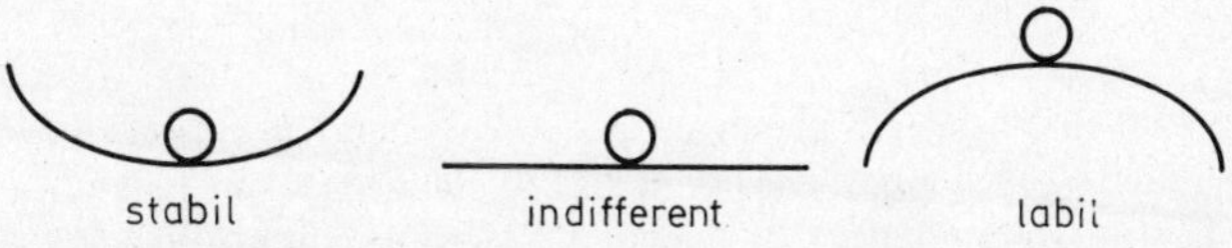

Abbildung 1

sche Bedeutung haben. Denn sonst wird man nicht schließen können, daß ein wirtschaftliches System dem Gleichgewicht zustrebt, es wird sich vielmehr in nicht näher definierbaren Ungleichgewichtszuständen bewegen. Jede Gleichgewichtsanalyse muß daher mit einer *Stabilitätsanalyse* einhergehen, welche die Bedingungen für ein stabiles Gleichgewicht aufzeigt.

Ein instabiles Gleichgewicht ist ebenso unwahrscheinlich, um dieses grundlegende Argument abermals zu verwenden, wie ein Ungleichgewicht[8]; allein wenn sich ein stabiles Gleichgewicht ausmachen läßt, ist damit ein Bezugspunkt gefunden, dem das ökonomische System voraussichtlich zustreben wird. Dieser *sinnvollen* Verwendung des Gleichgewichtsbegriffes tut es dann auch keinen Abbruch, daß in der Realität die exogenen Variablen nicht konstant sind und das stabile Gleichgewicht deshalb selbst wandert: In diesem Fall wird das System seinem Gleichgewicht mit einer gewissen Verzögerung „nachlaufen".

Um sich die Bedeutung dieser Gedanken für die ökonomische Analyse vor Augen zu halten, möge der Leser bedenken: Wenn sich kein stabiles Gleichgewicht als Bezugspunkt der Analyse und „Gravitationszentrum" des Systems ausmachen läßt, dann kann über Gesetzmäßigkeiten und zukünftige Entwicklungen buchstäblich nichts gesagt werden. Das ist zugleich die eigentliche Rechtfertigung der „Gleichgewichtsanalyse", verstanden in einem nicht-normativen Sinn.

§ 5 Statik, komparative Statik und Dynamik

Wir stellen in diesem Paragraphen drei Analysetechniken vor, die sich durch die Art ihrer Einbeziehung der Zeit unterscheiden. Man nennt eine Analyse

- statisch,
- komparativ-statisch oder
- dynamisch,

je nachdem, ob die Zeit als Konstante, Parameter oder Variable auftritt.

Bei *statischen* Analysen beziehen sich alle Variablen auf denselben Zeitpunkt. Eine statische Analyse ist zum Beispiel die Ermittlung eines Gleichgewichtspreises zu gegebenem Angebot und gegebener Nachfrage.

Komparativ-statische (vergleichend-statische) Analysen beschäftigen sich mit Variablen, die auf zwei oder mehrere verschiedene Zeitpunkte datiert sind.

---

8 „How many times has the reader seen an egg standing upon its end?"; SAMUELSON, P.A. (1947) Foundations of Economic Analysis; Cambridge usw.: Harvard University Press. Zitiert nach der zweiten Auflage 1983 ebd., S. 5.

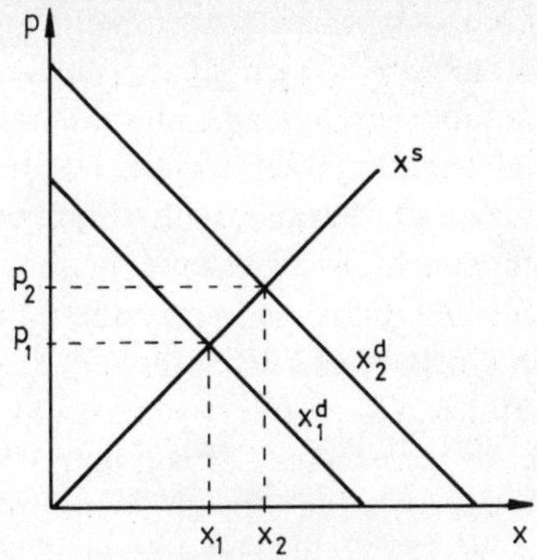

Abbildung 2

In der Abbildung findet man neben der zeitlich konstanten Angebotskurve x^s die Nachfrage x^d zu zwei verschiedenen Zeitpunkten. Innerhalb der komparativen Statik befaßt man sich nun mit der Frage, welche Preis- und Mengeneffekte die Verschiebung der Nachfragekurve mit sich bringt. Augenscheinlich muß der Preis auf p_2 und die Menge auf x_2 steigen.

Durch diese Untersuchung wird indes nicht das *wie?* und das *ob?* des Anpassungsprozesses geklärt. Statt dessen *fordert* man, daß vor und nach der Kurvenverschiebung ein Gleichgewicht besteht. Die komparativ-statische Analyse ist insofern unvollständig und muß durch eine Erklärung der *Anpassungsprozesse* ergänzt werden.

Für eben diese Ergänzung bietet sich die *dynamische* Analyse an. Hier werden der Preis p und die Menge x als Funktionen der Zeit p(t) und x(t) betrachtet. Die komparativ-statische Erklärung kann etwa durch die Hypothese vervollständigt werden, daß bei einer Überschußnachfrage der Marktpreis steigt, bei einem Überschußangebot sinkt. Durch die verbal oder mathematisch formulierte Dynamik wird also der zeitliche Anpassungsprozeß beschrieben, und es lassen sich die *Bedingungen* für eine Konvergenz zum Gleichgewicht angeben (*Stabilitätsbedingungen*). Auch kann durch Kenntnis bestimmter dynamischer Eigenschaften auf komparativ-statische Charakteristika geschlossen werden, und diesen innigen Zusammenhang von komparativ-statischen und dynamischen Analysen nennt man nach SAMUELSON das *Korrespondenzprinzip* [9].

Eine Charakterisierung der Dynamik durch die Hilfestellung, welche sie gleichsam der komparativ-statischen Theorie gibt, wäre jedoch zu eng; sie ist vielmehr die schlechthin geeignete Methode zur Beschreibung von Pro-

9 Vgl. SAMUELSON, P. A. (1947) Foundations of Economic Analysis; a.a.O., Kapitel IX.

zessen, woraus sich ihre breite Verwendung etwa in der Konjunktur- und Wachstumstheorie erklärt. Die komparative Statik hat Bedeutung aufgrund ihrer relativen Einfachheit und ist in vielen Fällen zweckdienlich. Eine etwaige Identifizierung von statischer mit „schlechter" bzw. dynamischer mit „guter" Theorie ist falsch und würde dem bisherigen Gang ökonomischer Erkenntnisgewinnung nicht entsprechen[10].

§ 6 Ex post- versus ex ante-Analysen

Gemäß dem zeitlichen Verhältnis von Analyse und Analysegegenstand unterscheidet man ex post- und ex ante-Analysen.

Die *ex post-Analyse* (lat. ex post – nach geschehener Tat) betrachtet ihr Objekt im nachhinein. Nehmen wir etwa die Marktgleichung

$$x^s = x^d. \tag{1}$$

Als ex post-Gleichung aufgefaßt ist (1) eine Identität; sie gibt an, daß in der Vergangenheit *Verkäufe* und *Käufe* übereinstimmten. Anders konnte es auch gar nicht sein, denn wenn etwa in einer bestimmten Periode auf einem Stahlmarkt tausend Tonnen Stahl verkauft wurden, so müssen notwendig auch tausend Tonnen gekauft worden sein.

Die *ex ante-Analyse* stellt dagegen auf Plangrößen ab. Als ex ante-Gleichung verstanden ist (1) eine Gleichgewichtsbedingung. Sie fordert, daß im Gleichgewicht *Angebot* und *Nachfrage* übereinstimmen. Man muß somit scharf unterscheiden zwischen Verkäufen und Käufen einerseits, Angebot und Nachfrage andererseits. Angebot und Nachfrage, verstanden als Plangrößen, stimmen nicht unbedingt überein; es ist vielmehr die theoretische Aufgabe, Bedingungen für eine Übereinstimmung herauszuarbeiten.

Nachteilig an mathematischen Darstellungen ist sicherlich, daß man den Gleichungen nicht ansieht, ob sie als ex post- oder ex ante-Gleichungen gemeint sind; sie können deshalb nur aus dem Zusammenhang heraus interpretiert werden.

§ 7 Partial- versus Totalanalysen. Die Ceteris paribus-Klausel

Total- und *Partialanalysen* unterscheiden wir danach, ob bei der Betrachtung einer Marktwirtschaft die Menge aller Märkte oder eine Teilmenge davon analysiert wird.

---

10 Das betonte vor allem BOULDING, K.E. (*1971) Zur Verteidigung der Statik; in: JOCHIMSEN, R. und H. KNOBEL (Hrsg.): Gegenstand und Methoden der Nationalökonomie; Köln: Kiepenheuer und Witsch.

Damit ist *nicht* gemeint, ob in eine Untersuchung alle relevanten Faktoren oder nur ein Teil davon einfließen. Denn nach dem heutigen Stande des menschlichen Erkenntnisvermögens wären dann sämtliche Analysen partiell und die Unterscheidung bedeutungslos.

Mit der Einteilung in Total- und Partialanalysen zusammenhängend, aber *nicht* zusammenfallend, ist die Verwendung der sogenannten *Ceteris paribus-Klausel* (lat.: der Rest bleibt gleich). Vermöge der Ceteris paribus-Klausel wird bei der Analyse eine Menge von Einflußfaktoren festgehalten, während einer oder mehrere verändert und deren Wirkungen betrachtet werden.

So geht man etwa in der Haushaltstheorie von gegebenen Preisen und Präferenzen aus und beschreibt die Folgen einer Einkommensänderung. – Es ist aber ohne weiteres möglich, anschließend eine Preisvariation vorzunehmen und deren Wirkungen zu untersuchen. So gesehen ist die Ceteris paribus-Klausel kein spezifisch ökonomischer „Trick“, sondern grundlegend für den menschlichen Erkenntnisprozeß überhaupt.

Damit soll aber nicht gesagt sein, daß die Ceteris paribus-Klausel ein völlig unbedenkliches theoretisches Hilfsmittel sei – ganz im Gegenteil. Veränderten wir eben das Einkommen eines „sehr kleinen“ Haushaltes bei Konstanthaltung der Preise, so war diese Vorgehensweise durchaus legitim, weil eine etwaige Nachfrageänderung des Haushaltes keinen bedeutenden Einfluß auf die Gesamtnachfrage hat und man deshalb ohne weiteres von gegebenen Preisen ausgehen kann. Würden wir jedoch das Einkommen *aller* Haushalte erhöhen, so wäre die Verwendung jener Ceteris paribus-Klausel methodisch falsch. Denn in diesem Falle würde die Gesamtnachfrage steigen, und die Preise könnten kaum als konstant angenommen werden.

Es gibt also einen falschen Gebrauch der Ceteris paribus-Klausel, der immer wieder zu Irrtümern führte und führt. Bei ihrer Verwendung ist darum stets zu prüfen, ob die veränderlichen und die „konstanten“ Größen *unabhängig* voneinander sind, denn nur dann ist der Kunstgriff des „Ceteris paribus“ methodisch richtig[11].

Mit der schon zitierten Begrenztheit des menschlichen Erkenntnisvermögens hängt zusammen, daß sowohl die Partial- als auch die Totalanalysen von der Ceteris paribus-Klausel Gebrauch machen, ihre Verwendung demnach nicht das Abgrenzungskriterium von Partial- und Totalanalysen sein kann.

---

11 In mathematischen Argumentationen erscheint die Ceteris paribus-Klausel im Gewand einer partiellen Ableitung. Hier wird der mögliche Mißbrauch augenfällig, denn es ist bekannt, daß bei einer Funktion $z=f(x,y)$ die partielle Ableitung $\partial z/\partial x$ nur dann eine durch x verursachte Änderung von z exakt angibt, wenn x und y unabhängig voneinander sind.

§ 8 Mikroökonomik versus Makroökonomik

Nach herrschender (!) Auffassung werden Mikro- und Makroökonomik wie folgt abgegrenzt:

Ausgangspunkt der *Mikroökonomik* ist das einzelne Wirtschaftssubjekt. Dieses hat vielfältige ökonomische Entscheidungen zu treffen, ein Haushalt etwa Konsum-, ein Unternehmen Investitionsentscheidungen. Die Mikroökonomik versucht nun, die Einzelentscheidungen und von da aus das wirtschaftliche Geschehen insgesamt zu erkären. So analysiert man etwa die Angebots- und Nachfragefunktionen für ein Gut und bestimmt den markträumenden Preis (Partialanalyse), andererseits werden die Bedingungen für ein Gleichgewicht auf allen Märkten untersucht (Totalanalyse).

Die *Makroökonomik* unterscheidet sich hiervon durch eine andere Betrachtungsweise. Sie geht nicht vom einzelnen Haushalt aus, sondern vom *Aggregat* (der Zusammenfassung) aller Haushalte; nicht vom individuellen Unternehmen, sondern vom Unternehmensaggregat; sie untersucht nicht das Angebot eines Gutes, sondern das aggregierte Güterangebot. Kennzeichnend für die Makroökonomik ist also der *zweifache* Aggregationsprozeß: Einesteils werden die Wirtschaftssubjekte zu Aggregaten oder Sektoren zusammengefaßt, anderenteils die Güter zu Güterbündeln.

Die Wahl der Analysetechnik hat für die Theoriebildung vier wichtige Konsequenzen. Erstens ist eine makroökonomische Theorie im typischen Falle *klarer* und *überschaubarer* als die entsprechende Mikrotheorie. Zweitens gelangt der Makroökonom durch Ausschaltung vieler Wirkungszusammenhänge (die Aggregation) zu *eindeutigen* Ergebnissen, wo der Mikroökonom gegenläufige Effekte konstatieren muß, die er ohne Hinzuziehung empirischen Materials nicht auswerten kann. Drittens erlaubt die Makroökonomik einen guten *empirischen* Zugang über die Statistik, und es ist kein Zufall, daß sich in den dreißiger Jahren unseres Jahrhunderts Makroökonomik und Ökonometrie in wechselseitiger Befruchtung entwickelten. Diese drei Vorteile werden indes (viertens) mit einem *Informationsverlust* erkauft, das ist gleichsam der Tribut für die „einfachere" Theorie. Eine makroökonomische Theorie führt nur dann zum richtigen Ergebnis, wenn bei der Aggregation lediglich unwesentliche Faktoren vernachlässigt werden – „unwesentlich" gemessen am jeweiligen Erklärungsziel.

Bis hier ist nun deutlich geworden, daß es sich bei der Mikroökonomik und Makroökonomik nicht um verschiedene Theorien handelt, sondern um zwei *Methoden.* Diese Methoden befehden sich nicht, sondern ergänzen einander; sie haben ihre jeweiligen „Domänen":

Im Mittelpunkt des mikroökonomischen Interesses steht das Problem der *Allokation,* der Verwendung knapper Ressourcen auf alternative Verwendungszwecke. Darin inbegriffen sind die Fragen, welche Güter in welchen Mengen produziert werden und wie die Faktoren im Produktionsprozeß kombiniert werden. Das Allokationsproblem stand und steht im Zentrum der Volkswirtschaftslehre und wurde bisweilen gar zur *Definition* der Nationalökonomik herangezogen, was weniger verwundert, wenn man bedenkt, daß es die Wert- bzw. Preistheorie sowie die Wettbewerbstheorie umfaßt. Ein zweites seiner Natur nach mikroökonomisches Phänomen ist die *Distribution,* worunter wir die Einkommensverteilung auf Personen, Gruppen oder Produktionsfaktoren verstehen.

Innerhalb der Makroökonomik befaßt man sich vor allem mit den Problemkreisen *Konjunktur, Beschäftigung* und *Wachstum,* und es ist offenbar, daß diese Fragen sich auf Globalgrößen, nämlich die Arbeitslosenquote und das Sozialprodukt richten. Somit wird deutlich, daß sich die Wahl der Methode nach dem jeweiligen Erklärungsziel der Theorie richtet.

Da der Sprachgebrauch, um es vorsichtig auszudrücken, nicht einheitlich ist, können wir diesen Paragraphen nicht ohne einen Hinweis darauf beschließen, was das Begriffspaar „Mikroökonomik–Makroökonomik" unserer Auffassung nach *nicht* bedeutet:
Partialanalyse – Totalanalyse
„Gleichgewichtstheorie" – „Ungleichgewichtstheorie"
Neoklassische Theorie – Keynesianische Theorie
entscheidungslogische Theorie – verhaltenslogische Theorie.

Nach dem oben Gesagten (§§ 4, 7) bedürfen die beiden ersten Punkte wohl kaum einer Erklärung, zum dritten können wir hier noch nicht Stellung nehmen. Eine *entscheidungslogische* Theorie beginnt mit allgemeinen Verhaltensannahmen und *deduziert* daraus die Verhaltensweisen der Wirtschaftssubjekte. Beispielsweise werden in der elementaren Haushaltstheorie bestimmte Annahmen bezüglich der Nutzenfunktion getroffen und daraus die Nachfrage- und Angebotskurven abgeleitet. Im Rahmen einer *verhaltenslogischen* Theorie werden die Verhaltensweisen direkt *postuliert.* So könnte etwa von Beginn an (und ohne theoretische Begründung) festgestellt werden, daß eine Nachfragefunktion fallend verläuft. Im Laufe des Textes wird klar, daß mikroökonomische Theorien nicht notwendig entscheidungslogisch, makroökonomische nicht zwangsläufig verhaltenslogisch konzipiert sind.

Literaturangaben

Im Anschluß an jedes Kapitel werden wir auf einige Titel hinweisen, die sich unserer Ansicht nach zur begleitenden Lektüre eignen. Alle angegebenen Werke sind in alphabetischer Reihenfolge im Literaturverzeichnis enthalten, wo auch die fremdsprachigen Originale der Übersetzungen (*) aufgeführt sind.

JOCHIMSEN, R. und H. KNOBEL (1971) Hrsg.: Gegenstand und Methoden der Nationalökonomie; Köln: Kiepenheuer und Witsch

LIPSEY, R. G. (*1971) Einführung in die positive Ökonomie; Köln: Kiepenheuer und Witsch

SCHNEIDER, H.-K. (1975) Methoden und Methodenfragen der Volkswirtschaftstheorie; in: EHRLICHER, W. et al. (Hrsg.) Kompendium der Volkswirtschaftslehre; Göttingen: Vandenhoek und Ruprecht

Die obigen Titel behandeln mehr allgemeine und breitgestreute Methodenprobleme. Speziell zu den erkenntnistheoretischen Grundlagen eignen sich:

KUHN, TH.S. (*1981) Die Struktur wissenschaftlicher Revolutionen; a.a.O.

POPPER, K.R. (*1973⁵) Logik der Forschung; a.a.O.

Der fortgeschrittene Leser sei darüber hinaus verwiesen auf:

LAKATOS, I. und A. MUSGRAVE (1970) Hrsg.: Criticism and the Growth of Knowledge; Cambrige usw.: Cambridge University Press

LATSIS, SP.J. (1976) Hrsg.: Method and Appraisal in Economics; Cambridge usw.: Cambridge University Press

Kapitel II. Geschichtlicher Überblick

SCHUMPETER hat einmal gesagt, die drei Gründe für eine Beschäftigung mit Theoriegeschichte seien pädagogischer Gewinn, neue Anregungen und Einblicke in die Wege des menschlichen Geistes. Diesem Satz muß man wohl zustimmen; aber im Rahmen eines Buches über makroökonomische Theorien liegen die Dinge ganz anders. In diesem Kapitel sollen einige Bemerkungen zu den folgenden Teilen gleichsam vor die Klammer gezogen werden; deshalb skizzieren wir die Entwicklung allein derjenigen Theorien, die im weiteren von Belang sind.

§ 9 Die Vorläufer

Gedanken über ökonomische Fragen lassen sich bis in die Antike zurückverfolgen. So finden sich schon in Platons „Politeia" Bemerkungen über die Vorteilhaftigkeit der Arbeitsteilung oder bei Aristoteles Erörterungen des Wertes, des Geldes und des Zinses; Beiträge, die sicherlich bereits früher Gedachtes formulieren.

Kennzeichnend für Griechen und Römer, für Scholastiker und Naturrechtsphilosophen ist jedoch, daß sie nicht Volkswirtschaftslehre *als solche* betrieben, sondern über ökonomische Probleme stets im Zusammenhang mit einer anderen Wissenschaft nachdachten, sei es der Ethik, der Rechtswissenschaft oder der politischen Philosophie. Von einer eigentlichen Wirtschaftswissenschaft aber kann nicht gesprochen werden. Indes wäre es falsch, den Beitrag dieser Autoren *zur* Wirtschaftswissenschaft zu unterschätzen; er ist gleichsam einer der beiden Urquelle ökonomischer Forschung.

Den anderen Quell bildet die Arbeit unzähliger Autoren, die sich mit praktisch-politischen Fragen der Wirtschaftsführung und insbesondere der Verwaltung auseinandersetzten. Jene höchst illustre Gruppe bestand vornehmlich aus Lehrern an den damaligen Verwaltungshochschulen, Bürokraten, Politikern und Geschäftsleuten. Als Praktiker legten sie naturgemäß auf eine analytische Darlegung ihrer Gedanken weniger Wert, bereicherten ihre Schriften dafür aber mit einem um so größeren Tatsachenwissen. Im sechzehnten und siebzehnten Jahrhundert vermehrte sich die Zahl ihrer Veröffentlichungen in einem solchen Maße, daß man später für die gedankliche Hauptströmung den Namen *Merkantilismus* prägte. Im Brennpunkt merkantilistischen Interesses standen die Förderung der nationalen Handelskraft sowie Ziele, die wir heute „fiskalisch" nennen würden, nämlich die Beschaffung von Einnahmen für die fürstliche Schatzkammer (camera). Daraus leitet sich die Bezeichnung *Kameralismus* für den deutschen Merkantilismus ab, den man als Vorläufer der deutschen Finanzwissenschaft ansehen muß.

Ein erster Meilenstein in der Entwicklung der ökonomischen *Analyse* – nach SCHUMPETER zu unterscheiden von der Entwicklung des ökonomischen *Denkens* – ist Sir WILLIAM PETTY (1623–1687), den MARX später als ersten Ökonomen der britischen Klassik bezeichnete. PETTY begründete das Konzept eines volkswirtschaftlichen „Überschusses" und damit jenen Ansatz, der zu einem kennzeichnenden Merkmal der Klassischen Ökonomik werden sollte. Skizzieren wir diesen in aller Kürze für eine Ein-Sektoren-Wirtschaft.

Es sei angenommen, eine Volkswirtschaft produziere ausschließlich „Korn" unter Einsatz von Arbeit und „Korn", wir würden heute sagen: Kapital. Zur Erzeugung von 100 Einheiten „Korn" seien 10 Arbeitsstunden und 20 Einheiten „Korn" erforderlich. Letztere sind eine Stromgröße und stellen den Verbrauch an „Korn" dar; zeitgenössisch ausgedrückt sind es ungefähr die Abschreibungen oder Kapitalkosten. Die Arbeiter erhalten einen *Subsistenzlohn*, der ihnen und ihren Familien gerade die Erhaltung und Reproduktion der Arbeitskraft ermöglicht. Dieser Subsistenzlohn, der möglicherweise auch zur Befriedigung elementarer kultureller Bedürfnisse dient, betrage 6 Einheiten „Korn" pro Arbeitsstunde.

Somit sind zur Produktion von 100 Einheiten „Korn" $10 \cdot 6 + 20 = 80$ Einheiten „Korn" notwendig; nach Abzug der Faktorkosten verbleibt also ein *Überschuß* von 20 Einheiten „Korn". Jener Überschuß kann nun zur Konsumtion nicht lebensnotwendiger Güter verwendet werden („Luxuskonsum") oder zur Kapitalbildung („Ersparnis"), welche in den folgenden Perioden eine höhere Produktion erlaubt und damit den allgemeinen Wohlstand mehrt. In moderner Sprache ausgedrückt ist der Überschuß gleich dem Bruttosozialprodukt, abzüglich der Abschreibungen und der Lohnsumme.

Um die Mitte des achzehnten Jahrhunderts bildete sich in Frankreich eine Schule von Autoren, welche sich selbst „les économistes" nannten und die man heute als *Physiokraten* bezeichnet. Gründer und Haupt dieser Schule war der Arzt FRANÇOIS QUESNAY (1694–1774), der als erster eine umfassende kreislauftheoretische Analyse des Wirtschaftsprozesses lieferte: eine Leistung, die kaum überschätzt werden kann. Beeinflußt wurden die Physiokraten durch RICHARD CANTILLON (1680?–1734), der sich erstmals ausführlich dem Problem der Allokation widmete und zeigte, wie die Nachfrage über eine Änderung der relativen Preise die Zusammensetzung der Volkswirtschaftlichen Produktion beeinflußt. Der den Physiokraten nahestehende ANNE ROBERT JACQUES TURGOT (1727–1781) entwickelte in jener Zeit ebenfalls eine weitgehend vollständige Wirtschaftstheorie und lieferte Beiträge, die ihn in die erste Linie der vorklassischen Ökonomen einreihen.

§ 10 Die Klassik

Wir datieren den Beginn der Klassik auf das Jahr 1770, auf jene Dekade also, in die TURGOTS Hauptwerk und die Veröffentlichung des wohl berühmtesten ökonomischen Buches aller Zeiten fallen, nämlich „An Inquiry into the Nature and Causes of the Wealth of Nations" von ADAM SMITH (1723–1790), Professor für Moralphilosophie an der Universität Glasgow. Die Bedeutung von SMITHENS Werk lag einesteils in seinem eigenen analytischen Beitrag, aber vor allem in der von ihm geleisteten Konsolidierung der bestehenden Erkenntnisse, die er „mit starker Hand" zusammenfaßte. Mit seinem Werk war die Volkswirtschaftslehre als anerkanntes und *selbständiges* Wissensgebiet begründet, und gemäß SCHUMPETERS Diktum, die erste Erkenntnis einer Wissenschaft sei die Erkenntnis ihrer selbst, wurde sie damit zu einer eigenständigen wissenschaftlichen Disziplin.

Die Klassik ist nur aus der Zusammenschau mit ihren Vorläufern zu begreifen, denn selbstverständlich hat kein derartiger Bruch stattgefunden, wie die – zudem etwas willkürliche – Abgrenzung durch das Jahr 1770 suggeriert. Basierend auf dem SMITHschen Werk und den Beiträgen der Vorläufer behandelten die Ökonomen der Klassik alle wesentlichen Fragen, die den Gehalt der heutigen Volkswirtschaftslehre ausmachen; indes läßt sich dies schwerlich in einigen Worten zusammenfassen. Es ist einmal gesagt worden, bei den Klassikern sei der einzelne Satz einleuchtender als das jeweilige Kapitel und dieses wiederum einleuchtender als die ganze Lehre. Dem Leser sei daher empfohlen, wenigstens einen Klassiker im Original zu lesen und dabei die eigentümliche, mehr ins Einzelne als aufs Ganze gehende Argumentationsweise zu erspüren, welche eine Würdigung der Klassik vom heutigen Standpunkt aus so schwierig macht.

Als ein Kernpunkt Klassischer Ökonomik läßt sich jedoch das *Harmonieprinzip* ausmachen, das ist die Überzeugung von der Funktionsfähigkeit einer Marktwirtschaft, wie sie in SMITHENS „invisible hand" ihren bildlichen Ausdruck findet.

Die „unsichtbare Hand", der Preismechanismus, führt trotz oder gerade wegen der eigennützigen und individualistischen Handlungsweisen der einzelnen zu einer Koordination ihrer Wirtschaftspläne. Dahinter steht die Vorstellung einer natürlichen Ordnung, der sich die gegebene Ordnung möglichst annähern sollte, um auf Erden das „optimum optimorum" zu verwirklichen. Überaus wichtig ist die daraus fließende Forderung an den *Staat*, sich aus dem Wirtschaftsleben möglichst herauszuhalten; eine Vorstellung, die F. LASSALLE später als „Nachtwächterstaat" verspottete. Die Idee oder Ideologie des „laissez faire" war nicht nur ein Affront gegen die Merkantilisten, welche Importbeschränkungen und andere staatliche Regulationen als geeignete Mittel der Wirtschaftspolitik ansahen, sondern eine Absage an Interventionismus und Dirigismus schlechthin. Dem Staat sollten vor allem zwei Funktionen verbleiben, nämlich die Verantwortung für die innere und äußere Sicherheit sowie die Schaffung eines geeigneten Rechtssystems mit Handelsfreiheit und Garantie des Privateigentums.

Es wäre indes falsch zu behaupten, daß die Klassiker ihr Augenmerk vor allem auf das Allokationsproblem richteten; ihr Hauptinteresse galt vielmehr Erklärungszielen, die sich sämtlich um den bereits diskutierten volkswirtschaftlichen Überschuß ranken. Die Hauptprobleme der Klassiker waren die *Entstehung* dieses Überschusses, seine *Verteilung* auf verschiedene Bevölkerungsklassen und seine wahlweise *Verwendung* auf „Luxuskonsum" oder „Ersparnis" (=Investition). Diesem letzten Problem, wir würden es heute „wachstumstheoretisch" nennen, schenkten die Klassiker besondere Aufmerksamkeit. Ihre Sympathie galt klar der zweiten Verwendungsalternative, weil das Wachstum des Kapitalstocks langfristig den „Wohlstand der Nationen" mehrt.

Herausragende Ökonomen der Klassischen Epoche sind neben SMITH selbst vor allem THOMAS MALTHUS (1766–1834), gleichzeitig erster bedeutender Bevölkerungsökonom und Stagnationstheoretiker; JEAN BAPTISTE SAY (1767–1832), ein französischer Anhänger der Smithschen Lehre, der sich vor allem durch ihre Systematisierung und Popularisierung hervortat; DAVID RICARDO (1772–1823), Vertreter der Arbeitswertlehre und besonders an Verteilungsfragen interessiert; und JOHN STUART MILL (1806–1873), der große Philosoph und Systematiker, der die Klassische Lehre in ihrer Vollendung darlegte.

Der Vorschlag einer „Klassischen" Periode geht zurück auf KARL MARX (1818–1883), der den Klassikern an Rang und Bedeutung nicht nachsteht und JOHN STUART MILL als deren letzten Vertreter ansah. Wir folgen, wenn auch aus anderen Gründen, in diesem Punkte der Marxschen Einteilung und datieren das Ende der Klassik auf das Jahr 1870, den Beginn der Neoklassik.

Bevor wir uns letzterer zuwenden, ist indes eine terminologische Bemerkung angebracht. Der Begriff „Klassik" wird heute in zwei völlig verschiedenen Bedeutungen verwendet: Lord KEYNES nämlich subsumierte – unbescheiden wie er war – im Jahre 1936 alle Ökonomen vor *seiner* Zeit unter diesen Titel, also auch und vor allem die Neoklassik. Dem Erfordernis begrifflicher Trennschärfe entsprechend werden wir seinem Vorschlag nicht folgen, aber wir möchten den Leser vor dem sehr verwirrenden Sprachgebrauch, wie er heute stattfindet, warnen.

§ 11 Die Neoklassik

Klassik und Neoklassik werden üblicherweise durch die sogenannte marginalistische Revolution abgegrenzt – einen Terminus, der (wie so manche „Revolution") die tatsächliche Entwicklung etwas überzeichnet. Manchmal scheint es, als würde dieser Ausdruck mehr verdecken als er offenlegt; und doch griffen ab etwa 1870 entscheidende Änderungen in der Methodik Platz, welche die Abgrenzung zweier Perioden nahelegen.

Die zweifellos bedeutsamste Innovation der Neoklassik war der *Marginalismus*[1] als Oberbegriff für jene Grenzbetrachtungen, die in Wortbildungen wie „Grenznutzen" oder „Grenzkosten" ihren Niederschlag finden. Den marginalistischen Ansatz werden wir selbst durchgehend verwenden und im vierten Kapitel so ausführlich erklären, daß wir an dieser Stelle nicht näher darauf eingehen müssen. Mit ihm wurde es möglich, ökonomische Verhaltensweisen auf individuelle Optimierungskalküle zurückzuführen, und jene markieren zugleich ein weiteres unterscheidendes Merkmal von Klassik und Neoklassik: War die Klassische Theorie eher makroökonomisch oder klassentheoretisch angelegt, das heißt, befaßte sie sich mehr mit dem Verhalten ganzer Bevölkerungsgruppen (Kapitalisten, Grundeigentümer und Arbeiter), so stellte die Neoklassik ein gleichsam „universelles Individuum" in den Mittelpunkt ihrer Analyse. Der Wirtschaftsprozeß wurde nun mikroökonomisch, also ausgehend vom individuellen Verhalten, beschrieben.

Der Neoklassische Marginalismus fand seine erste Anwendung in der Werttheorie und brachte hier zu Beginn der Neoklassik eine weitere einschneidende Änderung mit sich: Die Klassiker sahen den Wert eines Gutes einmütig durch die Kosten seiner Produktion bestimmt; dies ist die *Produktionskostentheorie*, bei RICARDO und MARX in der speziellen Form einer *Arbeitswertlehre*. Demgegenüber gingen die frühen Neoklassiker davon aus, daß der Preis, den die Nachfrager für ein bestimmtes Gut zu zahlen bereit seien, und damit zugleich sein Marktpreis, durch den Grenznutzen dieses Gutes determiniert werde. Es handelt sich hier um eine *subjektive* Wertlehre im Unterschied zur Klassischen *objektiven* Wertlehre. Damit

---

1 Marginal- auf dem Rand stehend. Dieser Begriff wurde von Johann Heinrich von Thünen (1826) eingeführt.

ging zwangsläufig eine Umorientierung von der *Angebotsseite* (Klassik) zur *Nachfrageseite* (Neoklassik) einher; aber dies gilt – wie gesagt – nur für die frühe Neoklassik.

Jene offenbar weitreichenden Änderungen in der Analysetechnik können nur voll verstanden werden, wenn man sie im Zusammenhang mit der Verschiebung des Erklärungszieles betrachtet. War das zentrale Anliegen der Klassik die Erklärung der Entstehung, Verteilung und Verwendung eines volkswirtschaftlichen Überschusses, so stand das *Allokationsproblem* im Mittelpunkt Neoklassischen Interesses: Nach welchen Gesetzen werden gegebene knappe Ressourcen auf alternative Verwendungsmöglichkeiten verteilt? Das Ergebnis Neoklassischer Bemühungen lautete, daß sich die Struktur des Angebotes über den Mechanismus der relativen Preise der Nachfragestruktur anpaßt und zugleich eine in gewissem Sinne optimale Allokation erreicht wird.

Zusammenfassend läßt sich die wichtigste Abweichung Klassischer und Neoklassischer Erklärungsziele folgendermaßen veranschaulichen: Betrachtete die Klassik das volkswirtschaftliche Geschehen im Zeitablauf, interessierte sie sich also für die Gesetzmäßigkeiten des langfristigen Wachstums, so griff die Neoklassik einen Zeitpunkt heraus und analysierte die Allokation in diesem Zeitpunkt substantiell statisch. Das Hauptinteresse verlagerte sich mithin von der Wachstums- zur Preistheorie.

Am Beginn der Neoklassischen Periode finden wir drei Autoren, die unabhängig voneinander und nahezu gleichzeitig die „marginalistische Revolution" einleiteten; es sind dies der Brite WILLIAM STANLEY JEVONS (1835–1882), der Österreicher CARL MENGER (1840–1921) und der Franzose LÉON WALRAS (1834–1910). Kernstück ihrer Schriften, so verschieden diese auch sind, ist der Begriff des *Grenznutzens,* verstanden als der auf den Verbrauch einer letzten „kleinen" Gütereinheit entfallende Nutzen. Die Anwendung der Grenznutzentheorie brachte, zumindest bei JEVONS und WALRAS, eine weitere wichtige Neuerung: nämlich die Verwendung der heute so gebräuchlichen mathematischen Methoden, die zuvor (fast) nicht zur Anwendung kamen.

Hatte JEVONS noch eine rein subjektive Wertlehre ausgearbeitet, so gelang die dialektische Zusammenführung von subjektiver und objektiver Wertlehre zwei Autoren unabhängig voneinander, und wiederum war WALRAS einer von ihnen. Der andere war der Cambridger Professor ALFRED MARSHALL (1842–1924), gemessen an seinem Einfluß der überragende Autor der Neoklassik. Seine Synthese des objektiven (kostenbestimmten) und subjektiven (nutzenbestimmten) Wertes findet ihren Niederschlag in den geometrischen Darstellungen sich schneidender Angebots- und Nachfragekurven, wie sie heute jedem Studenten so trivial erscheinen. Hierbei verkörpert die Angebotskurve den objektiven, die Nachfragekurve den subjektiven Part; durch Zusammenführung der beiden lassen sich (in kurzfristiger Betrachtung) der Marktpreis und (in langfristiger Sicht) der natürliche Preis bestimmen.

Weitere hervorragende Vertreter der Neoklassik sind der Amerikaner Irving Fisher (1867–1947), der Italiener Vilfredo Pareto (1848–1923), der Schwede Knut Wicksell (1851–1926) sowie Marshalls Nachfolger Arthur Cecil Pigou (1877–1959), um nur einige für uns besonders wichtige Personen zu nennen.

In *geschichtlicher* Abgrenzung findet die Neoklassik mit dem Ausbruch des ersten Weltkrieges, spätestens aber um die Mitte der dreißiger Jahre ihr Ende. In *analytischer* Betrachtung ist die Abgrenzung nach oben offen: ein Ende läßt sich nicht ausmachen. Die Neoklassische Analysetechnik, wie wir sie hier skizzierten, ist bis heute vorherrschend, so hoch man auch die in unserem Jahrhundert erzielten Fortschritte der Analyse einschätzen mag. Es versteht sich fast von selbst, daß wir unter diesen Umständen die geschichtliche Abgrenzung verwenden, wenn wir im weiteren von „der Neoklassik" sprechen.

§ 12 Von Keynes bis zur Gegenwart

Im zweiten Jahrzehnt unseres Jahrhunderts trat ein Ökonom auf die Bühne, dessen theoretische Arbeit 1936 in der „General Theory of Employment, Interest and Money" ihren Höhepunkt finden und der für die weitere Entwicklung der Volkswirtschaftslehre von einiger Bedeutung werden sollte: John Maynard Keynes (1883–1946), ein vielseitiger und politisch engagierter Ökonom, dem dieses Buch in gewisser Weise Titel und Existenz verdankt; war es doch vor allem Keynes, welcher der Makroökonomik zu ihrer heutigen Bedeutung verhalf.

Die mit Keynes emporkommende Verwendung der Makroökonomik und die damit einhergehende Zurückdrängung der Mikroökonomik waren auch hier wieder mit einer Verschiebung des Erklärungszieles verbunden und in bestimmtem Sinne auf diese zurückführbar. Wandte sich die Neoklassik, wie wir sahen, in erster Linie dem *Allokationsproblem* zu, so ist die makroökonomische Theorie von Keynes und seinen Nachfolgern wesentlich dem *Beschäftigungsproblem* gewidmet. Es ging nicht länger um die Frage, wie knappe – und deshalb im allgemeinen vollbeschäftigte – Ressourcen auf alternative Verwendungszwecke verteilt werden; das Keynessche Anliegen bestand vielmehr in der Untersuchung des Auslastungsgrades *nicht* vollbeschäftigter Produktionsfaktoren. Jene Verlagerung des Erklärungszieles hing erstens mit einem realgeschichtlichen Ereignis, der Weltwirtschaftskrise, zusammen, zweitens aber mit der für das zwanzigste

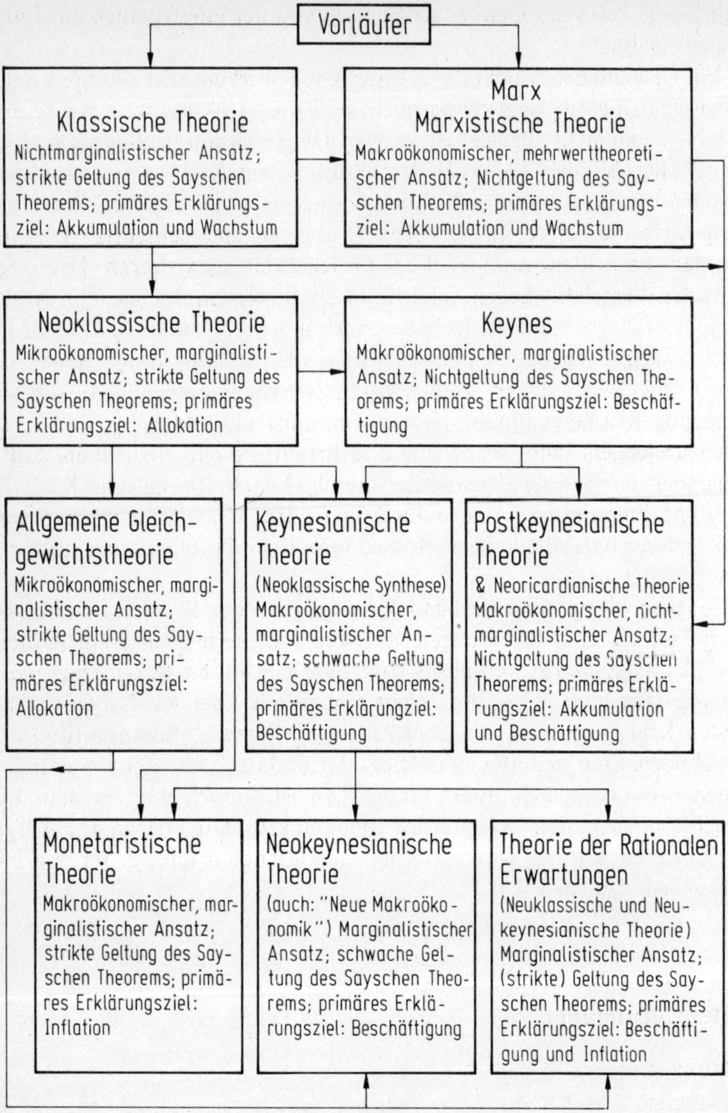
Vorläufer
Klassische Theorie
Nichtmarginalistischer Ansatz; strikte Geltung des Sayschen Theorems; primäres Erklärungsziel: Akkumulation und Wachstum
Marx
Marxistische Theorie
Makroökonomischer, mehrwerttheoretischer Ansatz; Nichtgeltung des Sayschen Theorems; primäres Erklärungsziel: Akkumulation und Wachstum
Neoklassische Theorie
Mikroökonomischer, marginalistischer Ansatz; strikte Geltung des Sayschen Theorems; primäres Erklärungsziel: Allokation
Keynes
Makroökonomischer, marginalistischer Ansatz; Nichtgeltung des Sayschen Theorems; primäres Erklärungsziel: Beschäftigung
Allgemeine Gleichgewichtstheorie
Mikroökonomischer, marginalistischer Ansatz; strikte Geltung des Sayschen Theorems; primäres Erklärungsziel: Allokation
Keynesianische Theorie
(Neoklassische Synthese) Makroökonomischer, marginalistischer Ansatz; schwache Geltung des Sayschen Theorems; primäres Erklärungziel: Beschäftigung
Postkeynesianische Theorie
& Neoricardianische Theorie Makroökonomischer, nichtmarginalistischer Ansatz; Nichtgeltung des Sayschen Theorems; primäres Erklärungsziel: Akkumulation und Beschäftigung
Monetaristische Theorie
Makroökonomischer, marginalistischer Ansatz; strikte Geltung des Sayschen Theorems; primäres Erklärungsziel: Inflation
Neokeynesianische Theorie
(auch: "Neue Makroökonomik") Marginalistischer Ansatz; schwache Geltung des Sayschen Theorems; primäres Erklärungsziel: Beschäftigung
Theorie der Rationalen Erwartungen
(Neuklassische und Neukeynesianische Theorie) Marginalistischer Ansatz; (strikte) Geltung des Sayschen Theorems; primäres Erklärungsziel: Beschäftigung und Inflation

Jahrhundert so kennzeichnenden Wende von der langfristigen zur kurzfristigen Analyse.

Ein wesentlicher Aspekt des Keynesschen Wirkens war die Spaltung der Wirtschaftstheorie. Sagten wir oben, daß die Neoklassische Analysetechnik bis heute nicht abgelöst ist, so war das gleichsam die halbe Wahrheit. Tatsächlich bildete sich unter dem Einfluß von KEYNES eine Art *zweiter Orthodoxie*, die sich – oberflächlich betrachtet – mit der Neoklassik erbitterte Gefechte liefert, in Wirklichkeit aber so unterschiedlich konzipiert ist, daß die beiden in ungeselliger Geselligkeit koexistieren. Diese Spaltung der Wirtschaftstheorie verleiht unserem zweiten Buch seinen Aufbau.

Es wäre freilich eine Über-Vereinfachung, wollte man behaupten, daß die Neoklassische Lehre einerseits und die Keynesianische andererseits den heutigen Gehalt der Volkswirtschaftslehre ausmachen: die Entwicklung ging über beide hinaus, und es wäre nur recht und billig, sie hier kurz nachzuzeichnen. Indes ist es eine alte Erfahrung der Historiker, daß mit zunehmender Gegenwartsnähe der Geschichtsschreibung eine Klassifikation und Einordnung immer schwieriger wird. Hinzu tritt in der Ökonomik stets noch das delikate, aber auch ärgerliche Problem einer höchst diffusen Sprachregelung.

So legen wir nun abschließend einen graphischen Systematisierungsversuch ökonomischer Strömungen vor, sofern diese mit unserem Anliegen: der Makroökonomik, verknüpft sind. Die gewählten Bezeichnungen der Theorietypen sind bei weitem nicht einheitlich, aber wir haben uns nach besten Kräften bemüht, die „herrschende Meinung" herauszufiltern und abzubilden. Eine weitere Gefahr liegt darin, daß das Schema – nomen est omen – etwas „schematisch" ausgefallen ist, jedoch mag es dem Leser gleichwohl zur ersten Orientierung dienlich sein. Die erstrangige Aufgabe der späteren Kapitel wird in einer inhaltlichen Füllung der einzelnen „Kästchen" bestehen.

Literaturangaben

Einen kurzen Überblick gibt:

HANSMEYER, K.-H. (1975) Lehr- und Methodengeschichte; in: EHRLICHER, W. et al. (Hrsg.) Kompendium der Volkswirtschaftslehre; a.a.O.

Das folgende dreibändige Werk ist weniger theoriegeschichtlich angelegt, als theoretisch mit geschichtlichem Einschlag (der Originaltitel „Economic Theory in Retrospect" ist wohl treffender):

BLAUG, M. (*1971) Systematische Theoriegeschichte der Ökonomie; München: Nymphenburger Verlagshandlung

Das folgende Büchlein schildert die Entwicklung der Theorie aus Sicht einer recht unorthodoxen Ökonomin:

ROBINSON, J. (*1965) Doktrinen der Wirtschaftswissenschaft; München: Beck

Schließlich sei das theoriegeschichtliche Standardwerk der Wirtschaftswissenschaft empfohlen:

SCHUMPETER, J.A. (*1965) Geschichte der ökonomischen Analyse; Göttingen: Vandenhoek und Ruprecht

Kapitel III. Volkswirtschaftliche Gesamtrechnung

§ 13 Die Volkswirtschaft als Kreislauf

Wie schon bemerkt, ist der Wirtschaftsprozeß ein sinnlich und verstandesmäßig schwer faßbares Faktum. Betrachtet man ihn gleichsam aus der Vogelperspektive, so scheint ein Grundphänomen der *Tausch* zu sein. Versuchen wir einen ersten Ansatz mit einer 2-Personen-Tauschwirtschaft, so lassen sich die Tauschakte in einem sehr einfachen *Kreislaufdiagramm* darstellen:

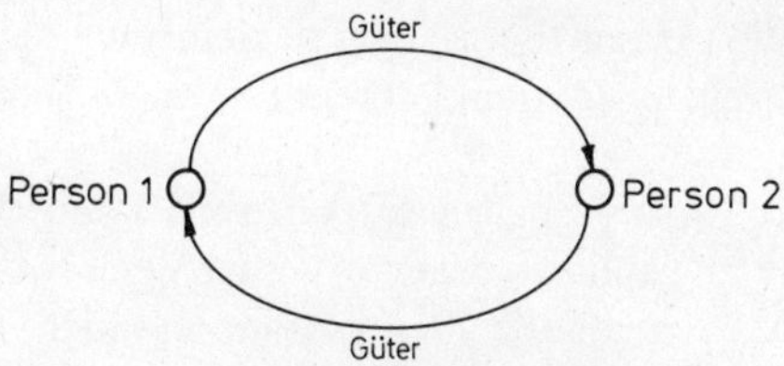

Abbildung 3

Das Diagramm beschreibt den Tausch von Gütern ohne Verwendung von Geld; dabei sei vorausgesetzt, daß stets Wertäquivalente getauscht werden. Mit Geld als allgemein akzeptiertem Zwischentauschmittel würde sich das Bild wie folgt ändern:

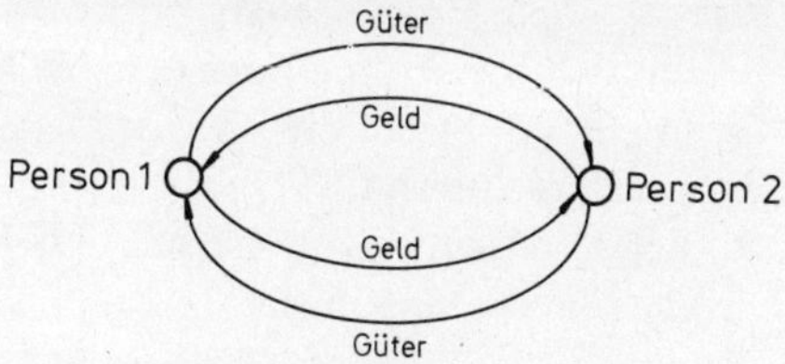

Abbildung 4

Offensichtlich steht dem Güterkreislauf ein *Geldkreislauf* gegenüber. Unter der Voraussetzung wertgleichen Tausches sind beide Kreisläufe entgegengerichtet, aber ansonsten äquivalent; mithin kann einer von ihnen aus der Betrachtung ausgeklammert werden. Es erweist sich aus zwei Gründen als zweckmäßig, den Güterkreislauf zu eliminieren: Erstens muß man bei Berechnung von Summen ohnehin auf den Geldkreislauf zurückgreifen, da verschiedene Güter wegen ihrer unterschiedlichen Dimensionierung nicht additiv sind. (Es lassen sich beispielsweise zwei Kilogramm Äpfel und fünf Tonnen Stahl nicht vernünftig addieren; bewertet man sie jedoch mit Preisen, so kann anschließend die Wertsumme, ausgedrückt in Geldeinheiten, berechnet werden.) Zweitens werden viele Transaktionen, vor allem einseitige Übertragungen, ohnehin nur in Geldeinheiten angegeben. – Wir können das Kreislaufmodell den heutigen Voraussetzungen weiter annähern, indem wir als Tauschobjekte nicht nur Güter (Waren und Dienstleistungen) und Geld, sondern auch Forderungen und Faktorleistungen zulassen.

In einer komplexen Volkswirtschaft mit Millionen Wirtschaftssubjekten läßt sich gleichfalls jeder Tausch erfassen und in einem Kreislaufschema abbilden, jedenfalls prinzipiell. Allerdings wären die Daten nur mit riesigem Aufwand zu erhalten, und das Ergebnis hätte einen recht geringen Erkenntniswert, ähnlich einem Fernsehgerät, dem man sich so weit nähert, daß man jeden einzelnen Bildpunkt erkennen kann – jedoch nicht das Gesamtbild.

In der Praxis faßt man deshalb viele Wirtschaftssubjekte zu *Polen* (Aggregaten) und die unzähligen Märkte zu wenigen *volkswirtschaftlichen Märkten* zusammen. Anschließend ist es dann möglich, empirische Werte zu ermitteln und die Beziehungen zwischen den Polen quantitativ zu beschreiben und in einem übersichtlichen Schema zusammenzustellen. Dabei nimmt mit feinerer Gliederung möglicherweise die Aussagekraft zu, andererseits leidet darunter die Überschaubarkeit; deshalb ist die jeweilige Ausprägung des Kreislaufschemas eine Frage der Zweckmäßigkeit und durchaus unterschiedlich.

Die Leistungsbeziehungen zwischen zwei Polen werden in Geldeinheiten pro Zeiteinheit gemessen und *Ströme* genannt. Es wird einheitlich eine Periode festgelegt, auf die sich die Ströme beziehen. Wählt man als Periode das Kalenderjahr, so gibt ein Strom die während des Jahres zwischen zwei Polen geflossenen Geldeinheiten an.

Der wichtigste Satz der Kreislaufanalyse ist das Axiom für einen geschlossenen Kreislauf (kurz Kreislaufaxiom):

Kreislaufaxiom: Die Summe der hineinfließenden Ströme muß für *jeden* Pol gleich der Summe der herausfließenden Ströme sein.

Das Kreislaufaxiom hat die ökonomische Bedeutung, daß im Kreislauf nur wertäquivalente Tauschakte abgebildet werden. Gibt ein Pol Güter im

Wert von zwei Geldeinheiten hin, so muß er notwendig denselben Wert von einem anderen Pol erhalten, so daß die Summe von Zuflüssen und Abflüssen gleich ist. Man kann das Kreislaufaxiom in gewisser Weise mit dem Energieerhaltungssatz der Physik vergleichen. Wir werden später zeigen, daß sich jeder offene Kreislauf in einen geschlossenen überführen läßt.

In diesem Paragraphen sollte deutlich geworden sein, daß man die Kreislaufanalyse durch zwei Aspekte charakterisieren kann: Erstens ist sie eine *klassifikatorische Theorie*, die verschiedene Komponenten des Wirtschaftsprozesses nach bestimmten Gesichtspunkten zu Polen zusammenfaßt und damit die Grundlage für eine makroökonomische Theorie schafft. Zweitens ist sie Inbegriff der makroökonomischen *empirischen Forschung*, welche die Geldströme einer Volkswirtschaft quantitativ ermittelt und so das Zahlenmaterial für die ökonomische Beurteilung und Theorieprüfung bereitstellt.

§ 14 Das Kreislaufmodell des FRANÇOIS QUESNAY

FRANÇOIS QUESNAY war Arzt in Frankreich und Begründer der ersten ökonomischen Schule, der Physiokratie. Angeregt durch seine Kenntnis des gerade entdeckten menschlichen Blutkreislaufes hatte er als erster die geniale Idee, den Wirtschaftsprozeß durch ein Kreislaufschema zu beschreiben. Sein *Tableau économique* unterschied drei Wirtschaftsgruppen:

- Die *produktive Klasse* (classe productive), Landwirte und Pächter. Nur dieser Gruppe wurde die Fähigkeit zur Wertschöpfung zugesprochen, denn nach physiokratischer Sicht (griech. physis – die Natur) vermochte allein die Natur Werte zu schaffen.
- Die *Klasse der Grundbesitzer* (classe propriétaire), hierzu gehörten vor allem Adel und Klerus.
- Die *sterile Klasse* (classe stérile) umfaßte alle übrigen Berufe, also besonders Handel und Handwerk. Nach Meinung der Physiokraten brachte diese Klasse letztlich keine Wertschöpfung hervor, sondern formte nur bestehende Werte um.

QUESNAYS Tableau bildet die Liefer- und Empfangsbeziehungen zwischen diesen drei Polen ab, wobei nur die Geldströme eingezeichnet sind.

Die produktive Klasse erzeugt im Jahr Nahrungsmittel und Rohstoffe im Wert von fünf Milliarden Livre, wovon sie zwei Milliarden für Saatgut, Futtermittel und zur Erhaltung der Arbeitskraft selbst verbraucht. Eine Milliarde verwendet sie zur Bezahlung von Handelserzeugnissen, welche sie von der sterilen Klasse bezogen hat. Den Überschuß von zwei Milliarden Livre schließlich muß sie in Form von Pacht an die Grundbesitzer abführen.

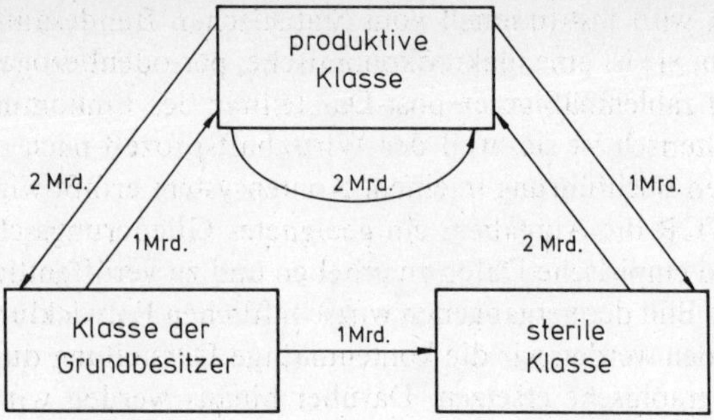

Abbildung 5

Die Grundbesitzer ihrerseits kaufen für je eine Milliarde Nahrungsmittel bei der produktiven Klasse und Handelsgüter bei der sterilen Klasse.

Die sterile Klasse endlich erwirbt von der produktiven landwirtschaftliche Erzeugnisse im Wert von zwei Milliarden Livre. Davon verbraucht sie einen Teil für ihren eigenen Bedarf; den durch ihre Arbeit veredelten Rest verkauft sie für ebenfalls zwei Milliarden Livre an die beiden anderen Klassen. Die – wenn man so will – Wertschöpfung der sterilen Klasse wiegt also gerade ihren eigenen Verbrauch auf, letztere trägt *netto* nichts zum Sozialprodukt bei.

Man kann sagen, daß von dem physiokratischen Modell einer Feudalwirtschaft kaum mehr als der Grundgedanke: die Kreislaufidee, übriggeblieben ist. In klassischer Zeit machte nur ein Ökonom, nämlich MARX, den Kreislauf zum Zentrum seiner Theorie. – Ansonsten kam der Kreislaufgedanke erst in unserem Jahrhundert zu der Bedeutung, die er heute für die Volkswirtschaftslehre hat.

§ 15 Kreislauftheoretische Aspekte der VGR

Die *Volkswirtschaftliche Gesamtrechnung (VGR)*, die heute in der Bundesrepublik Deutschland (und in ähnlicher Form in anderen Staaten) verwendet wird, ist die Synthese zweier Forschungsrichtungen: der Kreislaufanalyse und der Volkseinkommensstatistik. Während die Kreislaufanalyse auf eine Erfassung des wirtschaftlichen Interdependenzzusammenhanges abzielt, ging es der (in dieser Form nicht mehr existierenden) Volkseinkommensstatistik um eine Ermittlung der wirtschaftlichen Leistungsfähigkeit des Landes. In der VGR flossen beide Bestrebungen zusammen; dem Rechnung tragend werden in diesem Paragraphen die kreislauftheoretischen Aspekte der VGR und im nächsten ihre verschiedenen Einkommensbegriffe und die Techniken der Einkommensberechnung erörtert werden.

Die VGR wird institutionell vom Statistischen Bundesamt in Wiesbaden getragen. Sie ist eine makroökonomische, periodenbezogene, buchhalterische und zahlenmäßige ex post-Darstellung des Einkommenskreislaufes. Buchhalterisch ist sie, weil der Wirtschaftsprozeß nach der Methode der doppelten Buchführung in einem Kontensystem erfaßt wird. Demnach erfüllt die VGR die Aufgaben, ein geeignetes Gliederungsschema bereitzustellen und empirische Daten zu erheben und zu veröffentlichen, um ein umfassendes Bild der vergangenen wirtschaftlichen Entwicklung zu geben.

Im folgenden werden wir die kontenmäßige Darstellung durch eine entsprechende graphische ersetzen. Darüber hinaus werden wir sie insofern vereinfachen, als wir von außenwirtschaftlichen Transaktionen absehen; damit lehnen wir uns konzeptionell an die nachfolgenden makroökonomischen Theorien an, die ebenfalls keine offenen Volkswirtschaften zum Gegenstand haben. Weiter ist nur vorgesehen, die wesentlichen Grundzüge der VGR zu erklären; für detaillierte Darstellungen sei auf die Literaturangaben am Ende des Kapitels verwiesen.

Unter vorläufiger Vernachlässigung von staatlichen Aktivitäten, Ersparnis und Investition läßt sich die Volkswirtschaft funktionell in zwei Sektoren gliedern, Unternehmen und Haushalte. Die *Unternehmen* produzieren Güter (das sind Waren und Dienstleistungen) und verkaufen sie an die Haushalte. Die *Haushalte* konsumieren Güter und verkaufen ihrerseits Faktorleistungen (zum Beispiel Arbeit) an die Unternehmen. Das ergibt bei Skizzierung der monetären Ströme folgendes Bild:

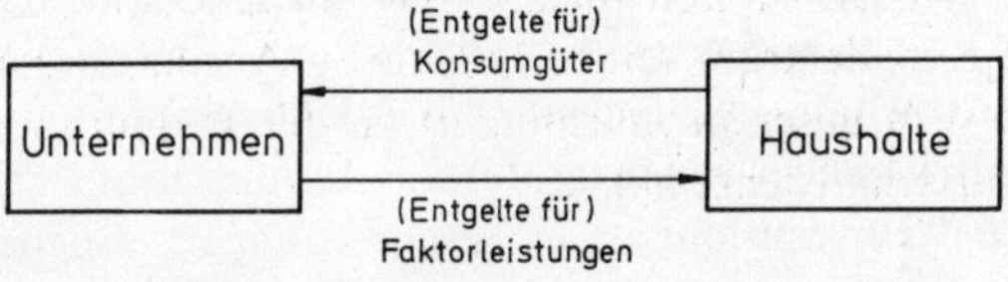

Abbildung 6

Eine derartige Polbildung erscheint trivial; daß sie das nicht ist, folgt aber allein schon aus zwei wesentlichen Unterschieden zum physiokratischen Modell. Erstens wird die Volkswirtschaft nicht *personell*, sondern *funktionell* gegliedert: Eine Person wird nicht schlechthin einem der beiden Pole zugeordnet, sondern dem Unternehmenssektor, sofern sie gewerblich produziert und dem Haushaltssektor, sofern sie konsumiert. Zweitens geht die VGR davon aus, daß *jede* gewerbliche Tätigkeit zu einer Wertschöpfung führt, und nicht allein die landwirtschaftliche.

Im obigen Grundmodell haben die in den Polen zusammengefaßten Wirtschaftssubjekte bei ihren Entscheidungen keinen Freiheitsgrad; die

Unternehmen produzieren ausschließlich Konsumgüter, die Haushalte verwenden ihr Faktoreinkommen voll für die Konsumtion. Gemäß dem Kreislaufaxiom stimmen die Summe der Faktorentgelte und die Summe der Konsumgüterkäufe überein.

$$\text{Faktoreinkommen} = \text{Konsumausgaben}. \tag{2}$$

Demzufolge bleibt der Produktionsapparat mangels Investitionen im Zeitablauf konstant, man spricht von einer *stationären* Volkswirtschaft. In einer *evolutorischen* Volkswirtschaft verändert sich der Produktionsapparat im zeitlichen Verlauf durch *Nettoinvestitionen:*

$$\text{Nettoinvestition} := \text{Bruttoinvestition} - \text{Reinvestition}. \tag{3}$$

Als *Bruttoinvestition* bezeichnet man die Wertsumme aller produzierten und nicht abgesetzten Güter (durch das Symbol „:=" wird der Definitionscharakter dieser Gleichung angedeutet). Dabei kann es sich sowohl um hergestellte Produktionsmittel handeln, als auch um freiwillige oder unfreiwillige Lagerbildung. Es ist demnach strenggenommen unrichtig, von einer Nettoinvestition auf eine Änderung des Bestandes an Produktionsmitteln zu schließen. Unterstellt man jedoch, daß die Lagerbestände im Zeitablauf nur wenig schwanken, so kann von dieser Komplikation abgesehen werden.

Durch *Reinvestitionen* werden alte oder abgenutzte Maschinen, Anlagen und Gebäude ersetzt, wobei man davon ausgeht, daß die neuen Produktionsmittel den bisherigen gleichen. *Abschreibungen* nennt man die Zurückstellung betrieblicher Finanzmittel für Reinvestitionen. Durch die Finanzierung der Reinvestitionen aus Abschreibungen, welche man als einbehaltene Faktoreinkommen ansehen kann, ist sichergestellt, daß der Produktionsapparat (in Abwesenheit von Nettoinvestitionen) wertmäßig konstant bleibt.

Bezeichnen wir die gesamte Produktion mit Y (engl. yield – der Ertrag), den Wert der Konsumgüter mit C und die Bruttoinvestition mit I^b, so läßt sich schreiben:

$$Y := C + I^b. \tag{4}$$

Gleichung (4) beschreibt die Aufteilung der Gesamtproduktion auf Konsum und Investition.

Man geht realistischerweise davon aus, daß die Haushalte ihr Faktoreinkommen nicht voll verausgaben, sondern daß sie und die Unternehmen *Ersparnisse* bilden. Die Haushalte sparen, indem sie einen Konsumverzicht leisten. Im Unternehmenssektor können allein die Unternehmen mit eigener Rechtspersönlichkeit[1] sparen, und zwar dadurch, daß sie Gewinne nicht ausschütten (man spricht dann von unverteilten Gewinnen oder Rücklagen).

Definiert man die volkswirtschaftliche *Ersparnis* als Summe von Abschreibungen, Ersparnis der Unternehmen und Ersparnis der Haushalte und bezeichnet sie mit S, so ist:

$$Y := C + S. \tag{5}$$

Die Gleichung verdeutlicht, daß jede Ersparnis einen *Konsumverzicht* bedeutet, gleichgültig, ob von den Unternehmen durch Kürzung der Faktoreinkommen oder von den Haushalten Ersparnisse gebildet werden. Aus den Beziehungen (4) und (5) geht die doppelte Bedeutung von Y hervor: Einesteils nämlich ist Y die Wertsumme der produzierten Güter, anderenteils ist es die Summe der gezahlten oder einbehaltenen Faktoreinkommen. Durch Gleichsetzung dieser beiden Definitionsgleichungen folgt unmittelbar:

$$I^b = S \tag{6}$$

Es ist also ersichtlich, daß in der ex post-Betrachtung Investition und Ersparnis identisch gleich sind; und in der Tat ist eine Produktion von Investitionsgütern nur durch einen Konsumverzicht in gleicher Höhe, also durch Ersparnisbildung möglich. Damit ist jedoch *nichts* darüber ausgesagt, inwieweit die Pläne der Wirtschaftssubjekte zu Beginn der Periode übereinstimmen, das heißt, inwieweit Investition und Ersparnis freiwillig oder erzwungen waren. Solche Fragen sind Gegenstand der makroökonomischen ex ante-Analyse.

Die Einführung von Investition und Ersparnis wirft nun für die Kreislaufdarstellung ein Problem auf: Das Kreislaufaxiom ist verletzt, weil das Faktoreinkommen des Haushaltssektors bei positiver Ersparnis seine Konsumausgaben übersteigt; für den Unternehmenssektor gilt dasselbe mit umgekehrtem Vorzeichen. Um weiterhin mit einem geschlossenen Kreislauf arbeiten zu können, wird ein imaginärer Pol *Vermögensbildung* hinzugefügt. Dieser nimmt die Ersparnisse auf und aus ihm werden die Investitionen finanziert. Der Pol Vermögensbildung ist insofern imaginär, als er nur ein theoretisches Gebilde ist mit der Aufgabe, den Kreislauf zu

1 Das sind insbesondere die Aktiengesellschaften und die Gesellschaften mit beschränkter Haftung.

schließen und die Änderungen der Nettovermögenspositionen sichtbar zu machen. Im nachstehenden Schema nun ist das Kreislaufaxiom wieder erfüllt:

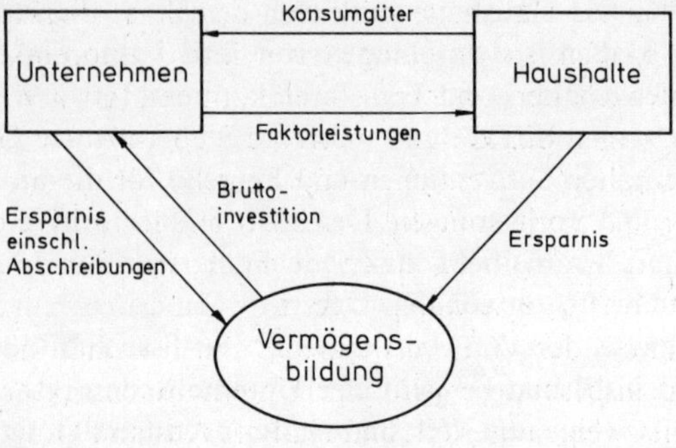

Abbildung 7

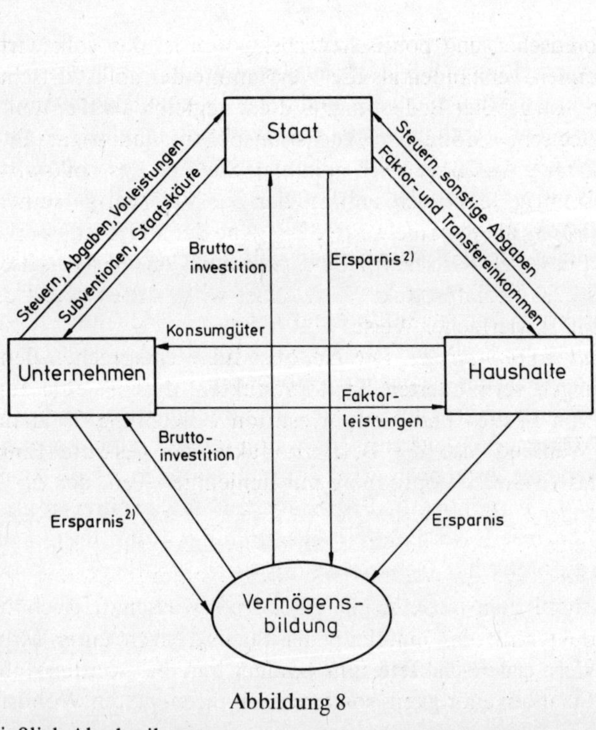

Abbildung 8

2 Einschließlich Abschreibungen.

In einer letzten Erweiterung seien die Einnahmen und Ausgaben des *Staates* in das Kreislaufschema aufgenommen, den man in seiner quantitativen Bedeutung kaum vernachlässigen kann – 1988 betrug der Anteil der Steuern und sonstigen Einnahmen (ohne Sozialbeiträge) am Volkseinkommen rund 30%. Die Haushalte zahlen an den Staat direkte Steuern, Gebühren und Abgaben; sie empfangen von ihm Faktoreinkommen (zum Beispiel Beamtengehälter) und Transfereinkommen (etwa Wohngeld). Die Unternehmen zahlen direkte und indirekte Steuern sowie Gebühren und Abgaben; sie erhalten Subventionen und Entgelte für die an den Staat gelieferten Güter und Vorleistungen. Der Staat bildet positive oder negative Ersparnisse, führt Investitionen durch, macht entsprechende Abschreibungen und liefert Güter (Vorleistungen) an die Unternehmen (s. Abb. 8).

Das in der Praxis der VGR verwendete Modell enthält noch vielfältige Erweiterungen; insbesondere wird der Unternehmenssektor in verschiedene Wirtschaftszweige unterteilt und ein Pol „Ausland" hinzugefügt.

§ 16 Einkommensbegriffe der VGR

In der theoretischen und politischen Diskussion ist das volkswirtschaftliche Einkommen, verstanden als die Wertsumme der volkswirtschaftlichen Produktion, von größter Bedeutung: es dient zugleich als Konjunkturbarometer, strategische Größe der Wachstumspolitik und sogar als „Wohlstandsindikator". Aus einer solch zentralen Stellung des volkswirtschaftlichen Einkommens leitet sich unmittelbar das Erfordernis seiner *empirischen Feststellung* ab, die eine weitere Aufgabe der VGR ist.

Während das volkswirtschaftliche Einkommen im Wirtschaftsleben oft schlicht als „das Sozialprodukt" bezeichnet wird, differenziert die VGR diesen Begriff in vierfacher Weise.

Netto- und Bruttoprodukte. Die Nettoprodukte entsprechen den um die Abschreibungen verminderten Bruttoprodukten; dies ist eine zur Unterscheidung von Brutto- und Nettoinvestition (Gleichung 3) analoge Abgrenzung. Während also die Bruttoprodukte das gesamte Einkommen messen, erfassen die Nettoprodukte nur denjenigen Teil, der für Nettoinvestitionen oder Konsumzwecke zur Verfügung steht; der für Reinvestitionen disponierte Teil der Produktion wird hingegen nicht erfaßt.

Inlands- und Sozialprodukte. Diese Begriffsunterscheidung trägt den außenwirtschaftlichen Beziehungen einer Volkswirtschaft Rechnung. Das Inlandsprodukt mißt das innerhalb der Staatsgrenzen unter Mitwirkung von Ausländern erwirtschaftete Einkommen. Inländer werden dabei nicht nach ihrer Staatsangehörigkeit, sondern nach ihrem ersten Wohnsitz (bzw.

Gesellschaftssitz) abgegrenzt. Auf der anderen Seite mißt das Sozialprodukt ausschließlich das von Inländern erwirtschaftete Einkommen. Wird etwa ein Gut innerhalb der bundesdeutschen Grenzen von Ausländern hergestellt, so ist sein Wert im Inlandsprodukt, nicht aber im Sozialprodukt mit inbegriffen. Umgekehrt betrachtet zählt ein in Frankreich von einer Gesellschaft aus der Bundesrepublik produziertes Gut zum Sozial-, aber nicht zum Inlandsprodukt. – Die Differenz zwischen Inlands- und Sozialprodukt bezeichnet man als „Saldo der Erwerbs- und Vermögenseinkommen zwischen Inland und Ausland".

Produkte zu Marktpreisen und Faktorkosten unterscheiden sich durch die sogenannte „Nettoabgabe im Produktionsbereich", das ist die Differenz zwischen indirekten Steuern und Subventionen. Die Produkte zu Faktorkosten berechnen den Wert der Güterproduktion als Summe der im privatwirtschaftlichen Bereich entstandenen Kosten. Addiert man die indirekten Steuern hinzu und zieht die Subventionen ab, so erhält man den Marktwert der Güter, gemessen durch das Produkt zu Marktpreisen.

Nominal- und Realprodukte. Grundgedanke dieser Abgrenzung ist, daß sich der Wertzuwachs eines Produktes in einen Preis- und einen Mengenzuwachs zerlegen läßt. Beispiel: Ist das Bruttosozialprodukt zu Marktpreisen gegenüber dem Vorjahr um fünf Prozent gestiegen, so kann dies bedeuten, daß die umgesetzten Mengen um fünf Prozent zunahmen; es kann aber auch bedeuten, daß (bei konstanten Mengen) die Preise um fünf Prozent stiegen; drittens mag es sich um eine Kombination beider Wirkungen handeln. Unter dem Aspekt der Güterversorgung ist allein die Mengenveränderung interessant, deshalb dividiert man das Nominalprodukt (Produkt zu laufenden Preisen) durch einen Preisindex und kommt dadurch zum Realprodukt (Produkt zu konstanten Preisen).

Aus diesen vier Abgrenzungen lassen sich $2^4 = 16$ Einkommensbegriffe bilden, die der jeweiligen Zielsetzung gemäß angewendet werden können. Um für die wichtigsten Konzepte eine Vorstellung von den Größenordnungen zu vermitteln, seien nachstehend Zahlen für die Bundesrepublik Deutschland (1988) angegeben[3]:

Bruttoinlandsprodukt zu Marktpreisen:	2.111 Mrd. DM
Bruttosozialprodukt zu Marktpreisen:	2.122 Mrd. DM
Nettosozialprodukt zu Marktpreisen:	1.861 Mrd. DM
Nettosozialprodukt zu Faktorkosten:	1.652 Mrd. DM

3 Quelle: Jahresgutachten 1989/90 des Sachverständigenrates zur Begutachtung der gesamtwirtschaftlichen Entwicklung (SVR) Bundestags-Drucksache **11/5786**. Bonn: Verlag Dr. Hans Heger.

Das Nettosozialprodukt zu Faktorkosten wird oft als *Volkseinkommen* bezeichnet. Denn

– es enthält nicht die Abschreibungen,
– es bezieht sich auf das von Inländern erwirtschaftete Einkommen und
– es umfaßt nicht die indirekten Steuern (minus Subventionen).

Deshalb ist das Nettosozialprodukt zu Faktorkosten ein geeignetes Maß für die Güterversorgung der nationalen Bevölkerung. Der am häufigsten verwendete Indikator der wirtschaftlichen Leistungsfähigkeit einer Nation ist aber das Bruttosozialprodukt zu Marktpreisen. Die folgende Graphik veranschaulicht das reale Wachstum des Bruttosozialproduktes zu Marktpreisen[4].

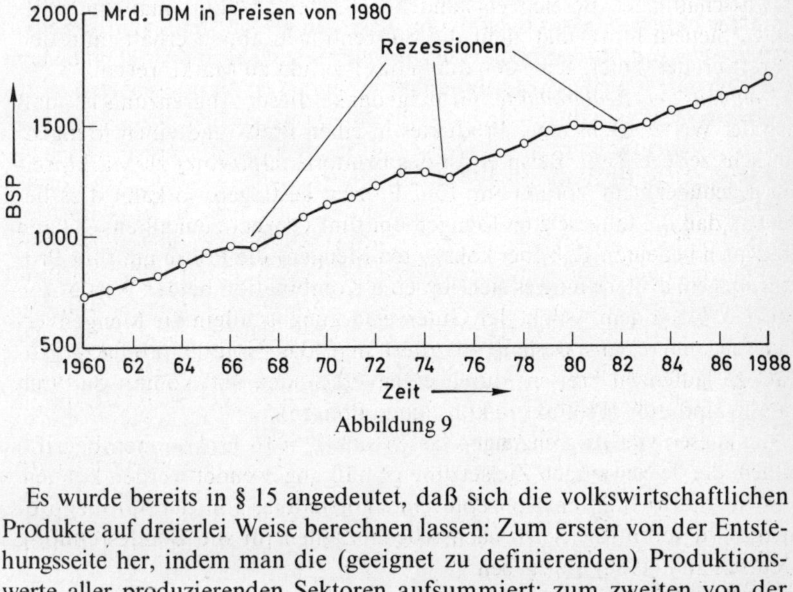

Abbildung 9

Es wurde bereits in § 15 angedeutet, daß sich die volkswirtschaftlichen Produkte auf dreierlei Weise berechnen lassen: Zum ersten von der Entstehungsseite her, indem man die (geeignet zu definierenden) Produktionswerte aller produzierenden Sektoren aufsummiert; zum zweiten von der Verwendungsseite her, indem man die Summe aller Ausgaben für Konsum, Investition etc. berechnet; drittens aber von der Verteilungsseite her, wobei man verschiedene Einkommensgruppen bildet und deren Faktoreinkommen addiert. Dementsprechend kennt die VGR eine Einkommensentstehungs-, Einkommensverwendungs- und Einkommensverteilungsrechnung.

Für die *Einkommensentstehungsrechnung* ist zunächst festzuhalten, daß nach der Konzeption der VGR sowohl die Unternehmen als auch die

4 Quelle: SVR-Gutachten 89/90, a.a.O.

Haushalte und der Staat produzieren, wobei der Unternehmenssektor freilich das größte Gewicht hat. Man geht bei den Unternehmen so vor, daß man die Summe der jährlichen Umsätze berechnet und um Lagerbestandsveränderungen bereinigt; dadurch kommt man zum sogenannten *Bruttoproduktionswert.* Durch Abzug der Vorleistungen, das sind die von anderen Unternehmen bezogenen Güter und Dienste, erhält man den *Nettoproduktionswert* (NPW); der Abzug der Vorleistungen hat folgenden ökonomischen Grund: Wenn etwa ein Schraubenfabrikant Schrauben im Werte von 200,– DM produziert und an ein Maschinenbauunternehmen verkauft, so müssen die 200,– DM bei jenem vom Umsatz abgezogen werden, da sie schon beim ersteren berücksichtigt wurden und sonst eine Doppelzählung stattfände. Bei den Sektoren „Haushalte" und „Staat" werden die Nettoproduktionswerte in ähnlicher Weise berechnet. – Durch Addition der Nettoproduktionswerte aller Sektoren kommt man zum *Bruttoinlandsprodukt zu Marktpreisen* (BIP_M), welches sowohl die Abschreibungen als auch die Nettoabgabe im Produktionsbereich (indirekte Steuern minus Subventionen) enthält:

$$BIP_M = \sum NPW. \tag{7}$$

Wie schon bekannt, läßt sich daraus durch Abzug der Abschreibungen das *Nettoinlandsprodukt zu Marktpreisen* und durch weiteren Abzug der Nettoabgabe im Produktionsbereich das *Nettoinlandsprodukt zu Faktorkosten* berechnen. Zieht man davon wiederum den Saldo der Erwerbs- und Vermögenseinkommen zwischen Inland und Ausland ab, so erhält man das *Nettosozialprodukt zu Faktorkosten* (Volkseinkommen). Diesem Saldo kommt, was die Bundesrepublik Deutschland anbetrifft, keine große Bedeutung zu; deshalb vernachlässigt man die Unterscheidung zwischen Inlands- und Sozialprodukten häufig.

Die *Einkommensverwendungsrechnung* geht davon aus, daß das Bruttosozialprodukt zu Marktpreisen in einer offenen Volkswirtschaft auf vierfache Weise verwendet werden kann, nämlich zur Deckung der Konsumnachfrage, der Investitionsnachfrage, der Staatsnachfrage und des sogenannten Außenbeitrages. Unter *Außenbeitrag* versteht man die Differenz zwischen Exporten und Importen, also gleichsam die Nettonachfrage des Auslands.

$$BSP_M = C + I^b + G + (Ex - Im). \tag{8}$$

Dabei stehen G (government expenditure) für die Staatsnachfrage sowie Ex und Im für Exporte bzw. Importe.

Addiert man die Größen der rechten Seite von (8), so muß die Summe theoretisch mit dem im Wege der Einkommensentstehungsrechnung ermittelten *Bruttosozialprodukt zu Marktpreisen* übereinstimmen. Tatsächlich aber ist die statistische Erfassung nie ganz vollständig, so daß etwaige Differenzen durch Residualgrößen aufgefüllt werden müssen. Es hat sich gezeigt, daß die Einkommensentstehungsrechnung von den drei beschriebenen die genaueste ist. – Eine Vorstellung der Größenordnung vermittelt die nachstehende Tabelle[5]:

BSP_M	C	I^b	G	Ex	Im
2.122	1.157	433	411	688	567
100%	55%	20%	19%	6%	

Im Rahmen der *Einkommensverteilungsrechnung* wird die Volkswirtschaft personal gegliedert, und es wird gefragt, wie sich das Volkseinkommen auf Einkommen aus unselbständiger Arbeit und auf Einkommen aus Unternehmertätigkeit und Vermögen verteilt:

$$NSP_F = E_{uns.} + E_{Untern.\ \&\ Vermögen}. \quad (9)$$

Der Quotient von Einkommen aus unselbständiger Arbeit und dem Volkseinkommen ist die in den Tarifrunden vielzitierte (unbereinigte) *Lohnquote.* Bei der Beurteilung ihrer Aussagekraft muß berücksichtigt werden, daß etwa Vorstandsmitglieder von Aktiengesellschaften in die Gruppe der Lohnabhängigen fallen, kleine Einzelhändler aber als Unternehmer zählen. Zudem zählen etwa die Zinsen auf Sparguthaben mit gesetzlicher Kündigungsfrist als Einkommen aus Vermögen. Aus alldem läßt sich folgern, daß die Lohnquote ein mit größter Vorsicht zu genießendes Maß der Einkommensverteilung ist und die komplexe gesellschaftliche Struktur der Gegenwart nicht recht in „Klassen" althergebrachter Bedeutung einzuteilen vermag. – Die Zahlen für die Bundesrepublik Deutschland (1988) lauten hier[6]:

Vor Steuern:	Mrd. DM	%
Einkommen aus unselbständiger Arbeit:	1.126	68
Einkommen aus Unternehmertätigkeit und Vermögen:	525	32
Volkseinkommen:	1.652	100

5 Quelle: SVR-Gutachten 89/90, a.a.O.

6 Quelle: SVR-Gutachten 89/90, a.a.O. Die Zahlen sind auf Mrd. DM gerundet, wodurch sich ein Rundungsfehler ergibt.

Nach Steuern:	Mrd. DM	%
Einkommen aus unselbständiger Arbeit:	605	57
Einkommen aus Unternehmertätigkeit und Vermögen:	451	43
Verfügbares Volkseinkommen[7]:	1.056	100

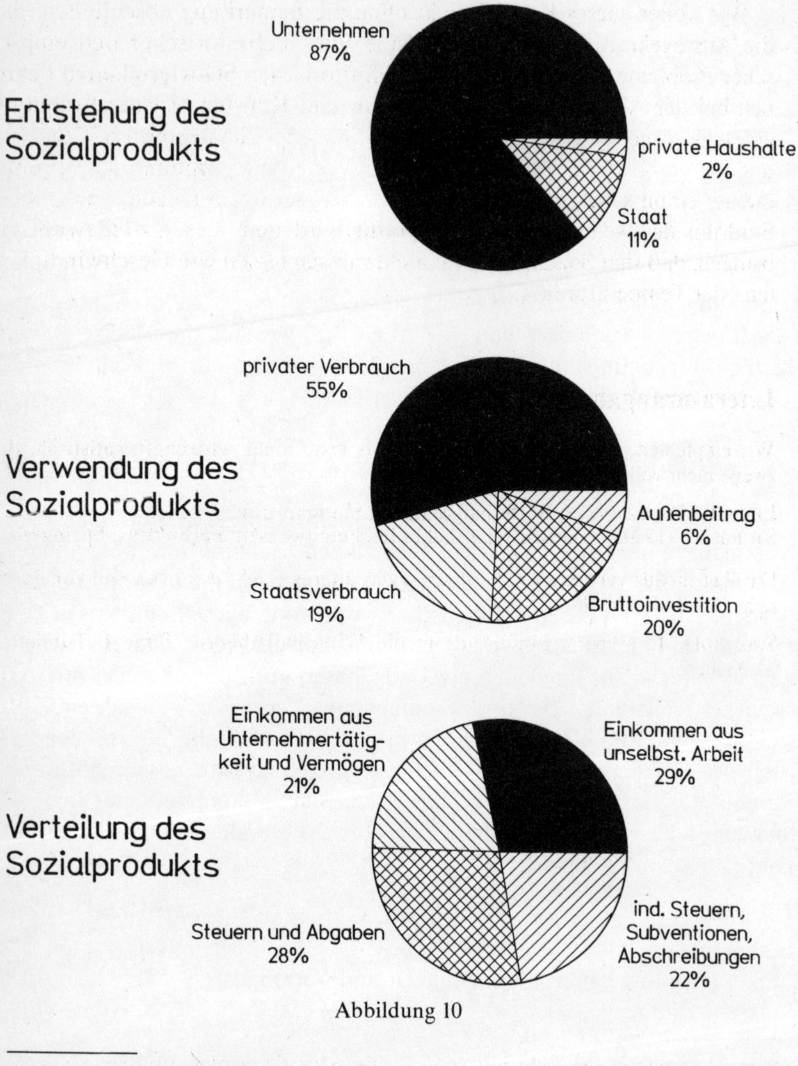

Abbildung 10

7 Nettosozialprodukt zu Faktorkosten, abzüglich der direkten Steuern, der Sozialabgaben und weiterer Abgaben im Unternehmensbereich. Vergleich zu den genauen Abgrenzungen SVR-Gutachten 89/90, a.a.O., Seite 249.

Um dem Leser die grundlegenden Strukturen der VGR nochmals vor Augen zu führen, wollen wir die drei Einkommensrechnungen in einer synoptischen Darstellung zusammenfassen. Die Flächen des obigen Diagramms (Abbildung 10) sind dabei proportional zu den jeweiligen Größen, so daß sich ein anschauliches Bild der relativen Gewichte ergibt[8].

Wir wollen dieses Kapitel nicht ohne die Bemerkung abschließen, daß die Aussagekraft der VGR durch eine Fülle definitorischer und empirischer Probleme begrenzt wird. Die definitorischen Schwierigkeiten beginnen bei der Abgrenzung von Investition und Konsum (ist die Besoldung eines Hochschullehrers Bildungsinvestition oder Staatskonsum?) und enden bei der Gruppierung innerhalb der Verteilungsrechnung. Die Probleme der empirischen Messung sind nicht weniger weitreichend, und erst ein Studium der weiterführenden Literatur wird dem Leser zu Bewußtsein bringen, daß sich Sozialprodukte nicht messen lassen wie Geschwindigkeiten oder Temperaturen.

Literaturangaben

Wir empfehlen zwei Bücher, von denen das erste mehr wirtschaftsstatistisch, das zweite mehr volkswirtschaftlich orientiert ist:

LIPPE, P.M. V.D. (1977²) Wirtschaftsstatistik; Stuttgart usw.: Fischer
STOBBE, A. (1980⁵) Volkswirtschaftliches Rechnungswesen; Berlin usw.: Springer

Darüber hinaus verweisen wir auf ein etwas älteres Buch, das nach wie vor durch seine Didaktik besticht:

SCHNEIDER, E. (1966¹³) Einführung in die Wirtschaftstheorie, Band I; Tübingen: Mohr

---

8 Bundesrepublik Deutschland 1988, Quelle: SVR-Gutachten 1989/90, a.a.O. Die Größen der letzten beiden Diagramme ergeben zusammengefaßt das Bruttosozialprodukt zu Marktpreisen (rund 2.122 Mrd. DM), die Größen des ersten Diagramms hingegen die Bruttowertschöpfung (rund 1.961 Mrd. DM).

Zweites Buch: Makroökonomik

Jede Orthodoxie besteht im Grunde in der Reduktion der schwierigen und hochentwickelten Gedanken großer Männer auf eine Reihe einfacher Prinzipien und schlichter Slogans, die dann auch mittelmäßige Geister gut genug verstehen, um danach leben zu können.

(Harry G. Johnson)

§ 17 Einleitung des zweiten Buches

Seit etwa fünfzig Jahren bewegt sich die wirtschaftspolitische Diskussion im Spannungsfeld zweier konkurrierender Orthodoxien, nämlich der *Klassisch-Neoklassischen Theorie* auf der einen und der *Keynesianischen Theorie* auf der anderen Seite. Wurden diese beiden Ansätze auch ständig weiterentwickelt und verfeinert, so blieb doch ihr Wesensgehalt unverändert, weshalb wir uns nun mit ihnen befassen. Anschließend können wir die wirtschaftspolitischen Implikationen der beiden in einer vergleichenden Darstellung erörtern, um uns schließlich den neueren Entwicklungen der makroökonomischen Theorie zuzuwenden. Zu Beginn seien jedoch die allgemeinen Voraussetzungen unserer Darstellung genannt.

Erstens werden die Klassisch-Neoklassische und die Keynesianische Makroökonomik in einer stark verdichteten Form dargeboten. Auf die vielfältigen, dem geschichtlichen Prozeß der Theoriebildung innewohnenden Nebenlinien gehen wir nicht ein, weil im Vordergrund des Interesses die Wirtschaftstheorie als solche steht, nicht die Dogmengeschichte. So fassen wir etwa die Klassische und die Neoklassische Theorie, ungeachtet ihrer analytischen Verschiedenheit, zusammen, da sie erhebliche Gemeinsamkeiten hinsichtlich der Ergebnisse aufweisen. Wegen der kondensierten Darstellung ist also ein Urteil über „die Klassik" oder „den Keynesianismus" stets ein Urteil über die jeweilige Hauptströmung, das einzelnen Autoren nicht gerecht werden kann.

Zweitens präsentieren wir die Theorien in Begriffen der Gegenwart. So ist etwa im Rahmen der Klassischen Theorie von einer „Produktionsfunktion" die Rede, einem den Klassikern völlig unbekannten Begriff. Diese Vorgehensweise ist für unsere Zwecke *geeignet*, weil die verschiedenen Theorien dadurch vergleichbar gemacht werden. Sie ist *gerechtfertigt*, weil den Gedankengängen nur eine andere Form verliehen, aber nicht ihr Kern angetastet wird.

Drittens grenzen wir unser Erkenntnisobjekt in mehrfacher Hinsicht ein und betrachten eine Volkswirtschaft

– mit marktwirtschaftlicher Ordnung auf Basis des Privateigentums,
– mit vollständiger Konkurrenz auf vollkommenen Märkten[1],
– ohne außenwirtschaftliche Beziehungen
– und ohne Staat.

Diese Annahmen sind zweifellos sehr restriktiv, und doch sollten sie dem Leser nicht gleich das Interesse verleiden: Es ist bei der Theoriebildung immer angemessen, mit dem einfachsten Modell zu beginnen; das einfachste Modell ist aber zugleich das abstrakteste und von der Realität am weitesten entfernt. Mit fortschreitender Kenntnis läßt sich jede der genannten Voraussetzungen aufheben oder modifizieren, so daß die Theorie einen weiteren Geltungsbereich erhält. Wir selbst werden im sechsten Kapitel von der letzten Prämisse abgehen, um die Wirkungsweise der staatlichen Geld- und Fiskalpolitik zu analysieren. Indes sind die hier vorgestellten Modelle vollends zureichend, um den Kern der Klassisch-Neoklassischen und Keynesianischen Denkweise deutlich zu machen. Und schwierig genug sind sie überdies.

1 Diese Begriffe sind in fast jedem Lehrbuch zur mikroökonomischen Theorie erklärt. Vgl. etwa SCHUMANN, J. (1980[3]) Grundzüge der mikroökonomischen Theorie; Berlin usw.: Springer

Kapitel IV. Die Klassisch-Neoklassische Theorie

§ 18 Die Klassisch-Neoklassische Vision. Plan des Kapitels

Die frühen Ökonomen sahen sich vor das theoretische Problem gestellt, daß in einer Marktwirtschaft die Mitglieder der Gesellschaft relativ unabhängig voneinander planen und ihre Pläne gleichwohl im Normalfall erfüllt werden. Wie konnte dies möglich sein? Die Antwort lautete: Der *Preismechanismus* führt zur Koordination der Wirtschaftspläne. Durch ihn, die „unsichtbare Hand", paßt sich die Produktionsstruktur tendenziell der Nachfragestruktur an.

Besteht etwa auf einem bestimmten Markt eine Übernachfrage, so werden sich die Nachfrager gegenseitig überbieten, bzw. können die Anbieter höhere Preise fordern. Die Produktion des betreffenden Gutes wird somit lukrativer, was einige Anbieter veranlaßt, mehr davon herzustellen. Gleichzeitig werden wegen der Preissteigerung einige Nachfrager von ihrem ursprünglichen Kaufwunsch Abstand nehmen und den Kauf anderer Güter vorziehen. Also bewirkt die Preisänderung den Ausgleich von Angebot und Nachfrage. Wenn dies aber für jeden Markt zutrifft, dann auch für alle Märkte.

Selbstverständlich faßten Klassiker und Neoklassiker auch mögliche Anpassungsprobleme ins Auge; sie wären die letzten, denen man realitätsfremde Argumentationen vorwerfen könnte. Nichtsdestoweniger lautete der Tenor ihrer Analyse: *Letztlich* strebt eine Marktwirtschaft stets zu einem Zustand des Ausgleichs von Angebot und Nachfrage auf allen Märkten; das allgemeine Gleichgewicht in diesem Sinne bildet das *Gravitationszentrum* einer Marktwirtschaft. Damit sollte nicht die Möglichkeit vorübergehender Krisen bestritten werden: Es wurde allein die *langfristige* Konvergenz zum allgemeinen Gleichgewicht behauptet, mochte die „lange Frist" auch einige Jahre oder gar Jahrzehnte betragen.

Desweiteren sahen Klassiker und Neoklassiker das so charakterisierte Gleichgewicht als einen *gesellschaftlich optimalen* Zustand an; denn was könnte wünschenswerter sein, als daß alle Menschen frei und unabhängig voneinander planen und ihre Pläne tatsächlich verwirklichen?[2] Somit empfahlen Klassiker und Neoklassiker mehrheitlich ein Wirtschaftssystem, das dem einzelnen wirtschaftliche Freiheit garantiert bei gleichsam automatischer Koordination der Pläne: Sie befürworteten die Marktwirtschaft.

Neben der reinen Analyse des Preisbildungsprozesses, die wir als Preis- oder Werttheorie bezeichnen, bestand eine zweite theoretische Leistung der Klassiker in der Entdeckung eines „Geldschleiers": Bei naiver, unbefangener Betrachtung scheint dem Gelde die überragende Rolle im Wirtschaftsprozeß zuzukommen. Wer viel Geld besitzt, gilt als reich; fast jeder versucht, möglichst viel Geld zu verdienen, aber für eine gegebene Gütermenge möglichst wenig auszugeben. Die Klassiker stellten den landläufigen Ansichten über das Geld den Satz gegenüber: *Geld und Reichtum sind etwas völlig Verschiedenes.* Der Reichtum besteht aus der jährlichen Güterproduktion und dem Gütervorrat einer Volkswirtschaft; Geld dagegen ist ein reines Zwischentauschmittel. Niemand möchte Geld um des Geldes willen verdienen, sondern wegen der Güter, die er damit kaufen kann. Deshalb ist das Geld nur ein „Schleier" über den realen Vorgängen.

Die Überspitzung dieser Sichtweise führte zur *makroökonomischen Dichotomie* (Zweiteilung). Darunter verstehen wir den Grundsatz, daß die monetären und die realen Größen einer Volkswirtschaft *unabhängig* voneinander sind. Wenn etwa die in der Welt vorhandene Geldmenge vervielfacht wird, hat dies keine realen, keine Wohlstandswirkungen; es steigen nur alle Preise auf ein Mehrfaches, so daß jetzt mit anderen Zahlen gerechnet werden muß. Einher mit diesem Grundsatz ging eine Aufspaltung der Analyse in eine *Werttheorie* und eine *Geldtheorie.* Die erstere befaßt sich mit den realen Größen der Volkswirtschaft und den *relativen Preisen,* welche die Austauschverhältnisse der Güter angeben. Gegenstand der Geldtheorie ist andererseits die Bestimmung der *Geldpreise,* verstanden als die Austauschverhältnisse der Güter zum Geld. Die genannte Dichotomie ist für den weiteren Aufbau entscheidend: Wir werden uns zunächst ausschließlich mit realen Größen befassen, um diese Realanalyse anschließend durch die Quantitätstheorie des Geldes zu ergänzen.

Grundlegend für das weitere Vorgehen sind zwei typisch makroökonomische Vereinfachungen. Erstens existieren in der betrachteten Volkswirtschaft nur zwei Arten von Wirtschaftssubjekten, welche nicht notwendig personell verschieden sein müssen, nämlich die *Unternehmen* und die *Haushalte.* Jedem dieser beiden Sektoren ordnen wir drei ökonomische Aktivitäten zu:

2 Dieses „Maximum-Theorem" wurde von vielen Autoren angegriffen, vgl. etwa ALBERT, H. (1967) Marktsoziologie und Entscheidungslogik; Neuwied usw.: Luchterhand

Die Unternehmen – produzieren Güter,
– fragen Arbeitskräfte nach und
– investieren.

Die Haushalte – konsumieren Güter,
– bieten ihre Arbeitskraft an und
– bilden Ersparnisse.

Die zweite Annahme besagt, daß in der Modellökonomie nur *ein homogenes Gut* produziert wird, dessen physische Menge mit Y bezeichnet sei. In der ex post-Betrachtung ist Y das *Realeinkommen* und kann ungefähr als Bruttoinlandsprodukt interpretiert werden; es wird in Gütereinheiten gemessen. In unserer theoretischen ex ante-Analyse müssen wir indes drei Bedeutungen dieser Variablen unterscheiden, die nicht notwendig zusammenfallen: Y kann aufgefaßt werden als

- die Summe der *geplanten* Produktionsmengen (Y^s) oder
- die Summe der *geplanten* Güternachfrage (Y^d) oder
- die Summe der Arbeits-, Zins- und Gewinneinkommen (Y).

Insgesamt enthält das Modell vier Märkte, nämlich

- den *Gütermarkt,* auf dem das Güterangebot Y^s auf die Konsumnachfrage (C) und Investitionsnachfrage (I) trifft,
- den *Arbeitsmarkt* mit Arbeitsangebot N^s und Arbeitsnachfrage N^d,
- den *Kapitalmarkt,* auf dem Kapitalangebot S (Ersparnis) und Kapitalnachfrage $I \equiv \Delta B^s/P$ zusammentreffen. (Es wird später erklärt, warum I sowohl die Investitionsnachfrage, als auch die Kapitalnachfrage verkörpert) sowie
- den *Geldmarkt,* der durch die Quantitätstheorie des Geldes beschrieben wird.

Weil die Märkte vollkommen sind, bildet sich auf jedem Markt ein einheitlicher Preis, nämlich

- das *Preisniveau* P als Geldpreis des Gutes Y,
- der *Nominallohn* w als Geldpreis der Arbeit und
- der *Zins* i als Preis für ausgeliehenes Kapital.

Sofern wir vorerst vom Gelde absehen, kommt es nicht auf den Nominallohn w und das Preisniveau P an, sondern auf ihr Verhältnis w/P, den *Reallohn.* Der Reallohn gibt die pro Arbeitsstunde gezahlte Gütermenge an, womit der indirekte Tausch „Arbeit–Geld – Geld–Güter" gleichsam durch den direkten Tausch „Arbeit–Güter" ersetzt wird.

Das weitere Vorgehen besteht nun in Folgendem: Wir analysieren zuerst das Verhalten der Unternehmen und Haushalte; anschließend lassen wir diese beiden Sektoren auf den drei Märkten Handel treiben; danach führen wir das Geld in die Analyse ein; und schließlich fassen wir die Ergebnisse im Klassisch-Neoklassischen Modell zusammen.

§ 19 Produktionsfunktionen

Im Unternehmenssektor werden Güter unter Einsatz diverser *Produktionsfaktoren* hergestellt, und es bedarf wohl keiner Erklärung, daß die Produktionstechnologie das Verhalten der Unternehmen maßgeblich beeinflußt. Deshalb befassen wir uns zuerst hiermit.

Die Neoklassische Theorie unterschied drei Produktionsfaktoren, nämlich Arbeit, Kapital und Boden. Der Faktor *Arbeit* umfaßt die Leistungen der Arbeiter und Angestellten, während der Unternehmer einen Beitrag leistet, der durch den Gewinn entlohnt wird[3]. Unter das *Kapital* werden alle reproduzierbaren Güter subsumiert, die zur Produktion anderer Güter dienen: im wesentlichen sind das Maschinen, Anlagen und Gebäude. Etwaige Lagerbestände zählen in der theoretischen Analyse nicht zum Kapital. Der *Boden* schließlich ist die Gesamtheit der nichtreproduzierbaren sächlichen Produktionsfaktoren. Dazu zählen der Boden im engeren Sinne, aber auch Erzlager, Ölquellen etc.

Der Zusammenhang zwischen Faktoreinsatz und möglicher Ausbringung läßt sich durch eine *Produktionsfunktion* beschreiben:

$$Y = F(N, K). \qquad (10)$$

Hierbei ist Y die Güterproduktion, N die Zahl der geleisteten Arbeitsstunden und K der Kapitalbestand. Das Kapital ist in der makroökonomischen Abstraktion ein homogenes Gut, das mit dem produzierten Gut identisch ist. Der Output Y dient also je nach Verwendung dem Konsum oder der Güterreproduktion.

Mit der Formulierung einer Produktionsfunktion (10) ist nichts weiter vorausgesetzt, als daß zu jeder Kombination der Faktoren Arbeit und Kapital eine *maximale* Ausbringung existiert. Die Art des funktionalen Zusammenhangs ist dabei abhängig von

– der verfügbaren Menge des Faktors *Boden* und
– dem Stand des technischen und organisatorischen Wissens.

Die Formulierung (10) besagt nicht etwa, daß diese Einflußgrößen keine Rolle spielen, sondern daß sie im betrachteten Zeitabschnitt *konstant* sind. Die Unternehmen können die Produktion demnach kurzfristig nur durch Änderungen des Arbeitseinsatzes oder des Kapitalstocks verändern.

Um analytische Ergebnisse zu erhalten, müssen wir uns jetzt mit den qualitativen Eigenschaften der Produktionsfunktion befassen. Wir unterstellen eine sogenannte *Neoklassische Produktionsfunktion:*

---

3 Dies führte MARSHALL und später GUTENBERG zur Unterscheidung eines weiteren Faktors, von GUTENBERG der *dispositive Faktor* genannt.

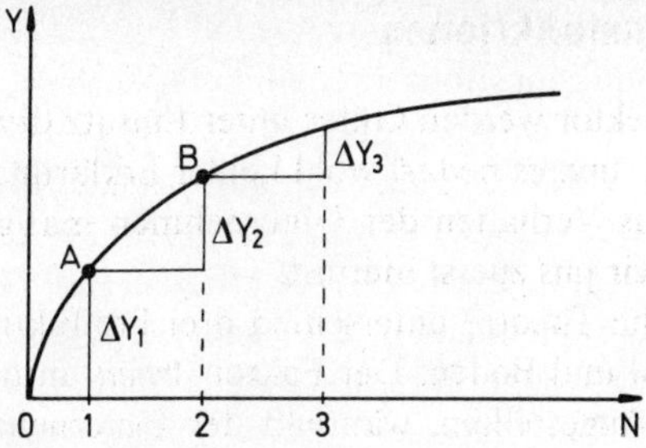

Abbildung 11

Bei der Abbildung wurde von einem konstanten Kapitalstock ausgegangen und der *Output* Y gegen den Arbeitseinsatz N abgetragen. Offenbar weist die Neoklassische Produktionsfunktion drei kennzeichnende Merkmale auf:

- Die Funktion verläuft durch den Ursprung,
- ihre Steigung ist überall positiv und
- nimmt im gesamten Bereich ab.

Die erste Annahme ist völlig plausibel: Ohne jeglichen Arbeitseinsatz kann auch nichts produziert werden. Die zweite Prämisse besagt, daß jede Erhöhung des Arbeitseinsatzes eine Zunahme der Produktion bewirkt, und auch das läßt sich ohne weiteres einsehen. Die Frage ist nun, warum die Steigung der Produktionsfunktion auf dem ganzen Bereich abnimmt. Hierzu läßt sich folgende Überlegung anstellen.

Angenommen sei ein Unternehmen mit einer bestimmten Kapitalausstattung, in dem *nicht* gearbeitet werde; dies ist der Punkt O in Abbildung 11. Der Arbeitseinsatz wird nun auf eine Arbeitsstunde gesteigert, was zu einer gewissen Produktionserhöhung ΔY_1 führt (Punkt A). Eine weitere Arbeitsstunde erhöht ebenfalls die Produktion (ΔY_2 und Punkt B), aber *weniger* stark als die erste. Der Grund: Bei ökonomisch rationalem Verhalten wird die erste Arbeitsstunde auf jene Tätigkeit verwendet, die den *höchsten* Ertrag bringt. Also erbringt die zweite Arbeitsstunde einen geringeren Produktionszuwachs und jede weitere einen noch geringeren. (Beispiel: In der ersten Stunde wird die effizienteste Maschine betätigt, in der zweiten die nächst effiziente und so fort[4].)

Jenen zusätzlichen Ertrag, der auf die *letzte* eingesetzte Arbeitseinheit entfällt, nennen wir ihren *Grenzertrag* oder ihr *Grenzprodukt.* Nach Abbil-

---

4 In dieser Argumentation wird lediglich vorausgesetzt, daß es verschiedene Erträglichkeiten gibt, daß also nicht alle Einheiten eines Faktors gleich effizient sind.

dung 11 nehmen also die Grenzerträge fortlaufend ab. Die Annahme einer Neoklassischen Produktionsfunktion beinhaltet deshalb das *Gesetz des von Anfang an abnehmenden Grenzertrages.*

Wir können den Gedankengang auch auf den Faktor Kapital beziehen. Hier gilt ebenfalls das Gesetz des von Anfang an abnehmenden Grenzertrages, da die erste Kapitaleinheit in die effizienteste Verwendung gelenkt wird, die zweite Kapitaleinheit in die nächst effiziente etc. Diese Änderung eines Faktors bei Konstanz des jeweils anderen bezeichnen wir als *partielle Faktorvariation* (Gegensatz: *totale Faktorvariation*). Das obengenannte Gesetz bezieht sich allein auf die partielle Faktorvariation und sagt nichts darüber aus, was bei gleichzeitiger Veränderung der Faktoreinsätze geschieht.

In einer dreidimensionalen Darstellung hat die Neoklassische Produktionsfunktion demnach folgende Gestalt:

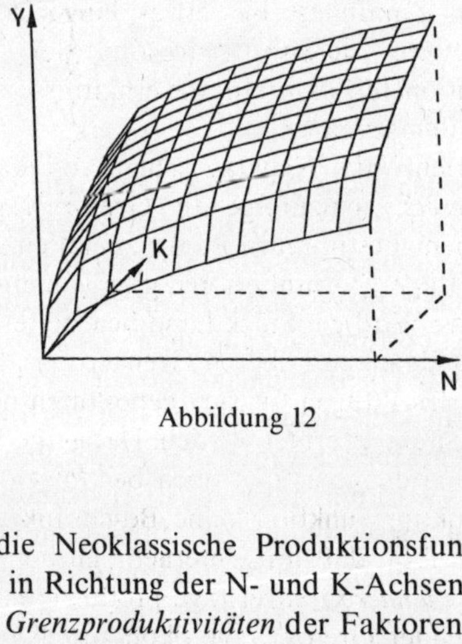

Abbildung 12

Offenbar weist die Neoklassische Produktionsfunktion abnehmende, positive Steigungen in Richtung der N- und K-Achsen auf. Diese Steigungen nennen wir die *Grenzproduktivitäten* der Faktoren. Die Grenzproduktivität der Arbeit etwa ist der Grenzertrag der Arbeit, dividiert durch die letzte eingesetzte Arbeitseinheit, wobei der Grenzfall unendlich kleiner Zunahmen betrachtet wird. Die Grenzproduktivitäten sind mathematisch gesprochen die partiellen Ableitungen der Produktionsfunktion nach N und K. Also können wir sagen: Bei einer Neoklassischen Produktionsfunktion sind die partiellen Ableitungen positiv, da die Steigungen in Richtung der N- und K-Achse jeweils positiv sind. Weiterhin sind die zweiten partiellen Ableitungen negativ, was die Abnahme der Steigungen bedeutet. Und schließlich nehmen wir zur Vereinfachung an, daß die Kreuzableitungen verschwinden. Damit ist gemeint, daß die Grenzproduktivität der

Arbeit vom Kapitaleinsatz unabhängig ist und umgekehrt[5].

$$\frac{\partial F}{\partial N} > 0 \quad \text{und} \quad \frac{\partial F}{\partial K} > 0\,. \tag{11}$$

$$\frac{\partial^2 F}{\partial N^2} < 0 \quad \text{und} \quad \frac{\partial^2 F}{\partial K^2} < 0\,. \tag{12}$$

$$\frac{\partial^2 F}{\partial N \partial K} = \frac{\partial^2 F}{\partial K \partial N} = 0\,. \tag{13}$$

Für die empirische Gültigkeit der Neoklassischen Produktionsfunktion müssen zwei Einschränkungen gemacht werden. Zuerst einmal ist dabei unterstellt, daß Arbeit und Kapital in jedem beliebigen Verhältnis eingesetzt werden können. Es sind aber Fälle denkbar, in denen die Faktoren in einem bestimmten Verhältnis eingesetzt werden müssen, ein Fall, den man als *Limitationalität* der Produktionsfaktoren bezeichnet, im Unterschiede zur *Substitutionalität.* Zumindest bei etwas längerfristiger Betrachtung kann jedoch ohne weiteres die Substitutionalität der Faktoren unterstellt werden, zumal limitationale Faktoreinsatzverhältnisse eher als mikroökonomisch relevanter Fall erscheinen.

Zweitens widerspricht die Neoklassische Produktionsfunktion dem *Klassischen Ertragsgesetz,* demzufolge die Grenzerträge anfangs zunehmen, um erst ab einem bestimmten Punkt zu fallen. Das Ertragsgesetz wurde erstmals von TURGOT formuliert und ging von einer Beobachtung in der Landwirtschaft aus: Wird ein Stück Land bearbeitet, so mag die zweite eingesetzte Arbeitsstunde einen höheren Grenzertrag abwerfen als die erste. So erbringt etwa das Pflügen für sich genommen noch keinen Ertrag, es muß zusätzlich gesät und geerntet werden. Derartige Fälle sind auch bei industrieller Produktion denkbar, und doch bedeutet die Annahme einer Neoklassischen Produktionsfunktion keine Beschränkung der Allgemeinheit, weil sich zeigen läßt, daß die Unternehmen bei vollständiger Konkurrenz im Bereich *fallender* Grenzerträge produzieren[6]. Somit ist ein etwaiger Bereich steigender Grenzerträge ökonomisch *irrelevant* und kann daher vernachlässigt werden.

Für empirische Schätzungen wurden spezielle Produktionsfunktionen konstruiert, wie etwa die berühmte *Cobb-Douglas-Produktionsfunktion.* Wir wollen auf die hiermit verbundenen Probleme jedoch nicht eingehen[7].

---

5 Vergleiche zum Begriff der partiellen Ableitung den Mathematischen Anhang, Abschnitt 3. Auf die Bedeutung der Annahme (13) gehen wir dortselbst in Abschnitt *4.5 ein.

6 Wir zeigen dies im Mathematischen Anhang, *3.9.

7 Vgl. hierzu etwa KRELLE, W. (1969²) Produktionstheorie; Tübingen: Mohr

§ 20 Die Unternehmen

In einer Marktwirtschaft beruht das Verhalten des Unternehmenssektors auf den Entscheidungen der einzelnen Unternehmen, und diese Tatsache muß den Ausgangspunkt unserer Analyse bilden. Wir betrachten hierzu ein repräsentatives Unternehmen, das in vollständiger Konkurrenz operiere. Das *repräsentative Unternehmen* ist eine gedachte Durchschnittseinheit, die sich – bis auf die Größenordnung – so verhält, wie der Unternehmenssektor insgesamt. Besteht der Unternehmenssektor etwa aus 100 Unternehmen, die zusammengenommen 1000 Gütereinheiten produzieren, so stellt das repräsentative Unternehmen genau 10 Gütereinheiten her. Weil wir hier lediglich auf qualitative Ergebnisse abzielen, können wir den Unterschied in der Größenordnung vernachlässigen und synonym über „das repräsentative Unternehmen" oder „die Unternehmen" sprechen.

Das repräsentative Unternehmen sei bestrebt, seinen Gewinn zu maximieren. Diese Annahme ist nicht unbedingt zutreffend, aber wohl besser als die möglichen Alternativen (z.B. Umsatzmaximierung). Der *geplante nominale Gewinn* wird in Geldeinheiten pro Periode ausgedrückt und ist die Differenz von Umsatzerlösen und Arbeits- bzw. Kapitalkosten:

$$\underset{\text{Gewinn}}{\pi} \; \underset{=}{=} \; \underset{\text{Erlöse}}{P \cdot Y^s} \; \underset{-}{-} \; \underset{\text{Arbeitskosten}}{w \cdot N^d} \; \underset{-}{-} \; \underset{\text{Kapitalkosten}}{i \cdot B^s}\,. \tag{14}$$

Dabei steht π für den Gewinn, P für den Güterpreis, Y^s für das geplante Güterangebot, w für den Nominallohn, N^d für die geplante Arbeitsnachfrage und i für den Nominalzins. B^s ist der geplante nominale Schuldenbestand des Unternehmens gegen Ende der Periode, also die Summe der emittierten Schuldverschreibungen. Demnach steht $i \cdot B^s$ für die zu zahlenden Zinsen.

Das Unternehmen hat bei seiner Planung die Produktionsmöglichkeiten zu beachten, welche durch eine Neoklassische Produktionsfunktion beschrieben werden:

$$Y = F(N, K). \tag{15}$$

Investition nennen wir die Veränderung des physischen Kapitalbestandes. Wenn K der optimale und K_0 der Kapitalbestand zu Beginn der Periode ist, dann beträgt die Investition

$$I := K - K_0, \tag{16}$$

wobei angenommen sei, daß keine Produktionsengpässe bestehen und der optimale Kapitalbestand nach einmaliger Investition erreicht ist. Das repräsentative Unternehmen finanziert seine Investition durch Ausgabe von Schuldverschreibungen:

$$P \cdot I = \Delta B^{s}.\text{[8]} \tag{17}$$

Diese Gleichung besagt, daß der *Wert* der Investition, berechnet als Produkt von Güterpreis und physischem Investitionsvolumen, vollständig durch Verschuldung finanziert wird. ΔB^s ist demnach die nominale Veränderung des Schuldenbestandes in der Periode. Sicherlich ist auch eine Finanzierung der Investition aus dem laufenden Gewinn möglich; aber diese interpretieren wir so, daß der Gewinn erst ausgeschüttet und sofort wieder als Fremdkapital zur Verfügung gestellt wird. Damit wird berücksichtigt, daß auch bei der Selbstfinanzierung (kalkulatorische) Kosten in Form von Opportunitätskosten entstehen, weil die Unternehmenseigner auf eine anderweitige Anlage verzichten müssen. Diese sind in der obigen Modellierung enthalten, weil auf das Fremdkapital (B) ein Zins gezahlt wird. Durch Umformung von (17)

$$I = \frac{\Delta B^s}{P} \tag{18}$$

wird sichtbar, daß die physische Investitionsnachfrage I mit der *realen Kapitalnachfrage*, also dem realen Wertpapierangebot $\Delta B^s/P$, des Unternehmens zusammenfällt.

Setzen wir nun die Produktionsfunktion (15) und die Gleichungen (16) und (17) in die Gewinnfunktion (14) ein:

$$\pi = P \cdot F(N, K) - w \cdot N^d - i\,(B_0 + P(K - K_0)). \tag{19}$$

Zu verzinsen sind demnach der ursprüngliche Schuldenbestand (B_0) sowie die zusätzliche Verschuldung (ΔB^s), welche nach (17) mit dem Wert der Investition $P(K - K_0)$ übereinstimmt. Das repräsentative Unternehmen verhält sich auf allen Märkten als *Mengenanpasser:* Es nimmt das Preisniveau, den Nominallohn und den Zins als gegebene Größen und wählt die Mengen so, daß der Gewinn maximiert wird. Mathematisch betrachtet ist der Gewinn eine Funktion in zwei Variablen, nämlich N und K, und die Bedingungen[9] für ein Gewinnmaximum erhalten wir durch Nullsetzen der

---

8 Der Leser vergegenwärtige sich, daß ein Wertpapier*angebot* gleichbedeutend mit einer Kapital*nachfrage* ist. Deshalb der Index „s", obwohl es sich um eine Nachfrage handelt.

9 Vermöge unserer Annahmen zur Produktionsfunktion sind diese Bedingungen zugleich notwendig und hinreichend, sofern von Randlösungen abgesehen wird.

ersten partiellen Ableitungen:

$$\frac{\partial \pi}{\partial N} = P \cdot \frac{\partial F}{\partial N} - w \stackrel{!}{=} 0 \,, \tag{20}$$

$$\frac{\partial \pi}{\partial K} = P \cdot \frac{\partial F}{\partial K} - i \cdot P \stackrel{!}{=} 0 \,. \tag{21}$$

Durch Auflösen ergibt sich unmittelbar:

Bedingung für den optimalen Arbeitseinsatz: $$P \cdot \frac{\partial F}{\partial N} = w \,, \tag{22}$$

Bedingung für den optimalen Kapitaleinsatz: $$\frac{\partial F}{\partial K} = i \,. \tag{23}$$

Wir nennen $P \cdot \partial F/\partial N$ die *Wertgrenzproduktivität der Arbeit*, in Abgrenzung zur (physischen) Grenzproduktivität $\partial F/\partial N$. Demnach muß im Gewinnmaximum die Wertgrenzproduktivität der Arbeit gleich dem Nominallohn sein. Die Grenzproduktivität des Kapitals muß mit dem Zins übereinstimmen.

Wie aber lassen sich die Bedingungen (22) und (23) ökonomisch interpretieren? Beginnen wir mit einer Marginalbetrachtung des Faktors Arbeit. Der Einsatz einer kleinen zusätzlichen Arbeitsmenge (dN^d) hat zwei Wirkungen:

– Der Erlös steigt näherungsweise um $P \cdot \frac{\partial F}{\partial N} \cdot dN^d$ (*Grenzerlös*) und
– die Kosten steigen um $w \cdot dN^d$ (*Grenzkosten*) [10]

Der Einsatz einer zusätzlichen Arbeitseinheit ist also vom Standpunkt der Gewinnmaximierung aus sinnvoll, wenn

$$\underset{\text{Grenzerlös}}{P \cdot \frac{\partial F}{\partial N} \cdot dN^d} > \underset{\text{Grenzkosten}}{w \cdot dN^d} \tag{24}$$

Solange diese Bedingung gilt, wird das Unternehmen seine Arbeitsnachfrage *erhöhen*, weil damit der Erlös stärker steigt als die Kosten. Zentral ist nun der Gedanke, daß aufgrund der Annahme einer Neoklassischen Produktionsfunktion die Grenzproduktivität der Arbeit fortlaufend *abnimmt;*

10 Wir beziehen die Termini „Grenzerlös" und „Grenzkosten" hier auf eine *Faktoreinheit.* Statt dessen kann man auch auf eine *Outputeinheit* rekurrieren, wobei für den Grenzerlös $p \cdot dy$ und für die Grenzkosten $w \cdot \partial N/\partial Y \cdot dY$ zu setzen ist.

der Leser vergleiche die Abbildung 11. Also ist bei fortlaufender Zunahme des Arbeitseinsatzes irgendwann ein Punkt erreicht mit

$$P \cdot \frac{\partial F}{\partial N} \cdot dN^d = w \cdot dN^d , \tag{25}$$

und dieser Punkt ist gewinnmaximal. Bei *weiterer Erhöhung* der Arbeitsnachfrage wäre der Grenzerlös nämlich geringer als die Grenzkosten: der Gewinn würde sich verringern. Dies folgt aus der Tatsache, daß die Grenzkosten *konstant* sind, während der Grenzerlös bei zunehmendem Arbeitseinsatz *immer kleiner* wird. Andererseits würde sich die Gewinnsituation auch bei einer *Verringerung* der Arbeitsnachfrage verschlechtern, weil hier die Ungleichung (24) gilt, derzufolge jede weitere Arbeitseinheit den Gewinn erhöht. Also ist gerade die Situation (25) gewinnmaximal. Aus der Division von (25) durch dN^d folgt aber die Gleichung (22), deren Bedeutung damit erklärt ist.

Die Bedingung für den gewinnmaximalen Kapitaleinsatz läßt sich ganz ähnlich erklären. Jeder Anstieg des Kapitalbestandes um dK^d bewirkt

– eine Erlöszunahme um näherungsweise $P \cdot \frac{\partial F}{\partial K} \cdot dK^d$ sowie
– eine Kostensteigerung um $i \cdot P \cdot dK^d$.

Dabei steht dK^d für die Veränderung des Kapitalstocks, also die Investition. Die Kostenzunahme erklärt sich aus der Tatsache, daß die Investition durch Schuldaufnahme finanziert wird; die zusätzliche Schuld aber muß verzinst werden. Auch hier wird der Grenzerlös zunächst die konstanten Grenzkosten übersteigen; und wegen der Neoklassischen Produktionsfunktion wird die Grenzproduktivität des Kapitals solange fallen, bis der Grenzerlös schließlich mit den Grenzkosten übereinstimmt:

$$\underbrace{P \cdot \frac{\partial F}{\partial K} \cdot dK^d}_{\text{Grenzerlös}} = \underbrace{i \cdot P \cdot dK^d}_{\text{Grenzkosten}} . \tag{26}$$

Dies ist die Bedingung für den optimalen Kapitalbestand. Aus der Division von (26) durch P und dK^d folgt sofort die Gleichung (23).

Anhand der Maximumbedingungen können wir uns jetzt dem eigentlichen Ziel zuwenden und erklären, wie das repräsentative Unternehmen auf *Änderungen* der Preise reagiert. Wenden wir uns zunächst dem Faktor Arbeit zu und dividieren (22) durch das Preisniveau:

$$\frac{\partial F}{\partial N} = \frac{w}{P} . \tag{27}$$

Diese alternative Maximumbedingung besagt, daß die Grenzproduktivität der Arbeit mit dem *Reallohn* w/P übereinstimmen muß. Wie wird sich das Unternehmen nun verhalten, wenn der Reallohn steigt? Es wird den Arbeitseinsatz so wählen, daß die Grenzproduktivität der Arbeit mit dem neuen, höheren Reallohn wiederum übereinstimmt; denn nur diese Situation ist, wie wir oben sahen, gewinnmaximal. Im neuen Unternehmensgleichgewicht ist die Grenzproduktivität demnach *größer* als zuvor. Das aber bedeutet, daß die Arbeitsnachfrage *geringer* ist:

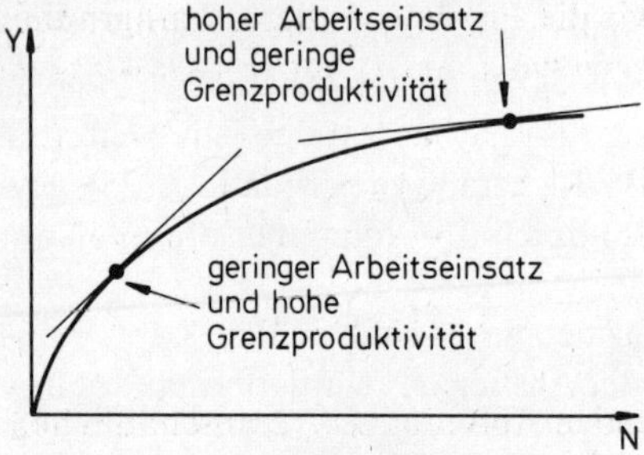

Abbildung 13

Also nimmt das Unternehmen die Arbeitsnachfrage bei steigendem Reallohn zurück. Mathematisch ergibt sich dieses Resultat, indem (27) unter Anwendung der Kettenregel[11] nach (W/P) differenziert wird (auf der linken Seite muß zuerst ∂F/∂N nach N und dann N nach (W/P) abgeleitet werden):

$$\frac{\partial^2 F}{\partial N^2} \cdot \frac{dN}{d\,(w/P)} = 1\,, \tag{28}$$

$$\Leftrightarrow \frac{dN}{d\,(w/P)} = \frac{1}{\frac{\partial^2 F}{\partial N^2}} < 0\,. \tag{29}$$

Die negative Reaktion der Arbeitsnachfrage auf Reallohnänderungen folgte unmittelbar aus den Annahmen (12) und (13) zur Produktionsfunk-

11 Vergleiche hierzu den Mathematischen Anhang, passim. In unserem Fall muß das Gleichungssystem (20), (21) zur Ableitung der Nachfragefunktion *nicht simultan* gelöst werden, da die Kreuzableitungen der Produktionsfunktion nach (13) gleich Null sind. Zum etwas schwierigeren Fall nicht-verschwindender Kreuzableitungen vergleiche man den Mathematischen Anhang, Abschnitt *4.5.

tion. Analog ergibt sich, daß die Kapital- bzw. Investitionsnachfrage negativ auf Zinsänderungen reagiert; durch Differentiation von (23) folgt:

$$\frac{\partial^2 F}{\partial K^2} \cdot \frac{dK}{dI} \cdot \frac{dI}{di} = 1 \quad \left(\frac{dK}{dI} = 1 \text{ nach (16)} \right) \tag{30}$$

$$\Leftrightarrow \frac{dI}{di} = \frac{1}{\frac{\partial^2 F}{\partial K^2}} < 0 \, . \tag{31}$$

Damit können wir die Ergebnisse dieses Paragraphen zusammenfassen zur *Arbeitsnachfragefunktion* und *Investitionsnachfragefunktion* des Unternehmenssektors:

$$N^d = N^d \underset{(-)}{\left(\frac{w}{P} \right)} \tag{32}$$

$$I = I(\underset{(-)}{i}) \, . \tag{33}$$

Die beiden folgenden Abbildungen veranschaulichen noch einmal, daß jede Zunahme des Reallohns einen Rückgang der Arbeitsnachfrage und jeder Anstieg des Zinses einen Rückgang der Investitionsnachfrage bewirkt:

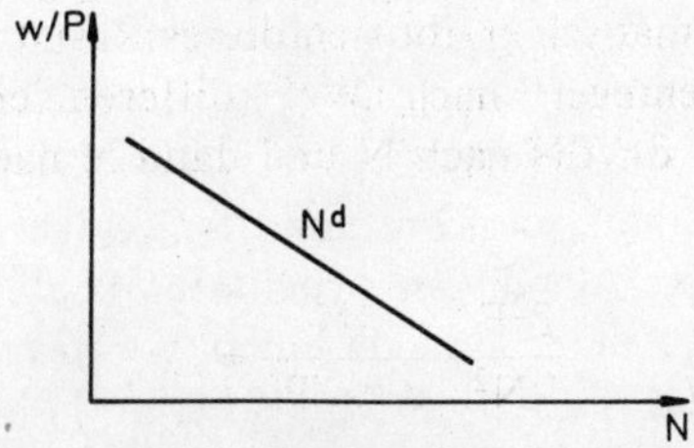

Abbildung 14
Die Arbeitsnachfrage der Unternehmen

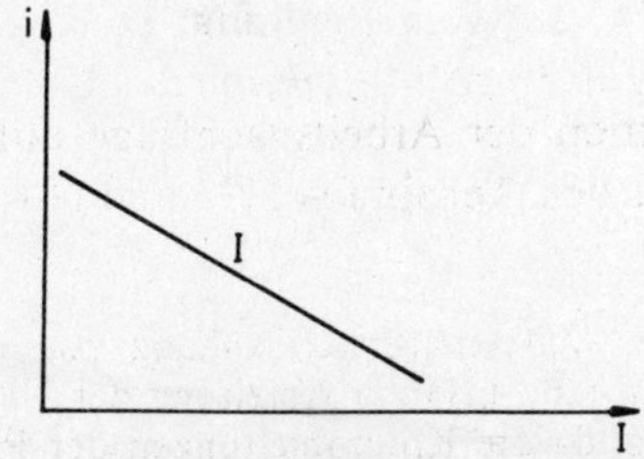

Abbildung 15
Die Investitionsnachfrage der Unternehmen

Darüber hinaus existiert eine *Kapitalnachfragefunktion* (bzw. Wertpapierangebotsfunktion) $\Delta B^s(i)/P$, die jedoch nach Gleichung (18) mit der Investitionsfunktion zusammenfällt. Wir können die Investition deshalb sowohl als Güternachfrage wie auch als Kapitalnachfrage auffassen; die Investitionen haben einen *Doppelcharakter*.

Damit haben wir das Neoklassische Entscheidungsmodell des repräsentativen Unternehmens vollständig beschrieben. Wir sahen, wie das Unternehmen zu jeder gegebenen Kombination von Preisniveau, Lohn und Zins einen Arbeits- und Kapitaleinsatz *plant*, derart daß der Gewinn möglichst groß wird. Nun treffen wir eine wichtige Voraussetzung und nehmen an, daß die Vergrößerung des Kapitalbestandes in der laufenden Periode *nicht kapazitätswirksam* wird. Wir unterstellen mit anderen Worten, daß die in *dieser* Periode produzierten und nachgefragten Maschinen etc. erst im *folgenden* Zeitabschnitt zur Produktion verwandt werden können und der Realkapitalbestand K bis dahin konstant bleibt. Die Analyse von Veränderungen des Kapitalbestandes ist schwierig und ein vorrangiger Gegenstand der *Wachstumstheorie.*

Durch die Zielfunktion (14), die Gewinnfunktion, wird demnach ein Maximierungsverhalten beschrieben, das sich auf *zwei Perioden* erstreckt, wobei die Unternehmen für die Folgeperiodc konstante Preise, Löhne und Zinsen erwarten[12]. Diese Vereinfachung erleichtert die weitere Analyse ganz wesentlich, wir können nämlich die kurzfristige Produktionsfunktion umschreiben zu:

$$Y = f(N). \tag{34}$$

Wegen der angenommenen Konstanz des Realkapitalbestandes hängt die laufende Produktion allein vom Arbeitseinsatz ab. Man sagt, die Investition habe in der laufenden Periode einen *Nachfrageeffekt*, aber keinen *Kapazitätseffekt.* Der Kapazitätseffekt, also die erhöhte Produktionsmöglichkeit bei gleichem Arbeitseinsatz, macht sich erst in der Folgeperiode bemerkbar.

Nach (34) hängt die aktuelle Produktion lediglich vom Arbeitseinsatz ab, letzterer aber nach (32) vom Reallohn. Durch Zusammenfassung erhalten wir damit die *Güterangebotsfunktion* des Unternehmenssektors:

$$Y^s = Y^s\underset{(-)}{\left(\frac{w}{P}\right)} \tag{35}$$

---

12 Streng genommen müßten hierbei Diskontierungen berücksichtigt werden. Dies aber würde dic Analyse erschweren, ohne die qualitativen Ergebnisse zu ändern – und nur auf letztere kommt es uns ja an.

Bei steigendem Reallohn sinkt demnach das Güterangebot, bei sinkendem Reallohn nimmt es zu. Das Güterangebot der laufenden Periode hängt andererseits *nicht* vom Zins ab, weil sich der Kapazitätseffekt der Investition annahmegemäß erst in der nächsten Periode einstellt. Damit sind unsere Betrachtungen zum Unternehmenssektor vollständig.

§ 21 Die Haushalte

Analog zum Unternehmenssektor ist auch das Verhalten des Haushaltssektors von den Entscheidungen der einzelnen Haushalte abhängig. Wir betrachten deshalb einen *repräsentativen Haushalt*, der sich – bis auf die Größenordnung – so verhält, wie das Haushaltsaggregat. Weil es auch hier nur auf qualitative Ergebnisse ankommt, können wir synonym von „dem repräsentativen Haushalt" oder „den Haushalten" sprechen.

Der repräsentative Haushalt erhält in jeder Periode ein Einkommen, das sich aus Lohn-, Zins- und Gewinneinkommen zusammensetzt:

$$P \cdot Y = w \cdot N^s + i \cdot B^d + \pi. \tag{36}$$

Aus den Bemerkungen zur Volkswirtschaftlichen Gesamtrechnung wissen wir, daß die mit dem Preisniveau multiplizierte Produktion zugleich das Nominaleinkommen der Haushalte ist (Entstehungs- und Verteilungsrechnung). Anders gewendet wurde der Gewinn in (14) ja gerade als Differenz von nominaler Produktion einerseits und Lohn- und Zinseinkommen andererseits definiert. Also muß die Summe dieser drei Einkommenskomponenten *ex post* mit dem Nominaleinkommen übereinstimmen. Was aber ex post notwendig stimmt, gilt in der ex ante-Betrachtung *nur*, wenn die Pläne der Wirtschaftssubjekte miteinander vereinbar sind; deshalb unterscheiden wir die Größen Y^s (geplantes Angebot), Y^d (geplante Nachfrage) und Y (geplantes Einkommen).

Sofern wir vorerst vom Gelde abstrahieren, teilt der Haushalt sein Realeinkommen auf in Konsum und Ersparnis:

$$Y = C + S; \quad S := \frac{\Delta B^d}{P}. \tag{37}$$

Dabei ist C der Güterverbrauch der Haushalte und S ihr Kapitalangebot (bzw. ihre Wertpapiernachfrage), das sich als zukünftiger Konsum interpretieren läßt. Wir dürfen die *Budgetbeschränkung* (37) des Haushaltssektors nicht mißverstehen: Das Einkommen ist den Haushalten *nicht* vorgegeben, sondern steht ebenso zur Disposition an wie Konsum und Ersparnis. Denn durch sein Arbeits- und Kapitalangebot *entscheidet* der Haushalt im Klassisch-Neoklassischen Modell über das zu erzielende Einkommen. Wir betrachten nun der Reihe nach sein Arbeitsangebotsverhalten und die Konsum- und Sparentscheidungen.

Bei der Wahl seines *Arbeitsangebotes* wägt der repräsentative Haushalt die Vorteile der Einkommenserzielung gegen die Nachteile eines Verzichtes auf Freizeit ab. Analytisches Werkzeug der Neoklassischen Theorie ist hierbei das kardinale Nutzenkonzept. Die *kardinale Nutzentheorie* faßt den Nutzen als eine quantitative, prinzipiell meßbare Größe auf. Ihr zentraler Begriff ist der des Grenznutzens; der *Grenznutzen* gibt – in Analogie zum Grenzerlös – den durch den Verbrauch einer letzten Gütereinheit gestifteten Nutzen an.

Die Vertreter der Grenznutzentheorie gingen von der psychologischen Beobachtung aus, daß die Intensität eines psychischen Reizes, den die Konsumtion eines Gutes hervorruft, bei wiederholter Konsumtion geringer wird. Oder anders: daß der Grenznutzen eines Gutes mit steigender Konsumtion abnimmt. Diesen Grundsatz bezeichnet man als das *erste Gossensche Gesetz.* Der funktionale Zusammenhang zwischen der Gütermenge (dem Realeinkommmen) und dem daraus gezogenen Nutzen läßt sich demnach folgendermaßen darstellen:

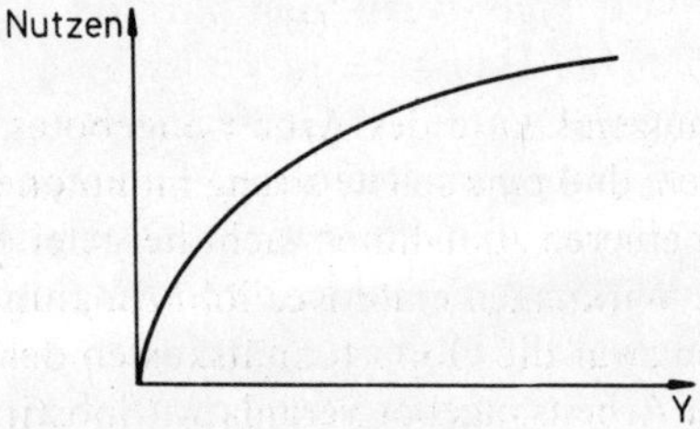

Abbildung 16
Die Nutzenfunktion

Durch den Verlauf der Nutzenfunktion wird deutlich, daß der Grenznutzen (der zusätzliche Nutzen) zwar stets positiv ist, jedoch streng monoton abnimmt. Desweiteren betrachteten die Anhänger der Grenznutzenlehre die Arbeit als Leid, weil jede Arbeit einen Verzicht auf Freizeit bedeutet. Damit wird nicht ausgeschlossen, daß geringe Mengen Arbeit Spaß machen können; aber die meisten Menschen werden kaum finden, daß bei der Arbeit die Lust die Unlust überwiegt und froh sein, wenn der Feierabend naht. Da der Grenznutzen der Freizeit annahmegemäß abnimmt, muß das Grenzleid der Arbeit, als Gegenstück hierzu, *zunehmen*, wenn die Arbeitszeit erhöht wird.

Bietet der Haushalt nun dN^s Arbeitseinheiten zum gegebenen Reallohn w/P an, so erzielt er damit ein zusätzliches Lohneinkommen in Höhe von

$$dY = \frac{w}{P} \cdot dN^s . \qquad (38)$$

Bei niedrigem Arbeitsangebot und geringem Lohneinkommen ist der Grenznutzen der Güter hoch, aber das Grenzleid der Arbeit gering. Folgerichtig wird der Haushalt sein Arbeitsangebot schrittweise steigern, bis das Grenzleid der Arbeit den Grenznutzen der Güter gerade aufwiegt. Dieser Punkt ist für den Haushalt optimal.

Steigt nun der Reallohn, so nimmt unter sonst gleichen Umständen der Grenznutzen einer zusätzlichen Arbeitseinheit zu, weil mit jeder Arbeitseinheit jetzt mehr Güter gekauft werden können. Das Arbeitsangebot wird also erhöht, bis Grenznutzen und Grenzleid abermals übereinstimmen. Damit kamen die Grenznutzentheoretiker zum Ergebnis, daß der Haushalt bei steigendem Reallohn mehr Arbeit anbietet; und dies ist die *Neoklassische Arbeitsangebotsfunktion:*

$$N^s = N^s\Bigl(\underset{(+)}{\frac{w}{P}}\Bigr) . \qquad (39)$$

Soweit die Grenznutzentheorie des Arbeitsangebotes. Wir müssen einschränkend hinzufügen, daß eine solche streng monotone Arbeitsangebotsfunktion unter allgemeineren Annahmen nicht hergeleitet werden kann. In Wirklichkeit sind die Wirkungen einer Reallohnzunahme höchst zweideutig: Zum einen steigen zwar die Opportunitätskosten der Freizeit, was den Haushalt zu höherem Arbeitsangebot veranlaßt (Substitutionseffekt). Andererseits aber mag es sein, daß die Freizeit bei verbesserten Einkommensverhältnissen an Bedeutung gewinnt, so daß der Haushalt möglicher-

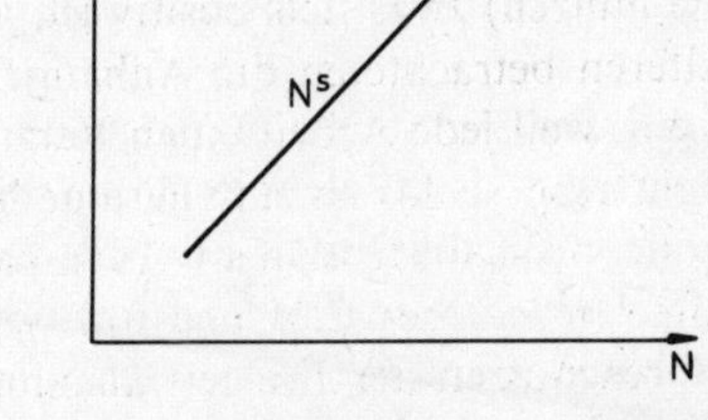

Abbildung 17
Das Arbeitsangebot der Haushalte

weise weniger Arbeit anbietet, wobei er gleichzeitig sein Einkommensniveau der Lohnsteigerung wegen halten kann (Einkommenseffekt). Der *Nettoeffekt* dieser gegenläufigen Wirkungen ist nicht bestimmbar, und im langfristigen Trend der letzten hundert Jahre scheint es eher, als sei das Arbeitsangebot bei steigendem Reallohn zurückgegangen.

Wenden wir uns nun der Wahl von *Konsum* und *Ersparnis* zu. Gleich zu Beginn sei klargestellt, daß der Haushalt nicht zuerst über sein Arbeitsangebot und hernach über die Einkommensverwendung befindet, vielmehr trifft er diese Entscheidungen *gleichzeitig*. Allein sind wir bei der Darstellung gezwungen, die Dinge nacheinander zu besprechen.

Die Klassiker hatten, wenn sie von „Ersparnis" sprachen, in erster Linie den Fall des investierenden Unternehmers im Auge; für sie waren „Ersparnis" und „Investition" fast dasselbe, eine den damaligen Gegebenheiten angemessene Sicht. Wir aber gehen mit den Neoklassikern davon aus, daß Investieren und Sparen zwei sehr verschiedene Entscheidungen sind, die in unterschiedlichen Sektoren getroffen werden. Die Unternehmen investieren und finanzieren die Investition über eine entsprechende Kapitalnachfrage. Die Sparentscheidungen fallen demgegenüber im Haushaltssektor, wobei die Ersparnis das Kapitalangebot darstellt.

Kernstück der Grenznutzenlehre vom Sparen ist die *Abstinenztheorie.* Nach der Abstinenztheorie zieht der Haushalt den heutigen Konsum grundsätzlich dem späteren vor; der spätere Konsum ist aber gleichbedeutend mit der Ersparnis. Dafür wurden vor allem zwei Gründe angeführt:

- Erstens, so wurde argumentiert, schätzt der Haushalt den zukünftigen Konsum rein subjektiv niedriger ein als den gegenwärtigen (Zeitpräferenz im engeren Sinne).
- Zweitens mag er die Befürchtung hegen, daß seine Ersparnisse möglicherweise nicht den Weg zu ihm zurück finden (Risikoaversion).

Damit liegt es nahe, den Haushalt durch Zahlung eines *Zinses* zur Ersparnisbildung zu bewegen. Der Zins ist eine Gegenleistung für das *Warteopfer* und zugleich eine *Risikoprämie.* Der Grenznutzentheorie zufolge wählt der Haushalt sein Sparvolumen so, daß der Grenznutzen des Zinseinkommens gerade das Grenz-Warteopfer aufwiegt. Ein Zinsanstieg nun erhöht das Zinseinkommen und veranlaßt den Haushalt somit, *mehr* zu sparen.

Darüber hinaus wurde zur Vereinfachung angenommen, daß die Konsum-Spar-Entscheidung nicht durch den Reallohn beeinflußt wird; wie auch umgekehrt der Zins nicht die Arbeit-Freizeit-Entscheidung berührt. Damit erhalten wir die *Neoklassische Sparfunktion*, derzufolge die Ersparnis positiv vom Zins abhängt – und nur von diesem:

$$S = S(\underset{(+)}{i}) . \qquad (40)$$

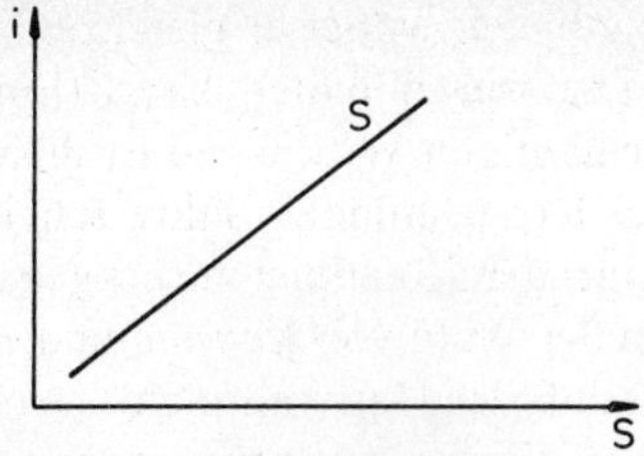

Abbildung 18
Die Ersparnis der Haushalte

Sofern die Zinszahlungen als Einkommensbestandteil eine vernachlässigbare Rolle spielen, können wir aus der Sparfunktion (40) und der Budgetrestriktion (37) den Schluß ziehen, daß der Haushalt bei steigendem Zins *weniger* konsumiert. Denn sein Einkommen bleibt (nahezu) unverändert, und die verstärkte Ersparnis zwingt ihn zu einer Rücknahme des Konsums. Somit lautet die *Neoklassische Konsumfunktion:*

$$C = C(\underset{(-)}{i}) . \tag{41}$$

Damit ist das Verhalten des Haushaltssektors vollständig beschrieben. Wir wollen die Ergebnisse nun zusammenfassen und kommentieren. Im Neoklassischen Haushaltsmodell erhält der Haushalt Lohn-, Zins- und Gewinneinkommen. Über das zu erzielende Lohn- und Zinseinkommen entscheidet er *selbst;* allein das Gewinneinkommen ist ihm vorgegeben, da es von der jeweiligen Rentabilität des Unternehmenssektors abhängt. (Längerfristig kann der Haushalt freilich seine Anteilsposition zur Manipulierung des Gewinneinkommens verändern; damit wären dann alle Einkommensbestandteile endogen.)

Zur Vereinfachung wurde die Annahme getroffen, daß die Arbeit-Freizeit-Entscheidung auf der einen und die Konsum-Spar-Entscheidung auf der anderen Seite grundsätzlich unabhängig voneinander sind[13]. Damit erwies sich die Arbeitsangebotsfunktion als steigende Funktion des Reallohns und die Sparfunktion als steigende Funktion des Zinses. Der Konsum war negativ mit dem Zins korreliert.

---

13 Im Grunde ist dies eine unhaltbare Annahme, die wir wegen ihres didaktischen Vorteils und aus Tradition übernehmen. Wenn der Haushalt tatsächlich bei Reallohnsteigerungen sein Arbeitsangebot ausweitet, so muß er notwendig mehr konsumieren und/oder sparen. Diese Beobachtung widerspricht also der Annahme, daß Konsum und Ersparnis reallohnunabhängig sind. Indes würde eine Änderung der Prämisse kein *Ergebnis* der Analyse modifizieren und die Darstellung erschweren.

In jedem Falle aber plant der Haushalt sein Arbeitsangebot, den Konsum und die Ersparnis unter Beachtung der Budgetrestriktion (37). Diese lautet ausgeschrieben:

$$P \cdot C + P \cdot S = w \cdot N^s + i\,(B_0 + P \cdot S) + \pi. \tag{42}$$

Dabei wurde die volle Verzinsung der in dieser Periode gebildeten Ersparnisse angenommen; es ist also $B^d := B_0 + P \cdot S$ der zu verzinsende Kapitalbestand.

§ 22 Der Arbeitsmarkt

Bisher haben wir die Arbeitsnachfrage der Unternehmen und das Arbeitsangebot der Haushalte hergeleitet. Indem diese beiden Sektoren nun auf dem *Arbeitsmarkt* zusammentreffen, können wir die tatsächliche Beschäftigung und den Reallohn ermitteln. In Klassisch-Neoklassischer Perspektive ergeben sich die *Vollbeschäftigung* N* und der *gleichgewichtige Reallohn* (w/P)* aus der Forderung, daß die Arbeitsnachfrage mit dem Arbeitsangebot übereinstimmt:

$$N^d\left(\left(\frac{w}{P}\right)^*\right) = N^* = N^s\left(\left(\frac{w}{P}\right)^*\right). \tag{43}$$

Mathematisch gesehen ist dies ein Gleichungssystem mit zwei Gleichungen und den beiden Variablen N und (w/P). Sofern eine Lösung überhaupt existiert, ist diese unter den getroffenen Annahmen eindeutig und bestimmt sich graphisch als Schnittpunkt der Arbeitsnachfrage- und Arbeitsangebotskurve:

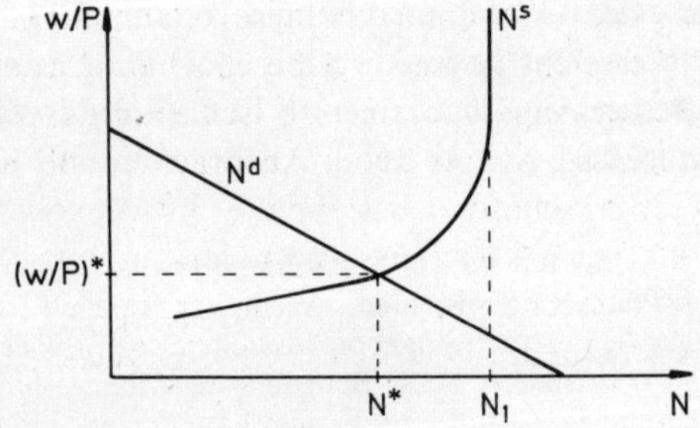

Abbildung 19
Gleichgewicht auf dem Arbeitsmarkt

Allein bei einem Reallohn $(w/P)^*$ sind also die Pläne von Unternehmen und Haushalten miteinander vereinbar: jede Arbeitsnachfrage wird erfüllt, und jedes Arbeitsangebot kann tatsächlich abgesetzt werden.

Es muß jetzt die Frage gestellt werden, was bei einer *Abweichung* des Reallohnes von seinem Gleichgewichtswert geschieht; denn offenbar ist die komparativ-statische Betrachtung nur dann ökonomisch sinnvoll, wenn die Größen realiter stets gegen ihre Gleichgewichtswerte tendieren. Betrachten wir also eine Situation bei überhöhtem Reallohn:

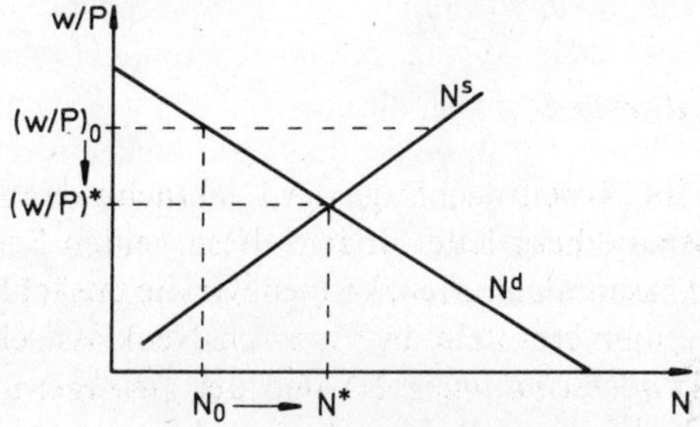

Abbildung 20
Ungleichgewicht auf dem Arbeitsmarkt

Im Klassisch-Neoklassischen Modell ist das Preisniveau für den Arbeitsmarkt *gegeben*, so daß allein der Nominallohn w zur Disposition steht. Der Reallohn $(w/P)_0$ bedeutet also zum gegebenen Preisniveau einen zu hohen Nominallohn; und daraus folgt offenbar ein Angebotsüberschuß: *Arbeitslosigkeit*. Die Klassisch-Neoklassische Hypothese ist nun, daß einige der Arbeitslosen bereit sind, zu einem geringeren Nominallohn zu arbeiten, so daß sie die Erwerbstätigen unterbieten. Auch ist denkbar, daß die Arbeitgeber jetzt eine Nominallohnsenkung durchsetzen können.

Beides aber läuft beim gegebenen Preisniveau auf eine Senkung des *Reallohnes* hinaus, die – so die Hypothese – anhält, bis der Gleichgewichtslohn $(w/P)^*$ erreicht ist und Vollbeschäftigung besteht. Voraussetzung für einen solchen Anpassungsprozeß ist freilich die Abwesenheit institutioneller Hemmnisse, wie sie durch Absprachen und Kartelle (Arbeitgeberverbände, Gewerkschaften) bestehen. – Im umgekehrten Fall eines zu niedrigen Lohnniveaus kann ganz entsprechend argumentiert werden: Die Unternehmen bekommen zu wenig Arbeitskräfte und werden sich folgerichtig so lange gegenseitig überbieten, bis das Marktgleichgewicht etabliert ist.

Der Leser möge beachten, daß unser Begriff der „Vollbeschäftigung" nicht notwendig mit dem der Arbeitsmarktstatistik zusammenfällt; er ist nicht empirisch, sondern theoretisch angelegt. Die Vollbeschäftigung N^* ist mit der Tatsache vereinbar, daß einige Erwerbspersonen *nicht* arbeiten: In der Abbildung 19 wären dies $N_1 - N^*$ Personen. Allein, und das ist aus Klassisch-Neoklassischer Sicht der Kernpunkt, arbeiten diese *freiwillig* nicht, da ihnen der gebotene Reallohn zu niedrig erscheint. Wir bezeichnen als Arbeitslosigkeit ausschließlich die *unfreiwillige* Arbeitslosigkeit, und demgemäß kann N^* sinnvoll „Vollbeschäftigung" genannt werden, weil offensichtlich niemand unfreiwillig arbeitslos ist. Diese Begriffsbildung drängt sich auch bei normativer Betrachtung auf, weil sich im Zustand N^* jeder Arbeitnehmer gemäß seiner Präferenzen verhält. Eine Situation mit zwangsweiser Ausschöpfung des Erwerbspersonenpotentials (Beschäftigung N_1) kann dagegen schwerlich „optimal" genannt werden.

Als Ergebnis halten wir fest, daß anhaltende unfreiwillige Arbeitslosigkeit der Klassisch-Neoklassischen Theorie zufolge nicht auftreten kann, weil durch den Lohnmechanismus stets ein Ausgleich von Angebot und Nachfrage bewirkt wird. Allerdings muß der Arbeitsmarkt frei von institutionellen Hemmnissen sein.

§ 23 Der Kapitalmarkt

Auf dem *Kapitalmarkt* werden Wertpapiere gehandelt, die von den Unternehmen angeboten und von den Haushalten nachgefragt werden. Wir leiteten in § 20 bereits die Investitionsfunktion der Unternehmen her, die mit deren *realer Kapitalnachfrage* übereinstimmt:

$$I(i) \equiv \frac{\Delta B^s}{P}. \tag{44}$$

Die Kapitalnachfrage des Unternehmenssektors erwies sich als fallende Funktion des Zinses, da jeder Zinsanstieg die Kapitalkosten erhöht. Ebenso deduzierten wir in § 21 die Sparfunktion der Haushalte, gleichbedeutend mit dem *realen Kapitalangebot*, welche sich als steigende Funktion des Zinses erwies:

$$S(i) := \frac{\Delta B^d}{P}. \tag{45}$$

Wie schon bemerkt, sahen die Klassischen Ökonomen das Sparen und Investieren als identische Vorgänge an, die von ein und derselben Person, dem Kapitalisten nämlich, durchgeführt wurden. Für sie bedeutete also jede Ersparnis einen Konsumverzicht, verbunden mit der gleichzeitigen Nachfrage von Investitionsgütern; und so kann es nicht Wunder nehmen,

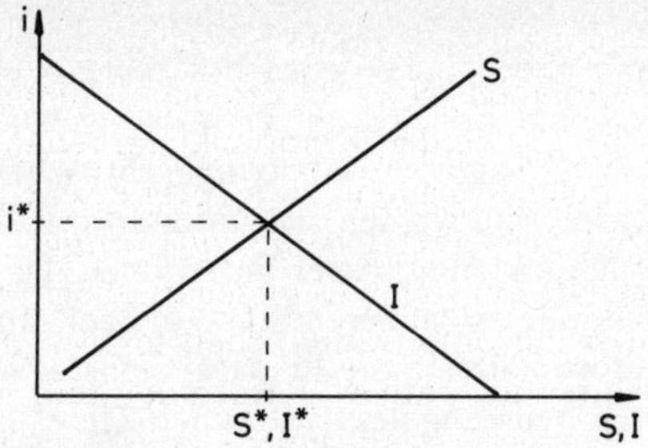

Abbildung 21
Gleichgewicht auf dem Kapitalmarkt

daß die Übereinstimmung von Ersparnis und Investition für die Klassiker keine große Frage war.

Die Neoklassiker kamen unserer heutigen Denkweise näher und diagnostizierten die grundsätzliche Verschiedenheit der Spar- und Investitionsentscheidungen. Wenn aber diese Entscheidungen unabhängig voneinander getroffen werden – die erstere von den Haushalten, die letztere im Unternehmenssektor – dann bedarf es eines Regelmechanismus, der die beiden zur Übereinstimmung bringt. Dieser Regelmechanismus ist der *Zins:*

$$I(i^*) = S(i^*) \tag{46}$$

Der *natürliche Zins* i* bewirkt die Übereinstimmung von Angebot und Nachfrage auf dem Kapitalmarkt.

Er stimmt im Gleichgewicht mit dem *Güterzins* überein, der im Neoklassischen Sprachgebrauch als die Grenzproduktivität des Kapitals definiert ist. Dies ersehen wir aus der Maximumbedingung (23):

$$i = \frac{\partial F}{\partial K}. \tag{47}$$

In jedem Punkt auf der Kapitalnachfragekurve ist diese Bedingung erfüllt – denn dadurch wurde die Kurve I ja definiert. Also stimmen im Punkt (I*, i*) der natürliche Zins und der Güterzins überein. Gleichzeitig hebt der natürliche Zins das Grenz-Warteopfer der Haushalte auf, weil der Punkt (S*, i*) auf dem Graphen der Sparfunktion liegt. Durch den Zins werden also die Grenzproduktivität des Kapitals und das Grenz-Warteopfer der Sparer zur Übereinstimmung gebracht.

Der *tatsächliche Zins*[14] kann zwar vom natürlichen Zins abweichen, aber nur kurzfristig. Denn übersteigt er etwa das Niveau i*, so nehmen die Investitionen ab, während der Sparanreiz hoch ist. Das Kapitalangebot übersteigt nun die Nachfrage, so daß einige Haushalte ihre Sparpläne nicht realisieren können: Sie werden sich deshalb mit einem niedrigeren Zins begnügen und die anderen Sparer unterbieten. Damit nimmt einesteils die Kapitalnachfrage zu, anderenteils erscheint einigen Sparern der Zins nun zu niedrig, weshalb sie die Ersparnis einschränken. Dieser Prozeß setzt sich bis zur Erreichung des natürlichen Zinses fort. Anschließend kann jeder Investor und jeder Sparer seine Pläne beim herrschenden Zins verwirklichen, und es besteht keine Tendenz zur Änderung. Da der Kapitalmarkt dem Ideal eines vollkommenen Marktes recht nahe kommt, kann darüber hinaus mit einer *raschen* Zinsanpassung gerechnet werden.

Wir müssen hervorheben, daß am Kapitalmarkt gleichsam Rechte an physischen Gütern gehandelt werden, nicht Geld, denn Geld ist im Klassisch-Neoklassischen Modell *kein Kapital* (was nicht ausschließt, daß es bei den obigen Transaktionen als Zwischentauschmittel Verwendung findet). Wir können uns das in dieser Weise vorstellen: Die Haushalte leisten einen Konsumverzicht, einen Verzicht auf den Verbrauch physischer Produktion. Sie übertragen diesen Teil der Produktion im Austausch gegen eine Forderung (ein Wertpapier) an die Unternehmen, und die Unternehmen schließlich verwenden die so erhaltenen Güter zur Investition.

Jede Ersparnis bewirkt also eine Vergrößerung des physischen Kapitalbestandes. Zahlen die Unternehmen in der laufenden Periode früheres Kapital an die Haushalte zurück, dann steht S freilich für die *Nettoersparnis*, definiert als Bruttoersparnis abzüglich der geleisteten Tilgungen.

Wir halten im Ergebnis fest, daß der Kapitalmarkt im Klassisch-Neoklassischen Modell durch den Zinsmechanismus ins Gleichgewicht gebracht wird, wobei auf diesem Markt ein Forderungstransfer stattfindet.

§ 24 Der Gütermarkt

Innerhalb der Realanalyse steht nun zuletzt der *Gütermarkt* zur Besprechung an, auf dem das Güterangebot sowie die Investitions- und Konsum-

---

14 Der tatsächliche Zins darf nicht mit dem *Marktzins* im Sinne WICKSELLS verwechselt werden. Der Marktzins bringt die Summe von Kapitalangebot und Geldschöpfung mit der Summe von Kapitalnachfrage und Hortung zum Ausgleich. Im Zentrum von WICKSELLS Theorie stand die Feststellung, daß der Marktzins stets gegen den natürlichen Zins tendiert. Dies wird durch Inflations- bzw. Deflationsprozesse erreicht über einen Mechanismus, den wir später als Keynes-Effekt kennenlernen werden.

nachfrage aufeinandertreffen. Im Klassisch-Neoklassischen Sinn bedeutet ein Gütermarktgleichgewicht die Übereinstimmung von Güterangebot und Güternachfrage:

$$Y^s\left(\frac{w}{P}\right) = C(i) + I(i). \tag{48}$$

Wir wollen jetzt erklären, warum eine separate Analyse des Gütermarktes im Klassisch-Neoklassischen Modell *nicht* vonnöten ist: In den beiden Sektoren der Volkswirtschaft werden jeweils drei Entscheidungen getroffen. Die Unternehmen befinden über
- das Güterangebot,
- die Arbeitsnachfrage und
- die Investitions- bzw. Kapitalnachfrage.

Andererseits bestimmen die Haushalte
- die Konsumnachfrage,
- das Arbeitsangebot sowie
- die Ersparnis, gleichbedeutend mit dem Kapitalangebot.

Es ist nun leicht einzusehen, daß beide Sektoren bei ihrer Wahl jeweils *zwei Freiheitsgrade* haben. Mit der Wahl von Investition und Arbeitsnachfrage haben sich die Unternehmen *zugleich* auf ein bestimmtes Güterangebot festgelegt. Die Haushalte entschieden mit der Wahl des Arbeitsangebotes und der Ersparnis *zugleich* über den Konsum, da sie ihre Budgetrestriktion beachten mußten.

Wenn nun die Arbeitsnachfrage der Unternehmen mit dem Arbeitsangebot der Haushalte übereinstimmt und ebenso die Kapitalnachfrage mit dem Kapitalangebot, dann müssen notwendig auch die Güternachfrage und das Güterangebot kompatibel sein. Ein simultanes Gleichgewicht auf dem Arbeits- und Kapitalmarkt *impliziert* daher das Gütermarktgleichgewicht. Deshalb kann der Gütermarkt vernachlässigt werden.

Wir können diese vielleicht etwas seltsam erscheinende Schlußfolgerung mathematisch herleiten, wobei zugleich der Kreislaufzusammenhang des Modells deutlich wird. Dazu übernehmen wir die Gewinndefinition (19), wobei $F(N, K)$ und $K - K_0$ durch die identischen Symbole Y^s und I ersetzt seien:

$$\pi = P \cdot Y^s - w \cdot N^d - i(B_0 + PI). \tag{49}$$

Die Finanzierungsrestriktion (17) der Unternehmen besagte, daß physische Investitionen über ein entsprechendes Wertpapierangebot finanziert werden:

$$I \equiv \frac{\Delta B^s}{P}. \tag{50}$$

Weiterhin reproduzieren wir die Budgetrestriktion (42) der Haushalte:

$$P \cdot C + P \cdot S = w \cdot N^s + i(B_0 + PS) + \pi. \quad (51)$$

Es seien nun alle Terme dieser drei Gleichungen auf die linke Seite gebracht. Dabei wird (50) in die triviale Form PI − PI = 0 umgeschrieben, weil sie definitorisch erfüllt ist und wir das Symbol I als Kapital- *oder* Güternachfrage interpretierten:

$$\pi - P \cdot Y^s + w \cdot N^d + i(B_0 + PI) = 0 \quad (52)$$

$$P \cdot I - P \cdot I = 0 \quad (53)$$

$$P \cdot C + P \cdot S - w \cdot N^s - i(B_0 + PS) - \pi = 0. \quad (54)$$

Die beiden Gleichungen (52) und (54) lassen den Kreislaufzusammenhang des Modells hervortreten, denn jeder Ausgabe eines Sektors steht ersichtlich eine Einnahme des anderen Sektors gegenüber. Durch simple Addition der drei Gleichungen und Sortieren der Terme ergibt sich:

$$\underbrace{P(C + I - Y^s)}_{\text{Gütermarkt}} + \underbrace{(1 - i)P(S - I)}_{\text{Kapitalmarkt}} + \underbrace{w(N^d - N^s)}_{\text{Arbeitsmarkt}} = 0. \quad (55)$$

Der Gewinn und die Verzinsung des ursprünglichen Kapitals B_0 fielen bei der Addition heraus. Der Term (l − i) folgt aus unserer Annahme, daß neues Kapital bereits in der laufenden Periode verzinst wird.

Nach Gleichung (55) addieren sich die Überschußnachfragen der drei Märkte notwendig zu Null; man nennt diesen Zusammenhang das *Gesetz von Walras.* Das Gesetz von Walras gilt nicht nur im Gleichgewicht, sondern immer: Wenn auf einem Markt ein Überschußangebot besteht, dann muß auf mindestens einem anderen eine Überschußnachfrage existieren, so daß die Summe der Überschußnachfragen bzw. Überschußangebote verschwindet.

Wir können daraus folgenden Schluß ziehen: Wenn auf dem Arbeitsmarkt *und* dem Kapitalmarkt ein Gleichgewicht besteht, so daß der zweite und dritte Summand in (55) verschwinden, dann muß sich zwangsläufig auch der Gütermarkt im Gleichgewicht befinden. Damit haben wir die obige Aussage begründet, daß der Gütermarkt im Klassisch-Neoklassischen Modell vernachlässigt werden kann: Er ist automatisch geräumt, wenn auch auf den anderen beiden Märkten ein Gleichgewicht besteht.

Anmerkung: Man trifft in der Literatur recht häufig auf die Ansicht, daß sich aus der Übereinstimmung von Investition und Ersparnis bereits ein

Gütermarktgleichgewicht im Neoklassischen Sinn ergebe. Die Aussage wird typischerweise folgendermaßen begründet:

$$Y = C + I \quad \text{und} \quad Y = C + S \tag{56}$$

$$\text{Also:} \quad S = I \Rightarrow Y = Y \tag{57}$$

Dies ist in der ex post-Betrachtung natürlich zutreffend. Innerhalb der ex ante-Analyse bedeuten die beiden „Y" in (56) jedoch nicht dasselbe, weil Y in der ersten Gleichung für Y^d, die geplante Güternachfrage, steht, in der zweiten aber für das geplante Einkommen der Haushalte. Das Gesetz von Walras liefert uns hierzu folgende Information: Ein Kapitalmarktgleichgewicht impliziert *nur dann* ein Gütermarktgleichgewicht, wenn der Arbeitsmarkt geräumt ist[15]. Denn nach (55) kann etwa auf dem Gütermarkt bei Räumung des Kapitalmarktes eine Überschußnachfrage bestehen, wenn gleichzeitig der Arbeitsmarkt ein Überschußangebot aufweist.

Es ist also *falsch* zu meinen, daß die Übereinstimmung von Investition und Ersparnis ein Gütermarktgleichgewicht bedeutet. Und ebenso falsch ist es, den Markt, auf dem Investition und Ersparnis zusammentreffen, als *Gütermarkt* zu bezeichnen.

Werfen wir zuletzt einen Blick auf die Möglichkeit einer *Nachfragelücke* am Gütermarkt, auf eine unzureichende Nachfrage also. Zunächst scheint es, als könne dieser Fall nicht ausgeschlossen werden, da die Haushalte ihr Einkommen, das im Gleichgewicht mit dem Güterangebot übereinstimmt, nicht voll für den Konsum verausgaben, sondern Ersparnisse bilden. Im Gleichgewicht steht jedoch der Ersparnis eine Investitionsnachfrage in *gleicher* Höhe gegenüber, so daß die Nachfragelücke exakt geschlossen wird.

Im Klassisch-Neoklassischen Modell ist eine Nachfragelücke deshalb schlechthin unvorstellbar. Ein Gleichgewicht auf dem Arbeitsmarkt vorausgesetzt, bewirkt der Zins den Ausgleich von Angebot und Nachfrage auf dem Kapitalmarkt *und* auf dem Gütermarkt.

§ 25 Die Quantitätstheorie des Geldes

„Money is a veil". ARTHUR C. PIGOU

Die Klassisch-Neoklassische Realanalyse, die wir bisher besprachen, findet ihr monetäres Gegenstück in der sogenannten *Quantitätstheorie* des

15 Dies wird im keynesianischen Modell nur zu deutlich werden.

Geldes. *Geld* ist aus Klassisch-Neoklassischer Perspektive vor allem *Warengeld;* es besteht aus Gold, Silber und Edelmetallmünzen. Wechsel oder Banknoten wurden überwiegend nicht zur Geldmenge gezählt aus Gründen, die wir erst an späterer Stelle erörtern. Von seinen *Funktionen* her betrachtet ist Geld in der Klassisch-Neoklassischen Theorie

– das allgemein anerkannte Zahlungsmittel und
– der allgemeine Wertmaßstab.

Durch die *Zahlungsmittelfunktion* des Geldes wird der indirekte Tausch von Gütern ermöglicht, was einen kaum überschätzbaren Vorteil erbringt. Denken wir uns, um ein einfaches Beispiel zu nehmen, einen Bauern, der Getreide verkaufen und Werkzeuge kaufen sowie einen Handwerker, der Werkzeuge gegen Fleisch eintauschen möchte. Zwischen diesen beiden wird *kein* Handel stattfinden können, weil die Verkaufsabsicht des Bauern nicht dem Kaufwunsche des Handwerkers entspricht. Beide werden wahrscheinlich lange suchen müssen, bis sie auf jemanden mit entsprechenden Transaktionswünschen treffen. Bei Verwendung von Geld vereinfacht sich die Sache: Der Bauer kann sein Getreide zuerst bei einem dritten verkaufen und den Erlös gegen die gewünschten Werkzeuge eintauschen. Daraufhin kann der Handwerker das vom Bauern erhaltene Geld bei einem vierten gegen Fleisch eintauschen. – Auf einen abstrakten Nenner gebracht besteht der Vorteil des indirekten Tausches also darin, daß für eine erfolgreiche Transaktion nicht eine *doppelte* Übereinstimmung der Wünsche erforderlich ist (was der erste anbietet, muß der zweite nachfragen *und umgekehrt*), sondern lediglich eine *einfache* Übereinstimmung – und, natürlich, die Einigung über den Preis. Nach Klassisch-Neoklassischer Auffassung gibt es demnach ein *Transaktionsmotiv* für die Haltung von Geld.

Vermöge seiner *Rechenmittelfunktion* dient das Geld als allgemeiner Wertmaßstab, da alle Preise in Geldeinheiten ausgedrückt werden. Auch dies erbringt beträchtliche Effizienzvorteile: In einer Ökonomie mit 10^6 Gütern etwa – das ist nicht viel – existieren ungefähr 500 Milliarden *relative Preise,* welche die paarweisen Austauschverhältnisse der Güter angeben. Bei Verwendung eines allgemeinen Wertmaßes (Geld) reduziert sich diese Zahl auf etwa ein fünfhunderttausendstel, was die Mühen des Preisvergleiches erheblich vermindert. Ein als Wertmaßstab dienendes Gut muß nicht unbedingt physisch existieren: So berichtet MONTESQUIEU etwa von afrikanischen Stämmen, die ein imaginäres Rechenmittel, sogenannte „Makuten", verwendeten, um damit den Wert verschiedener Güter angeben zu können. Zeitgenössische Beispiele für imaginäre Rechenmittel sind die englische Guinee oder die Sonderziehungsrechte des Internationalen Währungsfonds. Wenn das Rechenmittel nicht mit dem Zahlungsmittel, dem Geld, identisch ist, sprechen wir von *abstrakten* Preisen, ansonsten von *Geldpreisen.*

Eine *Wertaufbewahrungsfunktion* sprachen die Klassischen und Neoklassischen Autoren dem Gelde nur in einem bestimmten Sinn zu: Damit ein Gut, nehmen wir das Gold, als Zahlungsmittel verwendet werden kann, muß es notwendig auch der Wertaufbewahrung dienen, das ist schließlich der Grund, warum fast immer unverderbliche Waren als „Geld" vereinbart wurden. Wir nennen dies die *konsekutive* Wertaufbewahrungsfunktion. Die Klassiker und Neoklassiker leugneten aber in ihrer großen Mehrheit eine eigenständige, *konstitutive*, Wertaufbewahrungsfunktion des Geldes. Denn Geld – so der Tenor ihrer Argumentation – hat gegenüber anderen Anlagemöglichkeiten den Nachteil, daß es *keinen Zins* trägt. Deshalb wäre jemand schlecht beraten, wenn er das Geld als Wertaufbewahrungsmittel wählte und damit einen Zinsentgang in Kauf nähme. Die Geldvermögensbildung (*Hortung*) kann daher nur eine irrationale Ausnahmeerscheinung sein.

Wir können uns jetzt dem ersten Kernbestandteil der Klassisch-Neoklassischen Geldlehre zuwenden, nämlich dem Grundsatz der *Neutralität* des Geldes, wonach das Geld lediglich einen „Schleier" über den realen Vorgängen bildet und, abgesehen von den oben beschriebenen Effizienzvorteilen, keinerlei Einfluß auf das reale Geschehen in der Volkswirtschaft nimmt. Der späte Klassiker JOHN STUART MILL etwa beginnt den zweiten Band seiner „Principles", nachdem er sich über siebenhundert Seiten ausschließlich mit der Realanalyse befaßt hat, mit den Worten:

„In der Feststellung der allgemeinen Gesetze des Wertes sind wir so weit gekommen, ohne den Begriff Geld einzuführen, es sei denn gelegentlich zum Zwecke der Erläuterung ... Es ist jedoch von selbst ersichtlich, daß das bloße Einführen einer besonderen Art, Güter gegeneinander auszutauschen, dadurch daß erst ein Gut gegen Geld und dann das Geld gegen etwas anderes ausgetauscht wird, keinen Unterschied in dem Wesen der Vorgänge macht. Nicht mit Geld werden Güter in Wirklichkeit gekauft... ...es kann, wenn man der Sache auf den Grund geht, in der Wirtschaft der Gesellschaft nichts Bedeutungsloseres geben als Geld; außer insofern es ein Mittel zur Ersparnis von Zeit und Arbeit ist."[16]

Man darf diese Stelle indes nicht überinterpretieren, da MILL in anderen Passagen einen kurzfristigen Einfluß des Geldes auf reale Größen konzediert. Trotzdem bleibt der Grundgedanke erhalten: Das Geld bildet gleichsam ein „Schmiermittel" des Wirtschaftsprozesses. Ohne Geld gestalten sich die Tauschvorgänge viel umständlicher, aber ist es erst einmal eingeführt, so genügt schon ein „Tropfen" – auf die Menge kommt es

---

16 Zitiert nach MILL, J.St. (*1924) Grundsätze der politischen Ökonomie; Jena: Fischer. Band 2, Seiten 1, 7, 8.

nicht an. Jedenfalls nicht, was die realen Größen anbetrifft. Hieraus folgt die Vorstellung einer „Dichotomie" zwischen dem realen und dem monetären Sektor einer Volkswirtschaft, die sich gegenseitig nicht beeinflussen.

Zur Erklärung verbleibt allein die *Höhe der Geldpreise*, das *Preisniveau*, und diese wird von der Quantitätstheorie des Geldes geleistet. Die Klassisch-Neoklassischen Ökonomen wählten hier folgenden Ansatzpunkt: Das Preisniveau gibt als Durchschnittspreis der Güter deren Austauschverhältnis zum Geld an; also können die Geldpreise ähnlich den relativen Preisen durch das Zusammentreffen von Geldangebot und Geldnachfrage auf einem fiktiven Geldmarkt bestimmt werden. Fiktiv deshalb, weil Geld in Wirklichkeit auf keinem speziellen Markt getauscht wird, oder besser: weil es auf *jedem* Markt getauscht wird – gegen Güter nämlich. Das aber hindert nicht die gedankliche Abtrennung des Geldmarktes und die Untersuchung von Geldangebot und Geldnachfrage. Der „Geldmarkt" in dieser Begrifflichkeit darf nicht mit dem Markt für kurzfristige Kredite verwechselt werden, der im Sprachgebrauch der Praktiker Geldmarkt heißt.

Wir gehen davon aus, daß Geld nicht wie andere Güter produziert und angeboten wird, sondern seine Menge durch die Begrenzung der Edelmetallmenge bzw. durch eine Zentralbank institutionell festgelegt ist. Dabei sehen wir sowohl von der Möglichkeit einer Goldproduktion ab, wie auch von den Kreditschöpfungsmöglichkeiten der Kreditinstitute in einer modernen Geldwirtschaft. Das heißt, wir unterstellen eine zumindest kurzfristig *exogene* Geldmenge und damit ein exogenes *Geldangebot*.

Wenn das Geldangebot eine gegebene *Bestandsgröße* ist, dann muß auch die *Geldnachfrage* in dieser Weise aufgefaßt werden. Innerhalb der Quantitätstheorie des Geldes beruht die Existenz einer Geldnachfrage auf der Notwendigkeit, die zeitlichen Abstände zwischen Empfang und Verausgabung von Geldeinkommen zu überbrücken. Nehmen wir an, jedes Wirtschaftssubjekt halte jedes Geldstück durchschnittlich drei Monate lang. Dann beträgt die *durchschnittliche Kassenhaltungsdauer*

$$k = \text{drei Monate} = 1/4 \text{ Jahr}. \tag{58}$$

Nehmen wir weiterhin an, das volkswirtschaftliche Nominaleinkommen pro Jahr belaufe sich auf 100 Geldeinheiten:

$$P \cdot Y = 100 \text{ Geldeinheiten}. \tag{59}$$

Welche Geldmenge ist nun erforderlich? Würde jedes Geldstück durchschnittlich ein Jahr lang gehalten, dann wären offenbar 100 Geldeinheiten zur Befriedigung der Geldnachfrage notwendig, weil das Nominaleinkommen gerade 100 Geldeinheiten beträgt. Da aber nach (58) die Geldstücke nur durchschnittlich über ein *Vierteljahr* gehalten werden, beträgt die Geldnachfrage 25 Einheiten, da die Geldmenge viermal im Jahr umgeschlagen werden kann. Allgemein also berechnet sich die Geldnachfrage (L^n) als Produkt von Nominaleinkommen und durchschnittlicher Kassenhaltungsdauer:

$$L^n = k \cdot P \cdot Y. \tag{60}$$

Im Gleichgewicht muß die Geldnachfrage L^n mit dem Geldangebot M übereinstimmen, so daß

$$M = k \cdot P \cdot Y. \tag{61}$$

Diese Gleichung wird als *Cambridge-Gleichung* bezeichnet, zu Ehren von MARSHALL und PIGOU. Einen ähnlichen Ansatz wählte IRVING FISHER, der statt der durchschnittlichen Kassenhaltungsdauer die *Umlaufsgeschwindigkeit* des Geldes betrachtete. Im obigen Beispiel betrug die durchschnittliche Kassenhaltungsdauer 1/4 Jahr, somit wurde die Geldmenge viermal im Jahr umgeschlagen: die Umlaufsgeschwindigkeit (v) ist Vier. Allgemein ist die Umlaufsgeschwindigkeit des Geldes als Reziprokwert der Kassenhaltungsdauer definiert:

$$v = \frac{1}{k}. \tag{62}$$

Durch Einsetzen von (62) in die Cambridge-Gleichung und Multiplikation beider Seiten mit v kommen wir zur *Quantitätsgleichung:*

$$M \cdot v = P \cdot Y. \tag{63}$$

Prinzipiell sind die Cambridge-Gleichung und die Quantitätsgleichung identisch, da die Umlaufsgeschwindigkeit des Geldes definitorisch mit dem Reziprokwert der durchschnittlichen Kassenhaltungsdauer übereinstimmt. Nur gewährt die Cambridge-Gleichung eine verhaltenslogische Erklärung der Geldnachfrage, während bei der Quantitätsgleichung oft auf den etwas mechanistischen Begriff der Umlaufsgeschwindigkeit zurückgegriffen wird, die als „notwendige" Größe erscheint. Wir argumentieren deshalb im weiteren am Beispiel der Cambridge-Gleichung, betonen aber, daß die Quantitätsgleichung ebensogut herangezogen werden könnte.

Betrachten wir die vier Größen der Cambridge-Gleichung nun etwas genauer. Das Geldangebot ist, wie gesagt, eine vorgegebene Bestandsgröße. Die durchschnittliche Kassenhaltungsdauer hängt von den *Zahlungsgewohnheiten* der Wirtschaftssubjekte ab und wird – das ist eine entscheidende Prämisse – als kurzfristig konstant unterstellt. Das reale Einkommen Y schließlich ist, wie wir im vorigen Paragraphen sahen, durch jene Entscheidungen der Wirtschaftssubjekte bestimmt, die das Güterangebot und die Güternachfrage betreffen. Es stellt für die Cambridge-Gleichung also ebenfalls eine exogene Größe dar.

$$M = k \cdot P \cdot Y. \tag{64}$$

Somit bleibt als einzig freie Variable das Preisniveau. Und daraus folgt der zentrale Satz der Quantitätstheorie: Durch die vorgegebenen realen Größen k und Y sowie die vorgegebene Geldmenge M wird das *Preisniveau* bestimmt. Insbesondere schlagen sich *Änderungen der Geldmenge* allein in *Preisniveauänderungen* nieder und beeinflussen nicht die anderweitig bestimmten Realgrößen k und Y. Jede Verdopplung der Geldmenge muß also eine Verdopplung der Preise bewirken. Dies ist die Quintessenz der Quantitätstheorie.

Eine Verdopplung der Geldmenge *muß* also eine Verdopplung der Preise bewirken – gut. Aber als Ökonomen können wir nicht einem mathematischen Imperativ vertrauen, sondern müssen nach dem genauen *Anpassungsprozeß* fragen, den eine Verdopplung der Geldmenge nach sich zieht. Geben wir hierzu JOHN STUART MILL das Wort:

„Wir wollen ... annehmen, daß plötzlich zu jeder Mark und jedem Pfennig, den jemand besitzt, eine zweite Mark und ein zweiter Pfennig hinzukommt. Es würde dann seitens des Geldes eine Nachfrage, folglich ein vermehrter Geldwert oder Preis von Dingen aller Art vorliegen. Dieser höhere Wert würde keinem zum Vorteil gereichen; der einzige Unterschied wäre, daß man nunmehr mit Mark und Pfennig in höheren Zahlen rechnen müßte .. Wenn das gesamte im Umlauf befindliche Geld verdoppelt wäre, würden sich auch die Preise verdoppeln.“ [17]

Die Neoklassischen Ökonomen faßten das Argument an seiner entscheidenen Stelle exakter: Zu Beginn wird der nominale Kassenbestand eines jeden Wirtschaftssubjektes gedanklich verdoppelt. Jene stellen nun fest, daß der geplante Realwert ihrer Kassenhaltung *zu hoch* ist, und deshalb fragen sie verstärkt Güter nach, erhöhen also die Ausgaben, um den Kassenbestand zu reduzieren. Die somit erhöhte Güternachfrage trifft nun auf ein *konstantes* Güterangebot; denn das Güterangebot ist allein von den realen Variablen abhängig, jene aber haben sich nicht geändert. Also er-

17 MILL, J.St. (*1924) Grundsätze der politischen Ökonomie; a.a.O., Band 2, S. 15

gibt sich auf dem Gütermarkt eine *Überschußnachfrage*, was einen Anstieg der Preise zur Folge hat.

Wann findet dieser Preisanstieg nun sein Ende? Es wäre falsch zu meinen: „sobald alle Wirtschaftssubjekte ihre überschüssige Kasse ausgegeben haben." Denn wenn auch einzelne ihre Kassenhaltung verändern können, so bleibt doch die Kassenhaltung *insgesamt* dieselbe, da die Ausgaben des einen die Einnahmen eines anderen sind. Mithin müssen wir anders argumentieren: Die Preise steigen solange, bis der *reale Kassenbestand* M/P auf sein ursprüngliches Niveau gefallen ist. Denn genau dann entspricht die Kaufkraft der Kassenhaltung dem zuvor geplanten Niveau. Diese Abhängigkeit der Güterausgaben vom Realkassenbestand nennen wir den *Cambridge-Effekt*. Der Cambridge-Effekt ist gleichsam der Regulator für den Anpassungsprozeß; er stellt sicher, daß eine Verdopplung der Geldmenge M genau eine Verdopplung des Preisniveaus P bewirkt, weil nur damit der reale Kassenbestand M/P unverändert bleibt.

Der Neoklassische Ökonom KNUT WICKSELL hat in seiner Kritik der Quantitätstheorie[18] erklärt, daß jene eine folgerichtige Erklärung liefert und nur durch Kritik ihrer Voraussetzungen angreifbar ist. Ohne WICKSELLS eigenen Vorschlag darstellen zu können (der dem von KEYNES nicht unähnlich ist), seien doch seine drei zentralen Einwände angeführt:

Erstens bezweifelt WICKSELL die Konstanz der Umlaufgeschwindigkeit des Geldes (oder der durchschnittlichen Kassenhaltungsdauer), welche er zu den „luftigsten und am wenigsten greifbaren Faktoren der Volkswirtschaft" zählt. Wenn aber die durchschnittliche Kassenhaltung nicht wenigstens kurzfristig konstant ist, dann können die Wirkungen einer Geldmengenänderung nicht bestimmt werden.

Zweitens kritisiert WICKSELL den quantitätstheoretischen Geldbegriff, indem er darauf hinweist, daß Edelmetalle und Münzen im Zahlungsverkehr durch Banknoten, Wechsel oder Schecks ersetzt werden können. Dies hat eine sehr einschneidende Konsequenz. Faßt man nämlich den Geldmengenbegriff derart weit, dann wird die Geldmenge unversehens zu einer *endogenen* Größe, weil es ja im Ermessen der Wirtschaftssubjekte liegt, wieviele Wechsel sie beispielsweise ziehen wollen. Ein Anstieg der Edelmetallmenge bewirkt jetzt vielleicht den Rückgang des Wechselumlaufs, so daß die weiter gefaßte Geldmenge unverändert bleibt. Desweiteren ist in einer modernen Geldwirtschaft die Geldmenge nicht länger von der Zentralbank steuerbar, wenn diese den Wechselumlauf etc. nicht kontrollieren kann.

Drittens setzt die Quantitätstheorie des Geldes voraus, daß der Realkassenbestand das Ausgabeverhalten der Wirtschaftssubjekte maßgeblich be-

18 WICKSELL, K. (1898) Geldzins und Güterpreise; Jena: Fischer

einflußt; die Stärke dieses *Cambridge-Effektes* ist nach WICKSELL aber sehr fraglich.

Fassen wir zusammen: Die herrschende Geldlehre der Klassisch-Neoklassischen Epoche ist die Quantitätstheorie des Geldes. Diese beinhaltet eine Dichotomie zwischen dem realen und dem monetären Sektor und sagt im Kern aus, daß Änderungen der Geldmenge *allein* Preisänderungen hervorrufen; auf reale Größen hat das Geld keinen Einfluß. Die Preisänderungen sind proportional zu den Variationen der Geldmenge.

Der deutlichen Darstellung wegen haben wir lediglich den „reinen Kern" der Quantitätstheorie wiedergegeben, und deshalb sei hinzugefügt, daß die Klassisch-Neoklassischen Autoren dem Gelde *durchaus* kurzfristige Realwirkungen zugestanden haben, wenn sie auch diesen Punkt wenig betonten[19]. Denn wie sagte doch ALFRED MARSHALL:

„Diese sogenannte Quantitätstheorie des Geldwertes ist in gleicher Weise wahr wie der Satz, daß die Tagestemperatur unter sonst gleichen Umständen von der Tageszeit abhängt; nur sind die sonstigen Umstände eben selten gleich."[20]

§ 26 Das Saysche Theorem

„The fundamental things apply, as time goes by."
(Aus dem Film „Casablanca")

Das nach JEAN BAPTISTE SAY benannte Theorem ist einer der zentralen Lehrsätze Klassisch-Neoklassischer Ökonomik. Eine der bekannten Formulierungen lautet:

Jedes Angebot schafft sich selbst seine Nachfrage. Denn durch die Ausweitung der Produktion entstehen zusätzliche Faktoreinkommen, die von den Empfängern zur Güternachfrage verwendet werden.

So harmlos diese Feststellung klingen mag, so erbittert sind die Diskussionen, die ihretwegen bis heute geführt werden. Versuchen wir, uns einen näheren Einblick zu verschaffen. Zuerst einmal bezieht sich das Saysche Theorem auf *geplante* Größen, nicht aber auf die im nachhinein identische Übereinstimmung von Verkäufen und Käufen. Zweitens ist das Saysche Theorem kein Axiom, sondern eben ein Theorem: ein abgeleitetes Gesetz.

---

19 Vergleiche zu einer dogmengetreueren Darstellung etwa CLAASSEN, E.-M. (1980²) Grundlagen der Geldtheorie; Berlin usw.: Springer. ESHAG, E. (1963) From Marshall to Keynes; Oxford: Basil Blackwell

20 MARSHALL, A. (1926) Official Papers by Alfred Marshall; London: Macmillan, S. 267. Übersetzung der Verfasser.

In der Formulierung von MILL wird dies deutlich:

„... ist es ... möglich, daß aus Mangel an Mitteln zur Bezahlung die Nachfrage nach all den Waren zu gering ist? Wer dies denkt, kann nicht richtig betrachtet haben, worin die Mittel zur Bezahlung von Waren bestehen. Es sind einfach wieder Waren. Die Mittel eines jeden, die Erzeugnisse anderer zu bezahlen, bestehen aus den Erzeugnissen, die er selbst besitzt. Alle Verkäufer sind unvermeidlich und logischerweise Käufer ... Demnach *erweist* sich ein allgemeines Überangebot oder ein Übermaß an Waren insgesamt über die Nachfrage als unmöglich.“ [21]

Wer alle bisher vorgebrachten Argumente der Klassiker und Neoklassiker akzeptiert, der *muß* auch das Saysche Theorem akzeptieren. Denn wie sollte es zu einer Überproduktion bzw. zu einer Nachfragelücke kommen?

– Spontane *Hortung* von Geld kommt als Grund fehlender Güternachfrage nicht in Betracht, da das Horten nach Klassisch-Neoklassischer Auffassung ein höchst unvernünftiges Unterfangen wäre. Auch ist die Geldmenge eine exogene Bestandsgröße, die nicht zufließen oder abfließen kann. Aber selbst *wenn* wir diese Möglichkeit zugestehen, verändert sich dadurch lediglich die *umlaufende* Geldmenge, was der Quantitätstheorie zufolge über eine Deflation zu einem neuen Gleichgewicht führt.
– Die Bildung realer Ersparnis kann erst recht nicht als Ursache fehlender Nachfrage in Frage kommen, da der Ersparnis auf Dauer ein Investitionsvolumen in gleicher Höhe gegenübersteht.

Die Begründung des Sayschen Theorems liegt letztlich darin, daß niemand *plant* zu produzieren, der nicht gleichzeitig *plant*, das dadurch erzielte Einkommen irgendwie zu verwenden. Wegen der simultanen Planung von Angebot und Nachfrage können diese gesamtwirtschaftlichen Größen nicht voneinander abweichen. „Überproduktion“ wäre mithin ein ähnlich sinnloser Ausdruck wie „Tauschwert aller Güter“.

In etwas feinerer Schattierung gesehen, behauptet das Saysche Theorem *nicht* eine Identität von Angebot und Nachfrage. Vielmehr hat gerade SAY betont, daß auf einzelnen Märkten Störungen auftreten können, weil etwa die Produzenten die Nachfrage falsch eingeschätzt haben. Und bei RICARDO lesen wir:

„Es mag von einem bestimmten Gut zuviel produziert werden, so daß ein Angebotsüberschuß besteht und das eingesetzte Kapital sich nicht bezahlt macht; aber dies kann nicht bei *allen* Gütern vorkommen.“ [22]

---

21 MILL, J.St. (*1924) Grundsätze der politischen Ökonomie; a.a.O., Bd. 1, S. 109. Hervorhebung der Verfasser.

22 RICARDO, D. (*1921³) Grundsätze der Volkswirtschaft und Besteuerung; Jena: Fischer. Zitiert nach dem im Literaturverzeichnis angegebenen Original, S. 275. Übersetzung und Hervorhebung der Verfasser.

Mit dem Sayschen Theorem sollte auch die Möglichkeit *zeitweiliger Krisen* nicht bestritten werden. Die Klassiker und Neoklassiker wandten sich vielmehr gegen die These einer allgemeinen und andauernden Absatzkrise, die oft vermutete Folge der Kapitalakkumulation oder Rationalisierung. Sie argumentierten hierzu: Jedermann bietet nur deshalb Güter und Faktorleistungen an, weil er mit dem Erlös andere Güter zu kaufen gedenkt. Deshalb kann infolge der Kapitalakkumulation oder Rationalisierung auf Dauer nur die Produktion steigen, während eine zunehmende Marktsättigung schlicht undenkbar ist. Wären alle Menschen in allen ihren Bedürfnissen gesättigt, würden sie auch keine Güter mehr anbieten: Das ökonomische Problem wäre aufgehoben.

§ 27 Das Klassisch-Neoklassische Modell

In den vorangegangenen Paragraphen besprachen wir einzelne Märkte oder Probleme und streiften dabei die wesentlichen Bestandteile der Klassisch-Neoklassischen Makrotheorie. Zur Erlangung eines Gesamteindrukkes wollen wir die einzelnen Elemente der Theorie jetzt in ein algebraisches und ein geometrisches Modell fassen.

Wir übernehmen die Arbeitsnachfragefunktion (32), die Arbeitsangebotsfunktion (39), die Produktionsfunktion (34), die Sparfunktion (40), die Investitionsfunktion (33) und die Cambridge-Gleichung (61) und fassen sie unter Hinzufügung der Identität $w = (w/P)\,P$ zum Gleichungssystem C wie *C*lassic zusammen:

$$N^d\left(\frac{w}{P}\right) = N^* = N^s\left(\frac{w}{P}\right) \qquad \rightarrow N^*, \left(\frac{w}{P}\right)^* \tag{C.1}$$

$$Y = f(N) \qquad \rightarrow Y^* \tag{C.2}$$

$$S(i) = I(i) \qquad \rightarrow i^* \tag{C.3}$$

$$M = k \cdot P \cdot Y \qquad \rightarrow P^* \tag{C.4}$$

$$w = \left(\frac{w}{P}\right) \cdot P \qquad \rightarrow w^*. \tag{C.5}$$

Weil (C.1) zwei Gleichungen enthält, besteht das Gleichungssystem aus insgesamt *sechs* Gleichungen, die unter den getroffenen Voraussetzungen die *sechs* angegebenen Variablen bestimmen. Die Gleichungen seien nun im einzelnen kommentiert.

(C.1) ist die Gleichgewichtsbedingung für den Arbeitsmarkt, aus der die Beschäftigung N* und der gleichgewichtige Reallohn (w/P)* folgen.

(C.2) bildet die Produktionsfunktion ab, die wegen der kurzfristigen Konstanz des Kapitalstocks (bzw. wegen der Vernachlässigung des Kapazitätseffektes) nur die Beschäftigung als explizite Variable enthält. Anstelle der Produktionsfunktion hätten wir auch die Güterangebotsfunktion wählen können, aber so sollte deutlich werden, daß sich das Güterangebot unmittelbar aus der Beschäftigung ergibt, die in (C.1) bestimmt wurde. Die aus N* resultierende Vollbeschäftigungsproduktion Y* kann voll abgesetzt werden, weil das simultane Gleichgewicht auf Arbeits- und Kapitalmarkt die Gütermarkträumung impliziert.

(C.3) determiniert als Gleichgewichtsbedingung des Kapitalmarktes den natürlichen Zins i*. Durch den natürlichen Zins ist gleichzeitig die Einkommensverwendung festgelegt, also die Größen S, I und C, die wir nicht explizit aufführen.

(C.4) ist die Cambridge-Gleichung. Aus dem von (C.2) gegebenen Realeinkommen Y* folgt aus ihr das Preisniveau P*, weil die Geldmenge und die Kassenhaltungsdauer als gegebene Größen angesehen werden.

(C.5) wurde als einzige der Gleichungen bisher nicht besprochen. Diese offenbare Identität führen wir nur der Vollständigkeit halber auf, um zu verdeutlichen, daß aus dem Reallohn (w/P)* der Gleichung (C.1) und dem Preisniveau P* der Cambridge-Gleichung ein bestimmter Nominallohn w* folgt.

Gut erkennbar ist im Gleichungssystem die *Dichotomie:* Der reale Sektor umfaßt nur die ersten drei Gleichungen, innerhalb derer alle realen Größen bestimmt werden. Aus den beiden unteren Gleichungen folgen die Nominalgrößen: das Preisniveau und der Nominallohn. Der reale Sektor ist vom monetären offensichtlich unabhängig.

Solch ein Gleichungssystem ist geradezu prädestiniert, die Quintessenz einer Lehre zu kondensieren. Aus der Erinnerung daran lassen sich relativ leicht die gesamten Begründungszusammenhänge entwickeln; nur besteht die Gefahr, ein zu mechanistisches Verständnis heranzubilden. Deshalb sei klar gesagt, daß die sechs Gleichungen beileibe keinen naturwissenschaftlichen Charakter haben oder haben sollen und nur versuchen, einige wenige Zusammenhänge aus dem organischen Ganzen der Volkswirtschaft herauszugreifen. Wichtiger als die Kenntnis der Gleichungen ist die Kenntnis der zugehörigen Begründungen.

Wir kommen jetzt zur graphischen Exposition. Die graphische Darstellung hat den Vorteil, daß die in der Realität simultan ablaufenden Vorgänge tatsächlich nebeneinander abgebildet werden können. Auch lassen sich mit ihrer Hilfe Veränderungen und deren Wirkungen gut veranschaulichen. Durch Zusammenstellung der Abbildungen 11, 19, 21 und Hinzufügung zweier weiterer Skizzen erhalten wir das Gesamtmodell:

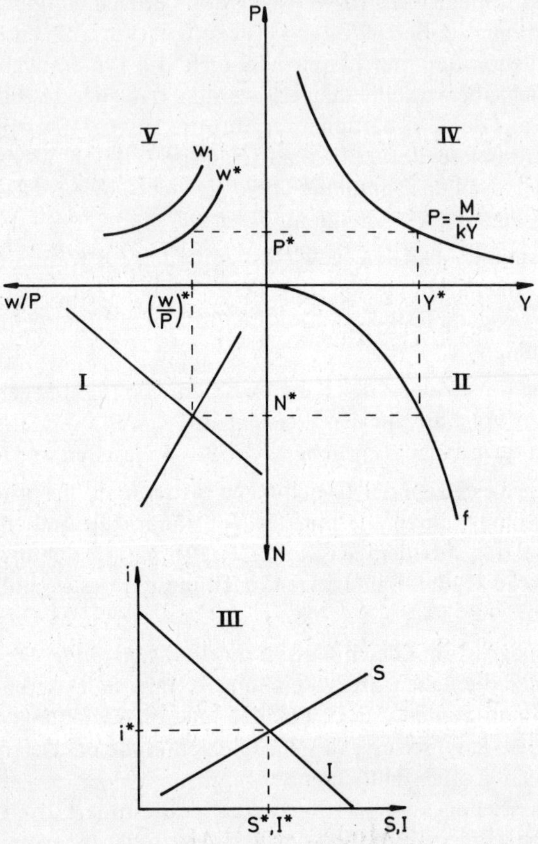

Abbildung 22

Jeder Quadrant der Graphik korrespondiert mit der entsprechend numerierten Gleichung des algebraischen Systems. Zum Verständnis sollte sie in der Reihenfolge der Nummern gelesen werden:

Quadrant I gibt die Abbildung 19 des Arbeitsmarktes wieder, wobei lediglich die Skizze auf den Kopf gestellt wurde. Auf allen Achsen sind indes positive Werte abgetragen.

Quadrant II stellt die Produktionsfunktion dar. Der Leser möge sich durch den Vergleich mit Abbildung 11 überzeugen, daß die ungewohnte Form auch hier nur auf der Vertauschung der Achsen beruht.

Quadrant III ist die unveränderte Abbildung 21 des Kapitalmarktes.

Quadrant IV verdient einen näheren Kommentar. Wir erkennen dort eine Hyperbel, deren Gleichung wir aus der Cambridge-Gleichung (C.4) erhalten; man muß sich nur vergegenwärtigen, daß P in Abhängigkeit von Y dargestellt wird:

$$P = \frac{M}{k \cdot Y}. \tag{65}$$

Dies entspricht einer Hyperbelgleichung der Art $y = a/x$, wobei das Realeinkommen Y für die Variable x steht. Da M und k vorgegebene Größen sind, ist die Hyperbel in ihrer Lage festgelegt, und zu jedem Y kann das entsprechende Preisniveau auf der Ordinate abgelesen werden.

Quadrant V schließlich ist das Gegenstück zur Gleichung (C.5). Da auf den Achsen dieses Quadranten die Variablen w/P und P abgetragen sind, finden wir hier eine Kurvenschar

$$P = \frac{w}{w/P} \tag{66}$$

mit dem sogenannten Scharparameter w. Das bedeutet nun nicht, auch in diesem Quadranten werde das Preisniveau bestimmt. Vielmehr sind der Reallohn und das Preisniveau für diesen Quadranten vorgegebene Größen, deren gemeinsamer Punkt auf der dem Lohn w* zugeordneten Hyperbel liegt. Es wird gleichsam vermöge der Größen P und w/P eine der Hyperbeln „ausgewählt", derart daß die Gleichung (66) erfüllt ist.

Damit ist das Klassisch-Neoklassische Modell vollständig beschrieben. Im sechsten Kapitel werden wir das Gleichungssystem und die Graphik zur Analyse wirtschaftspolitischer Maßnahmen heranziehen.

§ 28 Streiflicht: Das Modell von WALRAS

Der Walrassche Auktionator ist ein großer Mythos; ich betone beide Worte. (JAMES TOBIN)

Wir wollen zum Schluß einen Blick auf das Modell des *allgemeinen mikroökonomischen* Gleichgewichtes von WALRAS werfen. Obwohl es sich hier um einen makroökonomischen Text handelt, ist dies fast unvermeidlich, denn

– *erstens* war die Neoklassische Theorie überwiegend mikroökonomisch angelegt, und wir können hiermit unser Verständnis der Neoklassischen Sichtweise verbessern und vertiefen.

– *Zweitens* bildet das Modell von WALRAS den Prototypen der sogenannten *Allgemeinen Gleichgewichtstheorie,* die eine mikroökonomische Totalanalyse des Wirtschaftsprozesses bietet. Als solches ist das Walras-Modell der Ausgangs- und Bezugspunkt vieler weiterer Forschungsbestrebungen, und insofern stellt dieser Paragraph eine Art Vorbereitung auf die späteren Theorien dar, welche wir im dritten Buch besprechen.

Im Jahre 1874 veröffentlichte der Franzose LÉON WALRAS erstmalig ein Modell des totalen mikroökonomischen Gleichgewichts[23]. Nach anfänglicher Ablehnung bzw. Nichtbeachtung durch die Ökonomen sollte es später – wie SCHUMPETER feststellte – deren „magna charta" werden. Wir wollen WALRAS' Gedanken in stark vereinfachter Form wiedergeben, damit der Blick auf das Wesentliche nicht versperrt wird.

In einer Volkswirtschaft befinden sich *H Haushalte* und *F Unternehmen,* die jeweils mit h bzw. f indiziert seien. Weiterhin gibt es *G Güter,* durch den Index g unterschieden, die auf ebensovielen Gütermärkten gehandelt werden. Der Ausdruck „Güter" ist hierbei im weiteren Sinne zu verstehen und umfaßt ebenfalls alle Faktorleistungen. Das Modell bezieht sich allein auf den realen Sektor der Volkswirtschaft und umfaßt kein Geld.

Die Preise $p_1, p_2, \ldots, p_G$ der G Güter sind in einer imaginären Recheneinheit ausgedrückt, die nicht Geld ist: es sind *abstrakte Preise.* Danach berechnet sich der *relative Preis* zweier Güter i und j (ihr Austauschverhältnis) durch den Quotienten p_i/p_j.

Die vom h-ten Haushalt nachgefragte oder angebotene Menge des g-ten Gutes nennen wir x_{hg} und vereinbaren, daß nachgefragte Güter mit einem *negativen,* angebotene Güter mit einem *positiven* Vorzeichen notiert werden. Ein Beispiel: Wenn der Haushalt Nr. 9 zwanzig Stunden Arbeit einer bestimmten Qualität anbietet, die als sechstes Gut vereinbart wurde, dann schreiben wir $x_{9,6} = 20$. Fragt er drei Äpfel einer bestimmten Sorte nach, die als viertes Gut definiert wurden, dann ist $x_{9,4} = -3$.

Die subjektiven Neigungen des Haushaltes werden durch eine Nutzenfunktion beschrieben

$$U_h(x_{h1}, \ldots, x_{hG}); \quad h = 1 \ldots H \tag{67}$$

die er maximiert. Das heißt, er wählt sein Angebot und seine Nachfrage so, daß der daraus gezogene Nutzen möglichst hoch ist. In jeder Periode hat der Haushalt dabei eine *Budgetbeschränkung* zu beachten, durch die er gezwungen ist, nicht mehr auszugeben, als er einnimmt:

$$\sum_{g=1}^{G} p_g \cdot x_{hg} = 0; \quad h = 1 \ldots H. \tag{68}$$

---

23 WALRAS, L. (*1954) Elements of Pure Economics; London: Allen & Unwin

Die Budgetbeschränkung besagt, daß die Summe der negativ notierten Käufe eines Haushaltes mit der Summe seiner positiv notierten Verkäufe übereinstimmen muß, oder kurz: daß die Summe der beiden verschwinden muß.

Unter bestimmten Bedingungen, auf die wir hier nicht näher eingehen können, lassen sich aus den Nutzenfunktionen in Verbindung mit den Budgetbeschränkungen die *Nachfrage-* und *Angebotsfunktionen* der H Haushalte ableiten:

$$x_{hg} = x_{hg}(p_1, \ldots, p_G); h = 1 \ldots H; g = 1 \ldots G. \tag{69}$$

Jede dieser H mal G Nachfragefunktionen hängt ab
– von den individuellen Präferenzen,
– den Anfangsbeständen und
– den Preisen.

Da die Präferenzen und Anfangsbestände gegebene Größen sind, führten wir in den Nachfrage- und Angebotsfunktionen (69) allein die Preise explizit auf.

Wenden wir uns nun den F Unternehmen der Volkswirtschaft zu. Auch hier sei vereinbart, daß die Nachfrage eines Unternehmens (nach Faktor- und Vorleistungen) *negativ*, sein Angebot *positiv* notiert wird. Jedes Unternehmen versucht, seinen Gewinn zu maximieren, den wir in der üblichen Weise als „Erlös minus Kosten" schreiben:

$$\pi_f = \sum_{g=1}^{G} p_g \cdot x_{fg} = 0; \quad f = 1 \ldots F. \tag{70}$$

Der maximale Gewinn eines jeden Unternehmens belaufe sich auf *Null* Einheiten; eine zunächst merkwürdig erscheinende Annahme, die jedoch die Analyse wesentlich vereinfacht. Diese Prämisse trifft zu, wenn alle Produktionsfunktionen die sogenannte Eigenschaft der linearen Homogenität aufweisen und die Faktoren zu ihren Grenzproduktivitäten entlohnt werden; dies ist ein bekanntes Ergebnis der Verteilungstheorie.

Anderenfalls kann die Annahme ohne weiteres aufgehoben werden, indem man die Gewinne an die Haushalte verteilt. Bei der Gewinnmaximierung hat das Unternehmen die Produktionsfunktionen zu beachten, und zwar so viele Produktionsfunktionen, wie es Güter produziert:

$$x_{fg} = x_{fg}(x_{f1}, \ldots, x_{fG}); \quad f = 1 \ldots F; \quad g = 1 \ldots G. \tag{71}$$

Die Produktionen sind mit f indiziert, weil die Unternehmen ein Gut im allgemeinen verschieden effizient produzieren. Aus den Gleichungen (70) und (71) ergeben sich unter bestimmten Bedingungen die *Nachfrage-* und *Angebotsfunktionen* der Unternehmen:

$$x_{fg} = x_{fg}(p_1, \ldots, p_G); f = 1 \ldots F; g = 1 \ldots G \tag{72}$$

Damit haben wir das Verhalten der Wirtschaftssubjekte vollständig beschrieben, und zum Ergebnis ist es nur noch ein kleiner Schritt. Ein allgemeines Marktgleichgewicht erfordert nämlich, daß auf jedem Markt die geplante Nachfrage dem geplanten Angebot entspricht; also muß für jedes Gut gelten:

$$\sum_{h=1}^{H} p_g \cdot x_{hg} + \sum_{f=1}^{F} p_g \cdot x_{fg} = 0; \quad g = 1 \ldots G. \tag{73}$$

Diese Gleichung besagt, daß die negativ notierte Nachfrage nach einem Gut (g), summiert über alle Haushalte und Unternehmen, mit dem positiv notierten Angebot übereinstimmen muß, das sich ebenfalls durch Addition über alle Haushalte und Unternehmen ergibt. Nehmen wir hierzu ein konkretes Beispiel, indem wir das fünfte Gut („Brötchen") herausgreifen:

$$\sum_{h=1}^{H} p_5 \cdot x_{h5} + \sum_{f=1}^{F} p_5 \cdot x_{f5} = 0. \tag{74}$$

Hierbei muß die Summe der positiven Angebote von Brötchen mit der negativen Nachfrage davon übereinstimmen, damit auf dem Brötchenmarkt ein Gleichgewicht besteht. In (73) wird diese Bedingung auf alle G Märkte bezogen.

Damit können wir die Gleichungen (69), (72) und (73) zum Modell von WALRAS zusammenfassen:

$$x_{hg} = x_{hg}(p_1, \ldots, p_G) \tag{W.1}$$

$$x_{fg} = x_{fg}(p_1, \ldots, p_G) \tag{W.2}$$

$$\sum_{h=1}^{H} p_g \cdot x_{hg} + \sum_{f=1}^{F} p_g \cdot x_{fg} = 0. \tag{W.3}$$

Das Modell von WALRAS besteht also aus
- den H · G Nachfragefunktionen der Haushalte,
- den F · G Nachfragefunktionen der Unternehmen sowie
- den G Marktgleichgewichtsbedingungen.

Dabei ist „Nachfrage" stets als Oberbegriff zu „Nachfrage" (negativ notiert) und „Angebot" (positiv notiert) zu verstehen. Das Modell bestimmt

– die H · G Nachfragen der Haushalte,
– die F · G Nachfragen der Unternehmen sowie
– die G Gleichgewichtspreise,

so scheint es zumindest, da die Zahl der Gleichungen mit der Zahl der Variablen übereinstimmt. In der Sprache von WALRAS ist das System *determiniert.* Durch einfache Addition der H Budgetbeschränkungen (68) und der F Gewinndefinitionen (70) erhalten wir indes:

$$\sum_{h=1}^{H} \sum_{g=1}^{G} p_g \cdot x_{hg} + \sum_{f=1}^{F} \sum_{g=1}^{G} p_g \cdot x_{fg} = 0 . \tag{75}$$

Weil die Addition eine kommutative Operation ist, können wir die Summen umstellen, und es folgt durch Zusammenfassung:

$$\sum_{g=1}^{G} \left(\sum_{h=1}^{H} p_g \cdot x_{hg} + \sum_{f=1}^{F} p_g \cdot x_{fg} \right) = 0 . \tag{76}$$

Diese Gleichung folgt einfach aus der Tatsache, daß alle Haushalte ihre Budgetbeschränkungen einhalten; sie ist das *Gesetz von Walras.* Denn durch Vergleich von (76) mit (W.3) erkennen wir, daß (76) die *Summe der Marktgleichgewichtsbedingungen* ist. Wenn diese Summe notwendig verschwindet, dann folgt aus dem Gleichgewicht von G – 1 Märkten, daß auch der verbleibende Markt im Gleichgewicht ist.

Gesetz von Walras:
Die Summe der Überschußnachfragen aller Märkte ist gleich Null. Damit impliziert ein Gleichgewicht auf G – 1 Märkten, daß auch der verbleibende Markt sich im Gleichgewicht befindet.

Damit stellt sich folgendes Problem: Bei Geltung des Gesetzes von Walras sind nur G – 1 der Gleichungen (W.3) *unabhängig* voneinander, und damit enthält das Modell von WALRAS eine Gleichung zuwenig. Nach WALRAS ist das System unterdeterminiert: Die Zahl der zu bestimmenden Variablen übersteigt die Zahl der Gleichungen um Eins.

WALRAS kam damit zum Ergebnis, daß im realen Sektor der Volkswirtschaft nur die G – 1 *relativen* Preise bestimmt werden können, nicht aber die G *abstrakten* Preise. Er wählte hierzu ein beliebiges Gut als *Numéraire,* als Wertmaßstab und argumentierte, daß die G – 1 unabhängigen Variablen zur Bestimmung der G – 1 relativen Preise in bezug auf den Numéraire ausreichen. Damit aber sind *alle* relativen Preise, verstanden als reale Austauschverhältnisse, bestimmt.

Warum die G abstrakten Preise, von manchen Autoren „Geldpreise" genannt, im Modell nicht bestimmbar sind, können wir auch unmittelbar sehen. Eine Verdopplung aller abstrakten Preise etwa ändert die relativen Preise und damit die realen Verhältnisse nicht; alle Nachfragen und Angebote bleiben dieselben:

$$x_{hg}(p_1, \ldots, p_G) = x_{hg}(2\,p_1, \ldots, 2\,p_G) \tag{77}$$

$$x_{fg}(p_1, \ldots, p_G) = x_{fg}(2\,p_1, \ldots, 2\,p_G)\,. \tag{78}$$

Man sagt, Nachfragen und Angebote seien *homogen vom Grade Null* in den abstrakten Preisen. Diese Eigenschaft leuchtet ein, weil eine andere Art, den Wert aller Güter zu messen, nicht die realen Verhältnisse ändern kann. Würden etwa die Preise in der Bundesrepublik Deutschland ab einem bestimmten Tag nicht mehr in DM, sondern in Sonderziehungsrechten ausgedrückt, so ist kaum denkbar, daß *aus diesem Grund* die Nachfrage nach bestimmten Produkten zu Lasten anderer Güter steigt. Im realen Sektor zählen nach WALRAS also nur die relativen Preise: Das System ist wieder determiniert.

Abschließend wollen wir darlegen, wie WALRAS sich den *Anpassungsprozeß* der Preise zum allgemeinen Gleichgewicht vorstellte. Hierzu entwickelte er die berühmt-berüchtigte Vorstellung des *Auktionators:* Der WALRASsche Auktionator ruft zu Beginn jeder Periode probeweise ein Preissystem aus, woraufhin die Haushalte und Unternehmen ihre Wirtschaftspläne aufstellen und ihm mitteilen, jedoch noch nicht handeln. Der Auktionator vergleicht die Angebots- und Nachfragepläne für jedes Gut; er senkt die Preise jener Güter, bei denen er ein Überschußangebot feststellt und erhöht die Preise derjenigen, bei denen ein Nachfrageüberschuß auftrat. Anschließend ruft er das neue Preissystem aus. Daraufhin planen die Wirtschaftssubjekte erneut, und dieses Wechselspiel währt solange, bis das allgemeine Marktgleichgewicht etabliert ist. *Erst dann werden die Transaktionen ausgeführt.* Wir können diesen „kybernetischen" Ablauf mit einer Graphik veranschaulichen:

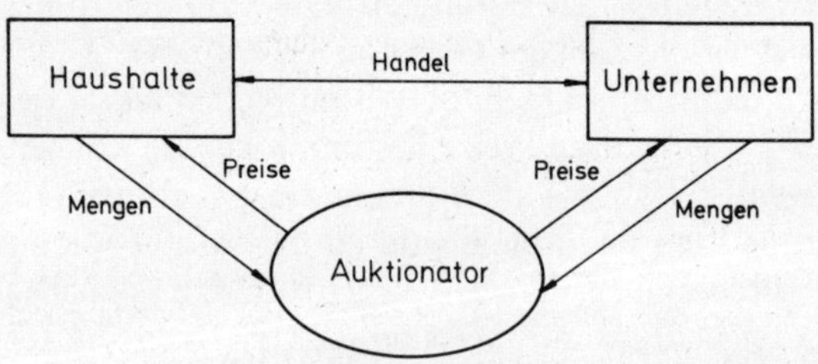

Abbildung 23

Nach WALRAS wird durch diesen Prozeß des „trial and error", er spricht von einem *Tâtonnement* (Herantasten), das allgemeine Marktgleichgewicht schließlich erreicht. Damit gab WALRAS als erster eine formale Darstellung des Wirkens der „invisible hand".

Die neuere Forschung auf dem Gebiete der Allgemeinen Gleichgewichtstheorie hat, beginnend mit einer Arbeit von WALD[24], den unklaren Begriff der „Determiniertheit" des Systems zerlegt in die Kriterien der *Existenz*, *Eindeutigkeit* und *Stabilität* des allgemeinen Gleichgewichts, da mit dem Abzählen von Gleichungen und Unbekannten im Grunde nichts gezeigt ist. Dies sind recht umfängliche Probleme, auf die wir hier nicht näher eingehen können[25].

§ 29 Resümee

Damit sind wir am Ende unserer Besprechung der Klassisch-Neoklassischen Theorie angelangt und haben einen ersten Einblick in die „Vision" der damaligen Ökonomen erhalten. Aus den Partialanalysen des Arbeits-, Kapital- und Gütermarktes, der Quantitätstheorie des Geldes, dem Sayschen Theorem und dem Totalmodell ergab sich, daß in dieser Lehre kein Platz ist für unfreiwillige Arbeitslosigkeit, Überinvestition, Unterkonsumtion und Wirtschaftskrisen. Ganz im Gegenteil, die „invisible hand", der Preismechanismus, bewirkte stets eine Räumung aller Märkte.

Der Leser fragt sich vermutlich, ob denn die Klassisch-Neoklassische Theorie angesichts der ständig auftretenden *realen Wirtschaftskrisen* überhaupt eine ernstzunehmende Lehre ist. Hierzu sind zwei Anmerkungen notwendig.

Zuerst und zuoberst muß hervorgehoben werden, daß die Klassisch-Neoklassischen Autoren ihr Augenmerk vorrangig auf lange Zeiträume richteten und lediglich behaupteten, daß einer Marktwirtschaft eine ausgeprägte *Tendenz* zum Gleichgewicht innewohnt und dieses *letztlich* erreicht wird – mochte auch die Frist einige Jahre betragen. Demgegenüber *leugneten* sie eine Tendenz zu sich immer weiter verschärfenden Krisen, wie sie MARX und andere vor Augen hatten.

---

24 WALD, A. (1936) Über einige Gleichungssysteme der mathematischen Ökonomie; Zeitschrift für Nationalökonomie **7,** S. 637 – 670

25 Zur Einführung in die Allgemeine Gleichgewichtstheorie eignen sich: QUIRK, J. und R. SAPOSNIK (1968) Introduction to General Equilibrium Theory and Welfare Economics; New York usw.: McGraw-Hill sowie ARROW, K.J. und F.H. HAHN (1971) General Competitive Analysis; San Francisco: Holden-Day. Außerdem eignet sich der dogmenhistorisch orientierte Aufsatz von WEINTRAUB, da er die rein technischen Komplikationen weitgehend zurückstellt: WEINTRAUB, E.R. (1983) On the Existence of a Competitive Equilibrium: 1930 – 1954; Journal of Economic Literature **21,** S. 1 – 39.

Zweitens führten die Klassisch-Neoklassischen Ökonomen tatsächliche Störungen des Gleichgewichtes auf Marktunvollkommenheiten zurück: auf Monopole, Kartelle, Gewerkschaften und staatliche Eingriffe. Es ist deshalb falsch zu meinen, daß sie etwa dem Problem der Arbeitslosigkeit unvorbereitet und hilflos gegenüberstanden. Vielmehr führten sie jenes auf überhöhte Löhne zurück, worauf wir später noch zurückkommen.

Im nächsten Kapitel befassen wir uns nun mit einer Theorie, die nicht nur eine Fülle von Einzelkritiken am Klassisch-Neoklassischen Modell übt, sondern manche Dinge geradezu auf den Kopf stellt.

Literaturangaben

Eine alternative Darstellung der Klassisch-Neoklassischen Makroökonomik findet sich in

ACKLEY, G. (1978) Macroeconomics: Theory and Policy: New York usw.: Macmillan

WALSH und GRAM erörtern die Klassischen und Neoklassischen Theorien sehr dogmengetreu und an den Originalen orientiert:

WALSH, V.Ch. und H. GRAM (1980) Classical and Neoclassical Theories of General Equilibrium; New York usw.: Oxford University Press

Darüber hinaus möchten wir anregen, eines oder zwei der folgenden Originalwerke zu lesen:

MARSHALL, A. (*1905) Handbuch der Volkswirtschaftslehre; Stuttgart usw.: Cotta
MILL, J.St. (*1924) Grundsätze der politischen Ökonomie, Bd. 1, 2; a.a.O.
RICARDO, D. (*1921³) Grundsätze der Volkswirtschaft und Besteuerung; a.a.O.
SMITH, A. (*1974) Der Wohlstand der Nationen; München: Beck

Kapitel V. Die Keynesianische Theorie

§ 30 Die Krise

„In the long run, we are all dead". (John Maynard Keynes)

Mit dem Zusammenbruch der New Yorker Börse im Jahre 1929 brach in den Vereinigten Staaten von Amerika eine Wirtschaftskrise aus, die sich bald auch über Europa und die übrige Welt verbreiten und zur größten wirtschaftlichen Katastrophe der Neuzeit werden sollte; wir sprechen heute von der *Großen Depression* oder der *Weltwirtschaftskrise.* Diese brachte einen Rückgang der Produktion, soziales Elend und vor allem eine Massenarbeitslosigkeit bisher nicht gekannten Ausmaßes hervor; im Deutschen Reich etwa stieg die Zahl der Arbeitslosen bis auf sechs Millionen im Jahre 1932.

Wen könnte es verwundern, daß in jener Zeit die Klassisch-Neoklassische Doktrin an Glaubwürdigkeit verlor und das Vertrauen in die Selbstheilungskräfte des Marktes einer allgemeinen Skepsis wich? Die Krise der Wirtschaft wurde damit zu einer Krise der Klassisch-Neoklassischen Theorie.

Bisweilen wurde – und wird – gar argumentiert, die orthodoxe Lehre sei durch die Fakten widerlegt worden; eine aus zwei Gründen voreilige Ansicht. Denn zum einen war erstere, wie jede Theorie, in Form von Konditionalsätzen formuliert, der Art: *Wenn* Preise, Löhne und Zinsen völlig flexibel sind, *dann* wird jeder Markt zum Ausgleich tendieren. Damit konnte die Orthodoxie sich gegen den Vorwurf der Falschheit schützen, indem sie auf Marktunvollkommenheiten hinwies. Zum anderen aber hatten die Klassisch-Neoklassischen Autoren die Möglichkeit vorübergehender Krisen nicht geleugnet (was wegen deren Wirklichkeit auch unratsam gewesen wäre), sondern die Behauptung aufgestellt, eine Marktwirtschaft werde *letztendlich* zum Vollbeschäftigungsgleichgewicht zurückfinden.

Das Unbehagen gegenüber der orthodoxen Lehre mußte somit etwas differenzierter formuliert werden, und hier lassen sich zwei Stoßrichtungen der Kritik ausmachen:

- Die *politische* Kritik: Was hilft eine Theorie, die da verkündet, es käme irgendwann wieder zur Vollbeschäftigung, wenn die Frist bis dahin politisch und sozial nicht tragbar ist?
- Die *theoretische* Kritik: Welchen Wert besitzt eine Lehre, die von unzutreffenden Annahmen ausgeht und sich dadurch gegen jede Kritik immunisiert? Wer verbürgt, daß nicht vielmehr die *Grundlagen* dieser Theorie falsch sind?

Aus der politischen Kritik erwuchs die Forderung nach staatlichen Maßnahmen, die denn auch erfolgreich und relativ losgelöst von einer theoretischen Grundlage durchgeführt wurden[1]. Was die praktische Wirtschaftspolitik angeht, bedeutete dies zugleich den Bankrott der herrschenden Lehre.

Entgegen der landläufigen Meinung wurde die theoretische Kritik von etlichen Ökonomen unabhängig und in verschiedener Weise formuliert[2]. Sie fand indes ihren gewichtigsten Ausdruck in der „General Theory of Employment, Interest and Money“[3] des britischen Ökonomen JOHN MAYNARD KEYNES. Dieses Werk, das wie kaum ein anderes die praktische Wirtschaftspolitik beeinflußte, ist Gegenstand des nächsten Paragraphen; sein mittelbarer Einfluß aber durchwirkt das gesamte Buch.

§ 31 Die „General Theory“ und ihre Interpreten

Alle Ökonomen behaupten sie gelesen zu haben. Nur bei den wenigsten trifft dies zu. Die Masse hat ein geheimes Schuldgefühl, weil sie sie nie lesen wird. (JOHN K. GALBRAITH)

Wahrscheinlich ist die „General Theory“ das meistzitierte ökonomische Werk unseres Jahrhunderts. Dieser überragende Einfluß läßt sich zum Teil dadurch erklären, daß ihr Verfasser schon lange vor der Veröffentlichung zu den bekanntesten und einflußreichsten Ökonomen überhaupt gehörte; somit wartete bereits ein gespanntes Publikum.

Dem Titel nach wollte KEYNES eine allgemeine Theorie der Beschäftigung, des Zinses und des Geldes liefern. Das Wort *allgemein* ist hierbei

---

1 Vergleiche zu den Maßnahmen im Deutschen Reich: KORSCH, A. (1976) Der Stand der beschäftigungspolitischen Diskussion zur Zeit der Weltwirtschaftskrise in Deutschland; in: BOMBACH, G. et al. (Hrsg.) Der Keynesianismus I; Berlin usw.: Springer.

2 Vgl. hierzu GARVY, G. (*1976) Keynesianer vor KEYNES; in: BOMBACH et al. (Hrsg.) Der Keynesianismus II; Berlin usw.: Springer.

3 KEYNES, J.M. (1936) The General Theory of Employment, Interest and Money; London. Im folgenden zitiert als „General Theory“. Die wenig geglückte deutsche Übersetzung findet sich im Literaturverzeichnis.

entscheidend und in dem Sinne zu verstehen, daß KEYNES der Klassisch-Neoklassischen Lehre für den *speziellen* Fall der Vollbeschäftigung Gültigkeit zumaß; seine eigene Theorie aber sollte auch Situationen der Unterbeschäftigung erklären.

Zehn Jahre nach der Veröffentlichung schrieb PAUL A. SAMUELSON über die „General Theory“:

„Es ist ein schlecht geschriebenes, armselig aufgebautes Buch; jeder durch das frühere Ansehen des Autors angelockte Laie war um seine 5 Shilling betrogen. Es ist nicht gut für den Lehrbetrieb geeignet. Es ist arrogant, unwillig, polemisch und nicht sehr großzügig mit Anerkennungen . . .

In ihm befindet sich undeutlich das Keynessche System, als wäre sich der Autor seiner Existenz und Eigenschaften kaum bewußt; am übelsten wird es aber, wenn er dessen Beziehungen zu den Vorgängern darlegt. Blitze der Einsicht und Erleuchtung sind in langweilige Algebra eingestreut. Eine umständliche Definition macht plötzlich freie Bahn für eine unvergeßliche Kadenz. Wenn wir die Lektüre endlich geschafft haben, finden wir die Analyse einleuchtend und gleichzeitig neu. Kurz: es ist ein geniales Werk“[4].

Diese Besprechung ist natürlich pointiert, aber sie erklärt immerhin, warum bis heute keine herrschende Meinung darüber besteht, was KEYNES eigentlich gesagt und gemeint hat. Statt dessen bildeten sich im Laufe der Zeit verschiedene Auslegungen heraus, und erst durch diese sind KEYNES’ Gedanken popularisiert und politisch wirksam gemacht worden:

„Das Ergebnis war, daß KEYNES ‚der größte Ökonom der Neuzeit‘ wurde (ein Nachruf, der anzeigte, daß sein Beitrag so unbestreitbar war, daß er keiner Erklärung bedurfte) und die ‚General Theory‘ als ‚Klassiker‘ abgestempelt wurde (was ein anerkannt großes Werk bedeutet, das niemand liest aus Angst, entdecken zu müssen, daß sich der Verfasser über die Botschaft, die seine Anhänger aus seinem Werk ableiteten, selbst nicht im klaren war).“[5]

Wenn auch die Namen der Interpretationsströmungen beileibe nicht einheitlich sind, lassen sich doch dero drei ausmachen[6]:

---

4 SAMUELSON, P.A. (1946) Lord Keynes and the General Theory; Econometrica **14**, S. 190. Übersetzung der Verfasser.

5 JOHNSON, H.G. (*1974) Neue Entwicklungen in der Geldtheorie: Ein Kommentar; in: BRUNNER, K. et al. (Hrsg.) Geldtheorie; Köln: Kiepenheuer und Witsch, S. 31

6 Die „Neukeynesiansche Theorie“ des zehnten Kapitels erhebt nicht den Anspruch, eine Keynes-Intepretation zu sein.

a) Die Keynesianische Theorie, terminologisch scharf zu unterscheiden von der *Keynesschen Theorie*, wurde zur bedeutendsten Keynes-Interpretation. Sie steht mit einem Fuß auf dem Boden der Neoklassischen Theorie, mit dem anderen aber auf Grund dessen, was ihre Anhänger für das Neue und Weiterführende der „General Theory" halten; wir sprechen deshalb synonym von der *Neoklassischen Synthese*. Die wichtigsten Vertreter sind ALVIN H. HANSEN, JOHN R. HICKS, LAWRENCE R. KLEIN, FRANCO MODIGLIANI, DON PATINKIN, PAUL A. SAMUELSON und JAMES TOBIN. Die Keynesianische Theorie, oder Neoklassische Synthese, wird Gegenstand dieses Kapitels sein.

b) Die Postkeynesianische Theorie steht, anders als die Keynesianische, in Fundamentalopposition zur Neoklassischen Lehre. Ihre Vertreter, das sind vor allem PAUL DAVIDSON, ROY F. HARROD, RICHARD F. KAHN, NICHOLAS KALDOR, MICHAL KALECKI, JAN A. KREGEL, HYMEN P. MINSKY, JOAN ROBINSON und GEORGE L. S. SHACKLE, wenden sich gegen die Vereinnahmung von KEYNES durch die Neoklassische Synthese. Ihrer Ansicht nach ist KEYNES' ursprünglicher Beitrag nicht mit Neoklassischen Theoriemustern vereinbar, und so finden sie für die Keynesianische Theorie nur die Bezeichnung „Bastard Keynesianism" (JOAN ROBINSON).

Die Postkeynesianischen Autoren bilden keine homogene Gruppe, aber es können zwei Argumentationsstränge unterschieden werden. Beide gehen dem Vernehmen nach auf KEYNES zurück und differieren in der Betonung *realer* bzw. *monetärer* Theorieelemente.

Die realanalytisch orientierten Postkeynesianer[7] lehnen die marginalistische Betrachtungsweise der Neoklassik ab und bedienen sich des Klassischen, überschußtheoretischen Ansatzes. Kennzeichnend für diese Theorie ist dreierlei:

– Die Preiseffekte spielen in der Analyse eine untergeordnete Rolle; es dominieren die *Einkommenseffekte*. So ist etwa für die Höhe der Beschäftigung weniger der Reallohn, als das gesamtwirtschaftliche Niveau der Nachfrage entscheidend.
– Der Wirtschaftsablauf wird nicht durch ein statisches Allokationsmodell (WALRAS) oder ein Wachstumsmodell mit vorausgesetzter Vollbeschäftigung (Neoklassische Wachstumstheorie) beschrieben, sondern im Rahmen eines dynamischen Prozesses. Damit kommt diese Spielart der Postkeynesianischen Theorie der Klassischen Betrachtung von Akkumulation und Wachstum recht nahe.

---

7 Vgl. etwa KREGEL, J.A. (1975²) The Reconstruction of Political Economy. An Introduction to Post-Keynesian Economics; London: Macmillan. ROBINSON, J. (*1965) Die Akkumulation des Kapitals; Wien: Europa-Verlag

– Darüber hinaus ist die Frage der Einkommensverteilung aufs engste mit dem Wachstumsproblem verbunden. Strategische Variablen dieser Theorie sind die Profitquote und, damit zusammenhängend, das Investitionsvolumen.

Eine zweite Richtung Postkeynesianischer Argumentation ließe sich unter den Begriff *Geld und Unsicherheit* bringen[8]. Diese Autoren messen dem Einfluß monetärer Störungen und der Unsicherheit ökonomischer Entscheidungen eine so hohe Bedeutung bei, daß sie die Neoklassische Gleichgewichtsanalyse als irrelevant ansehen. Die Betonung der *Unsicherheit* durch KEYNES halten sie für dessen eigentlichen Beitrag.

Da der Postkeynesianismus etwas abseits vom Strom der „Orthodoxien“ liegt und selbst keine kohärente Theorie bietet[9], können wir auf ihn im Rahmen dieses einführenden Lehrbuches nicht weiter eingehen[10].

c) Die Neokeynesianische Theorie schließlich geht auf eine Neuinterpretation von KEYNES durch ROBERT W. CLOWER und AXEL LEIJONHUFVUD zurück. Wir werden uns im elften Kapitel ausführlich mit der Neokeynesianischen Theorie befassen und wollen hier nur bemerken, daß die anfängliche Hochstimmung einer „Neuinterpretation“ von KEYNES bald schwand: LEIJONHUFVUD nahm diesen Anspruch schriftlich zurück. Das ändert freilich nichts am ökonomischen Erklärungswert dieser Theorie.

Insgesamt betrachtet stehen sich mit den Keynesianern und Neokeynesianern einerseits und den Postkeynesianern andererseits zwei Gruppen gegenüber, die man als *Imperfektionisten* bzw. *Fundamentalisten* bezeichnen kann. Die „Imperfektionisten“, also Keynesianer und Neokeynesianer, teilen die Auffassung der Neoklassischen Ökonomen, daß normalerweise Marktkräfte in Richtung auf das Vollbeschäftigungsgleichgewicht existieren. Sie leiten daraus indes nicht eine „laisser-faire“-Politik ab, sondern empfehlen staatliche Eingriffe für den Fall von Konjunkturen. Letztere sind ihrer Ansicht nach die Folge von unvermeidbaren Marktunvollkommenheiten (Imperfektionismen).

---

8 Vgl. hierzu DAVIDSON, P. (1978²) Money and the Real World; Basingstoke usw.: Macmillan. MINSKY, H.P. (1975) John Maynard Keynes; Columbia: Columbia University Press. SHACKLE, G.L.S. (1955) Uncertainty in Economics; Cambridge: Cambridge University Press

9 Der eher Keynesianisch ausgerichtete Ökonom SOLOW bemerkte sarkastisch, es handele sich hierbei eher um eine „Weltanschauung“.

10 Zur Einführung seien genannt: ROBINSON, J. und J. EATWELL (*1974) Einführung in die Volkswirtschaftslehre; München: Verlag Moderne Industrie. EICHNER, A.S. (*1982) Hrsg.: Über Keynes hinaus; Köln: Bund-Verlag. ROTHSCHILD, K.W. (1981) Einführung in die Ungleichgewichtstheorie; Berlin usw.: Springer. EATWELL, J. und M. MILGATE (1983) Keynes' Economics and the Theory of Value and Distribution; London: Gerald Duckworth

Auf der anderen Seite leugnen die „Fundamentalisten", also die Postkeynesianer, eine Existenz derartiger Marktkräfte. Nach ihrer Meinung besteht in einer freien Marktwirtschaft *keine* automatische Tendenz zum Vollbeschäftigungsgleichgewicht. Dieser Standpunkt führt die Postkeynesianer nicht notwendig zur Ablehnung des marktwirtschaftlichen Systems; indes schlagen sie verschiedene institutionelle Änderungen vor.

§ 32 Die effektive Nachfrage

Wenden wir uns nun dem Inhalt der „General Theory" zu, wie er von den Keynesianern gesehen wird. Der Argumentationskern liegt darin, daß KEYNES den Blick auf die *effektive Nachfrage* lenkt, verstanden als die kaufkräftige aggregierte Güternachfrage in der Volkswirtschaft. KEYNES leugnet die allgemeine Gültigkeit des Sayschen Theorems, wonach sich jedes Angebot seine Nachfrage schafft, und argumentiert, daß vielmehr die effektive Nachfrage das Produktionsniveau bestimme.

Entsinnen wir uns kurz der Klassisch-Neoklassischen Analyse des Einkommens- und Beschäftigungsniveaus. Nach dieser Theorie wird die volkswirtschaftliche Produktion allein begrenzt durch

– die Präferenzen der Haushalte (Arbeitsangebotsfunktion) sowie
– den angesammelten Kapitalbestand und die technischen Bedingungen der Produktion (Arbeitsnachfrage- und Produktionsfunktion).

Verkürzt ausgedrückt ist der Arbeitsmarkt damit der *strategische Markt:* Hier wird die Beschäftigung bestimmt, aus der (über die Produktionsfunktion) unmittelbar das volkswirtschaftliche Realeinkommen folgt. Eine unzureichende Güternachfrage ist ausgeschlossen.

Aus diesem Blickwinkel ist eine Situation kaum zu verstehen, in der einesteils viele Menschen (mehr) arbeiten wollen, anderenteils aber der allgemeine Wunsch nach einer höheren Güterversorgung besteht. Denn durch einen Anstieg von Beschäftigung und Produktion würde beiden Wünschen in gleicher Weise Rechnung getragen. Dieses *Paradoxon* der Arbeitslosigkeit läßt sich nach Keynes auflösen, indem man den bloßen Nachfragewunsch von der *effektiven,* am Markt auftretenden Nachfrage unterscheidet. Ist die effektive Nachfrage zu gering, so wird die Produktion von der Absatzseite her begrenzt. Dadurch wiederum sinken die Faktoreinkommen, und die effektive Nachfrage fällt weiter, bis – womöglich – ein Unterbeschäftigungsgleichgewicht erreicht ist. Dieser Gedankengang ist die Quintessenz der Keynesianischen Theorie; er läßt sich in die Sätze fassen:

Die Produktion wird von der Absatzseite her bestimmt. Die Nachfrage schafft sich ihr Angebot, nicht umgekehrt.

Damit wird das Saysche Theorem gleichsam auf den Kopf gestellt; wir erinnern uns jedoch, daß es kein Dogma war, sondern ein aufgrund allgemeiner Annahmen hergeleitetes Gesetz. Wollte KEYNES das Saysche Theorem also zu Fall bringen, mußte er die *Annahmen* der Klassisch-Neoklassischen Theorie angreifen. Nach Ansicht der Keynesianer nun finden sich in der „General Theory" vier wesentliche Abweichungen von der orthodoxen Lehre:

1) Das Konzept der *Konsumfunktion*, die einen stabilen Zusammenhang zwischen dem laufenden Realeinkommen und den Konsumausgaben feststellt.
2) Eine modifizierte Investitionstheorie, basierend auf dem Konzept der *Grenzleistungsfähigkeit des Kapitals.*
3) Die *Liquiditätspräferenztheorie* als Ersatz für die Quantitätstheorie des Geldes.
4) Etwaige *Starrheiten* von Preisen und Löhnen.

Die relative Bedeutung dieser vier Punkte wird kontrovers beurteilt, und immer wieder wird ein anderer als das „wahrhaft Revolutionäre" der „General Theory" hingestellt. Verschiedentlich wird auch eine sogenannte „Geldillusion" der Arbeitnehmer hinzugerechnet, die wir jedoch als theoretisch belanglos und empirisch zweifelhaft ansehen, sofern darunter verstanden wird, daß sich die Arbeitnehmer dauerhaft am Nominallohn orientieren.

Im weiteren werden wir die nun zum Brennpunkt des Interesses avancierte effektive Nachfrage etwas näher betrachten. Dazu untersuchen wir in den beiden folgenden Paragraphen die Bestimmungsgründe der *Konsum-* und *Investitionsnachfrage.* Wenden wir uns zunächst dem Konsum zu.

§ 33 Die Konsumnachfrage

Die erste zentrale Hypothese der Keynesianischen Theorie besagt, daß der reale Konsum maßgeblich vom laufenden Realeinkommen abhängt. Wir nennen diesen funktionalen Zusammenhang die Keynesianische *Konsumfunktion:*

$$C = C(Y). \tag{79}$$

Der Konsum (C) und das Einkommen (Y) werden dabei als Realgrößen angesehen und in Gütereinheiten gemessen. Die Konsumfunktion (79) wirkt ganz allgemein akzeptabel, denn was erscheint plausibler, als daß der reale Konsum vom laufenden Realeinkommen abhängt? Wir wollen nun die darin enthaltenen Voraussetzungen etwas näher betrachten.

Zuerst setzt die Formulierung (79) einen *stabilen* Zusammenhang zwischen dem laufenden Realeinkommen und dem realen Konsum voraus.

Die funktionale Schreibweise deutet an, daß der Konsum die abhängige Variable ist und auf dem Realeinkommen beruht. Aus Neoklassischer Sicht ist dies schlicht *unbegreiflich*, denn dort werden der Konsum und das Arbeitsangebot, und damit das Realeinkommen, *simultan* gemäß der Präferenzen und der Preissignale geplant. Obschon Konsum und Realeinkommen über die Budgetrestriktion miteinander verknüpft sind, besteht doch keine einseitige Kausalität $Y \rightarrow C$. Die Keynesianische Konsumfunktion widerspricht also der Neoklassischen Theorie[11].

Zweitens wird durch (79) suggeriert, das Realeinkommen sei die *einzige* Determinante des Konsums. Aber das ist nicht eigentlich gemeint; vielmehr soll durch die Konsumfunktion ausgedrückt werden, daß das Realeinkommen unter den Bestimmungsgrößen die einzig bedeutsame *und kurzfristig veränderliche* Variable ist. Implizit gehen in die Konsumfunktion etliche weitere Größen ein. KEYNES selbst zog in den Kapiteln 8 und 10 seiner „General Theory" (nach unserer Zählung) 24 Faktoren in Betracht, die das Konsumniveau möglicherweise beeinflussen. Zu diesen zählt auch der *Zins*, dem in der Klassisch-Neoklassischen Theorie doch eine Hauptrolle bei der Bestimmung des Konsums zukam (Konsum-Sparentscheidung). KEYNES bemerkt hierzu:

„Es gibt nicht viele Leute, die ihre Lebensweise ändern, weil der Zins von 5 auf 4 Prozent gefallen ist; vorausgesetzt, ihr Realeinkommen ist dasselbe wie zuvor."[12]

Damit bezweifelt er die Zinsreagibilität des Konsums und der Ersparnis. Die Erfahrung lehre, daß dem Zins keine besondere Bedeutung bei der Wahl von Konsum und Ersparnis zukomme. Er verstärkt seine Argumentation durch den Hinweis, daß sich die Einkommens- und Substitutionseffekte einer Zinsänderung wahrscheinlich kompensieren; dies wurde bereits von vielen Neoklassikern zugegeben.

Drittens ist zu beachten, daß der Konsum nach (79) vom *laufenden* Realeinkommen abhängt, nicht vom vergangenen und auch nicht vom erwarteten künftigen Einkommen. Jene Hypothese ist in der Folge nicht unbestritten geblieben[13]; wir nennen sie die *absolute Einkommenshypothese.*

Nach diesen mehr allgemeinen Bemerkungen können wir uns jetzt mit den *Eigenschaften* der Konsumfunktion befassen. Hierzu stellt Keynes ein, wie er es nennt, *fundamental-psychologisches Gesetz* auf. Danach

---

11 Dies ist in der Literatur nicht immer genügend beachtet worden. Wir werden uns mit dieser Problematik ausführlich im elften Kapitel befassen.

12 „General Theory", a.a.O., S. 94. Übersetzung der Verfasser.

13 Vgl. zu alternativen Konsumhypothesen etwa CLAASSEN, E.M. (1980) Grundlagen der makroökonomischen Theorie; München: Vahlen

– nimmt der Konsum bei einer Einkommenserhöhung stets zu,
– aber die absolute Konsumzunahme fällt stets geringer aus, als der zugrundeliegende Einkommensanstieg[14].

Wir können diese Hypothese durch den Begriff der marginalen Konsumneigung exakt fassen. Die *marginale Konsumneigung* gibt näherungsweise an, wie stark der Konsum aufgrund einer kleinen Einkommenserhöhung ansteigt. Sie ist definiert als der Differentialquotient

$$C' := \frac{dC}{dY}. \tag{80}$$

Dem fundamental-psychologischen Gesetz zufolge muß die marginale Konsumneigung offenbar einen Wert zwischen Null und Eins aufweisen:

$$0 < \frac{dC}{dY} < 1. \tag{81}$$

Nehmen wir beispielsweise an, die marginale Konsumneigung sei konstant gleich 0,8. In diesem Fall zieht ein Einkommensanstieg um *eine Einheit* eine Zunahme des Konsums um *0,8 Einheiten* nach sich. Das fundamental-psychologische Gesetz ist erfüllt, da die Konsumzunahme positiv, aber kleiner als der ursprüngliche Einkommensanstieg ist.

Betrachten wir nun die Budgetbeschränkung der Haushalte:

$$Y = C + S. \tag{82}$$

Wenn 0,8 Einheiten der Einkommenserhöhung auf den Konsum entfallen, dann werden die restlichen 0,2 Einheiten offenbar zur Ersparnis verwandt. Wir definieren mithin die *marginale Sparneigung* als den Differentialquotienten dS/dY. Sie gibt näherungsweise an, wie stark die Ersparnis aufgrund eines kleinen Einkommensanstieges wächst. Durch Ableiten der Budgetbeschränkung nach Y sehen wir, daß sich die marginale Konsumneigung und die marginale Sparncigung stets zu Eins addieren müssen:

$$\frac{dY}{dY} = \frac{dC}{dY} + \frac{dS}{dY} \tag{83}$$

$$1 = \frac{dC}{dY} + \frac{dS}{dY}. \tag{84}$$

14 „General Theory", a.a.O., S. 96

Dies ist Ausdruck der einfachen Tatsache, daß jedes zusätzliche Einkommen auf die eine oder die andere Art verwendet werden muß.

Zur Vereinfachung der Graphiken nehmen wir künftig einen *linearen Verlauf* der Konsumfunktion an:

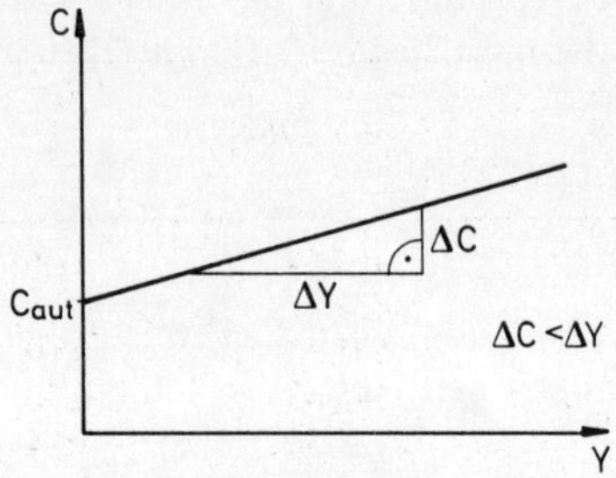

Abbildung 24
Die lineare Konsumfunktion

Diese Annahme dient nur der Vereinfachung, und alle weiteren Ergebnisse bleiben auch für nicht-lineare Konsumfunktionen gültig, solange sie nur das fundamental-psychologische Gesetz erfüllen. Die Gleichung einer linearen Konsumfunktion lautet allgemein:

$$C = C_{aut} + C' \cdot Y. \tag{85}$$

C_{aut} nennt man den *autonomen* Konsum; es ist dies der Schnittpunkt der Konsumfunktion mit der Ordinate. Die konstante marginale Konsumneigung gibt die Steigung der Konsumfunktion an. Bei einer Änderung des autonomen Konsums *verschiebt* sich die Konsumfunktion, bei einer Änderung der marginalen Konsumneigung *dreht* sie sich. Abschließend definieren wir den Quotienten

$$c := \frac{C}{Y} \tag{86}$$

als die *Konsumquote* oder *durchschnittliche Konsumneigung*.

Die Konsumquote gibt an, welcher Teil des Gesamteinkommens auf den Konsum entfällt.

Nach diesen vielleicht etwas trockenen Ausführungen wollen wir nun einen zahlenmäßigen Eindruck vermitteln und eine Konsumfunktion schätzen. Bei der Auswahl der Zahlen sind freilich einige Kompromisse erforderlich, weil in der Realität – anders als im Modell – Abschreibungen, unverteilte Gewinne und die Preisentwicklung eine Rolle spielen. Die marginale Konsumneigung müssen wir als Differenzenquotienten berechnen, weil nur diskrete Zahlenwerte zur Verfügung stehen. In der nachstehenden Tabelle sind der Konsum, das Einkommen sowie die marginale und durchschnittliche Konsumneigung für die Bundesrepublik Deutschland aufgeführt[15].

Jahr	Konsum (Mrd. DM)	Einkommen (Mrd. DM)	$\frac{\Delta C}{\Delta Y}$	$\frac{C}{Y}$
1962	414,55	453,64	1,00	0,91
1963	425,91	472,65	0,60	0,90
1964	448,18	505,12	0,69	0,89
1965	478,85	545,43	0,76	0,88
1966	493,82	558,58	1,14	0,88
1967	498,47	561,08	1,86	0,89
1968	522,12	597,00	0,66	0,87
1969	563,71	649,98	0,79	0,87
1970	606,66	703,90	0,80	0,86
1971	637,76	737,32	0,93	0,86
1972	666,81	779,04	0,70	0,86
1973	687,05	797,77	1,08	0,86
1974	691,37	809,26	0,38	0,85
1975	713,82	840,55	0,72	0,85
1976	740,64	854,33	1,95	0,87
1977	771,93	878,94	1,27	0,88
1978	801,87	911,64	0,92	0,88
1979	830,71	950,33	0,75	0,87
1980	840,78	964,02	0,74	0,87
1981	836,02	965,81	−2,66	0,87
1982	825,58	946,43	0,54	0,87
1983	839,86	942,14	−3,33	0,89
1984	852,65	962,28	0,64	0,89
1985	863,84	974,72	0,90	0,89
1986	893,49	1018,11	0,68	0,88
1987	924,92	1054,85	0,86	0,88
1988	949,76	1086,48	0,79	0,87

15 Quelle: Eigene Berechnungen aufgrund des Zahlenmaterials im Gutachten des Sachverständigenrates 1989/90, a.a.O. Als „Konsum“ wurde der private Verbrauch gewählt, als „Einkommen“ das verfügbare Einkommen der privaten Haushalte abzüglich der nichtentnommenen Gewinne der Unternehmen ohne eigene Rechtspersönlichkeit, beide deflationiert mit dem Preisindex für den privaten Verbrauch (1980 = 100).

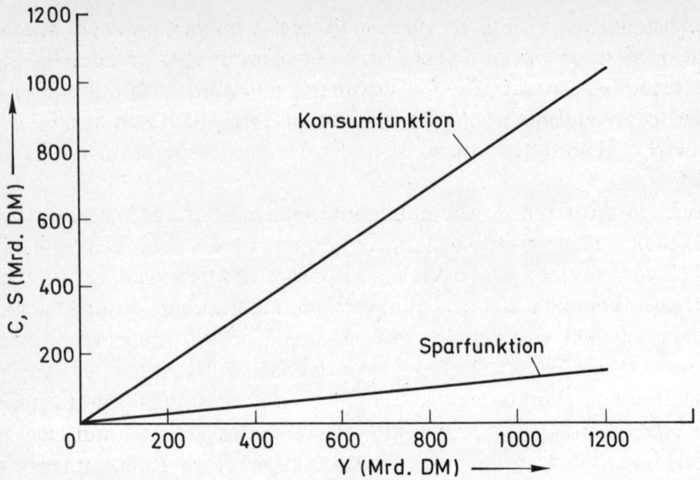

Abbildung 25

Es liegt nun nahe, aus dem vorliegenden Zahlenmaterial eine Konsumfunktion zu schätzen. Dazu wählen wir einen linearen Ansatz und berechnen nach der Methode der kleinsten Quadrate jene Gerade, die die Werte der obenstehenden Tabelle am besten approximiert[16]:

$$C = 7{,}43 + 0{,}87 \cdot Y \quad \text{(Mrd. DM).} \tag{87}$$

In der obigen Graphik ist die geschätzte Konsumfunktion skizziert und ebenso die korrespondierende Sparfunktion, deren allgemeine Gleichung wir aus (82) und (85) berechnen können:

$$Y = C_{aut} + C' \cdot Y + S. \tag{88}$$

$$\Leftrightarrow Y - C' \cdot Y - C_{aut} = S. \tag{89}$$

$$\Leftrightarrow S = (1 - C') \cdot Y - C_{aut}. \tag{90}$$

Im konkreten Fall lautet die Sparfunktion also:

$$S = 0{,}13 \cdot Y - 7{,}43 \quad \text{(in Mrd. DM)} \tag{91}$$

Im Trend der Jahre 1962–1988 bewirkte eine Einkommenszunahme um eine DM offenbar einen Konsumanstieg von 0,87 DM, da die marginale Konsumneigung nach Gleichung (87) sich auf 0,87 beläuft. Die Ersparnis nahm folgerichtig um 0,13 DM zu, wie aus (91) ersichtlich.

Der *Determinationskoeffizient* beträgt bei unserer Schätzung 0,997, was bedeutet, daß die Gerade 99,7% der Streuung erklärt und 0,3% „zufällig“

16 Die Methode der kleinsten Quadrate ist in jedem Lehrbuch zur deskriptiven Statistik der Ökonometrie erklärt.

sind. Dies sollte jedoch nicht über die Probleme hinwegtäuschen, mit denen solche Schätzungen behaftet sind.[17]. Es sei hier nur erwähnt, daß die Schätzung nicht (wie es die Theorie erfordert) auf *Plangrößen,* sondern statt dessen auf *Istgrößen* abstellt. Darüber hinaus ergibt sich eine *Scheinkorrelation,* weil C Bestandteil von Y ist und gar dessen bedeutsamsten Teil ausmacht.

Noch ein Wort zum sogenannten autonomen Konsum: Dieser darf nicht als *Existenzminimum* mißverstanden werden. Eine solche Deutung würde nämlich voraussetzen, daß die lineare Konsumfunktion *stabil* ist, auch wenn das Realeinkommen auf den Nullwert sinkt. Das aber ist nicht denkbar. Vielmehr handelt es sich beim autonomen Konsum um eine statistische Illusion, was wir uns in dieser Weise klarmachen müssen: Bei der Schätzung wurde durch die Punktwolke der recht hohen Einkommen- und Konsumniveaus eine Gerade gelegt. Anhand dieser Geraden läßt sich mit ziemlicher Sicherheit vorhersagen, wie hoch der Konsum bei einem Einkommensniveau von – sagen wir – 1.250 Mrd. DM wäre; aber sie kann nicht zu beliebiger Extrapolation herhalten. Vielmehr ist damit zu rechnen, daß die Konsumfunktion bei niedrigen Realeinkommen nicht stabil ist.

Auch rein logisch ist schwer vorstellbar, wie die bemitleidenswerten Bewohner einer geschlossenen Volkswirtschaft mit Null-Produktion ihr Leben durch *reales* Entsparen, also durch Verzehr des akkumulierten Kapitals, fristen. Das einzelne Wirtschaftssubjekt kann selbstverständlich anhand seiner Ersparnisse leben, aber das trifft nicht für die Volkswirtschaft insgesamt zu. Wenn nicht produziert wird, kann längerfristig auch nicht konsumiert werden; deshalb muß jede langfristige Konsumfunktion durch den Ursprung des Koordinatensystems laufen. Bei genauer Betrachtung wurde die Existenz des autonomen Konsums also durch den *linearen* Ansatz vorausgesetzt.

§ 34 Die Investitionsnachfrage

„Keynes without uncertainty is something like Hamlet without the Prince.“ (Hyman P. Minsky)

Wir besprechen nun mit der Investition die zweite Komponente der aggregierten Güternachfrage. Die *entscheidende Wende* der Keynesianischen Theorie gegenüber der Neoklassischen Lehre liegt in der These, daß Investitionsentscheidungen nicht auf der gegenwärtigen Grenzproduktivität des Kapitals beruhen, sondern auf den *erwarteten zukünftigen* Kapitalerträgen. Daraus ergibt sich weit mehr als ein Wechsel in der Terminologie.

---

17 Vgl. zu einer ausführlichen Diskussion Richter, R., U. Schlieper und W. Friedmann (1981⁴) Makroökonomik. Eine Einführung; Berlin usw.: Springer

Denken wir uns einen Investor, der den Kauf eines Kapitalgutes erwägt, und vollziehen wir seinen Nutzen-Kosten-Kalkül nach: Durch den Kauf erwirbt er das Recht auf einen zukünftigen Strom von Einzahlungen, die mit der Produktion und dem Verkauf zusätzlicher Güter anfallen. Gleichzeitig aber *verzichtet* er auf eine Finanzanlage zum Marktzins i und nimmt zusätzliche Kosten auf sich, wie sie mit der erhöhten Produktion verbunden sind. Es stellt sich die Frage, welches Investitionsverhalten unter den gegebenen Umständen für den Investor optimal ist.

Das in Betracht gezogene Kapitalgut habe eine Lebensdauer von n Jahren, und es fallen jeweils am Anfang des j-ten Jahres ($j \leq n$) *Ausgaben* in Höhe von A_j und *Einnahmen* in Höhe von E_j an, die dem Kapitalgut zurechenbar sind. Somit beläuft sich die *Nettoeinnahme* im j-ten Jahr auf:

$$Q_j := E_j - A_j; \qquad j = 1 \ldots n. \tag{92}$$

Der Summe der n Nettoeinzahlungen Q_j stehen die *Anschaffungskosten* des Kapitalgutes gegenüber. Es genügt nun nicht, die Summe der Nettoeinnahmen mit den Anschaffungskosten zu vergleichen; denn bekanntlich ist „eine Mark heute" mehr wert als „eine Mark morgen", da sie zwischenzeitlich zinsbringend angelegt werden kann. Somit müssen die Nettoeinnahmen Q_j jeweils abgezinst werden. Die aus den diskontierten Beträgen gebildete Summe bezeichnen wir als Gegenwartswert oder Barwert der Investion (Q_0):

$$Q_0 = Q_1 + \frac{Q_2}{(r+1)} + \frac{Q_3}{(r+1)^2} + \ldots + \frac{Q_n}{(r+1)^{n-1}}. \tag{93}$$

Q_1 wird – wie schon bemerkt – am *Anfang* des ersten Jahres eingenommen bzw. ausgezahlt und daher nicht abgezinst. r + 1 bzw. r ist ein beliebig gewählter Diskontfaktor. Die *Grenzleistungsfähigkeit des Kapitals* ist jener Diskontfaktor, bei dem der Gegenwartswert der Investition mit den Anschaffungskosten übereinstimmt. Damit ist R, die Grenzleistungsfähigkeit des Kapitals, durch folgende Gleichung definiert:

$$\text{Anschaffungskosten} = Q_1 + \frac{Q_2}{(1+R)} + \ldots + \frac{Q_n}{(1+R)^{n-1}}. \tag{94}$$

Beispiel: Eine Maschine habe eine erwartete Lebendauer von zwei Jahren und koste 1000,– DM. Der Investor erwarte Nettoeinnahmen von 500,– und 540,– DM. Die Grenzleistungsfähigkeit des Kapitals berechnet sich nach (94) als:

$$1000 = 500 + \frac{540}{(1+R)} \Leftrightarrow R = 8\%.$$

Bedeutsam ist hierbei, daß der Investor erwartete Größen in seine Rechnung einsetzt; deshalb ist die Grenzleistungsfähigkeit keine rein technische, sondern eine eher psychologische Größe. Der Investor wird das Kapitalgut nun genau dann erwerben, wenn die Grenzleistungsfähigkeit des Kapitals den *Marktzins i übersteigt.* Das sehen wir leicht anhand des obigen Beispiels: Es wird eine Verzinsung des eingesetzten Kapitals von 8% erwartet. Beläuft sich der Marktzins auf 7%, dann wird die Investition durchgeführt; beläuft er sich auf 9%, dann wird sie unterlassen, da eine Finanzanlage vorteilhafter ist.

Bisher haben wir nur die Entscheidung über ein einzelnes Kapitalgut betrachtet, um den Begriff der Grenzleistungsfähigkeit des Kapitals zu erklären. KEYNES stellte nun die plausible Hypothese auf, daß die Grenzleistungsfähigkeit des Kapitals mit wachsendem Investitionsvolumen *abnimmt.* Dies ist fast unvermeidlich, weil natürlich die erfolgversprechendsten Investitionen vorrangig durchgeführt werden, erst danach die weniger vorteilhaften und schließlich jene, die sich beim gegebenen Marktzins gerade noch rentieren. Die Grenzleistungsfähigkeit ist *ex definitione* vom Marktzins unabhängig, jedoch *konvergiert* sie stets gegen i, da so lange investiert wird, bis sie auf den Marktzins gesunken ist.

Der Zins dirigiert also die Grenzleistungsfähigkeit des Kapitals, diese aber bestimmt das Investitionsvolumen. Damit hängt die *Investitionsnachfrage* indirekt vom Marktzins ab:

$$I = \underset{(-)}{I(i)}\,. \tag{95}$$

Die negative Abhängigkeit erklärt sich folgendermaßen: Höheren Zinsen ist eine höhere Grenzleistungsfähigkeit des Kapitals zugeordnet, da diese – wie wir oben sahen – stets gegen den Marktzins konvergiert. Da aber die Grenzleistungsfähigkeit mit steigender Investition abnimmt, bedingt ihr Anstieg einen Rückgang der Investitionsnachfrage.

Rein „optisch“ läßt die Keynesianische Investitionsfunktion den Unterschied zur Klassisch-Neoklassischen nicht recht deutlich werden: In beiden Fällen steht die Investitionsnachfrage in inverser Beziehung zum Marktzins. Aber während die Klassisch-Neoklassische Investitionsfunktion auf die rein technische Grenzproduktivität des Kapitals zurückging, spielen hier psychologische Faktoren mit hinein.

Dies hat eine entscheidende Konsequenz: Durch einen Wandel des wirtschaftlichen Klimas kann sich die Investitionsnachfrage bei *gleicher* Produktionsfunktion und *gleichem* Zins abrupt ändern. Bei pessimistischen Erwartungen nämlich werden die Investoren niedrigere Schätzwerte für die künftigen Nettoeinzahlungen ansetzen: die Grenzleistungsfähigkeit des Kapitals sinkt und damit auch das Investitionsvolumen.

Darüber hinaus ist denkbar, daß die Investoren in schlechten Zeiten eine raschere Amortisation des eingesetzten Kapitals wünschen, weil ihnen die entferntere Zukunft zu *unsicher* erscheint. Das „n“ unserer Planungsformel (93) wird damit einen geringeren Wert annehmen, was eine einschneidende Konsequenz hat: Da die Exponenten im Nenner mit steigendem Planungshorizont zunehmen, bewirkt eine Verkürzung der Plandauer relativ *zinsunelastische* Investitionen. Wir können uns das am leichtesten anhand des null-jährigen Planungszeitraumes verdeutlichen, bei dem die sofortige Amortisation verlangt wird und $Q_0 = Q_1$ ist: Der Zins hat hier *keinen* Einfluß auf die Investitionsnachfrage.

Fassen wir zusammen: Wenn Erwartungen und das wirtschaftliche Klima eine so bedeutende Rolle für das Investitionsverhalten spielen, dann verkörpert die Investitionsfunktion keinen *stabilen* Zusammenhang: Die Investitionsnachfrage kann bei konstantem Zins erratisch schwanken oder – im Extrem – gar nicht auf Zinsänderungen reagieren. Die Folgen hiervon werden im weiteren deutlich werden.

§ 35 Das Einkommen-Ausgaben-Modell

„Every prodigal a public enemy and every frugal man a public benefactor.“
(Adam Smith)

Wir können nun den Kern der Keynesianischen Theorie anhand des Einkommen-Ausgaben-Modells auseinandersetzen. Dem *Einkommen-Ausgaben-Modell* liegen zwei wesentliche Annahmen zugrunde:
– Das Investitionsvolumen ist *gegeben* und
– es bestehen unausgelastete Kapazitäten.

Offenbar handelt es sich um eine *rezessive* Situation, in der die Investitionen wegen extrem pessimistischer Erwartungen nicht auf Zinsänderungen reagieren und die volkswirtschaftlichen Ressourcen (Arbeit und Kapital) nicht voll ausgelastet sind. Durch Addition der gegebenen Investitionen zur Konsumfunktion (85) erhalten wir die *effektive Nachfrage* im Sinne von Keynes:

$$Y^d = C_{aut} + C' \cdot Y + I. \tag{96}$$

Ein Gleichgewicht auf dem Gütermarkt herrscht nach Keynes genau dann, wenn die Produktion mit der effektiven Nachfrage übereinstimmt; somit lautet die *Gleichgewichtsbedingung* für den Gütermarkt:

$$Y^d = Y. \tag{97}$$

Anhand dieser Bedingung läßt sich das *Gleichgewichtseinkommen* Y_0 berechnen, indem Y^d in (96) durch Y ersetzt wird:

$$Y = C_{aut} + C' \cdot Y + I. \tag{98}$$

Auflösen nach Y ergibt:

$$Y - C' \cdot Y = C_{aut} + I. \tag{99}$$

$$\Leftrightarrow (1 - C') \cdot Y = C_{aut} + I. \tag{100}$$

$$\Leftrightarrow Y_0 = \frac{1}{1 - C'} \cdot (C_{aut} + I) \tag{101}$$

Die Gleichung (101) wirkt recht unscheinbar, aber aus Sicht der Klassisch-Neoklassischen Theorie ist sie wahrhaft revolutionär: Es existiert nur *ein* Realeinkommen, nämlich Y_0, welches dieser Gleichgewichtsbedingung genügt. Das Saysche Theorem versicherte aber, *jedes* Einkommensniveau sei mit einem Gütermarktgleichgewicht vereinbar – und ein bestimmtes werde vom *Arbeitsmarkt* her determiniert.

Hier aber bewirkt nur Y_0 ein Gleichgewicht auf dem Gütermarkt; das Angebot schafft sich seine Nachfrage *nicht* selbst. Und mehr: Es wäre doch Zufall, wenn Y_0 mit dem Vollbeschäftigungseinkommen Y* zusammenfiele, das unabhängig von der Güternachfrage durch den Arbeitsmarkt und die Produktionsfunktion bestimmt wird.

Dies ist die Keynesianische Erklärung unfreiwilliger Arbeitslosigkeit: Ist Y_0 kleiner als Y*, so werden Produktion und Beschäftigung wegen der unzureichenden effektiven Nachfrage herabgedrückt – und zwar *völlig unabhängig* vom Reallohn, der möglicherweise die „richtige" Höhe (w/P)* hat.

Das Einkommen-Ausgaben-Modell wird gewöhnlich anhand der folgenden Graphik präsentiert:

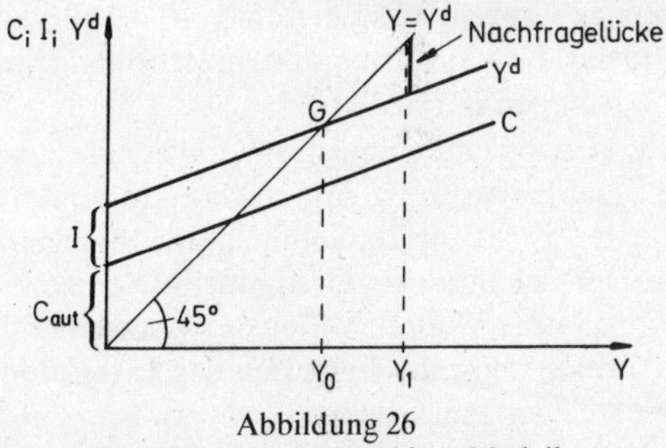

Abbildung 26
Das Einkommen-Ausgaben-Modell

Hier ist zunächst die Konsumfunktion mit dem Ordinatenabschnitt C_{aut} und der Steigung C' abgetragen, wie in § 33 erklärt. Durch vertikale Addition der konstanten Investition I erhält man die effektive Nachfrage Y^d.

Zweitens sehen wir eine Gerade, die mit der Abszisse einen Winkel von 45 ° einschließt. Dies ist die Gleichgewichtsbedingung (97), derzufolge die effektive Nachfrage Y^d mit der Produktion übereinstimmen muß. (Entlang einer derartigen 45 °-Achse liegen – gleiche Achseneinteilung vorausgesetzt – Punkte wie (1,1), (3,3) etc. Abszissen- und Ordinatenwerte stimmen also paarweise überein.)

Der Schnittpunkt G liegt auf dem Graphen der Nachfragefunktion Y^d *und* erfüllt die Gleichgewichtsbedingung $Y^d = Y$. Er stellt somit die gesuchte Lösung dar. Gehen wir – wie in der Graphik – von positiven Werten für den autonomen Konsum und die Investitonsnachfrage aus, dann existiert *genau ein* derartiger Schnittpunkt. Denn $Y^d = Y$ weist die Steigung Eins auf, die Steigung der effektiven Nachfragefunktion ist hingegen kleiner Eins, da die marginale Konsumneigung kleiner Eins ist. Somit schneiden sich die Funktionen tatsächlich in genau einem Punkt.

Eine alternative Darstellung des Einkommen-Ausgaben-Modells erhalten wir aus der effektiven Nachfragefunktion

$$Y^d = C(Y) + I \tag{102}$$

in Verbindung mit der Budgetrestriktion:

$$Y = C(Y) + S(Y). \tag{103}$$

Vermöge der Bedingung $Y^d = Y$ lassen sich (102) und (103) gleichsetzen, und durch Subtraktion von C(Y) ergibt sich:

$$S(Y) = I. \tag{104}$$

In der nachstehenden Graphik wird diese zu (101) äquivalente Gleichung verwandt; wir tragen dort Ersparnis und Investition gegen das Realeinkommen ab (s. S. 115 oben).

Anhand dieser Graphik läßt sich das Verwirrende an der Geschichte weiter aufhellen. Die Ersparnis ist eine wachsende Funktion des Realeinkommens, während das Investitionsvolumen annahmegemäß als gegeben betrachtet wird. Der Schnittpunkt G stimmt mit demjenigen aus Abbildung 26 überein und weist Y_0 als das Gleichgewichtseinkommen aus.

Was geschieht nun, wenn die Ersparnis das Investitionsvolumen übersteigt? In einem solchen Falle, nehmen wir etwa Y_1, bleibt die effektive Nachfrage hinter der möglichen Produktion zurück; die Ersparnis wird

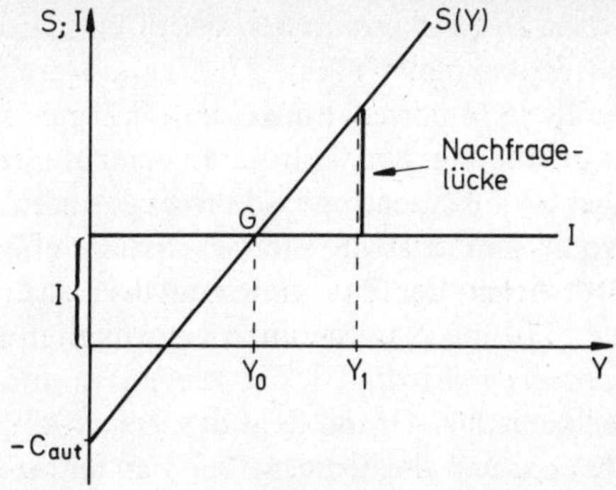

Abbildung 27

nicht durch die Investitionsnachfrage absorbiert. Es entsteht eine *Nachfragelücke,* wie sie in beiden Abbildungen skizziert ist, Freilich ist dies ein vorübergehender Zustand, denn aufgrund der Nachfragelücke wird die Produktion *zurückgenommen,* bis S(Y) = I gilt.

Dieser Anpassungsprozeß ist derart bedeutsam für die Keynesianische Theorie, daß wir ihn mit dem Neoklassischen Zinsmechanismus vergleichen wollen. Sicher, rein mathematisch macht es kaum einen Unterschied, ob Ersparnis und Investition über das *Realeinkommen* oder über den *Zins* zur Übereinstimmung gebracht werden:

$$\text{Keynesianischer Fall:}\quad S(Y) = I \tag{105}$$

$$\text{Neoklassischer Fall:}\quad S(i) = I(i)\,. \tag{106}$$

Aber welch ein Unterschied für die inhaltliche Aussage der Theorie! Im letzteren Fall ändert sich lediglich der Zins als eine der ökonomischen Steuergrößen. Im ersteren aber stürzt die Wirtschaft in eine Rezession: Realeinkommen und Beschäftigung sinken. Gleichviel, wie man KEYNES sonst interpretieren mag: Dieser über das Realeinkommen laufende Anpassungsprozeß ist die Essenz der „General Theory".

Für das Denken vieler Ökonomen hatte dies eine entscheidende Konsequenz: Sparen wurde nicht länger als volkswirtschaftlich nützlich angesehen, weil es Investitionen und Wachstum ermöglicht, sondern im Gegenteil als *schädlich,* weil mit der Ersparnis Nachfrage ausfällt und dadurch Rezession und Unterbeschäftigung heraufbeschworen werden. Das einleitende Diktum von ADAM SMITH wurde in sein Gegenteil verkehrt. Die Bedeutung dieser veränderten Attitüde zum Sparen kann kaum überschätzt werden, vor allem, was das Finanzgebaren der öffentlichen Haushalte angeht. Aber dazu später.

Wir wollen abschließend darauf hinweisen, daß auf dem Gütermarkt ein Gleichgewicht besonderer Art vorliegt. Es handelt sich *nicht* um den Ausgleich von Angebot und Nachfrage, sofern man unter „Angebot" nicht die tatsächliche Produktion versteht. Vielmehr ist die effektive Nachfrage unzureichend und bestimmt das Produktionsniveau; das Angebot ist irrelevant. Es mag sein, daß die Unternehmen ursprünglich das Angebot Y* planten, aber sie *produzieren* lediglich die Menge Y_0 und richten die Beschäftigung hiernach aus. Der Grund liegt darin, daß allein die Menge Y_0 tatsächlich *absetzbar* ist, und die Unternehmen annahmegemäß nicht auf Lager produzieren.

Es besteht also ein Gleichgewicht im *methodischen* Sinne: ein Zustand mit Beharrungsvermögen[18]. Wesentlich ist allein, daß dieser Zustand bei Konstanz der exogenen Variablen beibehalten wird, möge das „Angebot" sein, was es wolle.

§ 36 Der elementare Multiplikator

Given the psychology of the public, the level of output and employment as a whole depends on the amount of investment. (John Maynard Keynes)

Im vorigen Paragraphen bestimmten wir das *Niveau* des Gleichgewichtseinkommens, und nun wollen wir uns der nachgeordneten Frage nach *Einkommensänderungen* zuwenden, wobei alle bisherigen Annahmen aufrechterhalten seien. Wir wechseln also von der statischen zur komparativ-statischen Analyse.

Die Wirkung einer spontanen Änderung der *Investitionsnachfrage* ergibt sich durch Differentiation der Gleichgewichtsbedingung (101):

$$Y_0 = \frac{1}{1-C'}(C_{aut} + I) \quad \Big| \frac{d}{dI} \tag{107}$$

$$\Rightarrow \frac{dY_0}{dI} = \frac{1}{1-C'}. \tag{108}$$

Den Term

$$m := \frac{1}{1-C'} \tag{109}$$

18 Vergleiche hierzu § 4.

nennen wir den *elementaren Multiplikator.* Der elementare Multiplikator gibt an, wie stark das Realeinkommen auf eine Änderung der Investitionsnachfrage reagiert; er hängt allein von der marginalen Konsumneigung C′ ab. Weist diese etwa den Wert 0,8 auf, so beträgt der Wert des Multiplikators

$$m = \frac{1}{1 - 0{,}8} = 5\,. \tag{110}$$

Das heißt, jede zusätzliche Investitionseinheit erhöht das Realeinkommen um *fünf* Einheiten[19].

Dieses Ergebnis ist allerdings erstaunlich. Zur näheren Begründung wollen wir daher den Multiplikatorprozeß in seiner zeitlichen Abfolge betrachten, und zwar anhand eines Zahlenbeispiels: Die marginale Konsumneigung betrage C′ = 0,8 und der Investitionsanstieg fünf Einheiten:

1) Zuerst bewirkt die Zunahme der Investition unmittelbar einen Nachfrageanstieg und damit eine Erhöhung der Produktion; wir kennzeichnen diesen Primäreffekt durch dY_1[20]:

$$dY_1 = dI = 5\,. \tag{111}$$

2) Mit der Produktion steigt das Realeinkommen der Haushalte in der „zweiten Runde" um fünf Einheiten. Sie verwenden davon vier Fünftel (C′ = 0,8 = 4/5) auf die Nachfrage zusätzlicher Konsumgüter. Somit steigt die Gesamtnachfrage noch einmal um vier Einheiten:

$$dY_2 = 0{,}8 \cdot 5 = 4\,. \tag{112}$$

3) Damit aber kommt die Lawine weiter ins Rollen: Durch den Nachfrageanstieg erhöht sich das Realeinkommen der Haushalte abermals, und zwar um vier Einheiten. Und wieder dehnen sie die Konsumnachfrage um vier Fünftel aus:

$$dY_3 = 0{,}8 \cdot 4 = 3{,}2 \; (=(0{,}8)^2 \cdot 5)\,. \tag{113}$$

An dieser Stelle brechen wir die Betrachtung ab, weil deutlich geworden ist, daß dieser Prozeß sich ins Unendliche fortsetzt. Konsumnachfrage und

---

19 Die Idee des Multiplikators geht nicht auf KEYNES zurück, sondern (mindestens) auf KAHN, R.F. (1931) The Relation of Home Investment to Unemployment; Economic Journal **41,** S. 173–198. Es lassen sich jedoch noch frühere Vorläufer ausmachen.

20 Anstelle der Differentiale „d(.)" können ebensogut Differenzen „Δ(.)" verwendet werden.

Realeinkommen treiben einander im Wechselspiel immer weiter hoch. Die Zunahme des Realeinkommens in der „j-ten Runde" beträgt offenbar:

$$dY_j = (0{,}8)^{j-1} \cdot 5. \tag{114}$$

Durch Setzung von j = 1, 2, 3 erhält man daraus die obigen Formeln. Für den allgemeinen Fall aber folgt aus (114):

$$dY_j = (C')^{j-1} \cdot dI. \tag{115}$$

Der gesamte Anstieg des Realeinkommens läßt sich nun durch Addition dieser Einzelwirkungen (115) ermitteln. Nach der bekannten Formel zur Berechnung einer unendlichen Reihe

$$\sum_{j=1}^{\infty} k^{j-1} \cdot a = \frac{a}{1-k}, \quad \text{sofern } |k| < 1 \tag{116}$$

erhalten wir das Ergebnis:

$$dY = \sum_{j=1}^{\infty} dY_j = \sum_{j=1}^{\infty} (C')^{j-1} \cdot dI \tag{117}$$

$$\Leftrightarrow \quad dY = \frac{1}{1-C'} \cdot dI. \tag{118}$$

Damit haben wir den elementaren Multiplikator aus (108) auf eine andere Weise abgeleitet. Man könnte meinen, daß der multiplikative Prozeß „explodiert" – wird doch das Realeinkommen immer weiter nach oben getrieben. Aber das ist nicht der Fall; vielmehr konvergiert das Realeinkommen gegen ein neues Gleichgewicht, weil auf jeder Stufe ein Teil des zusätzlichen Einkommens *gespart* und damit nicht nachfragewirksam wird. Und der Multiplikator ist um so *kleiner*, je *mehr* gespart wird, je geringer also die marginale Konsumneigung ist. Für $C' \to 1$ (es wird nicht gespart) strebt der Multiplikator offensichtlich gegen Unendlich.

Zur graphischen Veranschaulichung des Multiplikatorprozesses greifen wir auf die Abbildung 26 zurück und ändern sie leicht (vgl. Abb. 28).

In der Abbildung wurde die Nachfragekurve um dI nach oben verschoben, was eine Zunahme der Investitionsnachfrage bedeutet. Die Numerierung der Pfeile korrespondiert mit der obigen Numerierung der „Runden" des Prozesses: Pfeil 1 also gibt die Änderung dI an, Pfeil 2 die Sekundärwirkung C′ dI etc. Es wird gut sichtbar, daß das Realeinkommen gegen den neuen Gleichgewichtswert Y_1 konvergiert.

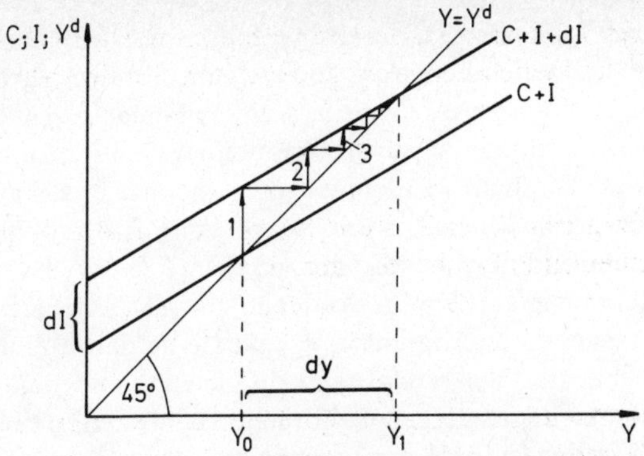

Abbildung 28
Der Multiplikatorprozeß

Fassen wir zusammen. Bei einer marginalen Konsumneigung von 0,8 – wie in § 33 geschätzt – weist der Multiplikator einen Wert von Fünf auf. Demnach bewirkt eine Zunahme der Investitionsnachfrage um 100 Mill. DM eine Änderung des Realeinkommens um 500 Mill. DM, sofern die Voraussetzungen des Modells gegeben sind. Genauso verhält es sich aber bei einem Rückgang der Investitionsnachfrage, der das Realeinkommen drastisch senkt. Weil die Investitionen darüber hinaus als höchst instabile Größe angesehen werden, verstehen wir die Haltung der Keynesianer, wonach das Investitionsvolumen die kritische Größe im Wirtschaftsprozeß ist.

Es sei angemerkt, daß der elementare Multiplikator sich in vielerlei Hinsicht verfeinern läßt, etwa durch die Berücksichtigung einkommensabhängiger Steuern.

§ 37 Der Geld- und Wertpapiermarkt. Die LM-Kurve

In den letzten beiden Paragraphen konnten wir uns von der zentralen Rolle der effektiven Nachfrage im Keynesianischen Einkommen-Ausgaben-Modell überzeugen. Wir sahen, daß die Höhe des Realeinkommens bei unausgelasteten Kapazitäten durch das Nachfragevolumen und nicht durch die Bedingungen des Arbeitsmarktes bestimmt wird. Es schien klar, daß ein plötzlicher Rückgang der effektiven Nachfrage – sagen wir: aufgrund pessimistischer Erwartungen der Investoren – das Realeinkommen und damit die Beschäftigung vermindert. Aber waren diese Erklärungen wirklich befriedigend?

Bei kritischer Betrachtung scheint das Einkommen-Ausgaben-Modell mehr zu verdecken als es offenlegt. Ist den Unternehmen denn die Höhe des Reallohnes gleichgültig? Spielen die Preise für die Nachfrage keine Rolle? Und warum sollte die Investition „gegeben" sein? Summa summarum bietet das Einkommen-Ausgaben-Modell eine gar zu verkürzte Erklärung; es ist didaktisch nützlich, aber unbrauchbar für eine makroökonomische Totalanalyse. Deshalb wenden wir uns nun einer etwas ausgefeilteren Spielart der Keynesianischen Theorie zu.

Schon ein Jahr nach Erscheinen der „General Theory" veröffentlichte JOHN R. HICKS seinen berühmt gewordenen Aufsatz „Mr. Keynes and the ‚Classics': A Suggested Interpretation"[21] und stellte damit eine Keynes-Interpretation bereit, die sich weitgehend durchsetzte und heute zum Standardrepertoire der einschlägigen Lehrbücher gehört: das IS/LM-Modell. Dieses Modell wollen wir nun im einzelnen erklären.

Das Kürzel *LM* steht für „liquidity = money supply", wobei „liquidity" die Geldnachfrage und „money supply" das Geldangebot bedeutet. Damit ist die LM-Kurve die Keynesianische Beschreibung des Geldmarktes; sie löst die Quantitätstheorie des Geldes ab.

Die wesentliche Neuerung gegenüber der Klassisch-Neoklassischen Theorie liegt in einer unterschiedlichen Erklärung der *Geldnachfrage* durch die sogenannte *Liquiditätspräferenztheorie*. Wir sahen im vierten Kapitel, daß die quantitätstheoretische Erklärung der Geldnachfrage allein auf das Transaktionsmotiv zurückgeht, das seinerseits auf der Zahlungsmittelfunktion des Geldes beruht. Geld wurde einzig zur Durchführung kommerzieller Transaktionen gehalten. Eine eigenständige Wertaufbewahrungsfunktion des Geldes wurde zwar schon in merkantilistischer Zeit erkannt, aber nie besonders gewürdigt, und insbesondere wurde nicht gesehen, daß die Wertaufbewahrungsfunktion zu entscheidenden Änderungen des Geldnachfrageverhaltens führt.

In der Keynesianischen Theorie dient das Geld *sowohl* zu Transaktionszwecken *als auch* zur Wertaufbewahrung. Die Wirtschaftssubjekte treffen bezüglich ihres Vermögens zwei Entscheidungen:
- Sie wählen die *Höhe* der Ersparnis und damit des Vermögens. Dies schlägt sich in der Konsum- bzw. Sparfunktion nieder.
- Sie bestimmen die *Form* der Ersparnis, indem sie zwischen den Alternativen *Wertpapierhaltung* und *Geldhaltung* wählen.

Das nominale Vermögen der Wirtschaftssubjekte (W^n) setzt sich zusammen aus dem Geldbestand M und dem nominalen Wertpapierbestand B:

$$W^n = M + B. \tag{119}$$

21 HICKS, J.R. (1937) Mr. Keynes and the ‚Classics': A Suggested Interpretation; Econometrica **5**, S. 147–159

„Geld" ist eine geeignet definierte Geldmenge, die wir weiterhin als exogen ansehen. „Wertpapiere" werden von den Unternehmen *und* vom Staat ausgegeben, den wir freilich erst später hinzuziehen. Die durch (119) beschriebene Entscheidungsalternative bezeichnen wir als *Portfoliowahl*, da die Wirtschaftssubjekte hiermit über die Zusammensetzung ihres Portfolios (die Vermögenshaltung) befinden. Wir wissen nun, daß eine derartige Wahl aus Klassisch-Neoklassischer Sicht einfach nicht in Betracht kam, weil Geld keinen Zins trägt und die Geldhaltung damit völlig unsinnig wäre. KEYNES mußte also aufzeigen, inwieweit eine Wertaufbewahrung in Form von Geld ökonomisch rational sein kann. Dazu entwickelte er in Kapitel 15 der „General Theory" zwei Motive für eine konstitutive Wertaufbewahrungsfunktion des Geldes, die zusammen mit dem Transaktionsmotiv die Liquiditätspräferenztheorie ausmachen.

Das *Vorsichtsmotiv* entspringt dem Wunsch der Wirtschaftssubjekte, über die Transaktionskasse hinaus Geld zu halten, um damit unvorhergesehene Zahlungen leisten zu können. Wir bezeichnen die zu diesem Zweck gehaltene Geldmenge als *Vorsichtskasse*. Die Vorsichtskasse wird einen um so größeren realen Umfang haben, je höher das Realeinkommen ist; denn mit wachsendem Realeinkommen steigt der Erwartungswert unvorhergesehener Ausgaben. Desweiteren ist zu vermuten, daß die Vorsichtskasse mit steigendem Zins vermindert wird, weil in diesem Falle die *Opportunitätskosten* der Geldhaltung, das sind die entgangenen Zinsen, zunehmen. Damit können wir für die Vorsichtskasse folgende Gleichung aufstellen:

$$L_V = L_V(\underset{(+)}{Y}, \underset{(-)}{i}) . \tag{120}$$

Die Vorzeichen verdeutlichen, daß die Vorsichtskasse mit dem Realeinkommen positiv und mit dem Zins negativ korreliert ist.

Das *Spekulationsmotiv* findet seine etwas verwickelte Begründung in den Kursen *festverzinslicher Wertpapiere*, die gegenläufig zum Zinsniveau schwanken. Hierzu müssen wir etwas weiter ausholen.

Wir betrachten ein festverzinsliches Wertpapier mit unendlicher Laufzeit und einem *Nennwert (NW)* von 100,– DM, das mit 5% p.a. verzinst werde[22]. Der Zinssatz wird auf den Nennwert bezogen, so daß sich eine *feste* jährliche Zinszahlung von 5,– DM ergibt.

Als *Kurswert (KW)* bezeichnen wir jenen Preis, zu dem das Wertpapier am Markt gehandelt wird; der Kurswert weicht normalerweise vom Nennwert ab. Die *effektive Verzinsung* (oder *Rendite*) ist die auf den Kurswert

---

22 Essentiell ist die Annahme, daß es sich um ein festverzinsliches Wertpapier handelt. Die Prämisse einer unendlichen Laufzeit (sog. Konsols) kann geändert werden, wobei sich dann freilich geringere Kursschwankungen ergeben.

bezogene Zinszahlung. Da die *nominale Verzinsung* von 5% annahmegemäß konstant ist, schwankt die effektive Verzinsung mit dem Kurswert. Zwei Beispiele mögen dies deutlich machen: Bei einem Kurswert von 100,– DM stimmt die effektive Verzinsung mit dem Nominalzins überein, sie beträgt 5%. Steigt der Kurswert auf 125,– DM, dann *sinkt* der Effektivzins auf 4%, da

$$\text{KW } 125,\text{– DM} \cdot 4\% = 5,\text{– DM Festzins}. \qquad (121)$$

Bezogen auf 125,– DM einzusetzendes Kapital bewirkt die *feste* Zinszahlung von 5,– DM, also nur noch eine 4%ige Verzinsung. Wir nehmen nun an, daß die effektive Verzinsung für alle Wertpapiere gleich ist. Sofern man von unterschiedlichen Risiken abstrahiert, ist das eine plausible Voraussetzung, weil der Wertpapiermarkt dem Ideal des vollkommenen Marktes recht nahe kommt.

Steigt nun aus irgendwelchen Gründen der *Marktzins* auf 10%, so wird der Kurswert unseres Wertpapiers auf 50,– DM *sinken*, denn nur in diesem Fall ergibt sich eine effektive Verzinsung von 10%:

$$\text{KW } 50,\text{– DM} \cdot 10\% = 5,\text{– DM Festzins}. \qquad (122)$$

Die *Verdopplung* des Zinsniveaus von anfänglich 5% auf 10% bewirkt also eine *Halbierung* des Kurswertes. Dies wird den ursprünglichen Inhabern sicher nicht gefallen: mußten sie doch einen Kursverlust von 50,– DM hinnehmen. Durch das Keynessche Spekulationsmotiv tragen die Wirtschaftssubjekte nun dieser Gefahr des Kursverlustes Rechnung.

Allgemein beträgt der Kurswert eines mit i_0 festverzinsten Wertpapiers beim Marktzins i:

$$KW = \frac{i_0}{i} \cdot NW \qquad (123)$$

$$\text{im obigen Beispiel: } 50,\text{– DM} = \frac{5\%}{10\%} \cdot 100,\text{– DM}. \qquad (124)$$

Jeder Marktteilnehmer habe nun eine rein subjektive Vorstellung über das *normale* Zinsniveau, das er für die mittelfristige Zukunft erwartet. Damit erwartet er gleichzeitig ein künftiges Kursniveau und einen bestimmten Kursverlust oder Kursgewinn:

$$\text{erwarteter Kursverlust} = KW - KW^e. \qquad (125)$$

Dabei ist KW der gegenwärtige und KW^e der für die Zukunft erwartete Kurs; letzterer hängt natürlich vom normalen, das heißt, für die Zukunft erwarteten, Zins ab. Nach Formel (123) können wir diese beiden Kurswerte berechnen, indem einmal der gegenwärtige Marktzins i und einmal der normale Zins i_n eingesetzt wird:

$$\text{erwarteter Kursverlust} = \frac{i_0}{i} \cdot NW - \frac{i_0}{i_n} \cdot NW\,. \tag{126}$$

Diesem erwarteten Kursverlust steht der feste Zinsertrag gegenüber:

$$\text{Zinsertrag} = i_0 \cdot NW. \tag{127}$$

Wann wird ein Wirtschaftssubjekt nun Wertpapiere halten? Mindestens dann offenbar, wenn der Zinsertrag den erwarteten Kursverlust übersteigt:

$$\text{Zinsertrag} > \text{erwarteter Kursverlust}$$

$$i_0 \cdot NW > \frac{i_0}{i} \cdot NW - \frac{i_0}{i_n} \cdot NW \tag{128}$$

$$\Leftrightarrow 1 > \frac{1}{i} - \frac{1}{i_n} \tag{129}$$

$$\Leftrightarrow i > \frac{i_n}{1 + i_n}\,. \tag{130}$$

Jenen Zins, bei dem in (130) die Gleichheitsrelation gilt, nennen wir den *kritischen Zins* (i_k). Beim kritischen Zins ist das Verhalten eines Wirtschaftssubjektes unbestimmt, weil sich der Zinsertrag und der erwartete Kursverlust gerade ausgleichen. Oberhalb des kritischen Zinses übersteigt der Zinsertrag den erwarteten Kursverlust, und das Wirtschaftssubjekt hält – was das Spekulationsmotiv angeht – *ausschließlich* Wertpapiere. Sinkt der Marktzins unter i_k, so zieht es die Geldhaltung vor. Bei einer Zinserwartung $i_n = 10\%$ etwa beträgt der kritische Zins nach (130):

$$i_k = \frac{0{,}1}{1 + 0{,}1} \doteq 9\%\,. \tag{131}$$

Bei einem Marktzins von weniger als 9% ist die Wertpapierhaltung nicht rational, weil der zu erwartende Kursverlust den Zinsertrag übersteigt (der Leser möge dies rechnerisch nachprüfen). Allgemein hat die individuelle Geldnachfragefunktion in bezug auf das Spekulationsmotiv also folgende Gestalt:

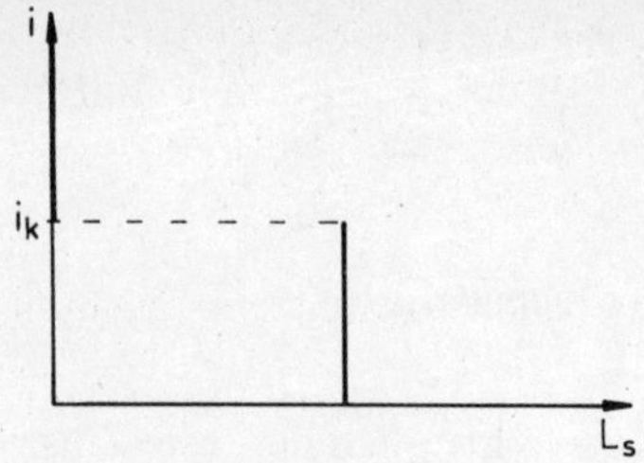

Abbildung 29

Mit L_s wurde die Geldnachfrage aus dem Spekulationsmotiv bezeichnet. Wie in der Abbildung deutlich wird, fragt das Wirtschaftssubjekt oberhalb des kritischen Zinses nur Wertpapiere, also kein Geld, nach. Unterhalb von i_k ist es gerade umgekehrt. Aber dies gilt nur für ein Individuum. Aufgrund differierender Erwartungen haben die Wirtschaftssubjekte unterschiedliche Ansichten über das normale Zinsniveau. Deshalb kippen der Geld- und Wertpapiermarkt nicht bei einem bestimmten Zins um, sondern es findet eine *allmähliche* Umschichtung von Wertpapieren zu Geld statt, wenn der Zins sinkt. Denn immer mehr Wirtschaftssubjekte kommen nun zum Schluß, daß der kritische Zins unterschritten ist. Deshalb hat die aggregierte Nachfrage nach Spekulationskasse folgenden Verlauf:

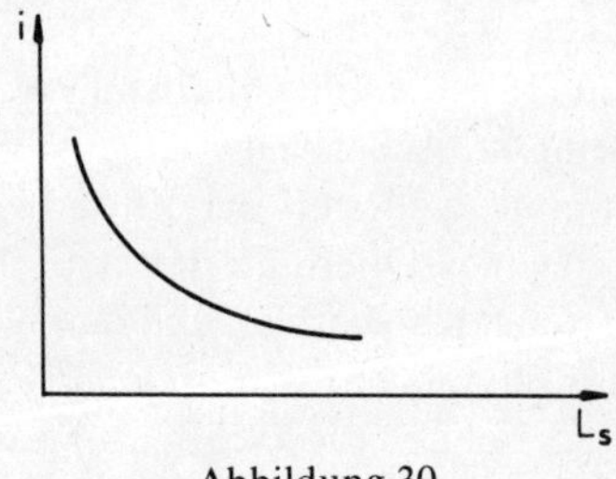

Abbildung 30

Die zinsabhängige Geldnachfrage aus dem Spekulationsmotiv gehorcht demnach der Gleichung:

$$L_S = L_S(\underset{(-)}{i}) . \tag{132}$$

Damit ist die Liquiditätspräferenztheorie erklärt, und wir können die Ergebnisse zusammenfassen. Die Geldnachfrage setzt sich zusammen aus einer einkommensabhängigen Transaktionskasse, wie von der Quantitätstheorie her bekannt

$$L_T = L_T(\underset{(+)}{Y}), \tag{133}$$

einer von Realeinkommen und Zins abhängigen Vorsichtskasse

$$L_V = L_V(\underset{(+)}{Y}, \underset{(-)}{i}) \tag{135}$$

und schließlich der zinsabhängigen Spekulationskasse

$$L_S = L_S(\underset{(-)}{i}). \tag{136}$$

Es ist klar, daß sich die rein analytische Aufspaltung in drei Kassen realiter nicht auswirkt: Geld ist Geld (oder, wie KEYNES sagte: „Money is not ear-marked."). Deshalb können wir die drei Kassen zur makroökonomischen Geldnachfragefunktion aggregieren:

$$L = L(\underset{(+)}{Y}, \underset{(-)}{i}). \tag{137}$$

Wir vermerken, daß diese Geldnachfrage eine *Bestandgröße* ist. Vergleichen wir die Geldnachfrage der Liquiditätspräferenztheorie nun mit der quantitätstheoretischen (Gleichung (60)):

$$L^n = k \cdot P \cdot Y. \tag{138}$$

Ein weniger wichtiger Unterschied liegt darin, daß (137) eine *reale* und (138) eine *nominale* Bestandsnachfrage ist; aber das ließe sich durch Multiplikation mit P in (137) jederzeit ändern. Die *wesentliche* Abweichung ist, daß die Geldnachfrage aus quantitätstheoretischer Sicht nur von der Konstanten k und dem Realeinkommen abhängt. In der Keynesianischen Theorie tritt der *Zins* als Determinante hinzu. Dies wird im weiteren eine Reihe von Konsequenzen haben.

Gehen wir jetzt – wie bisher – von einem exogenen Geldangebot aus. Ein *Gleichgewicht* auf dem Geldmarkt herrscht genau dann, wenn die Wirtschaftssubjekte bereit sind, den gegebenen Geldbestand zu halten, wenn also

$$L(Y, i) = \frac{M}{P}. \tag{139}$$

Dies ist die *Gleichung der LM-Kurve.* Ersichtlichermaßen führen nur *bestimmte* Kombinationen von Realeinkommen und Zins zu einem Gleichgewicht auf dem Geldmarkt, und deshalb definieren wir:

Die LM-Kurve ist der geometrische Ort aller Kombinationen von Realeinkommen und Zins, die einen Ausgleich von Angebot und Nachfrage auf dem Geldmarkt schaffen.

Aber das ist nur ein Aspekt der LM-Kurve. Wir sahen in Gleichung (119), daß die Wirtschaftssubjekte den vorgegebenen Vermögensbestand auf die Geld- *und* Wertpapierhaltung verteilten. Geld- und Wertpapiernachfrage sind deshalb nicht unabhängig voneinander, vielmehr ist jeder Geldhaltung eine bestimmte Wertpapierhaltung zugeordnet. Der Wertpapiermarkt ist gleichsam das Spiegelbild des Geldmarktes und befindet sich genau dann im Gleichgewicht, wenn auch der Geldmarkt ein Gleichgewicht aufweist. Somit können wir festhalten, daß die LM-Kurve ein Gleichgewicht auf dem Geld- *und* Wertpapiermarkt abbildet[23].

Da in Gleichung (139) das Realeinkommen und der Zins die beiden endogenen Variablen sind, stellen wir die LM-Kurve im Y/i-Raum dar:

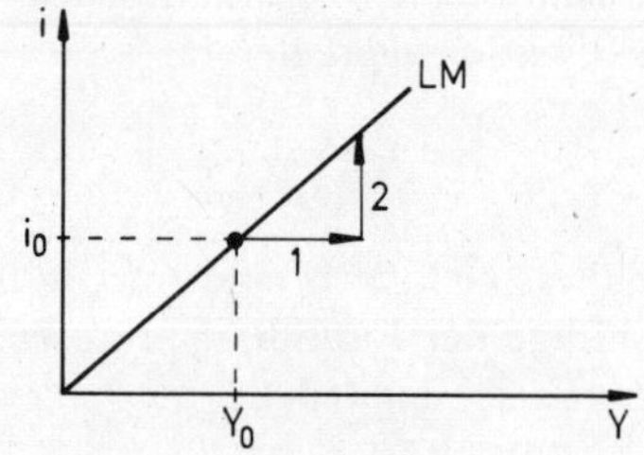

Abbildung 31
Die LM-Kurve

Wir müssen nun fragen, warum die LM-Kurve eine positive Steigung aufweist (sie ist nicht notwendig eine Gerade). Dazu gehen wir von einer Kombination (Y_0, i_0) aus, bei der ein Gleichgewicht auf dem Geldmarkt besteht:

$$L(Y_0, i_0) = \frac{M}{P}. \tag{140}$$

Was geschieht nun, wenn das Realeinkommen steigt? Offenbar nimmt in diesem Falle die Geldnachfrage wegen des Transaktions- und Vor-

23 Dies ist nicht mehr als eine Folgerung aus dem Gesetz von Walras, bezogen auf die Bestandsmärkte für Geld und Wertpapiere. Vgl. hierzu FOLEY, D.K. (1975) On two Specifications of Asset Equilibrium in Macroeconomic Models; Journal of Political Economy **83,** S. 303–324. BUITER, W. (1980) Walras' Law and All That: Budget Constraints in Period Models and Continuous Time Models; International Economic Review **21,** S. 1–16.

sichtsmotivs *zu* (Pfeil 1): es besteht eine Überschußnachfrage auf dem Geldmarkt. Um diese zu beheben, muß der Zins ebenfalls *steigen* (Pfeil 2), woraufhin die Geldnachfrage aus dem Vorsichts- und Spekulationsmotiv zurückgeht und die ursprüngliche Zunahme der Geldnachfrage ausgleicht. Deshalb sind höheren Realeinkommen höhere Zinssätze zugeordnet: Die LM-Kurve besitzt eine positive Steigung.

Bezüglich ihrer *Lage* nahmen wir an, daß sie durch den Ursprung verläuft, aber diese Prämisse werden wir später aufheben und daher nicht näher kommentieren.

Betrachten wir nun, was bei einem *Ungleichgewicht* auf dem Geldmarkt geschieht:

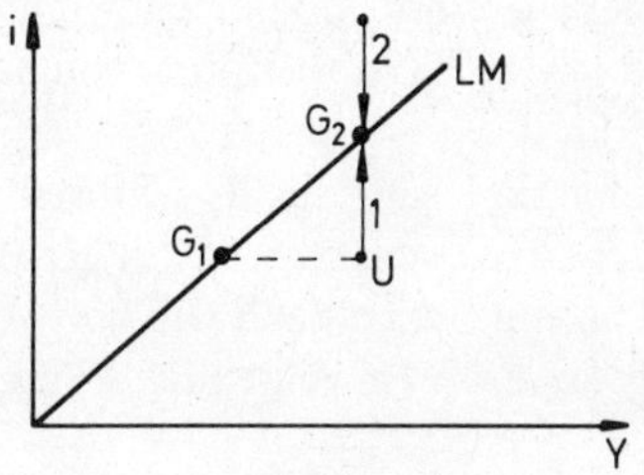

Abbildung 32

Im Punkte U *übersteigt* die Geldnachfrage das Angebot. Denn das Realeinkommen ist, gemessen am Gleichgewicht G_1 – zu hoch, bzw. der Zins – gemessen an G_2 – zu niedrig. Beides bedeutet aber eine zu große Geldnachfrage.

Um den sich jetzt einstellenden Anpassungsprozeß zu verstehen, müssen wir bedenken, daß jede Überschußnachfrage auf dem Geldmarkt mit einem *Überschußangebot* auf dem *Wertpapiermarkt* einhergeht. Die Marktteilnehmer versuchen, ihre Geldhaltung durch den Verkauf von Wertpapieren zu erhöhen, weil die anfängliche Kassenhaltung in U ihnen zu gering erscheint. Natürlich kann ihnen dies makroökonomisch nicht gelingen, weil die Kassenhaltung dem Aggregat vorgegeben ist und jede Geldeinnahme des einen mit einer Geldausgabe eines anderen verbunden ist. Entscheidend aber ist, daß auf dem Wertpapiermarkt jetzt ein Überschußangebot besteht. Als Folge davon werden die Preise, also Kurse, der Wertpapiere *sinken*, der Marktzins aber *steigen*. Denn wir sahen oben, daß sich Kurse und Zinsen bei festverzinslichen Wertpapieren gegenläufig entwikkeln. Der Zinsanstieg entlang des Pfeiles 1 wird solange anhalten, bis ein neues Gleichgewicht auf dem Geld- und Wertpapiermarkt besteht. Da sich die Argumentation für den Fall eines Punktes oberhalb der LM-Kurve umkehren läßt, können wir festhalten, daß die Zinsbewegung stets gegen die LM-Kurve gerichtet ist, und durch diesen Anpassungsprozeß letztendlich ein Gleichgewicht erreicht wird.

Aus dem Zins ist nun unversehens eine *monetäre* Größe geworden: denn er bringt nicht länger die reale Ersparnis und Investition zur Übereinstimmung (wie in der Klassisch-Neoklassischen Theorie), sondern *verteilt* die Vermögenshaltung auf Geld und Wertpapiere.

Entsinnen wir uns kurz der Quantitätstheorie. Wegen der ausschließlichen Zahlungsmittelfunktion des Geldes bewirkte eine Geldmengenexpansion höhere Güterausgaben; es fand eine Substitution von *Geld zu Gütern* statt. Innerhalb der Keynesianischen Theorie ist das Geld jedoch gleichzeitig Wertaufbewahrungsmittel. Ein Anstieg der Geldmenge würde das durch (119) beschriebene Portfoliogleichgewicht der Wirtschaftssubjekte stören; es fände dann eine Substitution von *Geld zu Wertpapieren* statt, die zinssenkend wirkt.

Gleichwohl ist die Charakterisierung des Zinses als monetäre Größe falsch, wenn wir darunter verstehen, daß er auf Realeinkommen, Investition etc. keinen Einfluß nimmt. Denn nach wie vor ist er die Determinante der Investitionsnachfrage, wie wir im folgenden Paragraphen erörtern werden.

§ 38 Der Kapitalmarkt. Die IS-Kurve

Die Abkürzung *IS* steht für „investment = savings" und deutet an, daß es sich hier um den Gleichgewichtslokus für den Kapitalmarkt handelt[24]. Aus der Keynesianischen Sparfunktion

$$S = S(Y) \tag{141}$$

und der Investitionsfunktion

$$I = I(i) \tag{142}$$

24 Leider wird die IS-Kurve bisweilen als Gleichgewichtskurve für den Gütermarkt aufgefaßt. Diese Auffassung hat sich erst spät, etwa Anfang der 70er Jahre, eingebürgert und ist nach unserem Urteil falsch. Vgl. hierzu Felderer, B. und St. Homburg (1986) Eine Fehlinterpretation des Keynesianischen Modells: Jahrbücher für Nationalökonomie und Statistik **201**, S. 457–468.

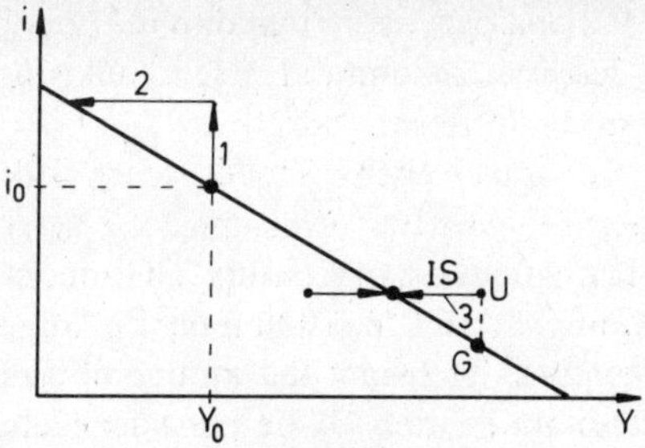

Abbildung 33
Die IS-Kurve

erhalten wir durch Gleichsetzung die Bedingung für den Ausgleich von Angebot und Nachfrage auf dem Kapitalmarkt:

$$S(Y) = I(i). \tag{143}$$

Dies ist die Gleichung der IS-Kurve.

Die IS-Kurve ist der geometrische Ort aller Kombinationen von Realeinkommen und Zins, die einen Ausgleich von Angebot und Nachfrage auf dem Kapitalmarkt schaffen.

Nur bestimmte Kombinationen von Realeinkommen und Zins bewirken ein Gleichgewicht auf dem Kapitalmarkt, was anhand der Gleichung (143) und der obigen Abbildung ersichtlich wird.

Wir müssen nun auseinandersetzen, warum die IS-Kurve eine negative Steigung und einen positiven Ordinatenabschnitt aufweist. Gehen wir dazu von einer Einkommen/Zins-Kombination aus, bei der Ersparnis und Investition übereinstimmen:

$$S(Y_0) = I(i_0). \tag{144}$$

Wenn nun der Zins *steigen* und damit die Investitionsnachfrage abnehmen würde (Pfeil 1), so müßte die Ersparnis im neuen Gleichgewicht ebenfalls geringer sein. Das aber ist nur bei einem *niedrigeren* Realeinkommen der Fall (Pfeil 2). Also stehen Zins- und Einkommensbewegungen in einem gegensinnigen Zusammenhang: die IS-Kurve besitzt eine negative Steigung[25].

---

25 In Abschnitt *4.4. des Mathematischen Anhangs leiten wir die Steigung der IS- und LM-Kurven analytisch her.

Zweitens betrachten wir den Ordinatenabschnitt der IS-Kurve, also jenen Punkt, bei dem das Realeinkommen gleich Null ist:

$$S(0) = I(i). \tag{145}$$

Nach unseren Überlegungen zur Konsumfunktion ist S(0) wahrscheinlich negativ (vgl. die Schätzung in § 33). Für die längere Frist argumentierten wir, daß autonomer Konsum und autonome Ersparnis gleich Null sind. Nehmen wir also an, es sei S(0) kleiner oder gleich Null. Damit die Investitionsnachfrage, wie es (145) erfordert, einen derart geringen Wert aufweist, muß der Zins entsprechend *hoch* sein. Also weist die IS-Kurve einen positiven Ordinatenabschnitt auf. Sie wurde nur zur Vereinfachung als Gerade skizziert; ein linearer Verlauf läßt sich weder aus den bisherigen Annahmen folgern, noch ist er für die weitere Argumentation bedeutsam. Wesentlich sind allein die negative Steigung und der positive Ordinatenabschnitt.

Wir wollen nun anhand der Abbildung 33 jene Anpassungsprozesse erörtern, die sich bei einem Ungleichgewicht am Kapitalmarkt einstellen.

Im Punkte U ist der Zins – gemessen am Gleichgewichtspunkt G – zu hoch und deshalb die Investitionsnachfrage zu gering. Es gilt also:

$$S(Y) > I(i). \tag{146}$$

Zentral für die Keynesianische Erklärung des Anpassungsprozesses ist nun, daß der Zins vom Geldmarkt her *gegeben* ist; er kann sich hier *nicht* anpassen. Andererseits füllt die Investition nach (146) offenbar nicht jene Nachfragelücke aus, die aus der Ersparnis der Haushalte entstand. Ergo wird die Produktion *zurückgehen* (Pfeil 3). Sie wird zurückgehen, bis die Ersparnis soweit gesunken ist, daß S(Y) = I(i) gilt. Wir sahen bereits im Zusammenhang mit dem Einkommen-Ausgaben-Modell, daß dies den eigentlich revolutionären Gehalt der Keynesianischen Theorie ausmacht: Die Güterproduktion bringt Ersparnis und Investition zum Ausgleich. Der Pfeil 3 beschreibt also den bekannten Multiplikatorprozeß, was freilich in dieser Graphik nicht deutlich wird.

Fassen wir zusammen. Auf dem Keynesianischen Kapitalmarkt wirkt nicht der Zins als Steuergröße; dieser schafft vielmehr einen Ausgleich von Angebot und Nachfrage auf dem Geldmarkt. Gemäß den Verhältnissen des Kapitalmarktes paßt sich vielmehr das Realeinkommen, die Produktion, an, bis Ersparnis und Investition übereinstimmen.

§ 39 Das IS/LM-Modell

Wir haben nun die Partialanalysen des Geld- und Kapitalmarktes abgeschlossen und können zur Bestimmung des *simultanen* Gleichgewichtes auf diesen Märkten übergehen. Dazu reproduzieren wir die Gleichungen der IS- und LM-Kurve:

$$\text{IS:}\quad S(Y) = I(i) \tag{147}$$

$$\text{LM:}\quad L(Y, i) = \frac{M}{P}. \tag{148}$$

Dies ist ein Gleichungssystem mit zwei Gleichungen und zwei endogenen Variablen, nämlich dem Realeinkommen und dem Zins. Unter den bisherigen Annahmen existiert genau eine Lösung (Y_0, i_0), die graphisch im Schnittpunkt der beiden Kurven liegt:

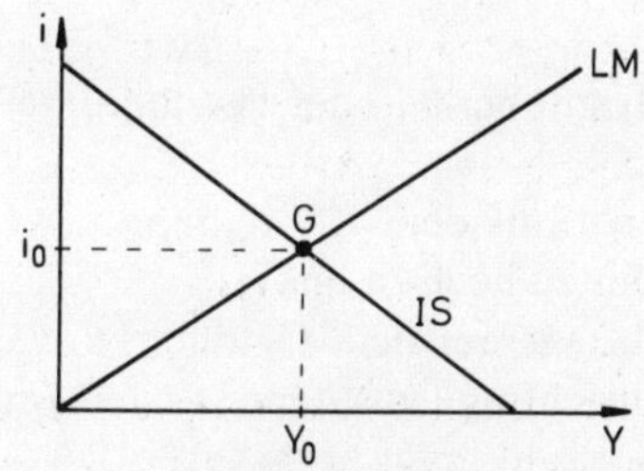

Abbildung 34
Das IS/LM-Modell

Das reale Geldangebot ist gegeben und konstituiert in Verbindung mit der Liquiditätspräferenz die LM-Kurve. Durch die Sparfunktion und die Investitionsfunktion wird die IS-Kurve festgelegt. Nur das Wertepaar (Y_0, i_0) bewirkt augenscheinlich ein simultanes Gleichgewicht auf dem Geld- und Kapitalmarkt. Damit aber wird die Produktion wiederum von der Absatzseite her bestimmt. Die Ratio des IS/LM-Modells läßt sich also in den Satz fassen: *Bei gegebenem Preisniveau werden Realeinkommen und Beschäftigung durch die effektive Nachfrage determiniert.*

Wir befassen uns nun mit der *Stabilität* des Modells; denn nur wenn sichergestellt ist, daß Realeinkommen und Zins stets ihren Gleichgewichtswerten zustreben, hat die statische oder komparativ-statische Analyse einen Sinn.

Bei einem *Ungleichgewicht* stellen sich, wie in den vorhergehenden Paragraphen begründet, die beiden folgenden Anpassungsprozesse ein: Jede

Überschußnachfrage auf dem Kapitalmarkt bewirkt über den Multiplikatorprozeß einen Anstieg des Realeinkommens, und umgekehrt. Jede Überschußnachfrage auf dem Geldmarkt bewirkt über den Wertpapierkurs-Zins-Mechanismus einen Zinsanstieg, und umgekehrt. Graphisch lassen sich diese simultan ablaufenden Reaktionen durch die früher besprochenen Pfeile veranschaulichen:

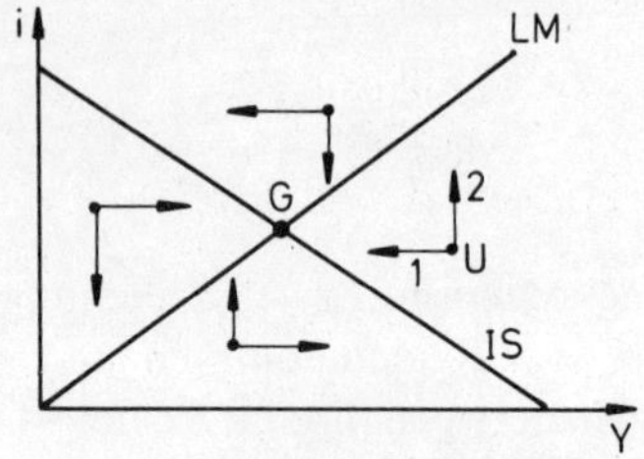

Abbildung 35

Der *Punkt U* etwa liegt oberhalb der IS- und unterhalb der LM-Kurve, deshalb besteht dort

– ein Überschußangebot auf dem Kapitalmarkt, weil mit dem Realeinkommen die Ersparnis zu hoch ist und
– eine Überschußnachfrage auf dem Geldmarkt, weil der Zins zu gering und damit die Geldnachfrage aus dem Vorsichts- und Spekulationsmotiv zu groß ist.

Infolgedessen wird

– das Realeinkommen über den Multiplikatorprozeß sinken und
– der Zins wegen fallender Kurse am Wertpapiermarkt steigen.

Diese beiden Prozesse werden durch die Pfeile 1 und 2 angedeutet. Der Leser möge sich anhand eigener Überlegungen vergewissern, daß auch die übrigen drei Doppelpfeile die korrekte Anpassungsrichtung angeben. Dies ist nicht schwierig, weil nur die Argumentation entsprechend umgekehrt werden muß.

Wesentlich ist für das Modell die Tatsache, daß die beiden beschriebenen Anpassungsprozesse *gleichzeitig* ablaufen. Durch Bildung der Resultanten ist rein intuitiv ersichtlich, daß der Prozeß dem Gleichgewicht zustrebt. Dabei sind sowohl lineare (1), als auch spiralförmige Prozesse (2) denkbar[26]:

---

26 Im Mathematischen Anhang, Abschnitt *5.5 weisen wir die lokale Stabilität des IS/LM-Modells analytisch nach.

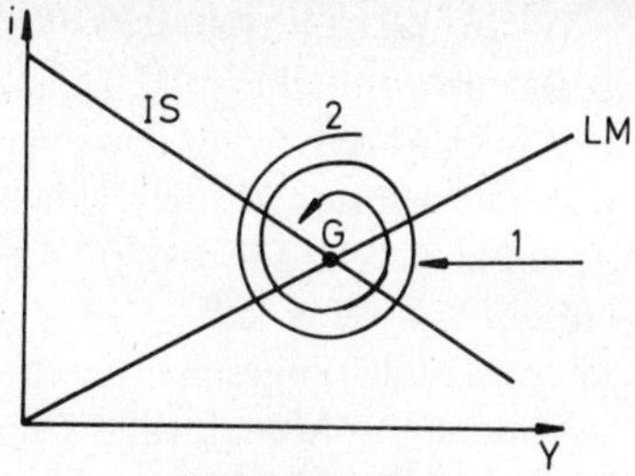

Abbildung 36

Im Ergebnis also erweist sich das IS/LM-Modell ohne weitere Annahmen als stabil: Die Ökonomie strebt stets dem Gleichgewicht G zu.

Erläutern wir abschließend die allgemeine Logik des Modells. Das Keynesianische IS/LM-Modell enthält drei Märkte, nämlich

- den Geldmarkt,
- den Wertpapiermarkt und
- den Kapitalmarkt.

Die LM-Kurve steht für ein *Bestandsgleichgewicht* auf dem Geld- *und* Wertpapiermarkt: Die jeweils nachgefragten Bestände müssen mit den angebotenen übereinstimmen.

Die IS-Kurve verkörpert ein *Stromgleichgewicht* auf dem Kapitalmarkt, wonach die Stromgrößen „Ersparnis pro Periode" und „Investition pro Periode" übereinstimmen müssen.

Wenn wir auch innerhalb der Klassisch-Neoklassischen Theorie synonym von „Wertpapiermarkt" und „Kapitalmarkt" sprechen konnten, so sind diese beiden hier konzeptionell verschieden, da der erstere ein Bestandsmarkt und letzterer ein Markt mit Stromgrößen ist. Die beiden dürfen also nicht verwechselt werden.

Auf diese gleichzeitige Verwendung von Bestands- und Stromgleichgewichten bezieht sich eine häufig geübte *Kritik* am IS/LM-Modell. Das Gleichgewicht darf nicht als langfristig angesehen werden, weil sich nämlich durch positive Ersparnisse der *Wertpapierbestand* im Zeitablauf ändert. Dadurch aber *verschiebt* sich die LM-Kurve, deren Lage unter anderem vom Wertpapierbestand abhängt. Um diesem Problem auszuweichen, und viel mehr läßt sich nicht tun, müssen wir eine bestimmte Zeitperiode unterstellen: lang genug, daß sich die Anpassung zum Gleichgewicht vollziehen kann und kurz genug, um Änderungen des Wertpapierbestandes vernachlässigen zu können[27].

---

27 Vgl. etwa CHICK, V. (1973) Financial Counterparts of Saving and Investment and Inconsistencies in Some Simple Macro Models; Weltwirtschaftliches Archiv **109,** S. 621–643. TOBIN, J. (*1981) Vermögensakkumulation und wirtschaftliche Aktivität; München usw.: Oldenbourg, Kap. IV

Die vehementeste Kritik am IS/LM-Modell ist jedoch der Einwand, die beiden Kurven seien im Zeitablauf nicht *stabil*, sondern permanenten Verschiebungen unterworfen. Dies ist das Argument jener „Ungleichgewichtstheoretiker", die erratische Schwankungen der Grenzleistungsfähigkeit des Kapitals und der Liquiditätspräferenz für den Kern der „General Theory" halten. Es ist insofern fraglich, ob das IS/LM-Modell als adäquate Interpretation des Keynesschen Modells angesehen werden kann[28]. Nun wohl, jedenfalls wurde es das bekannteste Modell dieses Jahrhunderts und dient uns als wesentliches Element der Keynesianischen Totalanalyse, die wir im folgenden besprechen.

§ 40 Das allgemeine Keynesianische Modell

Unsere Bemühungen sind nun so weit fortgeschritten, daß wir ein allgemeines Keynesianisches Totalmodell aufstellen können. In diese „Neoklassische Synthese" gehen der Angebotssektor der Klassisch-Neoklassischen Theorie (Arbeitsmarkt und Produktionsfunktion) sowie das IS/LM-Modell als Nachfragesektor ein. Das Modell soll zunächst mittels eines einfachen Gleichungssystems K (wie *K*eynesianische Theorie) und anschließend durch eine Graphik dargestellt werden.

$$N^d\left(\frac{w}{P}\right) = N = N^s\left(\frac{w}{P}\right) \qquad \to N^*, \left(\frac{w}{P}\right)^* \tag{K.1}$$

$$Y = f(N) \qquad \to Y^* \tag{K.2}$$

$$S(Y) = I(i) \tag{K.3}$$

$$L(Y, i) = \frac{M}{P} \qquad \to i^*, \; P^* \tag{K.4}$$

$$w = \left(\frac{w}{P}\right) \cdot P \qquad \to w^*. \tag{K.5}$$

---

28 Darauf weist auch der Erfinder selbst hin, wenn er über das IS/LM-Modell schreibt: „I must say that diagram is now much less popular with me than I think it still is with many other people. It reduces the General Theory to equilibrium economics." HICKS, J.R. (1976) Some Questions of Time in Economics; in: TANG, A.M. et al. (Hrsg.) Evolution, Welfare and Time in Economics; Lexington: Lexington Books

Wie das Modell C besteht auch dieses Modell aus sechs Gleichungen und sechs endogenen Variablen. Die Gleichungen seien nun im einzelnen erklärt.

(K.1) ist, wie gehabt, der Arbeitsmarkt, auf dem Beschäftigung und Reallohn festgelegt werden.

(K.2) steht für die bekannte Produktionsfunktion, aus der sich zur Beschäftigung N* das Vollbeschäftigungseinkommen Y* ergibt.

(K.3.) und *(K.4)* sind die Gleichungen der IS- und LM-Kurve. Der wesentliche Unterschied dieses Modells zum einfachen IS/LM-Schema liegt darin, daß das Preisniveau hier eine *endogene* Größe ist. In der späteren Graphik wird sichtbar, wie auf diesen Märkten zur vorgegebenen Produktion Y* der Zins und das Preisniveau bestimmt werden.

(K.5) schließlich ordnet den bereits feststehenden Größen (w/P)* und P* den Gleichgewichts-Geldlohn w* zu.

Es fällt sofort die bemerkenswerte Analogie zwischen diesem Modell und dem Klassisch-Neoklassischen auf. Dort wie hier erhalten wir im Ergebnis das allgemeine Gleichgewicht bei Vollbeschäftigung. Somit führt die Verwendung der Keynesianischen Sparfunktion, der Grenzleistungsfähigkeit des Kapitals und der Liquiditätspräferenz nicht *per se* zu anderen Resultaten. Dies ist der erste Aspekt der Neoklassischen Synthese: Bei vergleichsweise geringfügigen Modifikationen des Klassisch-Neoklassischen Modells bleiben dessen Ergebnisse, was Beschäftigung und Produktion anbelangt, unverändert. Erst in den folgenden Paragraphen wird deutlich, welch drastische Abweichungen sich bei Einführung zusätzlicher Komplikationen ergeben.

Wegen des IS/LM-Schemas muß die graphische Exposition etwas abgeändert werden. Die Graphik ist jedoch – wie wir hoffen – nicht zu unverständlich und wird im weiteren gute Dienste leisten:

Quadrant I bildet den Arbeitsmarkt (K.1) ab; im Schnittpunkt der Kurven finden wir den Gleichgewichts-Reallohn (w/P)* und die Vollbeschäftigung N*.

Quadrant II enthält die Produktionsfunktion (K.2) und führt zum Realeinkommen Y*.

Quadrant IV ist das bekannte IS/LM-Modell.

Quadrant V korrespondiert mit (K.5) und zeigt, wie zum vorgegebenen Reallohn (w/P)* und zum Preisniveau P* der Nominallohn w* bestimmt wird.

Im Zentrum des Modells aber steht der *Quadrant III.* Dieser Quadrant bildet den *Gütermarkt* ab, und hier wird das Preisniveau bestimmt. Das Preisniveau P* liegt offensichtlich im Schnittpunkt der Kurven Y^s und Y^d, denen wir uns jetzt zuwenden wollen.

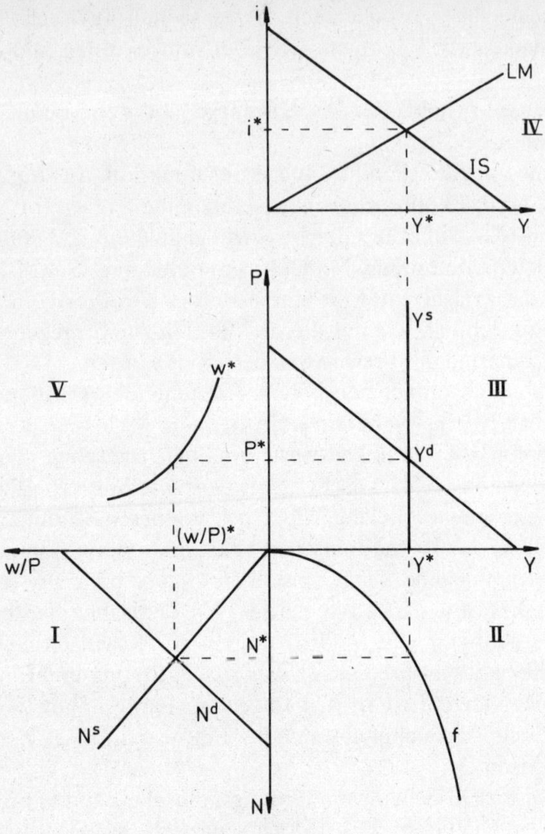

Abbildung 37

Die *Güterangebotsfunktion* Y^s ordnet jedem Preisniveau ein bestimmtes Güterangebot zu. Das Güterangebot wird, wie wir wissen, vom Arbeitsmarkt her über die Produktionsfunktion bestimmt und hängt damit allein vom *Reallohn* ab. Wenn im Einklang mit (K.5) angenommen wird, daß sich der Nominallohn bei Preisniveauänderungen stets sofort anpaßt, dann beeinflußt eine Änderung des Preisniveaus den Reallohn *nicht.* Damit aber ist auch das Güterangebot vom Preisniveau unabhängig: Die Y^s-Kurve weist einen senkrechten Verlauf auf.

Die *Güternachfragekurve* Y^d ist keine gewöhnliche Nachfragefunktion, sondern ein Gleichgewichtslokus. Wir müssen hier bedenken: Mikroökonomisch wäre ein gegensinniger Zusammenhang zwischen Preis und Nachfrage, wie er sich in der fallenden Y^d-Kurve ausdrückt, nur zu plausibel. Makroökonomisch ist dem indes nicht so, weil bei einem Preisniveauanstieg *alle* Güter in gleichem Maße teurer werden. Freilich, in der Klassisch-Neoklassischen Theorie hatten wir mit dem Cambridge-Effekt eine Erklärung für den inversen Zusammenhang von Preisniveau und Güternachfrage, wonach eine Preisniveauänderung über die Verminderung der Realkasse einen Rückgang der Güternachfrage bewirkt. Aber die Quantitätstheorie – und mit ihr der Cambridge-Effekt – gilt hier *nicht.* Was also ist der Grund für die fallende Y^d-Kurve?

Nehmen wir die IS-Kurve als gegeben und betrachten die Gleichung der LM-Kurve im Zusammenhang mit einer Graphik:

$$L(Y, i) = \frac{M}{P}. \tag{149}$$

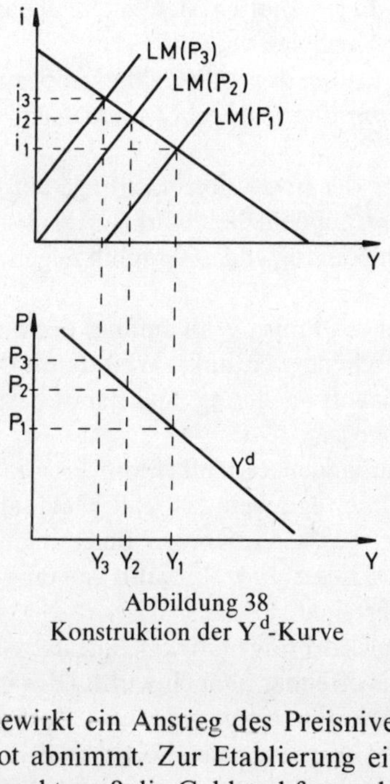

Abbildung 38
Konstruktion der Y^d-Kurve

Zunächst einmal bewirkt cin Anstieg des Preisniveaus nach (149), daß das reale Geldangebot abnimmt. Zur Etablierung eines neuen Gleichgcwichts auf dem Geldmarkt muß die Geldnachfrage ebenfalls zurückgehen.

Das aber verlangt entweder einen Rückgang des Realeinkommens oder einen höheren Zins: beides gleichbedeutend mit einer *Linksverschiebung* der LM-Kurve. In der Abbildung verschiebt sich die LM-Kurve aus der Lage $LM(P_1)$ in die Position $LM(P_2)$; die LM-Kurve verschob sich nach *links,* weil das Preisniveau *zunahm.*

Ihre neue Position ist aber mit einem *geringeren* Realeinkommen verbunden, da der Schnittpunkt mit der IS-Kurve weiter links liegt. Also sind höheren Preisniveaus niedrigere Werte von Y^d zugeordnet. Das war zu zeigen[29].

Die Güternachfragekurve *entsteht* offenbar durch Gleiten der LM-Kurve entlang der IS-Kurve. Sie *verschiebt* sich, falls sich die Lage der IS-Kurve oder das Geldangebot ändert. Sie verschiebt sich *nicht* bei Änderungen des Preisniveaus.

Damit ist der Aufbau der Abbildung 37 klar: Die Quadranten I und II sind der *Angebotssektor*, durch den die Y^s-Kurve bestimmt wird. Quadrant IV hingegen ist der *Nachfragesektor*, aus dem sich die Y^d-Kurve ergibt. Im Quadranten III treffen diese beiden aufeinander, so daß durch das Zusammenwirken von Güterangebot und Güternachfrage das Preisniveau ermittelt werden kann. Die Schwierigkeit des Modells liegt darin, daß seine komparativ-statischen Eigenschaften sich nicht genau mit der dynamischen Bestimmung der Variablen decken:

- Das Preisniveau *wirkt* über das reale Geldangebot auf den Geldmarkt. Es wird jedoch *bestimmt* durch Angebot und Nachfrage auf dem Gütermarkt.
- Der Zins *wirkt* über die Investitionsnachfrage auf den Gütermarkt. Er wird jedoch *bestimmt* auf dem Geldmarkt.

Dies läßt sich anhand der folgenden Graphik zeigen:

In der Abbildung hat das Preisniveau anfangs den zu hohen Wert P_0, die LM-Kurve liegt entsprechend weit links. Weil damit der Zins relativ hoch ist, ist die Investitionsnachfrage gering, und damit besteht auf dem Gütermarkt ein *Überschußangebot* ÜA.

Infolge des Überschußangebotes sinken die Preise, woraufhin die LM-Kurve sich nach rechts bewegt, weil das reale Geldangebot zunimmt. Damit aber sinkt der Zins, was wiederum zur Belebung der Investitions- und Güternachfrage führt. Dieser Prozeß währt solange, bis das Gleichgewichts-Preisniveau P* erreicht ist.

Wir haben also den Cambridge-Effekt eliminiert und ihn unvermerkt durch etwas ersetzt, was offenbar ähnlich wirkt. Dies ist der *Keynes-Effekt.* Der Keynes-Effekt beschreibt einen *indirekten* Zusammenhang zwischen Güternachfrage und Preisniveau, einen höchst indirekten. Preissenkungen bewirken über den damit verbundenen Anstieg des realen Geldangebotes *nicht* unmittelbar einen Anstieg der Güternachfrage, wie es die Quantitätstheoretiker sahen. Vielmehr steigt die *Wertpapiernachfrage* der Wirtschaftssubjekte, wodurch der Zins sinkt. Erst *damit* steigen Investitions-

29 Im Mathematischen Anhang, Abschnitt *4.4., leiten wir die Steigung der Y^d-Kurve analytisch her.

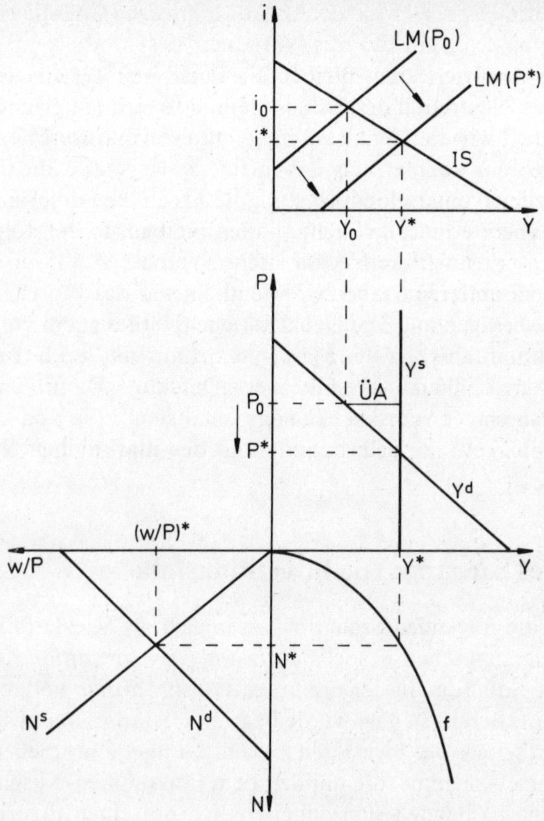

Abbildung 39

und Güternachfrage. Wir können den Keynes-Effekt also folgendermaßen beschreiben:

Höhere Geldmenge (Kassenbestände) → höhere Wertpapiernachfrage → steigende Kurse = sinkender Zins → steigende Investitions- und Güternachfrage → steigende Preise.

Gleichzeitig wird die Quantitätstheorie des Geldes vom *Ergebnis* her bestätigt. Eine Verdopplung der Geldmenge bewirkt letztlich eine Verdopplung des Preisniveaus. Dies ist leicht einsehbar, weil nur bei einer Verdopplung des Preisniveaus die LM-Kurve ihre ursprüngliche Lage einnimmt, was wiederum einen unveränderten Schnittpunkt mit der IS-Kurve und damit eine unveränderte Güternachfrage bedeutet.

Vermöge des Keynes-Effektes besteht die makroökonomische Dichotomie weiterhin, denn obwohl alle Variablen des Modells in den Anpassungsprozeß involviert sind, bleiben sie doch *letztlich* unverändert. Der Grundsatz der Neutralität des Geldes bleibt also aufrechterhalten.

Damit haben wir die Neoklassische Synthese von ihrer Neoklassischen Seite gezeigt. Wir konnten uns davon überzeugen, daß die Erklärungen zwar im einzelnen unterschiedlich sind, die Ergebnisse der Klassisch-Neoklassischen Theorie indes aufrechterhalten bleiben. In den folgenden drei „Szenarios" werden wir die Neoklassische Synthese von ihrer Keynesianischen Seite präsentieren. Dabei wird deutlich, was das Wort „Imperfektionismus" hier besagen soll: Die Neoklassische Synthese geht von der prinzipiellen Funktionsfähigkeit des Marktsystems aus und erklärt die Existenz von Rezessionen anhand verschiedener „Defekte". Damit unterscheiden sich die Keynesianer von den „Fundamentalisten", die von einer prinzipiellen Unfähigkeit zur Selbstregulierung des marktlichen Systems ausgehen.

§ 41 Erstes Szenario: Die Investitionsfalle

Dieses und die folgenden Szenarios lassen sich als Spezialfälle des allgemeinen Keynesianischen Modells auffassen. Als *Investitionsfalle* bezeichnen wir eine Situation, in der die Investitionsnachfrage vollkommen zinsunelastisch ist. Bereits in § 34 wurde begründet, daß es bei pessimistischen Erwartungen seitens der Investoren zu vollständiger Zinsunelastizität kommen kann: eine Annahme, die implizit dem Einkommen-Ausgaben-Modell zugrundeliegt. Es handelt sich dabei freilich um einen theoretischen Extremfall, aber nichtsdestoweniger bietet er einen möglichen Ansatzpunkt zur Erklärung von Rezessionen.

Mit der oben erwähnten Annahme

$$S(Y) = I \tag{150}$$

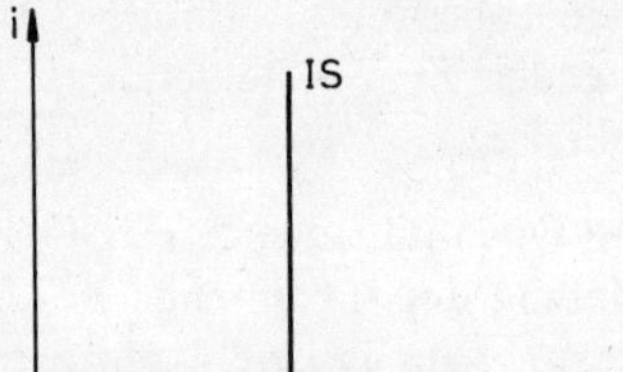

Abbildung 40

bekommt die IS-Kurve einen *senkrechten* Verlauf. Vermöge dieser Gleichung wird das Realeinkommen eindeutig bestimmt, und der senkrechte Verlauf macht deutlich, daß Zinsänderungen keinen Einfluß auf das gleichgewichtige Realeinkommen nehmen:

Zur Analyse der volkswirtschaftlichen Wirkungen einer derartigen Investitionsfalle setzen wir (150) in das Gleichungssystem K aus dem vorigen Paragraphen ein und stellen die Gleichungen ein wenig um. Daraus ergibt sich das Modell K′:

$$S(Y) = I \qquad \rightarrow Y_0 \qquad (K'.1)$$

$$Y = f(N) \qquad \rightarrow N_0 \qquad (K'.2)$$

$$\frac{w}{P} \overset{!}{=} \left(\frac{w}{P}\right)^* \qquad \rightarrow \left(\frac{w}{P}\right)^* \qquad (K'.3)$$

$$L(Y, i) = \frac{M}{P} \qquad \rightarrow (P, i) \qquad (K'.4)$$

$$w = \left(\frac{w}{P}\right) P \qquad \rightarrow w\,. \qquad (K'.5)$$

(K′.1) gibt die Gleichung der IS-Kurve wieder. Offenbar wird hierdurch das Gleichgewichts-Realeinkommen bestimmt, das wir Y_0 nennen, um es vom Vollbeschäftigungseinkommen Y^* zu unterscheiden.

(K′.2), die Produktionsfunktion, läßt den Kern der Investitionsfalle am deutlichsten hervortreten: Es bestimmt nicht der Arbeitseinsatz die Produktion, sondern umgekehrt! Die Unternehmen orientieren sich an der effektiven Nachfrage Y_0 und wählen den erforderlichen Arbeitseinsatz N_0.

(K′.3) enthält die willkürliche Forderung, daß der Reallohn seinen Gleichgewichtswert im Klassisch-Neoklassischen Sinn annimmt. Wir wählten diese Hypothese allein um zu zeigen, daß die Unterbeschäftigung *nicht* auf einen falschen Reallohn zurückgeht. KEYNES selbst nahm nach Ansicht einiger Theoretiker die Funktion $(w/P) = (N^d)^{-1}(N)$ an, wonach die Unternehmen den Reallohn zur *vorgegebenen* Beschäftigung N_0 bestimmen. Aber dies macht keinen wesentlichen Unterschied.

(K′.4) nun ist *eine* Gleichung mit *zwei* Variablen, nämlich dem Zins und dem Preisniveau, und deshalb nicht eindeutig lösbar. Vielmehr existiert eine Unzahl von Paaren (i, P), welche dieser Gleichung genügen.

(K'.5) schließlich determiniert den Nominallohn zu jedem beliebigen Preisniveau.

Erörtern wir nun die interessantesten Aspekte des Modells. Auf den ersten Blick ist die weiterhin bestehende Dichotomie zwischen dem realen und dem monetären Sektor erkennbar: Durch die ersten drei Gleichungen des Modells werden die Realgrößen Y, N und (w/P) bestimmt, wobei monetäre Faktoren keine Rolle spielen. Die letzten beiden Gleichungen liefern eine *Menge* konsistenter Kombinationen von Preisniveau, Zins und Nominallohn. Der Zins gehört hier zum monetären Sektor.

Der Kapitalmarkt, und mit ihm der Gütermarkt, sind die strategischen Märkte des Modells. Über den Multiplikatorprozeß wird die Produktion stets in der Weise angepaßt, daß S(Y) = I gilt. Dadurch besteht ein stabiles Gleichgewicht bei Unterbeschäftigung, *sofern* die effektive Nachfrage unzureichend ist.

Bei rein komparativ-statischer Betrachtung herrscht im monetären Sektor ein *indifferentes* Gleichgewicht, da jede konsistente Kombination von P, i und w so gut ist wie eine andere. Sehen wir es aber dynamisch, so befindet sich der monetäre Sektor im *Ungleichgewicht.* Denn bei unzureichender effektiver Nachfrage besteht auf dem Gütermarkt und Arbeitsmarkt ein Angebotsüberschuß, was nach Neoklassischer Auffassung eine Preis-Lohn-Deflation bewirken muß, begleitet von einem ständigen Sinken des Zinses.

Allein weist diese Deflation nicht den Weg aus der Krise: Realeinkommen und Beschäftigung werden dadurch *nicht* verändert. Der Grund liegt darin, daß die Investitionsnachfrage vermöge des sinkenden Zinses nicht zunimmt, weil sie zinsunelastisch ist. Insofern besteht eine bemerkenswerte Dichotomie, da die monetären Größen auch kurzfristig keinerlei Einfluß auf die realen Variablen nehmen. Der *reale* Sektor weist mithin ein *stabiles Gleichgewicht* auf, möglicherweise ein Gleichgewicht bei Unterbeschäftigung.

In der nachstehenden Graphik wird all dies deutlicher werden, s. S. 143 oben.

Beginnen wir mit dem Nachfragesektor des Modells, dem Quadranten IV. Die IS-Kurve verläuft senkrecht und bestimmt damit – völlig unabhängig von der LM-Kurve – das Realeinkommen Y_0. Damit aber verläuft auch die Güternachfragekurve in Quadrant III senkrecht. Ein Preisverfall von P_2 auf P_1 senkt zwar nach wie vor den Zins von i_2 auf i_1, aber die Investitionsnachfrage und damit die Güternachfrage reagiert nicht darauf. Ein Glied in der Kette des *Keynes-Effektes* wurde durchbrochen, und deshalb nimmt das Preisniveau keinerlei Einfluß auf die Güternachfrage.

Das ist offenbar fatal, denn bei unzureichender Nachfrage liegt Y^d links von Y^s, und diese Kurven können weder durch Preisniveauänderungen,

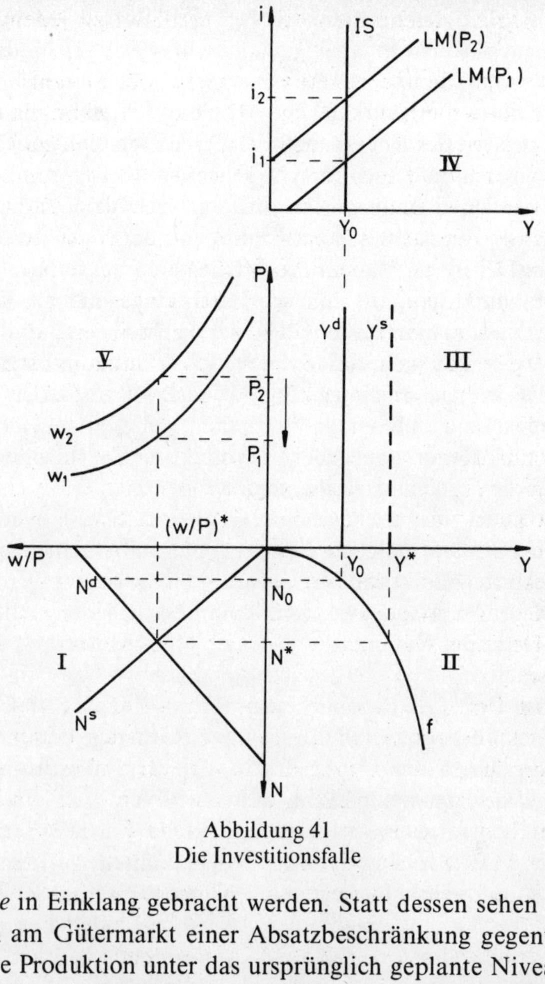

Abbildung 41
Die Investitionsfalle

noch sonstwie in Einklang gebracht werden. Statt dessen sehen die Unternehmen sich am Gütermarkt einer Absatzbeschränkung gegenüber, woraufhin sie die Produktion unter das ursprünglich geplante Niveau zurücknehmen und die Arbeitsnachfrage entsprechend einschränken[30]. Bei einem Reallohn (w/P)* planten die Unternehmen also ursprünglich die Produktion Y*, was durch die gestrichelte Angebotskurve angedeutet wird, aber

30 In der Neokeynesianischen Terminologie handelt es sich hier um eine Rationierung der Unternehmen auf dem Gütermarkt, verbunden mit einem effektiven Angebot im Sinne von Drèze und einem gestrichelt skizzierten Clower-Angebot, das als Referenzgröße dient. Wir müßten streng genommen bereits hier das Entscheidungsmodell der Unternehmen modifizieren, die nicht länger nach der Grenzproduktivitätsregel verfahren. Aber diese Aufgabe sei in das elfte Kapitel verwiesen. Wir wollen in die ursprüngliche Keynesianische Theorie nicht etwas hineinlesen, was sie nicht enthielt.

sie *realisieren* lediglich die Produktion Y_0, weil nur diese Menge absetzbar ist und die Unternehmen annahmegemäß nicht auf Lager produzieren.

Wenden wir uns jetzt dem Arbeitsmarkt zu. Beim herrschenden Reallohn $(w/P)^*$ bieten die Haushalte N^* Arbeitseinheiten an, und die Unternehmen *würden* diese Menge nachfragen, *wenn* sie sich auf dem Gütermarkt nicht einer Absatzbeschränkung gegenübersähen. Weil dies aber der Fall ist und die Unternehmen nicht auf Lager produzieren, fragen sie nur soviele Arbeitskräfte nach, wie zur Produktion der Y_0 Gütereinheiten erforderlich sind. N^d ist nicht mehr die Arbeitsnachfragefunktion der Unternehmen und wurde lediglich zum Vergleich eingezeichnet. Daraus folgt die Unterbeschäftigung in Höhe von $\overline{N_0N^*}$. Es mag sein, daß der Reallohn sinkt, aber dies würde nichts ändern: Der Reallohn kann bis auf Null sinken, ohne daß die Unternehmen eine Arbeitskraft zusätzlich nachfragen! Denn bei gewinnmaximierendem Verhalten stellen sie keinesfalls mehr Arbeitskräfte ein als zur vorgegebenen Produktion Y_0 erforderlich.

Fassen wir die Ergebnisse zusammen:

- Bei vollkommen zinsunelastischen Investitionen ist eine Nachfragelücke auf dem Gütermarkt möglich, weil Angebot und Nachfrage nicht mehr über den Keynes-Effekt zur Übereinstimmung gebracht werden können.
- Besteht diese Nachfragelücke, dann kommt es in jedem Falle zu Unterbeschäftigung: Der Gütermarkt ist der strategische Markt des Modells.
- Nachfragedefizit und Unterbeschäftigung können nicht im Wege einer allgemeinen Deflation behoben werden. Preise, Löhne und Zinsen können beliebig fallen, ohne daß die effektive Nachfrage zunimmt.

Vielleicht erschien dem Leser das Modell der Investitionsfalle etwas fragwürdig wegen der beiden senkrechten Kurven auf dem Gütermarkt und dem anders gearteten Verhalten der Unternehmen. Aber dieses und das folgende Modell ist der Kern der Keynesianischen Theorie. Und die Abbildung 41 enthielt keine eigentlich neuen Elemente, sondern machte nur das *explizit,* was im Einkommen-Ausgaben-Modell bereits enthalten war.

§ 42 Zweites Szenario: Die Liquiditätsfalle

Im letzten Paragraphen wurde deutlich, daß zinsunelastische Investitionen über eine unzureichende effektive Nachfrage zu einem Gleichgewicht bei Unterbeschäftigung führen können; die prinzipiell gleiche Wirkung hat eine Liquiditätsfalle.

Eine *Liquiditätsfalle* tritt auf, wenn die Geldnachfrage aufgrund des Spekulationsmotives *unendlich zinselastisch* wird. Ist der Zins, gemessen an den subjektiven Einschätzungen der Wirtschaftssubjekte, außergewöhnlich niedrig, so werden diese hohe Kursverluste bei festverzinslichen Wertpapieren befürchten und deshalb die Geldhaltung vorziehen. Sinkt der Zins nun in kleinen Schritten noch weiter, so wird die Geldnachfrage rapide steigen, bis sie auf weitere Zinsänderungen – im theoretischen Extrem – unendlich stark reagiert. Dies heißt aber, von einer unendlich zinselastischen Geldnachfrage zu sprechen.

Infolge dieser sogenannten *absoluten Liquiditätspräferenz* kann der Zins nicht beliebig fallen; es existiert vielmehr eine untere Zinsgrenze i_0:

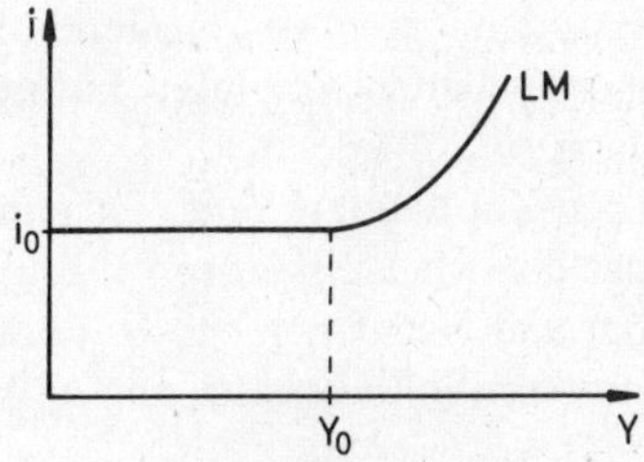

Abbildung 42

In der Abbildung wird erstens deutlich, daß für den Zins eine untere Schranke i_0 besteht. Zweitens ist zu sehen, daß das Realeinkommen im Bereich $0 \leq Y \leq Y_0$ keinen signifikanten Einfluß auf die Geldnachfrage nimmt, da allen Y-Werten dieses Bereichs derselbe Zins zugeordnet ist. Die Erklärung liegt eben darin, daß wegen der absoluten Liquiditätspräferenz die Geldnachfrage aus dem Spekulationsmotiv über alle Schranken wächst. Die einkommensabhängige Transaktionskasse macht folgerichtig nur einen geringen Bruchteil der Geldnachfrage aus, und deshalb reagiert die gesamte Geldnachfrage auf Einkommensänderungen relativ schwach, im Extremfall gar nicht[31].

Die Liquiditätsfalle birgt nun folgende Gefahr: Bei normalem Verlauf der IS-Kurve existiert sicherlich ein Zins i*, der die effektive Güternachfrage auf das Vollbeschäftigungsniveau bringt. Falls aber durch die LM-Kurve ein Mindestzins i_0 festgelegt ist, der *über* i* liegt, dann bleibt die Investitions- und damit die Güternachfrage unzureichend – und wieder stellt sich ein Gleichgewicht bei Unterbeschäftigung ein. Dies sei im Modell K'' dargestellt:

$$L(Y, i) = \frac{M}{P} \qquad \rightarrow i_0 \qquad \text{(K''.1)}$$

$$S(Y) = I(i) \qquad \rightarrow Y_0 \qquad \text{(K''.2)}$$

31 Der geneigte Leser findet in Abschnitt *4.4 des Mathematischen Anhanges eine analytische Herleitung.

$$Y = f(N) \qquad \rightarrow N_0 \qquad (K''.3)$$

$$\frac{w}{P} \overset{!}{=} \left(\frac{w}{P}\right)^* \qquad \rightarrow \left(\frac{w}{P}\right)^* \qquad (K''.4)$$

$$w = \left(\frac{w}{P}\right) \cdot P \qquad \rightarrow (P, w)\,. \qquad (K''.5)$$

(K''.1) legt den Zins i_0 unabhängig von Realeinkommen und Preisniveau fest, die wegen der unterstellten absoluten Liquiditätspräferenz keinen Einfluß ausüben können.

Der Zins ist damit für den Kapitalmarkt, *(K''.2)*, ein Datum. Das Realeinkommen paßt sich über den Multiplikatorprozeß in der Weise an, daß ein Ausgleich von Angebot und Nachfrage auf dem Kapitalmarkt besteht. Nur zufällig könnte Y_0 mit dem Vollbeschäftigungseinkommen Y^* zusammenfallen.

Die übrigen Gleichungen determinieren die Beschäftigung, den Reallohn, sowie Paare von P und w in der schon gewohnten Weise. Wiederum sind P und w unbestimmt; allein ihr Quotient, der Reallohn, ist durch die zu (K'.3) äquivalente Annahme (K''.4) vorgegeben.

Die graphische Darstellung ist, mit Ausnahme des Quadranten IV natürlich, identisch mit der Abbildung zur Investitionsfalle.

Einer Erklärung bedarf lediglich der senkrechte Verlauf der Güternachfragekurve; ansonsten könnten wir das im vorigen Paragraphen Gesagte nur wiederholen.

Wenn, wie in der Abbildung skizziert, das Preisniveau von P_2 auf P_1 fällt, so verschiebt sich die LM-Kurve nach *rechts*, da das reale Geldangebot zunimmt und nur bei höheren Realeinkommen gehalten wird. Aber: in ihrem waagerechten Abschnitt verschiebt sich die LM-Kurve der Wirkung nach nicht. Bei absoluter Liquiditätspräferenz spielt das reale Geldangebot einfach keine Rolle, weil *jede* Geldmenge nachgefragt wird. Somit kann der Preisverfall nicht zinssenkend wirken, und damit bleiben auch die Investitionsnachfrage und das Realeinkommen Y_0 unverändert.

Für den monetären Sektor – Preis und Löhne – läßt sich eine unbegrenzte Deflation erwarten, da sowohl auf dem Güter- als auch auf dem Arbeitsmarkt ein Angebotsüberschuß besteht. Allein, diese Deflation wird an der Unterproduktion und Unterbeschäftigung nichts ändern. Die Unternehmen wählen zur unverrückbaren Absatzschranke Y_0 die Beschäftigung über die Produktionsfunktion in der Weise, daß gerade Y_0 Gütereinheiten hergestellt werden können. Dies ist die Beschäftigung N_0.

Die Crux der Liquiditätsfalle liegt in der Unwirksamkeit des *Keynes-Effektes* begründet. Während bei einer Investitionsfalle die Investoren nicht

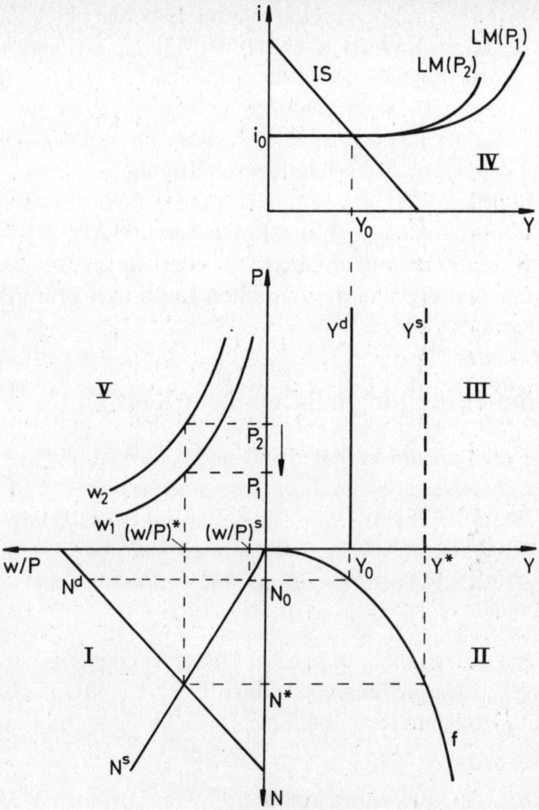

Abbildung 43
Die Liquiditätsfalle

auf Zinssenkungen reagierten, kann es bei der Liquiditätsfalle gar nicht zu Zinssenkungen kommen. Der Zins wird durch die absolute Liquiditätspräferenz bestimmt, ganz unabhängig von der realen Geldmenge. In beiden Fällen bewirkt ein Angebotsüberschuß auf dem Gütermarkt über den damit verbundenen Preisdruck keine Zunahme der Nachfrage, ganz im Gegenteil. Es ergibt sich eine theoretisch unbegrenzte Deflation, die in bezug auf die realen Größen völlig wirkungslos ist. Was die Beschäftigung angeht, ist auch hier der Gütermarkt der strategische Markt.

Fassen wir zusammen:

- Abhängig von der Psychologie des Publikums kann es zu Situationen absoluter Liquiditätspräferenz kommen, die ein Absinken des Zinses unter eine gewisse Schranke verhindert.

- Tritt infolgedessen am Gütermarkt eine Nachfragelücke auf, dann kommt es in jedem Fall zu Unterbeschäftigung, gleichgültig, welcher Reallohn am Arbeitsmarkt herrscht.
- Nachfragelücke und Unterbeschäftigung können nicht im Wege einer allgemeinen Deflation behoben werden: Was die realen Größen angeht, besteht ein Gleichgewicht bei Unterbeschäftigung.

Die Liquiditätsfalle läßt sich, ähnlich wie die Investitionsfalle, als eine totalanalytische Rationalisierung des Einkommen-Ausgaben-Modells verstehen. Freilich werden hier nicht direkt gegebene Investitionen unterstellt; aber ein starrer Zins aufgrund der absoluten Liquiditätspräferenz läuft auf dasselbe hinaus.

§ 43 Unterbeschäftigung bei flexiblem Reallohn?

Bevor wir uns dem dritten Szenario zuwenden, wollen wir uns mit der alten Streitfrage befassen, ob die Annahme starrer Löhne und Preise eine *notwendige* Voraussetzung für die Keynesianische Erklärung der Unterbeschäftigung ist. Diese Ansicht hat nämlich bis heute viele Anhänger. KEYNES selbst äußerte sich zur Annahme starrer Löhne in folgender Weise:

„Aber diese Vereinfachung, auf die wir später verzichten, wird allein zur Vereinfachung der Darstellung eingeführt. Der wesentliche Charakter der Argumentation ist genau derselbe, ob nun Geldlöhne etc. beweglich sind oder nicht.“ [32]

JOHN R. HICKS zeigte darüber hinaus auf, wie es zu dem Mißverständnis kommen konnte, die Annahme starrer Löhne oder Preise sei für den Keynesianismus die conditio sine qua non [33]. Betrachten wir nun zwei häufig geäußerte Vermutungen im einzelnen:

1) *„Gleichgewicht bei Unterbeschäftigung“ ist ein Widerspruch in sich.*
2) *Jede Unterbeschäftigung kann nur auf einem falschen Reallohn beruhen.*

Zu 1): Das ist in der Tat richtig, wenn man „Gleichgewicht“ als einen Zustand des Ausgleichs von Angebot und Nachfrage auffaßt. Der obige Satz ist dann aus rein logischen Gründen wahr und „Gleichgewicht bei Unterbeschäftigung“ ein Widerspruch in sich, ein „rundes Quadrat“.

Von praktischer Relevanz ist aber, „Gleichgewicht“ als einen „Zustand mit Beharrungsvermögen“ zu definieren; denn ökonomisch entscheidend ist doch die Frage, ob es zu *andauernden* Situationen der Unterbeschäfti-

32 „General Theory“, a.a.O., S. 27, Übersetzung der Verfasser.
33 HICKS, J.R. (1974) The Crisis in Keynesian Economics; Oxford: Basil Blackwell, S. 60ff.

gung kommen kann. Nach dieser Begriffsbildung ist ein „Gleichgewicht bei Unterbeschäftigung" nicht nur nicht widersprüchlich, sondern im Rahmen der Keynesianischen Annahmen auch theoretisch nachweisbar; man denke an die Investitions- und Liquiditätsfalle.

Zu 2): Dieser Satz stimmt, wenn man „Unterbeschäftigung" als *Angebotsüberschuß* auf dem Arbeitsmarkt auffaßt. Denn stets *existiert* ein Reallohn, der Angebot und Nachfrage zum Ausgleich bringen kann. Der Leser betrachte die Abbildung 43: Der Reallohn $(w/P)^s$ drückt das Arbeitsangebot exakt auf das Nachfrageniveau, und alle Arbeitslosigkeit ist freiwillig.

Wir aber definieren *Unterbeschäftigung* als eine negative Abweichung der Beschäftigung von N* und vermeiden den Ausdruck „unfreiwillige Arbeitslosigkeit". Der Grund ist: Allein N* stellt nach Neoklassischer, Keynesianischer und vermutlich allgemeiner Auffassung ein, wohlverstandenes, gesellschaftliches Optimum dar.

Bei $N < N^*$ würde eine Beschäftigungszunahme *sowohl* den Arbeitssuchenden nützen *als auch* den Nachfragern von Gütern und Diensten; deshalb ist eine solche Situation nicht pareto-optimal. (Pareto-optimal nennt man einen ökonomischen Zustand genau dann, wenn niemand besser gestellt werden kann, ohne daß ein anderer schlechter gestellt wird.)

Die Investitions- und Liquiditätsfalle schaffen eine ökonomische Ineffizienz ($N < N^*$), die durch Reallohnänderungen *nicht* behoben werden kann. Zudem ist der damit etablierte Zustand *gleichgewichtig* in dem Sinne, daß keine Tendenz zur Änderung besteht, jedenfalls im Rahmen der Modellannahmen.

Ein Gleichgewicht bei Unterbeschäftigung ist deshalb möglich, und zwar auch bei flexiblem Reallohn. Wenn wir im weiteren nun fixe Löhne unterstellen, so ist das eine zusätzliche, unabhängige Annahme.

§ 44 Drittes Szenario: Starre Löhne

Im dritten Szenario besprechen wir jetzt jenen Fall, der in der Keynesianischen Literatur am häufigsten erwähnt wird. Die Annahme *starrer Löhne* klingt recht restriktiv; gemeint ist damit nicht eine anhaltende Exogenität, sondern lediglich, daß die Löhne in gewissem Grade vom Druck von Angebot und Nachfrage unabhängig sind und nicht unendlich schnell auf Änderungen der Marktverhältnisse reagieren. Ähnlich könnte von *starren Preisen* ausgegangen werden; indes bedarf dieser Fall keiner eingehenden Behandlung, weil er bereits durch das IS/LM-Modell beschrieben wird. Bei starrem Preisniveau ist das reale Geldangebot und damit die Lage der LM-Kurve gegeben. Im Schnittpunkt der IS- und LM-Kurve liegt das Gleichgewichts-Realeinkommen, wodurch sich abermals die Möglichkeit einer Nachfragelücke eröffnet.

Zur Begründung der Annahme starrer Löhne oder Preise lassen sich etwa die folgenden sechs Argumente anführen:

Administrierung. Eine nicht unbeträchtliche Zahl von Preisen wird durch staatliche Behörden festgesetzt oder kontrolliert. So schätzt etwa der Sachverständigenrat den Anteil der direkt oder teiladministrierten Preise am Warenkorb der privaten Haushalte auf knapp 16%[34]. Dazu zählen Verkehrstarife, Rundfunkgebühren, Versorgungstarife, Mieten im sozialen Wohnungsbau etc. Diese Preise reagieren nicht notwendig auf Nachfrage- und Angebotsüberschüsse.

Fairneß. Viele Preise besitzen neben der ökonomischen auch eine „moralische" Relevanz. Es erscheint den Marktteilnehmern nicht nur wichtig, daß ein Preis richtig alloziiert, sondern er soll auch als fair angesehen werden. Dies wirft vor allem bei Lohnverhandlungen ein Problem auf, da zwischen „optimaler Allokation" und „Fairneß" oft ein Zielkonflikt besteht. Der Ökonom mag dies bedauern, und doch muß er solche Fakten bei der Entwicklung einer positiven Theorie berücksichtigen.

Macht. Dieses Argument hängt eng mit dem vorigen zusammen. In einer tatsächlichen Marktwirtschaft wird der Preisbildungsprozeß nicht von einem wohlwollenden und kostenfrei arbeitenden Auktionator dirigiert, dessen einziges Interesse die Lösung des Allokationsproblems ist. Vielmehr spielen Distributionsinteressen eine erhebliche Rolle, durch die das Element der Verhandlungsmacht in den Preisbildungsprozeß einfließt.

Marktform. Vorherrschende Marktform in den bestehenden Marktwirtschaften ist nicht die vollkommene Konkurrenz, sondern das Oligopol. Aus der Preistheorie ist bekannt[35], daß Oligopolisten nicht notwendig die Markträumung im Neoklassischen Sinne anstreben, wenn sie die Preise setzen.

Unsicherheit. Auch wenn die jeweiligen Preissetzer keine vollkommene Voraussicht besitzen, kann der Druck von Angebot und Nachfrage nicht voll wirken. Ein Unternehmen etwa wird nicht infolge eines Nachfragerückganges sofort seine Preise hektisch ändern; vielmehr wird es abwarten, ob die Absatzschwierigkeiten *vorübergehend* oder *dauerhaft* sind. Diese „konservative Preispolitik" hat schon allein deshalb einiges für sich, weil Preisänderungen normalerweise Kosten verursachen (z.B. Druck neuer Preislisten, erschwerte Kalkulation).

Verträge. Etliche Preise sind vertraglich festgelegt und daher kurzfristig nicht änderbar. Hierfür sind die Löhne ein willkürlich gewähltes Beispiel.

---

34 Vgl. SVR-Gutachten 1982/83, a.a.O., S. 244ff. Die quasi-administrierten und indirekt administrierten Preise machen noch einmal rund 20% des Warenkorbes aus.

35 Vgl. hierzu etwa Ott, A.E. (1978) Preistheorie; Darmstadt: Wissenschaftliche Buchgesellschaft

Diese sechs Beobachtungen sprechen für die Annahme starrer Preise. Im folgenden Modell gehen wir von einem kurzfristig exogenen Nominallohn aus. Diese Prämisse läßt sich ohne Schwierigkeiten in das allgemeine Keynesianische Modell integrieren. Da es den Keynesianern vor allem um die Erklärung von Unterbeschäftigung geht, nehmen wir einen zu hohen Nominallohn $\bar{w}$ an. Damit ergibt sich das Modell K''':

$$\left.\begin{array}{ll} N = N^d\left(\frac{w}{P}\right) < N^s\left(\frac{w}{P}\right) & \text{(K'''.1)} \\ Y = f(N) & \text{(K'''.2)} \\ S(Y) = I(i) & \text{(K'''.3)} \\ L(Y, i) = \frac{M}{P} & \text{(K'''.4)} \\ \frac{w}{P} = \frac{\bar{w}}{P} & \text{(K'''.5)} \end{array}\right\} \rightarrow N_0, \left(\frac{w}{P}\right)_0, Y_0, i_0, P_0 .$$

Das Modell besteht aus fünf Gleichungen und den fünf endogenen Variablen N, (w/P), Y, i und P; der Nominallohn ist annahmegemäß exogen. Eine Schwierigkeit liegt darin, daß es im Unterschied zu den bisherigen Modellen nicht sukzessive gelöst werden kann:

(K'''.1) ist der Arbeitsmarkt. Da der Nominallohn annahmegemäß zu hoch ist, übersteigt das Arbeitsangebot die Nachfrage, und es existiert eine Unterbeschäftigung. Die tatsächliche Beschäftigung wird also durch die Unternehmen bestimmt; das Arbeitsangebot kommt nur teilweise zum Zuge.

(K'''.2) ist die Produktionsfunktion, aus der sich das Realeinkommen Y_0 zur Beschäftigung N_0 ergibt.

(K'''.3) und *(K'''.4)* sind die Gleichungen des IS/LM-Schemas. Zur Produktion Y_0 folgen hieraus der Zins und das Preisniveau.

(K'''.5) nun schließt den Kreis: Der Reallohn hängt vom Preisniveau ab, da der Nominallohn gegeben ist. Damit aber beruht nach (K'''.1) auch die Beschäftigung auf dem Preisniveau, und so wird sichtbar, daß alle Gleichungen interdependent sind und das Gleichungssystem nur *simultan* lösbar ist.

Zur Darstellung dieser simultanen Lösung eignet sich die Graphik:

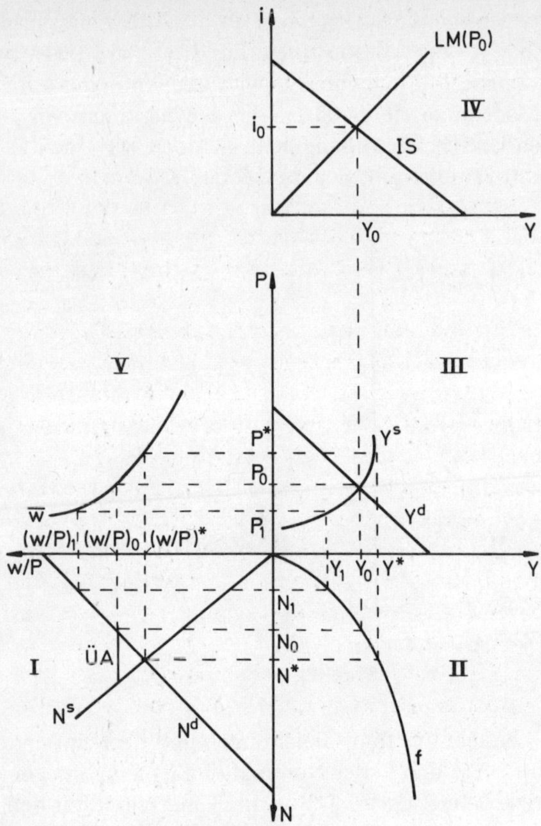

Abbildung 44
Starre Löhne

Besprechen wir den Quadranten III. Die Güternachfragekurve verläuft, wie im allgemeinen Modell K, fallend, da weder eine Investitions- noch eine Liquiditätsfalle vorliegt. Neuartig ist hingegen der steigende Verlauf der Güterangebotskurve, den wir folgendermaßen begründen.

Eine Zunahme des Preisniveaus von P_1 auf P_0 senkt, wie die Hyperbel in Quadrant V deutlich macht, den Reallohn. Denn der Nominallohn ist gegeben, weshalb höheren Preisen ein geringerer Reallohn zugeordnet sein muß. Durch diese Reallohnsenkung nun *steigt* die Arbeitsnachfrage. Damit aber steigt über die Produktionsfunktion ebenfalls das Güterangebot. Also sind höheren Preisen höhere Güterangebote zugeordnet: die Y^s-Kurve weist einen steigenden Verlauf auf. Wenn die $\bar{w}$-Kurve nach *rechts* verschoben, der exogene Nominallohn also verringert wird, dann verschiebt sich die Y^s-Kurve ebenfalls nach *rechts*. Denn zu jedem vorgegebenen Preisniveau ist der Reallohn nun geringer, was ein höheres Güterangebot bedeutet.

Die Lösung des Modells findet sich im Schnittpunkt der Güterangebots- und Güternachfragekurve. Weil dieser Punkt auf der Y^s-Kurve liegt, bedeutet er eine konsistente Kombination von Preisniveau und Produktion. Weil er auf der Y^d-Kurve liegt, bedeutet er ein Gleichgewicht auf dem Geld- und Kapitalmarkt. Damit verkörpert er ein Gleichgewicht auf allen Märkten.

Es ist bemerkenswert, daß in diesem Modell *keine Dichotomie* zwischen dem realen und monetären Sektor besteht: kann doch eine Änderung des Preisniveaus die Realgrößen Beschäftigung und Produktion beeinflussen. Der reale und monetäre Sektor sind aufs engste miteinander verbunden. Dies liegt allein an der Nominallohnstarrheit.

Wir merken an, daß ein zu geringer Nominallohn selbstverständlich ebenfalls denkbar ist und eine Überschußnachfrage auf dem Arbeitsmarkt bewirken würde. Auch dies wäre keine wünschenswerte Situation, weil die Beschäftigung in beiden Fällen unterhalb von N^* liegt. Schließlich bleibt zu sagen, daß sich die Güterangebotskurve ab einem bestimmten Preisniveau *zurückkrümmt*. Ab diesem Punkt ist das Preisniveau so hoch, daß der Reallohn beim gegebenen Nominallohn unterhalb des Wertes $(w/P)^*$ liegt. In diesem Falle begrenzen die Arbeitsanbieter die Beschäftigung, weil ihnen der gebotene Reallohn nun zu gering erscheint.

Fassen wir zusammen:

- Ein starrer Nominallohn bewirkt entweder ein Überschußangebot oder eine Überschußnachfrage auf dem Arbeitsmarkt (außer, er ist zufällig gleich w^*).
- In beiden Fällen bleiben Beschäftigung und Produktion unterhalb der Niveaus N^* und Y^*.
- In diesem Modell besteht keine Dichotomie zwischen dem realen und dem monetären Sektor.

§ 45 Resümee

Lassen wir es zunächst bei diesen Erörterungen bewenden und die Keynesianische Theorie noch einmal Revue passieren. Wenn sich eine spezifische Differenz zwischen der Klassisch-Neoklassischen und der Keynesianischen Theorie ausmachen läßt, so ist es die, daß letztere ihr Augenmerk stärker auf die Unzulänglichkeiten der ökonomischen Wirklichkeit lenkt.

Ausgehend von Phänomenen wie Unsicherheit, Erwartungen und Verhandlungsmacht gelangt sie über die Zwischenglieder zinsunelastischer Investition, absoluter Liquiditätspräferenz sowie starrer Löhne oder Preise zu einer theoretischen Erklärung des Unterbeschäftigungsproblems. Damit stellt der Keynesianismus zugleich den Glauben an die Selbstheilungskräfte des Marktes in Frage, und es kann nicht wundernehmen, daß „Klassische“ und „Keynesianische“ Autoren eine ganz unterschiedliche Attitüde gegenüber staatlichen Eingriffen haben.

Was die Theorie angeht, besteht der *zentrale Unterschied* zwischen Keynesianismus und Neoklassik, wie wir sahen, in folgendem: Im Rahmen der Neoklassischen Theorie gehen Anbieter und Nachfrager stets davon aus, die zum gegebenen Preis angebotenen bzw. nachgefragten Mengen auch *tatsächlich* absetzen bzw. kaufen zu können. Ein Unternehmen etwa, für das der Absatz von X Gütereinheiten gewinnmaximierend ist, kann diese X Gütereinheiten wirklich verkaufen, weil auf dem Gütermarkt ein Gleichgewicht im theoretischen Sinn besteht. Ganz anders liegen die Dinge aus Keynesianischer Sicht: hier können Unternehmen oder auch Arbeitsanbieter ihre Absatzpläne im typischen Fall *nicht* verwirklichen, was sie zu einer Revision ihrer übrigen Wirtschaftspläne zwingt. Dies ist die Bedeutung des Prinzips der „effektiven Nachfrage“. Im Kapitel über die „Neokeynesianische Theorie“ werden wir diese Sachverhalte noch genauer herausarbeiten.

Über diese Abweichungen darf man indes nicht den beträchtlichen gemeinsamen Nenner vergessen, den die Keynesianische Theorie mit der Klassisch-Neoklassischen hat. Immerhin zeigte sie allein die Möglichkeit von Krisen auf, nicht aber deren Notwendigkeit. Zudem, und wichtiger, sind diese Krisen nicht Inbegriff langfristiger Zusammenbruchstendenzen, sondern vorübergehender, konjunktureller Art und, wie zu zeigen sein wird, durch Eingriffe des Staates heilbar. Damit unterscheidet sich die Keynesianische Position fundamental von den Frontalangriffen gegen die marktwirtschaftliche Ordnung, wie sie etwa von seiten der Marxistischen Theorie kommen.

Von den an der Keynesianischen Theorie geübten Kritiken wollen wir vorerst nur zwei vermerken. Die erste wird von der Neoklassik nahestehenden Autoren geübt und reicht von der völligen Ablehnung *makroökonomischer* Theorien bis hin zu dem ernstzunehmenden Einwand, der Investitionsfalle etc. lägen doch wohl etwas enge Voraussetzungen zugrunde[36].

---

36 Vgl. zur anfänglichen Diskussion im deutschsprachigen Raum SCHNEIDER, E. (1953) Der Streit um Keynes – Dichtung und Wahrheit in der neueren deutschen Keynes-Diskussion; Jahrbücher für Nationalökonomie und Statistik **165,** S. 89–122.

Die zweite Kritikströmung kommt von den Postkeynesianern. Sie bemängeln, die Keynesianische Theorie sei zu sehr der Neoklassischen Denkweise verhaftet geblieben und reduziere die Keynessche Theorie auf ein paar belanglose Spezialfälle. Weiterhin wird argumentiert, der solchermaßen auf die kurze Frist beschnittene Pseudo-Keynesianismus sei schon aus diesem Grunde wenig relevant.

Aber wie immer dem auch sei, sicher ist jedenfalls, daß die Keynesianische Theorie die Vorherrschaft der Klassisch-Neoklassischen Lehre gebrochen und sich selbst als eine zweite Orthodoxie behauptet hat.

Im nächsten Kapitel wird der Leser sehen, daß die beiden Orthodoxien zu ausgesprochen unterschiedlichen Ergebnissen kommen, was die Notwendigkeit und Möglichkeit staatlicher Eingriffe anbelangt. Damit ist der „Streit um Keynes" auch und gerade für die praktisch-politische Wirklichkeit eminent wichtig.

Literaturangaben

Eine überblicksartige Einführung in die Keynesianische Theorie und ihre Weiterentwicklungen gibt:

LANDMANN, O. (1976) Keynes in der heutigen Wirtschaftstheorie; in: BOMBACH, G. et al. (Hrsg.) Der Keynesianismus I; Berlin usw.: Springer

Eine sehr weitverbreitete Keynesianische Interpretation der „General Theory" ist:

KLEIN, L. (1966[2]) The Keynesian Revolution; New York: Macmillan

Darüber hinaus weisen wir auf zwei Sammelbände hin, die eine Vielzahl der damaligen Artikel zum Keynesianismus enthalten:

MUELLER, M.G. (1967) Hrsg.: Readings in Macroeconomics; New York usw.: Holt, Rinehart and Winston

LINDAUER, J. (1968) Hrsg.: Macroeconomic Readings; New York usw.: The Free Press

Kapitel VI. Wirtschaftspolitische Implikationen der Theorien im Vergleich

Politiker, so sagt man, benutzen die Ökonomen, wie Betrunkene Laternen: sie suchen nicht Licht, sondern Halt.

Endzweck aller ökonomischen Überlegungen ist die Darlegung praktischer und im besonderen wirtschaftspolitischer Folgerungen der Theorie. Innerhalb einer *positiven* Vorgehensweise werden dabei nicht schlechthin „Empfehlungen" ausgesprochen, sondern es wird gezeigt, welche Maßnahmen zur Realisierung *vorgegebener* Ziele getroffen werden können. Die Zielformulierung selbst ist dabei Sache der praktischen Wirtschaftspolitik und der Gesellschaft insgesamt.

Indes stellt sich die Frage, ob eine positive Theorie der Wirtschaftspolitik in diesem Sinne *existiert.* Erfahrungsgemäß nämlich erhält der kalte Stahl der Analyse bei Betreten des wirtschaftspolitischen Gefechtsfeldes eine ihm nicht eigene Temperatur. Das „erkenntnisleitende Interesse" spielt in der Volkswirtschaftslehre eine nicht unbeträchtliche Rolle und verweist die positive Theorie auf den Platz eines Idealtypus.

Was die Ausführungen dieses Kapitels angeht, ist ein zweites zu bedenken. Die hier erörterten Modelle bilden für eine unmittelbare wirtschaftspolitische Anwendung einfach nicht die adäquate Basis. Ein Theoretiker, der allein aufgrund dieser theoretischen Konzeptionen Urteile fällt und die so wichtigen praktischen Feinheiten nicht beachtet, wäre mit Sicherheit ein schlechter Berater. Die Funktion der abstrakten Theorie liegt vielmehr darin – und das möge der Leser unbedingt beachten – ein Denkschema oder „Hinterkopfmodell" für das Herangehen an praktische Fragen bereitzustellen. Die Abgabe eines praktischen Rates ist also *sowohl* an die jeweiligen situationsbezogenen Gegebenheiten geknüpft *als auch* an die theoretische „Hinterkopfkonzeption".

Während „nur praktisches" Denken zu einer gewissen Engstirnigkeit verleitet, führt die „nur theoretische" Betrachtung zu im allgemeinen falschen Ratschlägen, weil sie die Eigenarten der jeweiligen Situation ignoriert.

Es versteht sich von selbst, daß wir hier nur die zweite, die theoretische Komponente entwickeln, die zur Abgabe eines wirtschaftspolitischen Rates notwendig ist; und jene fußt zudem auf ausgesprochen abstrakten, simplen Modellen.

Aber ein Letztes. Es wäre eine völlige Fehleinschätzung, wenn man meinte, daß solch simple Modelle wohl niemals eine wirtschaftspolitische Relevanz bekommen könnten. Genau das Gegenteil ist der Fall: bisher waren es immer die einfachsten Modelle, die – von einem relativ großen Personenkreis verstanden – zu praktischer Bedeutung gelangten. So hat wohl kein Modell dieses Jahrhunderts die Wirtschaftspolitik stärker geformt als das Einkommen-Ausgaben-Modell des Paragraphen 35.

In diesem Sinne möge der Leser über den Wert oder Unwert der folgenden Ausführungen urteilen.

§ 46 Die Rolle des Staates. Ziele und Mittel der Wirtschaftspolitik

Welche ökonomischen Funktionen kommen dem Staat in einer gegebenen Wirtschaftsordnung zu? Die Beantwortung dieser Frage hängt offenbar von der Art der Wirtschaftsordnung ab; sie ist nur für eine *Mischwirtschaft* von Belang. Innerhalb einer reinen Marktwirtschaft oder reinen Zentralverwaltungswirtschaft sind die Kompetenzen dagegen eindeutig verteilt. Die Wirtschaftsordnung der Bundesrepublik Deutschland aber ist die einer Mischwirtschaft, in der die grundsätzliche Priorität des Marktes durch staatliche Maßnahmen ergänzt wird.

Beginnen wir die Beantwortung der oben aufgeworfenen Frage, indem wir zunächst nach den möglichen *Zielen* staatlicher Wirtschaftspolitik fragen. Mit MUSGRAVE[1] lassen sich drei Zielgruppen unterscheiden, nämlich

- Allokationsziele,
- Distributionsziele und
- Stabilisierungsziele.

In die ökonomische *Allokation*, das ist die Verteilung knapper Ressourcen auf alternative Verwendungszwecke, kann der Staat eingreifen, wenn er diese für nicht wünschenswert hält. Das ist einesteils bei *meritorischen Gütern* der Fall (Beispiel: Subventionierung von Schulmilch) oder bei marktlichen Fehlallokationen aufgrund *externer Effekte*. Externe Effekte etwa liegen vor, wenn ein Unternehmen die Umwelt durch Abgase belastet und damit gesellschaftliche Kosten verursacht, ohne diese Kosten selbst zu tragen. Hier kann der Staat durch geeignete Maßnahmen eine Internalisierung der Kosten herbeiführen.

---

1 MUSGRAVE, R. (*1974) Finanztheorie; Tübingen: Mohr.

Die *Distribution*, also die Verteilung von Einkommen auf Personen, Personengruppen oder Produktionsfaktoren, kann prinzipiell vom Staat beeinflußt werden, wenn die marktliche Distribution nicht mit der politisch gewünschten übereinstimmt. Als Maßnahmen kommen hier etwa ein progressiver Einkommensteuertarif oder Transferzahlungen in Frage.

Das Ziel der *Stabilisierung* schließlich wurde in der Bundesrepublik Deutschland im Jahre 1967 mit dem Stabilitäts- und Wachstumsgesetz[2] durch folgende Teilziele definiert:

- Stabilität des Preisniveaus,
- hoher Beschäftigungsstand und
- außenwirtschaftliches Gleichgewicht bei
- stetigem und angemessenem Wirtschaftswachstum.

Nach § 1 des Stabilitäts- und Wachstumsgesetzes sollen der Bund und die Länder bei ihren wirtschafts- und finanzpolitischen Maßnahmen das Ziel der Stabilität, dort „gesamtwirtschaftliches Gleichgewicht" genannt, beachten. Welche *Mittel* sie bei der Zielverfolgung einsetzen, bleibt indes größtenteils ihnen selbst überlassen. Man nennt diesen Typus *diskretionäre* Politik; bei der diskretionären Politik trifft der Gesetzgeber also bestimmte Zielvorgaben, überläßt der Exekutive jedoch die Entscheidung darüber, auf welchem Wege die Ziele zu erreichen sind. Anders ist es mit der *regelgebundenen* Politik. Hier definiert der Gesetzgeber gleichzeitig den Mitteleinsatz, so daß die Tätigkeit der Exekutive in die Nähe reiner Verwaltung rückt. Es besteht eine generelle Kontroverse, welchem der beiden Politiktypen der Vorzug zu geben sei; darauf gehen wir noch ein.

Allokation und Distribution sind ihrer Natur nach mikroökonomische Probleme; deshalb werden wir uns hier allein mit dem Stabilisierungsziel befassen. Aus dem obigen Zielkatalog klammern wir das „außenwirtschaftliche Gleichgewicht" sowie das „stetige und angemessene Wirtschaftswachstum" aus, die Gegenstand der Außenwirtschaftstheorie bzw. Wachstumstheorie sind. Die verbleibenden Ziele, also „Preisniveaustabilität" und „hoher Beschäftigungsstand", sind jedoch für sich genommen wichtig genug, um eine ausführliche Befassung mit ihnen lohnend erscheinen zu lassen.

Um diese beiden Ziele für unsere Zwecke zu operationalisicren, verstehen wir im weiteren unter *Preisniveaustabilität* eine Inflationsrate von Null und unter *hohem Beschäftigungsstand* die Abwesenheit von Unterbeschäftigung in unserem theoretischen Sinne. Der „hohe Beschäftigungsstand" findet sich also im Schnittpunkt der Arbeitsangebots- und Arbeitsnachfragekurve.

---

2 Gesetz zur Förderung der Stabilität und des Wachstums der Wirtschaft vom 8. 6. 1967; Bundesgesetzblatt 1967/I, S. 582ff.

Wir fragen jetzt nach den *Mitteln* oder *Instrumenten*, die der Staat zur Verfolgung der obengenannten Ziele einsetzen kann. Hier sind drei Instrumentengruppen zu nennen, nämlich

– die Geldpolitik,
– die Finanzpolitik sowie
– die Politik der direkten Eingriffe.

Die *Geldpolitik* ist, grob gesprochen, Geldmengenpolitik oder Zinspolitik. Vermöge der Geldmengenpolitik versucht die zuständige Stelle eine direkte Steuerung der (geeignet definierten) Geldmenge. Mit der Zinspolitik beabsichtigt sie eine Beeinflussung des Zinsniveaus, was seinerseits indirekte Wirkungen auf die Geldmenge hat. Institutionell getragen wird die Geldpolitik von einer Noten- oder Zentralbank, in der Bundesrepublik Deutschland von der Deutschen Bundesbank und den Landeszentralbanken. Jene operieren relativ unabhängig von der Regierung, sind jedoch ebenfalls den Stabilitätszielen verpflichtet.

Die *Finanzpolitik* umfaßt alle Maßnahmen, welche die Budgets oder Haushaltspläne der Gebietskörperschaften betreffen. Durch Handhabung der Budgets, also durch Festlegung von *Höhe* und *Art* der Einnahmen und Ausgaben, lassen sich sowohl Allokations- und Distributions- als auch Stabilisierungsziele verfolgen. Jenen Teil der Finanzpolitik, der unmittelbar dem Stabilisierungsziel zugewandt ist, bezeichnen wir in Anlehnung an das anglo-amerikanische „fiscal policy“ als *Fiskalpolitik*. Aus den oben dargelegten Gründen werden wir uns allein mit der Fiskalpolitik befassen.

Mit der *Politik der direkten Eingriffe* schließlich hält der Staat die Privaten durch Ge- oder Verbote zu einem Tun oder Unterlassen an. Die Politik der direkten Eingriffe wirkt von den drei genannten Instrumentengruppen am unmittelbarsten. Obwohl für die Wirtschaftspolitik wichtig, werden wir sie hier nur am Rande behandeln.

Im weiteren ist darüber hinaus von der *Lohn- und Preispolitik* die Rede, die man zur Politik der direkten Eingriffe zählen kann. Diese, in einem weiteren Sinn verstandene, Politik obliegt in der Bundesrepublik Deutschland grundsätzlich *nicht* dem Staat: Die Geldlöhne werden von den Tarifparteien ausgehandelt, während die Mehrzahl der Preise auf den Märkten bestimmt werden. Indes läßt sich auch dann von einer „Lohnpolitik“ sprechen, wenn diese von Privaten durchgeführt wird; und jene ist wirtschaftspolitisch zu wichtig, als daß wir sie übergehen könnten.

Im Hinblick auf die eingangs gestellte Frage lassen sich idealtypisch zwei Positionen unterscheiden, welche Aufgaben der Staat zur Sicherung der Stabilität übernehmen soll; dies sind der Wirtschaftsliberalismus und der Interventionismus.

Haltung des Wirtschaftsliberalismus
- Es besteht keine Notwendigkeit, eine Marktwirtschaft zu stabilisieren, da diese in sich selbst stabil ist.
- Darüber hinaus *kann* der Staat keine wirksame Stabilisierungspolitik betreiben.
- Versucht er dies gleichwohl, so ergeben sich falsche, falsch dosierte oder zeitlich verzögerte Wirkungen, die *de*stabilisierend wirken.

Haltung des Interventionismus
- Eine Marktwirtschaft *muß* stabilisiert werden, da sie nicht immer in sich selbst stabil ist.
- Allein der Staat *kann* eine wirksame Stabilisierungspolitik durchführen.
- Er *erreicht* dies durch geeigneten Einsatz der geld- und fiskalpolitischen Instrumente sowie durch direkte Eingriffe.

Offenbar sind die Vertreter dieser Positionen bezüglich der *Notwendigkeit*, der *theoretischen Möglichkeit* und der *praktischen Durchführbarkeit* staatlicher Eingriffe zum Zwecke der Stabilisierung uneins. Ihre so gegensätzlichen Auffassungen gründen sich teils auf eine unterschiedliche ideologische Grundhaltung, teils auf differierende theoretische Positionen.

Uns interessieren hier vor allem die theoretischen Ansätze, und so wird in den folgenden Paragraphen gezeigt, daß die Klassisch-Neoklassische *Theorie* tendenziell zur *Haltung* des Wirtschaftsliberalismus, die Keynesianische *Theorie* tendenziell zur *Haltung* des Interventionismus führt.

Damit ist zugleich die Stellung dieses Kapitels erklärt. Nach der Skizzierung der Klassisch-Neoklassischen Theorie einerseits und der Keynesianischen Theorie andererseits werden diese beiden nun miteinander verglichen. Die im Anschluß an dieses Kapitel erörterten Theorien führen zwar zu neuen theoretischen Einsichten, aber in bezug auf ihre praktischen Handlungsanweisungen handelt es sich stets um eine „Neuauflage" der Kontroverse zwischen Klassik-Neoklassik und Keynesianismus. Einige der später vorgebrachten Theorien werden die erstere, einige die letztere Position stützen. Insofern ist ein weiteres Kapitel zu den „wirtschaftspolitischen Implikationen" nicht notwendig.

Diskutieren wir nun der Reihe nach die Wirkungen der Fiskal-, Geld- und Lohnpolitik anhand des Klassisch-Neoklassischen sowie des Keynesianischen Modells.

§ 47 Charakterisierung der Fiskalpolitik

Unter *Fiskalpolitik* verstehen wir, wie schon bemerkt, jenen Teil der Finanzpolitik, der dem Stabilisierungsziel zugewandt ist. Im Zentrum der Fiskalpolitik steht das staatliche Budget bzw. der Haushaltsplan: eine bilanzähnliche Gegenüberstellung der Einnahmen und Ausgaben einer Periode[3]. In der makroökonomischen Betrachtung hat das Budget, ungeachtet seiner zahlreichen Einzeltitel, folgende Gestalt:

Ausgaben	Einnahmen
Staatsnachfrage (G)	Steuereinnahmen (T) Kreditnahme (D)
Budgetvolumen	Budgetvolumen

Abbildung 45
Das Budget

Staatsnachfrage (G): Darunter verstehen wir die Summe der realen staatlichen Ausgaben für den Kauf von Endprodukten (government expenditure). Wir vernachlässigen den Kauf von Faktorleistungen (insbesondere Arbeit), so daß der Staat nicht selbst produziert. Daraus folgt, daß die Staatskäufe nicht den volkswirtschaftlichen Realkapitalbestand verändern.

Steuern (T): Der Staat erhebt eine einzige *Fix-Steuer*, im anglo-amerikanischen „lump-sum-*t*ax" genannt. Durch die Fix-Steuer werden die Haushalte, und nur diese, zur Zahlung eines jeweils vorgegebenen Betrages verpflichtet, der *unabhängig* von ihrer ökonomischen Aktivität ist. Wir können damit annehmen, daß die Steuer keine Substitutionseffekte auslöst, sondern allein das verfügbare Einkommen der Haushalte schmälert. Die Verhaltensfunktionen bleiben also unberührt, wenn auch die Funktionswerte sich ändern. Analog zu den Staatsausgaben wird auch das Steueraufkommen als Realgröße aufgefaßt und in Gütereinheiten gemessen.

Kreditnahme (D): Ein Budgetdefizit ergibt sich, wenn die Staatsausgaben die Steuereinnahmen übersteigen:

$$D := G - T. \tag{151}$$

Dieses reale Budgetdefizit muß durch Kreditnahme finanziert werden, also durch Ausgabe von Wertpapieren. Eine Finanzierung durch Geldschöpfung schließen wir aus, weil es sich hierbei nicht um eine reine Fiskalpolitik handelt, sondern um eine gemischte Geld- und Fiskalpolitik[4].

---

3 Der Unterschied zur Bilanz besteht freilich darin, daß es sich bei den Posten um Strom- anstatt Bestandsgrößen handelt. In bezug auf föderalistische Staaten läßt sich das obige Schema als konsolidierter Haushaltsplan interpretieren.

4 Darüber hinaus ist die Finanzierung eines Budgetdefizites durch Geldschöpfung in der Bundesrepublik Deutschland nur sehr eingeschränkt und nicht gegen den Willen der Zentralbank möglich.

Durch Wahl von G und T ist gleichzeitig die dritte Größe, die Nettoneuverschuldung D, festgelegt. Bei der Kreditnahme tritt der Staat an den Kapitalmarkt, verhält sich dort als Marktteilnehmer (keine Zwangsanleihen) und begibt Wertpapiere mit unendlicher Laufzeit (*Konsols*). Die Wertpapiere mögen von den Privaten als *perfekte Substitute* zu jenen Wertpapieren angesehen werden, die von den Unternehmen ausgegeben werden; vermöge dieser Annahme können wir weiterhin mit einem einheitlichen Zinssatz arbeiten.

Durch die Einführung des Staates in den Wirtschaftsprozeß ergeben sich, was die bisherigen Modelle anbetrifft, drei Änderungen:

1) Die *Budgetrestriktion* der Haushalte muß modifiziert werden, da diese jetzt Steuerzahlungen zu leisten haben:

$$Y - T = C + S. \tag{152}$$

Durch Vergleich mit (37) ist ersichtlich, daß das reale Einkommen der Haushalte durch das reale *verfügbare* Einkommen ersetzt wurde; das verfügbare Einkommen ist der Term Y − T.

2) Am *Gütermarkt* treten die realen Staatskäufe neben die Konsum- und Investitionsnachfrage:

$$Y^d = C + I + G. \tag{153}$$

3) Am *Kapitalmarkt* schließlich tritt das Budgetdefizit des Staates neben die Kapitalnachfrage der Unternehmen:

$$S = I + (G - T). \tag{154}$$

Diese drei Änderungen werden wir künftig berücksichtigen müssen, wenn wir die Wirkungsweise staatlicher Einnahmen und Ausgaben analysieren.

§ 48 Fiskalpolitik im Klassisch-Neoklassischen Modell

Gehen wir zunächst an die Analyse fiskalpolitischer Wirkungen im Klassisch-Neoklassischen Modell. Zuerst ist festzuhalten, daß die Fiskalpolitik hier nicht *erforderlich* ist, weil die Volkswirtschaft von selbst ein Vollbeschäftigungsgleichgewicht erreicht.

Was aber, wenn der Staat gleichwohl fiskalpolitische Maßnahmen ergreift? Wir nehmen hier zunächst an, daß diese nicht das Arbeitsangebot der Haushalte verändern; jenes sei nach wie vor allein vom Reallohn abhängig. Damit aber bleibt der Arbeitsmarkt von der Fiskalpolitik unberührt und die Produktion auf ihrem ursprünglichen Vollbeschäftigungsniveau. Betrachten wir nun die spezifischen Wirkungen zusätzlicher Staatsausgaben. Von *spezifischen* Wirkungen spricht man, wenn diese Maßnahme vorerst ceteris paribus analysiert wird, also unabhängig von der Einnahmenseite.

Sofern der Staat vorher keine Käufe tätigte, erhöht sich die Gesamtnachfrage am Gütermarkt nun um die Staatsnachfrage G:

$$Y^d = C + I + G. \tag{155}$$

Im Gleichgewicht muß die Güternachfrage mit dem Angebot übereinstimmen, welches aber konstant gleich dem Vollbeschäftigungseinkommen ist:

$$Y^d \stackrel{!}{=} Y^s = \text{const.} \tag{156}$$

Daraus ersehen wir bereits: Jede Zunahme der Staatsnachfrage muß die private Nachfrage im gleichen Umfang verdrängen, damit die Gesamtnachfrage weiterhin dem konstanten Güterangebot entspricht. Man nennt dies ein totales *Crowding-Out*[5]. Das Crowding-Out ist *total*, weil jede Einheit zusätzlicher Staatsausgaben die private Nachfrage um genau eine Einheit verdrängt.

Aber auf welche Weise wird die Verdrängung bewirkt? Hierzu müssen wir die Einnahmen des Staates betrachten, die zur Finanzierung der Ausgaben erforderlich sind. Der Staat hat bezüglich der Finanzierungsart zwei Möglichkeiten:

1) Kreditfinanzierung: Gehen wir zunächst davon aus, daß der Staat keine Steuern erhebt, sondern die Ausgaben voll über Kreditnahme finanziert:

$$G = D \quad \text{und} \quad T = 0. \tag{157}$$

Das reale Budgetdefizit D entspricht genau dem Volumen der Staatsnachfrage. Damit entfaltet der Staat am Kapitalmarkt eine Nachfrage in Höhe von D = G:

$$S(i) = I(i) + G. \tag{158}$$

In der nachstehenden Graphik werden die Wirkungen dieser Maßnahme sichtbar:

5 Von engl. „to crowd out“ – „verdrängen“.

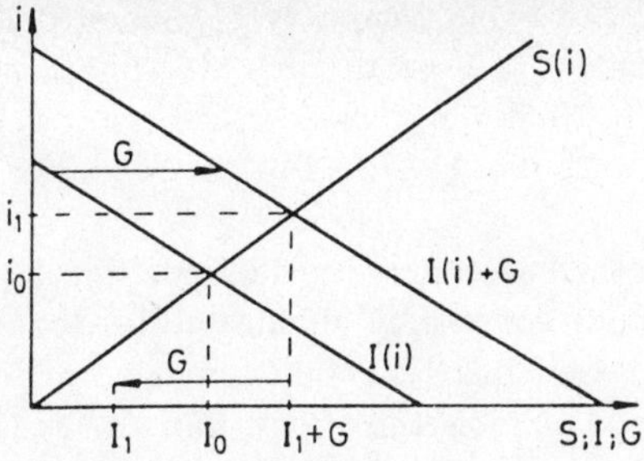

Abbildung 46

Durch die Kapitalnachfrage des Staates verschiebt sich die Nachfragekurve nach oben. Der Staat ist *zinsunempfindlich* (zinsrobust), da er annahmegemäß nicht nach einem ökonomischen Maximierungskalkül handelt, sondern die Kreditnahme autonom festsetzt. Der Zins steigt nun von i_0 auf i_1, und damit geht die private Kapitalnachfrage von I_0 auf I_1 zurück, während die gesamte Kapitalnachfrage freilich auf $(I_1 + G)$ steigt. Gleichzeitig aber nimmt die Ersparnis zu, so daß der Rückgang der Investitionsnachfrage geringer ausfällt als der Anstieg der Staatsausgaben. Demnach ist die Verdrängung auf dem Kapitalmarkt partiell. Wir müssen jedoch weiter bedenken, daß jede Zunahme der Ersparnis einen Rückgang des Konsums in gleicher Höhe bedeutet, da die Haushalte ihre Budgetbeschränkung einhalten müssen. Die *Summe* des Rückgangs von Investitions- und Konsumnachfrage ist gleich den Staatsausgaben, und damit ist klar, daß die Verdrängung hier total ist.

Wie sich das Crowding-Out indes auf die Investitions- und Konsumnachfrage verteilt, hängt von der Zinselastizität der Ersparnis ab. Bei vollkommen zinsunelastischer Ersparnis (senkrechte Kapitalangebotskurve) geht die Staatsnachfrage voll zu Lasten der Investition. Je zinselastischer die Ersparnis, desto geringer die Verdrängung der Investition und desto größer der Konsumrückgang. Unter der Annahme, daß die Ersparnis relativ zinsunelastisch ist, wird also vor allem die Investitionsnachfrage verdrängt. Dies wurde von den Klassikern und Neoklassikern als bedenklich angesehen, weil „produktive“ Investitionsausgaben durch „konsumtive“ Staatsausgaben substituiert werden.

2) Steuerfinanzierung: Betrachten wir nun den Fall, daß die Staatsausgaben ausschließlich über Steuern finanziert werden. Hierbei gilt:

$$G = T \quad \text{und} \quad D = 0. \tag{159}$$

Entsprechend den Steuerzahlungen vermindert sich das verfügbare Einkommen der Haushalte:

$$Y - T = C + S. \tag{160}$$

Anhand dieser Formel erkennen wir, daß jede Einheit zusätzlicher Steuern (= Staatsausgaben) vollständig zu Lasten des Konsums und der Ersparnis gehen muß, weil das Realeinkommen vorher wie nachher dem Vollbeschäftigungseinkommen entspricht. Ein totales Crowding-Out findet auch hier statt; wie es sich aber auf Konsum und Ersparnis verteilt, hängt von den Präferenzen der Haushalte ab.

Wir können hierzu nur bemerken: Ein Rückgang der Ersparnis impliziert einen Rückgang der Investition in genau gleicher Höhe, weil sich das Angebot am Kapitalmarkt entsprechend vermindert. Auch bei dieser Finanzierungsart gehen also im allgemeinen sowohl die Konsum- als auch die Investitionsnachfrage zurück. Zwar ist hier eine vergleichsweise stärkere Wirkung auf den Konsum zu vermuten, aber im Prinzip sind die beiden Finanzierungsarten *äquivalent*.

Fassen wir zusammen. Im Klassisch-Neoklassischen Modell bewirkt jedwede Zunahme der Staatsausgaben, sei sie durch Kreditnahme, sei sie durch Steuern finanziert, eine Verdrängung der privaten Nachfrage in exakt gleicher Höhe: ein totales Crowding-Out. Dies folgt zwangsläufig aus der Annahme, daß das Arbeitsangebot allein vom Reallohn abhängt und die volkswirtschaftliche Produktion somit unverändert bleibt.

Es *ändern* sich lediglich die Verteilung der Produktion zwischen Staat und Privaten, der Zins, die Ersparnis sowie die Investitions- und Konsumnachfrage. Ob eine derartige Änderung der Allokation wünschenswert ist, ist eine allgemeinpolitische Frage; stabilisierungspolitisch ist dieser Vorgang neutral.

§ 49 Fiskalpolitik im allgemeinen Keynesianischen Modell

Als wir in § 40 das allgemeine Keynesianische Modell erörterten, wurde bereits deutlich, daß dessen Ergebnisse nicht wesentlich von denen des Klassisch-Neoklassischen Modells abweichen, wenn auch die Begründungen im einzelnen unterschiedlich sind. Somit ist es kaum erstaunlich, daß auch die Konsequenzen wirtschaftspolitischer Maßnahmen sich ähneln. Zur Vorbereitung auf die folgenden Paragraphen wollen wir uns gleichwohl eingehend damit befassen.

Wir betrachten für die Fiskalpolitik wiederum die beiden Fälle, daß der Staat seine Ausgaben entweder über Kredite oder über Steuern finanziert.

I. Kreditfinanzierung

In diesem ersten Fall möge der Staat alle Ausgaben über Kredite finanzieren, so daß

$$G = D \quad \text{und} \quad T = 0. \tag{161}$$

Wir müssen jetzt die Gleichung der IS-Kurve (143) modifizieren, da am Kapitalmarkt der Staat als zusätzlicher Nachfrager auftritt:

$$\text{IS:} \quad S(Y) = I(i) + G. \tag{162}$$

Graphisch verschiebt sich die IS-Kurve hierbei nach *rechts:*

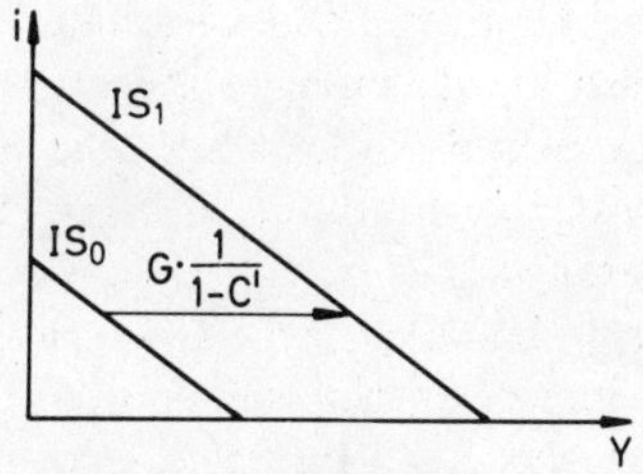

Abbildung 47

Dies ist leicht einsehbar. Wegen der um G = D gestiegenen Kapitalnachfrage muß zu jedem Zins das Realeinkommen und damit die Ersparnis höher sein, um ein Gleichgewicht am Kapitalmarkt zu gewährleisten. Oder anders: Bei jedem Realeinkommen muß der Zins höher liegen, damit die Investitionsnachfrage um G zurückgeht. Zur Analyse des *Ausmaßes* der Verschiebung leiten wir (162) unter Anwendung der Kettenregel nach G ab, wobei die Bedingung $Y = Y^d$ verwandt sei:

$$\frac{dS}{dY}\frac{dY^d}{dG}\bigg|_{dT=0} = 1 \tag{163}$$

$$\Rightarrow \frac{dY^d}{dG}\bigg|_{dT=0} = \frac{1}{\frac{dS}{dY}} = \frac{1}{1-C'} \quad \left(\text{da } \frac{dC}{dY} + \frac{dS}{dY} = 1\right). \tag{164}$$

Der Index „dT = 0" deutet hierbei an, daß die Staatsausgaben ausschließlich durch Kreditnahme finanziert werden. Offenbar verschiebt sich die IS-Kurve um den Betrag der Staatsausgaben, multipliziert mit dem elementaren Multiplikator m = 1/(1 − C′), den wir in § 36 herleiteten. Ein Anstieg der Staatsausgaben wirkt hier also genauso wie eine Zunahme der Investitionsnachfrage. Aber (164) gibt vorerst nur einen *Partialeffekt* an, da wir den Zins konstant setzten.

Zur Feststellung der Gesamtwirkungen müssen wir bedenken, daß im allgemeinen Keynesianischen Modell Vollbeschäftigung besteht und das Güterangebot allein durch den Arbeitsmarkt und die Produktionsfunktion bestimmt wird. Somit ist zu erwarten, daß die kreditfinanzierte Güternachfrage des Staates zu einem totalen Crowding-Out führt. Diese Vermutung bewahrheitet sich:

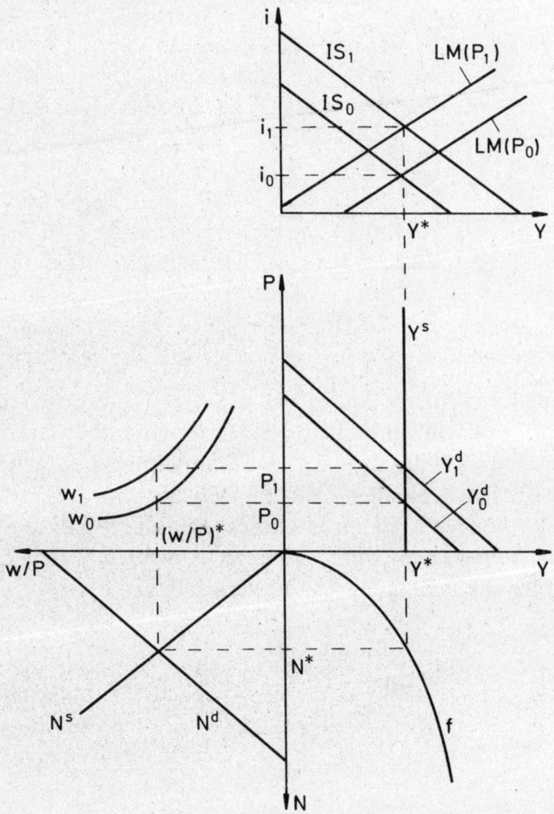

Abbildung 48

Der Graphik zufolge verschiebt sich die IS-Kurve in der oben beschriebenen Weise, da der Staat als Nachfrager an den Kapitalmarkt tritt. Außerdem verschiebt sich die Güternachfragekurve Y^d, abhängig von der Steigung der LM-Kurve, etwas *weniger* weit nach rechts. Überlegen Sie: Bei waagerechter LM-Kurve würde sich die Y^d-Kurve um den gleichen Betrag verschieben, bei senkrechter LM-Kurve bliebe ihre Lage unverändert. Hieraus folgt nun zweierlei.

Erstens steigt der *Zins*, weil bei höheren Realeinkommen der Bedarf an Transaktionskasse zunimmt (Bewegung auf der $LM(P_0)$-Kurve). Bei gegebener Geldmenge versuchen die Wirtschaftssubjekte, sich durch Wertpapierverkäufe Geld zu verschaffen, weshalb die Wertpapierkurse fallen bzw. der Zins steigt. Aufgrund des Zinsanstiegs geht die Investitionsnachfrage zurück, und das ist der Grund, warum sich die Y^d-Kurve weniger stark als die IS-Kurve nach rechts verschiebt.

Zweitens steigt das *Preisniveau*, weil die erhöhte Güternachfrage auf ein unverändertes Güterangebot trifft:

$$Y^s = C(Y) + I(i) + G. \tag{165}$$

Durch die Überschußnachfrage auf dem Gütermarkt wird der Preisanstieg ausgelöst. Damit wiederum vermindert sich die reale Geldmenge, was eine *Linksverschiebung* der LM-Kurve bedeutet. Eine Linksverschiebung, weil die geringere reale Geldmenge nur bei geringerem Realeinkommen oder höherem Zins mit der Geldnachfrage übereinstimmt. Im Zuge dieser Wanderung der LM-Kurve nach links steigt der Zins noch weiter, was einen abermaligen Rückgang der Investitionsnachfrage zur Folge hat. Und dieser Prozeß währt so lange, bis auf dem Gütermarkt die Gleichgewichtsbedingung (165) erfüllt ist; erst dann kommt der Preisanstieg zum Stillstand.

Die Konsumnachfrage bleibt hierbei *unverändert*, weil das Realeinkommen vorher wie nachher dem Vollbeschäftigungseinkommen Y* entspricht. Damit folgt aus (165) sofort, daß die Staatsnachfrage voll zu Lasten der Investition geht.

Jede Einheit kreditfinanzierter Staatsausgaben verdrängt eine Einheit der privaten Investitionsnachfrage. Es kommt zu einem *totalen Crowding-Out*.

II. Steuerfinanzierung

Setzen wir nun voraus, daß der Staat all seine Ausgaben über Steuern finanziert:

$$G = T \quad \text{und} \quad D = 0. \tag{166}$$

In diesem Fall hängen der Konsum und die Ersparnis nicht mehr vom Realeinkommen ab, sondern vom *verfügbaren Einkommen:*

$$C = C(Y - T) \tag{167}$$

$$S = S(Y - T). \tag{168}$$

Das disponible Einkommen der Haushalte verringert sich um den realen Steuerbetrag T. Am Kapitalmarkt nun ist die Nachfrage unverändert, da die Unternehmen nicht von der Steuererhöhung betroffen sind. Das Kapital*angebot* aber vermindert sich, weil die Haushalte laut (168) weniger sparen. Somit muß auch hier die Gleichung der IS-Kurve modifiziert werden:

$$S(Y - T) = I(i). \tag{169}$$

Graphisch gesehen verschiebt sich die IS-Kurve auch in diesem Falle nach rechts, weil jedem Zins (jeder Investitionsnachfrage) ein höheres Realeinkommen zugeordnet ist, derart daß Y − T dem ursprünglichen, unversteuerten Realeinkommen entspricht:

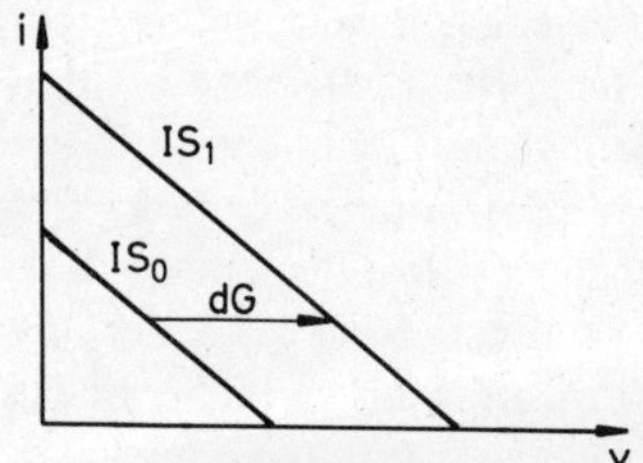

Abbildung 49

Auch hier können wir das *Ausmaß* der Verschiebung durch Differentiation abschätzen. Dazu leiten wir (169) nach G ab, wobei dG = dT und $Y = Y^d$ berücksichtigt sei:

$$\frac{dS}{d(Y-T)} \cdot \frac{d(Y-T)}{dG} = 0 \quad \text{mit} \quad \frac{dS}{d(Y-T)} = \frac{dS}{dY} = \text{const.} \tag{170}$$

$$\Leftrightarrow \frac{dS}{dY} \cdot \left[\left. \frac{dY^d}{dG} \right|_{dG=dT} - \frac{dT}{dG} \right] = 0 \tag{171}$$

$$\Leftrightarrow \frac{dS}{dY} \left[\left. \frac{dY^d}{dG} \right|_{dG=dT} - 1 \right] = 0 \tag{172}$$

$$\Leftrightarrow \left. \frac{dY^d}{dG} \right|_{dG=dT} = 1\,. \tag{173}$$

Wir sehen, daß jede zusätzliche Einheit steuerfinanzierter Staatsausgaben die IS-Kurve um genau eine Einheit nach rechts verschiebt. Die Wirkung ist hier also *schwächer* als im Falle der Kreditfinanzierung.

Betrachten wir jetzt die Gesamtwirkung graphisch:

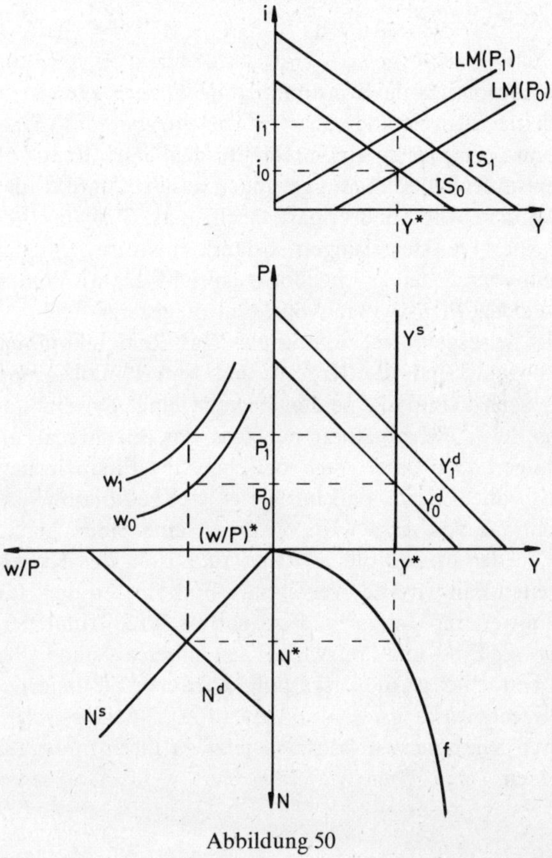

Abbildung 50

Die IS-Kurve verschiebt sich also im ersten Zug um den Betrag der Staatsausgaben nach rechts, was zinstreibend wirkt. Die Gleichgewichtsbedingung für den *Gütermarkt* unterscheidet sich von (165) in der Weise, daß der Konsum vom *verfügbaren* Einkommen abhängt:

$$Y^s = C(Y - T) + I(i) + G. \tag{174}$$

Im Gleichgewicht muß die aggregierte Güternachfrage dem vom Arbeitsmarkt her gegebenen Güterangebot entsprechen. Wir können jetzt überlegen. Eine Einheit zusätzlicher Staatsausgaben vermehrt die Güternachfrage im ersten Zuge um just eine Einheit. Wegen der gleichzeitigen Steuererhöhung geht der Konsum nach Maßgabe der marginalen Konsumneigung zurück, weil sich das verfügbare Einkommen der Haushalte vermindert:

$$dC = -C' \cdot dT \Rightarrow |dC| < dT. \tag{175}$$

Weil indes die marginale Konsumneigung *kleiner Eins* ist, macht der Konsumrückgang die zusätzliche Güternachfrage des Staates nicht wett. Es kommt auch hier zu einem Nachfrageüberschuß auf dem Gütermarkt, was entsprechende Preissteigerungen auslöst. Daraufhin verschiebt sich die LM-Kurve, wie oben erklärt, nach links. Sie verschiebt sich im Zuge anhaltender Preissteigerungen so lange, bis die aggregierte Güternachfrage dem vorgegebenen Angebot entspricht. Damit kommt es zu einem neuen Gleichgewicht, wie in Abbildung 50 gezeigt.

Fassen wir die Ergebnisse zusammen. Was Realeinkommen und Beschäftigung angeht, sind die Kredit- und Steuerfinanzierung offenbar gleichwertig, denn keine von beiden bewirkt eine Abweichung vom ursprünglichen Gleichgewicht. Allein der Zins, das Preisniveau und der Nominallohn steigen. Der *Unterschied* zwischen den Finanzierungsalternativen besteht vor allem darin, daß infolge einer Kreditnahme *allein* die Investitionsnachfrage verdrängt wird, während eine Steuerfinanzierung *sowohl* zu Lasten der Investition, *als auch* zu Lasten des Konsums gehen. Denn im zweiten Fall wird das verfügbare Einkommen der Haushalte geschmälert. Ein weiterer Unterschied ist, daß die kreditfinanzierten Staatsausgaben *stärkere* Zins- und Preiswirkungen haben als steuerfinanzierte.

Insgesamt betrachtet ist die Fiskalpolitik jedoch stabilisierungspolitisch *unnötig* und (real) *wirkungslos.* Es ist dies die „Neoklassische Seite" der Neoklassischen Synthese; wir kommen jetzt zu ihren mehr „Keynesianischen" Aspekten.

§ 50 Fiskalpolitik bei einer Investitions- oder Liquiditätsfalle

In den §§ 41 und 42 besprachen wir die Investitions- und Liquiditätsfalle. Wir sahen dort, daß eine Marktwirtschaft unter bestimmten Umständen in eine Situation der Unterbeschäftigung und Unterproduktion gelangen kann, aus der sie sich selbst nicht befreien kann. Insofern wären staatliche Maßnahmen in diesen Fällen *erforderlich.* Wir müssen uns nun mit ihren *Wirkungen* befassen.

Beginnen wir mit der *Investitionsfalle,* für die wiederum kredit- und steuerfinanzierte Staatsausgaben unterschieden seien.

I. Kreditfinanzierung

Der Staat finanziert seine Ausgaben voll über Kreditnahme, wobei er neben die Investoren als Nachfrager an den Kapitalmarkt tritt. Die Gleichung der IS-Kurve lautet in diesem Fall:

$$S(Y) = I + G \qquad (G = D). \tag{176}$$

Bekanntlich ist die Investitionsnachfrage bei einer Investitionsfalle vollkommen zinsunelastisch, also gegeben. Wir nehmen an, daß sich die Wirtschaft in einer Rezession befindet, so daß die tatsächliche Produktion durch die *Güternachfrage* bestimmt wird und *Unterbeschäftigung* besteht. Vermöge der Kreditnahme des Staates wird die IS-Kurve nach rechts verschoben, wie wir es im vorigen Paragraphen erklärten. Der *Staatsausgabenmultiplikator* ist nach (164):

$$\left.\frac{dY^d}{dG}\right|_{dT=0} = \frac{1}{1-C'} =: m\,. \tag{177}$$

Infolgedessen steigt am Gütermarkt die Nachfrage um den m-fachen Betrag der Staatsausgaben, wobei m der elementare Multiplikator ist. Das ist soweit nichts Neues. Indes müssen wir jetzt bedenken, daß mit der *Nachfrage* zugleich die *Produktion* zunimmt, die zuvor durch eine unzureichende effektive Nachfrage begrenzt war. Damit steigt die Produktion um das m-fache der Staatsausgaben und konsekutiv die Beschäftigung.

Der Zins steigt zwar auch hier, aber dadurch geht die Investitionsnachfrage nicht zurück, weil sie annahmegemäß zinsunelastisch ist. Das Preisniveau ist ohnehin unbestimmt, so daß auch von dieser Seite her kein Crowding-Out zu erwarten ist. Es kommt vielmehr zu einem *Crowding-In!* Nehmen wir beispielsweise eine marginale Konsumneigung $C' = 0{,}8$ an. Der Staatsausgabenmultiplikator weist also nach (177) den Wert Fünf auf. Das bedeutet: Erhöht der Staat seine Güternachfrage um eine Einheit und finanziert dies durch Kreditnahme, so steigen die Güternachfrage und das Realeinkommen um *fünf* Einheiten. Durch Abzug der Staatsnachfrage verbleibt also ein Zuwachs von *vier* Einheiten für die private Nachfrage. Die Fiskalpolitik wirkt also gleichsam als „Initialzündung".

Durch geeigneten Umgang mit dem Budget kann der Staat die Nachfragelücke des Gütermarktes prinzipiell schließen, wie wir anhand der nachstehenden Graphik zeigen (s. S. 174 oben).

Bei einer Investitionsfalle erscheint die Fiskalpolitik mithin attraktiv, weil sie sowohl erforderlich ist als auch äußerst wirksam. Durch die anfängliche Zunahme der Staatsausgaben steigen Güternachfrage und Pro-

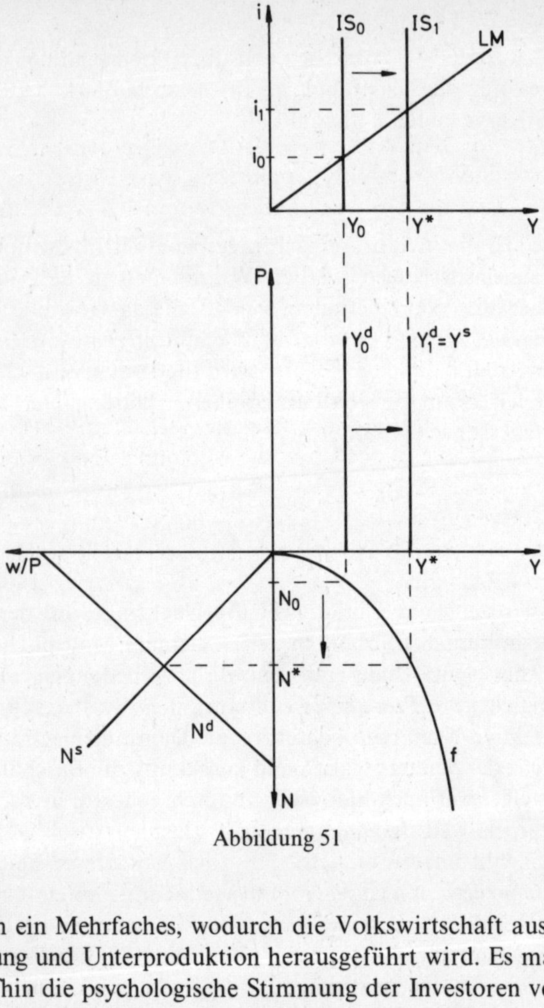

Abbildung 51

duktion um ein Mehrfaches, wodurch die Volkswirtschaft aus der Unterbeschäftigung und Unterproduktion herausgeführt wird. Es mag sein, daß sich daraufhin die psychologische Stimmung der Investoren verbessert, so daß die Volkswirtschaft in den Folgeperioden wieder von selbst ein Gleichgewicht bei Vollbeschäftigung erreicht.

II. Steuerfinanzierung

Wir kommen jetzt zu dem Fall, daß der Staat zur Finanzierung seiner Ausgaben nicht Kredite aufnimmt, sondern Steuern erhebt. Zu vermuten wäre, daß dies *keine* expansiven Wirkungen hat, weil den Haushalten das verfügbare Einkommen gekürzt wird, woraufhin sie ihren Konsum einschränken. Aber diese Vermutung ist falsch. Dazu betrachten wir rückblickend den Multiplikator (173), der sich auf den Fall steuerfinanzierter

Staatsausgaben bezieht:

$$\left.\frac{dY^d}{dG}\right|_{dG = dT} = 1 . \qquad (178)$$

Somit finden wir, daß eine Erhöhung der Staatsausgaben um eine Einheit die aggregierte Güternachfrage um eben diese Einheit erhöht. Bei einer Investitionsfalle mit Unterbeschäftigung und Unterproduktion impliziert dies einen Anstieg der *Produktion* in gleicher Höhe. Man bezeichnet die Gleichung (178) nach dem Norweger TRYGVE HAAVELMO als *Haavelmo-Theorem.* Dem Haavelmo-Theorem zufolge eignen sich also auch steuerfinanzierte Staatsausgaben zur Bekämpfung einer Rezession; das Realeinkommen steigt genau um den Betrag der zusätzlichen Ausgaben. Deswegen kommt es nicht zu einem Crowding-Out.

Seine *ökonomische Begründung* findet das Haavelmo-Theorem letztlich darin, daß jede Einheit zusätzlicher Staatsausgaben die Gesamtnachfrage im ersten Zug um eine Einheit erhöht, während der Konsum aufgrund der Steuerfinanzierung um *weniger* als eine Einheit sinkt. Er sinkt weniger stark, weil die marginale Konsumneigung kleiner Eins ist. Die Gesamtnachfrage steigt demnach, weil der Staat im Gegensatz zu den Privaten *nicht spart.*

Wir kommen jetzt zur *Liquiditätsfalle.* Die Begründungen sowie alle wesentlichen Ergebnisse stimmen mit jenen der Investitionsfalle überein; deshalb können wir uns hier kurz fassen. Entscheidend ist für die Liquiditätsfalle, daß der *Zins* durch die absolute Liquiditätspräferenz festgelegt ist. Zwar sind die Investitionen prinzipiell zinselastisch

$$\text{IS:} \quad S(Y) = I(i) + G, \qquad (179)$$

aber da der Zins gegeben ist, kann eine Kapitalnachfrage des Staates nicht zu einem Crowding-Out führen. Durch Differentiation nach G ergibt sich also auch hier der Multiplikator (177), sofern die Ausgaben durch Kreditnahme finanziert werden. Beschränken wir uns also darauf, den Wirkungszusammenhang anhand einer Graphik zu veranschaulichen (s. S. 176 oben).

Fassen wir die Ergebnisse zur Investitions- und Liquiditätsfalle zusammen. Die Marktwirtschaft kann hier nicht selbst zur Vollbeschäftigung zurückfinden, was staatliche Maßnahmen nahelegt. Als geeignetes Mittel führt eine Erhöhung der Staatsausgaben zu einer Zunahme der Güternachfrage, was den Anstieg von Beschäftigung und Produktion zur Folge hat. Die *Art der Finanzierung* ist nicht für die qualitative Wirkung der Staatsausgaben von Belang, wohl aber für ihre Stärke: Bei voller Steuerfinanzierung ist der Multiplikator gleich Eins, bei voller Kreditfinanzierung

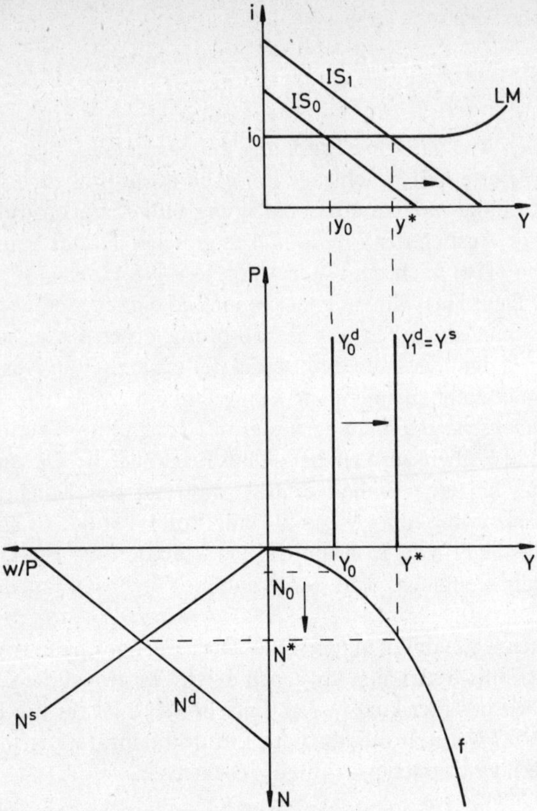

Abbildung 52

ist er gleich dem elementaren Multiplikator und damit größer Eins. In beiden Fällen kommt es nicht zu einem Crowding-Out; im letzteren gar zu einem Crowding-In.

§ 51 Fiskalpolitik bei starren Löhnen

Im Szenario des § 44 lag die Ursache der Unterbeschäftigung nicht in extremen Zinselastizitäten begründet, sondern in einem starren Nominallohn. Dieser Fall ist analytisch schwieriger als die bisherigen, und wir wollen uns mit einer graphischen Darstellung begnügen[6]. Es sei dazu der Fall

6 Eine analytische Herleitung der Ergebnisse findet der Leser im Mathematischen Anhang, Abschnitt *4.6.

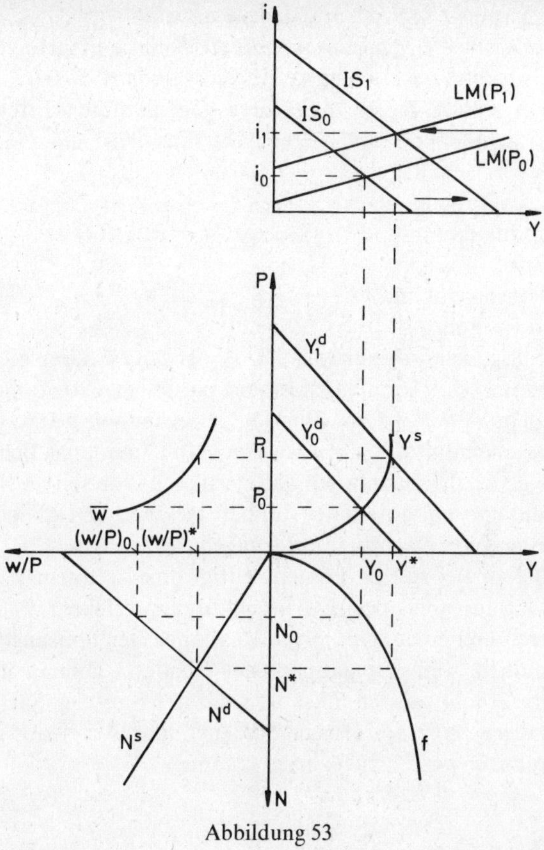

Abbildung 53

kreditfinanzierter Staatsausgaben gewählt, denn nach dem oben Gesagten ist klar, daß steuerfinanzierte Ausgaben qualitativ gleich wirken, nur eben schwächer.

Offenbar ist der Wirkungszusammenhang recht komplex; wir zerlegen ihn deshalb in einzelne Schritte:

- Im ersten Zug verschieben sich die IS- und die Y^d-Kurve jeweils nach *rechts*, da der Staat eine zusätzliche Nachfrage am Kapital- und Gütermarkt entfaltet.
- Damit *steigen* der Zins und das Preisniveau. Der Preisanstieg hat wiederum zwei Folgen:
- Erstens *sinkt* der Reallohn bei steigenden Preisen, weil der Nominallohn annahmegemäß konstant ist. Arbeitsnachfrage, Beschäftigung und Güterangebot nehmen damit zu.

– Zweitens verschiebt sich die LM-Kurve nach *links*, weil bei steigenden Preisen die Realkasse abnimmt. Damit werden die ursprünglichen Wirkungen der Rechtsverschiebung der IS-Kurve *konterkariert*.

Es läßt sich jedoch zeigen, daß diese gegenläufigen Effekte die ursprünglichen nicht überkompensieren: Letztlich wird ein Gleichgewicht erreicht mit

– höherer Beschäftigung,
– höherer Produktion,
– höherem Zins,
– höherem Preisniveau und
– geringerem Reallohn.

Der Staatsausgabenmultiplikator dY/dG ist *positiv*, aber nicht notwendig größer Eins; somit kann es zu einem partiellen Crowding-Out kommen. Von einem *partiellen* Crowding-Out sprechen wir genau dann, wenn der Staatsausgabenmultiplikator zwischen Null und Eins liegt. Nehmen wir an, er sei gleich 0,5, dann wird jede zusätzliche Einheit an Staatsausgaben die Produktion um eine halbe Einheit erhöhen und gleichzeitig eine halbe Einheit privater Nachfrage verdrängen.

Halten wir fest. Bei starren Löhnen zeitigt eine kreditfinanzierte Erhöhung der Staatsausgaben positive Beschäftigungseffekte, verbunden mit *höheren* Preisen und einem *geringeren* Reallohn. Der Preisanstieg ist hierbei unvermeidlich, weil erst dadurch der Reallohn gesenkt und die Arbeitsnachfrage erhöht werden. Dies ist wohl der Sinn des Satzes: „Lieber ein Prozent mehr Inflation, als ein Prozent mehr Arbeitslosigkeit." Wir werden darauf noch ausführlich zurückkommen.

§ 52 Die Idee der antizyklischen Fiskalpolitik

Die Existenz von Konjunkturschwankungen wurde seit jeher als schwerwiegendes Problem angesehen und stand in einem denkwürdigen Verhältnis zur Klassisch-Neoklassischen Vollbeschäftigungsthese. Unter *Konjunktur* versteht man allgemein Schwankungen der wirtschaftlichen Aktivität einer Volkswirtschaft, gemessen durch bestimmte Indikatoren. Weisen jene Schwankungen einen sich wiederholenden, wellenförmigen Verlauf auf, so nennt man eine „Doppelwelle" den *Konjunkturzyklus* (s. S. 179 oben).

Die Steigung der Geraden W ist der langfristige Wachstumstrend, um den die aktuelle Entwicklung schwankt. Im *Aufschwung* nehmen Beschäftigung und Produktion zu, bis sie im *Boom* den konjunkturellen Höhepunkt erreichen. Anschließend setzt die *Rezession* ein, die schließlich in die *Depression* als den Tiefpunkt der Entwicklung mündet. Hernach beginnt ein neuer Aufschwung.

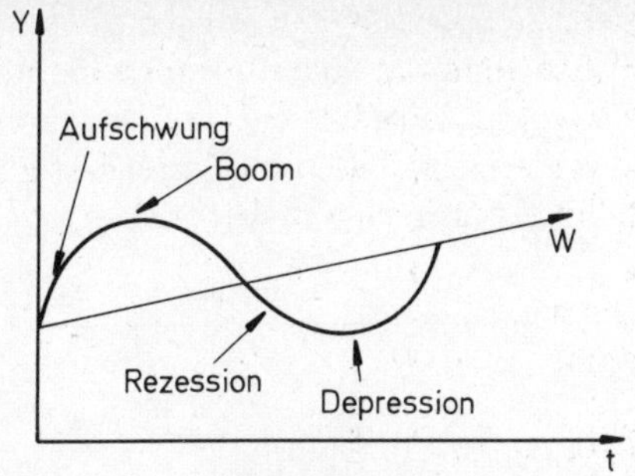

Abbildung 54
Der Konjunkturzyklus

Mit der Keynesianischen Theorie gewann die Idee an Boden, Konjunkturschwankungen seien kein unvermeidbares Schicksal und könnten durch staatliche Maßnahmen gemildert oder gar völlig behoben werden. Setzen wir zur Illustration etwa eine Investitionsfalle voraus. Aufgrund der Zinsunelastizität der Investitionsnachfrage kann es zu Phasen der Unterbeschäftigung oder zu inflationären Phasen der Überbeschäftigung kommen; je nachdem, ob die effektive Nachfrage das Vollbeschäftigungseinkommen nicht erreicht oder gar übersteigt. Dies wiederum hängt von der gesamtwirtschaftlichen Konstellation und insbesondere von den Erwartungen der Investoren ab. Wir können jetzt eine ganz einfache *psychologische Konjunkturtheorie* aufstellen, indem wir davon ausgehen, daß sich die Erwartungen der Investoren in rezessiven Zeiten weiter verschlechtern, was einen noch stärkeren Rückgang der Produktion bewirkt. In der Depression schließlich findet aus nicht näher erklärbaren Gründen (ein politisches Ereignis?, eine Erfindung?) ein Umschwung der Erwartungen statt, und von nun an beschleunigen sich die optimistischen Erwartungen, was zum Aufschwung führt. Freilich soll damit nicht behauptet sein, die Investitionsfalle wäre ein besonders relevanter Fall. Vielmehr kann der Konjunkturzyklus „eklektisch" als Zusammenspiel verschiedener psychologischer Faktoren und Anpassungsverzögerungen aufgefaßt werden.

Die Grundidee der *antizyklischen Fiskalpolitik* liegt nun darin, daß der Staat gleichsam gegen den Strom schwimmt. In der Rezessionsphase betreibt er eine expansive Budgetpolitik, regt dadurch die wirtschaftliche Aktivität an und läßt eine tiefe Depression infolge pessimistischer Erwartungen erst gar nicht zu. In der Aufschwungphase ist die Budgetpolitik dagegen kontraktiv angelegt, um eine Überhitzung der Konjunktur, verbunden mit Inflation und anschließender Rezession, zu verhindern. Stellen wir dies anhand einer Graphik dar:

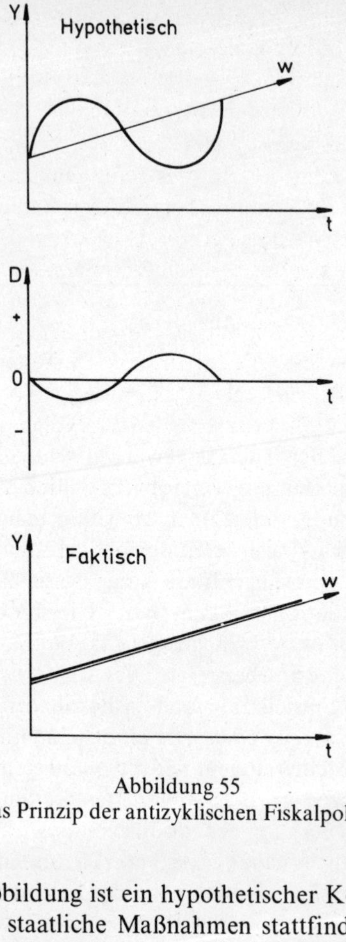

Abbildung 55
Das Prinzip der antizyklischen Fiskalpolitik

In der obersten Abbildung ist ein hypothetischer Konjunkturzyklus dargestellt, wie er ohne staatliche Maßnahmen stattfinden würde. Während der ersten Hälfte des Konjunkturzyklus betreibt der Staat nun eine kontraktive Budgetpolitik, das heißt, seine Steuereinnahmen übersteigen die Ausgaben und werden zur Bildung einer *Rücklage* verwendet. Durch die damit einhergehende Verminderung der effektiven Nachfrage wird eine mit Preissteigerungen verbundene Konjunkturüberhitzung vermieden.

In der Rezession löst der Staat die gebildete Rücklage auf und schafft zusätzliche Nachfrage, wodurch die Rezession entschärft und eine tiefe Depression verhindert wird. Die Kurve des Budgetsaldos verläuft *flacher* als der hypothetische Konjunkturverlauf, weil die Budgetwirkungen über den *Multiplikatorprozeß* verstärkt werden.

Die Charakteristika einer in dieser Weise funktionierenden antizyklischen Fiskalpolitik wären demnach:

– Es wird eine gleichmäßige ökonomische Entwicklung ermöglicht, wie sie in der unteren Abbildung gezeigt ist.
– Wegen der abwechselnden Bildung und Auflösung von Rücklagen entsteht gleichzeitig kein Staatsschuldenproblem.

In diesem Keynesianischen Lichte besehen ist umgekehrt keine ungeschicktere Politik denkbar, als die des ständigen materiellen Budgetausgleichs. Sinken in der Rezession die staatlichen Steuereinnahmen und reduziert der Staat seine Ausgaben entsprechend, so verschärft er nach Maßgabe des Haavelmo-Theorems die Konjunkturzyklen. Dieses *prozyklische* Handeln des Staates bezeichnet man als *Parallelpolitik.*

Die Keynesianische Empfehlung lautete demnach, über eine vernünftige Handhabung des Budgets (lies: durch Inkaufnahme zeitweiliger Defizite und Überschüsse) den Entwicklungspfad der Volkswirtschaft zu stabilisieren und dadurch den schwerwiegenden Problemen der Arbeitslosigkeit und Inflation zu begegnen.

Die Idee einer antizyklischen Fiskalpolitik blieb nicht graue Theorie, beileibe nicht. Sie errang vielmehr weltweit praktische Relevanz; in der Bundesrepublik Deutschland erst relativ spät mit dem erwähnten Stabilitäts- und Wachstumsgesetz. In der Praxis nun zeigten sich bei der Durchführung dieser Politik einige Probleme, die bis zum Vorwurf ihres völligen Versagens führten. Die vier wichtigsten Kritikpunkte, geordnet nach ihrer Grundsätzlichkeit, sind folgende:

Die theoretische Kritik: Die Keynesianische Theorie ist keine geeignete Grundlage für die Herleitung wirtschaftspolitischer Konzepte. Ihre Struktur ist zu naiv, sie läßt wesentliche Gesichtspunkte außer acht und geht des weiteren von Annahmen aus, die in der Realität auch nicht näherungsweise erfüllt sind.

Die empirische Kritik: Die Keynesianische Theorie ist logisch konsistent, aber empirisch *irrelevant,* weil sie Konjunktur und Unterbeschäftigung durch ein irrelevantes Prinzip, nämlich das der effektiven Nachfrage, erklärt. Für die tatsächliche Konjunktur sind meist ganz andere, nämlich allokative und Strukturprobleme, maßgeblich.

Die technologische Kritik: Dic Keynesianische Theorie mag konsistent und für die Wirklichkeit relevant sein; indes ist eine wirksame antizyklische Fiskalpolitik praktisch nicht *durchführbar.* Es ergeben sich so erhebliche Diagnose-, Entscheidungs- und Wirkungsverzögerungen, daß die im Prinzip richtige Maßnahme viel zu spät kommt und damit destabilisierend statt stabilisierend wirkt. Auch die richtige Dosierung der Maßnahmen ist ein unlösbares Problem.

Die praktisch-politische Kritik. Selbst wenn eine antizyklische Fiskalpolitik praktisch durchführbar wäre, verlangt sie doch von den Politikern ein zu hohes Maß an *fiskalischer Disziplin.* Die Politiker können nicht gegen öffentlichen Druck Rücklagen bilden, wenn dies stabilisierungspolitisch geboten erscheint. Statt dessen verwenden sie das „expansiv wirkende Defizit" als *Alibi* für die politisch motivierte Ausgabenfreudigkeit. Auf Dauer muß so ein Staatsschuldenproblem entstehen.

Im Rahmen dieses Lehrbuches können wir an späterer Stelle allein auf die beiden ersten Kritikpunkte eingehen; hinsichtlich der anderen verweisen wir auf die einschlägige Literatur.

§ 53 Charakterisierung der Geldpolitik

Wir erörtern nun mit der Geldpolitik ein weiteres wirtschaftspolitisches Instrument des Staates. Die Theorie der Geldpolitik ist ein weites Feld, auf dem vor allem drei Probleme behandelt werden: Zuoberst muß der *Geldbegriff* geklärt werden, das heißt, es ist eine Gelddefinition erforderlich, die sich an ökonomischen (nicht juristischen) Kriterien orientiert. Der Leser wird wissen, daß eine derartige Definition recht schwierig ist und man diesem Problem durch verschiedene Geldmengenabgrenzungen Rechnung trägt. Zweitens ist zu untersuchen, welche *Institution* oder *Institutionen* die geeignet definierte Geldmenge steuern können. Man gelangt hierbei zu dem Ergebnis, daß die Geldmenge durch das Zusammenspiel von Zentralbank und Kreditinstituten beeinflußt wird. Drittens ist zu klären, mit welchen *Mitteln* die Steuerungsinstanzen eine Veränderung der Geldmenge bewirken können.

Alle diese Fragen bieten genügend Stoff zur Füllung eines ganzen Buches und können daher nicht Gegenstand unserer Einführung in die Makroökonomik sein. Wir wollen hier vielmehr analysieren, welche *prinzipiellen Wirkungen* eine Veränderung der Geldmenge auf die volkswirtschaftlichen Variablen ausübt, ungeachtet ihrer Herkunft und der eingesetzten Instrumente. Dazu treffen wir drei vereinfachende Annahmen:

- Die Geldmenge sei in ökonomisch sinnvoller Weise definiert.
- Die Zentralbank sei zu einer autonomen Steuerung des Geldangebotes in der Lage.
- Mittel der Geldangebotssteuerung sei der *Helikopter-Effekt:* Die Zentralbank ändere „über Nacht" alle Kassenbestände um einen bestimmten Faktor, so daß Verteilungswirkungen ausgeschlossen sind.

Zur Untersuchung der – wohlgemerkt: prinzipiellen – Wirkungen der Geldpolitik sind diese Prämissen trotz ihrer Einfachheit angemessen; freilich ist zur Beurteilung konkreter geldpolitischer Maßnahmen eine zusätzliche Befassung mit der Theorie der Geldpolitik unerläßlich.

§ 54 Geldpolitik im Klassisch-Neoklassischen Modell

Die Wirkungen einer Änderung der Geldmenge im Klassisch-Neoklassischen Modell können wir anhand der Cambridge-Gleichung (61) leicht abschätzen:

$$M = k \cdot P \cdot Y. \tag{180}$$

Das Realeinkommen Y wird im Klassisch-Neoklassischen Modell bekanntlich durch den Arbeitsmarkt und die Produktionsfunktion bestimmt; es ist für die Cambridge-Gleichung eine *exogene* Variable. Für den Kassenhaltungskoeffizienten k wurden ebenfalls Exogenität und Konstanz angenommen; insbesondere ist k nicht vom Zins abhängig. Die einzig freie Variable der Cambridge-Gleichung ist deshalb das Preisniveau: Infolge einer expansiven Geldpolitik werden *allein* die Preise steigen, ansonsten ändert sich nichts. Der Preisanstieg währt solange, bis die *Realkasse* der Wirtschaftssubjekte auf ihr ursprüngliches Niveau gesunken ist; dies nannten wir den Cambridge-Effekt:

Höhere Geldmenge (Kassenbestände) → höhere Güternachfrage → (konstantes Güterangebot) → steigende Preise → sinkende reale Geldmenge.

Ausgehend von einer Gleichgewichtssituation bewirkt eine Verdopplung der Geldmenge demnach exakt eine Verdopplung des Preisniveaus; genau dann nämlich fällt die Realkasse M/P auf ihr ursprüngliches Niveau zurück.

Die *einzige* Wirkung der expansiven Geldpolitik ist demnach eine Inflation; die Geldpolitik *kann* keinen Einfluß auf die Realvariablen des Modells ausüben. Ihre Aufgabe besteht nach Klassisch-Neoklassischer Auffassung deshalb in der Aufrechterhaltung des Geldwertes, und zwar des äußeren Geldwertes (Sicherung der Währungsparitäten im Goldstandard) oder des inneren Geldwertes (Stabilität des Preisniveaus).

Priorität hatte zumeist das Ziel der äußeren Geldwertstabilität. Sehen wir von diesem einmal ab, so hätten die Klassisch-Neoklassischen Autoren einer expansiven Geldpolitik nur für den Fall des Wirtschaftswachstums zugestimmt: Bei steigendem Realeinkommen Y in (180) würde die Konstanz der Geldmenge eine permanente *Deflation* erzwingen. Um dem vorzubeugen, könnte die Geldmenge mit derselben Wachstumsrate ausgedehnt werden. Aber dies ist keine *diskretionäre* Stabilisierungspolitik, sondern eine *regelgebundene.* Wir werden darauf im neunten Kapitel (Monetarismus) weiter eingehen.

§ 55 Geldpolitik im allgemeinen Keynesianischen Modell

Wenden wir uns nun der Rolle der Geldpolitik im allgemeinen Keynesianischen Modell zu. Es sei erinnert, daß dieses Modell bemerkenswerte Parallelen zum Klassisch-Neoklassischen aufweist und insbesondere Vollbeschäftigung besteht. Die Geldpolitik wird also auch hier keine realen Wirkungen entfalten können, weil alle Arten von „Rigiditäten" oder „Geldillusionen" ausgeschlossen sind. Indes ist der Wirkungszusammenhang ein ganz anderer:

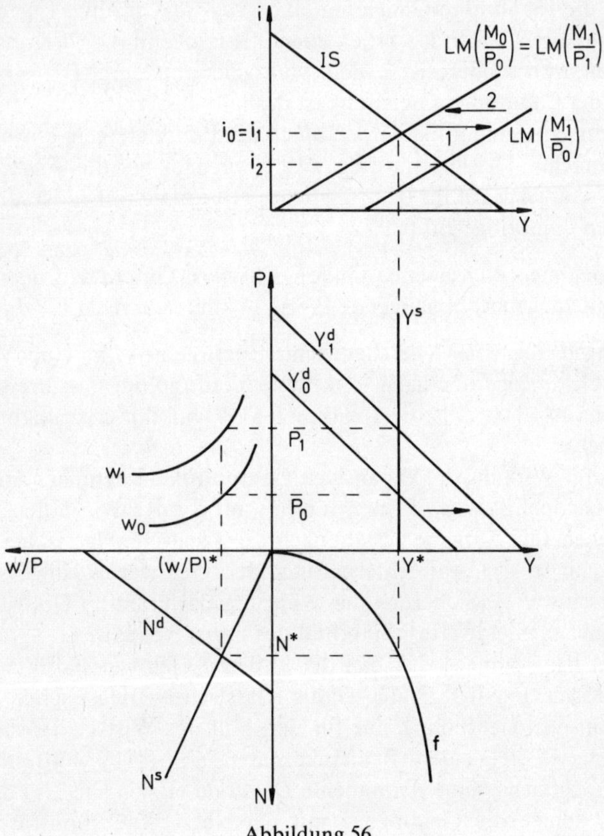

Abbildung 56

Ausgehend von einer Erhöhung der Geldmenge verschiebt sich die LM-Kurve nach rechts, da sich eine entsprechend höhere Geldnachfrage nur bei steigendem Realeinkommen oder fallendem Zins einstellt. Im ersten Schritt fällt der Gleichgewichtszins auf i_2.

Damit nimmt die Investitionsnachfrage zu, so daß sich die Güternachfragekurve ebenfalls nach rechts verschiebt und auf dem Gütermarkt eine Überschußnachfrage besteht. Folgerichtig *steigt* das Preisniveau. Dadurch aber geht der reale Kassenbestand zurück, was eine Linksverschiebung der LM-Kurve zur Folge hat (Pfeil 2). Im Zuge dieser Linksverschiebung steigt der Zins und geht die Investitionsnachfrage zurück. Dieser Prozeß aber währt solange, bis die LM-Kurve sich wieder in ihrer ursprünglichen Lage befindet. Damit ist ein neues Gleichgewicht erreicht, das sich vom früheren nur durch eine höhere Geldmenge (M_1 statt M_0), ein höheres Preisniveau (P_1 statt P_0) sowie einen höheren Geldlohn (w_1 statt w_0) unterscheidet. Die reale Geldmenge (M_1/P_1), der Reallohn (w_1/P_1) sowie die übrigen Variablen entsprechen den ursprünglichen Werten.

Die ergebnismäßige Analogie zwischen dem Klassisch-Neoklassischen Modell einerseits und dem allgemeinen Keynesianischen Modell andererseits ist geradezu frappant: In beiden Fällen mündet eine Verdopplung der Geldmenge in einer Verdopplung des Preisniveaus; nur der Transmissionsmechanismus ist verschieden. Im ersteren Modell ist es der Cambridge-Effekt mit seiner *direkten* Wirkung auf die Güternachfrage, im letzteren der Keynes-Effekt, welcher einen *indirekten*, zinsvermittelten Zusammenhang von Realkasse und Güternachfrage konstatiert.

Jedenfalls ist auch im allgemeinen Keynesianischen Modell die Geldpolitik ebenso überflüssig wie real wirkungslos.

§ 56 Geldpolitik bei einer Investitions- oder Liquiditätsfalle

„Money doesn't matter."

Wir kommen jetzt zu den Wirkungen der Geldpolitik bei einer Investitions- oder Liquiditätsfalle. Dabei wird deutlich werden, wie der *Keynesianismus* als eine Lehre, die sich auf den Geldtheoretiker JOHN MAYNARD KEYNES beruft, zum *Fiskalismus* werden konnte, also die Position bezog, daß die Fiskalpolitik gegenüber der Geldpolitik wirkungsvoller sei. Oder im Extrem: daß von der Geldpolitik auch bei Unterbeschäftigung keinerlei reale Wirkungen ausgehen.

Wir nehmen eine Situation der Unterbeschäftigung an und analysieren die Geldpolitik anhand des IS/LM-Schemas, was in diesem Fall völlig ausreicht. Beginnen wir mit der *Investitionsfalle* (s. S. 186 oben).

In der Graphik wird eine expansive Geldpolitik abgebildet, derzufolge sich die LM-Kurve nach rechts verschiebt. Die Zentralbank beabsichtigte etwa eine Zinssenkung, um damit die gesamtwirtschaftliche Aktivität zu beleben. Die Zinssenkung gelingt, aber weil die Investitionsnachfrage voll-

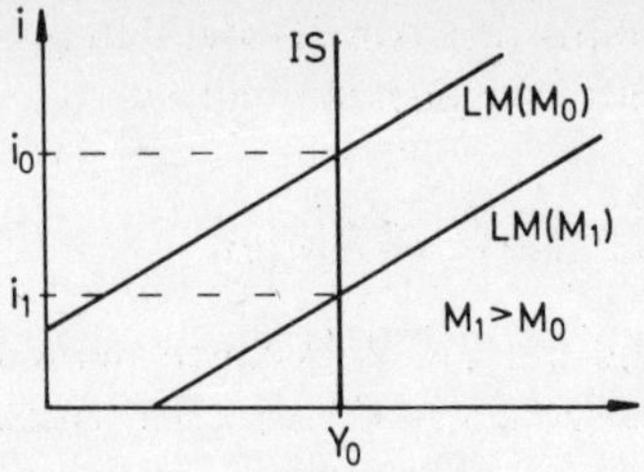

Abbildung 57

kommen zinsunelastisch ist, hat dies *keine* weiteren Wirkungen. Das gleichgewichtige Realeinkommen verharrt auf dem ursprünglichen Niveau Y_0. Bei zinsunelastischer Investitionsnachfrage ist der Zentralbank mithin jede Steuerungsmöglichkeit bezüglich der Realvariablen genommen.

Ganz ähnlich verhält es sich bei einer *Liquiditätsfalle:*

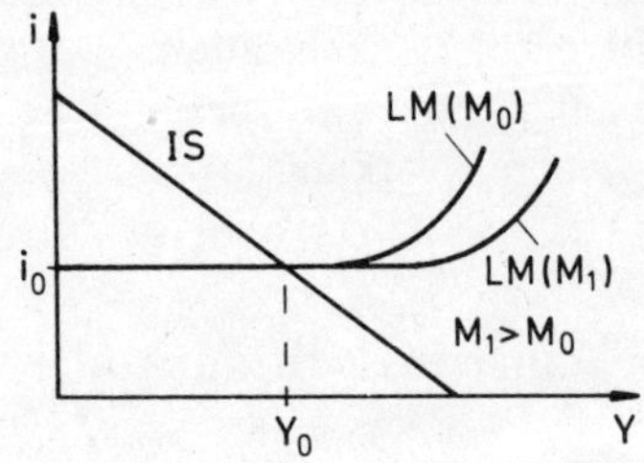

Abbildung 58

Infolge der expansiven Geldpolitik verschiebt sich die LM-Kurve wiederum nach rechts; aber in ihrem waagerechten Abschnitt verschiebt sie sich der Wirkung nach *nicht.* Aufgrund der absoluten Liquiditätspräferenz nämlich sind die Wirtschaftssubjekte willens, die zusätzliche Geldmenge zu halten: Sie erhöhen nicht ihre Wertpapiernachfrage, was zinssenkende Wirkungen hätte. Damit ist die Zentralbank offensichtlich außerstande, den Zins auf das Vollbeschäftigungsniveau zu senken. Die Geldpolitik ist völlig wirkungslos.

Fassen wir zusammen. Bei einer Investitions- oder Liquiditätsfalle gehen von der Geldpolitik auch bei Unterbeschäftigung keinerlei reale Wirkungen aus, wogegen die Fiskalpolitik, wie wir sahen, in diesen Fällen äußerst effizient ist. Nur hiermit ist erklärbar, warum die Keynesianer in der praktischen Wirtschaftspolitik lange Zeit der Fiskalpolitik den Vorzug gaben und die Geldpolitik ins Abseits des Interesses geriet. Zu diesem Thema wird später allerlei anzumerken sein.

§ 57 Geldpolitik bei starren Löhnen

Gehen wir abschließend auf die Wirkungen der Geldpolitik bei starren Löhnen ein. Die Voraussetzungen für eine realwirksame Geldpolitik sind hier weit günstiger:

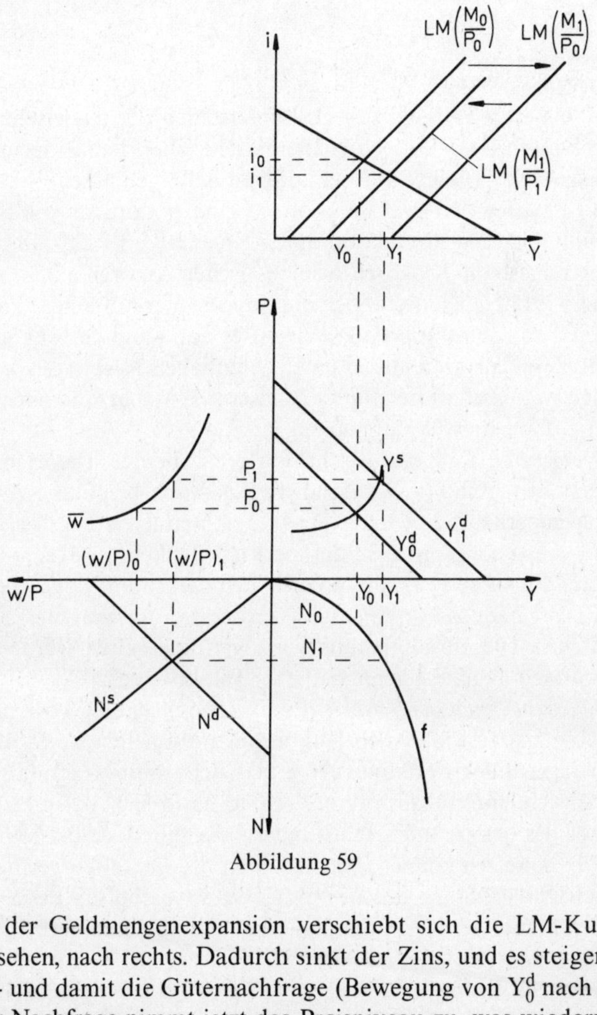

Abbildung 59

Infolge der Geldmengenexpansion verschiebt sich die LM-Kurve, wie bereits gesehen, nach rechts. Dadurch sinkt der Zins, und es steigen die Investitions- und damit die Güternachfrage (Bewegung von Y_0^d nach Y_1^d). Bei steigender Nachfrage nimmt jetzt das Preisniveau zu, was wiederum zwei

Wirkungen hat: *Erstens* verschiebt sich die LM-Kurve nach links, da der reale Kassenbestand abnimmt. *Zweitens* steigt das Güterangebot, weil Preissteigerung bei starrem Nominallohn eine Reallohnsenkung bedeuten. Das neue Gleichgewichtseinkommen Y_1 liegt rechts von Y_0.

Halten wir also fest, daß im Falle starrer Nominallöhne eine expansive Geldpolitik zur Zunahme von Produktion und Beschäftigung führt, was aber notwendig mit Reallohnsenkungen und einer gewissen Inflation erkauft wird. In diesem Falle also sind die Geldpolitik und die Fiskalpolitik (vgl. § 51) von der Wirkung her *gleichwertig*.

§ 58 Resümee

Wir sahen in diesem Kapitel, zu welch unterschiedlichen wirtschaftspolitischen Ergebnissen die Klassisch-Neoklassische Theorie auf der einen und die Keynesianische Theorie auf der anderen Seite gelangten. War hier die Rede von Crowding-Out und Inflation, so ging es dort um die Sicherung von Beschäftigung und Produktion durch eine aktive Fiskal- und Geldpolitik. Während also die Klassisch-Neoklassischen Autoren einer Politik des „laissez faire" zuneigten, bestanden die Keynesianer auf einer aktiven, diskretionären Stabilisierungspolitik. Wie ist es nun möglich, so könnte man fragen, daß zwei Theorien mit so unterschiedlichen Resultaten *beide* ihren Platz in der Wissenschaft behaupten? Unserer Einschätzung nach sind vor allem drei Gründe hierfür maßgeblich.

Der Zeithorizont. Eine spezifische Differenz beider Theorien liegt im betrachteten Zeitabschnitt. Während die Klassisch-Neoklassischen Autoren ihr Augenmerk auf eine lange Periode richten (welche durch die Vollendung der Anpassungsprozesse definiert ist), lenken die Keynesianer ihr Interesse auf die kurze Frist. Sie untersuchen damit die Möglichkeiten zur Verbesserung gerade *jener* Anpassungsprozesse, die von der Klassisch-Neoklassischen Theorie als bereits vollzogen angesehen werden. Mithin besteht in diesem Punkte kein eigentlicher Widerspruch.

Die Zeitgebundenheit der Theorie. Eine ökonomische Doktrin entsteht in engem Bezug zu den Problemen und der institutionellen Verfaßtheit ihrer Zeit; übertragen auf spätere Epochen ergibt sich somit oft ein falsches Bild von der Absicht ihrer Konstrukteure. Wie hätte sich beispielsweise ein Theoretiker des neunzehnten Jahrhunderts für eine fiskalische Stabilisierungspolitik einsetzen können, bedenkt man die damalige geringe Staatsquote? Zur Durchführung der antizyklischen Fiskalpolitik bedarf es einer finanziellen Manövriermasse, die den damaligen Staaten einfach nicht zur Verfügung stand.

Die empirische Prüfbarkeit. Bezogen auf eine konkrete geschichtliche Situation, etwa die frühe Nachkriegszeit, wäre eine der beiden Lehren vermutlich verworfen worden, wenn es eine verläßliche Quelle empirischer Erkenntnis gäbe. Aber ausgerechnet bei der Erfolgsbeurteilung wirtschaftspolitischer Maßnahmen stellt sich das Problem, daß von zwei zu vergleichenden Abläufen stets einer *hypothetisch* ist. Fragen wir etwa: „Welche Folgen hätte ein über die siebziger Jahre hinweg ausgeglichenes Budget in der Bundesrepublik Deutschland gehabt?" Diese Frage läßt sich, ungeachtet sonstiger empirischer Schwierigkeiten, nicht beantworten, weil das Budget eben *nicht* materiell ausgeglichen war. Und ein etwaiger Vergleich mit anderen Staaten ist müßig, weil dort im allgemeinen ganz andere Umstände gegeben waren. Somit sind wirtschaftspolitische Empfehlungen prinzipiell nicht falsifizierbar, jedenfalls nicht im strengen Sinn.

Nimmt man noch ideologische Faktoren hinzu, so erscheint die Koexistenz verschiedener Orthodoxien geradezu unvermeidlich. Der eventuell gehegte Wunsch nach einer einheitlichen ökonomischen Lehre bleibt mithin unerfüllt, vielleicht gar unerfüllbar. Statt dessen müssen wir uns mit verschiedenen Wegen, über ökonomische Probleme nachzudenken, begnügen.

Literaturangaben

Wir verweisen hier auf vier Bücher, von denen sich die ersten beiden auf die Fiskalpolitik, die letzten beiden auf die Geldpolitik beziehen:

Andel, N. (1983) Finanzwissenschaft; Tübingen: Mohr

Hesse, H. (1983) Theoretische Grundlagen der „Fiscal Policy"; München: Vahlen

Duwendag, D. et al. (1977^{2}) Geldtheorie und Geldpolitik; Köln: Bund-Verlag

Jarchow, H.-J. (1978^{4}) Theorie und Politik des Geldes, 2 Bd.; Göttingen: Vandenhoek und Ruprecht

Drittes Buch: Neue Makroökonomik

„Alles Wichtige ist bereits von jenen gesagt worden, die es nicht entdeckten."

(ALFRED N. WHITEHEAD)

§ 59 Einleitung des dritten Buches

Unter der Bezeichnung „neue Makroökonomik“ fassen wir, grob gesagt, die Entwicklungen der makroökonomischen Theorie seit Mitte der fünfziger Jahre zusammen[1]. Freilich ist eine solche Etikettierung zeitgebunden, und doch liegt sie nahe, weil sich Mitte der fünfziger Jahre die Neoklassische Synthese als Ausgangs- und Bezugspunkt aller Weiterentwicklungen etablierte.

Wer seinerzeit geglaubt hatte, mit der Neoklassischen Synthese stünde den Ökonomen nun ein allgemein akzeptables und akzeptiertes Modell zur Verfügung, der mußte sich im weiteren getäuscht sehen. Vielmehr zeigte sich während der letzten dreißig Jahre ein beständiges Interesse an der Reform oder Destruktion der Neoklassischen Synthese. Es kamen konkurrierende Ansätze auf, deren Besprechung sich lohnt und die in der gegenwärtigen Diskussion einen hohen Stellenwert einnehmen.

Zunächst aber befassen wir uns im Kapitel *Der Realkasseneffekt* mit der Vollendung der Neoklassischen Synthese durch DON PATINKIN. Dabei wird, detaillierter als bisher, gezeigt, wie dieser historische Kompromiß zwischen „Keynes und den Klassikern“ beschaffen war.

Im darauffolgenden Kapitel *Portfoliotheorie* bewegen wir uns weiterhin an der Grenze zwischen Makro- und Geldtheorie. Es soll dort erstens die Portfoliotheorie als analytisches Hilfsmittel vorgestellt und zweitens gezeigt werden, wie sie sich zur Untersuchung geld- und fiskalpolitischer Maßnahmen eignet. Dabei orientieren wir uns an der Keynesianischen Spielart der Portfoliotheorie, die durch JAMES TOBIN entwickelt wurde.

Im Kapitel *Monetarismus* kommt der wohl bedeutsamste Frontalangriff gegen die Neoklassische Synthese zur Sprache. Wir charakterisieren die Monetaristische Position unter verschiedenen Gesichtspunkten und erklä-

---

1 Wir behalten diesen Terminus im Gegensatz zu manch anderen Autoren nicht der Neokeynesianischen Theorie vor; die Gründe hierfür werden zu Beginn des elften Kapitels dargelegt.

ren, inwiefern sie als Fortführung des Klassisch-Neoklassischen Programms gelten kann.

Mit der *Theorie der Rationalen Erwartungen* in ihrer Ausprägung als *Neuklassische Theorie* erörtern wir anschließend eine theoretische Grundlegung und ergebnismäßige Verschärfung des Monetarimus; die Neuklassische Theorie wird deshalb auch „Monetarismus der zweiten Art" genannt. Darüber hinaus tragen wir in diesem Kapitel mit der *Phillips-Kurve* einen wichtigen Bestandteil des Keynesianischen Politik-Programms nach.

Das letzte Kapitel hat schließlich die *Neokeynesianische Theorie* zum Gegenstand. Spezifikum der Neokeynesianischen Theorie ist die Herleitung Keynesianischer Ergebnisse aus einem grundsätzlich Neoklassischen Modell; sie machte sich damit die Vereinheitlichung der ökonomischen Theorie und die Behebung der „Keynesianischen Verwirrung" zur Aufgabe.

Zur begleitenden Lektüre dieses Buches eignen sich etwa:

GORDON, R.J. (1976) Recent Developments in the Theory of Inflation and Unemployment; Journal of Monetary Economics **2**, S. 185–219

TOBIN, J. (*1981) Vermögensakkumulation und wirtschaftliche Aktivität; München: Oldenbourg

STEIN, J.L. (1982) Monetarist, Keynesian and New Classical Economics; Oxford: Basil Blackwell

LANDMANN, O. (1982) Die Stabilisierungspolitik im Spannungsfeld von Gleichgewichts- und Ungleichgewichtstheorie; Kyklos **35,** S. 3–38

FITOUSSI, J.-P. (1983) Hrsg.: Modern Macroeconomic Theory; Oxford: Basil Blackwell

Kapitel VII. Der Realkasseneffekt

„Und so finden wir, daß die Geldtheorie nicht von der Werttheorie getrennt werden kann". (Oskar Lange)

In diesem Kapitel wollen wir uns einer Diskussion zuwenden, die sowohl für die Klassisch-Neoklassische als auch für die Keynesianische Theorie bedeutsam ist: der Debatte nämlich um den Realkasseneffekt. Diese hat mitnichten ein geldtheoretisches Spezialproblem oder ein Nebenfeld der makroökonomischen Theorie zum Gegenstand; vielmehr bildet sie das Herzstück der Diskussion um „Keynes und die Klassiker" und verdient daher unsere ungeteilte Aufmerksamkeit.

Unter einem *Vermögenseffekt* verstehen wir durch Vermögensänderungen bedingte Wirkungen auf beliebige volkswirtschaftliche Variablen. Der *Realkasseneffekt* nun ist jener Teil des umfassenderen Vermögenseffektes, der auf Änderungen des realen Geldbestandes einer Volkswirtschaft zurückgeht. Aufgeworfen wurden die damit zusammenhängenden Probleme vor allem von Don Patinkin[1], der, ausgehend von einer Kritik der Neoklassischen und Keynesianischen Geldtheorie, die Integration von Geld- und Werttheorie anstrebte. Der Realkasseneffekt wird sich im weiteren als Kernbestand der ökonomischen Theorie für die Erklärung von Anpassungsprozessen erweisen, welche sich infolge eines ungleichgewichtigen Preisniveaus einstellen.

§ 60 Kritik der Neoklassischen Geldtheorie

Kennzeichnend für die Klassisch-Neoklassische Theorie war, wir erinnern uns, eine gedankliche Trennung der Wirtschaft in einen realen und einen monetären Sektor, die sich in der Dichotomisierung der Theorie in eine

---

1 Patinkin, D. (1965²) Money, Interest and Prices; New York: Harper and Row. Patinkins Kritik geht ursprünglich auf Oskar Lange zurück, von dem auch die Unterscheidung zwischen dem Sayschen Theorem und dem Gesetz von Walras stammt. Vgl. Lange, O. (1942) Say's Law: A Restatement and Criticism; in: Lange, O. et al. (Hrsg.) Studies in Mathematical Economics; Chicago: Chicago University Press.

Wert- und eine Geldtheorie widerspiegelte. Aufgabe der Werttheorie in Form der Allgemeinen Gleichgewichtstheorie von WALRAS war dabei die Bestimmung der *relativen Preise*, der realen Austauschverhältnisse also. Diese wurden als allein abhängig von Präferenzen, Produktionstechnologie und Anfangsbeständen angesehen; sie gaben einfach die relativen Knappheitsverhältnisse wieder, wenn man den „Schleier des Geldes" erst einmal beiseite geschoben hatte. Die Neoklassische Geldtheorie in Gestalt der Cambridge- oder Quantitätsgleichung wandte sich demgegenüber der Ermittlung des Preisniveaus, also der *Geldpreise* zu und nahm somit eine die Werttheorie bloß „ergänzende" Funktion wahr. Zur Darlegung des Patinkinschen Argumentes wollen wir die Struktur der Neoklassischen Wert- und Geldtheorie formalisieren.

Es sei ausgegangen von einer Wirtschaft mit G Gütern, wobei das letzte, das G-te, Gut als *Geld* vereinbart ist. Gemäß der Neoklassischen Dichotomie betrachten wir zuerst den realen Sektor, welcher durch die ersten $(G-1)$ Gleichungen beschrieben wird. Für jeden dieser $(G-1)$ *Gütermärkte* sei eine *Überschußnachfragefunktion* E_g definiert, welche die Differenz zwischen Nachfrage und Angebot angibt:

$$E_g(\hat{\mathbf{p}}) := D_g(\hat{\mathbf{p}}) - S_g(\hat{\mathbf{p}}); \qquad g = 1 \ldots G-1. \tag{181}$$

Hierbei ist $\hat{\mathbf{p}}$ der Vektor der relativen Preise. Wählen wir etwa das $(G-1)$te Gut als Maßstab, dann ist

$$\hat{\mathbf{p}} := (\hat{p}_1, \hat{p}_2, \ldots, \hat{p}_{G-2}, 1). \tag{182}$$

Es leuchtet unmittelbar ein, daß der relative Preis des als *Numéraire* (Maßstab) gewählten Gutes definitorisch gleich Eins ist. Die $\hat{p}_g$ geben die Austauschverhältnisse der übrigen Güter in bezug auf diesen Numéraire an. Im Modell von WALRAS herrscht ein allgemeines Gleichgewicht, wenn auf jedem Markt Angebot und Nachfrage übereinstimmen, wenn also die $(G-1)$ Überschußnachfragen (181) verschwinden. Damit sind zugleich alle $(G-2)$ relativen Preise bestimmt: das Problem der Werttheorie ist gelöst.

Nehmen wir nun an, p_{G-1} sei der *Geldpreis* des Numéraire. Damit können wir einen Vektor der Geldpreise definieren

$$\mathbf{p} = (p_1, p_2, \ldots, p_{G-1}). \tag{183}$$

Dieser Vektor enthält gegenüber (182) den Geldpreis des Numéraire, p_{G-1}. Der in diesem Vektor nicht aufgeführte Geldpreis des Geldes, p_G, ist definitorisch gleich Eins.

Neben die Überschußnachfragen der Gütermärkte (181) tritt nun noch die Überschußnachfrage des Geldmarktes $E_G(\mathbf{p}) := D_G(\mathbf{p}) - S_G(\mathbf{p})$. Die $p_g(g \neq G)$ des Vektors (183) sind die *Geldpreise der Güter*, und für jeden Geldpreis gilt:

$$p_g = \hat{p}_g \cdot p_{G-1}; \qquad g = 1 \ldots G-1. \tag{184}$$

Ein Beispiel soll dies verdeutlichen: Gut Nr. 1 seien Äpfel bestimmter Qualität und Gut (G – 1), der Numéraire, Birnen bestimmter Qualität. Wird nun ein Apfel gegen zwei Birnen getauscht, so beträgt der relative Apfelpreis $\hat{p}_1 = 2$. Bei einem Geldpreis der Birnen von $p_{G-1} = 5,-$ DM müssen also 10,– DM für einen Apfel bezahlt werden, da $p_1 = \hat{p} \cdot p_{G-1} = 2 \cdot 5 = 10$. Der Geldpreis des G-ten Gutes (Geld) ist selbstverständlich gleich Eins.

Kennzeichnend für viele Darstellungen der Werttheorie war nun die Annahme, daß die Überschußnachfragefunktionen *unabhängig* von den Geldpreisen sind:

$$E_g(\mathbf{p}) = E_g(a \cdot \mathbf{p}); \qquad g = 1 \ldots G-1; \qquad a > 0. \tag{185}$$

Diese Gleichung soll die Annahme umschreiben, daß die Wirtschaftssubjekte keiner „Geldillusion" unterliegen. Wenn etwa alle Geldpreise verdoppelt werden, bleiben die relativen Preise unverändert und damit auch, so der Gedanke, alle Überschußnachfragen. Die Geldpreise bleiben deshalb in der Werttheorie unbestimmt.

Deshalb bedurfte die Neoklassische Realanalyse einer Ergänzung durch die Quantitätstheorie des Geldes. Gehen wir hierbei von der Cambridge-Gleichung aus:

$$M = k \cdot P \cdot Y. \tag{186}$$

An dieser Stelle ist nachzutragen: Das eigentliche Argument der Cambridge-Gleichung ist nicht das Nominaleinkommen PY, sondern das *Transaktionsvolumen* PT, das ist die Summe der Marktumsätze. Denn die erforderliche Menge an Transaktionsmitteln (Geld) hängt augenscheinlich von der Umsatzsumme ab, und die Ersetzung durch das Nominaleinkommen war und ist nur unter der Bedingung gerechtfertigt, daß Umsätze und Einkommen in einem festen Verhältnis zueinander stehen.

$$M = k' \cdot P \cdot T \quad \text{mit} \quad k' = k \cdot \frac{Y}{T}. \tag{187}$$

Um diese makroökonomische Gleichung zur mikroökonomischen Realanalyse in Beziehung setzen zu können, schreiben wir sie um:

$$M = k' \cdot \sum_{g=1}^{G-1} p_g \cdot D_g . \tag{188}$$

Im Falle des allgemeinen Marktgleichgewichtes stimmen Angebot und Nachfrage auf jedem Markt überein, so daß $p_g D_g$ der nominale Umsatz auf einem Markt ist. Aufsummiert ergibt sich daraus das nominale Transaktionsvolumen. Die Gleichung (188) steht mithin für die Neoklassische Behauptung, daß die Geldnachfrage gleich dem nominalen Transaktionsvolumen, multipliziert mit der durchschnittlichen Kassenhaltungsdauer ist. Unter Rückgriff auf die Definition eines Geldpreises (184) können wir das nominale Transaktionsvolumen in eine Geld- und eine Realkomponente aufspalten:

$$M = k' \cdot \sum_{g=1}^{G-1} \hat{p}_g \cdot p_{G-1} \cdot D_g \tag{189}$$

$$\Leftrightarrow M = k' \cdot p_{G-1} \cdot \sum_{g=1}^{G-1} \hat{p}_g \cdot D_g . \tag{190}$$

Dabei können wir den Geldpreis des Numéraires als Preisniveau auffassen[2] und die Summe der $\hat{p}_g D_g$ als reales Transaktionsvolumen. Da die Geldmenge, die durchschnittliche Kassenhaltungsdauer sowie das reale Transaktionsvolumen für die Cambridge-Gleichung gegeben sind, wird hier der Geldpreis des Numéraires bestimmt. Dadurch aber sind nach (184) *alle* Geldpreise festgelegt.

Nach diesem kurzen Rückblick können wir PATINKINS Kritik aufgreifen, der die Neoklassische Theorie einer Reihe von Inkonsistenzen bezichtigt. Ausgangspunkt der Argumentation ist das Gesetz von Walras, bezüglich dessen Gültigkeit sich Neoklassiker und PATINKIN einig sind:

$$\sum_{g=1}^{G} p_g \cdot E_g = 0 . \tag{191}$$

Wir hatten das Gesetz von Walras bereits in § 28 durch simple Addition der Budgetbeschränkungen hergeleitet; es besagt, daß die Summe der

2 Diese Begriffsbestimmung weicht freilich von der üblichen Definition des Preisniveaus als einem gewogenen arithmetischen Mittel der Geldpreise ab; sie ist hier jedoch zweckmäßiger und macht im Ergebnis keinen Unterschied.

bewerteten Überschußnachfragen immer, also auch im Ungleichgewicht, verschwindet. (191) bringt insofern eine Erweiterung, als diese Gleichung auch den Geldmarkt miteinbezieht, aber dem Leser wird sicherlich einleuchten, daß das Gesetz von Walras auch in diesem Falle gilt: Die Wirtschaftssubjekte werden genau dann eine Übernachfrage in bezug auf das Geld planen, wenn sie gleichzeitig ein Überangebot an Gütern planen, denn sonst würden sie ihre Budgetbeschränkungen verletzen. Ja, der Zusammenhang ist hier sogar noch enger, denn *indem* ein Wirtschaftssubjekt Güter nachfragt, bietet es Geld an – und umgekehrt. Wenn also die Summe der Überschußnachfragen aller Gütermärkte verschwindet, das heißt wenn zum Beispiel alle Gütermärkte im Gleichgewicht sind, dann weist auch der Geldmarkt ein Gleichgewicht auf:

$$\sum_{g=1}^{G-1} p_g \cdot E_g = 0 \quad \Leftrightarrow \quad E_G = 0\,. \tag{192}$$

Diese Gleichung folgt unmittelbar aus dem Gesetz von Walras: Verschwinden in (191) (G – 1) Summanden, so auch zwangsläufig der G-te, denn sonst wäre die Summe nicht gleich Null. Oder ökonomisch betrachtet: Jede Güternachfrage ist gleichbedeutend mit einem Geldangebot und jedes Güterangebot gleichbedeutend mit einer Geldnachfrage. Im Falle der Übereinstimmung aller Güterangebote und -nachfragen müssen also auch das aggregierte Geldangebot und die aggregierte Geldnachfrage zusammenfallen.

Ein logischer Widerspruch wird nun bei einer Verdopplung aller Geldpreise sichtbar. Schenken wir der Neoklassischen These Glauben, daß die Wirtschaftssubjekte auf den Gütermärkten keiner „Geldillusion" unterliegen, so bleiben alle Überschußnachfragen *unverändert;* denn nach (185) sind dieselben allein von den relativen Preisen abhängig, nicht aber von den Geldpreisen. Ergo gilt die linke Gleichung in (192) weiterhin, sofern zuvor ein allgemeines Gleichgewicht bestand. Dann aber ist auch der *Geldmarkt* weiterhin im Gleichgewicht.

Was sagt uns hingegen die Quantitätstheorie? Eine Verdopplung aller Geldpreise erhöht nach (190) notwendig die Geldnachfrage, was bei konstantem Geldangebot notwendig ein *Ungleichgewicht* auf dem Geldmarkt in Form einer Überschußnachfrage bewirkt. Dies steht in glattem Widerspruch zum werttheoretischen Ergebnis.

Ökonomisch läßt sich dieser Widerspruch in folgender Weise begründen. Eine Verdopplung der Geldpreise bewirkt aus Sicht der Quantitätstheorie eine, freilich vorübergehende, Überschußnachfrage auf dem Geldmarkt, verbunden mit einem Überschußangebot auf den Gütermärkten. Erst letzteres bewirkt hernach den Preisverfall, der zum neuen Gleichgewicht führt. Aber das Überschußangebot *kann* im Modell von WALRAS gar nicht entstehen, weil die Überschußnachfragefunktionen angeblich von den Geldpreisen unabhängig sind. Die Neoklassische Geldtheorie geht also von einem Phänomen aus, dem Cambridge-Effekt nämlich, das nach der Werttheorie gar nicht auftreten kann.

Wie läßt sich dieser Widerspruch nun beheben? PATINKINS konstruktive Kritik mündete in den Vorschlag, die *Realkasse* M/P als Argument in die Überschußnachfragefunktionen aufzunehmen, wobei P ein geeignet definierter Preisindex ist:

$$E_g = E_g\left(\mathbf{p}, \frac{M}{P}\right). \tag{193}$$

Ein „Geldmengenregen" wird im ersten Zuge bewirken, daß auf den meisten Gütermärkten eine Überschußnachfrage besteht. Daraufhin werden die Geldpreise steigen, und zwar solange, bis die Realkasse M/P auf ihr ursprüngliches Niveau gefallen ist. Die Gleichung (185) gilt also nicht und muß ersetzt werden durch:

$$E_g\left(\mathbf{p}, \frac{M}{P}\right) = E_g\left(a \cdot \mathbf{p}, \frac{a \cdot M}{a \cdot P}\right) \quad g = 1 \ldots G; \quad a > 0. \tag{194}$$

Eine Vervielfachung der Geldpreise ist also genau dann neutral, wenn *gleichzeitig* die nominale Geldmenge um den gleichen Faktor vervielfacht wird; denn nur in diesem Falle bleibt der reale Kassenbestand unverändert. Dies bedeutet keinerlei „Geldillusion": Vielmehr impliziert die Neoklassische Forderung (185) eine Geldillusion, weil die Wirtschaftssubjekte ihre Nachfragepläne aufrechterhalten, obwohl ihre Realkasse zu- oder abgenommen hat[3].

Damit ist die Integration der Wert- und Geldtheorie vollzogen. Durch die Aufnahme des Realkassenbestandes in die Allgemeine Gleichgewichtstheorie wird eine eigenständige Geldtheorie *überflüssig*. Die G – 1 Geldpreise werden, ebenso wie die relativen Preise, durch das Zusammenspiel der G – 1 unabhängigen Märkte gefunden. Es existiert unter den üblichen Annahmen genau ein Geldpreisvektor, der ein Gleichgewicht auf allen Märkten bewirkt.

Aber weit wichtiger ist, daß das Klassisch-Neoklassische Theorem der *Neutralität* des Geldes im Endeffekt aufrechterhalten bleibt. Verdoppelt

---

3 Ebenso erscheint es wenig sinnvoll, eine reale Konsumfunktion C(Y) als „Abwesenheit von Geldillusion" zu deuten; auch hier handelt es sich *gerade* um eine Geldillusion.

man die Geldmenge, so führt dies im ersten Zuge zu einer Überschußnachfrage auf den Gütermärkten; das heißt, die Geldmengenänderung übt *reale* Wirkungen aus. Indes wird diese Überschußnachfrage ceteris paribus einen allgemeinen Preisanstieg bewirken, der so lange anhält, bis die Realkasse auf ihr ursprüngliches Niveau gesunken ist. Die Quantitätstheorie des Geldes wird also im *Ergebnis* bestätigt, und die der Neoklassik vorgehaltenen Inkonsistenzen beziehen sich allein auf die Beschreibung des *Anpassungsprozesses.* Es ist wichtig zu verstehen, daß die letztliche Neutralität des Geldes nur über vorübergehende Änderungen der Realvariablen bewirkt werden kann: Ohne Überschußnachfragen würde kein Preis steigen. Gleichzeitig *verliert* die Quantitätstheorie ihre Gültigkeit für jene Fälle, in denen ein allgemeines Überschußangebot besteht, das einen Preisansteig aufgrund des Realkasseneffektes verhindert.

Betrachten wir zuletzt PATINKINS Einwände gegen gewisse Formulierungen des Sayschen Theorems. In seiner ursprünglichen Form konstatierte das Saysche Theorem die *identische* Übereinstimmung von aggregierter Güternachfrage und aggregiertem Güterangebot; dies wäre die definitorische Geltung der linken Gleichung in (192). Jene, oft als *Saysche Identität* bezeichnete Behauptung gilt nur für eine *Naturaltauschwirtschaft,* in der kein Geld existiert. In diesem Fall fällt die Saysche Identität mit dem Gesetz von Walras zusammen und beruht auf der Voraussetzung, daß alle Wirtschaftssubjekte gemäß ihrer Budgetgleichungen planen.

Die Saysche Identität gilt *nicht* für eine Geldwirtschaft, weil in diesem Fall der Geldmarkt nach (192) *identisch* ausgeglichen sein müßte, was in offensichtlichem Widerspruch zur Quantitätstheorie steht. Denn die Cambridge-Gleichung war ja nicht als Identität, sondern als *Gleichgewichtsbedingung* gemeint; ein Ausdruck, in dem die Möglichkeit eines Ungleichgewichtes schon mitgedacht ist. Deshalb muß das Saysche Theorem in der Weise verstanden werden, daß stets ein Preisniveau *existiert,* welches die aggregierte Güternachfrage und das aggregierte Güterangebot ins Gleichgewicht bringt. In dieser Fassung wird das Saysche Theorem auch als *Saysche Gleichung* bezeichnet.

Fassen wir zusammen. Das Allgemeine Gleichgewichtsmodell ist für eine Geldwirtschaft unhaltbar und mit der Quantitätstheorie unvereinbar, wenn die Überschußnachfragen nicht von den Geldpreisen abhängen. Durch Einführung des Realkassenbestandes als Argument der Überschußnachfragefunktionen hängen letztere auch von den Geldpreisen ab; damit ist das Preisniveau bereits im Allgemeinen Gleichgewichtsmodell bestimmt und eine „ergänzende“ Geldtheorie in Form der Quantitätsgleichung überflüssig. Das Theorem der Neutralität des Geldes bleibt aufrechterhalten, wenn man allein das ursprüngliche und das neue Gleichgewicht betrachtet; während des Anpassungsprozesses ergeben sich indes reale Wirkungen[4]. Das Saysche Theorem schließlich gilt in seiner strengen Form nur für eine Naturaltauschwirtschaft. In einer Geldwirtschaft gilt es hingegen genau dann, wenn das gleichgewichtige Preisniveau etabliert ist.

§ 61 Kritik der Keynesianischen Geldtheorie

Im vorigen Abschnitt sahen wir, daß die Quantitätstheorie dem Realkasseneffekt in der speziellen Form des Cambridge-Effektes eine zentrale Stellung einräumt. Und weiter, daß der Realkasseneffekt auch für die Werttheorie (sofern es so etwas dann überhaupt noch gibt) durchaus wesentlich ist, denn allein er garantiert die Geltung des Sayschen Theorems in einer Geldwirtschaft. Aber welche Rolle spielt der Realkasseneffekt in der Keynesianischen Theorie?

Diese Frage wurde gewissermaßen schon in § 40 beantwortet. Dort begegnete uns der Realkasseneffekt als *Keynes-Effekt*, wonach die Realkasse über den Wertpapier-Zins-Investitions-Mechanismus einen indirekten Einfluß auf die aggregierte Güternachfrage ausübt. Wir konnten uns davon überzeugen, daß die Annahme einer Substitutionsbeziehung zwischen Geld und Wertpapieren stichhaltig ist, wenn man die konstitutive Wertaufbewahrungsfunktion des Geldes berücksichtigt. Wir müssen uns jedoch fragen, ob die darüber hinausgehende Keynesianische Annahme akzeptabel ist, daß Änderungen der Realkasse *nur* auf die Wertpapiernachfrage wirken und *nicht* auf die Güternachfrage. Denn dies ist eine zentrale Prämisse des IS/LM-Modells.

Es oblag vor allem ARTHUR CECIL PIGOU, diese Frage in seinem berühmt gewordenen Aufsatz „The Classical Stationary State" zu beantworten[5]. Zum Verständnis von PIGOUS Argument sind zwei Definitionen erforderlich: Als *Steady State* bezeichnet man einen langfristigen Gleichgewichtszustand, ein wie auch immer definiertes Wachstumsgleichgewicht. Existenz und Eigenschaften eines Steady State sind die Hauptfragen der Wachstumstheorie. Der *Stationary State* ist ein Steady State mit Null-Wachstum; diese raffinierte Fiktion erlaubt die Untersuchung langfristiger Anpassungsprozesse, ohne daß man in die spezifisch wachstumstheoretische Problematik gerät. Vor allem zwei Merkmale sind konstitutiv für den Stationary State. Erstens existiert ein optimaler Vermögensbestand W^*, den die Haushalte anstreben, und zweitens ein technologisch optimaler

---

4 Vergleiche hierzu auch die vielbeachtete, aber im Kern unberechtigte Kritik an PATINKIN von ARCHIBALD und LIPSEY: ARCHIBALD, G.C. und R.G. LIPSEY (1958) Monetary and Value Theory: A Critique of Lange and Patinkin; Review of Economic Studies **26,** S. 1–22.

5 PIGOU, A.C. (1943) The Classical Stationary State; Economic Journal **53,** S. 343–351.

Kapitalbestand K*; beide hängen unter Umständen vom Zins ab. Der Stationary State ist erreicht, wenn W = W* und K = K* ist, wenn also die aktuellen Bestände den optimalen entsprechen. Im Stationary State wird mithin nicht gespart und nicht investiert[6].

Unterstellen wir nun einen Anstieg der Realkasse. Sofern Geld als Vermögensbestandteil angesehen wird, steigt damit das aktuelle Vermögen der Geldbesitzer. Da der optimale Vermögensbestand im Stationary State unverändert bleibt, wird die Ersparnis daraufhin zurückgehen und der Konsum zunehmen; wir können also eine modifizierte Spar- und Konsumfunktion aufstellen:

$$S = S\left(Y, \underset{(-)}{\frac{M}{P}}\right) \quad \text{und} \quad C = C\left(Y, \underset{(+)}{\frac{M}{P}}\right). \tag{195}$$

Diese Wirkungen der Realkasse auf Konsum und Ersparnis bezeichnet man seither als *Pigou-Effekt.* Der Pigou-Effekt bedeutet also, daß bei steigender Geldmenge *oder* fallenden Preisen die Ersparnis ab- und der Konsum zunimmt, weil das Vermögen der Wirtschaftssubjekte steigt.

Bedeutsam ist der Pigou-Effekt bei einer Investitions- oder Liquiditätsfalle, und auf diese Situationen war er auch gemünzt: PIGOU wollte die Unmöglichkeit eines stabilen Unterbeschäftigungsgleichgewichtes zeigen. Wir hatten im fünften Kapitel gesehen, daß ein derartiges Gleichgewicht infolge einer Investitions- oder Liquiditätsfalle auftreten kann, wobei die permanente Deflation keine Stimulierung der Güternachfrage bewirkt. Durch den Pigou-Effekt werden diese Möglichkeiten hinfällig. Der Leser betrachte etwa die folgende Abbildung zur Liquiditätsfalle:

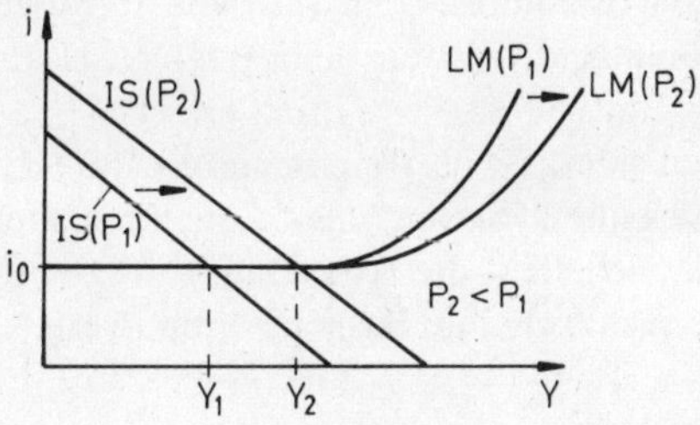

Abbildung 60

6 In der Literatur werden üblicherweise zwei Bestandsanpassungsfunktionen $S = S(W^* - W)$ und $I = I(K^* - K)$ angenommen, die vorzeichenerhaltend sind, durch den Ursprung verlaufen und positive erste Ableitungen aufweisen.

Wegen des Überschußangebotes auf dem Gütermarkt sinken die Preise, was über den Pigou-Effekt eine *Rechtsverschiebung* der IS-Kurve bewirkt. Denn über die steigende Realkasse M/P nimmt die Ersparnis nach (195) ab, so daß sich zu jedem Zins ein höheres Gleichgewichtseinkommen einstellt. Ein Zustand der Unterproduktion und Unterbeschäftigung ist zwar weiterhin möglich, aber nicht *stabil:* Die Deflation wird so lange anhalten *bis* Vollbeschäftigung besteht; eine Konvergenz zum Vollbeschäftigungsgleichgewicht ist „unvermeidlich".

Indes blieb die Mehrzahl der Ökonomen, PIGOU selbst eingeschlossen, skeptisch gegenüber der praktischen Wirksamkeit des Pigou-Effektes. Denn betrachten wir den Vermögenscharakter des Geldes etwas genauer: Mit Ausnahme des Warengeldes (z.B. Gold) ist Geld, wie jedes andere Finanzaktivum, ein Zahlungsversprechen. Zentralbankgeld verpflichtet die Zentralbank, Bankdepositen und Schecks verpflichten die Kreditinstitute zur Zahlung. Rechnen wir zur Geldmenge auch noch Wechsel und ähnliches, so wird deutlich: daß dem *Vermögen* des Geldbesitzers stets eine entsprechende *Schuld* des Geldemittenten gegenübersteht.

Bei fallenden Preisen nimmt zwar das Vermögen des erstgenannten zu, jedoch auch die Schuld des letzteren. Deshalb müssen wir die obige Frage anders stellen und den *Netto*vermögenscharakter des Geldes untersuchen.

Hierzu wurde die Unterscheidung von Innengeld und Außengeld ersonnen[7]; die Attribute „innen" und „außen" beziehen sich dabei auf den inländischen privaten Sektor. Beim *Innengeld* steht dem Vermögen eine äquivalente Schuld innerhalb des privaten Sektors gegenüber, Wechsel und Schecks wären hierzu zwei typische Beispiele. Das *Außengeld* verkörpert demgegenüber die Schuld eines nicht zum inländischen privaten Sektor gehörenden Emittenten, wobei in einer geschlossenen Volkswirtschaft nur der Staat in Betracht kommt, oder es ist ein Vermögensobjekt wie das Gold. Allein das Außengeld stellt für den privaten Sektor ein Netto-Geldvermögen dar[8].

In den Funktionen (195) ist also nicht die gesamte Geldmenge zu berücksichtigen, sondern allein das Außengeld, weil nur dieses über den Vermögens- bzw. Realkasseneffekt die Konsumnachfrage anregen kann. Freilich ließe sich diese recht schmale Basis noch um weitere nominal fixierte

---

7 Vgl. GURLEY, J.G. und E.S. SHAW (1960) Money in a Theory of Finance; Washington, D.C.: The Brookings Inst.

8 Diese Aussage ist wiederum bestritten worden und heute noch Gegenstand der Kontroverse. Vgl. etwa PESEK, B.P. und T.S. SAVING (1967) Money, Wealth and Economic Theory; New York: Macmillan. BUCHANAN, J. (*1974) Ein Outside-Ökonom verteidigt Pesek und Saving; in: BRUNNER, K. et al. (Hrsg.) Geldtheorie; Köln: Kiepenheuer und Witsch. CLAASSEN, E.-M. (1980²) Grundlagen der Geldtheorie; a.a.O. Kapitel VII.

Bestandteile des Außenvermögens ergänzen, wobei der Realkasseneffekt zu einem Realvermögenseffekt erweitert würde. In Frage kommen in einer geschlossenen Volkswirtschaft (ohne Gold etc.) allein Staatsschuldtitel, und die Frage, ob diese als Nettovermögen des privaten Sektors gelten können, wird uns in späteren Kapiteln noch beschäftigen. Vorerst bleiben wir beim Realkasseneffekt.

Da das Außengeld nur einen Bruchteil der gesamten Geldmenge ausmacht, verbleibt für den Pigou-Effekt eine relativ geringe Basis, und nimmt man noch die Zähigkeit einer Deflation hinzu, so bestätigt sich PIGOUS eigene Einschätzung, der Pigou-Effekt sei mehr eine „akademische Übung" als von praktischer Relevanz. Immerhin konnte PIGOU jedoch zeigen, daß die Situationen der Investitions- bzw. Liquiditätsfalle *nicht stabil* sind. Immer besteht aufgrund der allgemeinen Deflation eine *Tendenz* zum Vollbeschäftigungsgleichgewicht.

Betrachten wir zuletzt ein weiteres, auf IRVING FISHER zurückgehendes Argument, das sich *gegen* die stimulierende Wirkung einer Deflation richtet. Es wurde schon gesagt, daß beim Innengeld dem Vermögen des Geldbesitzers eine entsprechende Schuld des Geldemittenten gegenübersteht. Nehmen wir nun einmal an, die Ausgabenneigung der Schuldner sei größer, als die der Gläubiger (schlagendes Argument: Gerade deshalb sind sie ja Schuldner!). Infolge einer Deflation nehmen nun das Innenvermögen und die entsprechenden Schulden in gleichem Maße zu. Was die Gläubiger gewinnen, verlieren also die Schuldner, und unter der obigen Annahme werden die Ausgaben der ersteren weniger stark zunehmen als die der letzteren sinken. Damit aber geht die Gesamtnachfrage zurück!

Ist dieser *Fisher-Effekt*[9] stark genug, dann wird er den Pigou-Effekt überlagern und möglicherweise ausschalten. Wir haben damit den Fall, daß ein Vollbeschäftigungsgleichgewicht bei niedrigen Preisen zwar *existiert*, aber im dynamischen Prozeß nicht *erreicht* werden kann. Zwei weitere Argumente unterstützen dies. Aufgrund von Überschuldungen kommt es infolge einer Deflation zu Konkursen, die einen Rückgang des Nettovermögens bewirken. Und aufgrund von Deflations*erwartungen* kann eine zeitliche Verschiebung von Käufen rational sein, weil der Wert des Geldes im Zeitablauf *zunimmt*. All dies verdeutlicht, warum eine starke Deflation nicht unbedingt nachfragesteigernd wirken muß, wie dies die Quantitätstheorie behauptet. Nicht wenige Ökonomen sehen in diesen drei Phänomenen eine wesentliche Ursache der Großen Depression.

Fassen wir zusammen. PIGOU kritisierte zu Recht die merkwürdige Keynesianische Annahme, daß Änderungen der Realkasse nur auf die

---

9 Wir vermerken, daß es in der Literatur zwei „Fisher-Effekte" gibt. Der zweite bezieht sich auf die Einrechnung der Inflationsrate in die Zinsforderung, wobei der Nominalzins die Summe von Realzins und Inflationsrate ist.

Wertpapiernachfrage Einfluß nehmen, nicht aber auf die sonstige Güternachfrage (Keynes-Effekt). Mit dem Pigou-Effekt wurde gezeigt, daß auch unter den abwegigsten Voraussetzungen ein Vollbeschäftigungsgleichgewicht existiert. Damit war die Klassisch-Neoklassische Position rehabilitiert. Reserviert blieb man jedoch gegenüber der praktischen Relevanz des Anpassungsprozesses. Nicht nur, daß der Realkasseneffekt nach allgemeiner Auffassung recht schwach ist, nicht nur, daß Deflationen langwierige Prozesse sind: vor allem sind im Verlauf der Anpassung gegenläufige Wirkungen zu erwarten, und zwar

- durch den Fisher-Effekt,
- durch den Rückgang des Nettovermögens aufgrund von Konkursen sowie
- durch eine erhöhte Geldnachfrage wegen zu erwartender Deflationsgewinne.

§ 62 Resümee

Nach diesem vielleicht etwas irritierenden „Effekt-Menu" erscheint es zunächst angebracht, die wesentlichen Gemeinsamkeiten und Unterschiede der Effekte zusammenzufassen:

Der *Realkasseneffekt* als Vermögenseffekt ist der Oberbegriff, er steht für einen Zusammenhang zwischen der Realkasse auf der einen und mikro- oder makroökonomischen Realvariablen auf der anderen Seite. Mit dem Realkasseneffekt sollen die Anpassungsprozesse zum allgemeinen Gleichgewicht erklärt werden.

Cambridge-Effekt nannten wir den Realkasseneffekt der Neoklassischen Theorie. Ihm zufolge wirkt die Realkasse *direkt* auf die aggregierte Güternachfrage. Der Güterbegriff ist in diesem Falle eng, das heißt: unter Ausschluß von Wertpapieren, auszulegen. Damit beeinflußt die Realkasse nicht das Zinsniveau, was ein Aspekt der Klassisch-Neoklassischen Dichotomie war.

Beim *Keynes-Effekt* tritt die Zahlungsmittelfunktion des Geldes in den Hinter- und die Wertaufbewahrungsfunktion in den Vordergrund. Der Realkasseneffekt nimmt nun *allein* auf die Wertpapiernachfrage Einfluß, nicht aber auf die sonstigen Güterausgaben. Das Neoklassische Reaktionsmuster wird somit in sein Gegenteil verkehrt; gleichzeitig ist die Dichotomie insofern aufgehoben, als die Geldmenge nun über den Zins die Güternachfrage beeinflußt. Der Keynes-Effekt ist also jener Spezialfall des Realkasseneffektes, bei dem nur zwischen Geld- und Wertpapierhaltung substituiert wird.

Der *Pigou-Effekt* tritt in der Neoklassischen Synthese neben den Keynes-Effekt. Seinen Anwälten zufolge läßt sich nicht halten, daß die Realkasse *nur* die Wertpapiernachfrage beeinflussen soll; vielmehr wird eine weitere Wirkung auf die Konsumnachfrage festgestellt. Dies ist jedoch *keine* Rückkehr zum Cambridge-Effekt. METZLER hat betont, daß der Pigou-Effekt vielmehr Un-Klassisch und Un-Neoklassisch ist, was an seiner Präsentation im IS/LM-Modell liegt und daran, daß die Geldmengenabhängigkeit des Zinses nicht geleugnet wird[10]. Demnach ist der Pigou-Effekt ein eigenständiges Merkmal der Neoklassischen Synthese.

Durch den *Fisher-Effekt* schließlich wird eine Umkehrung des Pigou-Effektes nahegelegt. In disaggregierter Betrachtung muß eine Deflation nicht notwendig zu höheren Ausgaben führen, wenn man die unterschiedlichen Ausgabenneigungen von Gläubigern und Schuldnern in Rechnung stellt. Nimmt man noch den Nettovermögensverlust aufgrund von Konkursen sowie die steigende Neigung zu Horten aufgrund von Deflationserwartungen hinzu, so kann sich der dynamische Prozeß in sein Gegenteil verkehren. Die aggregierte Nachfrage nimmt bei fallenden Preisen *ab.*

Für eine geschlossene Volkswirtschaft ohne nicht-monetäres Außenvermögen erklärt sich die überragende Bedeutung des Realkasseneffektes aus der Tatsache, daß ohne ihn die aggregierte Nachfrage und das aggregierte Angebot nicht zur Übereinstimmung gebracht werden können. Auf einem Einzelmarkt mag der Preismechanismus ein Gleichgewicht herbeiführen; gesamtwirtschaftlich würde er indes *versagen,* wenn die Überschußnachfragen tatsächlich unabhängig von den Geldpreisen bzw. dem Preisniveau wären. Ohne die Existenz eines Realkasseneffektes ständen das aggregierte Angebot und die aggregierte Nachfrage nicht zueinander in Beziehung; sie würden nur zufällig übereinstimmen. Der Realkasseneffekt ist deshalb gleichsam der Nagel, an dem die gesamtwirtschaftliche Stabilität hängt.

Daraus folgt unmittelbar: Je schwächer der Realkasseneffekt, desto langwieriger sind die Anpassungsprozesse zum allgemeinen Gleichgewicht. Und weiter könnte man folgern: Desto naheliegender sind staatliche Stabilisierungsmaßnahmen. Damit nun können wir die Vollendung der Neoklassischen Synthese voll erfassen. Sie ist ein Konglomerat von Waffenstillstandsbedingungen zwischen „Keynes und den (Neo-)Klassikern“, bestehend aus den folgenden drei Punkten:

- Die Neoklassiker haben das Gravitationszentrum der Marktwirtschaft, den Zustand der Vollbeschäftigung, richtig beschrieben. Das Saysche Theorem *gilt* langfristig, und zwar auch bei einer Investitions- und Liquiditätsfalle.

---

10 METZLER, L.A. (*1974) Vermögen, Sparen und Zinssatz; in: BRUNNER, K. et al. (Hrsg.) Geldtheorie, a.a.O. Wir fügen hinzu, daß dieses Argument sich auf die Hauptströmung der Klassisch-Neoklassischen Theorie bezieht; einzelne Autoren, allen voran WICKSELL, konstatierten schon lange zuvor eine Abhängigkeit des Zinses von der Geldmenge.

– KEYNES' „General Theory" ist ein Spezialfall der Klassisch-Neoklassischen Theorie, der sich ergibt, wenn man die Marktunvollkommenheiten und die Anpassungsprobleme genauer betrachtet.
– Indes ist dieser „Spezialfall" von weit höherer praktischer Relevanz als der „Normalfall", weil die gesamtwirtschaftliche Anpassung wesentlich langwieriger ist, als die auf einem Einzelmarkt. Auch ist die dynamische Konvergenz zum Vollbeschäftigungsgleichgewicht nicht unbedingt gewährleistet; deshalb muß der Ruf nach einer diskretionären Stabilisierungspolitik *anerkannt* werden.

Auch in bezug auf die praktische Wirtschaftspolitik handelt es sich hier um eine „Synthese" im wahrsten Sinne des Wortes, da die Prinzipien dezentraler und zentraler Lenkung miteinander kombiniert werden. Der Markt soll für die effiziente Allokation der Ressourcen sorgen, während der Staat eine Globalsteuerung zur Aufrechterhaltung der gesamtwirtschaftlichen Stabilität betreibt. Dies ist zugleich die Basis der seit Jahrzehnten praktizierten Wirtschaftspolitik.

Literaturangaben

Wir empfehlen zuoberst PATINKINS Werk, das Niveau mit einer didaktisch vorzüglichen Darstellung verbindet:

PATINKIN, D. (1965²) Money, Interest and Prices; New York: Harper and Row

Eine Kurzfassung der für die Makroökonomik relevanten Argumente von PATINKIN ist:

PATINKIN, D. (1948) Price Flexibility and Full Employment; American Economic Review **38,** S. 543–564. Wiederabgedruckt in: MUELLER, M.G. (1967) Hrsg.: Readings in Macroeconomics; New York usw.: Holt, Rinehart and Winston. LINDAUER, J. (1968) Hrsg.: Macroeconomic Readings; New York usw.: The Free Press

Aus der deutschsprachigen Literatur verweisen wir auf:

NELDNER, M. (1982) Chronische Unterbeschäftigung bei flexiblen Löhnen und Preisen? Zeitschrift für die gesamte Staatswissenschaft **138,** S. 695–710

CLAASSEN, E.M. (1980²) Grundlagen der Geldtheorie; a.a.O., S. 248 f., 289 f.

Eine vorzügliche Neubetrachtung der geldtheoretischen Problematik des Realkasseneffektes vom Standpunkt der Allgemeinen Gleichgewichtstheorie aus unternimmt:

GRANDMONT, J.-M. (1983) Money and Value – A Reconsideration of Classical and Neoclassical Monetary Theories; Cambridge usw.: Cambridge University Press

Kapitel VIII. Portfoliotheorie

Die *Portfoliotheorie* ist eine entscheidungslogische Theorie der Vermögenshaltung privater Wirtschaftssubjekte; sie ist damit zugleich eine entscheidungslogische Theorie der Geldnachfrage.

Entsinnen wir uns, um die Bedeutung des letzten Halbsatzes zu erfassen, kurz der Neoklassischen Theorie. Jene war, wie verschiedentlich erwähnt, durch die theoretische Dichotomie in bezug auf den realen und monetären Sektor einer Volkswirtschaft gekennzeichnet, welche mit einer *methodischen* Dichotomie einherging. Während die Neoklassik mit dem Prinzip des Grenznutzens eine entscheidungslogische Begründung, eine „Theorie der Wahlhandlungen" für alle *real*wirtschaftlichen Variablen lieferte, wurde die *Geld*nachfrage aus einem ganz anderen Prinzip abgeleitet, das man Prinzip der Gewohnheit oder Notwendigkeit nennen könnte. Die durchschnittliche Kassenhaltungsdauer (k) der Cambridge-Gleichung beruhte, anders als jede andere Verhaltensgröße, nicht auf einem Optimierungskalkül, sondern wurde mehr oder weniger „mechanistisch" erklärt. Damit blieb die Geldtheorie hinter der Werttheorie zurück[1].

Die Portfoliotheorie bricht mit dieser methodischen Dichotomie und wendet das traditionelle werttheoretische Instrumentarium auf die Geldtheorie an. Damit behandelt sie ein kompliziertes Problem, beruht doch die Verwendung von Geld auf gerade jenen „Unvollkommenheiten", die in der werttheoretischen Analyse üblicherweise ausgeschlossen werden: nennen wir nur Risiken und Transaktionskosten. Mit der Portfoliotheorie werden also preistheoretische Erklärungen auf breiterer Ebene in die Geld- bzw. Makrotheorie eingeführt.

---

1 JAMES TOBIN über die Geldtheorie: „Wie HICKS beklagte, scheint alles machbar in einem Felde, wo Behauptungen nicht auf ein Optimierungsverhalten gegründet werden müssen und wo schlaue, aber kasuistische Empirizismen und Analogien zur Mechanik den Platz von Folgerungen aus einer Nutzen- und Gewinnmaximierung einnehmen." TOBIN, J. (1961) Money, Capital and Other Stores of Value; American Economic Review (PP) **51,** S. 26 – 37.

Entwickelt wurde die Portfoliotheorie vor allem durch HARRY M. MARKOWITZ[2] und JAMES TOBIN[3], ihre Wurzeln liegen indes schon in einer Anregung von JOHN R. HICKS[4] und den Keynesschen Arbeiten zur Liquiditätspräferenz.

In den folgenden beiden Paragraphen wollen wir zunächst die mikroökonomischen Grundlagen der Portfoliotheorie behandeln, um anschließend ihre makroökonomischen Anwendungen zu umreißen.

§ 63 Mikroökonomische Grundlagen der Portfoliotheorie

Unter einem *Portfolio*, oder Portefeuille, verstehen wir die Gesamtheit des Vermögens und der Verbindlichkeiten eines Wirtschaftssubjektes. Im weiteren beziehen wir uns allein auf das Vermögen, aber es sollte im Auge behalten werden, daß die hier vorgetragenen Prinzipien sich auch auf Passiva anwenden lassen. Die Portfoliotheorie beschäftigt sich mit der Frage, in welcher Weise ein rationales Wirtschaftssubjekt sein Vermögen auf verschiedene Anlagealternativen verteilt. Dabei wird die aus der Preistheorie bekannte Idealisierung der vollkommenen Konkurrenz unterstellt; andere Voraussetzungen, wie vollkommene Voraussicht, perfekte Fungibilität und Abwesenheit von Transaktionskosten werden jedoch aufgegeben. Es wird sich zeigen, daß die Geldhaltung gerade auf jenen Unvollkommenheiten beruht.

Beginnen wir mit einigen ganz allgemeinen Überlegungen. Jedes für einen Anleger in Betracht kommende Vermögensobjekt ist durch vier Eigenschaften gekennzeichnet, und zwar

- den Ertrag,
- das Ertragsrisiko,
- die mit dem Erwerb, der Haltung und dem Verkauf verbundenen Transaktionskosten sowie
- die Fungibilität.

Es ist klar: Wenn wir von Risiken und Transaktionskosten absehen und vollkommene Fungibilität, also die jederzeitige Verkäuflichkeit, unterstellen – dann läßt sich die Frage nach dem optimalen Portfolio ausgesprochen leicht beantworten. Der Anleger wird sich nach dem Vermögensobjekt mit dem *höchsten* Ertrag umschauen, und – falls ein solches existiert –

2 MARKOWITZ, H.M. (1959) Portfolio Selection. Zweite Auflage New York 1970: Yale University Press. Der erste Beitrag von Markowitz stammt bereits aus dem Jahre 1952.

3 TOBIN, J. (1958) Liquidity Preference as Behaviour Towards Risk; Review of Economic Studies **25**, S. 65–86.

4 HICKS, J.R. (1935) A Suggestion for Simplifying the Theory of Money; Economica **2**, S. 1–19.

nur dieses in sein Portefeuille aufnehmen. Die Geldhaltung hätte in diesem Falle kaum eine Chance.

Aber das ist nicht die Welt, in der wir leben. Tatsächlich ist der Ertrag vieler Vermögensobjekte unsicher (man denke an Aktien), es gibt Transaktionskosten (Maklergebühren, Steuern), und oft ist es nicht möglich, jederzeit zu verkaufen (Kündigungsfristen). Daher wird ein rationaler Anleger die Vor- und Nachteile verschiedener Vermögensobjekte sorgsam abwägen. Es ist durchaus wahrscheinlich, daß er etwa Geld in sein Portefeuille aufnimmt, denn obwohl dieses bei Preisstabilität keinen Ertrag abwirft, ist seine Haltung risikoarm, mit minimalen Transaktionskosten verbunden, jederzeit rückgängig zu machen und deshalb vorteilhaft.

In dieser Weise betrachtet ist etwa die Existenz einer *Transaktionskasse* keine rein passive, „notwendige“ Erscheinung, sondern Ergebnis eines Optimierungskalküls, bei dem die Opportunitätskosten der Geldhaltung gegen die damit verbundenen Vorteile abgewogen werden. Ohne diese einfachen Zusammenhänge mathematisch darzustellen[5], können wir als erstes Ergebnis der Portfoliotheorie festhalten: Die Existenz einer Transaktionskasse beruht auf einem Optimierungskalkül; ihr Umfang ist einerseits bestimmt durch die Höhe der vermiedenen Transaktionskosten und den Vorteil der Fungibilität, andererseits aber durch die Höhe der Opportunitätskosten. Setzt man die Opportunitätskosten mit „dem Zinsniveau“ gleich, so folgt daraus: Die Höhe der Opportunitätskosten nimmt bei steigendem Zins erwartungsgemäß zu; die Transaktionskasse ist *zinsabhängig!* Dies ist ein Novum gegenüber dem Klassisch-Neoklassischen und dem Keynesianischen Ansatz.

Damit sind die Grundzüge einer entscheidungslogischen Erklärung der Transaktionskasse geklärt, und wir wollen im folgenden von ihr und ihren Bestimmungsgrößen abstrahieren, also Transaktionskosten und Mängel der Fungibilität vernachlässigen. Freilich geschieht dies nur zur Vereinfachung der Darstellung: es kann kein Zweifel darüber bestehen, daß sich die Portfoliooptimierung *simultan* für alle Vermögensbestandteile vollzieht.

Als unterscheidende Merkmale verblciben uns nurmehr die *erwarteten Erträge* und die *Risikoeinschätzungen* bezüglich jener Erträge. Entwickeln wir nun die Ratio der Vermögensaufteilung anhand eines ganz einfachen Modells mit nur zwei Vermögenskomponenten, welche dem Anleger zur Wahl stehen. Weiterhin sei angenommen, daß die Art der Aufteilung von

---

5 Vgl. hierzu Baumol, W.J. (1952) The Transactions Demand for Cash: An Inventory Theoretic Approach; Quarterly Journal of Economics **66,** S. 545–556. Tobin, J. (1956) The Interest Elasticity of Transaction Demand for Cash; Review of Economics and Statistics **38,** S. 241–247.

der Höhe des Vermögens unabhängig ist, so daß wir uns auf die Betrachtung der *Anteile* beschränken können:

$$x_1 + x_2 = 1. \tag{196}$$

x_1 und x_2 seien die Anteile der beiden Vermögensobjekte am Gesamtportfolio; sie addieren sich natürlich zu Eins. Unser Problem besteht nun in der Auffindung einer allgemeinen Regel, nach der ein Anleger die Größen x_1 und x_2 wählt. Werfen wir zuerst einen Blick auf die zweifellos bedeutsamen Erträge. Es ist zu vermuten, daß der Anleger im allgemeinen nicht die genaue Höhe der Vermögenserträge kennt, sondern lediglich eine Vorstellung davon hat, mit welcher Wahrscheinlichkeit sich ein bestimmter Ertrag einstellen wird. Diese Wahrscheinlichkeiten sind *rein subjektive* Größen, was nicht ausschließt, daß sie anhand objektiver Daten der Vergangenheit gebildet wurden. Unterstellen wir der Einfachheit halber eine Normalverteilung, dann könnten die Ertragserwartungen bezüglich des ersten Vermögensobjektes etwa folgendermaßen aussehen:

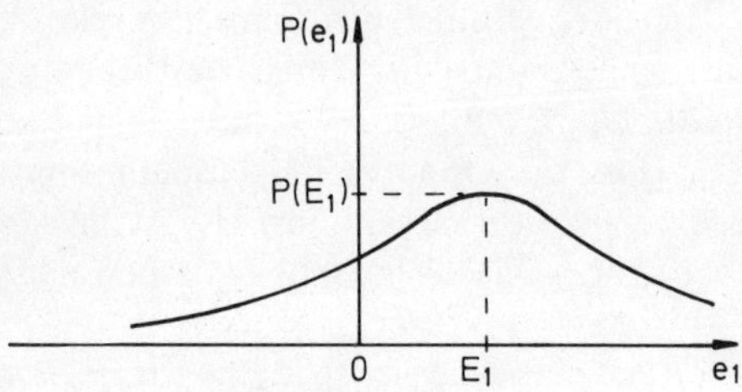

Abbildung 61

Hierbei ist e_1 der Ertrag des ersten Vermögensobjektes; $P(e_1)$ die Wahrscheinlichkeit, daß der Ertrag e_1 sich einstellt. Aufgrund der Symmetrie der Normalverteilung ist ihr Gipfel (Modus) zugleich der Erwartungswert des Ertrages: Unser Anleger erwartet, daß dieser Wert sich im Mittel einstellen wird. Wir betonen, daß er nicht unbedingt recht behalten muß, weil die Verteilungsfunktion in Abbildung 61 keine objektive, sondern eine rein subjektive Verteilung angibt. Aber dies ist zunächst völlig unbeachtlich, weil der Anleger sich nach dem richtet, was er glaubt.

Nach einem mathematischen Satz[6] ist die Summe zweier normalverteilter Zufallsvariablen (bzw. ihre Linearkombination) ebenfalls normalver-

6 Dieser und die folgenden elementaren Lehrsätze finden sich in praktisch jedem einführenden Lehrbuch der Statistik.

teilt. Und es läßt sich der Ertrag des gesamten Portfolios (E) als gewogenes Mittel der beiden Erwartungswerte E_1 und E_2 berechnen:

$$E = x_1 \cdot E_1 + x_2 \cdot E_2. \tag{197}$$

Diese Formel leuchtet auch unmittelbar ein, denn ist etwa nur das erste Vermögensobjekt im Portfolio vorhanden ($x_1 = 1$), dann gilt nach (197), daß der Erwartungswert des Gesamtertrages gleich E_1 ist. Wie würde sich nun ein Anleger verhalten, der *allein* auf den Ertrag sieht? Die Antwort ist einfach:

$$\text{wähle} \begin{cases} x_1 = 1, & \text{falls} \quad E_1 > E_2 \\ x_1 = 0, & \text{falls} \quad E_1 < E_2 \,. \end{cases} \tag{198}$$

Er wird also nur das Vermögensobjekt wählen, welches einen höheren (erwarteten) Ertrag abwirft. In einer Graphik mit $E_1 > E_2$ liegt der Punkt maximalen Ertrages ganz links:

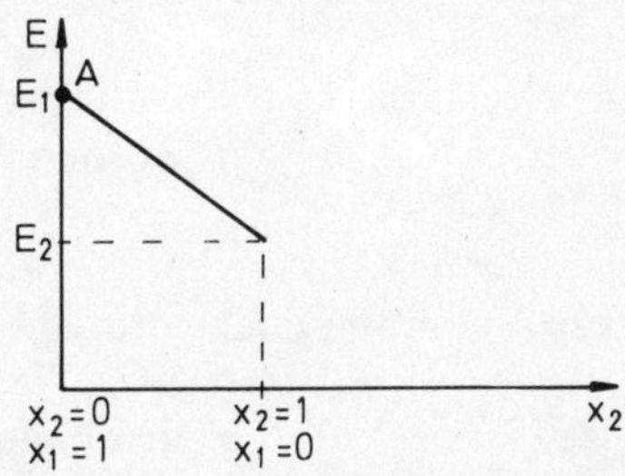

Abbildung 62

Der Anleger wählt zur Maximierung des erwarteten Ertrages den Punkt A, das heißt, er nimmt nur das erste Vermögensobjekt in sein Portfolio auf. Dies wurde durch (198) formal ausgedrückt.

Aber damit haben wir uns die Sache ein wenig zu einfach gemacht. Im allgemeinen spielt für den Anleger auch das *Risiko* eine Rolle; denn wäre es anders, könnte man schwerlich die unterschiedlichen Zinssätze der Realität erklären. Als einfaches Maß des Risikos wählen wir die *Varianz* der obigen Verteilungsfunktion, also den Erwartungswert der quadratischen Abweichungen vom Mittel. Wir bezeichnen die Varianz durch das Symbol S^2, da sie bekanntlich das Quadrat der Standardabweichung ist.

Ein Anleger kann nun *risikofreudig, risikoneutral* oder *risikoavers* sein. Im ersteren Falle verschafft ihm ein Risiko zusätzlichen Nutzen, im letzteren dagegen schadet es ihm. Bei Risikoneutralität spielt das Risiko keine

Rolle, und wir können das obige Entscheidungsmodell anwenden, bei dem es nur auf den Ertrag ankommt. Die folgende Skizze macht indes deutlich, daß der Anleger bei fallendem Grenznutzen des Ertrages auf jeden Fall *risikoavers* ist:

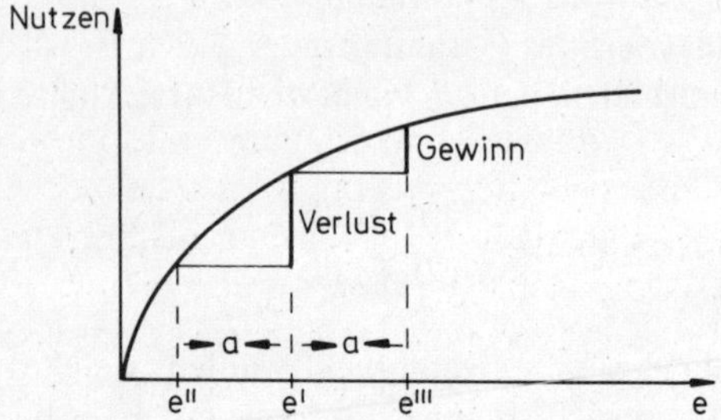

Abbildung 63

In der Graphik ist eine Neoklassische Nutzenfunktion skizziert, die dem ersten Gossenschen Gesetz genügt. Es werden hierbei zwei Fälle unterschieden:
- Der Anleger erhält entweder den Ertrag e′ *mit Sicherheit*
- oder die Erträge e″ bzw. e‴ mit je fünfzigprozentiger Wahrscheinlichkeit.

Der Erwartungswert des Ertrages ist in beiden Fällen derselbe, nämlich e′; gleichwohl wird der Anleger die erstere Möglichkeit vorziehen. Denn es ist nur zu ersichtlich, daß er bei Eintreten von e‴ *weniger* hinzugewinnt, als er bei Eintreten von e″ verliert, jeweils verglichen mit e′. Bei fallendem Grenznutzen ist der Anleger also zwangsläufig risikoavers, und dies scheint außerhalb von Spielkasinos ohnehin die relevante Annahme zu sein.

Das Risiko des Portefeuilles, gemessen durch die *Varianz* S^2, berechnet sich nach einer bekannten Formel folgendermaßen:

$$S^2 = x_1^2 \cdot S_1^2 + 2 \cdot x_1 \cdot x_2 \cdot S_1 \cdot S_2 \cdot \varrho + x_2^2 S_2^2 \qquad (199)$$

Hierbei sind S_1^2 und S_2^2 die Varianzen des ersten bzw. zweiten Vermögensobjektes. ϱ, der Korrelationskoeffizient, gibt die Korrelation zwischen den beiden Risiken an. Nehmen wir nun einmal an, daß der Anleger das Risiko des Portfolios minimieren will, und zwar ohne Rücksicht auf den Ertrag. Das *risikominimale* Portefeuille erhalten wir durch Setzung von $x_2 = (1 - x\ )$, Differentiation nach x_1 und Nullsetzen der Ableitung (die

Bedingung zweiter Ordnung ist hierbei erfüllt):

$$x_1 = \frac{S_2^2 - \varrho \cdot S_1 \cdot S_2}{S_1^2 - 2 \cdot \varrho \cdot S_1 \cdot S_2 + S_2^2} \tag{200}$$

$$x_2 = \frac{S_1^2 - \varrho \cdot S_1 \cdot S_2}{S_1^2 - 2 \cdot \varrho \cdot S_1 \cdot S_2 + S_2^2}. \tag{201}$$

Diese Formeln geben also an, welche x_1, x_2 ein Anleger wählt, wenn er sich risikominimierend verhält; sie haben einige sehr interessante Implikationen. Wie dem Leser sicherlich bekannt ist, mißt der Korrelationskoeffizient die Abhängigkeit der Risiken (bzw. genauer der riskanten Erträge). Bei $\varrho = 0$ sind die Risiken unabhängig voneinander, bei $0 < \varrho \leq 1$ stehen sie in einem positiven, bei $-1 \leq \varrho < 0$ in einem negativen Zusammenhang. Durch Einsetzung dieser drei typischen Werte des Korrelationskoeffizienten in (200) und (201) erhalten wir folgende Regeln für das risikominimale Portfolio:

$$\varrho = 0: \quad \text{Wähle } \frac{x_1}{x_2} = \frac{S_2^2}{S_1^2}, \quad \text{wobei } S^2 = \frac{S_1^2 \cdot S_2^2}{S_1^2 + S_2^2} \tag{202}$$

$$\varrho = -1: \quad \text{Wähle } \frac{x_1^2}{x_2^2} = \frac{S_2^2}{S_1^2}, \quad \text{wobei } S^2 = 0 \tag{203}$$

$$\varrho = 1: \quad \text{Wähle } \begin{cases} x_1 = 1, & \text{falls } S_1^2 < S_2^2, \quad \text{wobei } S^2 = S_1^2 \\ x_1 = 0, & \text{falls } S_1^2 > S_2^2, \quad \text{wobei } S^2 = S_2^2. \end{cases} \tag{204}$$

Die Formeln zeigen, daß in den ersten beiden Fällen *Diversifikation* die richtige Strategie zur Risikoverminderung ist. Bei unabhängigen Risiken ($\varrho = 0$) ist das risikominimale Portfolio dadurch gekennzeichnet, daß das Verhältnis der Anteile dem umgekehrten Verhältnis der Varianzen entspricht. Daraus ergibt sich, wie in (202) zu sehen, ein Gesamtrisiko, welches *geringer* ist als selbst das Minimum von S_1 und S_2. Bei vollständig negativer Korrelation ($\varrho = -1$) kann das Risiko nach (203) gar auf *Null* gesenkt werden! Lediglich bei vollständig positiver Korrelation der Risiken ($\varrho = 1$) kann das Gesamtrisiko durch Diversifikation nicht verringert werden; in diesem Falle wird nur jenes Vermögensobjekt in das Portfolio aufgenommen, welches das geringere Risiko aufweist, wir sprechen hier von *Konzentration.*

Will also ein Anleger möglichst geringe Risiken aufnehmen und hat er eine Vielzahl von Vermögensobjekten zur Auswahl, so wird er tunlichst Anlagen mit *negativ* korrelierten Risiken auswählen. Fast jeder „Praktiker“ wird in diesem Ergebnis sein auf Diversifikation gerichtetes Verhalten wiedererkennen.

Wir wollen nun das obige Gleichungssystem durch eine Graphik ergänzen, die vieles klarer machen wird. Zur besseren graphischen Darstellung messen wir künftig das Risiko durch die Standardabweichung S:

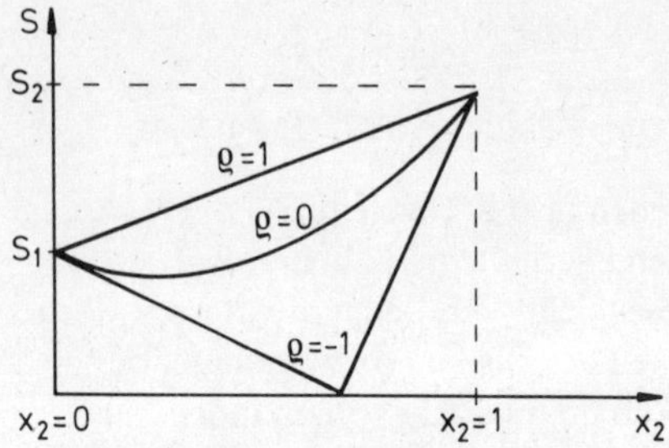

Abbildung 64

Auf der Ordinate ist das Risiko des Portefeuilles in Abhängigkeit von x_2 abgetragen. Bei $x_2 = 1$ oder $x_2 = 0$ ist $S = S_2$ bzw. $S = S_1$, ganz unabhängig vom Wert des Korrelationskoeffizienten. Die Korrelation ist jedoch entscheidend für den Verlauf der obigen *Risikokurven* zwischen diesen Extremwerten. Bei vollständiger positiver Korrelation hat die Risikokurve die Form einer Geraden; dies ist sofort aus (199) ersichtlich. In den anderen Fällen kann das Risiko indes durch Diversifikation vermindert werden. Das gemischte Portfolio ist sicherer als selbst jenes, welches nur das risikoärmere enthält, denn das Minimum der Risikokurven mit $\varrho = 0$ und $\varrho = -1$ liegt *unterhalb* von S_1. Bei vollständig negativer Korrelation läßt sich das Risiko gar völlig ausschalten; die untere Kurve berührt im Minimum die Abszisse.

Kommen wir nach diesen Vorbereitungen auf die ursprüngliche Frage zurück, wie denn ein Anleger sein Portfolio bestückt, wenn er sowohl auf den Ertrag als auch auf das Risiko achtet. Wir unterstellen dabei den speziellen Fall, daß *Geld* und *Wertpapiere* die beiden in Frage kommenden Anlageformen sind:

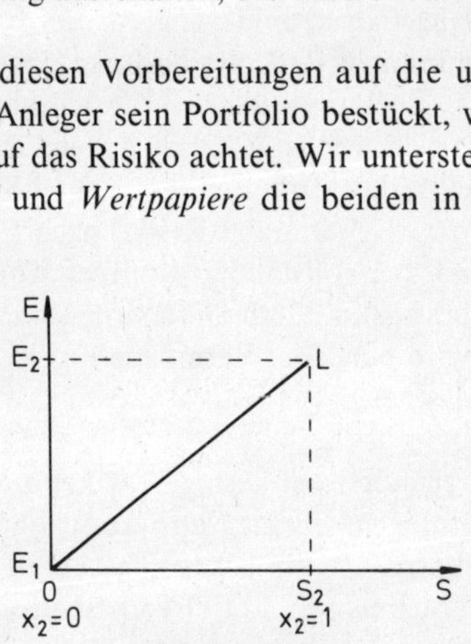

Abbildung 65

Das Geld, dessen Anteil durch x_1 gemessen wird, habe einen erwarteten Ertrag und ein Risiko von Null; wir sehen also vorerst von Preisänderungen ab. Damit verläuft der *geometrische Ort möglicher Ertrags/Risiko-Kombinationen* (OL) durch den Ursprung. Wird nun der Anteil des Wertpapiers (x_2) allmählich erhöht, so steigen Ertrag und Risiko *linear* an, weshalb OL die Form einer Geraden aufweist. Daß der Zusammenhang in der Tat linear ist, ergibt sich aus (197) und (199):

$$E = x_2 \cdot E_2 \quad \text{und} \quad S = x_2 \cdot S_2. \tag{205}$$

Der Anleger hat die Wahl zwischen allen Punkten auf OL. Aber welchen wird er wählen? Sicherlich ahnt der mikroökonomisch trainierte Leser bereits den nächsten Schritt, nämlich die Einführung von Indifferenzkurven. Eine *Indifferenzkurve* ist der geometrische Ort aller Portefeuilles, die der Anleger als gleichwertig betrachtet:

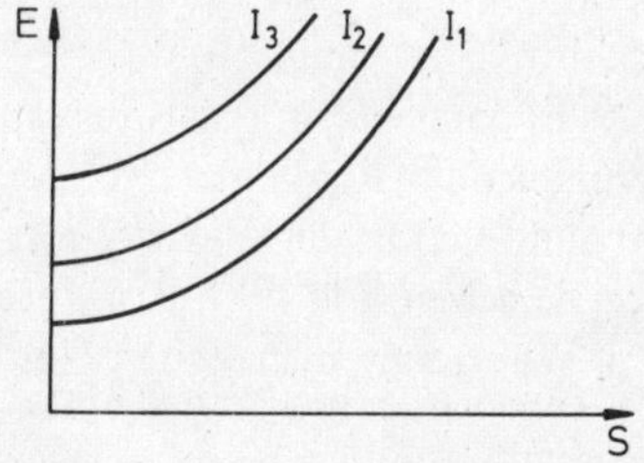

Abbildung 66

Die Indifferenzkurven weisen eine positive Steigung auf, weil zusätzliche Risiken (bei Risikoaversion) durch höhere Erträge ausgeglichen werden müssen, soll der Anleger die neue Situation als gleichwertig betrachten. Sie sind aufwärts gekrümmt (konvex), weil steigende Risikozunahmen durch überproportional steigende Zuwächse des Ertrages aufgewogen werden müssen[7]. Der Anleger ist bestrebt, eine möglichst hohe Indifferenzkurve zu erreichen; somit kann das Entscheidungsproblem durch Zusammenführung der beiden letzten Abbildungen endgültig gelöst werden (s. S. 218 oben).

Im Punkte A berührt die Indifferenzkurve I_2 den geometrischen Ort möglicher Portefeuilles (OL). Da sie unter den gegebenen Umständen die *höchste* erreichbare Indifferenzkurve ist, wird der Anleger den Punkt A wählen. Der Anteil des Geldes beträgt im Optimum x_1^*, der Anteil der Wertpapiere entsprechend $x_2^* = (1 - x_1^*)$.

---

7 Vergleiche die analytische Herleitung bei TOBIN, J. (1958) Liquidity Preference as Behaviour Towards Risk; a.a.O.

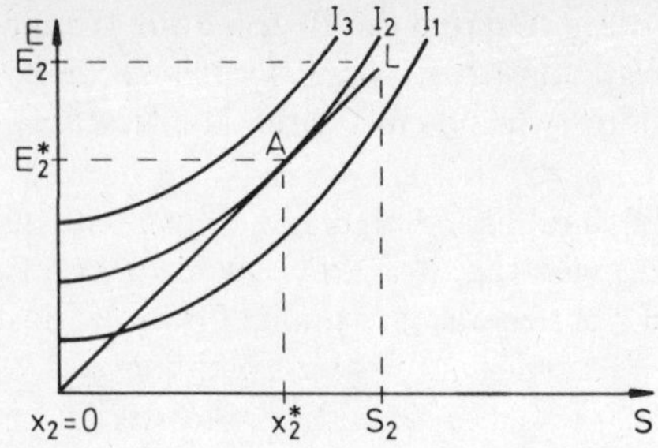

Abbildung 67

Wenn wir die Summe des positiven Ertragsgrenznutzens und des negativen Risikogrenznutzens nach HICKS den *resultierenden Grenznutzen* nennen, dann ist das optimale Portfolio im Fall n verschiedener Aktiva durch den Ausgleich der resultierenden Grenznutzen gekennzeichnet – eine offensichtliche Analogie zum zweiten Gossenschen Gesetz. Dies ist die allgemeine Lösung des Entscheidungsproblems[8].

Abschließend erscheint es lohnend, einen Blick auf die Zinsabhängigkeit der Geldnachfrage unter dem Risikogesichtspunkt zu werfen. Neben der Integration der Wert- und Geldtheorie war nämlich der Versuch einer Neubegründung der Keynesschen Liquiditätspräferenz ausschlaggebend für TOBINS Bemühungen. War denn eine solche „Neubegründung" vonnöten?

Wir hatten in § 37 viel Schweiß auf die Erörterung des KEYNESSCHEN Spekulationsmotives verwandt, jedoch nicht erwähnt, daß dieses schon in den vierziger Jahren einer eingehenden Kritik unterzogen wurde; die Kritik bezog sich auf die Annahme von sicheren und statischen Erwartungen. Wir erinnern uns: Die Wirtschaftssubjekte hatten eine Vorstellung des „normalen" Zinsniveaus, die sie anhand vergangener Erfahrungen bildeten. Sank nun der Marktzins erheblich unter das normale Niveau, so gingen die Wirtschaftssubjekte von künftigen Zinssteigerungen bzw. Kursverlusten aus und zogen die Geldhaltung vor.

Merkwürdig, daß sie ihre Vorstellung des normalen Zinses nicht nach unten korrigierten, wenn der Marktzins einige Zeit auf dem niedrigen Niveau verharrte! Merkwürdig auch, daß ihre Erwartungen über den künftigen, also normalen, Zins sicher waren, so daß die „Portfolioentscheidung" beim Individuum stets auf eine „Alles oder Nichts-Wahl" hinauslief. Jene

---

8 Vielleicht ist der Leser an einem rechnerischen Beispiel zur Portfoliooptimierung interessiert. Hierzu verweisen wir auf HÖRNIG, B. und W. ENGELMANN (1983) Portefeuilletheorie; Das Wirtschaftsstudium (WISU) **12**, S. 267–268 und 314–316.

Starrheit und *Sicherheit* lieferten die Begründung für eine andauernde Liquiditätsfalle, und sie standen im Widerspruch zu KEYNES' sonstiger „Unsicherheitskonzeption", wie sie etwa ihren Niederschlag in der Vorsichtskasse fand.

JAMES TOBIN sah somit allen Anlaß, den negativen Zusammenhang zwischen Zins und Geldnachfrage auf eine andere theoretische Grundlage zu stellen[9]. Er verwarf aus den obengenannten Gründen das Spekulationsmotiv und stützte seine Erklärung einer zinsabhängigen Geldnachfrage auf Risikoüberlegungen (sowie die Transaktionskasse). Damit rückte das KEYNESSCHE Vorsichtsmotiv mit einiger Verspätung in den Mittelpunkt des Interesses.

Diskutieren wir diese Erklärung TOBINS anhand des obigen Modells. Bei einem Zinsanstieg nimmt der Ertrag der Wertpapiere in Abbildung 67 zu, so daß sich OL nach links oben verdreht:

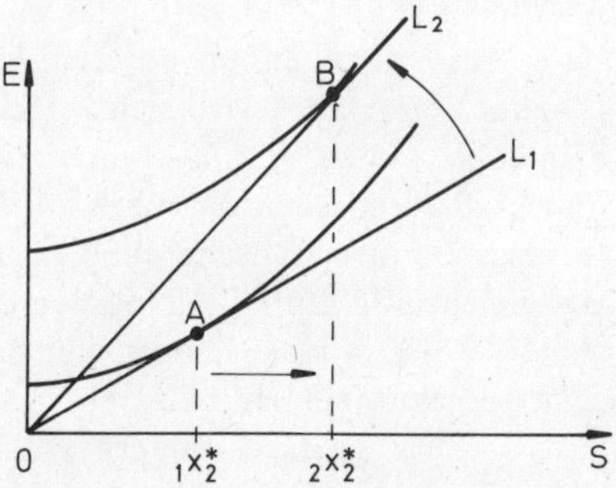

Abbildung 68

In der Abbildung sehen wir, daß aufgrund des Zinsanstieges die Geldnachfrage ab- und die Wertpapiernachfrage zunimmt. Dieses Ergebnis, das KEYNESSCHE, ist zwar plausibel, aber nicht das einzig denkbare.

Aus der elementaren Haushaltstheorie ist dem Leser sicherlich bekannt, daß der Preisanstieg eines Gutes mit dem Substitutions- und Einkommenseffekt zwei möglicherweise gegenläufige Wirkungen nach sich zieht. Ganz ähnlich ist es hier. Infolge des *Substitutionseffektes* muß bei steigendem Zins die Wertpapiernachfrage zunehmen, weil der Wertpapierertrag steigt. Aufgrund des *Einkommenseffektes* wird mit dem Zinsanstieg indes gleichzeitig die Ertragslage des Anlegers verbessert, und es ist nun mög-

9 Auch an TOBINS Konzeption wurde in jüngerer Zeit Kritik geübt. Vgl. CHANG, W.H., D. HAMBERG und J. HIRATA (1983) Liquidity Preference as Behaviour Toward Risk is a Demand for Short-Term Securities – Not Money; American Economic Review **73,** S. 420–427.

lich, daß dieser sich mit dem gleichen Ertrag bei geringerem Risiko bescheidet. (Der Ertrag wäre dann ein gegenüber dem Risiko „inferiores Gut".) Somit ist die Gesamtwirkung theoretisch unbestimmt.

Insgesamt erscheint es jedoch plausibler, von einem Rückgang der Geldnachfrage bei steigendem Zins auszugehen; dieses Resultat wird auch durch die obigen Betrachtungen zur Transaktionskasse nahegelegt. Damit ist die KEYNESSCHE Liquiditätspräferenz auf eine andere Art begründet: Die Geldhaltung hat sich als rational erwiesen, weil sie
- das Gesamtrisiko des Portfolios vermindern kann,
- die Transaktionskosten senkt und
- das Geld fungibler ist als andere Aktiva.

§ 64 Makroökonomische Anwendungen der Portfoliotheorie

Nach Behandlung dieser mehr technischen Grundlagen der Portfoliotheorie können wir nun deren Anwendungen auf unserem eigentlichen Felde, der Makroökonomik, betrachten. Dabei wird sich zeigen, daß die Portfoliotheorie eng mit dem sogenannten *vermögenstheoretischen Ansatz* verknüpft ist. Beim vermögenstheoretischen Ansatz wird das Vermögen der Privaten als Bestimmungsgröße ihrer Entscheidungen in die Analyse einbezogen. Damit erfolgt gleichzeitig ein Übergang von der strom- zur bestandstheoretischen Analyse, wie wir sie bereits von der LM-Kurve her kennen. Die Wirtschaftssubjekte planen beispielsweise nicht eine periodenbezogene Ersparnis (Stromgröße), sondern wünschen, zu Beginn oder gegen Ende der Periode ein bestimmtes Sparvermögen (Bestandsgröße) zu halten; durch Vergleich des Anfangs- und Endbestandes läßt sich dann die zugehörige Stromgröße berechnen. Durch die bestandstheoretische Analyse lassen sich einige der in § 39 angesprochenen Probleme des IS/LM-Schemas auflösen, worauf wir am Ende des Kapitels eingehen.

Der portfoliotheoretische Ansatz bietet unseres Erachtens einen geeigneten Rahmen zur Untersuchung fiskalischer und monetärer Impulse, wobei insbesondere die spezifischen *Transmissionsmechanismen* (Übertragungsmechanismen) höchst transparent gemacht werden können. Die hierbei mögliche preistheoretische Erklärung kann die Einsicht in die jeweiligen Wirkungszusammenhänge ganz wesentlich verbessern, ohne selbst besonders schwierig zu sein.

Beginnen wir mit der Definition des privaten Vermögens. In einer makroökonomischen Betrachtung lassen sich fünf verschiedene Vermögensarten unterscheiden, welche wiederum den Kategorien Innen- und Außenvermögen zurechenbar sind. Beim *Innenvermögen* steht der Forderung eines inländischen Privaten stets eine Verbindlichkeit eines anderen Privaten in gleicher Höhe gegenüber; deshalb stellt es für den privaten Sektor kein Nettovermögen dar. Anders beim *Außenvermögen*, welches eine Forderung des inländischen privaten Sektors gegen den Staat oder das Ausland verbrieft (vom Ausland sehen wir weiterhin ab). Zum Außenvermögen zählt jedoch auch der Sachkapitalbestand. Stellen wir die verschiedenen Vermögensbestandteile einmal zusammen:

Zum Innenvermögen zählen
- von den Banken geschaffenes Geld sowie
- sonstige Forderungen von Privaten gegen Private, z. B. Aktien, Schuldverschreibungen und Wechsel.

Zum Außenvermögen gehören
- das Zentralbankgeld, *sofern* es durch Devisen, Staatsschuldtitel oder Gold gedeckt ist,
- sonstige Staatsschuldtitel sowie
- der bestehende Sachkapitalbestand, von dem wir annehmen, daß er sich vollständig in Hand der inländischen Privaten befinde.

Wir sehen von allen Forderungen gegen das Ausland ab und vorläufig auch vom „human capital". Wegen der hoch-aggregativen Struktur unserer Modelle können wir auf die Analyse des Innenvermögens verzichten. Denn was des einen Forderung, ist des anderen Verbindlichkeit, und solange nur der private Sektor *insgesamt* untersucht wird, hat das Innenvermögen keine Bedeutung. Dies änderte sich freilich, wenn man ihn disaggregierte und die Verteilungswirkungen betrachten würde.

Hinsichtlich des Außenvermögens können wir für den Staat und die Privaten ein einfaches „Bilanzierungsschema" aufstellen:

Staat	
Aktiva	Passiva
Gegenposten	M B

Private	
Aktiva	Passiva
M B K	Kapital des privaten Sektors

Abbildung 69

Dabei ist M die Zentralbankgeldmenge, die wir weiterhin mit der Geldmenge schlechthin identifizieren; B ist der Bestand an Staatsschuldtiteln, welche wir im weiteren einfach *Wertpapiere* nennen; K schließlich steht für den Sachkapitalbestand. Das Sachkapital befindet sich nicht notwendig in den Händen der Haushalte. Es stimmt jedoch definitorisch mit den Passiva der Unternehmen überein, wenn wir von Lagerhaltung etc. absehen. Diese Passiva interpretieren wir als *Anteilsrechte* der Haushalte an den Unternehmen und sprechen daher synonym von Anteilsrechten oder Realkapital[10].

Das *reale Außenvermögen* der Privaten berechnet sich nach Abbildung 69 als:

$$W := \frac{M}{P} + \frac{B}{P} + q \cdot K. \tag{206}$$

Das reale Außenvermögen (oder einfach Vermögen) setzt sich demnach zusammen aus der realen Geldmenge M/P, dem realen Wertpapierbestand B/P und dem Sachkapitalbestand, multipliziert mit einem noch zu erklärenden Faktor „q". Die Wertpapiere nehmen wir als *variabel* verzinslich an, das heißt, ihr Ertrag richtet sich nach dem jeweiligen Marktzins. Dem Leser ist dieses Prinzip von den Spareinlagen mit gesetzlicher Kündigungsfrist bekannt. Durch diese Annahme sind Kurswertschwankungen aufgrund von Zinsänderungen ausgeschlossen.

Das *Tobinsche q*, auch *relative Marktrate des Realkapitals* genannt, gibt das Austauschverhältnis zwischen Kapitalgütern und Gütern an. Bei q = 2 etwa kann eine Kapitalgütereinheit, bzw. das Anteilsrecht daran, gegen zwei Gütereinheiten getauscht werden.

Fassen wir den Wert der Unternehmen, bzw. des Realkapitals, als *Substanzwert* auf, also als Summe der zu Marktpreisen bewerteten Kapitalgüter, so muß q notwendig gleich Eins sein, da wir Kapitalgüter und Güter stets als *homogen* auffassen: Kapitalgüter sind jene Güter, die zu Produktionszwecken eingesetzt werden, Konsumgüter jene, die dem Verbrauch dienen. Nur vermöge der Homogenitätsannahme ließ sich die Gleichung Y = C + I überhaupt aufstellen.

Die Möglichkeit eines von Eins verschiedenen q-Wertes muß demnach im *Ertragswert* der Unternehmen bzw. Kapitalgüter begründet sein, und dies wird mit der folgenden Definition deutlich:

$$q := \frac{R}{r_k}. \tag{207}$$

R bezeichnet, wie bisher, die Grenzleistungsfähigkeit des Kapitals, und r_k ist der *Kalkulationszinsfuß*, auch als *Marktrate des Realkapitals* oder *supply price of capital* bezeichnet. r_k ist die von den Privaten geforderte Mindestverzinsung des Realkapitals, oder genauer: sie ist jene Verzinsung,

---

10 Freilich gibt es in der Realität neben den Anteilsrechten auch Schuldverschreibungen der Unternehmen gegenüber den Haushalten. Aber während diese in bezug auf die Haftung, das Mitspracherecht und die Art der „Verzinsung" einen Unterschied machen, sind sie im Hinblick auf den reinen *Vermögenscharakter* im Rahmen dieses Modells äquivalent.

welche die Privaten zur Haltung des *bestehenden* Kapitalstocks veranlaßt. Nehmen wir zur Illustration einmal an, daß die Privaten bei einer Verzinsung von 5% bereit seien, den bestehenden Kapitalbestand zu halten; der Kalkulationszinsfuß r_k ist demnach 5%. Beträgt die Grenzleistungsfähigkeit des Kapitals (R) nun ebenfalls 5%, dann werden die Ertragsforderungen genau erfüllt. Ein q-Wert von 1 (5%/5%) bewirkt also den Ausgleich von Kapitalangebot und Kapitalnachfrage, beide als Bestandsgrößen verstanden. Beläuft sich die aktuelle Grenzleistungsfähigkeit des Kapitals dagegen auf R = 10%, so wirft das Realkapital einen höheren Ertrag ab als gefordert: Der Ertragswert des Realkapitals übersteigt seinen Substanzwert, der q-Wert ist gleich 2 (= 10%/5%).

Selbstredend werden die Haushalte nun *zusätzliches* Realkapital zu halten wünschen, und deshalb wird solange investiert, bis die Grenzleistungsfähigkeit des Kapitals auf 5% bzw. das Tobinsche q auf Eins gesunken ist. Die Grenzleistungsfähigkeit paßt sich also im Zeitablauf dem Kalkulationszinsfuß an.

Somit ist das Tobinsche q die strategische Variable der Investitionstätigkeit und, wie sich zeigen wird, die strategische Variable des Modells überhaupt. Ein q größer Eins veranlaßt die Haushalte zu Investitionen, ein q kleiner Eins zu Desinvestitionen; bei q gleich Eins herrscht auf dem Markt für Realkapital ein Bestandsgleichgewicht, da die Privaten bereit sind, den bestehenden Realkapitalbestand zu halten – nicht mehr und nicht weniger.

Anschaulicher ist die obengenannte Definition des Tobinschen q als *Preisrelation:*

$$q := \frac{P_m}{P}. \tag{208}$$

Hierbei ist P_m der Marktpreis des Realkapitals, und P sind die Reproduktionsstückkosten, die definitorisch gleich dem Preisniveau sind. Daß die Formulierungen (207) und (208) für den unterstellten Fall einer unendlichen Lebensdauer des Realkapitals äquivalent sind, läßt sich folgendermaßen zeigen. Nach der Rentenbarwertformel, bezogen auf eine sogenannte ewige Rente[11], beträgt der Gegenwartswert einer Investition K bei gegebener Grenzleistungsfähigkeit des Kapitals R:

$$P \cdot K = \frac{P \cdot Y}{R}. \tag{209}$$

11 Der Barwert einer nachschüssigen Rente vom Betrag r pro Periode bei einer Verzinsung i ist gleich r/i. Dies ist der Grenzwert einer unendlichen geometrischen Reihe.

Y steht hier für die periodenbezogene Produktion, und $P \cdot Y$ sind demnach die Erlöse pro Periode. (209) ist im Grunde die Definition von R. Zur Berechnung des Marktwertes des Realkapitals müssen wir statt der Grenzleistungsfähigkeit des Kapitals den Kalkulationszinsfuß r_k ansetzen; damit ergibt sich:

$$P_m \cdot K = \frac{P \cdot Y}{r_k}. \tag{210}$$

Diese Formel drückt nichts weiter als die wohlbekannte Tatsache aus, daß ein Investor bei der Berechnung des Gegenwartswertes einer Investition mit dem Kalkulationszinsfuß diskontiert; daraus ergibt sich P_m als der Preis, den er höchstens zu zahlen bereit ist. Dieser Marktpreis ist nach (210) um so geringer, je höher die geforderte Mindestverzinsung (r_k) ist. Durch Division von (209) und (210) erhalten wir unmittelbar den gesuchten Zusammenhang:

$$\frac{P_m}{P} = \frac{R}{r_k} =: q\,. \tag{211}$$

Das Tobinsche q läßt sich demnach wahlweise als Ertragsraten- oder Preisrelation definieren. Diese Größe sollte nicht zu unvertraut erscheinen, denn auch in den bisher besprochenen Investitionstheorien fanden sich stets zwei Größen, deren Verhältnis oder Differenz die Investitionstätigkeit bestimmte. In der Neoklassischen Theorie war dies das Verhältnis von Güterzins (Grenzproduktivität des Kapitals) und Marktzins; in der Keynesianischen Theorie die Relation zwischen der Grenzleistungsfähigkeit des Kapitals und dem Marktzins. Und doch besteht zu TOBINS Konzept ein wesentlicher Unterschied, den wir erst später klarmachen können; er beruht darauf, daß der Kalkulationszinsfuß r_k nicht unbedingt dem Marktzins entspricht.

Durch die Definition (206) des privaten Vermögens haben wir das Portfolio der Privaten abgegrenzt; diesen stehen offenbar Geld, Wertpapiere und Anteilsrechte zur Wahl. Unsere Aufgabe besteht nun in der Ermittlung der gewünschten Aufteilung des Portfolios, weshalb wir die obengenannten Aktiva nun etwas näher charakterisieren wollen:

Geld dient Transaktions- und Wertaufbewahrungszwecken. Wir nehmen an, daß es bei Preisstabilität keinen Ertrag abwirft, was freilich für Sichteinlagen nicht notwendig zutrifft. Bei Abstraktion von Staatsbankrotten und ähnlichem ist das Geld lediglich dem Risiko von Preisänderungen ausgesetzt.

Wertpapiere dienen zur Wertaufbewahrung. Ihre Haltung erbringt bei Preisstabilität einen Realertrag r_B. Die Wertpapiere unterliegen ebenfalls dem Preisänderungsrisiko, zusätzlich aber einem Ertragsrisiko, weil sie zum jeweiligen Marktzins verzinst werden. (Festverzinsliche Wertpapiere würden statt dessen einem Kursrisiko unterliegen.)

Anteilsrechte, also das Realkapital, dienen zur Wertaufbewahrung. Ihr Wert und Ertrag unterliegt *nicht* dem Preisänderungsrisiko, weil sich das Preisniveau und der Marktpreis des Realkapitals nach (210) parallel entwickeln, sofern die sonstigen Umstände unverändert bleiben. Risiken sind indes die Verschiebung relativer Preise sowie die technologische und allgemeine wirtschaftliche Entwicklung, welche zusammengenommen die Grenzleistungsfähigkeit des Kapitals beeinflussen.

Wir haben damit die drei in Rede stehenden Aktiva durch die Eigenschaften „Ertrag" und „Risiko" beschrieben, weil nach den Ergebnissen der vorigen Paragraphen diese beiden Charakteristika die Zusammensetzung des Portfolios bestimmen, zusammen freilich mit den Transaktionskosten und der Fungibilität. Für die TOBINSCHE Richtung der Portfoliotheorie ist nun folgende Einsicht zentral:

Geld und Wertpapiere sind durch *ähnliche* Risiken ausgezeichnet, welche von den Risiken des Realkapitals *verschieden* sind. Anders ausgedrückt: Die Risiken der Geld- und Wertpapierhaltung sind *positiv* miteinander, aber mit dem Risiko der Realkapitalhaltung *nicht* korreliert.

Ergo kann das Gesamtrisiko des Portefeuilles durch eine geeignete Aufteilung des Vermögens zwischen *finanziellen Aktiva* (Geld und Wertpapiere) einerseits und *realen Aktiva* (Anteilsrechten) andererseits vermindert werden. Denn das Portfolio eines Anlegers etwa, der nur finanzielle Aktiva hält, unterliegt in hohem Maße dem Preisänderungsrisiko. Das eines anderen Anlegers, der allein reale Aktiva besitzt, ist den für Unternehmen typischen Risiken voll ausgesetzt.

Klug ist es deshalb, *sowohl* finanzielle, *als auch* reale Aktiva zu halten, denn hierdurch läßt sich das Gesamtrisiko vermindern, wie wir im vorigen Paragraphen beschrieben. In diesem Falle ist also die *Diversifikation* das Grundprinzip der Risikominderung.

Wenn das stimmt *und* wenn die Anleger risikoavers und einigermaßen gescheit sind, dann stehen die finanziellen Aktiva untereinander in einem *substitutionalen* und zu den realen Aktiva in einem *komplementären* Verhältnis[12].

---

12 Das aus der elementaren mikroökonomischen Theorie bekannte Begriffspaar „Substitutionalität–Komplementarität" bezieht sich auf die Stärke der Reaktion eines Güterverhältnisses (x/y) bei Änderungen des relativen Preises (p_x/p_y). Ein Maß hierfür ist die *Substitutionselastizität* $\sigma := d(x/y)/d(p_x/p_y) \cdot (p_x/p_y)/(x/y)$. Bei $\sigma = 0$ spricht man von *vollständiger Komplementarität*, bei $\sigma \to \infty$ von *vollständiger Substitutionalität*.

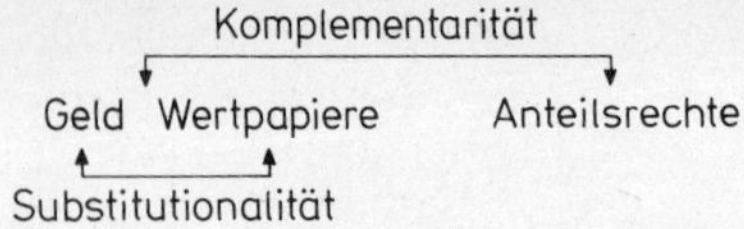

Abbildung 70

Das bedeutet konkret: Wenn der Ertrag der Wertpapiere steigt, so wird ein Anleger zu Lasten der *Geldnachfrage* mehr Wertpapiere nachfragen, weil er die finanziellen Aktiva für gute Substitute hält. Recht hat er, denn das Gesamtrisiko des Portfolios steigt damit nur geringfügig um das Ertragsrisiko der Wertpapiere. Die jeweiligen Anteile der finanziellen Aktiva reagieren also *stark* auf eine Änderung ihrer relativen Ertragsrate.

Andererseits wird der obige Anleger *nicht* so ohne weiteres die Realkapitalnachfrage drosseln, um die Wertpapiernachfrage erhöhen zu können. Denn dadurch würde er das Gesamtrisiko des Portefeuilles in ungleich stärkerem Maße erhöhen, als wenn er innerhalb der finanziellen Aktiva substituierte. Dies beruht auf der Korrelation der Risiken; der Leser betrachte noch einmal die Abbildung 64. Bei angenommener Unabhängigkeit der Risiken von finanziellen und realen Aktiva ist ein bestimmtes Verhältnis dieser beiden risikominimal (man vergleiche die mittlere Kurve in Abbildung 64). Wir können im allgemeinen nicht damit rechnen, daß er gerade jenes Verhältnis wählt, denn das Risiko ist ja nicht allein maßgeblich. Es spielt jedoch auch eine Rolle, und die oben skizzierte Komplementarität ist um so stärker, je größer die Risikoaversion und je geringer der Wert (nicht Betrag) des Korrelationskoeffizienten ist. Bei absoluter Risikoaversion und einer Korrelation kleiner Eins ist die Komplementarität *vollständig*. Egal, in welchem Verhältnis die Ertragsraten von finanziellen und realen Aktiva stehen, ihre Anteile am Portfolio bleiben dieselben. Deshalb ist auch r_k nicht identisch mit dem Marktzins der Wertpapiere; dies wäre nur dann der Fall, wenn finanzielle und reale Aktiva vollständig *substitutional* wären, was aber nicht zutrifft.

Inzwischen sind unsere Bemühungen weit genug gediehen, um das Bestandsgleichgewicht des Vermögenssektors zusammenfassend darstellen zu können. Der *Vermögenssektor*, auch finanzieller Sektor genannt, ist ein *Subsystem* des allgemeinen makroökonomischen Modells, das heißt, ein Teil davon. Die Analyse dieses Subsystems dient zur Untersuchung der Transmissionsmechanismen fiskalischer und monetärer Impulse:

$$M^s = M^d\,(Y, r_B, r_k, W) \tag{212}$$

$$B^s = B^d\,(Y, r_B, r_k, W) \tag{213}$$

$$K^s = K^d\,(Y, r_B, r_k, W) \tag{214}$$

$$W = \frac{M}{P} + \frac{B}{P} + q \cdot K \tag{215}$$

$$q = \frac{R(K)}{r_k}. \tag{216}$$

Im *Bestandsgleichgewicht* des Vermögenssektors entspricht die Angebotsstruktur der drei Vermögensobjekte genau der Nachfragestruktur: Geldangebot, Wertpapierangebot und (kurzfristig) das Kapitalangebot sind gegeben und werden von den Anlegern freiwillig gehalten; dies sind die drei ersten Gleichgewichtsbedingungen. Hinzu tritt die Definition des Vermögens (215), derzufolge nur zwei der drei Gleichgewichtsbedingungen voneinander unabhängig sind, sofern W der gewünschte Vermögensbestand ist. Schließlich ist in (216) das Tobinsche q bestimmt, wobei die Schreibweise R(K) deutlich machen soll, daß die Grenzleistungsfähigkeit des Kapitals vom aktuellen Kapitalbestand abhängt.

Realeinkommen (Y) und Preisniveau (P) sind für den Vermögenssektor exogene Variablen, so daß hier durch vier unabhängige Gleichungen die vier endogenen Variablen r_k, r_B, q und W bestimmt werden (auf Fragen der Existenz, Eindeutigkeit und Stabilität wollen wir hier nicht eingehen). Die *Bindeglieder* zwischen dem Vermögenssektor und dem übrigen Modell sind

- das Realeinkommen und das Preisniveau, welche auf den anderen Märkten bestimmt werden und das Vermögensgleichgewicht beeinflussen sowie
- das Tobinsche q, welches im Vermögenssektor bestimmt wird und die entscheidende Variable für das Investitionsverhalten ist.

Durch Hinzunahme eines Güter- und Arbeitsmarktes ließe sich der Stationary State des Modells analysieren, welcher folgende Merkmale aufweist: Im Vermögenssektor herrscht ein Bestandsgleichgewicht; Realeinkommen, Preisniveau und Beschäftigung haben sich angepaßt; der optimale Kapitalstock und der optimale Vermögensbestand sind realisiert, so daß weder gespart noch investiert wird (q = 1); das Staatsbudget ist materiell ausgeglichen, so daß sich das Wertpapierangebot im Zeitablauf nicht ändert. Wir verweisen den interessierten Leser auf die vielbeachteten Beiträge von BLINDER/SOLOW und TOBIN/BUITER, die sich mit der Wirkung geld- und fiskalpolitischer Maßnahmen auf den Stationary State befassen[13]. Unser Ziel hier ist weniger hochgesteckt; wir wollen lediglich jene

13 BLINDER, A.M. und R.M. SOLOW (1973) Does Fiscal Policy Matter?; Journal of Public Economics **2**, S. 319–337. TOBIN, J. und W. BUITER (1976) Long-Run Effects of Fiscal and Monetary Policy on Aggregate Demand; in: STEIN, J.L. (Hrsg.) Monetarism; Amsterdam usw.: North- Holland.

kurzfristigen Expansions- oder Kontraktionsimpulse untersuchen, welche von der Geld- und Fiskalpolitik ausgehen. Dabei wird stets von einem Bestandsgleichgewicht im Vermögenssektor ausgegangen, das durch die entsprechenden Impulse der Wirtschaftspolitik gestört wird. Die Analyse ist insofern partialanalytisch, als der Güter- und Arbeitsmarkt nicht ausdrücklich analysiert werden; ob also ein „expansiver" Impuls über die damit einhergehende Zunahme der Güternachfrage das Realeinkommen oder die Preise erhöht, kann nicht gesagt werden, es kommt dabei auf die jeweilige konjunkturelle Situation an.

I. Monetärer Impuls

Beginnen wir mit dem Fall eines durch Geldschöpfung finanzierten Budgetdefizits, was für den Vermögenssektor äquivalent zum „Helikopter-Effekt" ist. Der Staat also kauft Güter, die er mit selbst geschaffenem Geld bezahlt. Dadurch steigt das Geldvermögen des privaten Sektors, und das ursprüngliche Portfoliogleichgewicht wird gestört. Wir müssen nun zwischen einem Substitutions- und einem Vermögenseffekt dieser Maßnahme unterscheiden:

Ein *Substitutionseffekt* stellt sich möglicherweise wegen des gestiegenen *Anteils* des Geldes am Gesamtvermögen ein. Falls finanzielle und reale Aktiva vollständig komplementär sind, werden die Privaten zur Herstellung eines neuen Portfoliogleichgewichtes zusätzlich Wertpapiere nachfragen, denn diese sind im angenommenen Fall die einzige Alternative zur Geldhaltung. Folgerichtig wird der Wertpapierzins r_B fallen – aber ein weiterer Substitutionseffekt stellt sich nicht ein. Es ergibt sich im Hinblick auf die Ertragsrate r_k *kein* realwirtschaftlicher Impuls. Wenn, etwas realitätsnäher, finanzielle und reale Aktiva schwach komplementär sind, so werden die Privaten neben zusätzlichen Wertpapieren auch vermehrt Anteilsrechte nachfragen. Damit werden die Raten r_B und r_k fallen und der q-Wert steigen. Hier also wirkt der Substitutionseffekt expansiv: die Investitionsnachfrage nimmt zu, weil der Kalkulationszinsfuß, also die geforderte Verzinsung des Realkapitals sinkt.

Neben den Substitutions- tritt ein *Vermögenseffekt*, welcher darauf zurückzuführen ist, daß mit dem Geldvermögen das gesamte Vermögen der Privaten zunimmt. Infolge des Vermögenseffektes wird im Normalfall die Nachfrage nach Geld, Wertpapieren *und* Realkapital zunehmen, ausgenommen die abstruse Möglichkeit, daß eine dieser Vermögenskomponenten absolut inferior ist. Wegen der vermehrten Nachfrage müssen die Raten r_B und r_k sinken, und somit wirkt der Vermögenseffekt auf die Investitionsnachfrage stimulierend, eventuell auch auf die Konsumnachfrage (Pigou-Effekt). Der *Gesamteffekt* als Summe von Substitutions- und Vermögenseffekt ist eindeutig expansiv.

Dieses Resultat steht im *Einklang* mit den Ergebnissen der Klassisch-Neoklassischen und Keynesianischen Theorie; denn alle drei „Schulen" behaupten eine expansive Primärwirkung der Geldschöpfung. Nur die genaue Begründung ist hier vielschichtiger als beim Cambridge-, Keynes- oder Pigou-Effekt. Was aber das *Endergebnis* der Maßnahme ist, bloße Inflation oder eine Zunahme der Produktion, läßt sich anhand unserer Partialanalyse nicht sagen.

II. Fiskalischer Impuls

Von der Begründung und vom Ergebnis her ist der Fall eines kreditfinanzierten Budgetdefizits interessanter. Der Staat fragt hierbei Güter nach, die er (indirekt) durch Ausgabe von Wertpapieren bezahlt. Betrachten wir wiederum den Substitutions- und Vermögenseffekt:

Ausgehend von einem anfänglichen Portfoliogleichgewicht muß der Zins r_B steigen, damit die Privaten zusätzliche Wertpapiere halten. Sofern nun finanzielle und reale Aktiva vollständig komplementär sind, ist der Substitutionseffekt damit bereits abgeschlossen: Die Ertragsrate des Geldes ist auf Null fixiert, und da zwischen finanziellen und realen Aktiva annahmegemäß keine Substitutionsbeziehungen bestehen, trägt allein der Wertpapierzins r_B die Bürde der Anpassung. Dieses Ergebnis *widerspricht* den bisherigen.

Da nämlich Neoklassiker und Keynesianer eine Substitutionsbeziehung zwischen finanziellen und realen Aktiva voraussetzten (eine vollständige, um genauer zu sein), beurteilten sie die Wirkungen staatlicher Kreditnahme in dieser Art: Staatliche Kredite erhöhen den Zins, wodurch private Nachfrage in gleicher Höhe verdrängt wird (Zins-Crowding-Out). In TOBINS Terminologie würde dies bedeuten, daß die Wertpapierverzinsung und die geforderte Mindestverzinsung der Anteilsrechte identisch sind oder zumindest in einem festen Verhältnis zueinander stehen. Aber dies ist hier anders: Weil finanzielle und reale Aktiva vollständig komplementär sind, folgt die Rate r_k *nicht* dem Anstieg von r_B, und die Investitionsnachfrage geht *nicht* zurück.

Aber treffen wir die etwas moderatere Annahme einer schwachen Komplementarität. In diesem Falle werden die Anleger aufgrund des gestiegenen Wertpapierzinses r_B eine höhere Verzinsung r_k des Realkapitals fordern. Damit sinkt das Tobinsche q und mit ihm die Investitionsnachfrage. Hier also wirkt die staatliche Kreditnahme, was den Substitutionseffekt angeht, kontraktiv. Die Kontraktionswirkung ist um so schwächer, je stärker die Komplementarität von finanziellen und realen Aktiva ist.

Betrachten wir nun den Vermögenseffekt. *Sofern* Staatswertpapiere von den Privaten als Nettovermögen angesehen werden, sehen diese sich zur zusätzlichen Nachfrage von Geld, Wertpapieren und Anteilsrechten veranlaßt; eventuell auch zu erhöhten Konsumausgaben. Die zusätzliche Realkapitalnachfrage ist gleichbedeutend mit einer niedrigeren geforderten Verzinsung der Anteilsrechte; also nehmen q-Wert und Investitionsnachfrage zu. Der Vermögenseffekt ist eindeutig expansiv.

Im Hinblick auf den *Gesamteffekt* müssen wir nun unterscheiden. Im Falle der vollständigen Komplementarität zwischen finanziellen und realen Aktiva bewirkt die staatliche Kreditnahme ein „Crowding-In", weil der Vermögenseffekt eindeutig expansiv und der Substitutionseffekt gleich Null ist. Bei schwacher Komplementarität hingegen ist der Gesamteffekt theoretisch nicht bestimmbar, da der Substitutionseffekt kontraktiv und der Vermögenseffekt expansiv wirkt. Ein Crowding-Out wird dabei um so *wahrscheinlicher*, je *stärker* die Substitutionsbeziehungen zwischen finanziellen und realen Aktiva sind.

Jedenfalls ist es nicht gleichgültig, ob ein Budgetdefizit durch Geldschöpfung oder Kreditnahme finanziert wird; im ersteren Falle ist die expansive Wirkung auf alle Fälle stärker, im zweiten gar eine kontraktive möglich. Wo aber, so können wir jetzt fragen, liegt das unterscheidende Merkmal dieser beiden Finanzierungsarten?

Wenn der Leser die oben beschriebenen Transmissionsmechanismen miteinander vergleicht, wird er feststellen, daß der Unterschied in der angenommenen *Fixierung des Geldertrages* liegt. Ein kontraktiver Substitutionseffekt war bei der Kreditfinanzierung die Folge des Anstieges von r_B; bei unvollständiger Komplementarität mußte die geforderte Verzinsung des Realkapitals ebenfalls zunehmen.

Bei der Geldfinanzierung aber *konnte* der Ertrag des Geldes nicht entsprechend steigen, weil er auf *Null* fixiert war; und deshalb zeigte sich hier ein expansiver Substitutionseffekt.

„Dies ist das Geheimnis der besonderen Rolle des Geldes; es ist ein Geheimnis, das von jedem anderen Aktivum mit einer fixierten Ertragsrate geteilt würde."[14]

§ 65 Resümee

Zusammenfassend wollen wir nun das Verhältnis von Klassisch-Neoklassischer, Keynesianischer und Tobinscher Geld- und Vermögenstheorie etwas beleuchten. Unnötig zu vermerken, daß wir wiederum nur die idealtypischen Positionen miteinander vergleichen.

---

14 Tobin, J. (1969) A General Equilibrium Approach to Monetary Theory; Journal of Money, Credit and Banking **1,** S. 26. Übersetzung der Verfasser.

Klassisch-Neoklassische Theorie. Hier ist erstens festzustellen, daß Geld nur Transaktionszwecken dient und deshalb nicht eigentlicher Bestandteil der Vermögenshaltung ist.

Zweitens sind Wertpapiere und Realkapital perfekte Substitute; diese unausgesprochene Voraussetzung wird dem Leser sofort anhand der Abbildung 46 klarwerden. Wir verschoben dort die Kapitalnachfragekurve um den Betrag des staatlichen Budgetdefizites, was nur aufgrund der unterstellten Homogenität von privaten und staatlichen Wertpapieren möglich war. Und nur deshalb bildete sich für beide Wertpapiertypen ein einheitlicher Zins.

Drittens wurde nur der Substitutionseffekt der Staatsverschuldung betrachtet, und es wurde nicht betont, daß Staatswertpapiere aus Sicht der Privaten womöglich ein Nettovermögen darstellen. Schon allein deshalb mußte die Staatsverschuldung ein totales Crowding-Out bewirken.

Viertens aber beruhte die expansive Wirkung der Geldpolitik allein auf einem Vermögenseffekt, dem Cambridge-Effekt. Eine Substitutionsbeziehung zwischen Geld und den anderen Aktiva wurde aus bekannten Gründen („Geld ist kein Wertaufbewahrungsmittel!") nicht festgestellt.

Keynesianische Theorie. Erstens sieht die Keynesianische Theorie das Geld als Wertaufbewahrungsmittel an und weicht damit von der Klassisch-Neoklassischen Lehre ab.

Zweitens betrachtet auch sie Wertpapiere und Anteilsrechte als perfekte Substitute, was anhand der Gleichung $S = I + G$ deutlich wird. Nur aufgrund der angenommenen Homogenität von Wertpapieren (= G) und Anteilsrechten (= I) konnten diese zur Ersparnis addiert werden, und wieder bildete sich für beide ein einheitlicher Zins.

Drittens wird abermals allein der Substitutionseffekt der staatlichen Kreditnahme betrachtet, welcher sich in einer Rechtsverschiebung der IS-Kurve äußert. Ein sparwirksamer Vermögenseffekt kommt nicht zum Zuge.

Im vierten Punkt besteht wieder ein Unterschied zur Klassisch-Neoklassischen Theorie. Eine Geldmengenexpansion löst nun einen Substitutionseffekt aus, den Keynes-Effekt nämlich, woraufhin der Zins fällt (wir subsumierten den Keynes-Effekt gleichwohl unter die Realkasseneffekte). Diese Störung des Portfoliogleichgewichtes beschrieben wir graphisch durch die Rechtsverschiebung der LM-Kurve. Mit dem Pigou-Effekt trat ein reiner Vermögenseffekt hinzu, der indes auf die gesamte Vermögensnachfrage (S) wirkte[15].

---

15 Vielleicht fragt sich der Leser, warum eine Geldmengenexpansion die Ersparnis nach (195) (Pigou-Effekt) *vermindert*, nach unseren Erklärungen zu (213) und (214) aber *erhöht*, und ob hier vielleicht ein Widerspruch besteht. Wir bemerken deshalb, daß sich (195) auf eine *Stromgröße*, (213) und (214) aber auf *Bestandsgrößen* beziehen; diese beiden Betrachtungsweisen sind nicht widersprüchlich.

Tobins Theorie. Erstens schließt sich TOBIN der Keynesianischen Konzeption an, wonach zur Wertaufbewahrung Geld, Wertpapiere und Anteilsrechte dienen.

Zweitens sind nach seiner Ansicht Geld und Wertpapiere aufgrund ähnlicher Risiken substitutiv und gegenüber den Anteilsrechten komplementär. Deshalb sind die Ertragsraten der Wertpapiere (r_B) und Anteilsrechte (r_k) im allgemeinen verschieden voneinander; es bildet sich kein einheitlicher Zins.

Drittens werden sowohl der Substitutions- als auch der Vermögenseffekt der staatlichen Kreditfinanzierung untersucht, und dies gilt (viertens) ebenfalls für die Geldpolitik. Damit erweitert TOBIN zugleich das Patinkinsche Konzept des Realkasseneffektes zu einem Realvermögenseffekt.

Ergebnismäßig bestätigt TOBIN die Klassisch-Neoklassische und die Keynesianische Theorie in bezug auf die Geldpolitik, wenn er dieses auch umfassender begründet. Was die Fiskalpolitik angeht, weichen seine Resultate allerdings fundamental von den Klassisch-Neoklassischen und Keynesianischen ab: Die Portfolioeffekte der öffentlichen Kreditnahme sind nicht notwendig kontraktiv.

Wie es so geht, ist auch TOBINS Konzeption nicht unbestritten geblieben; die *Kritik* bezieht sich vor allem auf zweierlei. Erstens wird im Hinblick auf die „mikroökonomischen Grundlagen" moniert, daß nur *spezielle* Verteilungen und Nutzenfunktionen zu den oben angeführten Ergebnissen führen; die Annahme einer Normalverteilung etwa ist für TOBINS Analyse sehr wichtig. Auch erscheint die Annahme restriktiv, daß die Wirtschaftssubjekte sich allein nach den ersten beiden Momenten der Verteilung (Erwartungswert und Varianz) richten. Zwei Alternativen können nämlich trotz übereinstimmenden Erwartungswerten und Varianzen ganz unterschiedlich beurteilt werden. Andererseits ist fraglich, ob die Einbeziehung höherer Momente im Rahmen einer noch verständlichen Theorie überhaupt möglich ist.

Die zweite Kritik ist mehr empirisch angelegt und wird vornehmlich von seiten der Monetaristen geübt. Diese bezweifeln die Komplementarität von finanziellen und realen Aktiva und sprechen der staatlichen Kreditnahme jegliche Wirkung ab. Die Neuklassiker wenden sich weiterhin gegen die Annahme, daß Staatswertpapiere als Nettovermögen angesehen werden; wir werden darauf noch zu sprechen kommen.

Mit dem portfolio- und vermögenstheoretischen Ansatz wurde das IS/LM-Modell, mit seiner in § 39 erwähnten Problematik in vielerlei Hinsicht abgelöst[16]. Es verdient angemerkt zu werden, daß sich Keynesianer und

---

16 Man vergleiche etwa den wegweisenden Artikel von METZLER aus dem Jahre 1951: METZLER, L.A. (*1974) Vermögen, Sparen und Zinssatz; in: BRUNNER, K. et al. (Hrsg.) Geldtheorie; a.a.O.

Monetaristen über die Vorteilhaftigkeit der portfoliotheoretischen Modelle einig sind; aber damit greifen wir schon dem nächsten Kapitel vor.

Literaturangaben

Eine allgemeine Einführung geben:

KATH, D. und N. EUBA (1975) Die makroökonomische Portfoliotheorie; Wirtschaftswissenschaftliches Studium (WiSt) **4**, S. 458–464

Zu den mikroökonomischen Grundlagen und Grundlagenproblemen der Portfoliotheorie verweisen wir auf:

HICKS, J.R. (1967) Critical Essays in Monetary Theory; Oxford: Clarendon Press. Vor allem Essays 2 und 6.

TOBIN, J. (*1974) Ein allgemeiner Gleichgewichtsansatz zur Geldtheorie; in: BRUNNER, K. et al. (Hrsg.) Geldtheorie; a.a.O.

EBEL, J. (1971) Portefeuilleanalyse: Entscheidungskriterien und Gleichgewichtsprobleme; Köln usw.: Carl Heymanns

Die beiden folgenden Bücher behandeln in einiger Ausführlichkeit jene Wirkungen der Geld- und Kreditpolitik, die wir in § 64 kurz darlegten:

FRANCKE, H.-H. (1981) Portfolioeffekte öffentlicher Kreditnahme; Berlin: Duncker und Humblot

TOBIN, J. (*1978) Grundsätze der Geld- und Staatsschuldenpolitik; Baden-Baden: Nomos

Kapitel IX. Monetarismus

„*We are all Keynesians now!*“ (MILTON FRIEDMAN)

Der Beginn des Dramas um den Monetarismus war reichlich konfus – aber welch eine Inszenierung! Da schienen sich doch tatsächlich zwei Lager seriöser Wissenschaftler bis aufs Messer zu bekämpfen, ohne daß die eigentliche Ursache des Dissenses recht deutlich wurde. Diese Kontroverse mußte natürlich Reminiszenzen an die Frühzeit der „Keynesianischen Revolution“ wachrufen, und das ist zugleich der Eindruck, den die wirtschaftlich interessierte Öffentlichkeit vom derzeitigen Stand der Makroökonomik hat. Glücklicherweise hat sich die Debatte seit etwa einem Jahrzehnt beträchtlich versachlicht, so daß heute eine differenzierte und abwägende Darstellung nicht schwierig erscheint.

Schwierig bleibt dagegen, eine prägnante Definition des „Monetarismus“ zu geben; ein erster, versuchsweiser Ansatz könnte lauten: Der *Monetarismus* ist eine reformierte Quantitätstheorie; seine zentrale These lautet, daß die Entwicklung des volkswirtschaftlichen Nominaleinkommens von Veränderungen des Geldangebotes dominiert wird. Diese Bestimmung ist allgemein üblich, kurz, fast nichtssagend und zweifellos zu eng.

Der Facettenreichtum des Begriffs enthüllt sich eher, wenn man nach seinem Pendant fragt. Begrifflich exakt wäre das Gegensatzpaar *Monetarismus–Fiskalismus.* Der Monetarismus müßte dann als eine pragmatische Position aufgefaßt werden, die der Geldpolitik aus noch zu klärenden Gründen den Vorrang vor der Fiskalpolitik einräumt. Dies ist in der Tat ein erster Aspekt.

Oder ist *Monetarismus* das Gegenstück zu *Keynesianismus?* Er wäre dann eine Theorie, deren Vertreter die Keynesianische Theorie für falsch, unzureichend oder irrelevant halten. Diese Definition scheint unter den Ökonomen vorherrschend zu sein und muß als zweites Moment des Begriffs festgehalten werden.

Drittens aber wird der *Monetarismus* häufig als Anti-*Interventionismus* verstanden; in diesem Falle würde es sich also um eine bestimmte Spielart des Wirtschaftsliberalismus handeln. In der Öffentlichkeit wird wohl diese

Eigenheit als entscheidendes Merkmal des Monetarismus angesehen, und wir wollen sie als weiteren Aspekt akzeptieren.

Bevor wir den Monetarismus nun aus diesen drei Perspektiven beleuchten, seien noch einige allgemeine Bemerkungen gestattet. Es ist wichtig, daß der Begriff „Monetarismus" nicht eine ökonomische Schule mit feststehendem Doktrinenarsenal bezeichnet, sondern eher eine geistige Strömung oder Denkrichtung, die sich von den fünfziger Jahren an bis heute entwickelte und veränderte. Daraus folgt zweierlei. Erstens trifft die folgende Charakterisierung des Monetarismus in ihrer Ganzheit nicht auf jene Ökonomen zu, die dieser Richtung zugerechnet werden, also etwa KARL BRUNNER, PHILIP CAGAN, MILTON FRIEDMAN, DAVID LAIDLER, ALLAN H. MELTZER und JEROME L. STEIN. Zweitens bilden Monetaristen und Keynesianer nicht zwei sich unversöhnlich gegenüberstehende Lager; vielmehr sind „reiner Monetarismus" und „reiner Keynesianismus" gedachte Endpunkte eines Spektrums, *innerhalb* dessen die meisten Ökonomen ihren Platz einnehmen. Dessenungeachtet ist eine polarisierende Darstellung angemessen, um die – ja tatsächlich bestehenden – Unterschiede besonders plastisch machen zu können.

Der Monetarismus wird heute als „Gegenrevolution" zur „Keynesianischen Revolution" eingeordnet, als eine Gegenrevolution, die vor allem von MILTON FRIEDMAN initiiert und von ihm und seinen Anhängern vorangetrieben wurde, bis sie heute den Stand einer Orthodoxie erreicht hat. Soweit wir sehen, waren vor allem drei Gründe für die Entwicklung dieser Gegenrevolution verantwortlich.

Erstens hatte die Keynesianische Revolution nie einen völligen Sieg errungen, wofür neben anderen auch weltanschauliche Gründe maßgebend waren. „Befürchtungen" oder „Hoffnungen", daß der Staatssektor sich mit Rezeption dieser Lehre weiter ausdehnen würde, sollten sich als gerechtfertigt erweisen, und die „Befürchtungen" bildeten den Nährboden für eine Gegenrevolution. Indes sollte man sich hüten, die Monetarismus-Kontroverse als einen im Kern ideologischen Disput anzusehen: so einfach liegen die Dinge nicht, und wir werden noch erklären, warum nicht.

Eine zweite bedeutsame Ursache war die Entwicklung der *Geldtheorie.* Das zunehmende analytische Interesse am Gelde war indes nicht spezifisch monetaristisch, sondern kennzeichnend für einen Großteil der makroökonomischen Forschung seit KEYNES: wir erwähnten bereits HICKS, PATINKIN, TOBIN und DAVIDSON. Die Monetaristische Forschungsrichtung hat jedoch einen großen Anteil an den Bemühungen, die Geldtheorie (als akademische Übung) und die Geldpolitik (als Gesamtheit praktischer Maßnahmen) miteinander zu verbinden.

Die wahrscheinlich wichtigste Ursache der Monetaristischen Gegenrevolution lag jedoch in der Realgeschichte selbst. Im zweiten Weltkrieg erwarteten viele Ökonomen für die Nachkriegszeit eine Fortsetzung, wenn nicht gar Verschlimmerung der depressiven Phase zwischen den Kriegen. Einflußreiche Keynesianer wie ALVIN H. HANSEN und ABBA P. LERNER[1] prophezeiten ein dauerhaftes Nachfrageproblem, sofern die wirtschaftspolitischen Instanzen sich nicht zum gezielten Einsatz der Fiskalpolitik entschließen könnten. Weil sie mit dieser ihrer Ansicht beileibe nicht allein standen, wurde in den Vereinigten Staaten und anderenorts das Schwergewicht der Intervention auf die *Fiskalpolitik* gelegt, welche ein Absinken der effektiven Nachfrage verhüten sollte. Die Geldpolitik wurde in den Hintergrund gedrängt und war im wesentlichen *permissiv* angelegt, das heißt, ihre Aufgabe bestand in der Gewährleistung niedriger Zinsen, wodurch das Staatsschuldenproblem vermindert und die Investitionsnachfrage angeregt werden sollten. Das *Geldmengenwachstum* aber geriet ins Abseits des Interesses.

Nun wissen wir, daß in der Nachkriegszeit kein sinkender Trend der effektiven Nachfrage zu beobachten war; ganz im Gegenteil kam es in allen Industrieländern zu einem geschichtlich beispiellosen Aufschwung, und die Beschäftigung blieb über lange Zeit hinweg stabil. Es leuchtet ein, daß mit der Entschärfung des Beschäftigungsproblems dieses selbst an öffentlichem Interesse verlor. An seine Stelle traten das Nachkriegsproblem der *Inflation* und die teilweise ernüchternden Erfahrungen mit der Praxis diskretionärer Stabilisierungspolitik.

Und damit verschob sich innerhalb der Ökonomik, zumindest innerhalb eines beträchtlichen Teils derselben, das Erklärungsziel von der *Beschäftigung* zur *Inflation:* Der Boden für den Monetarismus war bereitet[2].

§ 66 Die theoretische Konzeption, oder: Monetarismus contra Keynesianismus

„Money is a veil, but when the veil flutters, real output sputters".
(JOHN G. GURLEY)

Wir wollen in diesem Paragraphen die Monetaristische Theorie erörtern und darlegen, inwiefern sie sich von der Klassisch-Neoklassischen und vor allem der Keynesianischen unterscheidet. Einen ersten Meilenstein in der

1 HANSEN, A.H. (1941) Fiscal Policy and Business Cycles; New York: W.W. Norton. LERNER, A.P. (1944) The Economics of Control; New York: Macmillan.

2 Eine ausgezeichnete wissenschaftssoziologische Analyse der „Revolution" und der „Gegenrevolution" gibt JOHNSON, H.G. (*1973) Die Keynesianische Revolution und die Monetaristische Gegenrevolution; in: KALMBACH, P. (Hrsg.) Der neue Monetarismus; München: Nymphenburger Verlagshandlung.

Entwicklung des Monetarismus bildet MILTON FRIEDMANS Aufsatz „The Quantity Theory of Money: A Restatement" aus dem Jahre 1956[3]. FRIEDMANS Neuformulierung vereint quantitätstheoretische und Keynesianische Elemente und ist eine Theorie der Geldnachfrage.

Grundlegend für das Verständnis der Neuformulierung sind die begriffliche Identität von Vermögen und Einkommen sowie das Konzept *permanenter* Größen. Wenn W^n das nominale Vermögen eines Wirtschaftssubjektes ist und r ein Zins im weitesten Sinn, dann beträgt das nominale Einkommen in jeder Periode:

$$Y^n = W^n \cdot r. \tag{217}$$

Umgekehrt kann man vom Einkommen auf das Vermögen rückschließen:

$$W^n = \frac{Y^n}{r}. \tag{218}$$

„Vermögen" und „Einkommen" sind demnach nur zwei Aspekte eines Begriffs, sofern jede Art Einkommen als Einkommen aus Vermögen aufgefaßt werden kann. Das Vermögen erbringt bei gegebenem Zins ein bestimmtes Einkommen und umgekehrt läßt sich durch Diskontierung des Einkommensstroms das Vermögen berechnen. Diese beiden Begriffe sind bei FRIEDMAN allerdings nicht als gegenwärtiges Vermögen bzw. laufendes Einkommen gemeint, sondern als *permanente* Größen. Das bedeutet im Extrem: W^n ist das gesamte Vermögen eines Wirtschaftssubjektes über seine Lebenszeit und Y^n das durchschnittliche (permanente) Lebenseinkommen. Diese Neuerung hängt eng mit FRIEDMANS Untersuchungen zur Konsumfunktion[4] zusammen und hat analytisch außerordentliche Bedeutung.

Nehmen wir etwa mit FRIEDMAN an, der Konsum hänge nicht vom *laufenden* Einkommen ab, sondern vom *permanenten.* Das jeweilige Einkommen spielt also nur insofern eine Rolle, als es Bestandteil des permanten Einkommens ist; im Extremfall keine. Dies heißt aber nicht weniger, als daß die KEYNESSCHE *absolute Einkommenshypothese* verworfen und durch eine *permanente Einkommenshypothese* ersetzt wird. Bei einem Rückgang

3 FRIEDMAN, M. (*1970) Die Quantitätstheorie des Geldes: Eine Neuformulierung; in: FRIEDMAN, M., Die optimale Geldmenge und andere Essays; München: Verlag Moderne Industrie.

4 FRIEDMAN, M. (1957) A Theory of the Consumption Function; Princeton: Princeton University Press. Wir vereinfachen FRIEDMANS Argument ein wenig, der eine permanente und eine transitorische Komponente unterscheidet. Der letzteren wird nämlich eine geringe Bedeutung zugemessen.

des laufenden Einkommens werden die Wirtschaftssubjekte ihren Konsum also nur wenig oder gar nicht einschränken; sie beziehen ihre Konsumpläne nämlich auf das (erwartete) permanente Einkommen. Wenn dies stimmt, dann werden die Keynesianischen Multiplikatoren unbrauchbar, weil eben ein autonomer Einkommensrückgang die Konsumnachfrage nicht oder nur wenig sinken läßt, womit weitere Nachfrage- und Einkommenswirkungen ausgeschlossen sind. Im Ergebnis folgt aus der permanenten Einkommenshypothese somit, daß der private Sektor einer Volkswirtschaft wesentlich *stabiler* ist als von den Keynesianern angenommen. Exogene Störungen bewirken keinerlei kumulative Prozesse, sondern nur „kleine" Änderungen.

Auch auf die Geldnachfragefunktion, und damit kommen wir zum eigentlichen Thema, wendet FRIEDMAN das Konzept des permanenten Einkommens an. Dieses ergibt sich über verschiedene Ertragsraten aus dem Vermögen, dessen Begriff sehr weit gefaßt ist. Das *nominale Vermögen* besteht aus

- *Geld*, das sind unverzinsliche Aktiva mit konstantem Nominalwert, die als Zahlungsmittel akzeptiert werden,
- *Obligationen*, interpretiert als zinstragende, nominalwertfixierte Wertpapiere,
- *Aktien*, aufgefaßt als Anrechte auf die Erträge eines Unternehmens,
- *physischen Gütern* und
- *menschlichem Kapital* (human capital).

Dieser Vermögensbegriff enthält zwei für uns neuartige Elemente, nämlich die physischen Güter und das menschliche Kapital. Die physischen Güter stehen grundsätzlich den Aktien nahe, weil sie, im Unterschied zu Geld und Obligationen, nicht der Inflationsgefahr unterliegen. Sie unterscheiden sich von Aktien darin, daß sie nicht ein Geldeinkommen abwerfen, sondern ein Naturaleinkommen. Bei FRIEDMANS Beispielen „Kraftfahrzeuge" und „Eigentumswohnungen" besteht das Einkommen aus den *nichtpekuniären* Erträgen, also den Nutzungen, welche diese Güter abwerfen. FRIEDMANS Vermögensbegriff ist also außerordentlich weit; er umfaßt nicht nur die im Bruttosozialprodukt enthaltenen Größen, sondern auch die nicht meßbaren „nichtpekuniären Erträge".

Das menschliche Kapital ist jener Fond, der im Zeitablauf ein Arbeitseinkommen abwirft; es läßt sich prinzipiell als Summe der diskontierten Periodeneinkommen aus Arbeit berechnen. Wir sehen hier besonders deutlich, wie sich zu jeder Einkommensart eine äquivalente Vermögensdefinition treffen läßt. Freilich nimmt das menschliche Kapital insofern eine Sonderstellung ein, als es nicht unmittelbar gegen andere Vermögensbestandteile substituiert werden kann. Während etwa Obligationen ohne Schwierigkeiten gegen Geld eingetauscht werden können, ist die volle

Fungibilität des menschlichen Kapitals praktisch nur in einer Sklavenhaltergesellschaft gegeben. Das *permanente Einkommen* ist nun das Einkommen aus den obigen fünf Vermögenskategorien.

Wir können nun die FRIEDMANSCHE Geldnachfragefunktion aufstellen:

$$L^n = f\left(\underset{(+)}{P}, \underset{(-)}{r_B}, \underset{(-)}{r_E}, \underset{(-)}{\frac{\dot{P}}{P}}, \underset{(+)}{\frac{Y^n}{r}}\right). \tag{219}$$

Die *nominale Geldnachfrage* hängt demnach von folgenden Determinanten ab:

- Dem jeweiligen Preisniveau. Dies liegt an der uns bekannten Tatsache, daß die Wirtschaftssubjekte eine *reale* Kassenhaltung anstreben.
- Den Erträgen r_B und r_E der Obligationen und Aktien. Diese beeinflussen die Geldnachfrage insofern, als die Haltung von Obligationen und Aktien Alternativen zur Geldhaltung sind. Ein Anstieg von r_B bzw. r_E erhöht die Opportunitätskosten der Geldhaltung und bewirkt prinzipiell einen Rückgang der Geldnachfrage.
- Der Inflationsrate $\dot{P}/P$. $\dot{P}$ ist die übliche Abkürzung für dP/dt, also für die Änderung des Preisniveaus in der Zeit. Vermöge der Division durch P folgt daraus eine relative, in Prozent gemessene, Änderungsrate. Eine positive Inflationsrate verringert im Zeitablauf den *Realwert* der Kasse und erhöht damit die *Kosten* der Geldhaltung. Deshalb wird die Geldnachfrage bei zunehmender Inflationsrate tendenziell zurückgehen.
- Dem Vermögen, das sich nach (218) als Quotient des permanenten Einkommens und der *durchschnittlichen* Ertragsrate (r) der fünf Vermögensarten berechnet[5].

Zwei Anmerkungen sind erforderlich. Erstens vermerken wir, daß zwischen Änderungen des *Preisniveaus* und Änderungen der *Inflationsrate* scharf unterschieden werden muß. Während ein höheres Preisniveau eine entsprechend höhere Geldnachfrage nach sich zieht, bewirkt eine höhere Inflationsrate den Rückgang der Geldnachfrage. Dem ersten Falle liegt die Überlegung zugrunde, daß die Wirtschaftssubjekte eine *reale* Kassenhaltung anstreben und bei höheren Preisen eine nominal größere Geldnachfrage entfalten. Beim zweiten Fall wird mit dem Opportunitätskostenprinzip argumentiert: Je höher die Inflationsrate, desto stärker verliert die nominale Kasse im Zeitablauf an Wert, desto höher sind also die Opportuni-

---

5 FRIEDMAN berücksichtigt in seinem Aufsatz (a.a.O.) noch zwei weitere Größen, nämlich das Verhältnis von nicht-menschlichem zu menschlichem Kapital (w) und die „Präferenzen" (u). Weil diese beiden indes nicht meßbar sind und von FRIEDMAN selbst an späterer Stelle vernachlässigt oder konstantgesetzt werden, haben wir sie nicht aufgeführt.

tätskosten der Geldhaltung. Ergo wird letztere bei einem Anstieg der Inflationsrate zurückgehen.

Zweitens sei die etwas mysteriöse Rate „r" erklärt. Wir zählten oben fünf verschiedene Vermögensarten auf, die jeweils pekuniäre und/oder nichtpekuniäre Erträge einbringen. Von jenen fünf Ertragsraten im weitesten Sinne sind indes nur zwei meßbar, nämlich r_B und r_E. Deshalb verzichtet Friedman auf die explizite Angabe der übrigen. Er nimmt darüber hinaus an, daß r (der gewogene Durchschnitt aller Ertragsraten) „in gewisser systematischer Weise" mit r_B und r_E variiere. Damit ist das Problem auf zwei Ertragsraten reduziert, und die explizite Aufführung von r kann unterbleiben:

$$L^n = f\left(P, r_B, r_E, \frac{\dot{P}}{P}, Y^n\right). \tag{220}$$

Wir haben also das Vermögen durch das permanente Einkommen ersetzt mit der Begründung, daß r, ihr Quotient, indirekt durch r_B und r_E angegeben wird.

Es sei nun mit FRIEDMAN angenommen, daß die Wirtschaftssubjekte keiner „Geldillusion" unterliegen und also eine bestimmte reale Kassenhaltung anstreben. Wenn nun das Preisniveau und gleichzeitig das Nominaleinkommen um einen bestimmten Faktor (λ) steigen, so nimmt auch die nominale Geldnachfrage um eben diesen Faktor zu:

$$\lambda \cdot L^n = f\left(\lambda \cdot P, r_B, r_E, \frac{\dot{P}}{P}, \lambda \cdot Y^n\right). \tag{221}$$

Wenn das Preisniveau und das permanente Nominaleinkommen etwa verdoppelt werden, dann steigt auch die nominale Geldnachfrage auf das Doppelte, damit der reale Kassenbestand unverändert bleibt. Da (221) annahmegemäß für jedes λ gilt, können wir $\lambda = 1/Y^n$ setzen, und damit folgt durch Umformung:

$$\frac{1}{Y^n} \cdot L^n = f\left(\frac{P}{Y^n}, r_B, r_E, \frac{\dot{P}}{P}, 1\right) \tag{222}$$

$$\Leftrightarrow L^n = f\left(\frac{P}{Y^n}, r_B, r_E, \frac{\dot{P}}{P}, 1\right) \cdot Y^n. \tag{223}$$

Der Leser vergleiche nun (223) mit (60), der Geldnachfragefunktion der Quantitätstheorie. Offenbar sind die beiden einander sehr ähnlich, und der Unterschied besteht allein darin, daß die Geldnachfrage nicht durch eine *Konstante* k, sondern durch eine *Funktion* f(.) bestimmt wird. Die durchschnittliche Kassenhaltung ist nach FRIEDMANS theoretischer Konzeption demnach kein numerisch stabiler[6] Wert, sondern eine stabile Funktion einiger Variablen. Dies wird als wesentliches Unterscheidungsmerkmal der älteren Quantitätstheorie und ihrer Neuformulierung angesehen. In Analogie zu (62) definieren wir jetzt die Umlaufsgeschwindigkeit des Geldes als Kehrwert der durchschnittlichen Kassenhaltungsdauer, wobei die „1" vernachlässigt sei:

$$v\left(\frac{Y^n}{P}, r_B, r_E, \frac{\dot{P}}{P}\right) := 1/f\left(\frac{P}{Y^n}, r_B, r_E, \frac{\dot{P}}{P}, 1\right). \tag{224}$$

Der Quotient P/Y^n wurde hierbei durch seinen Kehrwert ersetzt, so daß die Umlaufsgeschwindigkeit des Geldes vom permanenten Realeinkommen abhängt. Vermöge der Gleichgewichtsbedingung $M = L^n$ erhalten wir damit das Ergebnis, nämlich FRIEDMANS neuformulierte Quantitätsgleichung:

$$M \cdot v\left(\frac{Y^n}{P}, r_B, r_E, \frac{\dot{P}}{P}\right) = Y^n. \tag{225}$$

Der Ausdruck „Neuformulierung der Quantitätstheorie" kann angesichts der Ähnlichkeit von (225) und (63) kaum verwundern. Wir haben uns nun zu fragen, worin das spezifisch „Neue" der FRIEDMANschen Konzeption liegt und wie sich diese zur älteren Quantitätstheorie, zur Liquiditätspräferenztheorie sowie zur Portfoliotheorie verhält.

Von der älteren unterscheidet sich die neuformulierte Quantitätstheorie dem Vernehmen nach durch eine verhaltenslogische Analyse der Umlaufsgeschwindigkeit v; freilich finden sich auch in der frühen Klassisch-Neoklassischen Literatur viele Gedanken zu den möglichen Bestimmungsgrößen der Umlaufsgeschwindigkeit. Indes ist folgende Schlußfolgerung für das Verständnis des Monetarismus wichtig: Die Monetaristen argumentieren auf der theoretischen Ebene *nicht*, die Umlaufsgeschwindigkeit sei numerisch stabil; sie meinen vielmehr, daß v eine stabile Funktion der in (225) angegebenen Variablen ist. Demnach ist eine Änderung der Umlaufsgeschwindigkeit möglich, *sofern* sie auf die Änderung einer jener Variablen zurückgeht. Diese Behauptung ist theoretisch schlüssig und steht in scharfem Gegensatz zur reinen Form der älteren Quantitätstheorie. Sie ist darüber hinaus empirisch nicht widerlegbar, weil die Umlaufsgeschwin-

---

6 In diesem Zusammenhang gebrauchen wir das Wort *Stabilität* nicht im wirtschaftstheoretischen Sinn (Konvergenz), sondern im wirtschaftsstatistischen (Invarianz). Diese unterschiedlichen Bedeutungen des Begriffs sollten sich stets aus dem jeweiligen Zusammenhang erschließen.

digkeit mit Y^n (dem permanenten Einkommen), r (der durchschnittlichen Ertragsrate), w (dem Verhältnis von nicht-menschlichem zu menschlichem Kapital) sowie u (den „Präferenzen") von vier nicht meßbaren Variablen abhängt.

Von der Keynesianischen Liquiditätspräferenztheorie, die wir mit der Gleichung

$$M = L(Y, i) \cdot P \tag{226}$$

umschreiben können, weicht die Monetaristische These in mindestens dreifacher Hinsicht ab. Erstens wird der Zins durch fünf verschiedene (pekuniäre oder nichtpekuniäre) Ertragsraten ersetzt, von denen allerdings nur zwei meßbar sind und explizit aufgeführt werden (r_B und r_E). Diese Änderung mag weniger bedeutsam erscheinen.

Ein zweiter Unterschied beruht auf dem Begriff des permanenten Einkommens. Die Keynesianische Geldnachfrage L(Y, i) ist spontanen Änderungen unterworfen, sofern das *laufende* Einkommen variiert. Gegen derartige Schwankungen ist FRIEDMANS Geldnachfrage nahezu immun, da sie, so die Hypothese, vom *permanenten* Einkommen abhängt. Y^n in (225) hat demnach nahezu den Stellenwert einer Konstanten, und im Ergebnis muß sich die FRIEDMANsche Geldnachfrage als wesentlich *stabiler* erweisen als die Keynesianische.

Drittens aber bezieht (225) die *Inflationsrate* mit ein; damit kommt ein dynamisches Element hinzu, welches der Keynesianischen Formulierung abging. Wir werden auf diesen Punkt, der im Zusammenhang mit dem Inflationsproblem bedeutsam ist, noch zurückkommen.

Das permanente Einkommen und die Berücksichtigung der Inflationsrate sind zugleich jene Elemente, die FRIEDMANS Konzeption von der Tobinschen Portfoliotheorie unterscheiden. Ansonsten sind diese beiden Geldnachfragetheorien geradezu verblüffend ähnlich, außer daß TOBIN sich wesentlich stärker um eine entscheidungslogische Begründung bemüht hat.

So weit zum Verhältnis der drei Geldnachfragetheorien. FRIEDMANS zentrale Thesen, soweit sie die Theorie betreffen, lassen sich sämtlich anhand der neuformulierten Quantitätstheorie erörtern, die wir abkürzend in folgender Weise schreiben wollen:

$$M \cdot v\,(.) = Y^n. \tag{227}$$

FRIEDMAN geht in seinen theoretischen Betrachtungen von der *Exogenität* der nominalen Geldmenge (M) aus. Die reale Geldmenge (bzw. Geldnachfrage) wird hingegen von den Wirtschaftssubjekten bestimmt, denn deren Handlungen determinieren das Preisniveau. Beginnen wir nun mit den Wirkungen einer Geldmengenexpansion.

Im analytisch einfachsten Falle bringt die Zentralbank mit dem „Friedmanschen Helikopter" zusätzliches Geld unter die Leute: M steigt. Daraufhin bleiben die reale Geldnachfrage und die Umlaufsgeschwindigkeit *zunächst* unverändert. Die Wirtschaftssubjekte versuchen, die als zu hoch angesehene nominale (also auch reale) Kassenhaltung durch Käufe von Gütern, Wertpapieren etc. abzubauen, was ihnen makroökonomisch natürlich nie gelingen kann. Aus diesen zusätzlichen Ausgabenwünschen folgt zwangsläufig, daß das *Nominaleinkommen* $Y^n := Y \cdot P$ steigt.

Die entscheidende Frage lautet jetzt, wie sich die Zunahme des Nominaleinkommens auf Mengen- und Preiswirkungen aufteilt. Denn ausschlaggebend ist ja gerade, ob eine expansive Geldpolitik *Realeinkommenswirkungen* oder bloße *Preissteigerungen* nach sich zieht. Indes ist diese Frage innerhalb des FRIEDMANschen Theoriegebäudes schwerlich beantwortbar; deshalb nimmt FRIEDMAN zumeist an, das Realeinkommen sei durch eine Art Walrasianisches Gleichungssystem bestimmt. Ergo kann die Geldmengenausweitung nur Preiseffekte auslösen. An anderen Stellen werden jedoch realwirtschaftliche Wirkungen der Geldpolitik festgestellt, worauf wir noch zurückkommen werden.

Nehmen wir vorerst an, daß allein Preiswirkungen die Folge des „Geldregens" seien. Es steigen jetzt nicht allein die Preise, sondern kurzfristig steigt auch die Inflationsrate. Während nun einem höheren *Preisniveau* eine um den gleichen Faktor höhere Geldnachfrage zugeordnet ist, nimmt die letztere aufgrund der Zunahme der *Inflationsrate* ab! Denn bei fallendem Geldwert steigen die Opportunitätskosten der Geldhaltung, weshalb die Wirtschaftssubjekte auf andere Aktiva ausweichen. Damit aber nimmt die durchschnittliche Kassenhaltungsdauer *ab* und die Umlaufsgeschwindigkeit des Geldes *zu*.

Der Leser betrachte nun (227). Wenn die Umlaufsgeschwindigkeit des Geldes bei einer Geldmengenausweitung zunimmt, so fällt der Anstieg des Nominaleinkommens offenbar *stärker* aus als der zugrundeliegende Anstieg der Geldmenge. Nehmen wir beispielsweise an, die Geldmenge werde um 5% erhöht. Wenn daraufhin die Umlaufsgeschwindigkeit vorübergehend um 2% steigt, weil die Kassenhaltung der Inflationsrate wegen vermindert wird, dann muß das Nominaleinkommen offenbar um 7% steigen. Aber ebenfalls nur vorübergehend: Hat sich das Preisniveau auf seinem höheren Niveau eingespielt, so geht die Inflationsrate auf Null zurück, und damit sinkt die Umlaufsgeschwindigkeit auf den Ausgangswert. Dies erfordert wiederum eine *Deflation* um 2%, bis das neue Gleichgewicht nach einigen Schwankungen erreicht ist. Im neuen Gleichgewicht ist das Nominaleinkommen um 5% höher als zum Ausgangszeitpunkt.

Aus dieser Prozeßbeschreibung folgt ein wichtiges Ergebnis: Die einmalige Ausweitung der Geldmenge seitens der Zentralbank erzeugt keine sich „wohlverhaltenden" Wirkungen, sondern führt zu erratischen, zyklischen Schwankungen. Die diskretionäre Geldpolitik wirkt in hohem Maße destabilisierend.

Als nächstes wollen wir die möglichen *realwirtschaftlichen* Wirkungen der Geldpolitik betrachten. Jene beruhen nach Monetaristischer Sicht hauptsächlich auf Verzögerungen in der *Erwartungsbildung.* Nehmen wir zur Erklärung eine Volkswirtschaft, die seit Jahren ein reales Wachstum von drei Prozent aufweist und in der die Zentralbank die Geldmenge um jährlich fünf Prozent erhöht. Bei unveränderter Umlaufsgeschwindigkeit ist demnach seit langem eine Inflationsrate von zwei Prozent zu beobachten. Folgerichtig fordern die Arbeitnehmer in jedem Jahr einen Lohnzuschlag von zwei Prozent für den Ausgleich des Kaufkraftverlustes; inwiefern darüber hinaus noch Lohnerhöhungen erfolgen, soll uns hier nicht interessieren. Ähnlich wird jeder rationale Kreditgeber bei seiner Entscheidung nicht den *Nominalzins* zugrundelegen, sondern den *Realzins,* der als Nominalzins abzüglich der Inflationsrate definiert ist.

Wenn die Zentralbank jetzt – spontan und unerwartet – das Geldmengenwachstum auf sieben Prozent erhöht, dann sind kurzfristig realwirtschaftliche Effekte zu erwarten; die *kurze Frist* wird von den Monetaristen mit zwei bis fünf Jahren angesetzt. Denn die steigende Inflation überrascht die Wirtschaftssubjekte, und der Reallohn sowie der Realzins werden zunächst einmal sinken, weil die Erwartungen sich anpassen müssen und die Verträge meist nicht unmittelbar revidiert werden können. Damit steigen die Beschäftigung und die Produktion, sofern die Ressourcen zuvor nicht voll ausgelastet waren. Zentral für die Monetaristische Auffassung ist jedoch, daß Beschäftigung und Produktion auf ihr „natürliches" Niveau sinken werden, *sobald* sich die Inflationserwartungen angepaßt haben.

Das leitet uns unmittelbar zum Begriff der *natürlichen Rate der Unterbeschäftigung.* Die natürliche Unterbeschäftigungsrate ist jene, die sich aufgrund der Marktkräfte einstellt und die nicht dauerhaft von der Fiskal- und Geldpolitik beeinflußt werden kann. Den Monetaristischen Einlassungen zufolge wird die natürliche Unterbeschäftigungsrate beispielsweise durch Suchprozesse, friktionelle Anpassungsprobleme, die Höhe des Reallohnes sowie die Lohnstruktur bestimmt. Sie ist nicht „natürlich" im Sinne von „naturgegeben" und knüpft auch nicht an ein Optimalitätskriterium an.

Die *Existenz* einer natürlichen Unterbeschäftigungsrate kann als Kernpunkt der Kontroverse zwischen Monetaristen und Keynesianern gelten. Die Keynesianer sehen keine natürliche Unterbeschäftigung im Monetaristischen Sinne. Sie meinen vielmehr, daß der Staat mittels der Fiskal-

und Geldpolitik zumindest einen Teil der Unterbeschäftigung beheben kann, jedenfalls prinzipiell. Nach der Monetaristischen Auffassung hingegen ist die natürliche Rate der Unterbeschäftigung durch die Fiskalpolitik nicht und durch die Geldpolitik nur kurzfristig beeinflußbar.

Was die Geldpolitik angeht, dürfte der letzte Satz anhand des obigen Beispiels unmittelbar einleuchten; in bezug auf die Fiskalpolitik hingegen ist die Sache etwas schwieriger. FRIEDMAN selbst verfügt über keinen analytischen Apparat zur Untersuchung fiskalpolitischer Wirkungen, nimmt jedoch an, daß die „reine Fiskalpolitik" stets in ein totales Crowding-Out mündet:

„Es scheint absurd zu behaupten, daß eine Erhöhung der Staatsausgaben nicht expansiv wirke. Eine solche Politik gibt offensichtlich jenen Leuten, an die die Regierung ihre Ausgaben tätigt, Einkommen in die Hände, ohne den Steuerzahlern irgendwelche zusätzlichen Beträge fortzunehmen. Ist das nicht eindeutig expansiv oder inflationär?

Bis zu diesem Punkte ja, aber das ist nur die halbe Geschichte. Wir haben uns zu fragen, woher die Regierung die zusätzlichen Mittel bekommt, die sie ausgibt. Wenn die Regierung Geld druckt, um ihre Rechnungen zu bezahlen, so ist das Geldpolitik, und wir versuchen ja gerade, die Fiskalpolitik für sich allein zu betrachten. Wenn die Regierung die Mittel durch Verschuldung beim Publikum erhält, dann haben jene Leute, die der Regierung Mittel leihen, weniger Mittel für Ausgaben oder für Kreditvergabe an andere."[7]

Mit anderen Worten: Eine kreditfinanzierte Fiskalpolitik bewirkt ein totales Crowding-Out. Damit unterscheidet sich FRIEDMAN im Ergebnis deutlich von TOBIN, dessen Portfoliotheorie wir im letzten Kapitel vorstellten. Leider ist FRIEDMAN an dieser Stelle analytisch nicht explizit; es kann daher nur vermutet werden, daß er den Vermögenseffekt der öffentlichen Kreditnahme vernachlässigt und davon ausgeht, daß zwischen Staatswertpapieren und Geld keine Substitutionsbeziehungen bestehen.

Gerade diesen Mangel an expliziter Analyse zu beheben, machten sich FRIEDMANS Mitstreiter KARL BRUNNER und ALLAN H. MELTZER zum Programm. Sie entwickelten eine Reihe von fortlaufend modifizierten Modellen mit dem Zweck, die genaue Wirkungsweise der Geld- und Fiskalpolitik deutlich zu machen und damit das teilweise Theorievakuum des Monetarismus auszufüllen. Ohne ihre umfangreichen Modelle hier im einzelnen

7 FRIEDMAN, M. (*1973) Die Gegenrevolution in der Geldtheorie; in: KALMBACH, P. (Hrsg.) Der neue Monetarismus; a.a.O., S. 59.

besprechen zu können, wollen wir doch auf drei Charakteristika derselben hinweisen[8]:

Erstens sind die Modelle von BRUNNER und MELTZER portfoliotheoretisch angelegt. Man bezeichnet diese Monetarismus-Variante deshalb auch als „Preistheoretischen Monetarismus" in Gegenüberstellung zum „Neoquantitätstheoretischen Monetarismus" FRIEDMANscher Provenienz. Es ist geradezu frappant, wie wenig sich BRUNNERS und MELTZERS Modelle von jenen des Keynesianismus à la TOBIN unterscheiden, jedenfalls in bezug auf das rein analytische Instrumentarium.

Zweitens enthalten die Modelle von BRUNNER und MELTZER eine Fülle von Aktiva, über deren relative Ertragsraten die Transmissionsprozesse ablaufen. BRUNNER und MELTZER widersetzen sich verschiedenen Versuchen, die Position des Monetarismus durch eine senkrechte LM-Kurve abzugrenzen, was eine angenommene Zinsunelastizität der Geldnachfrage bedeuten würde. Ihrer Meinung nach ist das IS/LM-Schema als Vergleichsgrundlage unbrauchbar, weil es nicht die relevanten Informationen enthält, nämlich ein ganzes Spektrum von Aktiva und Ertragsraten, und daher keine preistheoretische Behandlung des Transmissionsmechanismus zuläßt.

Drittens können auch die Modelle von BRUNNER und MELTZER nicht als totalanalytisch gelten, weil sie keinen Arbeitsmarkt enthalten und das Realeinkommen „vorgegeben" ist. Dies zeigt einmal mehr, daß der Monetarismus, wie er sich heute präsentiert, eher eine *Inflations-* denn eine *Beschäftigungstheorie* ist. Das Problem der „fehlenden Gleichung" des Monetarismus (nämlich jener, die das Realeinkommen bestimmt) wurde unterdes zum geflügelten Wort.

Mit der Entwicklung der Portfoliotheorie und deren Übernahme durch den Monetarismus hat eine methodische Konvergenz der beiden Pole zum Nutzen aller Beobachter stattgefunden, denen ein Vergleich und die Auffindung eigentlicher Differenzen nun leichter fallen. Dieses Panorama wird nur dadurch etwas getrübt, daß sowohl Monetaristen als auch Keynesianer diese Konvergenz nicht immer anerkennen. Insbesondere bei der Lektüre BRUNNERS und MELTZERS muß man den Eindruck gewinnen, daß diese den portfoliotheoretischen Ansatz für spezifisch monetaristisch halten; unter „Keynesianismus" scheinen sie allein den frühen Keynesianismus in Form des Einkommen-Ausgaben-Modells oder des IS/LM-Modells zu verstehen.

---

8 Der weitergehend interessierte Leser vergleiche etwa: BRUNNER, K. und A.H. MELTZER (*1974) Ein Monetaristischer Rahmen für die Aggregative Analyse; in: BRUNNER, K. et al. (Hrsg.) Geldtheorie; a.a.O. BRUNNER, K. und A.H. MELTZER (1976) An Aggregative Theory for a Closed Economy; in: STEIN, J.L. (Hrsg.) Monetarism; Amsterdam usw.: North-Holland.

Insgesamt läßt sich sagen, daß die theoretischen Differenzen zwischen Monetaristen und Keynesianern recht gering sind. Die beiden gravierenden Unterschiede sind

- die Annahme bzw. Ablehnung einer natürlichen Rate der Unterbeschäftigung sowie
- abweichende Einschätzungen bezüglich der Art und Stärke verschiedener Substitutionsbeziehungen in den Portfolios.

Was FRIEDMAN angeht, würde noch das Konzept permanenter Größen als Unterscheidungsmerkmal hinzutreten. Wesentlich bedeutsamer als all dies ist jedoch die der Theorie vorgelagerte Überzeugung der Monetaristen, daß der private Sektor in sich selbst stabil sei – wesentlich stabiler zumindest, als von den Keynesianern angenommen.

§ 67 Die empirischen Untersuchungen, oder: Monetarismus contra Fiskalismus

„Inflation is always and everywhere a monetary phenomenon."
(MILTON FRIEDMAN)

FRIEDMANS neuformulierte Quantitätsgleichung ist geradezu ein Paradebeispiel für SAMUELSONS Diktum, daß die psychologische Wirkung einer Theorie nicht invariant in bezug auf äquivalente Umformungen ist: Aufgrund ihrer algebraischen Struktur scheint sie der älteren Quantitätstheorie näherzustehen als etwa der Liquiditätspräferenztheorie. Und doch ist dem von der Sache her nicht so; tatsächlich ist die theoretische Verwandtschaft zur Liquiditätspräferenztheorie viel größer, weil die Umlaufsgeschwindigkeit nicht als *numerisch* stabil angesehen wird.

Wenn sich FRIEDMAN also in der Tradition der älteren Quantitätstheorie wähnt, so muß das *empirische* Gründe haben, und in der Tat sind die empirischen Differenzen zwischen Monetaristen und Keynesianern bedeutsamer als die theoretischen.

In einer groß angelegten Studie zur „Monetären Geschichte der Vereinigten Staaten, 1867–1960" haben MILTON FRIEDMAN und ANNA J. SCHWARZ die Entwicklung der Geldmenge, der Preise und des Einkommens über ein knappes Jahrhundert hinweg verfolgt. Dabei kamen sie zu folgenden Ergebnissen:

„1. Änderungen der Geldmenge waren eng verknüpft mit Änderungen der ökonomischen Aktivität, des Geldeinkommens und der Preise.
2. Die Beziehungen zwischen monetären und ökonomischen Variablen waren außerordentlich stabil.

3. Monetäre Änderungen hatten oft einen unabhängigen Ursprung; sie reflektierten nicht einfach Wechsel der ökonomischen Aktivität.“[9]

Der erste Satz ist offenbar eine verbale Formulierung des quantitätstheoretischen Zusammenhanges; es wird allerdings ein Zusammenhang zwischen der Geldmenge einerseits und den Preisen *und* dem Realeinkommen im Sinne der ökonomischen Aktivität andererseits festgestellt.

Im zweiten Satz wird die *numerische (!)* Stabilität der Umlaufsgeschwindigkeit des Geldes behauptet. Dies ist eine erhebliche Verschärfung der Aussage zur *funktionalen* Stabilität, die wir im Zusammenhang mit Friedmans Theorie erörtert hatten. Erst hier begibt sich Friedman in einen Gegensatz zur Keynesianischen Theorie und rückt gleichzeitig in die Nähe der Quantitätstheoretiker. Insbesondere schätzen Friedman und Schwarz die Zinselastizität der Geldnachfrage auf −0,15: ein denkbar geringer Wert, der die Möglichkeit einer Liquiditätsfalle praktisch ausschließt. Ganz allgemein läßt sich sagen, daß Monetaristen die Zinselastizität der Geldnachfrage geringer einschätzen als Keynesianer.

Im dritten Satz schließlich äußern Friedman und Schwarz die Vermutung, daß die Geldmenge *exogen* sei. Dies rührt an ein ökonomisches Problem, das wir bisher noch nicht erwähnten: In den bisherigen Modellen wurde stets ein exogenes Geldangebot unterstellt, was eine Annahme beinhaltet, die bereits im neunzehnten Jahrhundert die Gemüter erhitzte. Im Streit zwischen der *Currency-Schule* und der *Banking-Schule* ging es nämlich um gerade diese Frage[10]. Die Banking-Theoretiker bestritten im Gegensatz zur Currency-Schule, daß die Zentralbank zu einer Kontrolle der Geldmenge in der Lage sei. Zur Begründung dieser Sicht, die durch den Keynesianismus und andere geldtheoretische Strömungen bis heute erhalten blieb, werden vor allem zwei Argumente angeführt.

– Erstens, so wird argumentiert, sei die Geldpolitik wie ein „Strick“: man könne ihn ziehen, aber nicht stoßen. Mit anderen Worten kann die Zentralbank die Geldmenge verknappen, aber nicht gewaltsam ausdehnen, weil sie niemanden zur Geldannahme zu zwingen vermag. Deshalb kann nach dieser Auffassung die Geldpolitik zwar kontraktiv sein, aber nicht expansiv.
– Sofern man einen weiten Geldbegriff zugrundelegt, der „geldnahe Aktiva“ miteinschließt, kann die Zentralbank nur einen geringen Teil der ge-

---

9 Friedman, M. und A.J. Schwarz (1963) A Monetary History of the United States, 1867–1960; Princeton: Princeton University Press, S. 676. Übersetzung der Verfasser.

10 Zu dieser Kontroverse vergleiche man etwa Claassen, E.-M. (1980²) Grundlagen der Geldtheorie; a.a.O.

samten Geldmenge kontrollieren. Wenn sie diesen Teil verknappt, werden die Wirtschaftssubjekte auf die anderen zur Geldmenge zählenden Aktiva ausweichen und diese eventuell (Wechsel) vergrößern. Die *gesamte* Geldmenge ist damit von der Zentralbank nicht steuerbar.

Dieses Problem läuft heute unter dem Namen der *reversed causation*, der umgekehrten Kausalität. Bei umgekehrter Kausalität ist die Geldmenge *endogen*, und ihre Entwicklung reflektiert lediglich die wirtschaftliche Aktivität. Der dritte Satz von FRIEDMAN und SCHWARZ wendet sich also gegen eine derartige reversed causation; ihre Vermutung geht auf eine hauptsächlich exogene Geldmenge. Eben diese Exogenität ist einer der Grundpfeiler des Monetarismus, denn im Grenzfall einer vollständig endogenen Geldmenge wäre nichts wahrer als die Aussage: „Money doesn't matter." Ein Monetarist ist demnach zwangsläufig Currency-Theoretiker.

Eine weitere bedeutsame Studie der Monetaristen ist die von MILTON FRIEDMAN und DAVID MEISELMAN zur relativen Stabilität der Umlaufsgeschwindigkeit des Geldes und des Keynesianischen Multiplikators[11]. Ziel der Untersuchung war herauszufinden, ob die Monetaristische oder die Keynesianische These die Empirie auf ihrer Seite hat. Zu diesem Zwecke vereinbarten FRIEDMAN und MEISELMAN eine verblüffend einfache Spielregel, indem sie „den Monetarismus" und „den Keynesianismus" auf jeweils eine einzige Gleichung reduzierten:

$$Y^n = a + b \cdot M \quad \text{„Monetarismus"} \tag{228}$$

$$Y^n = c + d \cdot A^n \quad \text{„Keynesianismus".} \tag{229}$$

Hierbei sind a, b, c und d die zu schätzenden Koeffizienten des linearen Regressionsansatzes. Die erste Gleichung steht für die Monetaristische These, daß die Entwicklung des Nominaleinkommens vornehmlich durch die Geldmenge bestimmt wird. Die zweite Gleichung soll das Keynesianische Einkommen-Ausgaben-Modell verkörpern, wonach die Summe der nominalen „autonomen" Ausgaben (Investitionen und Staatsnachfrage) entscheidend für die Entwicklung des Nominaleinkommens ist. Da der Konsum indes die Hauptkomponente des Nominaleinkommens ist (Scheinkorrelation), schätzten FRIEDMAN und MEISELMAN nicht den obigen Ansatz, sondern untersuchten zur Ausschaltung der Scheinkorrelation

---

11 FRIEDMAN, M. und D. MEISELMAN (1963) The Relative Stability of Monetary Velocity and the Investment Multiplier in the United States, 1897–1958; in: The Commission on Money, Credit and Commerce (Hrsg.) Stabilization Policies; Englewood Cliffs: Prentice-Hall.

den Einfluß von Geldmenge und autonomen Ausgaben auf den *Konsum:*

$$C^n = a + b \cdot M \quad \text{„Monetarismus"} \tag{230}$$

$$C^n = c + d \cdot A^n \quad \text{„Keynesianismus".} \tag{231}$$

Die zu schätzenden Koeffizienten sind hier freilich von den obigen verschieden. Das Ergebnis von FRIEDMANS und MEISELMANS Studie ist nun, daß der Zusammenhang zwischen Geldmenge und Konsum *wesentlich enger* ist als jener zwischen autonomen Ausgaben und Konsum. Daraus zogen sie die Schlußfolgerungen, daß

- die Geldnachfragefunktion *stabiler* ist als die Keynesianische Konsumfunktion,
- die Geldmenge und nicht die Investitionen oder Staatsausgaben für die Entwicklung des Nominaleinkommens entscheidend sind und folglich
- von der Geldpolitik *stärkere* Wirkungen zu erwarten sind als von der Fiskalpolitik.

Es läßt sich leicht denken, daß diese Ergebnisse nicht unbestritten blieben[12]. Aus den vielfältigen Kritikpunkten wollen wir zwei besonders wichtige herausgreifen:

- Die Keynesianische Theorie wird durch den obigen Schätzansatz nicht adäquat beschrieben, während die Neoquantitätstheorie zutreffend dargestellt ist. Gerade deshalb aber, weil die Keynesianische Theorie *nicht* auf eine Gleichung reduzierbar ist, kann die Schätzung für sie nur ungünstiger ausfallen. Der Schätzansatz (230) und (231) begünstigt die Monetaristische These von vornherein.
- Die von FRIEDMAN und MEISELMAN ermittelte enge Korrelation von Geldmenge und Nominaleinkommen erlaubt *nicht* den Schluß, daß die erstere Variable die letztere determiniert. Vielmehr ergibt sich eine hohe Korrelation auch und gerade dann, wenn die Geldmenge *endogen* ist. Es mag ebensogut sein, daß in (230) M die abhängige Variable ist; auf das Gegenteil kann zumindest statistisch unmöglich geschlossen werden.

Somit wird die Monetarismus-Kontroverse durch die empirischen Untersuchungen nicht aus der Welt geschafft. Das Zahlenmaterial als solches wurde zwar nicht in Zweifel gezogen, wohl aber die daraus gefolgerten

---

12 Vgl. etwa ANDO, A. und F. MODIGLIANI (1965) The Relative Stability of Monetary Velocity and the Investment Multiplier; American Economic Review **55,** S. 693–728. TOBIN, J. (1970) Money and Income: Post Hoc ergo Propter Hoc?; Quarterly Journal of Economics **84,** S. 301–317. MONISSEN, H.G. (1973) Die relative Stabilität von Kreislaufgeschwindigkeit des Geldes und Investitionsmultiplikator: Eine Zusammenfassung der Diskussion; Jahrbuch für Sozialwissenschaft **24,** S. 300–330.

Schlüsse. Die Keynesianer sahen sich durch FRIEDMAN und MEISELMAN nicht widerlegt.

Zusammenfassend können wir sagen, daß die Monetaristen aus diesen und vielen anderen empirischen Studien folgende Schlüsse ziehen:

- Das Nominaleinkommen und das Preisniveau werden nur durch Veränderungen der Geldmenge systematisch beeinflußt.
- Die Geldpolitik übt demnach einen starken Einfluß auf das Nominaleinkommen aus; die Fiskalpolitik nur einen schwachen und mittelbaren, indem sie eventuell die Umlaufsgeschwindigkeit des Geldes beeinflußt.
- Die Geldnachfragefunktion ist stabiler als die Keynesianische Konsumfunktion. „Stabil" heißt zunächst einmal „funktional stabil", aber aufgrund der empirischen Befunde kann auch auf eine gute numerische Stabilität geschlossen werden. Die Zinselastizität der Geldnachfrage ist verhältnismäßig gering und eine Liquiditätsfalle irrelevant.

Freilich bezieht sich der Satz über die Instabilität der Konsumfunktion auf die *Keynesianische* Konsumfunktion, speziell auf jene, der die absolute Einkommenshypothese zugrundeliegt. Der vom *permanenten* Einkommen abhängige Konsum wird als stabil angesehen und ebenso die Geldnachfrage und die Investition. Damit geht der Monetarismus, wie wir bereits erwähnten, von einer hohen Stabilität des privaten Sektors insgesamt aus. Dies ist freilich kaum ein empirisch abgesichertes Ergebnis, sondern eher ein dem Monetarismus unterliegender Grundsatz und unserer Ansicht nach die wichtigste These, die Monetaristen und Keynesianer voneinander trennt.

§ 68 Die wirtschaftspolitischen Forderungen, oder: Monetarismus contra Interventionismus

„Prinzipiell kann jemand Monetarist und Sozialist zugleich sein."
(THOMAS MAYER)

Zentral für die wirtschaftspolitische Attitüde des Monetarismus ist die mehrfach erwähnte Hypothese eines inhärent stabilen privaten Sektors. Nach Monetaristischer Auffassung kommt es in einer für sich belassenen Marktwirtschaft allenfalls zu geringen Schwankungen von Beschäftigung und Produktion, keinesfalls aber zu solchen Krisen, wie sie der Keynesianismus annimmt. Aber steht das nicht in offenem Widerspruch zur beobachtbaren Realität?

Nach Monetaristischer Sicht nicht, denn wenn auch die Existenz größerer Krisen kaum bestritten werden kann, so liegt ihre Ursache doch nicht im Marktsystem selbst, sondern in den Eingriffen des *Staates:* Der Staat verursacht durch die Fiskalpolitik (Steuern und Schulden) eine Entkräftung privater Initiative, durch eine expansive Geldpolitik die Inflation, durch eine kontraktive Geldpolitik die Unterbeschäftigung und durch alles drei eine nachhaltige Verunsicherung der Privaten, die den Wirtschaftsablauf ebenfalls lähmt und destabilisiert.

Damit ist der Monetaristische Eindruck vom Wirtschaftsgeschehen dem der Keynesianer geradezu entgegengesetzt. Während die Keynesianer argumentieren, der private Sektor sei (potentiell) instabil, so daß in Krisenzeiten der Staat helfend eingreifen müsse, meinen die Monetaristen, daß der private Sektor in sich selbst stabil ist, aber manchmal außerstande, die vom Staat (!) induzierten Störungen abzufangen.

Mit dieser Betrachtungsweise hängt die *anti-interventionistische* Haltung der Monetaristen eng zusammen. Ihrer Meinung nach sind staatliche Eingriffe nicht nur nicht notwendig, sondern darüber hinaus schädlich. Andererseits konzedieren viele Monetaristen, daß der private Sektor kleinere Störungen selbst erzeugen kann, und wenn sie sich auch für diesen Fall *gegen* diskretionäre Maßnahmen wenden, so muß das einen besonderen Grund haben. Dieser besteht darin, daß bei der Beurteilung diskretionärer Maßnahmen die *Wirkungsverzögerungen* entscheidend sind, und jenen wird einige Bedeutung zugemessen. So schätzt FRIEDMAN die Verzögerung eines geldpolitischen Impulses auf etwa ein Viertel der Länge eines Konjunkturzyklus. Es leuchtet ein: wenn diskretionäre Maßnahmen erst so spät greifen, dann unterbleiben sie besser, weil sie eher destabilisierend als stabilisierend wirken.

Bezüglich der relativen Wirksamkeit von Geld- und Fiskalpolitik ist die Monetaristische Position nicht einheitlich. Auf der einen Seite betont FRIEDMAN immer wieder, daß die Inflation ein rein monetäres Phänomen sei. Die Fiskalpolitik habe keine inflationären Wirkungen – und auch sonst keine, außer daß sie Kaufkraft zwischen dem öffentlichen und dem privaten Sektor alloziiert. Auf der anderen Seite stehen BRUNNER und MELTZER, deren portfoliotheoretisch angelegten Modelle der Fiskalpolitik durchaus *kurzfristige* Wirkungen zusprechen. Indes habe die Fiskalpolitik keine dauerhaften Beschäftigungswirkungen, und hierin sind sich wieder alle Monetaristen einig.

Kurzfristig also können geld- und fiskalpolitische Maßnahmen Erfolge zeitigen, aber damit ist es vorbei, sobald die Privaten ihre Erwartungen angepaßt haben. Der Monetaristische Vorschlag zur Konjunkturstabilisierung besteht deshalb in der *Aufgabe* der diskretionären Politik. Damit kommen wir zu FRIEDMANS *Geldmengenregel*[13]. FRIEDMAN schlug vor, die

---

13 FRIEDMAN, M. (*1970) Die optimale Geldmenge; in: FRIEDMAN, M. Die optimale Geldmenge und andere Essays; a.a.O. Das eigentliche Argument ist schon wesentlich älter, wird in diesem Aufsatz aber in seiner ausgefeiltesten Form dargeboten.

Geldmenge mit einer konstanten jährlichen Rate wachsen zu lassen, deren numerischen Wert er mit zwei bis fünf Prozent angibt. Es komme jedoch nicht so sehr auf die *Höhe* der jährlichen Wachstumsrate an, als vielmehr auf ihre *Konstanz.* Durch diese regelgebundene Geldpolitik seien Störungen des Wirtschaftsablaufs seitens der Zentralbank ausgeschlossen: Der private Sektor würde nicht länger verunsichert durch politische Maßnahmen, die zu früh, zu spät oder in falscher Dosierung erfolgen. Somit sei die Beendigung der diskretionären Intervention die beste Stabilisierungspolitik.

Freilich haben die Monetaristen noch manch weiteren Vorschlag zu wirtschaftspolitischen Fragen gemacht, erwähnen wir nur die Befürwortung flexibler Wechselkurse und die Idee einer 100%igen Mindestreservepflicht für die Kreditinstitute. Aber damit können wir uns hier nicht weiter befassen, statt dessen wollen wir abschließend betonen, daß der Monetarismus keine bestimmte ideologische Position voraussetzt. Ein Beispiel sollte zur Begründung genügen: *Wenn* es richtig ist, daß der private Sektor ohne staatliche Intervention stabiler ist als mit einer solchen, dann wird jedermann von einer diskretionären Politik abraten müssen, was nicht ausschließt, daß er eine stetige Ausweitung des Staatssektors aus anderen Gründen befürwortet. *Ob* dies aber stimmt, ist ein Sachproblem, das mit Fragen der Weltanschauung im Prinzip wenig zu tun hat.

§ 69 Resümee

"Since we are all Keynesians now in the short run, those of us, who are not dead in the long run are at least near-monetarists."
(A.M. Blinder und R.M. Solow)

Im Anschluß an diesen Aufriß des Monetarismus wollen wir dessen kennzeichnende Merkmale in eine geschlossene Aufzählung bringen. Diese ist beileibe nicht als erschöpfend gedacht; vielmehr haben wir einige subtilere Eigenschaften vernachlässigt, die in der weiterführenden Literatur behandelt werden.

- Der Monetarismus geht von der prinzipiellen Stabilität des privaten Sektors aus.
- Diese Haltung wird durch das theoretische Konzept permanenter Größen und die Vernachlässigung von Marktunvollkommenheiten gestützt.
- Die Geldtheorie steht zwar der Keynesianischen und der Portfoliotheorie nahe, aber aufgrund empirischer Untersuchungen gelangt der Monetarismus zum quantitätstheoretischen Ergebnis einer numerisch stabilen Umlaufsgeschwindigkeit. Seine Geldtheorie unterscheidet sich von der

Liquiditätspräferenz- und der Portfoliotheorie insbesondere durch die Einbeziehung der Inflationsrate.

- Das Geldangebot (spezifiziert als Geldmenge oder vorsichtiger als Geldbasis) wird von den Monetaristen als exogene Größe angesehen.
- Wesentlicher Bestandteil der Monetaristischen Theorie ist die Annahme einer natürlichen Rate der Unterbeschäftigung; damit wird die dauerhafte Beeinflußbarkeit von Beschäftigung und Produktion durch die Geld- und Fiskalpolitik ausgeschlossen.
- Monetaristen schenken dem Problem der Inflation eine vergleichsweise größere Aufmerksamkeit als dem Beschäftigungsproblem.
- Damit eng zusammenhängend sind die Monetaristischen Theorien eher als Inflations- denn als Beschäftigungstheorien angelegt.
- Monetaristen sind grundsätzlich gegen diskretionäre Maßnahmen, da diese aufgrund von Wirkungsverzögerungen etc. eher Schaden anrichten als die erhofften Ergebnisse bringen.
- Eine unmittelbare Folgerung hieraus ist die Befürwortung einer Geldmengenregel, derzufolge das Geldmengenwachstum (gesetzlich) festgelegt und nicht länger zur Disposition der Zentralbank stehen soll.
- Schließlich sind die meisten Monetaristen überzeugt, daß die Geldpolitik gegenüber der Fiskalpolitik wesentlich wirksamer ist[14].

Wir sehen, daß die verschiedenen Merkmale schon ein kohärentes Ganzes bilden, so daß die Identifizierung einer „Monetaristischen Position" gerechtfertigt erscheint. Indes bedingen die einzelnen Thesen nicht einander; so läßt sich etwa von der Vermutung einer relativ wirksameren Geldpolitik unmöglich auf die Abschaffung der diskretionären Politik überhaupt schließen. Insofern steht es jedermann frei, einzelne der obigen zehn Thesen zu akzeptieren, andere nicht. In der Tat sind die meisten Ökonomen in Einzelfragen Monetaristen, und in diesem Sinne ist der obige Satz der Keynesianer BLINDER und SOLOW zu verstehen.

Literaturangaben

Zur übergreifenden Charakterisierung des Monetarismus verweisen wir insbesondere auf:

MAYER, TH. (*1978) Die Struktur des Monetarismus; in: EHRLICHER, W. und W.-D. BECKER (Hrsg.) Die Monetarismus-Kontroverse; a.a.O.

---

14 Im nächsten Kapitel werden wir zudem auf die Problematik der sogenannten *Phillips-Kurve* eingehen, die einen weiteren Gegenstand der Diskussion bildet. Vgl. zu einer ausführlicheren Darstellung der Merkmale des Monetarismus MAYER, TH. (*1978) Die Struktur des Monetarismus; in: EHRLICHER, W. und W.-D. BECKER (Hrsg.) Die Monetarismus-Kontroverse; Beiheft **4** zu Kredit und Kapital.

SCHRÖDER, W. (1978) Theoretische Grundstrukturen des Monetarismus; Baden-Baden: Nomos

Die folgenden drei Sammelbände vermitteln einen umfassenden Eindruck von der Monetarismus-Kontroverse; es kommen dort sowohl Befürworter als auch Gegner dieser Theorie zu Worte:

EHRLICHER, W. und W.-D. BECKER (1978) Hrsg.: Die Monetarismus-Kontroverse; a.a.O.

KALMBACH, P. (1973) Hrsg.: Der neue Monetarismus; a.a.O.

STEIN, J.L. (1976) Hrsg.: Monetarism; a.a.O.

Aus der Fülle Monetaristischer Veröffentlichungen sind unter anderem die folgenden richtungsweisend:

FRIEDMAN, M. (1948) A Monetary and Fiscal Framework for Economic Stability; American Economic Review **38**, D. 245–264. Wiederabgedruckt in: LINDAUER, J. (1968) Hrsg.: Macroeconomic Readings; a.a.O.

FRIEDMAN, M. (*1970) Die Rolle der Geldpolitik; in: FRIEDMAN, M. Die optimale Geldmenge und andere Essays; a.a.O.

BRUNNER, K. und A.H. MELTZER (1976) An Aggregative Theory for a Closed Economy; in: STEIN, J.L. (Hrsg.) Monetarism; a.a.o.

Zur Kritik der Monetaristischen Position vergleiche man insbesondere:

MODIGLIANI, F. (*1978) Die monetaristische Kontroverse. Oder: sollten wir auf Stabilitätspolitik verzichten?; in: EHRLICHER, W. und W.-D. BECKER (Hrsg.) Die Monetarismus-Kontroverse; a.a.O.

NEUBAUER, W. (1978) Über die Unmöglichkeit einer monetaristischen Geldpolitik; in: EHRLICHER, W. und W.-D. BECKER (Hrsg.) Die Monetarismus-Kontroverse; a.a.O.

Kapitel X. Die Neuklassische Theorie

In diesem Kapitel stellen wir mit der Hypothese rationaler Erwartungen und dem sich darauf stützenden Theoriegebäude eine Weiterentwicklung aus den siebziger Jahren vor. Die Theorie der Rationalen Erwartungen entstand aufgrund einer Unzufriedenheit mit den bisherigen Lehren; die Unzufriedenheit war zweifach. Erstens wissen wir, daß *Erwartungen* in den überkommenen Modellen entweder gar nicht auftauchten oder als *exogen* angesehen wurden. Weil aber die Erwartungen der Wirtschaftssubjekte deren Handeln und damit den Wirtschaftsablauf selbst maßgeblich beeinflussen, war schon seit langem ein allgemeines Bestreben im Gange, die Erwartungsbildung in einem Modell zu *endogenisieren*. Über die Forschungsergebnisse, von denen die rationalen Erwartungen eines sind, berichten wir im folgenden Paragraphen.

Zweitens begann das Problem der Stagflation einen Großteil der westlichen Volkswirtschaften zu plagen. *Stagflation* ist eine Wortzusammensetzung aus „Stagnation" und „Inflation". *Stagnation* wiederum bedeutet sprachlich exakt die Abflachung des wirtschaftlichen Wachstums; eine konnotative Bedeutung dieses Wortes ist jedoch „Unterbeschäftigung", und so werden wir in Anlehnung an den allgemeinen Sprachgebrauch unter „Stagflation" das gleichzeitige Auftreten von Inflation und Unterbeschäftigung verstehen. Im übernächsten Paragraphen wird zu klären sein, warum die bisherigen Theorien dieses Problem nicht zureichend erklärten und was unternommen wurde, *um* es zu erklären.

Wie es so geht, wurde der Terminus *Theorie der Rationalen Erwartungen* zur Bezeichnung einer Teilmenge des ökonomischen Lehrgebäudes unscharf, kaum daß er einige Jahre bestand. Die Anhänger dieser Theorie spalteten sich in zwei Gruppen, welche heute als Neuklassiker und Neukeynesianer bezeichnet werden.

Zu den *Neuklassikern* rechnet man etwa ROBERT J. BARRO, ROBERT E. LUCAS Jr., THOMAS J. SARGENT und NEIL WALLACE. Die Neuklassiker gelangen im Prinzip zu den Klassisch-Neoklassischen Resultaten wirkungsloser Fiskal- und Geldpolitik. Darüber hinaus werden die Monetaristischen Ergebnisse teils theoretisch begründet, teils modifiziert und zum Teil auch verschärft. Deshalb wird die Neuklassische Theorie bisweilen als *Monetarismus der zweiten Art* bezeichnet.

Die *Neukeynesianer*, das sind etwa STANLEY FISCHER, EDMUND S. PHELPS und JOHN B. TAYLOR, bedienen sich gleichfalls der Hypothese rationaler Erwartungen. Da sie aber gewisse „Unvollkommenheiten" Keynesianischer Provenienz zulassen, sind ihre Resultate eher vermittelnd und in gewisser Weise „Keynesianisch". Wir werden diesen Zweig nur am Rande behandeln; unser hauptsächliches Augenmerk richtet sich auf die Neuklassische Theorie.

Das Kapitel ist wie folgt aufgebaut: Zunächst werden wir uns mit einigen Typen der Erwartungsbildung befassen, wobei zur Demonstration ein einfaches mikroökonomisches Modell gewählt wird. Anschließend geben wir einen kurzen Abriß der Diskussion um die Phillips-Kurve, weil diese in engem Zusammenhang mit der Entwicklung der Neuklassischen Theorie steht. Damit sind alle Vorbereitungen getroffen, um die Neuklassische „Vision", die Neuklassische Theorie sowie die daraus gezogenen wirtschaftspolitischen Folgerungen geschlossen darstellen zu können. Zuletzt fassen wir die Resultate zusammen und tragen die an der Neuklassik geübte Kritik nach.

§ 70 Erwartungen und rationale Erwartungen

In einer Welt, in der die Zukunft nicht mit Sicherheit bekannt ist (der realen Welt nämlich), ist das menschliche Handeln zu einem beträchtlichen Teil durch *Erwartungen* bestimmt, und schon seit geraumer Zeit ist es fast ein Gemeinplatz, daß Phänomene wie Konjunkturzyklen zumindest partiell auf psychologische Faktoren zurückführbar sind. In der Keynesianischen Tradition wurden konjunkturelle Störungen, wie wir wissen, durch pessimistische Erwartungen der Investoren oder spezifische Zinserwartungen der Vermögensanleger begründet. Allein waren die Erwartungen stets exogen; zur Erklärung eines Konjunkturzyklus mußten entsprechende Änderungen der Erwartungen *postuliert* werden. In diesem Paragraphen soll an einem mikroökonomischen Beispiel demonstriert werden, wie Erwartungen innerhalb eines ökonomischen Modells endogen bestimmbar sind.

Als Beispiel sei der bekannte *Schweinezyklus* gewählt, jene empirische Beobachtung also, daß die Schweineproduktion in ein fortwährendes Auf-und-Ab geraten kann. Die Nachfrage auf dem Schweinemarkt zum Zeitpunkt t folge der linearen Gleichung

$$x_t^d = a - b \cdot p_t + u_t. \tag{232}$$

Hierbei sind a, b zwei positive Koeffizienten, und die Indizes „t" deuten die Datierung auf den Zeitpunkt t an. (232) enthält mit der *stochastischen Variablen* u_t ein neuartiges Element: u_t ist eine Art „Störvariable", die nicht vorhersehbar ist und prinzipiell jeden beliebigen Wert annehmen kann. Sie hat den Erwartungswert Null, eine endliche Varianz und ist mit keiner sonstigen Variablen des Modells korreliert[1]. Modelle mit solchen Variablen nennt man *stochastische Modelle* in Gegenüberstellung zu den *deterministischen.* Der Zweck stochastischer Modelle ist die Abbildung jener unvorhersehbaren Störungen, wie wir sie auch in der Realität beobachten.

Das Angebot auf dem Schweinemarkt folgt ebenfalls einem einfachen linearen Ansatz:

$$x_t^s = c + d \cdot {}_{t-1}p_t^e + v_t. \tag{233}$$

Auch hier sind c, d positive Koeffizienten, und v_t ist eine stochastische Variable mit Erwartungswert Null und endlicher Varianz, die mit keiner der übrigen Variablen korreliert ist. Insbesondere ist die Korrelation von u_t und v_t gleich Null. Es wird hier indes angenommen, daß die Bauern zur Schweineaufzucht eine Periode benötigen; deshalb hängt x_t^s nicht vom Preis p_t ab, sondern von jenem Preis (${}_{t-1}p_t^e$), den die Bauern in der Vorperiode erwarten. Es ist also

$${}_{t-1}p_t^e := \text{die } \textit{subjektive} \text{ Erwartung bezüglich } p_t \text{ in der Periode } (t-1). \tag{234}$$

Damit ist das Modell vorerst komplett. Sein entscheidendes Merkmal liegt darin, daß Angebot und Nachfrage erratischen Störungen ausgesetzt sind: sei es, daß die Zahl der Schweinezüchter schwankt, sei es, daß das Verlangen nach Schweinefleisch kulinarische Unstetigkeiten zeigt. Wir *endogenisieren* nun die Preiserwartungen der Bauern durch die Annahme *statischer Erwartungen;* das ist jene Prämisse, die dem bekannten Cobweb-Theorem zugrundeliegt[2]:

$${}_{t-1}p_t^e \overset{!}{=} p_{t-1}. \tag{235}$$

Verbal ausgedrückt erwarten die Bauern also, daß der in (t−1) herrschende Preis in t *fortbestehen* wird. Aus dieser Annahme folgt unmittelbar

1 Die Annahme eines Erwartungswertes von Null ist keinesfalls restriktiv. Wäre beispielsweise u_t^* eine stochastische Variable mit dem Erwartungswert 5 und a^* der entsprechende Koeffizient in (232), so ließe sich durch Definition $a := a^* + 5$ und $u_t := u_t^* - 5$ die obige Gleichung herbeiführen.

2 Vergleiche zum Cobweb-Theorem etwa SCHUMANN, J. (1980[3]) Grundzüge der mikroökonomischen Theorie; a.a.O.

das berühmte „Spinngewebe", welches die geometrische Darstellung des Preisanpassungsprozesses ist:

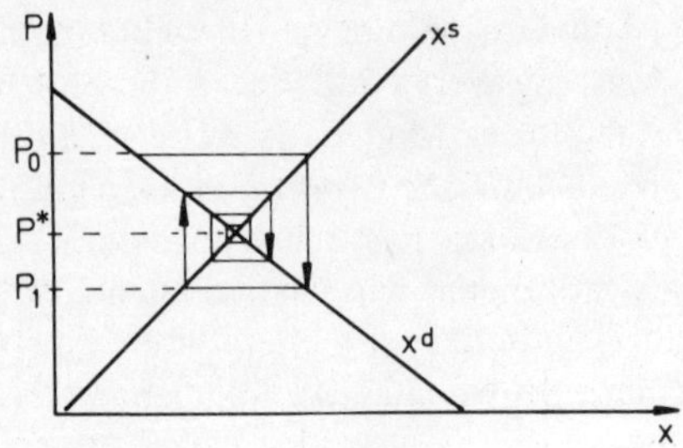

Abbildung 71

Offensichtlich ist das den Bauern unterstellte Verhalten nicht eben „bauernschlau", denn entweder überschätzen diese den Preis und produzieren zuviel oder umgekehrt. Enttäuscht werden ihre Erwartungen immer, und es ist durchaus nicht sicher, daß der Prozeß überhaupt konvergiert: er kann auch divergieren oder in ein indifferentes dynamisches Gleichgewicht münden.

Es stellt sich nun die Frage, warum solchermaßen mögliche „explosive" Prozesse *nicht* beobachtbar sind. Ein möglicher Grund ist, daß durch (235) die Erwartungsbildung zwar endogenisiert wurde, aber unter Vernachlässigung eines spezifisch menschlichen Aspektes: des *Lernens*. Es ist ausgesprochen unwahrscheinlich, daß sich ein Bauer dauerhaft nach der durch (235) angegebenen Regel verhält; er wird vielmehr aus seinen Fehlern lernen und von dieser Verhaltensweise abgehen. Dies läßt sich etwa durch die Annahme *adaptiver Erwartungen* modellieren[3]:

$$_{t-1}p_t^e \overset{!}{=} {}_{t-2}p_{t-1}^e + h \cdot (p_{t-1} - {}_{t-2}p_{t-1}^e)\,; \qquad 0 < h < 1\,. \tag{236}$$

Bei adaptiven Erwartungen korrigieren die Bauern ihre frühere Erwartung jeweils um das h-fache des zuvorigen Schätzfehlers. Der Schätzfehler ist jener Ausdruck in der Klammer. Nehmen wir beispielsweise an, die Bauern erwarteten einen Preis von ${}_{t-2}p_{t-1}^e = 5$, tatsächlich stellte sich jedoch eine Preis von $p_{t-1} = 7$ ein, so daß der Schätzfehler sich auf 2 belief.

---

3 Die adaptiven Erwartungen gehen bereits auf Irving Fisher zurück. Für ihre Verbreitung sorgte Cagan, der damit die Erwartungshypothese des Monetarismus bereitstellte: Cagan, Ph. (1956) The Monetary Dynamics of Hyperinflation; in: Friedman, M. (Hrsg.) Studies in the Quantity Theory of Money; Chicago: Chicago University Press.

Mit h = 0,5 werden sie nun einen Preis von 6 erwarten. Weiterhin ist ersichtlich, daß die frühere Erwartung beibehalten wird, wenn die Schätzung sich als richtig erwies. Es läßt sich zeigen, daß die Konvergenz zum Gleichgewicht bei Annahme adaptiver Erwartungen wesentlich wahrscheinlicher ist als bei statischen Erwartungen. Die statischen Erwartungen ergeben sich aus (236) mit h = 1.

JOHN F. MUTH, der im Jahre 1961 die Hypothese rationaler Erwartungen einführte, war indes auch mit dem Lernmodell (236) nicht einverstanden[4]. Er argumentierte, daß ja ein gesellschaftliches Wissen bezüglich des oben angeführten Preisfindungsproblems besteht: Es sind eine ökonomische Theorie und entsprechende Daten verfügbar, mit deren Hilfe der Gleichgewichtspreis prognostiziert werden kann, und es ist doch anzunehmen, daß sich die Akteure dieses Wissen zunutze machen. Denn täten sie es nicht, dann bestünden ungenutzte Gewinnmöglichkeiten. Ein Ökonom könnte gegen Entgelt seine Kenntnisse anbieten oder sich selbst auf dem Schweinemarkt engagieren, etwa mit Arbitragegeschäften. Jene ungenutzten Gewinnmöglichkeiten existierten so lange wie die subjektiven Erwartungen von der wissenschaftlichen Vorhersage abweichen würden. Kurzum: MUTH schlug die Annahme *rationaler Erwartungen* vor:

$$ {}_{t-1}p_t^e \overset{!}{=} {}_{t-1}E(p_t)\,. \tag{237}$$

${}_{t-1}E(p_t)$ ist der *mathematische Erwartungswert,* der sich aus der Modellstruktur und den in (t−1) verfügbaren Informationen ergibt. Nach der Hypothese rationaler Erwartungen fallen demnach die subjektiven Erwartungen und der bedingte mathematische Erwartungswert zusammen[5].

Wenn die Bauern rationale Erwartungen bilden, dann werden sie im Durchschnitt nicht enttäuscht. Dazu ist es nicht notwendig, daß jeder Bauer die einschlägigen Berechnungen selbst durchführt (wie es auch nicht notwendig ist, Meteorologe zu sein, um eine wissenschaftliche Prognose des Wetters zu kennen). Erforderlich ist allein, daß die Bauern sich gesellschaftliche Institutionen zunutze machen, also beispielsweise die Verlautbarungen ihres Verbandes über die künftige Preisentwicklung zur Kenntnis nehmen (in der Analogie: daß man den Wetterbericht hört).

Wichtig für das Verständnis dieser Hypothese ist, daß die mathematische Erwartung *nicht korrekt* sein muß. Wir nennen sie *bedingt,* weil sie

---

4 MUTH, J.F. (1961) Rational Expectations and the Theory of Price Movements; Econometrica **29**, S. 315−335.

5 In einer weiteren Definition rationaler Erwartungen ist zulässig, daß die beiden um einen unabhängigen stochastischen Term mit Erwartungswert Null und endlicher Varianz voneinander abweichen. Alle weiteren Ergebnisse sind in bezug auf diese weitere Fassung robust.

auf den in (t−1) verfügbaren Informationen beruht. Die Störvariablen u_t und v_t können indes jederzeit bewirken, daß sich die wissenschaftliche Prognose als falsch erweist. Demnach darf die Hypothese rationaler Erwartungen nicht mit vollständiger Voraussicht gleichgesetzt werden; diese beiden sind allein in einem *deterministischen* Modell äquivalent.

Besprechen wir noch ein weiteres Problem. Wer über die Endogenisierung der Erwartungsbildung ein wenig nachdenkt, der stößt früher oder später auf eine Schwierigkeit, die man als *Münchhausen-Paradoxon* bezeichnen könnte: Die Handlungsweisen der Wirtschaftssubjekte hängen von den Erwartungen ab, jene aber wiederum von den Marktgegebenheiten. Liegt darin nicht ein unauflöslicher Zirkel? Läßt sich eine ökonomische Lösung des obigen Problems überhaupt finden? Die Antwort darauf fällt in unserem Falle eindeutig positiv aus[6]. Um dies zu zeigen, fassen wir die Nachfragegleichung (232), die Angebotsgleichung (233) sowie die Hypothese rationaler Erwartungen (237) zusammen und fügen eine Gleichgewichtsbedingung für den Markt hinzu:

$$x_t^d = a - b \cdot p_t + u_t \tag{238}$$

$$x_t^s = c + d \cdot {}_{t-1}p_t^e + v_t \tag{239}$$

$${}_{t-1}p_t^e = {}_{t-1}E(p_t) \tag{240}$$

$${}_{t-1}E(x_t^d) = {}_{t-1}E(x_t^s)\,. \tag{241}$$

Die Gleichgewichtsbedingung (241) bezieht sich auf die Erwartungswerte, weil ein Ökonom bei seiner Prognose von diesen ausgehen wird. Die tatsächlichen Werte können aufgrund der stochastischen Variablen, die er nicht kennt, abweichen. Es liegt jetzt also ein Gleichungssystem mit vier Gleichungen und vier Variablen vor, nämlich x_t, p_t und deren Erwartungswerten. In Kürze wird sich zeigen, daß dieses eindeutig gelöst werden kann. Dazu berechnen wir im ersten Schritt die Erwartungswerte von Nachfrage und Angebot aus (238) und (239):

$${}_{t-1}E(x_t^d) = a - b \cdot {}_{t-1}E(p_t) + 0 \tag{242}$$

$${}_{t-1}E(x_t^s) = c + d \cdot {}_{t-1}E(p_t) + 0\,. \tag{243}$$

Die Nullen folgen aus der Voraussetzung, daß die Erwartungswerte der Störvariablen verschwinden. Wegen der Hypothese rationaler Erwartun-

---

6 „In unserem Fall" heißt hierbei: In einem linearen Modell mit rationalen Erwartungen. Bei statischen oder adaptiven Erwartungen lassen sich die (ungestörten) Zeitpfade der Ergebnisse als Lösungen einer Differenzen- oder Differentialgleichung angeben.

gen konnte in (243) ${}_{t-1}E(p_t)$ anstelle von ${}_{t-1}p_t^e$ gesetzt werden. Aus der Gleichsetzung der Erwartungswerte von Angebot und Nachfrage (241) erhalten wir den Erwartungswert des Marktpreises:

$$a - b \cdot {}_{t-1}E(p_t) = c + d \cdot {}_{t-1}E(p_t) \qquad (244)$$

$${}_{t-1}E(p_t) = \frac{a-c}{d+b}. \qquad (245)$$

Dies wäre die wissenschaftliche Prognose des Marktpreises, abgegeben in der Periode (t−1); durch sukzessives Einsetzen folgen daraus unmittelbar die Erwartungswerte von Nachfrage und Angebot. Nach MUTHS Hypothese werden die Bauern also den Preis (245) erwarten. Diese ihre Schätzung wird sich im Durchschnitt bewähren, aber – wegen der Störvariablen – nicht im Einzelfall. *Sofern* die Modellstruktur bekannt ist, kann nur die Erwartungsbildung (245) ökonomisch rational sein, denn sie schließt als einzige *systematische* Schätzfehler aus.

Fassen wir zusammen. Erwartungen spielen im Wirtschaftsleben zweifellos eine bedeutsame Rolle. Sofern ein Modell von exogenen Erwartungen ausgeht, ist damit nicht allzu viel erklärt; vor allem sind Prognosen kaum möglich, da sich die „gegebenen" Erwartungen ja jederzeit ändern können. Es gibt verschiedene Möglichkeiten zur Endogenisierung von Erwartungen; wir besprechen exemplarisch die statischen, adaptiven und rationalen Erwartungen. Unter all diesen sind die rationalen Erwartungen jene, die nicht zu systematischen Schätzfehlern führen (wohl aber zu zufälligen). Die Bildung rationaler Erwartungen ist zumindest dann ökonomisch rational, wenn die erforderlichen Informationen und Prognosen kostenfrei zur Verfügung stehen.

§ 71 Die Phillips-Kurve. Stagflation

Mit der Phillips-Kurve werden wir hier einen Bestandteil der Kontroverse zwischen Keynesianismus und Monetarismus nachtragen. Diese Vorgehensweise mag etwas sonderbar erscheinen, wurden die Keynesianische und die Monetaristische Theorie doch bereits abgehandelt. Deshalb sei die Plazierung des anstehenden Paragraphen kurz begründet. Wenn wir sagen, die Phillips-Kurve sei ein Element der Keynesianischen Theorie, so ist das insofern richtig, als die meisten Keynesianer in den sechziger und siebziger Jahren von ihrer Existenz ausgingen; es ist insofern falsch, als die Phillips-Kurve nicht ohne weiteres in die Modelle der Neoklassischen Synthese eingepaßt werden kann – ja, in gewisser Weise zu diesen in Widerspruch steht. An gerade jenem Widerspruch setzten der Monetarismus und die Theorie der Rationalen Erwartungen an, so daß die Problematik der Phillips-Kurve geradezu prädestiniert erscheint, die Entwicklung letzterer aufzuzeigen. Zudem steht die Phillips-Kurve in engem Zusammenhang mit den Erwartungen und vor allem der Art der Erwartungen: auch dies ein Grund, jene Diskussion an dieser Stelle geschlossen abzuhandeln. Wir referieren zunächst die Standpunkte der Keynesianer und Monetaristen, um anschließend die Neuklassische Position zu erörtern.

Die Diskussion um die Phillips-Kurve ist recht weitläufig[7]. Es begann mit einer empirischen Arbeit von ARTHUR W. PHILLIPS aus dem Jahre 1958[8]. PHILLIPS' Untersuchung war dem empirischen Zusammenhang zwischen der Unterbeschäftigung und der Änderungsrate der Nominallöhne gewidmet. Aus theoretischen Gründen heraus wäre anzunehmen, daß die Nominallöhne ceteris paribus um so stärker steigen, je geringer die Unterbeschäftigung ist, bzw. daß sie bei hoher Arbeitslosigkeit sinken. Eben das beobachtete PHILLIPS für Großbritannien und den Zeitraum von 1862–1957. Nachstehend ist jene Kurve wiedergegeben, welche sich (in bezug auf die vorausgesetzten Regressionsgleichungen) den Meßdaten am besten anpaßte; es ist die berühmte *Phillips-Kurve:*

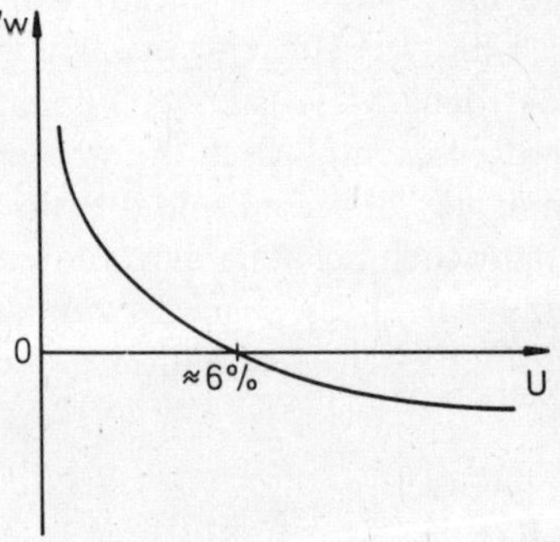

Abbildung 72

Drei wesentliche Merkmale der Phillips-Kurve sind ihre negative Steigung, die hyperbolische Form und der Abszissenabschnitt bei ungefähr sechs Prozent. Daraus folgt, daß sich *stabile* Nominallöhne bei einer Ar-

7 Einen Überblick geben SANTOMERO, A.M. und J.J. SEATER (1978) The Inflation-Unemployment Trade-Off: A Critique of the Literature; Journal of Economic Literature **16,** S. 499–554.

8 PHILLIPS, A.W. (1958) The Relation between Unemployment and the Rate of Change of Money Wages in the United Kingdom, 1886–1957; Economica **25,** S. 283–299. Freilich kam dieser Zusammenhang schon in viel früheren Schriften zur Sprache; PHILLIPS gab jedoch den entscheidenden Impuls.

beitslosenrate von ca. 6% einstellen; die Änderungsrate $\dot{w}/w$ ist dann gleich Null. Bei geringerer Arbeitslosigkeit steigen die Löhne, bei höherer Arbeitslosigkeit sinken sie. PHILLIPS' Untersuchung wurde durch RICHARD G. LIPSEY analytisch verfeinert und im wesentlichen gestützt[9]. Die zentrale Aussage liegt in der *langfristigen* Stabilität des Zusammenhanges von Lohnänderungen und Arbeitslosigkeit.

Dennoch scheint die Entdeckung der Phillips-Kurve bisher nicht besonders aufregend. Theoretische und politische Brisanz erhielt sie erst durch einen Aufsatz von PAUL A. SAMUELSON und ROBERT M. SOLOW aus dem Jahre 1960[10]. SAMUELSON und SOLOW ersetzten die Änderungsrate des Geldlohnes durch die *Inflationsrate*, also die Änderungsrate des Preisniveaus. Ihr Resultat, das wir hier wiederum nur qualitativ skizzieren, ähnelte dem von PHILLIPS:

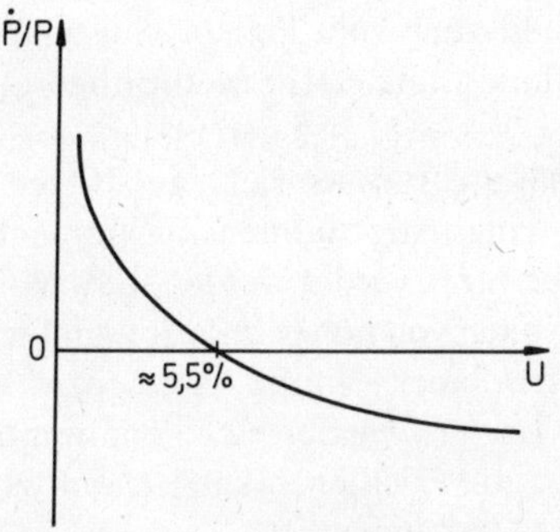

Abbildung 73

Man bezeichnet diese Kurve als *modifizierte Phillips-Kurve*, wobei der Zusatz freilich fortgelassen wird, sofern kein Mißverständnis möglich ist. Jene modifizierte Phillips-Kurve unterscheidet sich von der ursprünglichen durch die Ersetzung der Änderungsrate der Löhne durch die Inflationsrate; sie führt zu einer äußerst interessanten wirtschaftspolitischen Schlußfolgerung. Scheinbar ist der erwünschte Zustand geringer Arbeitslosigkeit stets mit unerwünschten Preissteigerungen verbunden. Geht man davon aus, daß der Staat die Arbeitslosenrate über fiskal- und geldpolitische Maßnahmen beeinflussen kann, so vermag er zwischen zwei „Übeln"

9 LIPSEY, R.G. (1960) The Relation between Unemployment and the Rate of Change of Money Wages in the United Kingdom, 1886–1957 – A Further Analysis; Economica **27,** S. 1–37.

10 SAMUELSON, P.A. und R.M. SOLOW (1960) Analytical Aspects of Anti-Inflation Policy; American Economic Review (PP) **50,** S. 177–194. Wiederabgedruckt in: MUELLER, M.G. (Hrsg.) Readings in Macroeconomics; a.a.O.

zu wählen, nämlich zwischen hoher Arbeitslosigkeit und hoher Inflation. Es besteht zwischen diesen beiden ein „trade-off".

Die verantwortlichen Instanzen können sich anscheinend für eine *ihnen genehme* Kombination von Inflation und Arbeitslosigkeit entscheiden. „Linke" Regierungen werden typischerweise einen Punkt links oben auf der Phillips-Kurve wählen, „rechte" Regierungen einen Punkt rechts unten[11]. Auch heute ist in der Diktion vieler Politiker und Journalisten jene Vermutung zu entdecken, die Wahl zwischen Inflation und Arbeitslosigkeit sei eine Art „Nullsummenspiel"; wir erinnern an Sätze wie: „Lieber ein Prozent mehr Inflation als ein Prozent mehr Arbeitslosigkeit." Indes sei vermerkt, daß die Phillips-Kurve kein genuiner Bestandteil der Keynesianischen *Theorie* ist. Sie läßt sich allein aus dem Modell K''' (mit starrem Nominallohn) ableiten, nicht aber aus den übrigen Keynesianischen Modellen. Denn diese weisen allesamt eine senkrechte Y^s-Kurve auf, weshalb Produktion und Beschäftigung vom Preisniveau unabhängig sind und damit auch von der Inflationsrate. Dies ist die theoretische Seite des Problems.

Daneben tauchte spätestens in den siebziger Jahren ein *empirisches* Faktum auf, welches den langfristig stabilen Zusammenhang zwischen Inflation und Arbeitslosigkeit fragwürdig werden ließ, nämlich die Stagflation. Das gleichzeitige Auftreten von hoher Inflation und hoher Arbeitslosigkeit widerspricht der Existenz einer Phillips-Kurve bzw. kann nur erklärt werden, wenn man eine *Verschiebung* derselben annimmt. Wenn sich die Phillips-Kurve indes jederzeit verschieben kann, dann wird sie zu einem ökonomisch unbrauchbaren Instrument.

Jene Widersprüchlichkeiten nahmen MILTON FRIEDMAN und EDMUND S. PHELPS zum Ansatzpunkt ihrer *Kritik* der langfristigen Phillips-Kurve[12]. FRIEDMAN und PHELPS argumentierten im Kern, daß die negativ geneigte Phillips-Kurve eine Art „Geldillusion" auf Arbeitnehmerseite voraussetzt. Da diese indes nur kurzfristig relevant sei, gebe es keinen dauerhaften „trade-off" zwischen Inflation und Arbeitslosigkeit. Die langfristige Phillips-Kurve verlaufe *senkrecht.*

Betrachten wir dieses Argument etwas genauer. Eine „Geldillusion" bedeutet hier lediglich, daß die Arbeitnehmer ihr Angebot und ihre Lohn-

---

11 So stellte GORDON im Jahre 1976 fest: "It was common in the U.S. for economic advisers to Democratic Presidents to recommend the choice of a point on the curve northwest of the target of Republican advisers." GORDON, R.J. (1976) Recent Developments in the Theory of Inflation and Unemployment; a.a.O., S. 190.

12 FRIEDMAN, M. (*1970) Die Rolle der Geldpolitik; in: FRIEDMAN, M. Die optimale Geldmenge und andere Essays; a.a.O. PHELPS, E.S. (1967) Phillips-Curves, Expectations of Inflation and Optimal Unemployment over Time; Economica **34,** S. 254–281.

forderungen am erwarteten Preisniveau ausrichten. Sofern wir das erwartete Preisniveau bzw. die erwartete Inflationsrate, als *exogen* ansehen, beruht das Arbeitsangebot faktisch auf dem Nominallohn:

$$N^s = N^s\left(\frac{w}{P^e}\right) \Rightarrow N^s = N^s(w)\,,\ \text{falls} \quad P^e = \bar{P}^e\,. \tag{246}$$

Unterstellen wir gleichzeitig, daß die Arbeitsnachfrage vom tatsächlichen Preisniveau abhänge:

$$N^d = N^d\left(\frac{w}{P}\right). \tag{247}$$

Bei steigendem Preisniveau und unverändertem Nominallohn wird nun die Arbeitsnachfrage *zunehmen,* während das Angebot *unverändert* bleibt. Nehmen wir an, daß zu einem bestimmten Zeitpunkt nicht alle Arbeitnehmer beschäftigt sind. Der Geldpolitik ist nun die Möglichkeit gegeben, über eine Geldmengenexpansion und steigende Preise den Anstieg der Beschäftigung zu bewirken. Die Annahme *exogener* Preisniveauerwartungen kann demnach zur Begründung der modifizierten Phillips-Kurve herhalten. Wir müssen sie als eine spezifisch Keynesianische Hypothese ansehen, denn ohne exogene Erwartungen ließe sich die *langfristige* Existenz der Phillips-Kurve kaum begründen.

Allein fanden FRIEDMAN und PHELPS die Annahme exogener Erwartungen für die mittelfristige Betrachtung nicht besonders realistisch. Vielmehr müsse davon ausgegangen werden, daß die Arbeitnehmer (und ihre Organisationen) die Preissteigerungen auf Dauer wahrnehmen: daß sie aus den Inflationserwartungen lernen. FRIEDMAN und PHELPS gingen deshalb von *adaptiven Erwartungen* der Arbeitnehmer aus. Letztere passen ihre Erwartungen allmählich an die tatsächliche Inflationsrate an und fordern entsprechend höhere Lohnzuschläge zum Ausgleich des Kaufkraftverlustes. Aufgrund dessen besteht kein langfristiger „trade-off" zwischen Inflation und Arbeitslosigkeit, wohl aber ein vorübergehender. Dies wird in der folgenden Skizze deutlich (s. S. 268 oben).

Im Punkte A der Figur besteht die natürliche Rate der Unterbeschäftigung[13]; sie ist verbunden mit stabilen Preisen. Die Zentralbank kann nun die Unterbeschäftigung durch eine expansive Geldpolitik kurzfristig unter das natürliche Niveau senken, wobei die Inflationsrate von Null auf $(\dot{P}/P)_1$ steigt und die Unterbeschäftigung auf U_1 sinkt (Pfeil 1).

Nach einiger Zeit jedoch passen die Arbeitnehmer ihre Erwartungen an und fordern höhere Lohnzuschläge. Damit steigt der Reallohn auf sein ur-

13 Wir erklärten diesen Begriff in § 66.

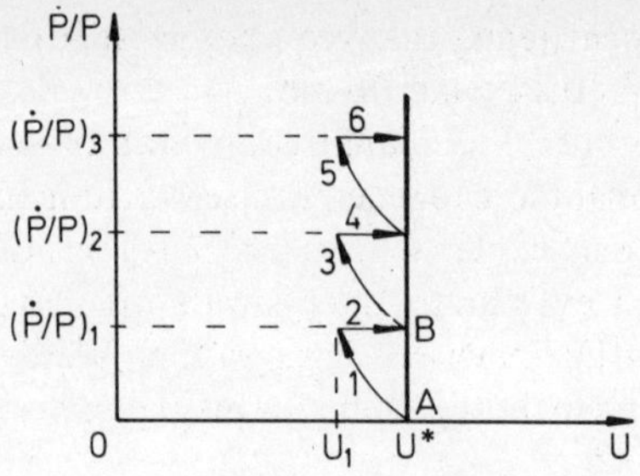

Abbildung 74

sprüngliches Niveau, und die Unterbeschäftigung steigt auf U* (Pfeil 2). Die Inflationsrate indes bleibt unverändert, solange die Zentralbank die Geldmenge weiter wachsen läßt. Demnach ist das neue Gleichgewicht in Punkt B mit einer höheren Inflationsrate, aber der anfänglichen Unterbeschäftigung verbunden.

Die Zentralbank kann zwar den kurzfristigen „trade-off" wiederholt nutzen, aber *nicht* mittels einer gleichbleibenden Geldmengenexpansion, sondern durch eine *Steigerung* des Geldmengenwachstums. Denn bereits in B muß die Geldmenge mit einer konstanten Rate $(\dot{M}/M) = (\dot{P}/P)_1$ wachsen, da sich die Erwartungen an $(\dot{P}/P)_1$ angepaßt haben. Diesen Zusammenhang nennt man das *Akzelerationstheorem.* Das Akzelerationstheorem besagt demnach, daß es bei geldpolitischen Maßnahmen nicht auf Änderungen der *Geldmenge*, sondern auf Änderungen des *Geldmengenwachstums* ankommt. Gleichzeitig wird hiermit die Existenz eines dauerhaften Phillips-Kurven-Zusammenhanges geleugnet, denn dem Akzelerationstheorem zufolge ist das natürliche Niveau der Unterbeschäftigung mit *jeder* Inflationsrate vereinbar. Ein stabiler Zusammenhang besteht nicht zwischen Inflation und Arbeitslosigkeit, sondern zwischen Akzelerationen und Dezelerationen der Inflation und der Arbeitslosigkeit.

Folgt man der Argumentation von FRIEDMAN und PHELPS, so scheinen diskretionäre geldpolitische Maßnahmen wenig wünschenswert. Denn wenn auch die Unterbeschäftigung vorübergehend gesenkt werden kann, steigt doch die Inflationsrate auf Dauer. Versucht man umgekehrt eine Senkung der Inflationsrate, so wird die Arbeitslosigkeit vorübergehend *zunehmen.* Aus Monetaristischer Sicht ist also die Inflationsbekämpfung mit sozialen Kosten verbunden. Gerade deshalb empfiehlt FRIEDMAN seine Geldmengenregel, die eine konstante Inflationsrate bewirken soll. Keynesianer wenden sich gegen diesen Vorschlag, weil sie sich von Akzelerationen und Dezelerationen des Geldmengenwachstums eine Glättung des Konjunkturzyklus versprechen. Auch lehnen sie mit dem Konzept der natürlichen Unterbeschäftigungsrate ein ganz wesentliches Element der Argumentation von FRIEDMAN und PHELPS ab.

Fassen wir zusammen[14]. Die langfristige Stabilität einer Phillips-Kurve läßt sich durch Annahme exogener Preiserwartungen auf seiten der Arbeitnehmer begründen. Unterstellt man hingegen adaptive Erwartungen, so existiert lediglich ein kurzfristiger „trade-off" zwischen Inflation und Arbeitslosigkeit. Im übernächsten Paragraphen werden wir sehen, wie es um die Phillips-Kurve bei rationalen Erwartungen bestellt ist.

§ 72 Die Neuklassische Vision

Wir kommen jetzt zum Neuklassischen Erklärungsansatz für das Wirtschaftsgeschehen. Nach unserer recht eingehenden Bekanntschaft mit der Keynesianischen Theorie ist dieser nicht leicht einsehbar; wir sollten ihn daher von Beginn an in eine etwas allgemeinere Perspektive einordnen.

Auf dem Felde der ökonomischen Theorie bildeten die Neoklassische Lehre und insbesondere das Modell von WALRAS den Bezugspunkt aller wesentlichen Entwicklungen des zwanzigsten Jahrhunderts. Das Modell von WALRAS lieferte, bei allen Vorbehalten, eine Erklärung des Allokations-, Produktions- und Distributionsprozesses in einer kapitalistischen Marktwirtschaft. Wenn es auch mannigfaltige Verbesserungen erfuhr, so blieb doch seine Struktur im Kern statisch, und damit war es unbrauchbar für die Erklärung von Konjunkturzyklen. Im Modell von WALRAS sind alle Ressourcen zu jedem Zeitpunkt vollbeschäftigt und im Pareto-Sinn optimal alloziiert. Ein einfacher Analogieschluß müßte demnach zu der Einsicht führen, daß dies auch im Zeitablauf gilt, die Volkswirtschaft also eine stetige Entwicklung entlang eines Wachstumspfades vollzieht[15]. Aber diese „Einsicht" widerspräche fundamental aller Beobachtung, und dies ist eines der grundlegenden Probleme Neoklassischer Theorie. Die in unserem Jahrhundert zu seiner Lösung unternommenen Versuche lassen sich grob in drei Richtungen einordnen.

Die erste kann als fundamentalistische Kritik der Neoklassischen Lehre bezeichnet werden. Autoren dieser Gruppe schließen von den beobachtbaren Konjunkturzyklen auf die Unbrauchbarkeit des Modells von WALRAS und auf die Unbrauchbarkeit der Neoklassischen Theorie überhaupt.

---

14 Vergleiche zu diesem Themenkreis auch GAHLEN, B. (1979) Arbeitslosigkeit und Inflation als Problem der wirtschaftspolitischen Beratung; in: LASKI, K. et al. (Hrsg.) Beiträge zur Diskussion und Kritik der neoklassischen Ökonomie; Berlin usw.: Springer.

15 Freilich würde ein solcher „Analogieschluß", wie HICKS einmal bemerkt hat, ein wenig dem Versuch einer Auflösung des Eleatischen Paradoxons ähneln.

Die zweite besteht aus jenen imperfektionistischen Ansätzen, zu denen auch die Keynesianische Theorie zählt. Wie wir sahen, geht die Keynesianische Theorie von einem grundsätzlich Neoklassischen Modell aus; freilich „bereichert" sie jenes um gewisse Unvollkommenheiten und gelangt so zu einer möglichen Erklärung von Konjunkturzyklen.

Die dritte Richtung, und damit kommen wir zur Neuklassik, erkennt das Allgemeine Gleichgewichtsmodell als Grundlage der Theoriebildung an. Des weiteren wird davon ausgegangen, daß die Keynesianischen Unvollkommenheiten in der Realität eine so geringe Rolle spielen, daß sie nicht zur Erklärung von Konjunkturzyklen herhalten können. Die Neuklassik kritisiert die Keynesianische Theorie ob ihres „Imperfektionismus" und wirft ihr vor, den Konjunkturzyklus als Ungleichgewichtsphänomen zu *definieren*, ohne diese Behauptung zu belegen[16]. Auf einen Satz gebracht: Die Neuklassische Theorie begreift den Konjunkturzyklus als *Gleichgewichtsphänomen:* als einen Prozeß bei ständiger Markträumung und rationalen Erwartungen[17]. Diese Grundhaltung erscheint zunächst so frappierend, daß man geneigt ist anzunehmen, die Neuklassik habe sich vom Ansatz her in eine ausweglose Lage manövriert. Aber urteilen wir nicht vorschnell.

Das Neuklassische Modell gehört also zur Spezies der Modelle der Allgemeinen Gleichgewichtstheorie; jedenfalls in seiner mikroökonomischen Formulierung. Es weicht jedoch in folgendem Punkte davon ab: Die Modelle der Allgemeinen Gleichgewichtstheorie waren entweder zeitpunktbezogen, und damit schon aus methodischen Gründen zur Erklärung von Konjunkturzyklen unbrauchbar, oder sie waren zwar zeitraumbezogen, aber im Kern deterministisch[18]. Innerhalb eines deterministischen Modells können die Wirtschaftssubjekte über alle künftigen Wirtschaftsereignisse Verträge in der Gegenwart abschließen, die in der Zukunft dann einfach exekutiert werden. Damit wird zwar der Geltungsbereich des Modells von Walras erweitert, aber im Dunklen bleibt weiterhin, wie es in der Realität zu konjunkturellen Schwankungen kommen kann. Deshalb erschien es

---

16 Vgl. hierzu Lucas, R.E. Jr. (1976) Econometric Policy Evaluation: A Critique; Journal of Monetary Economics, Supplement **1**. Sargent, Th.J. (1976) The Observational Equivalence of Natural and Unnatural Rate Theories in Macroeconomics; Journal of Political Economy **84,** S. 499 – 544.

17 Diese programmatischen Punkte finden sich vor allem in Lucas, R.E. Jr. (1977) Understanding Business Cycles; Journal of Monetary Economics, Supplement **5**. Lucas, R.E. Jr. (1980) Methods and Problems in Business Cycle Theory; Journal of Money, Credit and Banking **12,** S. 696 – 715.

18 Gemeint ist hier das Modell von Arrow und Debreu. Vgl. Arrow, K.J. (1964) The Role of Securities in the Optimal Allocation of Risk- Bearing; Review of Economic Studies **31,** S. 91 – 96. Debreu, G. (*1976) Werttheorie; Berlin usw.: Springer.

den Neuklassischen Theoretikern naheliegend, von der deterministischen Struktur ab- und von einem *stochastischen* Modellrahmen auszugehen. Hierbei unterlaufen den Marktteilnehmern regelmäßig Erwartungsfehler, und gerade jene sollen zur Erklärung von Konjunkturzyklen dienen. Die Erwartungsfehler beinhalten nach Neuklassischer Sicht indes nicht, daß sich ein „Ungleichgewicht" einstellt: Alle Märkte werden stets geräumt. Demnach ist das Neuklassische Modell durch folgende Merkmale gekennzeichnet:

- Die Preise sind vollkommen flexibel, und alle Märkte werden ständig geräumt. Die Wirtschaftsteilnehmer belassen die Preise nicht auf einem „falschen" Niveau, weil sie dadurch systematisch Nachteile in Kauf nehmen müßten: jene Nachteile eben, die mit unfreiwilliger Arbeitslosigkeit oder sonstigen Kaufs- oder Verkaufsbeschränkungen verbunden sind. Manche Autoren sehen allerdings die Annahme ständiger Markträumung als nebensächlich an[19].
- Weil Handlungen der Gegenwart Folgen für die Zukunft haben, gründen die Marktteilnehmer ihre Aktionen wohlweislich auf rationale Erwartungen. Sie bilden diese unter Ausschöpfung aller verfügbaren Informationen und setzen Angebot, Nachfrage und die Preise derart, daß bei zutreffenden Erwartungen die Pläne bestmöglich erfüllt werden.
- Da der Wirtschaftsablauf indes unvorhersehbaren stochastischen Störungen unterliegt, werden die Erwartungen im typischen Falle *nicht* erfüllt. Es kommt zu Wechsellagen der ökonomischen Aktivität, die auf *freiwillige* Schwankungen des Angebots- und Nachfrageverhaltens zurückgehen; „freiwillig" in bezug auf die gegebenen exogenen Schocks.

§ 73 Das Neuklassische Modell

Wir wollen nun ein typisches, jedoch sehr einfach gehaltenes, Neuklassisches Modell besprechen. Dieses ist ein stochastisches Modell der sogenannten *reduzierten Form*, wobei nur der Gütermarkt explizit erfaßt ist. Alle weiteren Märkte stehen gleichsam hinter dem Gütermarkt und kommen implizit zum Ausdruck. Begonnen sei mit der aggregierten Güternachfrage in der Periode t:

$$Y_t^d = A_t + b \cdot (m_t - p_t) + u_t. \qquad (248)$$

---

19 Die Neuklassischen Ergebnisse bleiben unverändert, sofern die auftretenden Beschränkungen auf ein Rationalverhalten zurückgehen. Vgl. etwa STEIN, J.L. (1982) Monetarist, Keynesian and New Classical Economics; a.a.O., S. 83.

A_t sind hierbei die in bezug auf die Realkasse autonomen Ausgaben (einschließlich der Staatsnachfrage), b ist ein positiver Koeffizient und u_t eine unabhängige stochastische Variable mit Erwartungswert Null und endlicher Varianz. m_t und p_t sind die (natürlichen) *Logarithmen* der nominalen Geldmenge und des Preisniveaus zum Zeitpunkt t, so daß ihre Differenz gleich dem Logarithmus der Realkasse ist[20]. Es handelt sich hier um ein log-lineares Modell, in dem die aggregierte Güternachfrage linear vom Logarithmus der Realkasse abhängt. Das Modell beruht essentiell auf diesem Realkasseneffekt.

Das Güterangebot wird durch eine sogenannte *Lucassche aggregierte Angebotsfunktion* beschrieben:

$$Y_t^s = Y^* + c \cdot (p_t - p_t^e) + v_t. \tag{249}$$

Hierbei ist Y^* das natürliche Niveau der Produktion, verbunden mit der natürlichen Rate der Unterbeschäftigung, c ist ein positiver Koeffizient und v_t eine unabhängige stochastische Variable mit Erwartungswert Null und endlicher Varianz. Der Lucasschen aggregierten Angebotsfunktion liegen folgende Hypothesen zugrunde. Zuerst ist ersichtlich, daß bei erfüllten Preisniveauerwartungen ($p_t = p_t^e$) *und* in Abwesenheit exogener Störungen ($v_t = 0$) das Güterangebot seinen natürlichen Wert annimmt ($Y_t = Y^*$); es ist dies *der vom privaten Sektor bevorzugte Zustand.* Die dann etwaig auftretende Unterbeschäftigung ist freiwillig und auf die Opportunitätskosten der Arbeitszeit zurückführbar. Alle Unvollkommenheiten sind per Annahme ausgeschaltet.

Die Marktteilnehmer streben also die Realisierung von Y^* an; indes sind Abweichungen von Y^* möglich und sogar die Regel, welche entweder auf Zufallseinflüsse oder auf nicht *antizipierte* (vorhergesehene) Änderungen von A_t und m_t zurückgehen. Alle diese Umstände bewirken nämlich eine Abweichung des Preisniveaus von seinem erwarteten Wert. Warum aber das aggregierte Güterangebot nach (249) von der Differenz zwischen p_t und p_t^e abhängt, ist nicht sofort einsehbar und bedarf einer ausführlichen Begründung. Vorweg ist klar, daß diese Begründung nicht auf starre Löhne oder ähnliches zurückgehen kann, weil diese im Neuklassischen Modell nicht vorkommen.

Am besten läßt sich die Ratio der Lucasschen aggregierten Angebotsfunktion anhand der Entscheidungssituation eines Handwerkers darlegen. Angenommen, der Handwerker erwarte eine Inflationsrate von fünf Prozent, und der Preis des von ihm produzierten Gutes steige um zehn Pro-

20 Wir erinnern an die bekannten Regeln $\ln(a/b) = \ln(a) - \ln(b)$ sowie $\ln(a^x) = x \cdot \ln(a)$

zent. Dies faßt er natürlich als Anstieg des *relativen* Preises auf und vermehrt womöglich seine Anstrengungen, weil die Produktion nun lohnender ist. So wird er insbesondere handeln, wenn er den wahrgenommenen Preisanstieg für vorübergehend hält: in diesem Falle ist die zeitliche Substitution von Freizeit gegen Arbeit vorteilhaft. Nehmen wir nun weiter an, daß die *tatsächliche* Inflationsrate zehn Prozent beträgt. Der Handwerker hat also den Preisanstieg seines Gutes *falsch gedeutet:* Es handelte sich gar nicht um eine Zunahme des relativen Preises; vielmehr stieg das Preisniveau stärker als gedacht. Aber das erfährt der Handwerker erst im nachhinein. Während der Preiserhöhung steigerte er hingegen die Produktion.

Die Neuklassische Annahme ist nun, daß alle Produzenten allein über die Preise auf „ihren" jeweiligen Märkten gut informiert sind und die Veränderungen des *Preisniveaus* schätzen müssen. Wenn dem so ist, werden bei nicht antizipierter Inflation *alle* Produzenten von relativen Preiserhöhungen ausgehen und die Produktion forcieren. Deshalb sind Güterangebot und Preisniveau positiv miteinander korreliert. Eine im P/Y-Quadranten positiv steigende Angebotskurve läßt sich demnach *ohne* Lohnstarrheiten und *ohne* wirkliche Geldillusion begründen. Das Verhalten der einzelnen Anbieter ist vollkommen rational und beruht allein auf unvollständigen Informationen. Dies ist die Logik der Lucasschen aggregierten Angebotsfunktion.

Wir nehmen nun an, daß der Gütermarkt aufgrund völlig flexibler Preise stets geräumt ist:

$$Y_t^d = Y_t^s = Y_t. \tag{250}$$

Nachfrage, Angebot und tatsächliche Produktion stimmen also stets überein. Deshalb können wir die obigen Funktionen unter Wegfall der Indizes „d" und „s" aufschreiben:

$$Y_t = A_t + b \cdot (m_t - p_t) + u_t \tag{251}$$

$$Y_t = Y^* + c \cdot (p_t - p_t^e) + v_t. \tag{252}$$

Anhand dieser beiden Gleichungen können wir noch keine Aussage darüber machen, welche Produktion und welches Preisniveau sich tatsächlich einstellen; denn die Preisniveauerwartung ist uns nicht bekannt. Wir unterstellen nun *rationale* Erwartungen und berechnen zur Ermittlung von p_t^e zuerst die rational erwarteten Mengen. Alle Variablen mit einem „e" sind also mathematische Erwartungswerte.

$$Y_t^e = A_t^e + b \cdot (m_t^e - p_t^e) \tag{253}$$

$$Y_t^e = Y^*. \tag{254}$$

Die Störterme fielen heraus, weil sie annahmegemäß den Erwartungswert Null besitzen. Dies ist nun ein Gleichungssystem mit vier Gleichungen und den vier endogenen Variablen Y_t, p_t, Y_t^e und p_t^e. Die „politischen" Variablen A_t und m_t sowie u_t und v_t sind hingegen exogen; ebenso die *Erwartungen* hinsichtlich der Geldmenge und der Staatsausgaben, denn diese lassen sich nicht aus einem ökonomischen Prozeß heraus erklären. Eine erste Lösung finden wir in (254): Der rational erwartete Output entspricht der natürlichen Produktionsmenge. Aus (253) läßt sich unter Verwendung dieses Ergebnisses unmittelbar das rational erwartete Preisniveau errechnen:

$$p_t^e = m_t^e - \frac{Y^* - A_t^e}{b}. \tag{255}$$

Zuletzt sind Y_t und p_t zu ermitteln. Dazu subtrahieren wir im ersten Schritt (253) von (251) sowie (254) von (252):

$$Y_t - Y_t^e = (A_t - A_t^e) + b \cdot (m_t - m_t^e) - b \cdot (p_t - p_t^e) + u_t \tag{256}$$

$$Y_t - Y_t^e = c \cdot (p_t - p_t^e) + v_t. \tag{257}$$

Durch Gleichsetzung ergibt sich hieraus das Preisniveau; durch Einsetzen desselben in (257) erhält man (mit $Y_t^e = Y^*$) die tatsächliche Produktion:

$$Y_t = Y^* + \frac{c}{b+c} \cdot \left[(A_t - A_t^e) + b \cdot (m_t - m_t^e) + u_t + \frac{b}{c} \cdot v_t \right] \tag{258}$$

$$p_t = p^e + \frac{1}{b+c} \cdot [(A_t - A_t^e) + b \cdot (m_t - m_t^e) + u_t - v_t]. \tag{259}$$

Diese Formeln ergeben nun eine ganze Reihe interessanter Schlußfolgerungen. Zuerst einmal wird in Abwesenheit stochastischer Störungen und unerwarteter Maßnahmen des Staates das Produktionsvolumen Y^* realisiert; und die rationalen Erwartungen hinsichtlich des Preisniveaus werden erfüllt. Jede nicht antizipierte Geldmengenexpansion und jede nicht antizipierte Zunahme der Staatsausgaben bewirken einen Anstieg von Produktion *und* Preisniveau. Dies ist aus den Formeln unmittelbar ersichtlich.

Erratische Schwankungen der Nachfrage (u_t) führen ebenso zu prozyklischen Preisänderungen. Nimmt die Nachfrage unerwartet zu, dann steigen Output und Preise, die völlig flexiblen Preise solange, bis der Markt geräumt ist. Bei einem positiven Angebotsschock (v_t) kommt es hingegen zu antizyklischem Preisverhalten. Der Output nimmt zu, die Preise fallen. In Abwesenheit staatlicher Eingriffe oszilliert das Produktionsvolumen daher um das Niveau Y^*, wobei es zu prozyklischem oder antizyklischem Preisverhalten kommt, je nachdem, ob die Nachfrage oder das Angebot Störungen verursachen.

Welche Position wird ein Neuklassischer Ökonom nun zur Frage der Phillips-Kurve einnehmen? Halten wir zunächst fest, daß Output und Arbeitslosigkeit in einer inversen Beziehung zueinander stehen. Aus der Lucasschen aggregierten Angebotskurve (252) läßt sich folgern, daß *nicht antizipierte* Preissteigerungen eine Zunahme von Produktion und damit eine Senkung der Arbeitslosenrate bewirken. Wird hingegen der Preisanstieg antizipiert, dann verharren Produktion und Unterbeschäftigung auf ihren natürlichen Niveaus. Damit weicht die Neuklassik von der Monetaristischen Hypothese ab. Die relevante Unterscheidung liegt nicht in der Fristigkeit begründet, sondern darin, ob der Preisanstieg vorhergesehen wird oder nicht. Aus Monetaristischer Sicht waren diese beiden Formulierungen freilich äquivalent, weil dort adaptive Erwartungen unterstellt wurden. Wir werden auf diese Fragen im nächsten Paragraphen noch einmal zurückkommen[21].

§ 74 Wirtschaftspolitische Folgerungen

Kann eine Marktwirtschaft durch diskretionäre oder regelgebundene Maßnahmen der Fiskal- oder Geldpolitik stabilisiert werden? Zur Darstellung der Neuklassischen Antwort auf diese Frage seien zunächst die Gleichungen (258) und (259) reproduziert:

$$Y_t = Y^* + \frac{c}{b+c} \cdot \left[(A_t - A_t^e) + b \cdot (m_t - m_t^e) + u_t + \frac{b}{c} \cdot v_t \right] \tag{260}$$

$$p_t = p_t^e + \frac{1}{b+c} \cdot [(A_t - A_t^e) + b \cdot (m_t - m_t^e) + u_t - v_t]. \tag{261}$$

Die Essenz Neuklassischer Aussagen zur Wirtschaftspolitik läßt sich bestens am Beispiel der Friedmanschen Geldmengenregel verdeutlichen:

$$m_t = m_0 + k \cdot t \quad \text{bzw.} \quad M_t = M_0 \cdot e^{k \cdot t}. \tag{262}$$

Es sei also gesetzlich vorgesehen, daß die Geldmenge mit einer konstanten Rate k wachse. In Kenntnis dieser Regel antizipieren die Marktteilnehmer das Geldmengenwachstum vollständig:

$$m_t^e = m_0 + k \cdot t. \tag{263}$$

---

21 Vgl. auch LUCAS, R.E. Jr. (1973) Some International Evidence on Output-Inflation Tradeoffs; American Economic Review **63,** 326 – 334.

Betrachten wir nun die obigen Gleichungen. Weil die Geldmengenentwicklung genau vorhersehbar ist, werden die Terme ($m_t - m_t^e$) verschwinden, und die Politik des konstanten Geldmengenwachstums wird keinerlei reale Wirkungen auslösen. Dies entspricht dem Monetaristischen Ergebnis und ist insoweit nichts Neues. Jedoch ist die Geldpolitik auch dann wirkungslos, wenn die Zentralbank die Geldmenge *quadratisch* anwachsen läßt. Oder schärfer, sie ist wirkungslos, wenn die Zentralbank *irgendeine* Politik betreibt, *sofern* diese nur antizipiert werden kann. Daraus folgt unmittelbar, daß das Monetaristische *Akzelerationstheorem* aus Neuklassischer Sicht *nicht gilt.* Und dies ist der Kern der Neuklassischen Analyse: Es ist für die Neutralität der Geldpolitik gegenstandslos, wie die Geldmengenregel ausgestaltet ist oder ob eine Regel à la FRIEDMAN überhaupt eingehalten wird. Auch bewirken Akzelerationen bzw. Dezelerationen der Geldmenge real nichts, sofern diese vorher bekannt sind. Drittens ist es falsch, zwischen kurz- und langfristigen Wirkungen der Geldpolitik zu unterscheiden; die relevante Unterscheidung ist die zwischen *antizipierten* und *nicht antizipierten* Maßnahmen. Jede antizipierte Geldpolitik ist real wirkungslos und umgekehrt.

Damit löst die Neuklassik zugleich ein offenes Problem des Monetarismus. Wir sahen im vorigen Kapitel, daß der Monetarismus eine Wirkung der Geldmenge auf das nominale Einkommen behauptet; ungelöst blieb aber die höchst bedeutsame Frage, wie sich dieser Effekt in Preis- und Mengenwirkungen aufspalten läßt. Oder anders: Führt eine expansive Geldpolitik zu Realeinkommenszunahmen oder zu reiner Inflation? Hierauf hält die Neuklassische Theorie eine klare Antwort parat. Erstens resultiert reine Inflation aus antizipierten geldpolitischen Maßnahmen. Zweitens ergeben sich Mengen- *und* Preiswirkungen nach Maßgabe von (260) und (261) bei nicht antizipierter Politik.

Offensichtlich wird von der Neuklassischen Theorie nicht behauptet, daß die Produktion Y* immer realisiert werden kann. Denn erstens können von der Wirtschaftspolitik Störungen ausgehen, weshalb solche Maßnahmen per se abzulehnen sind. Zweitens vermögen die Störterme u_t und v_t eine Abweichung der Produktion von Y* herbeizuführen. Letzteres leitet uns zu der interessanten Frage, ob die Wirtschaftspolitik denn nicht wenigstens *diese* Störungen vermindern kann.

Aus Neuklassischer Perspektive lautet die Antwort eindeutig: Nein, weil die Störungen annahmegemäß auch von den politischen Instanzen nicht vorhergesehen werden können. Dies ist ein entscheidendes Problem, denn geht man davon aus, daß die Wirtschaftspolitiker *besser informiert* sind als die Privaten, dann eröffnet sich trotz rationaler Erwartungen und ständiger Markträumung ein Handlungsspielraum für die Wirtschaftspolitik.

Nehmen wir zur Illustration einmal an, daß die Zentralbank u_t und v_t exakt prognostizieren könne, während diese Variablen für den privaten Sektor weiterhin unvorhersehbar bleiben. Durch Modifikation der Geldmengenregel (262) wäre dann eine völlige Ausschaltung konjunktureller Störungen möglich:

$$m_t = m_0 + k \cdot t - \frac{u_t}{b} - \frac{v_t}{c}. \tag{264}$$

Die Erwartungen richten sich weiterhin nach (263), da u_t und v_t aus Sicht der Marktteilnehmer einen Erwartungswert von Null haben. Durch Einsetzung von (263) und (264) in (260) mag sich der Leser davon überzeugen, daß die Zufallseinflüsse auf die Produktion vollständig absorbiert werden, so daß letztere stets auf dem natürlichen Niveau verharrt. Regeln des obigen Typs nennt man *aktive Regeln* („formula flexibility“), weil aktiv, wenn auch automatisch, auf wirtschaftliche Datenänderungen reagiert wird. Den Gegensatz hierzu bildet die *passive Regel* à la FRIEDMAN.

Indes dienten diese Gedanken, wie gesagt, nur der Illustration. Sie sind nicht Bestandteil der Neuklassischen Lehre, ja, laufen dieser sogar zuwider, weil eine ungleiche Informationsverteilung zwischen öffentlichem und privatem Sektor angenommen wurde. Der Neuklassik zufolge verschaffen sich die Privaten alle jene Informationen, über die auch die öffentliche Hand verfügt, so daß kein Informationsvorteil besteht.

Weiterhin liefern (260) und (261) eine mögliche Erklärung der Stagflation. Setzen wir zunächst, daß die Produktion aufgrund stochastischer Einflüsse sinke. Versuchen Zentralbank und Regierung nun, die Produktion durch eine expansive Geld- oder Fiskalpolitik zu erhöhen, so werden die Marktteilnehmer solcherlei Bestrebungen erkennen und antizipieren. Ist die Politik angekündigt oder sonstwie von vornherein bekannt, dann ändert sich die Produktion auch in der kürzesten Frist nicht. Das Preisniveau aber wächst nach Maßgabe von (255) und (261): es kommt zur Stagflation.

Wir sehen demnach: Aus Neuklassischer Sicht bewirken weder regelgebundene noch diskretionäre Maßnahmen etwas – das heißt, wenn sie *doch* real etwas bewirken, weil die entsprechende Maßnahme nicht antizipiert werden konnte, dann ist das Ergebnis unvorteilhaft, weil die Privaten aus der von ihnen bevorzugten Lage herausgedrängt werden. *Allein* in dem Falle, daß eine nicht antizipierte Politik zufällig eine exogene Störung konterkariert, wäre sie vorteilhaft. Aber derlei kann keine Basis für eine systematische Intervention sein.

Die Neuklassische Logik läßt sich in folgender Weise als Kritik der Keynesianischen Theorie formulieren. Der Keynesianismus beschreibt die Volkswirtschaft durch ein Funktionensystem, dessen Funktionen in bezug auf wirtschaftspolitische Maßnahmen *invariant* sind. Ein Anstieg der

Geldmenge etwa läßt die Konsumfunktion (nicht ihren Wert), die Investitionsfunktion etc. unberührt und führt deshalb zu höherer Nachfrage und (bei Unterbeschäftigung) zu höherem Output. Dabei wird nicht bedacht, daß sich die Funktionen bei Wahrnehmung wirtschaftspolitischer Maßnahmen ändern, so daß die resultierende Wirkung eine ganz andere ist. In der Neuklassischen Theorie werden derlei Kausalitäten hingegen durch Antizipation und Berücksichtigung der Interventionen zerstört: Eine Geldmengenexpansion etwa läßt die Nachfrage immer dann unverändert, wenn sie im voraus bekannt ist.

Wenden wir uns zuletzt einem die Fiskalpolitik betreffenden Argumentationsstrang zu, der im weiteren Sinne zur Neuklassischen Theorie gezählt werden kann[22]. Es sei angenommen, daß der Staat in der laufenden Periode einmalig die Steuern senke und die entsprechende Deckungslücke durch Emission von Wertpapieren finanziere:

$$-\Delta T = \Delta B. \tag{265}$$

Hierbei sei ΔT der Steuererlaß und ΔB die Wertpapieremission. Wie wir im Zusammenhang mit der Keynesianischen Theorie und der Portfoliotheorie darlegten, wirkt diese Maßnahme *expansiv* auf die Güternachfrage. Bei der Portfoliotheorie war dabei der *Nettovermögenszuwachs* infolge des höheren Wertpapierbesitzes entscheidend für die Nachfragestimulierung. Durch den Wertpapierbesitz fühlten sich die Wirtschaftssubjekte reicher, weshalb sie den Konsum und sonstige Ausgaben erhöhten. Gegen diese *Fiskalillusion* genannte Verhaltensweise läßt sich nun folgendes einwenden: In den Folgeperioden wird der Staat einesteils Zinsen für die aufgenommene Schuld zu zahlen haben, und anderenteils muß er Tilgungen leisten, sofern es sich nicht um Wertpapiere mit unendlicher Laufzeit handelt. Zur Bestreitung dieser zusätzlichen Ausgaben ist der Staat bei sonst unveränderter Nachfrage zu einer Steuererhöhung gezwungen. Zwar kann er auch weitere Schulden aufnehmen, aber damit würde sich das Problem nur verschieben.

Da die Marktteilnehmer diesen Zusammenhang *kennen*, jedenfalls nach Ansicht der Neuklassiker, werden sie nicht einfach ΔB als Nettovermögenszuwachs ansehen, sondern die Summe der diskontierten zusätzlichen Steuerlasten hiervon in Abzug bringen. Um diese Summe zu berechnen, sei ein Wertpapier mit unendlicher Laufzeit unterstellt (der rechnerisch einfachste Fall). In jeder Periode hat der Staat hierauf Zinsen zu entrichten und

---

22 Das folgende Argument geht auf einen Artikel von BARRO zurück. Vgl. BARRO, R.J. (1974) Are Government Bonds Net Wealth?; Journal of Political Economy **82**, S. 1095–1117.

zu diesem Zwecke zusätzliche Steuern zu erheben:

$$\Delta T_t = r \cdot \Delta B; \qquad t = 1 \ldots \infty. \tag{266}$$

Wenn Staatswertpapiere und sonstige Aktiva vollkommene Substitute sind, dann entspricht der Zinssatz r zugleich dem subjektiven Diskontfaktor (der Zeitpräferenz) der Wirtschaftssubjekte. Für den Gegenwartswert der zusätzlichen Steuerzahlungen (T_0) erhält man nach der Rentenbarwertformel:

$$\Delta T_0 = \sum_{t=1}^{\infty} \frac{\Delta T_t}{(1+r)^t} = \sum_{t=1}^{\infty} \frac{r \cdot \Delta B}{(1+r)^t} = \Delta B. \tag{267}$$

In der Formel sind ($r \cdot \Delta B$) die pro Periode zu zahlenden Steuern, und deren Summe wird mit dem subjektiven Diskontfaktor auf den Gegenwartszeitpunkt abgezinst. Die Übereinstimmung der Schuld ΔB mit dem Gegenwartswert der Steuern ΔT_0 ist geradezu trivial, da der Zins und der subjektive Diskontfaktor übereinstimmen. Ergo löst die öffentliche Kreditnahme *keinen* Nettovermögenszuwachs im privaten Sektor aus. Jene für die Crowding Out-Diskussion bedeutsame Schlußfolgerung nennt man das *Ricardianische Äquivalenztheorem*. Äquivalenztheorem deshalb, weil die Wirkungen steuer- und kreditfinanzierter Staatsausgaben offenbar gleichwertig sind.

Gegen das Ricardianische Äquivalenztheorem lassen sich nun Einwendungen zweierlei Art vortragen. Die erste ist der Hinweis auf die endliche Lebensdauer der Wirtschaftssubjekte: jene werden allein die Steuerzahlungen bis zu ihrem erwarteten Todesdatum in Anschlag bringen, so daß sich hier ein Nettovermögenszuwachs einstellt. BARRO versuchte dieses Problem in dem obengenannten Artikel durch „verkettete Generationen" anzugehen, wobei jede Generationen der folgenden eine positive Erbschaft hinterläßt. Unter dieser Bedingung und einigen weiteren zeigen die Wirtschaftssubjekte dann dieselben Verhaltensweisen wie bei unendlicher Lebensdauer.

Zweitens läßt sich argumentieren, daß die Wirtschaftssubjekte künftige Zusatzsteuern nicht, oder nicht vollständig, antizipieren, oder daß der subjektive Diskontfaktor höher ist als die Verzinsung der Staatswertpapiere. Letzteres ist mindestens dann der Fall, wenn die Staatswertpapiere im Vergleich zu einem repräsentativen Wertpapier als sicherer angesehen werden. Hieraus folgt jeweils ein Nettovermögenseffekt, da der anfängliche Vermögenszuwachs ΔB den Gegenwartswert der Steuern ΔT_0 übersteigt.

Weiterhin ist zu beachten, daß selbst bei strenger Geltung des Äquivalenztheorems die Fiskalpolitik keineswegs zur Wirkungslosigkeit verurteilt ist. Aus dem Äquivalenztheorem folgt ja allein die Gleichwertigkeit von schuld- und steuerfinanzierten Staatsausgaben; die schuldfinanzierten sind also genau dann expansiv, wenn auch die steuerfinanzierten Staatsausgaben expansiv sind. In Keynesianischer Diktion reduzieren voll antizipierte Steuern den Fiskalmultiplikator also von $1/(1-C')$ auf 1 (Haavelmo-Theorem), nicht aber auf Null.

Auch die Erörterung von BARROS Argument sollte die der Neuklassik unterliegende Methodologie deutlich gemacht haben: Die Marktteilnehmer richten sich auf einen von ihnen präferierten Zustand ein, und wenn der Staat versucht, sie aus diesem zu verdrängen (hier: durch Steuererlaß und Verschuldung), so konterkarieren sie seine Bestrebungen vollständig; in diesem Falle durch Bildung von *Ersparnissen* zum Zwecke künftiger Steuerzahlung. Die Wirtschaftssubjekte widerstehen mithin der Versuchung, den durch Steuererlaß gewonnenen Handlungsspielraum zu nutzen; sie ändern ihr sonstiges Wirtschaftsgebaren nicht, weil das Ergebnis für sie suboptimal wäre.

Nach alldem lassen sich die konkreten wirtschaftspolitischen Vorschläge der Neuklassik gar leicht erraten[23].

- Die Zentralbank soll zur Einhaltung einer (passiven) Geldmengenregel verpflichtet werden. *Begründung:* Der private Sektor soll vor exogenen Störungen geschützt werden, die *vor allem* auf diskretionäre Politikmaßnahmen zurückzuführen sind und ihn aus der bevorzugten Lage herausdrängen.
- Die antizyklische Fiskalpolitik soll aus demselben Grunde aufgegeben werden. Die Einnahmen sind so zu bemessen, daß das Budget im Durchschnitt (materiell) ausgeglichen ist.
- Es soll angekündigt werden, daß die wirtschaftspolitischen Instanzen nicht auf die Folgen privater Preissetzungen reagieren. Dadurch sollen die Privaten zur Setzung marktgerechter Preise angehalten werden.

Es ist offensichtlich, daß die Neuklassischen Empfehlungen zur Wirtschaftspolitik mit denen des Monetarismus gut übereinstimmen. In der Tat begreifen viele Neuklassiker ihre Lehre als theoretische *Begründung* jener Empfehlungen, die im Monetarismus mehr auf unklaren Glaubenssätzen beruhten. Insofern ist die Neuklassik eine geradlinige Fortführung des Monetaristischen Programms und ihre Bezeichnung als „Monetarismus der zweiten Art" gerechtfertigt.

---

23 Hgl. etwa LUCAS, R.E. Jr. (1980) Rules, Discretion and the Role of the Economic Adviser; in: FISCHER, ST. (Hrsg.) Rational Expectations and Economic Policy; Chicago: Chicago Press, S. 200.

§ 75 Resümee

"It would be easy to produce a model in which prices adjust almost instantaneously to shocks, markets clear essentially all the time, and the correct policy is to do nothing." (ROBERT M. SOLOW)

Wir wollen jetzt die wesentlichen Elemente der Neuklassischen Theorie zusammenfassen und einer kritischen Würdigung unterziehen. Als entscheidende Annahmen der Neuklassik erwiesen sich (neben der weniger bedeutsamen Prämisse einer ständigen Markträumung)

- die Annahme rationaler Erwartungen, derzufolge die Wirtschaftssubjekte das ökonomische Modell kennen, keine Informationen verschwenden und deshalb subjektive Erwartungen bilden, die mit den wissenschaftlichen Prognosen zusammenfallen sowie
- das methodische Grundprinzip, den Konjunkturzyklus und überhaupt alle ökonomischen Erscheinungen als Gleichgewichtsphänomene zu interpretieren.

In bezug auf die Konjunkturtheorie ist die Neuklassik also dem Hayekschen Forschungsprogramm verpflichtet:

„(Das) Hauptproblem der Konjunkturtheorie bleibt die Vereinbarung zyklischer Phänomene mit dem System der Allgemeinen Gleichgewichtstheorie, zu dem sie in offenbarem Widerspruch stehen.“ [24]

Die Keynesianische Theorie löste dieses Problem in der Weise, daß sie die Allgemeine Gleichgewichtstheorie allein zum Bezugspunkt vermuteter „Ungleichgewichte“ nahm und sie um einige Imperfektionen ergänzte. Nicht so die Neuklassik: sie begreift den Konjunkturverlauf als gleichgewichtigen Prozeß im Sinne der Allgemeinen Gleichgewichtstheorie und führt die beobachtbaren Schwankungen zurück auf

- stochastische Störungen und eine unstetige Wirtschaftspolitik in Verbindung mit
- unvollkommener Voraussicht.

Stochastische Störungen und die Wirtschaftspolitik bewirken also nichtantizipierte Schwankungen der Nachfrage, des Angebotes und der Preise. Änderungen des Preisniveaus werden von den Marktteilnehmern fälschlich als Verschiebungen der relativen Preise ausgelegt, da jeder Anbieter nur über die Preisentwicklung auf dem eigenen Markt informiert ist und die übrige Preisentwicklung erst mit Verzögerung wahrnimmt. Deshalb führen Preissteigerungen, die nicht auf Angebotsschocks zurückgehen, zu einer

---

24 HAYEK, F.A. VON (1933) Monetary Theory and the Trade Cycle; London: Jonathan Cape, S. 33. Übersetzung der Verfasser.

Zunahme der wirtschaftlichen Aktivität. Die Neuklassische Theorie begründet damit das *prozyklische* Verhalten der Preise im Konjunkturzyklus und die *gleichgerichteten* Änderungen der Aktivität auf den einzelnen Märkten. Dies sind in der Tat zwei typische Merkmale des Konjunkturverlaufs.

Die Neuklassische Sicht beinhaltet, daß die Arbeitslosigkeit in der Rezession *freiwillig* ist und auf einem Optimierungskalkül beruht, demzufolge die Arbeitenden Arbeit und Freizeit intertemporal substituieren, wenn sie eine Änderung der relativen Preise vermuten. Da diese Substitution bei reiner Änderung der Inflationsrate auf einer Täuschung beruht, mündet sie in einen suboptimalen Zustand. Folgerichtig sind Konjunkturschwankungen *unerwünscht*. Die Neuklassik empfiehlt daher die Aufgabe der diskretionären Politik, um so wenigstens eine Ursache – ihrer Meinung nach die gewichtigere – für zyklische Schwankungen auszuschalten. Bei Befolgung dieses Ratschlages seien geringere Amplituden der Konjunkturindikatoren zu erwarten, und jene lassen sich durch diskretionäre Politikmaßnahmen nicht bekämpfen, weil auch Regierung und Zentralbank die exogenen Störungen nicht prognostizieren können.

Ein Aspekt der Bedeutung dieser Theorie liegt darin, daß hier zum ersten Male eine analytische Begründung für die wirtschaftspolitischen Forderungen des Monetarismus gegeben wird. Wie wir sahen, läßt sich von einem Keynesianischen Standpunkt aus schlecht gegen den Monetarismus argumentieren, da letzterer keine eigentliche totalanalytische Basis für seine Schlußfolgerungen zu bieten hat. Die Neuklassik stellt dagegen ein „fully articulated, artificial model" (LUCAS) zur Verfügung und verleiht der Debatte damit ein höheres theoretisches Niveau[25].

Ein spezifischer Vorteil expliziter Modelle liegt bekanntlich darin, daß diese kritikprovozierend angelegt sind, weil alle Annahmen offen zu Tage liegen. Wir wollen dem Leser einige wichtigere Kritikpunkte nicht vorenthalten:

1. Kritik. Die Hypothese rationaler Erwartungen beruht auf der Prämisse, daß die Marktteilnehmer keine Informationen verschwenden. Dies muß *im Prinzip* zugestanden werden, sofern man überhaupt von nutzenmaximierenden Marktteilnehmern ausgeht, ist aber logisch verschieden von der Annahme, daß *alle* verfügbaren Informationen beschafft und genutzt werden. Für eine rationale Erwartung des Preisniveaus werden etwa

25 Freilich ist der totalanalytische Charakter des Neuklassischen Modells in unserer auf Einfachheit bedachten Darstellung kaum deutlich geworden. Der interessierte Leser konsultiere deshalb etwa SARGENT, TH.J. (1976) A Classical Macroeconomic Model of the United States; Journal of Political Economy **84,** S. 207–237. LUCAS, R.E. Jr. (1975) An Equilibrium Model of the Business Cycle; Journal of Political Economy **83,** S. 1113–1144.

Informationen über das „wahre" ökonomische Modell und Informationen über die zu erwartenden exogenen Variablen benötigt. Höchstwahrscheinlich ist die erforderliche Informationsbeschaffung mit *Kosten* verbunden, wobei der Kostenbegriff weit gefaßt werden muß. Zwar muß nicht jeder Marktteilnehmer selbst ökonometrische Untersuchungen anstellen, aber bereits der zur Lektüre von Wirtschaftszeitungen erforderliche Zeitaufwand müßte zu den Kosten gerechnet werden.

Andererseits ist eine rationale Erwartung natürlich von *Nutzen*, aber dabei ist zu beachten, daß der Nutzen um so geringer wird, je höher die Varianz der Störvariablen ist. Wenn jene Instanzen, die Prognosen erstellen, viele Faktoren unberücksichtigt lassen müssen und über viele Daten höchst unzureichende Kenntnisse haben, dann üben die Störvariablen einen verhältnismäßig großen Einfluß aus und der Nutzen der Prognose ist gering.

Bei der *Abwägung* von Kosten und Nutzen mag es deshalb gut sein, daß ein rationales Wirtschaftssubjekt meint: eine rationale Erwartungsbildung sei der Mühe nicht wert, weil die Grenzkosten der Informationsbeschaffung den daraus ziehbaren Grenznutzen frühzeitig übersteigen. Kurzum, rational mag es gerade sein, auf eine rationale Erwartungsbildung zu verzichten[26].

FRITZ MACHLUP hat deshalb kritisiert, daß der Terminus „rationale Erwartung" im Sinne der Neuklassischen Theorie einen Mißbrauch der Sprache darstelle. „Rationalität" bedeutete in der Ökonomik bisher stets die Übereinstimmung von *Handlung* und *Meinung*, nicht aber eine Orientierung der Handlung an der „objektiven Wirklichkeit".[27] Insofern handelt es sich beim Terminus „rationale Erwartung" um eine unvermerkte Verschiebung des eigentlichen Wortsinns.

2. Kritik. Damit zusammenhängend läßt sich feststellen, daß Neuklassische Schlüsse erst dann folgen, wenn die Wirtschaftssubjekte das Neuklassische Modell für wahr halten. Gehen sie dagegen von der Richtigkeit eines Keynesianischen Modells aus, dann vermuten sie (rationalerweise) die reale Wirksamkeit diskretionärer Maßnahmen. Auch ein geeignet formuliertes Keynesianisches Modell kann sich demnach bei „rationalen" Erwartungen *selbst bestätigen.*

---

26 Dies meint auch BENJAMIN FRIEDMAN mit dem Satz: "Are truly rational expectations really adaptive after all?" FRIEDMAN, B. (1979) Optimal Expectations and the Extreme Information Assumptions of 'Rational Expectations' Macromodels; Journal of Monetary Economics **5**, S. 32.

27 "American Indians were perfectly rational if they, on the basis of their beliefs, performed a rain dance when they wanted rain, and they entertained 'rational expectations' when they expected their rites to have the desired effects." MACHLUP, F. (1983) The Rationality of 'Rational Expectations'; Kredit und Kapital **16**, S. 174.

3. Kritik. An dieser zweiten Kritik setzt die *Neukeynesianische Theorie* an[28]. Diese kooptiert die Keynesianische Annahme starrer Löhne[29], unterstellt aber gleichzeitig rationale Erwartungen im Sinne der Neuklassischen Theorie. Wenn nun die Löhne oder Preise vertraglich festgelegt und nicht jederzeit änderbar sind, dann ergibt sich trotz rationaler Erwartungen ein Spielraum für diskretionäre Maßnahmen. STANLEY FISCHER etwa argumentiert, daß Änderungsklauseln in den Verträgen Kosten und Risiken verursachen und deshalb von den Privaten gemieden werden. Wenn dem so ist, kann die Geldpolitik vorteilhaft eingesetzt werden, weil die Zentralbank im Gegensatz zu den Privaten unmittelbar reagieren kann, falls konjunkturelle Störungen auftreten: Die Zentralbank hat gegenüber den Privaten einen *Zeitvorsprung*. Die Neukeynesianische Theorie ist ein Beispiel dafür, daß die Annahme rationaler Erwartungen nicht notwendig zu Monetaristischen Ergebnissen führt.

4. Kritik. Ein weiterer Einwand richtet sich gegen die Lucassche aggregierte Angebotskurve, ein Kernstück der Neuklassischen Theorie. Diese fußt auf der Annahme, daß alle Marktteilnehmer allein über die Preisänderungen ihres Marktes, aber nicht der übrigen Märkte, informiert sind. Im Kontext der Neuklassischen Theorie ist dieser „Informationsmangel" höchst merkwürdig. Über die Struktur des ökonomischen Modells und seine Parameterwerte sind alle bestens informiert, warum nicht auch über das Preisniveau? Die Inflationsrate wird schließlich in jeder besseren Zeitung monatlich veröffentlicht, und die Information darüber ist viel leichter beschaffbar als etwa die ökonometrische Struktur der Volkswirtschaft. Wie kann es da zu langandauernden Konjunkturzyklen kommen?

5. Kritik. Recht unangenehm kann es für die Wirtschaftssubjekte in einer Neuklassischen Ökonomie werden, wenn sie zufällig kein log-lineares Modell als „wahr" ansehen. Der Leser weiß, daß schon ganz einfache quadratische Gleichungen multiple Lösungen ergeben. Wenn aber *mehrere* Erwartungen rational sind – von welchen soll dann ausgegangen werden?

6. Kritik. Wenn die Unterbeschäftigung, wie von der Neuklassik behauptet, tatsächlich allein auf Zufallsschwankungen beruhte, dann müßten

---

28 Vgl. FISCHER, ST. (1977) Long-Term Contracts, Rational Expectations and the Optimal Money Supply Rule; Journal of Political Economy **85;** S. 191–205. PHELPS, E.S. und J.B. TAYLOR (1979) Stabilizing Powers of Monetary Policy under Rational Expectations; Journal of Political Economy **85,** S. 163–190. TAYLOR, J.B., Staggered Wage Setting in a Macro Model; American Economic Review (PP) **69,** S. 108–113.

29 Die Lohnstarrheiten werden von den Neukeynesianern meist aus einem Rationalverhalten hergeleitet, und zwar mittels der sogenannten Kontrakttheorie. Vgl. hierzu etwa AZARIADIS, C. (1975) Implicit Contracts and Underemployment Equilibria; Journal of Political Economy **83,** S. 1183–1202.

die Arbeitslosenquoten seriell unkorreliert sein, was aber nicht der Fall ist[30].

Nach Durchsicht dieser Kritikpunkte kann man zu der Auffassung gelangen, daß sich die theoretische Fundierung des Monetarismus durch die Neuklassik als trojanisches Pferd erwiesen hat. *Wenn* erst die Neuklassischen Postulate zur Begründung Monetaristischer Positionen hinreichend sind und *wenn* diese Postulate samt der zugehörigen Analyse unannehmbar erscheinen, dann muß gleichzeitig von Monetaristischen Empfehlungen Abstand genommen werden, soweit diese nicht anderweitig begründbar sind. Die Neuklassische Theorie *wird* aber den meisten Ökonomen solange fragwürdig erscheinen, bis die von TOBIN ins Spiel gebrachte Frage geklärt ist:

"Why is unemployment so high at full employment?"

Derzeit ist die Mehrzahl der Ökonomen jedenfalls nicht bereit, die Große Depression als einen „plötzlichen Anfall ansteckender Faulheit", oder freundlicher ausgedrückt: als intertemporale Substitution der Arbeit, zu interpretieren.

Literaturangaben

Zur Einführung und Verschaffung eines allgemeinen Überblicks eignen sich etwa:

NEUMANN, M.J.M. (1979) Rationale Erwartungen in Makromodellen; Zeitschrift für Wirtschafts- und Sozialwissenschaften **99,** S. 371 – 401

PARKIN, M. (1983) Modern Macroeconomics; Scarborough: Prentice-Hall

SARGENT, TH.J. (*1982) Makroökonomik; München: Oldenbourg

SHILLER, R.J. (1978) Rational Expectations and the Dynamic Structure of Macroeconomic Models – A Critical Review; Journal of Monetary Economics **4,** S. 1–44

HAMMANN, D. (1979) Phillips-Kurve, rationale Erwartungen und die kontrakttheoretische Betrachtung des Arbeitsmarktes; Konjunkturpolitik **25,** S. 156 – 177

Grundlegend für die Neuklassische Konzeption sind unter anderem:

LUCAS, R.E. Jr. (1977) Understanding Business Cycles; a.a.O.

LUCAS, R.E. Jr. (1975) An Equilibrium Model of the Business Cycle; a.a.O.

SARGENT, TH.J. (1976) A Classical Macroeconomic Model of the United States; a.a.O.

---

30 Dieses Problem umging SARGENT in einer theoretisch-ökonometrischen Arbeit, indem er die Arbeitslosenquote einer Periode durch die Quoten der vorigen Perioden erklärte. Ob damit aber viel „erklärt" ist? SARGENT, TH. J. (1976) A Classical Macroeconomic Model of the United States; a.a.O.

Bezüglich der wirtschaftspolitischen Implikationen vergleiche man etwa:

FISCHER, ST. (1980) Hrsg.: Rational Expectations and Economic Policy; Chicago: Chicago Press

SARGENT, TH.J. und N. WALLACE (1976) Rational Expectations and the Theory of Economic Policy; Journal of Monetary Economics **2**, S. 169–183

Die Neuklassische Theorie wird unter anderem kritisiert von:

FRIEDMAN, B. (1979) Optimal Expectations and the Extreme Information Assumptions of 'Rational Expectations' Macromodels; a.a.O.

MACHLUP, F. (1983) The Rationality of Rational Expectations; a.a.O.

TOBIN, J. (1980) Are New Classical Models Plausible Enough to Guide Policy?; Journal of Money, Credit and Banking **12,** S. 788–799

Kapitel XI. Die Neokeynesianische Theorie

Um ein Keynesianer zu sein, muß man sich nur die Schwierigkeiten vor Augen halten, den Markträumungsvektor zu finden. (AXEL LEIJONHUFVUD)

Schon zu Anfang dieses Kapitels ist eine Beschäftigung mit terminologischen Fragen fällig, da sich die „Neokeynesianische Theorie" einer Fülle von Benennungen erfreut. Doch zuvor eine Definition. Die *Neokeynesianische Theorie* ist eine entscheidungslogische, mikro- oder makroökonomisch formulierte Theorie, die – obwohl grundsätzlich der Walrasianischen Methodik verpflichtet – nicht auf der permanenten Markträumung besteht und deshalb zu durchaus „Keynesianischen" Ergebnissen gelangen kann. Oder kürzer: Sie ist eine Walrasianische Theorie ohne Preis-Auktionator. Die grundlegenden Arbeiten zur Neokeynesianischen Theorie stammen von ROBERT J. BARRO, JEAN-PASCAL BENASSY, ROBERT W. CLOWER, JACQUES DRÈZE, JEAN-MICHEL GRANDMONT, HERSCHEL I. GROSSMAN, AXEL LEIJONHUFVUD und EDMOND MALINVAUD, während insbesondere JOHN R. HICKS und DON PATINKIN als Vorläufer angesehen werden können.

Bisweilen wird die Neokeynesianische Theorie als „Ungleichgewichtstheorie" bezeichnet, was wir für mindestens irreführend halten. Vom Standpunkt der Neoklassischen Theorie aus ist dieser Terminus zwar berechtigt, weil sie „Gleichgewicht" und „Markträumung" gleichsetzt (wir nannten dies in § 4 den theoretischen Gleichgewichtsbegriff). Verschiedene Autoren haben jedoch mit Recht darauf bestanden, „Gleichgewicht" als allgemeines Konzept des Ruhezustandes oder der Vereinbarkeit individueller Pläne aufzufassen[1]. Insofern ist die Neokeynesianische Theorie eine Gleichgewichtstheorie, und sie ist dazu wegen ihrer überwiegend komparativ-statischen Methodik nachgerade verurteilt.

„Neue Makroökonomik" ist eine weitere Bezeichnung der Neokeynesianischen Theorie. Wir lehnen diesen Ausdruck ab, weil er ebenso un-

---

1 Eine andere mögliche Terminologie ist freilich die von KURT W. ROTHSCHILD, der „Ungleichgewicht" und „Anti-Äquilibrium" unterscheidet. Vgl. ROTHSCHILD, K.W. (1981) Ungleichgewichtstheorie; Berlin usw.: Springer.

genau wie prätentiös ist. Er ist *ungenau*, weil die Makroökonomik eine Methode (im Gegensatz zur Theorie) ist, und sich der Terminus „Neue Makroökonomik" auf eine neue Methodik oder eine neue Gruppe makroökonomischer Theorien beziehen müßte; er ist *prätentiös*, weil damit andere Neuentwicklungen auf dem Felde der Makroökonomik indirekt desavouiert werden (sollte es sich bei der Neuklassischen Theorie um eine „alte Makroökonomik" handeln?). Somit behalten wir die Bezeichnung „neue Makroökonomik" all jenen Theorien vor, die sich im Anschluß an die Neoklassische Synthese entwickelten.

Weiter wäre gegen den Terminus „Neowalrasianische Theorie" nichts einzuwenden, würde dieser nicht gleichzeitig zur Bezeichnung anderer Zweige der Allgemeinen Gleichgewichtstheorie verwendet. Und schließlich ist „Theorie des temporären Gleichgewichtes mit Mengenrationierung" ein zwar einigermaßen genauer, aber wohl etwas lang geratener Ausdruck. Zusammengefaßt sprechen wir also von der *Neokeynesianischen Theorie* unter dem Eindruck, daß es sich hierbei um eine Neuformulierung der Keynesianischen Theorie handelt, um eine Neuformulierung der Neoklassischen Synthese[2].

§ 76 Ausgangspunkte der Neokeynesianischen Theorie

"In view of recent interest in non-tâtonnement processes, such a disequilibrium interpretation of Keynes should be welcome as a nice extension of general equilibrium theory." (TAKASHI NEGISHI)

Für die Heranbildung der Neokeynesianischen Theorie waren drei Bestrebungen maßgeblich, die nicht unabhängig voneinander, sondern eher drei Aspekte einer großangelegten Revision der Theorie sind. Für diese Sicht spricht, daß sie sich sämtlich mehr oder weniger auf ein Werk zurückführen lassen, nämlich auf „Value and Capital" von JOHN R. HICKS[3].

1) Neuinterpretation von KEYNES. Nachdem die Neoklassische Synthese in den fünfziger Jahren zur herrschenden Lehre avanciert war, veranlaßte ROBERT W. CLOWER im Jahre 1962 eine Neuinterpretation der „General Theory", die später mit großem Schwung von AXEL LEIJONHUFVUD vorangetrieben wurde[4]. CLOWER, aber vor allem LEIJONHUFVUD, brachten den Unterschied zwischen „KEYNES und den Klassikern" auf einen Nenner:

---

2 Der Begriff „Neokeynesianische Theorie" wurde in dieser Bedeutung wahrscheinlich von BENASSY eingeführt. Vgl. etwa BENASSY, J.-P. (1975) Neo-Keynesian Disequilibrium Theory in a Monetary Economy; Review of Economic Studies **42,** S. 502–523.

3 HICKS, J.R. (1939) Value and Capital; Oxford: Oxford University Press. Zweite Auflage 1946 ebd.

„KEYNES kehrte die für MARSHALLS Periodenanalyse charakteristischen Preis- und Quantitätsanpassungsgeschwindigkeiten um. Die erste Reaktion auf eine sinkende Nachfrage ist eine Quantitätsanpassung.“ [5]

Diese Botschaft wurde von LEIJONHUFVUD sprachgewaltig ausgeführt und von vielen Ökonomen begeistert aufgenommen. Sollte der Grund für abweichende Lehrmeinungen nun endgültig offengelegt und KEYNES als häretischer Neoklassiker erkannt worden sein? Wir haben nicht die Absicht, uns auf Fragen der Keynes-Exegese einzulassen, deshalb sei hier nur bemerkt, daß LEIJONHUFVUD seinen Interpretationsanspruch bald schriftlich zurücknehmen mußte[6]; eine Tatsache, die nicht das *analytische* Interesse an seinen und CLOWERS Arbeiten zu schmälern vermag. Ihre Erkenntnisse lösten eine wahre Flut von Veröffentlichungen aus, deren bekannteste „Money, Employment and Inflation“ von ROBERT J. BARRO und HERSCHEL I. GROSSMAN sowie „The Theory of Unemployment Reconsidered“ von EDMOND MALINVAUD werden sollten[7]. Damit waren die makroökonomischen Grundlagen der Neokeynesianischen Theorie erstellt.

2) Imperfektionistische Entwicklung der Allgemeinen Gleichgewichtstheorie. Das Modell von WALRAS blieb bekanntlich über einige Zeit unbeachtet, was nicht zuletzt an der Barriere zwischen seinem und dem angloamerikanischen Sprachraum lag. Erst mit der Veröffentlichung von HICKS' „Value and Capital“ im Jahre 1939 hob ein regeres Interesse an der Allgemeinen Gleichgewichtstheorie an – und es gab einiges zu tun: Bis auf einen unbeachteten Mathematiker namens ABRAHAM WALD hatte noch niemand gezeigt, ob ein statisches Marktgleichgewicht bei vollkommener Konkurrenz überhaupt existieren könne; geschweige denn, unter welchen Bedingungen es eindeutig oder gar stabil sei. Und so machten sich viele hochkarätige Mathematiker und Ökonomen an die Arbeit, von denen KENNETH J. ARROW, GÉRARD DEBREU, FRANK H. HAHN, LEONID HURWICZ, LIONEL MCKENZIE, TAKASHI NEGISHI und PAUL A. SAMUELSON vielleicht die bedeutendsten sind. Mit der Stabilitätsanalyse von SAMUELSON, die später

4 CLOWER, R.W. (*1981) Die Keynesianische Gegenrevolution: Eine theoretische Kritik; in: HAGEMANN, H. et al. (Hrsg.) Die Neue Makroökonomik; Frankfurt a.M.: Campus. (Das Original erschien im Jahre 1965, unser Datum bezieht sich auf den erstmaligen Vortrag von CLOWER). LEIJONHUFVUD, A. (*1973) Über Keynes und den Keynesianismus; Köln: Kiepenheuer und Witsch.

5 LEIJONHUVFUD, A., a.a.O., S. 50.

6 “... it is not correct to attribute to KEYNES a general reversal of the MARSHALLIAN ranking of relative price and quantity adjustment velocities.” LEIJONHUFVUD, A. (1974) Keynes' Employment Function; History of Political Economy **6**, S. 169.

7 BARRO, R.J. und H.I. GROSSMAN (1976) Money, Employment and Inflation; Cambridge usw.: Cambridge University Press. MALINVAUD, E. (1977) The Theory of Unemployment Reconsidered; Oxford: Basil Blackwell.

weiter verbessert wurde, sowie den Existenzbeweisen von ARROW, DEBREU und MCKENZIE fanden diese Bestrebungen Ende der fünfziger Jahre ihren vorläufigen Abschluß[8].

Indes hatten sich die Autoren bis dato stets mit der Welt des Auktionators befaßt. Erst jetzt ergab sich mit der Lösung der grundlegendsten Fragen ein Spielraum zur Betrachtung gewisser Imperfektionismen. Neben der Analyse von Non-Tâtonnement Prozessen begann man sich auch mit den Wirkungen von Preisstarrheiten zu befassen, und es wurde die von den Autoren so genannte „Ungleichgewichtstheorie" begründet. Hier sind vor allem JEAN-PASCAL BENASSY, JACQUES DRÈZE, JEAN-MICHEL GRANDMONT, GUY LAROQUE, EDMOND MALINVAUD und L.E.O. SVENSSON zu nennen[9]. Ihre substantiell mikroökonomischen Modelle haben der makroökonomischen Richtung der Neokeynesianischen Theorie viele Impulse gegeben.

3) „Mikrofundierung der Makroökonomik". Die Bemühungen um eine Mikrofundierung der Makroökonomik bildeten einen dritten Anstoß für die Entwicklung der Neokeynesianischen Theorie[10]. Wegen der mikroökonomischen Struktur der Realität erscheint die Mikroökonomik, vom analytischen Standpunkt aus, per se als die überlegene Methode. Die Makroökonomik kommt vor allem aus heuristischen Erwägungen (Überschaubarkeit, Eindeutigkeit der Lösungen) zum Zuge. Deshalb übte die Allgemeine Gleichgewichtstheorie auf viele Theoretiker eine größere intellektuelle Anziehungskraft aus als die „plumpen" Makromodelle, und es kann nicht wundernehmen, daß viele Ökonomen der Makroökonomik wenigstens eine mikroökonomische Fundierung geben wollten[11].

---

8 Einen ganz hervorragenden Überblick hierzu gibt WEINTRAUB, E.R. (1983) On the Existence of a Competitive Equilibrium: 1930–1954; a.a.O.

9 BENASSY, J.-P. (1975) Neo-Keynesian Disequilibrium Theory in a Monetary Economy, a.a.O. BENASSY, J.-P. (1977) On Quantity Signals and the Foundations of Effective Demand Theory; Scandinavian Journal of Economics **79,** S. 147–168. DRÈZE, J. (1975) Existence of an Exchange Equilibrium under Price Rigidities; International Economic Review **16,** S. 301–320. GRANDMONT, J.-M. und G. LAROQUE (1976) On Temporary Keynesian Equilibria; Review of Economic Studies **43,** S. 53–67. SVENSSON, L.E.O. (1977) Effective Demand and Stochastic Rationing; Review of Economic Studies **47,** S. 339–355

10 Vgl. hierzu WEINTRAUB, E.R. (1979) Microfoundations. The Compatibility of Microeconomics and Macroeconomics; Cambridge usw.: Cambridge University Press. HARCOURT, C.G. (1977) Hrsg.: The Microfoundations of Macroeconomics; London: Macmillan.

11 Diese Art „Hegemonialstreben" der Mikroökonomen veranlaßte JEAN-PAUL FITOUSSI zu dem treffenden Urteil: "General equilibrium theory and Keynesian economics have always maintained an ambigous relationship founded on a superiority complex about theory on the part of the one and a conviction of greater empirical evidence on the part of the other." FITOUSSI, J.-P. (1983) Modern Macroeconomic Theory: An Overview; in: FITOUSSI, J.-P. (Hrsg.) Modern Macroeconomic Theory; Oxford: Basil Blackwell.

Wir haben bezüglich dieser Bestrebungen einen etwas zwiespältigen Eindruck. Wenn die „Kosten der Aggregation" (der Informationsverlust) im Hinblick auf ein bestimmtes Erklärungsziel unwichtig sind, dann ist eine „Mikrofundierung der Makroökonomik" offenbar *unnötig*, denn die Makrotheorie führt ja schon für sich genommen zum Ergebnis. Kann ein Phänomen dagegen nicht makroökonomisch erklärt werden, so muß die Makrotheorie hier verworfen und durch eine Mikrotheorie ersetzt werden; in diesem Falle ist eine „Mikrofundierung der Makroökonomik" *unmöglich*, weil einfach keine Makrotheorie existiert, die da „fundiert" werden könnte. Mikro- und Makrotheorie mögen sich also gegenseitig befruchten und ergänzen, aber dabei wird nicht eine Theorie im strengen Sinne des Wortes durch die andere fundiert. Vielmehr handelt es sich um zwei methodisch eigenständige Ansätze.

Was hingegen tatsächlich gelang, war die mit der Mikrofundierung oft verwechselte *entscheidungslogische* Fundierung einer Makrotheorie, die wir als bedeutsamstes Merkmal der Neokeynesianischen Theorie ansehen. Hierbei wird der Neoklassische entscheidungslogische Apparat – bestehend aus allgemeinen Annahmen zur Nutzen- oder Gewinnmaximierung – in die Makroökonomik übernommen, und gleichwohl können „Keynesianische" Ergebnisse resultieren. Dadurch vermochte der Abgrund zwischen Neoklassischer Entscheidungslogik und Keynesianischer Verhaltenslogik erstmals überbrückt zu werden. Das analytische Instrument zur entscheidungslogischen Fundierung Keynesianischer Verhaltensweisen ist die duale Entscheidungshypothese, die wir nun vorstellen möchten.

§ 77 Die duale Entscheidungshypothese

"When forming his demand for a particular good, an unemployed individual remembers, that he is unemployed." (Edmond Malinvaud)

Wohl selten hat eine simpel erscheinende Idee so weitreichende Konsequenzen für die ökonomische Theoriebildung gehabt wie die duale Entscheidungshypothese von Robert W. Clower. Ihre Bedeutung kann jedoch nicht richtig gewürdigt werden, wenn man das damit gelöste Problem nicht kennt. Beginnen wir also von vorne.

In den fünfziger Jahren war ein großer Teil der Profession mit der Konstruktion einer Neoklassischen Synthese befaßt, und schließlich meinte man, die für wesentlich gehaltenen Gedanken von Keynes geeignet in die Neoklassische Theorie transplantiert zu haben. Dabei wurde ein schwerwiegendes Grundlagenproblem übersehen: Die Keynesianische Konsumfunktion etwa ist nicht mit der Neoklassischen Konsumtheorie vereinbar, derzufolge die Haushalte ihren Nutzen unter Einhaltung einer Budgetbeschränkung maximieren. Wir erinnern, daß aus Neoklassischer Sicht der Konsum nicht vom Einkommen, sondern allein vom herrschenden Reallohn und vom Zins abhängt; etwas anderes läßt sich aus dem Neoklassischen Kalkül auch gar nicht ableiten. So mußte sich die Frage aufdrängen, ob die Integration der KEYNESschen Konsumfunktion in das Neoklassische Modell nicht *widersprüchlich* sei, aber dieses Problem ist von allen damaligen Ökonomen *nicht* gesehen worden. So lesen wir etwa bei einem kompetenten Wirtschaftstheoretiker wie ERICH SCHNEIDER:

„Die makroökonomische Konsumfunktion (C(Y)) ist das genaue Gegenstück zu den mikroökonomischen, individuellen Nachfragefunktionen vom Walras-Typ, die den individuellen Konsum einer Periode als Funktion der herrschenden Güterpreise und des Einkommens der gleichen Periode darstellen. Die Summation der individuellen Nachfragefunktionen vom Walras-Typ führt zu der Keynesschen Konsumfunktion.“[12]

Das klingt überzeugend, ist aber einfach nicht wahr. Es kann nicht genug betont werden, daß die graphischen Indifferenzkurvenschemata mit gegebenen Budgetgeraden (gegebenen Einkommen) *keine* Übung in Neoklassischer Entscheidungslogik sind, sondern bestenfalls eine Propädeutik hierzu. Verdeutlichen wir das an einem einfachen Beispiel. Ein Haushalt maximiere seinen Nutzen, der vom Konsum und der Freizeit abhänge:

$$U = U(C, (1-N)). \qquad (268)$$

Dabei ist C die Konsumgütermenge und N das Arbeitsangebot, dessen Zeitmaß so gewählt ist, daß die gesamte verfügbare Zeit gleich Eins ist. Folglich steht (1−N) für die Freizeit. Die Nutzenfunktion weise positive erste Ableitungen und eine abnehmende Grenzrate der Substitution auf. Um die Neoklassische Entscheidungslogik gleich im makroökonomischen Kontext vorführen zu können, betrachten wir (268) als die Nutzenfunktion eines repräsentativen Haushaltes.

Bei seiner Entscheidung über Konsum und Arbeitsangebot ist der Haushalt an eine Budgetrestriktion gebunden; er muß seine Konsumausgaben durch das Arbeitseinkommen finanzieren:

$$P \cdot C - w \cdot N = 0 \qquad (269)$$

Hierbei steht P für das Preisniveau und w für den Nominallohn. Aus der Nutzenfunktion in Verbindung mit der Budgetgleichung ergibt sich eine

12 SCHNEIDER, E. (1953) Der Streit um Keynes; a.a.O., S. 102.

Neoklassische Konsumfunktion sowie eine Arbeitsangebotsfunktion:

$$C = C\left(\frac{w}{P}\right) \tag{270}$$

$$N^s = N^s\left(\frac{w}{P}\right). \tag{271}$$

Das reale Arbeitseinkommen (Y) wiederum folgt als Produkt von Arbeitsangebot und Reallohn:

$$Y = N^s\left(\frac{w}{P}\right) \cdot \frac{w}{P}. \tag{272}$$

Die Konsumnachfrage hängt offenbar allein vom Reallohn ab, nicht aber vom Einkommen. Das Einkommen wird vielmehr im Wege des Arbeitsangebotes *gewählt;* es ist für den Haushalt eine *endogene* Variable und *nicht gegeben.* Im Modell von WALRAS sind für den Haushalt allein die Preise exogen. Über die Mengen, und damit auch das Einkommen, entscheidet er selbst. Deshalb steht die Neoklassische Entscheidungslogik – bis hierher jedenfalls – im *Widerspruch* zur KEYNESschen Konsumfunktion, derzufolge die Konsumnachfrage vom *gegebenen* Realeinkommen abhängt. Die Walrasianischen Funktionen des obigen Typs werden wir fortan *hypothetische* Funktionen nennen. Die hypothetischen Funktionen hängen allein von Preisvariablen ab und stehen im Einklang mit der Neoklassischen Logik.

Um nun zu zeigen, daß die KEYNESsche Konsumfunktion in bestimmten Fällen doch begründet sein kann – jedenfalls von einem Neoklassischen Standpunkt aus – argumentierte CLOWER folgendermaßen: Im Neoklassischen Entscheidungsmodell wird stillschweigend vorausgesetzt, daß der Haushalt mit der Realisierbarkeit seiner Pläne rechnet. Hypothetische Funktionen sind gleichsam die Antwort auf Fragen der Art: „Angenommen, Sie könnten zu den jetzigen Preisen alle Pläne verwirklichen, welchen Konsum würden Sie wählen?“ Was aber, wenn der Haushalt einer *Beschränkung*, einer *Rationierung*, auf einem Markte unterliegt, etwa dem Arbeitsmarkt? In diesem Falle ist er wegen der Budgetbeschränkung gezwungen, seinen Konsum einzuschränken, und zwar um so mehr, je schärfer die Beschränkung auf dem Arbeitsmarkt ist. Dies läßt sich gut in einer Graphik zeigen.

Weil auf den Achsen nicht, wie üblich, die positiv begehrbaren Güter abgetragen sind, sondern neben dem Konsum das „Ungut“ Arbeit, müssen wir ein wenig umdenken. Die Indifferenzkurven verlaufen *steigend,* weil

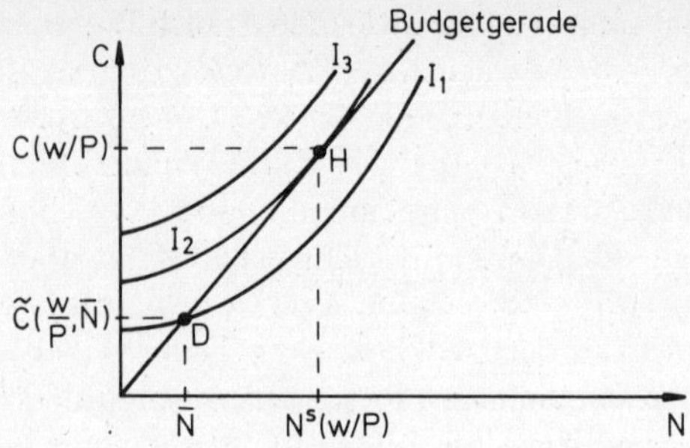

Abbildung 75

das Arbeitsangebot aus Neoklassischer Sicht einen Nutzenverlust, einen Freizeitverlust, bedeutet. Um also ein bestimmtes Nutzenniveau zu halten (Bewegung entlang einer Indifferenzkurve), muß höheren Arbeitsmengen ein entsprechend höherer Konsum zugeordnet sein. Die Indifferenzkurven sind *konvex*, weil der Grenznutzen des Konsums ab- und das Grenzleid der Arbeit zunimmt, wenn wir den Nutzen als kardinal meßbar nehmen. Deshalb müssen steigende Arbeitsmengen durch immer größere Zunahmen des Konsums kompensiert werden.

Die Budgetgerade weist die Steigung w/P auf und beschränkt die Entscheidungsmöglichkeiten des Haushaltes, der nur Punkte auf (oder unterhalb) dieser Geraden wählen kann. Im Punkte H, dem *Haushaltsgleichgewicht*, tangiert die Budgetgerade die höchste erreichbare Indifferenzkurve: Der Haushalt wählt also den Konsum C(w/P) und das Arbeitsangebot $N^s(w/P)$, wie gezeigt. Damit hat er *gleichzeitig* über sein Realeinkommen entschieden.

Konzentrieren wir uns jetzt auf eine *Absatzbeschränkung* $\bar{N}$, mit der sich der Haushalt auf dem Arbeitsmarkt konfrontiert sieht. Er ist jetzt gezwungen, den Konsum auf $\tilde{C}(w/P, \bar{N})$ zurückzunehmen – ganz einfach deshalb, weil er nicht mehr ausgeben kann, als er einnimmt. Der Haushalt muß demnach seinen hypothetischen Konsumplan revidieren und realisiert den Punkt D. Wir nennen $\tilde{C}(w/P, \bar{N})$ die *effektive* Konsumnachfrage des Haushaltes.

Das genau ist der Inhalt der *dualen Entscheidungshypothese:* In der ersten Stufe plant der Haushalt allein nach Maßgabe der *Preissignale* des Marktes und wählt den Punkt H. Findet er sich nun auf einem Markte beschränkt, dann revidiert er seine ursprünglichen Pläne in der zweiten Stufe; und das heißt, er berücksichtigt nicht nur Preis-, sondern auch *Mengensignale.* Damit ist die KEYNESsche Hypothese, der Konsum sei von einer Mengengröße abhängig, innerhalb eines im Kern Neoklassischen Kalküls begründet. Das Einkommen wird für den Haushalt zur exogenen Variablen, sofern er auf dem Arbeitsmarkt einer Beschränkung unterliegt.

Der Leser möge beachten, daß der Entscheidungskalkül im Kern unverändert blieb: Die Haushalte verhalten sich nutzenmaximierend, auch wenn sie Mengenbeschränkungen wahrnehmen. Dabei erreichen sie zwar nicht das Nutzenniveau des Haushaltsgleichgewichtes H, aber „maximieren" kann ja immer nur bedeuten, sich unter *gegebenen* Umständen bestmöglich einzurichten. Das ist in der Neoklassischen Theorie nicht anders, wo die Haushalte ja zumindest die Budgetbeschränkungen einhalten müssen. Was sich gegenüber der Neoklassischen Haushaltstheorie geändert hat, berührt also nicht den *Kern* des Entscheidungsmodells; allein die „Umweltbedingungen", die Marktverhältnisse, werden anders spezifiziert[13].

Welche *effektive* Nachfrage wird der Haushalt nun am Gütermarkt entfalten? Mathematisch läßt sich die duale Entscheidungshypothese in einfachster Weise formulieren, womit die Frage beantwortet wird:

$$\text{Wähle } \min\left(C\left(\frac{w}{P}\right); \frac{w}{P} \cdot \bar{N}\right). \tag{273}$$

Der Haushalt geht also bei der Formulierung seiner effektiven Güternachfrage folgendermaßen vor: Zuerst stellt er den hypothetischen Konsumplan $C(w/P)$ auf und äußert das hypothetische Arbeitsangebot. Wenn er auf dem Arbeitsmarkt *nicht* beschränkt wird, ist der Entscheidungsprozeß damit bereits abgeschlossen; die Schranke $\bar{N}$ liegt in diesem Falle oberhalb des geplanten Arbeitsangebotes.

Stellt der Haushalt dagegen fest, daß er sein hypothetisches Arbeitsangebot nicht realisieren kann, so paßt er seine Konsumnachfrage an das ihm vorgegebene Realeinkommen $w/P \cdot \bar{N}$ an, so daß die beiden übereinstimmen. Hierbei ist er einer bindenden Rationierung ausgesetzt. Allgemein nennen wir eine Rationierung *bindend*, genau dann wenn die effektiven (Clower-)Pläne einer Marktseite beschränkt werden. Daraus folgt insbesondere: Liegt ein effektiver Plan (im Sinne von Clower) unterhalb des hypothetischen und die Schranke zwischen diesen beiden, dann ist die Rationierung *nicht* bindend.

Soweit ist also klar, daß der Haushalt bei einer bindenden Rationierung auf dem Arbeitsmarkt die Konsumnachfrage einschränkt, da wir vorerst von Ersparnissen, Kreditnahme und anderen Einkünften absehen. Unser nächstes Problem ist nun, wie er sich denn auf dem *Arbeitsmarkt* verhält,

---

13 Freilich läßt sich einwenden, warum der Haushalt denn nicht den Lohnsatz ändert, um die Rationierung zu beheben; und ob die Verhaltensweise der Mengenanpassung denn rational sei. Aber darauf gehen wir erst später ein.

wenn er sich dort einer bindenden Rationierung gegenübersieht. Es sind zwei Extremfälle denkbar:

– Der Haushalt nimmt sein Arbeitsangebot auf die Rationierungsschranke zurück oder
– er hält sein hypothetisches Arbeitsangebot aufrecht, obwohl er die Beschränkung wahrnimmt und den Konsum entsprechend vermindert.

Im ersteren Falle plant der Haushalt offensichtlich den Punkt D in der nachstehenden Abbildung.

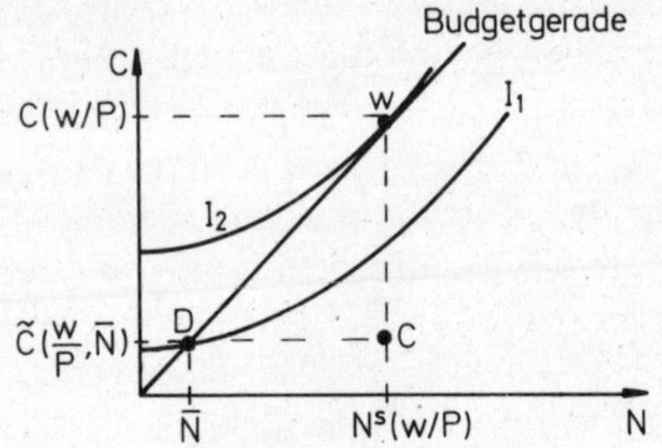

Abbildung 76

Man sagt, dieser „frustrierte" Haushalt äußere ein effektives Arbeitsangebot bzw. eine (negative) effektive Nachfrage im Sinne von Drèze, kurz *Drèze-Nachfrage* genannt[14]. Hierbei fassen wir der kürzeren Sprechweise wegen „Angebot" und „Nachfrage" unter den Oberbegriff „Nachfrage". Eine Drèze-Nachfrage ist also dadurch definiert, daß ein rationierter Marktteilnehmer seine Nachfrage auf die Rationierungsmenge einstellt. Diese Verhaltensweise ist bei gegebenen Preisen rational, wenn

– die Rationierungsschranke mit Sicherheit gegeben ist und
– der Marktteilnehmer meint, die Schranke nicht beeinflussen zu können und
– eine über die Schranke hinausgehende Nachfrage (bzw. ein über die Schranke hinausgehendes Angebot) mit geringen Kosten verbunden ist, die ansonsten im Modell vernachlässigt werden können.

Betrachten wir nun die zweite Möglichkeit, daß nämlich der Haushalt trotz einer Rationierung auf dem Arbeitsmarkt sein *dortiges* Angebot aufrechterhält, während er die Konsumgüternachfrage an der tatsächlichen Beschäftigung $\bar{N}$ ausrichtet. In diesem Falle plant der Haushalt den Punkt C der obigen Graphik. Wir nennen dies eine effektive Nachfrage im Sinne

14 Dieser Terminus stammt von Benassy. Vgl. Benassy, J.-P. (1977) On Quantity Signals and the Foundations of Effective Demand Theory; a.a.O.

von CLOWER, oder kurz: eine *Clower-Nachfrage*[15]. Die Clower-Nachfrage ist allgemein dadurch definiert, daß ein Marktteilnehmer auf dem rationierten Markt seine *hypothetische* Nachfrage bzw. sein hypothetisches Angebot aufrechterhält, die Beschränkung jedoch bei der Planformulierung für *alle anderen* Märkte berücksichtigt. Die Clower-Nachfrage kann bei gegebenen Preisen rational sein, wenn

- ein Marktteilnehmer die Rationierungsschranke nicht mit Sicherheit kennt (*Stochastizität* der Rationierung) oder
- meint, die Schranke durch seine Nachfrage bzw. sein Angebot verändern zu können (*Manipulierbarkeit* der Rationierung) und
- die Äußerung einer über die Schranke hinausgehenden Nachfrage (bzw. eines über die Schranke hinausgehenden Angebotes) nicht mit Kosten verbunden ist.

Bei stochastischer Rationierung wird ein Marktteilnehmer womöglich seine ursprüngliche Nachfrage aufrechterhalten, um etwaige Chancen auf eine Lockerung der Schranke nicht zu verspielen. Ähnlich verhält es sich, wenn der Marktteilnehmer von einer Manipulierbarkeit der Schranke ausgeht. Dieser Fall kommt etwa in Betracht, wenn durch besonders intensives Angebot, zum Beispiel eine besonders intensive Arbeitsplatzsuche, die *individuelle* Rationierung schwächer wird. Diese beiden Möglichkeiten erhalten ein um so größeres Gewicht, je geringer die Kosten einer Nachfrage- oder Angebotsäußerung sind.

Bemerkenswert ist noch, daß der Haushalt im obigen Beispiel einen Punkt (C) *unterhalb* seiner Budgetgeraden plant, und allgemein ist die Clower-Nachfrage mit Verletzungen der Budgetgleichungen in beiden Richtungen verbunden. Gleichwohl läßt sich die Clower-Nachfrage nicht einfach als irrational abqualifizieren. Man muß sich vor Augen halten, daß im Falle von Mengenbeschränkungen zwischen der *realisierten Nachfrage* und dem *Nachfragesignal* unterschieden werden kann; realisiert wird in der obigen Abbildung immer der Punkt D. Die Äußerung eines Nachfragesignals, einer effektiven Clower-Nachfrage also, kann indes unter den oben angeführten Bedingungen rational sein[16]. Freilich müßte ein voll ausgebautes Entscheidungsmodell die Abwägung von Kosten und Nutzen der Nachfrage abbilden; insofern sind unsere Darlegungen rudimentär.

Bisher haben wir uns mit der Rationierung von Haushalten auf dem Arbeitsmarkt befaßt, jedoch aus rein illustrativen Gründen. Wir wollen die Drèze- und Clower-Nachfragen nun als allgemeine Konzepte formalisieren, die für jedes Wirtschaftssubjekt und bei Rationierung auf beliebigen

15 Auch dieser Terminus stammt von BENASSY, ebd.

16 Vgl. etwa SVENSSON, L.E.O. (1981) Effective Demand in a Sequence of Markets; Scandinavian Journal of Economics **83**, S. 1 – 21.

Märkten anwendbar sind. Im allgemeinen Fall will ein Wirtschaftssubjekt eine Zielfunktion $z = f(\mathbf{x})$ maximieren, wobei z die Zielvariable und f eine Funktion in n Variablen $\mathbf{x}$ mit den üblichen Eigenschaften ist. z können wir als Nutzenindex oder Unternehmensgewinn interpretieren. Die Komponenten des Vektors $\mathbf{x}$ werden positiv notiert, wenn sie für das betrachtete Wirtschaftssubjekt Verkäufe darstellen und negativ, wenn sie Käufe darstellen. Das Programm für die Formulierung einer *Drèze-Nachfrage in bezug auf* x_i lautet nun:

$$\underset{x_i}{\text{Max}}\, z = f(\mathbf{x}) \qquad (j = 1 \ldots n) \tag{274}$$

mit i) $\mathbf{p} \cdot \mathbf{x} \geq 0$
ii) $x_j \leq \bar{x}_j$ für alle $x_j > 0$ (Verkäufe)
iii) $x_j \geq \bar{x}_j$ für alle $x_j < 0$ (Käufe).

Die erste Nebenbedingung steht dabei für die Budgetbeschränkung; das Skalarprodukt des Preisvektors $\mathbf{p}$ mit dem Gütervektor $\mathbf{x}$ ist gleichbedeutend zu „Einnahmen minus Ausgaben". Die beiden weiteren Bedingungen verlangen eine Beachtung aller Schranken; letztere sind durch einen Querbalken gekennzeichnet.

Nach ii) und iii) beachtet der Haushalt bei der Formulierung seines effektiven Nachfrageplanes stets die etwaige Restriktion auf dem Markt, für den gerade die Nachfrage formuliert wird.

Demgegenüber lautet das Programm für die Planung einer *Clower-Nachfrage in bezug auf* x_i:

$$\underset{x_i}{\text{Max}}\, z = f(\mathbf{x}) \qquad (j = 1 \ldots n) \tag{275}$$

mit i) $\mathbf{p} \cdot \mathbf{x} \geq 0$
ii) $x_j \leq \bar{x}_j$ für alle $x_j > 0, j \neq i$ (Verkäufe)
iii) $x_j \geq \bar{x}_j$ für alle $x_j < 0, j \neq i$ (Käufe).

Dieses Programm läuft nun bei gegebenen Schranken n-mal (d. h. für jedes x_i) ab, bei manipulierbaren Schranken dagegen so lange, bis die Funktion f schließlich maximiert ist. Der einzige Unterschied zur Drèze-Nachfrage (274) besteht darin, daß bei der Aufstellung des Nachfrageplans für das Gut x_i nur die Schranken auf den jeweils anderen Märkten beachtet werden, nicht aber die Schranke auf dem i-ten Markt. Bei einer Rationierung auf dem i-ten Markt hält das Wirtschaftssubjekt seine dortige hypothetische Nachfrage aufrecht, sofern es auf den übrigen Märkten nicht rationiert ist.

Wir kennzeichnen eine Drèze-Nachfrage im weiteren mit einem Zirkumflex ($\hat{x}_i$) und eine Clower-Nachfrage mit einer Tilde ($\tilde{x}_i$). Aus den obigen Programmen folgt für gegebene Schranken unmittelbar die Beziehung zwischen diesen beiden:

$$\begin{aligned} \hat{x}_i &= \min(\tilde{x}_i, \bar{x}_i) \quad \text{für alle} \quad x_i > 0 \\ \hat{x}_i &= \max(\tilde{x}_i, \bar{x}_i) \quad \text{für alle} \quad x_i < 0\,. \end{aligned} \tag{276}$$

Denn berücksichtigt der Haushalt bei der Clower-Nachfrage allein die Restriktionen auf den übrigen Märkten, so bei der Drèze-Nachfrage zusätzlich die Schranke auf dem jeweils i-ten Markt. Daraus folgt: Existiert auf dem i-ten Markt keine bindende Schranke, dann fallen Drèze- und Clower-Nachfrage zusammen.

Stellen wir uns nun die Frage, welche Mengen denn auf einem Markte *tatsächlich* gehandelt werden, wenn dort mindestens ein Teilnehmer rationiert ist. Auf dem Markt wird zum herrschenden Preise die Menge x^s angeboten und die Menge x^d nachgefragt; beide seien positiv notiert. In den obigen Programmen steckt bereits die Annahme, daß kein Marktteilnehmer gezwungen werden kann, mehr zu tauschen als er will; wir nennen das die *Freiwilligkeit* des Tausches. Folgerichtig gilt für die tatsächlich gehandelte Menge x (die bei $x^d \neq x^s$ gleich der Rationierungsschranke ist):

$$x \leq \min\,(x^d; x^s). \tag{277}$$

Der tatsächliche Handelsumfang kann also höchstens so groß sein, wie die kleinere der geplanten Mengen x^d und x^s. Zweitens unterstellen wir, daß auf einem Markt niemals beide Marktseiten gleichzeitig rationiert werden können, und dieses Merkmal bezeichnen wir als *Effizienz* des Tauschs. Das Effizienzpostulat sichert, daß nur die Teilnehmer der jeweils „längeren“ Marktseite beschränkt werden können, während jene auf der „kürzeren“ Marktseite ihre Pläne realisieren:

$$x \geq \min\,(x^d; x^s). \tag{278}$$

Nimmt man diese beiden Annahmen zusammen, so ergibt sich die *Minimumregel*, welche besagt, daß die realisierten Transaktionen bei freiwilligem und effizientem Tausch gleich dem Minimum von Angebot und Nachfrage ist:

$$x = \min\,(x^d; x^s). \tag{279}$$

Weil wir von einem deterministischen Modell mit nicht-manipulierbaren Schranken ausgehen, kommt in den komparativ-statischen Analysen allein die *Drèze-Nachfrage* in Betracht. Die Clower-Nachfrage indes, verstanden als ein reines *Nachfragesignal*, wird im Zusammenhang mit der Preisdynamik von Bedeutung sein.

Kommen wir abschließend zum Begriff des *Rationierungsschemas*, der substantiell mit der mikroökonomischen Natur der Rationierung zusammenhängt. Angenommen, das Arbeitsangebot übersteige die Arbeitsnachfrage: *welche* Anbieter werden jetzt in *welchem* Maße rationiert? Die Antwort hierauf gibt das Rationierungsschema, das ist eine Funktion, die jedem Teilnehmer auf der rationierten Marktseite eine bestimmte Gütermenge zuordnet. Aus der Unzahl möglicher Rationierungsschemata sind vor allem diese von Bedeutung:

- *Proportionale Rationierung.* Jede Nachfrage (jedes Angebot) wird um einen bestimmten Prozentsatz gekürzt (Beispiel: Überzeichnete Erstausgabe von Aktien).
- *Uniforme Rationierung.* Jeder Nachfrage (jedem Angebot) wird eine bestimmte Höchstmenge zugeordnet (Beispiel: Lebensmittelkarten).
- *0/1-Rationierung.* Jede Nachfrage (jedes Angebot) wird entweder voll oder gar nicht befriedigt (Beispiel: Arbeitsmarkt). Die Auswahl der nicht rationierten Marktteilnehmer richtet sich beispielsweise nach der ökonomischen Effizenz (*effiziente Rationierung*), oder es werden äußere Kriterien (wie Alter, sozialer Status etc.) festgelegt (*prioritäre Rationierung*).

Der Typ des Rationierungsschemas spielt in mikroökonomischen Modellen mit Mengenrationierungen eine zentrale Rolle. Die proportionale Rationierung etwa fordert buchstäblich ein „overbidding" heraus. Ein Wirtschaftssubjekt, das eine proportionale Kürzung um 10% vermutet, kann mit seiner effektiven Nachfrage um 10% über die hypothetische Menge hinausgehen, um so die gewünschte Menge zu erhalten. Dies ist bei der uniformen oder 0/1-Rationierung nicht der Fall.

In unseren makroökonomischen Modellen spielt das Rationierungsschema dagegen kaum eine Rolle, und wenn doch, dann aufgrund mehrerer Nachfragekomponenten auf einem Markt. Wir kommen hierauf noch zurück.

§ 78 Zur Logik der Fixpreis-Methode

Im vorangegangenen Paragraphen haben wir die duale Entscheidungshypothese erörtert, ohne darüber zu sprechen, warum es in einer Marktwirtschaft überhaupt zu Mengenbeschränkungen kommen kann. Als Begründungsansatz führen wir nun die oft mißverstandene *Fixpreisannahme* ein, die im Grunde nicht mehr besagt, als daß in einer Volkswirtschaft kein Preis-Auktionator existiert[17]. Bekanntlich werden im Modell von WALRAS

17 Die Fixpreis-Methode wurde von HICKS entwickelt und so benannt. Vgl. HICKS, J.R. (1965) Capital and Growth; Oxford: Clarendon Press, Kapitel VII.

alle Wirtschaftssubjekte als Preisnehmer aufgefaßt; niemand hat die Möglichkeit zur Preissetzung – bis auf den imaginären Auktionator. Jener ruft zu Beginn einer Periode versuchsweise einen Preisvektor aus, sammelt die resultierenden Nachfrage- und Angebotspläne ein und *hindert* die Wirtschaftssubjekte am Tausch, bis der markträumende Preisvektor gefunden ist. In diesem Lichte erscheint der Auktionator als eine ausgesprochen totalitäre Institution, für die sich in der Realität kein Pendant findet.

Was also lag näher, als die Zulassung von Tausch zu „falschen Preisen"? Wir sprechen von einer Fixpreisannahme, wenn die Wirtschaftssubjekte selbst die Preise setzen und es möglicherweise zu Situationen der Nicht-Markträumung kommt. Die Fixpreisannahme hebt also nicht lediglich auf institutionelle Hemmnisse und andauernde Starrheit der Preise ab; vielmehr wird die Hypothese aufgestellt, daß es *zuerst* einmal zu Mengenbeschränkungen kommen muß, bevor die Wirtschaftssubjekte zur Änderung der Preise veranlaßt werden und daß die Mengen gegenüber den Preisen schneller reagieren. Also sind „Fixpreise" kein spezifisch „monopolistisches" Element, sondern können bei jeder Marktform auftreten, solange kein Auktionator existiert.

Allerdings ist die Fixpreisannahme nicht immer in diesem Sinne verstanden worden. Zudem haben gerade die mathematisch orientierten Neokeynesianer das Fixpreispostulat gesetzt, nicht weiter erklärt und statt dessen den „kurzfristigen" Charakter ihrer Modelle hervorgehoben. Viele Leser mußten deshalb zu der Auffassung gelangen, es handele sich bei der ganzen Angelegenheit um eine ziemlich komplizierte, aber glücklicherweise uninteressante Zwei-Monats-Theorie. Diese Kritik trifft den Kern der Neokeynesianischen Theorie nicht; ebensowenig der Vorwurf, letztere ermangele einer entscheidungslogischen Theorie der Preissetzung. Denn bei aller prinzipiellen Berechtigung dieses Einwandes würde übersehen, daß er sich *auch* auf das Modell von WALRAS und die Allgemeine Gleichgewichtstheorie überhaupt erstreckt, innerhalb derer kein Marktteilnehmer die Preise beeinflussen kann.

Mit einem Worte, wir werden jetzt probeweise von gegebenen Preisen ausgehen, die Verhaltensweisen der Wirtschaftssubjekte betrachten, die Art des sich einstellenden Gleichgewichtes untersuchen und uns anschließend der Frage nach einer *Preisdynamik* zuwenden. Die Fixpreisannahme fordert also, daß die Mengen vor den Preisen reagieren, nicht aber, daß letztere modellexogen sind.

Wegen der recht komplexen Zusammenhänge wählen wir hier ein Beispiel mit konkreten Funktionen; erst im übernächsten Paragraphen wird das allgemeine Neokeynesianische Modell vorgestellt. Modelliert sei eine geschlossene Ökonomie mit zwei Aktoren, den Haushalten und Unternehmen, sowie zwei Gütern, nämlich einem Konsumgut und dem Faktor Arbeit.

Beginnen wir mit den Haushalten. Der repräsentative Haushalt maximiere eine Nutzenfunktion:

$$U = C \cdot (1 - N). \tag{280}$$

Dabei ist C die Konsumgütermenge und N die Arbeitszeit; die gesamte verfügbare Zeit wurde auf Eins normiert. Die Nutzenfunktion weise positive erste Ableitungen und eine abnehmende Grenzrate der Substitution auf, so daß die Indifferenzkurven den üblichen Verlauf nehmen. Der Haushalt möge neben seinem Lohneinkommen sämtliche Gewinne der Periode erhalten, während er allein für den Erwerb von Konsumgütern Ausgaben tätige. Somit lautet die Budgetrestriktion bei voller Ausschöpfung des Einkommens:

$$P \cdot C - w \cdot N - \pi = 0. \tag{281}$$

Die Gewinnerwartungen seien rational, so daß der Haushalt im Rahmen dieses deterministischen Modells das tatsächliche Gewinneinkommen erwartet. Bei gegebenen Preisen verhält sich der Haushalt als Mengenanpasser, und wir können seine Konsumnachfrage und das Arbeitsangebot mittels der Lagrange-Methode berechnen[18]:

$$L(\lambda, C, N) = C \cdot (1 - N) + \lambda (P \cdot C - w \cdot N - \pi). \tag{282}$$

Durch Berechnung und Nullsetzung der partiellen Ableitungen ergeben sich mit einigen Umformungen die *hypothetischen Funktionen:*

$$C(\alpha) = \frac{\pi + w}{2P} \tag{283}$$

$$N^s(\alpha) = \frac{w - \pi}{2w} \tag{284}$$

$$\alpha := (P, w, \pi). \tag{285}$$

Die hypothetischen Funktionen sind dadurch ausgezeichnet, daß sie allein von α, dem Vektor der Variablen P, w und π, abhängen. Sie zeigen

18 Das Lagrange-Verfahren ist im Mathematischen Anhang, Abschnitt 3.8., erklärt.

folgende Eigenschaften. Der Konsum nimmt mit steigendem Lohn und steigendem Gewinneinkommen zu, bei steigenden Preisen hingegen ab. Das Arbeitsangebot reagiert positiv auf steigende Nominallöhne und nimmt mit höheren Gewinneinkommen ab. Es ist vom Preisniveau unabhängig, was freilich nicht als „Geldillusion" mißverstanden werden darf: vielmehr ist es so, daß sich die Einkommens- und Substitutionseffekte einer Preisänderung gerade aufheben.

Wenden wir uns nun dem repräsentativen Unternehmen zu, dessen Ziel die Gewinnmaximierung sei:

$$\pi = P \cdot Y - w \cdot N. \tag{286}$$

Der Gewinn ist demnach als Differenz von Verkaufserlösen $(P \cdot Y)$ und Lohnkosten $(w \cdot N)$ definiert. Von Fixkosten wird abgesehen, weil sie am Verhalten des Unternehmens nichts ändern und nur die Darstellung belasten würden. Bei der Gewinnmaximierung hat das Unternehmen die Produktionsmöglichkeiten zu beachten, die durch eine spezielle Neoklassische Produktionsfunktion beschrieben seien:

$$Y = N^{0,5}. \tag{287}$$

Diese Produktionsfunktion weist positive, fallende Grenzerträge auf, die bei zurückgehendem Faktoreinsatz unbeschränkt wachsen. Zur Berechnung des hypothetischen Güterangebotes und der hypothetischen Güternachfrage sei die Lagrange-Funktion aufgestellt:

$$L(\lambda, Y, N) = P \cdot Y - w \cdot N + \lambda (Y - N^{0,5}). \tag{288}$$

Im Wege des üblichen Verfahrens ergeben sich das hypothetische Güterangebot, die hypothetische Arbeitsnachfrage sowie, nach Einsetzen in (286), der hypothetische Gewinn:

$$Y(\alpha) = \frac{P}{2w} \tag{289}$$

$$N^d(\alpha) = \frac{P^2}{4w^2} \tag{290}$$

$$\pi(\alpha) = \frac{P^2}{4w}. \tag{291}$$

Alle Funktionen weisen die erwarteten Reaktionen auf: Bei einem Preisanstieg nehmen Produktion, Arbeitsnachfrage und Gewinn zu, bei einem Lohnanstieg gehen sie zurück. Damit sind die hypothetischen Verhaltensweisen vollständig beschrieben, und wir können uns nun dem Gesamtmodell zuwenden. Hierbei demonstrieren wir zuerst die Walrasianische Funktionsweise des Modells, um von dieser Basis aus die Abweichungen der Neokeynesianischen Theorie herausarbeiten zu können.

Aus *Walrasianischer Sicht* gelten folgende Spielregeln. Erstens existiert in einem Modell mit zwei Märkten nur ein relativer Preis, hier der Reallohn. Deshalb wählen wir den Güterpreis als Numéraire (P = 1), so daß fortan der Nominal- und Reallohn numerisch übereinstimmen. Zweitens gilt das Gesetz von Walras, demzufolge die Summe der Überschußnachfragen aller Märkte gleich Null ist. Wir können uns hiervon anhand der hypothetischen Funktionen überzeugen; es folgt letztlich:

$$P\,(C\,(\alpha) - Y\,(\alpha)) + w\,(N^d(\alpha) - N^s\,(\alpha)) = 0. \tag{292}$$

Wenn also Angebot und Nachfrage auf dem Gütermarkt übereinstimmen, dann besteht auch auf dem Arbeitsmarkt ein Gleichgewicht im Neoklassischen Sinn. Tritt auf dem einen Markt dagegen ein Überschußangebot auf, so auf dem anderen notwendig eine Überschußnachfrage im wertmäßig gleichen Betrag.

Wir schließen das Modell durch die Forderung eines Preis-Tâtonnements auf dem Arbeitsmarkt:

$$\frac{dw}{dt} = H\,(N^d(\alpha) - N^s(\alpha))\,; \quad H(0) = 0\,, \quad H' > 0\,. \tag{293}$$

Die Ratio der Preisanpassungsfunktion H läßt sich am besten mit einer Graphik verdeutlichen:

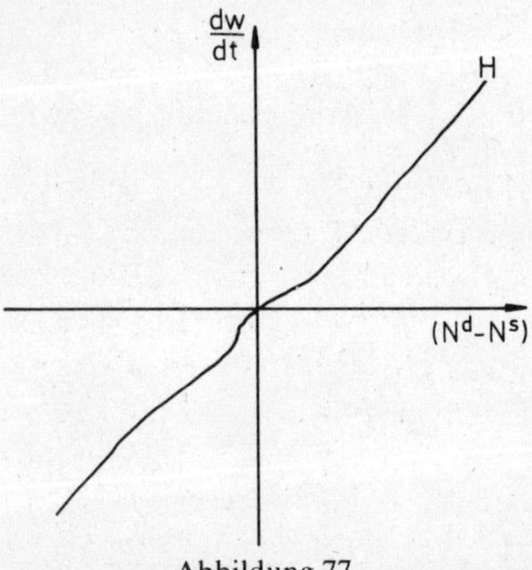

Abbildung 77

Durch diese Funktion wird jeder Überschußnachfrage auf dem Arbeitsmarkt eine bestimmte Änderungsrate des Nominallohns zugeordnet. Wegen $H(0) = 0$ ändert sich der Lohn im Gleichgewicht nicht. Durch $H' > 0$ (global) ist sichergestellt, daß H *vorzeichenerhaltend* ist, daß also die Vorzeichen von Argument und Funktionswert stets übereinstimmen[19]. Bei einer positiven Überschußnachfrage auf dem Arbeitsmarkt steigt deshalb der Nominallohn; bei einer negativen Überschußnachfrage (einem Überschußangebot also) fällt er. Die Funktion H ist demnach nichts weiter als eine mathematische Beschreibung für das Verhalten des Auktionators: Der Nominallohn wird entsprechend den Marktgegebenheiten angepaßt, und erst im Gleichgewicht läßt der Auktionator den faktischen Tausch zu. An der letztlichen Erreichung des allgemeinen Gleichgewichtes kann unter diesen Umständen kein Zweifel bestehen.

Durch Gleichsetzung von Arbeitsangebot (284) und Arbeitsnachfrage (290) läßt sich mit $P = 1$ der markträumende Nominallohn errechnen, woraus wiederum die übrigen Lösungen des Modells folgen. Alle folgenden numerischen Ergebnisse sind auf zwei Nachkommastellen gerundet:

$$P^* = 1; \quad w^* = 0{,}87; \quad \pi^* = 0{,}29 \tag{294}$$

$$C(\alpha) = Y(\alpha) = 0{,}58 \tag{295}$$

$$N^d(\alpha) = N^s(\alpha) = 0{,}33. \tag{296}$$

Wir kommen nun zur *Neokeynesianischen Sicht.* Hierbei wird nicht länger unterstellt, daß die Wirtschaftssubjekte mit dem Tausch warten, bis der markträumende Lohn gefunden ist bzw., daß sich der Lohn unendlich schnell anpaßt. Vielmehr tauschen die Marktteilnehmer sofort, weshalb sie möglicherweise rationiert werden und ihre Verhaltensweisen gemäß der dualen Entscheidungshypothese ändern.

Nehmen wir etwa an, im Ausgangszeitpunkt sei der Nominallohn gleich Eins. Im ersten Schritt berechnen wir nun die hypothetischen Pläne. Durch Einsetzen von $P = w = 1$ in die Funktion (289) bis (291) ergeben sich unmittelbar das hypothetische Güterangebot, die hypothetische Arbeitsnachfrage und der hypothetische Gewinn:

$$Y(\alpha) = 0{,}5; \quad N^d(\alpha) = 0{,}25; \quad \pi(\alpha) = 0{,}25. \tag{297}$$

---

19 Die Annahme einer global positiven Ableitung H' ist übertrieben restriktiv und wurde nur zur Vereinfachung gewählt. Ausreichend wären die Forderungen $\operatorname{sign}(H(.)) = \operatorname{sign}(.)$, und H ist stetig differenzierbar auf $\mathbb{R}$.

Aus den Gleichungen (283) und (284) erhalten wir gleichzeitig die hypothetische Konsumnachfrage und das hypothetische Arbeitsangebot:

$$C(\alpha) = 0{,}63; \qquad N^s(\alpha) = 0{,}38. \tag{298}$$

Wie zu erwarten, sind die Pläne von Unternehmen und Haushalten beim gegebenen Lohn *nicht* vereinbar. Die Konsumnachfrage übersteigt das Güterangebot um 0,13 Einheiten, während die Arbeitsnachfrage um ebenfalls 0,13 Einheiten hinter dem Arbeitsangebot zurückbleibt. Wegen der angenommenen Freiwilligkeit und Effizienz des Tausches berechnen sich die *Rationierungsschranken* als jeweilige Minima von Angebot und Nachfrage (Minimumregel):

$$\bar{C} = \min(C(\alpha), Y(\alpha)) = 0{,}5 \tag{299}$$

$$\bar{N} = \min(N^d(\alpha), N^s(\alpha)) = 0{,}25. \tag{300}$$

Dies ist die mathematische Umschreibung der Voraussetzung, daß immer die kürzere Marktseite sich durchsetzt. Im Ergebnis sehen wir, daß die Haushalte auf *beiden* Märkten rationiert sind, während die Unternehmen *keiner* Beschränkung unterliegen. Die beiden obigen Schranken stimmen mit den hypothetischen Plangrößen des Unternehmenssektors überein. Wenden wir jetzt die *duale Entscheidungshypothese* an und berechnen vorerst die effektive Güternachfrage und das effektive Arbeitsangebot im Sinne von Clower.

Konfrontiert mit einer Absatzschranke auf dem Arbeitsmarkt in Höhe von $\bar{N} = 0{,}25$ müssen die Haushalte bei Berücksichtigung der Budgetrestriktion ihren Konsumplan revidieren. Die effektive Güternachfrage im Sinne von Clower ergibt sich also einfach durch Einsetzen der Arbeitsmarktschranke in die Budgetrestriktion:

$$\bar{N} = 0{,}25 \Rightarrow \tilde{C}(\alpha, \bar{N}) = \frac{w \cdot \bar{N} + \pi}{P} = 0{,}5\,. \tag{301}$$

Infolge der betreffenden Arbeitsmarktrationierung wird die Konsumnachfrage also von 0,63 auf 0,5 zurückgenommen; der hypothetische Plan ist nun ökonomisch irrelevant.

Umgekehrt aber sind die Haushalte auch auf dem Gütermarkt rationiert, weshalb sie ihr effektives Arbeitsangebot im Sinne von Clower einschränken. Denn warum sollten sie arbeiten, wenn nicht genügend Güter erhältlich sind? Das effektive Arbeitsangebot im Sinne von Clower erhalten wir durch Einsetzen der Schranke $\bar{C} = 0{,}5$ in die Budgetrestriktion und

Auflösen nach N:

$$\bar{C} = 0{,}5 \Rightarrow \tilde{N}^s(\alpha, \bar{C}) = \frac{P \cdot \bar{C} - \pi}{w} = 0{,}25\,. \qquad (302)$$

Im vorigen Paragraphen wurde gesagt, daß innerhalb der komparativ-statischen Betrachtung von den Drèze-Nachfragen ausgegangen werden muß, weil die Schranken weder stochastisch noch manipulierbar sind. Nach der Regel (276) berechnen wir die Drèze-Nachfragen als jeweilige Minima von Clower-Nachfragen und den Schranken. Denn bei einer Drèze-Nachfrage beachtet der Haushalt ja auch die Rationierung auf dem jeweils betrachteten Markt und nicht allein die Rationierungen der anderen Märkte. Aus den obigen Zahlen folgt:

$$\hat{C} = \min(\tilde{C}, \bar{C}) = \min(0{,}5; 0{,}5) = 0{,}5 \qquad (303)$$

$$\hat{N}^s = \min(\tilde{N}^s, \bar{N}) = \min(0{,}25; 0{,}25) = 0{,}25. \qquad (304)$$

Offensichtlich stimmen die Drèze-Nachfragen in diesem speziellen Fall mit den Clower-Nachfragen überein; wir bemerken, daß dies *nicht* allgemein so ist. Durch Vergleich von (297) mit (303) und (304) stellen wir ein Zweites fest: Die Drèze-Nachfragen der Haushalte sind mit den hypothetischen Plangrößen des Unternehmenssektors vereinbar, denn einesteils stimmt die effektive Güternachfrage mit dem hypothetischen Güterangebot überein, anderenteils die hypothetische Arbeitsnachfrage mit dem effektiven Arbeitsangebot. Somit ist eine Art Gleichgewicht erreicht.

Dies wollen wir nun präzisieren. Vorweg sei festgehalten, daß auch die hypothetischen Pläne der Unternehmen nach (274) unter den Begriff der Drèze-Nachfrage fallen: Es ist dies jener Spezialfall einer Drèze-Nachfrage, bei dem keine Schranke bindend ist. Ergo läßt sich der obige Sachverhalt dadurch ausdrücken, daß alle Drèze-Nachfragen der Wirtschaftssubjekte kompatibel sind. Und diesen Zustand der wechselseitigen Vereinbarkeit aller Drèze-Nachfragen nennen wir künftig ein *Mengengleichgewicht*. Das hiesige Mengengleichgewicht wird also beschrieben durch:

$$P = 1; \quad w = 1; \quad \pi = 0{,}25 \qquad (305)$$

$$\tilde{C} = Y(\alpha) = 0{,}5 \qquad (306)$$

$$N^d(\alpha) = \tilde{N}^s = 0{,}25. \qquad (307)$$

Wir sehen, daß Gewinn und realisierter Konsum im Mengengleichgewicht niedriger sind als im Walrasianischen Gleichgewicht. Immer dann, wenn bindende Rationierungen auftreten, ist der resultierende Zustand *suboptimal* in bezug auf das Walrasianische Gleichgewicht. Jedenfalls, solange wir in diesem makroökonomischen Modell von Verteilungswirkungen absehen.

Werden sich die Wirtschaftssubjekte mit diesem suboptimalen Zustand bescheiden, oder wird das Mengengleichgewicht letztlich in das Walrasianische Gleichgewicht übergehen? Offenbar ist die Frage damit irreführend formuliert, weil sich die Wirtschaftssubjekte nicht nach dem abstrakten Walrasianischen Gleichgewicht richten, das sie nicht kennen, sondern nach den jeweiligen Marktgegebenheiten. Wir müssen also anders fragen, ob und wie sich die Preise aufgrund der Marktkräfte nun ändern werden. Es ist dies die Frage nach der *Preisdynamik*.

Dazu vorweg zwei Überlegungen:

– Die hypothetischen Nachfragen spielen hinsichtlich der Preisdynamik im allgemeinen keine Rolle, weil sic aufgrund von Rationierungen irrelevant werden.
– Die Drèze-Nachfragen können ebenfalls nicht herangezogen werden: Denn da ein Rationierungsteilnehmer seine Nachfrage bzw. sein Angebot stets auf die Rationierungsmenge zurücknimmt, besteht niemals eine merkliche Überschußnachfrage: diese ist stets identisch gleich Null.

Deshalb kommt allein die *Clower-Nachfrage* hier in Betracht. Die Clower-Nachfrage liefert ein *Nachfragesignal*, das womöglich eine Preisänderung bewirkt. Diese Preisänderung ist auf die Beseitigung der Rationierung gerichtet. In unserem konkreten Fall ergibt sich also für den Arbeitsmarkt die Preisanpassungsregel:

$$\frac{dw}{dt} = H(N^d(\alpha) - \tilde{N}^s(\alpha, \bar{C})) ; \quad H(0) = 0 , \quad H' > 0 . \tag{308}$$

Der Unterschied zwischen (293) und (308) scheint minimal – und ist doch drastisch. Beide Funktionen H enthalten als Argument die hypothetische Arbeitsnachfrage der Unternehmen, (308) aber das *effektive* Arbeitsangebot im Sinne von Clower anstelle des hypothetischen. Dies ist leicht erklärlich: Das hypothetische Arbeitsangebot stellt gleichsam eine Antwort auf die Frage dar: „Angenommen, Sie könnten ihren Konsumplan verwirklichen, welche Arbeitsmenge würden Sie anbieten?“. Indes sind die tatsächlichen Verhältnisse nicht so; der Haushalt *wird* ja auf dem Gütermarkt rationiert und fühlt sich deshalb nicht veranlaßt, sein hypothetisches Arbeitsangebot aufrechtzuerhalten. Er bietet allein die zum Erwerb der gegebenen Konsumgütermenge erforderliche Arbeitszeit an.

Ein weiterer Unterschied ist darin zu sehen, daß die Neokeynesianische Preisanpassungsvorschrift (308) eine wirkliche Verhaltenshypothese enthält. Wenn etwa das effektive Arbeitsangebot die hypothetische Arbeitsnachfrage übersteigt, so wird der Nominallohn sinken, weil die Haushalte an einer Lockerung der Arbeitsmarktrationierung interessiert sind. Oder alternativ: weil die Unternehmen bei einer derartigen Mengenbeschränkung in eine *monopolistische* Stellung kommen und damit den Lohn senken können. Demgegenüber bietet die Walrasianische Preisanpassungsvorschrift keine Beschreibung eines Verhaltens der Marktteilnehmer, die den Preis ja annahmegemäß nicht beeinflussen können. Wir fügen hinzu, daß freilich auch (308) nicht aus einem Maximierungskalkül abgeleitet ist; es handelt sich mithin um eine reine Verhaltenshypothese.

Aus den Gleichungen (297) und (302) entnehmen wir indes, daß die hypothetische Arbeitsnachfrage und das effektive Arbeitsangebot im Sinne von Clower *übereinstimmen*, so daß die Differenz in (308) verschwindet und kein Druck auf den Lohn besteht. Das Mengengleichgewicht ist *inhärent* stabil und eine Änderung der Preise findet nicht statt! Wir legen Wert auf die Feststellung, daß die fehlende Preisdynamik nicht auf der Annahme exogener Preise beruht. Ganz im Gegenteil wurde der Lohn als einziger Preis ja durch (308) endogenisiert, und die fehlende Anpassung zum Walrasianischen Gleichgewicht ist auf die Ermangelung entsprechender Marktkräfte zurückzuführen. Ursache des Dilemmas ist offensichtlich, daß das hypothetische Arbeitsangebot durch das effektive ersetzt wurde; aber es sind ja nicht Wunschvorstellungen oder abstrakte Optimalitäten, die den Marktprozeß bestimmen, sondern die *tatsächlich* am Markt geäußerten Angebote und Nachfragen. Den Wirtschaftstheoretiker mag es interessieren, daß das Arbeitsangebot höher *wäre*, wenn die Haushalte am Gütermarkt keiner Beschränkung unterliegen *würden*. Indes wird dies die Parteien auf dem Arbeitsmarkt kaum beschäftigen. Für sie existiert dort kein meßbares oder sonstwie merkliches Überschußangebot.

Und so kommen wir im Rahmen unseres einfachen Modells zu einem *Unterbeschäftigungsgleichgewicht*, welches folgende Merkmale aufweist:
- Die *Haushalte* haben ihren Nutzen mit Rücksicht auf die gegebenen Beschränkungen maximiert.
- Die *Unternehmen* haben ihren Gewinn bei Beachtung der Produktionsfunktion maximiert.
- Auf allen *Märkten* stimmen das effektive Drèze-Angebot und die effektive Drèze-Nachfrage überein.
- Eine Tendenz zur *Preisänderung* besteht nicht.

Das Mengengleichgewicht bezeichneten wir gemäß der Terminologie von § 43 als Unterbeschäftigungsgleichgewicht, weil Beschäftigung und Produktion unterhalb ihrer Walrasianischen Werte liegen. Gleichwohl sinkt der Lohn nicht, weil die effektiven Pläne (im Sinne von Clower oder Drèze) wechselseitig vereinbar sind und der Arbeitsmarkt kein

Überschußangebot signalisiert. Einem *Beobachter* muß das Mengengleichgewicht als Zustand der allgemeinen Markträumung erscheinen; er hat keine Handhabe, es vom Walrasianischen Gleichgewicht zu unterscheiden, das er nicht kennt.

Fassen wir die Hauptgedanken dieses Paragraphen zusammen. Zuerst betrachteten wir anhand des gewählten Modells die Walrasianische Sicht seiner Funktionsweise. Entscheidend war hier durchaus nicht die Annahme „flexibler" Preise, sondern die Voraussetzung, der faktische Tausch finde erst *nach* Realisation der markträumenden Preise statt. Das Ergebnis war die bekannte pareto-optimale Marktkonstellation. Freilich spiegelt der „totalitäre" Auktionator, der jeden Tausch zu „falschen" Preisen unterbindet, nicht den Kern Neoklassischen Denkens wider; er ist nur eine *Analogie.* Man war vielmehr der Auffassung, der Tausch zu „falschen" Preisen führe lediglich zu kleineren Reibungsverlusten, könne aber der *Tendenz* zum allgemeinen Gleichgewicht nichts anhaben. Erst mit der Entwicklung der Neokeynesianischen Theorie wurde diese Vermutung problematisiert, und es zeigte sich, daß die Tendenz zum Walrasianischen Gleichgewicht völlig eliminiert werden *kann,* sofern man die Einkommenseffekte von Mengenbeschränkungen berücksichtigt.

Indes besteht vorerst kein Anlaß, WALRAS nun endgültig zu den Akten zu legen, denn das hier gewählte Modell war in seiner Einfachheit absichtlich auf deutliche Ergebnisse hin angelegt. Unsere nächste Aufgabe ist deshalb die Konstruktion eines erweiterten Modells, welches eher mit dem Klassisch-Neoklassischen vergleichbar ist, um dann zu sehen, welche der hier vorgetragenen Ergebnisse erhalten bleiben und welche revidiert oder eingeschränkt werden müssen. Darauf vorbereitend befassen wir uns im nächsten Paragraphen mit der Ersparnis.

§ 79 Eine erneute Betrachtung der Konsumfunktion

Bereits im vorletzten Paragraphen wurde mit der Einführung der dualen Entscheidungshypothese angedeutet, daß sich die KEYNESsche Konsumfunktion innerhalb eines im Kern Neoklassischen Entscheidungsmodells begründen läßt, wenn Mengenbeschränkungen auftreten. Dieser Frage wollen wir hier genauer nachgehen, denn bisher war die Analyse zweifellos unvollständig, weil die Haushalte keine Möglichkeit zur Ersparnisbildung hatten[20].

---

20 Die nun vorgetragene Analyse geht größtenteils zurück auf SVENSSON, L.E.O. (1977) Effective Demand and Stochastic Rationing; a.a.O. MUELLBAUER, J. und R. PORTES (1978) Macroeconomic Models with Quantity Rationing; Economic Journal **88,** S. 788–821.

Betrachten wir einen repräsentativen Haushalt mit der Nutzenfunktion

$$U = U\left(C, (1 - N), \frac{\Delta M_H}{P}\right) \tag{309}$$

und der Budgetbeschränkung

$$P \cdot C + \Delta M_H = w \cdot N + \pi. \tag{310}$$

Dabei stehen C für den realen Konsum, (1−N) für die Freizeit und ΔM_H für die nominale Ersparnis, die wir als Geldnachfrage der Haushalte ansehen. P, w und π sind das Preisniveau, der Nominallohn und das Gewinneinkommen. Im Rahmen einer entscheidungslogischen Analyse müssen wir uns zunächst fragen, warum der Haushalt aus einer Ersparnisbildung in Form von Geld Nutzen zieht, wobei andere Formen der Ersparnisbildung ausgeschlossen werden. Denn annahmegemäß wird ihm auf diese Art der Ersparnis kein Zins gezahlt, womit das Zinsmotiv ausscheidet.

Zur Begründung läßt sich ein Zwei-Perioden-Modell heranziehen: Der Haushalt plant hierbei über zwei Zeitabschnitte und maximiert seinen *intertemporalen Nutzen* $U(C_1, C_2, (1-N)_1, (1-N)_2)$, wobei er die herrschenden Preise und das gegenwärtige Gewinneinkommen zugrundelegt sowie die erwarteten Preise und das erwartete Gewinneinkommen der Folgeperiode. In jedem Zeitabschnitt muß der Haushalt seine Ausgaben aus dem laufenden Einkommen und Entnahmen aus bereits gebildeten Ersparnissen finanzieren. Beabsichtigt er, in der zweiten Periode mehr auszugeben als er an Lohn- und Gewinneinkommen erhält, dann wird er in der ersten Periode positive Ersparnisse bilden, im umgekehrten Fall negative. Die Nutzenfunktion (309) ist also aus einer intertemporalen Nutzenfunktion abgeleitet. Sie weist die üblichen Eigenschaften auf, nämlich positive erste Ableitungen und abnehmende Grenzraten der Substitution.

Die graphische Bestimmung des Nutzenmaximums ließe sich jetzt in einer dreidimensionalen Graphik durchführen, aber wir beschreiten hier einen anderen Weg. Bei gegebenen Preisen, Löhnen und Gewinnen (wir betrachten nur die der laufenden Periode) kann der Haushalt über den Konsum, das Arbeitsangebot und die Ersparnis (Geldnachfrage) entscheiden. Dabei hat er jedoch wegen der Budgetbeschränkung nur *zwei* Freiheitsgrade: Mit der Wahl von Konsum und Arbeitsangebot etwa ist gleichzeitig über die Höhe der Ersparnis entschieden. Durch Auflösen der Budgetbeschränkung nach ΔM_H ergibt sich:

$$\Delta M_H = w \cdot N + \pi - P \cdot C. \tag{311}$$

Dieses Ergebnis läßt sich nun in die ursprüngliche Nutzenfunktion einsetzen:

$$U\left(C, (1-N), \frac{w \cdot N + \pi - P \cdot C}{P}\right) =: V(C, (1-N)) . \qquad (312)$$

Wir nennen die so definierte Nutzenfunktion V eine *Nutzenfunktion mit absorbierter Budgetbeschränkung.* Der Nutzen ist hierbei explizit nur noch von C und N abhängig, weil mit deren Wahl gleichzeitig über die Ersparnis entschieden wird. Es ist völlig gleichgültig, ob wir nun U unter der Nebenbedingung (310) oder V ohne Nebenbedingung maximieren.

Die Änderung des Verfahrens dient ausschließlich der Vereinfachung und beinhaltet keinerlei zusätzliche Annahmen. Graphisch hat V die folgende Gestalt:

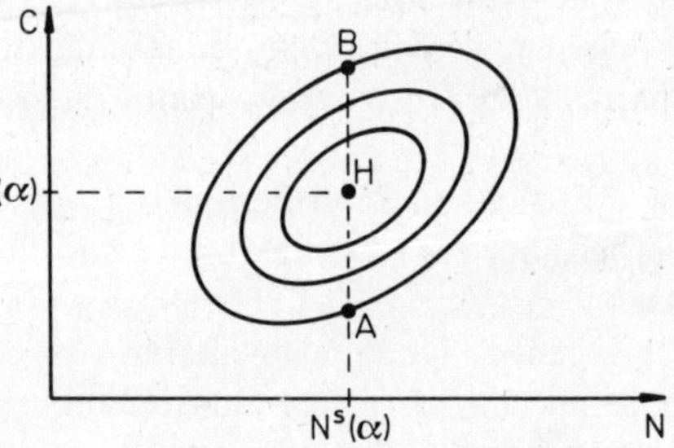

Abbildung 78

Die Indifferenzkurven der Abbildung stehen für ein „Nutzengebirge", dessen Gipfel der Punkt H, das *Haushaltsgleichgewicht,* bildet. In H ist der Nutzen maximal. Nach allen Seiten hin fällt der Nutzen, und jede der Indifferenzkurven ist eine Menge aller Konsum-Arbeitskombinationen, die denselben Nutzen stiften.

Wir begründen die Graphik folgendermaßen[21]: Zunächst ist H jenes Haushaltsgleichgewicht, das wir als Tangentialpunkt von Indifferenz- und

21 Eine genauere Erklärung wäre: Erstens folgt aus der strengen Konkavität von U unmittelbar die strenge Konkavität von V. Zweitens gewährleistet die strenge Konkavität von U bei positiven Parametern die Existenz eines Maximums im positiven Orthanten, ergo besitzt V dort einen Hochpunkt. Drittens ergibt sich die spezielle Form der „Ellipsen" aus der Annahme, daß Konsum und Freizeit (globale) Nettosubstitute sind; es wird mit anderen Worten unterstellt, daß der reine Substitutionseffekt einer Lohnänderung in bezug auf die Konsumnachfrage positiv ist. Strenggenommen gelten diese Ergebnisse nur in einer Umgebung von H.

Budgetfläche kennen. Bei Geltung des Gesetzes der abnehmenden Grenzrate der Substitution gibt es genau einen derartigen Punkt; von Randlösungen sehen wir ab. Des weiteren stiften die Kombinationen A und B der obigen Abbildung offenbar denselben Nutzen: liegen sie doch auf einer Indifferenzkurve. Die Arbeitszeit ist in A und B gleich, der Konsum jedoch in B höher als in A. Gleichwohl ist der resultierende Nutzen derselbe, weil die zu B gehörige Ersparnis *geringer* ist im Vergleich zu A. Dies folgt bei gegebener Budgetbeschränkung zwingend aus der Zusammennahme von gleicher Arbeitszeit, jedoch höherem Konsum in B. Daß A und B auf einer Indifferenzkurve liegen, bedeutet also: Der Mehrkonsum von B im Vergleich zu A erbringt einen zusätzlichen Nutzen, der durch den entgangenen Nutzen aufgrund geringerer Ersparnis gerade aufgewogen wird.

Ein Indifferenzkurvensystem wie in Abbildung 78 unterscheidet sich von den herkömmlichen Schemata vor allem dadurch, daß seine Lage nicht nur von den subjektiven Präferenzen abhängt, sondern auch von den Parametern P, w und π. Eine Preisänderung etwa bewirkt ceteris paribus, daß sich das dortige „Gebirge" verschiebt. Mit diesem Werkzeug nun lassen sich die Wirkungen einer *Mengenbeschränkung* sehr anschaulich darlegen. Gehen wir zunächst von zwei alternativen Rationierungen des Haushaltes auf dem Arbeitsmarkt aus:

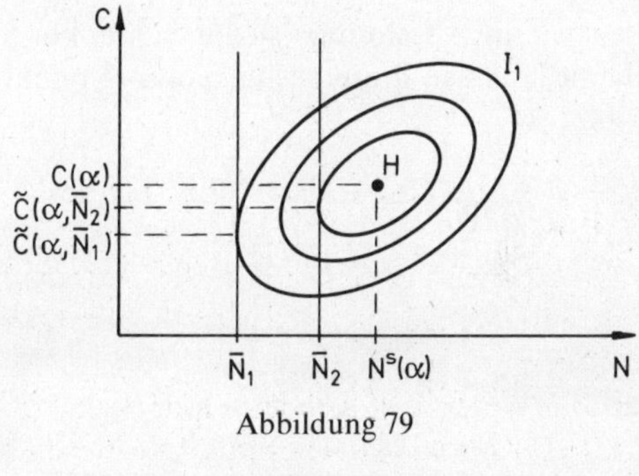

Abbildung 79

Der Haushalt unterliegt hier den respektiven Arbeitsmarktbeschränkungen $\bar{N}_1$ und $\bar{N}_2$, während er auf dem Gütermarkt nicht rationiert ist. Ganz im Sinne des Neoklassischen Entscheidungskalküls versucht er jeweils, das höchste erreichbare Nutzenniveau zu realisieren. Das bedeutet, er versucht dem Punkte H möglichst nahezukommen, und wie man sieht, betragen die nutzenmaximalen Konsummengen $\check{C}(\alpha, \bar{N}_1)$ bzw. $\check{C}(\alpha, \bar{N}_2)$. Denn bei der Rationierung $\bar{N}_1$ etwa ist I_1 die unter den gegebenen Umständen höchste erreichbare Indifferenzkurve.

Im allgemeinen erhält man die effektive Konsumnachfrage als Ordinate des Tangentialpunktes einer Indifferenzkurve und den senkrechten Geraden, welche der jeweiligen Arbeitsmarktrationierung zugeordnet sind. Deshalb muß die Steigung der Indifferenzkurve in Richtung der Konsumachse im Maximum gleich Null sein, oder formal[22]:

$$\frac{\partial V(C, (1-\bar{N}))}{\partial C} = 0 . \tag{313}$$

Dies läßt sich noch anders begründen: Bei einer Rationierung auf dem Arbeitsmarkt können die Haushalte nur noch über den Konsum (und natürlich simultan über die Ersparnis) entscheiden, so daß V zu einer Funktion in *einer* Variablen degeneriert. Die notwendige (und hier zugleich hinreichende) Bedingung für ein Maximum ist dann einfach, daß die erste Ableitung von V nach C verschwindet.

Die effektive Konsumfunktion ergibt sich nun, indem die Schranke $\bar{N}$ den gesamten Bereich von Null bis N (α) durchläuft. Analytisch folgt die Konsumfunktion sofort aus der Maximum-Bedingung (313), durch die jeder Schranke $\bar{N}$ „implizit" eine optimale Konsumnachfrage zugeordnet wird[23]:

$$\tilde{C} = \tilde{C}(\alpha, \bar{N}). \tag{314}$$

Graphisch lassen wir in Abbildung 79 die Schranke $\bar{N}$ von Null bis N (α) wandern; damit läßt sich die Konsumfunktion punktweise konstruieren:

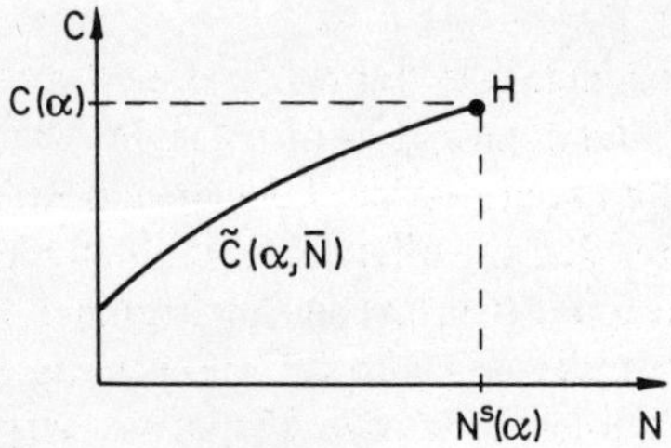

Abbildung 80

22 Durch implizite Differentiation folgt $dN/dC = -(\partial V/\partial C)/(\partial V/\partial N)$. Vgl. hierzu den Mathematischen Anhang, Abschnitt 4.2.

23 Dies ergibt sich durch Anwendung des Satzes über implizite Funktionen. Vgl. hierzu den Mathematischen Anhang, Abschnitt 4.3. Natürlich ist α auch Argument von V, wir haben dies nur zur Vereinfachung unterdrückt.

Mit anderen Worten: Wir erhalten eine durchaus Keynesianische Konsumfunktion, die etwa den oben angegebenen Verlauf aufweist. Zur Verdeutlichung müssen wir uns nur vergegenwärtigen, daß die Schranke N und das Realeinkommen des Haushaltes kausal miteinander verknüpft sind, wobei:

$$Y = \frac{w}{P} \cdot \bar{N} + \frac{\pi}{P}. \tag{315}$$

Bei gegebenen Parametern P, w und π läßt sich die obige Konsumfunktion (312) deshalb unmittelbar überführen in

$$\tilde{C} = \tilde{C}\,(\alpha, Y), \tag{316}$$

wobei der genaue Verlauf jetzt freilich ein anderer ist. Damit haben wir einiges erreicht: Erstens konnte gezeigt werden, daß sich KEYNES' Konzept der Konsumfunktion aus einer substantiell Neoklassischen Haushaltstheorie herleiten läßt, sofern die Haushalte auf dem Arbeitsmarkt rationiert sind. Zweitens ist klar, daß die Konsumfunktion (316) *nur* für den Fall unfreiwilliger Arbeitslosigkeit Sinn macht, jedenfalls aus dieser Perspektive. Bei Voll- oder Überbeschäftigung gilt die effektive Konsumfunktion (316) nicht, und an ihre Stelle tritt die hypothetische Konsumfunktion, in der nur Preise und der Gewinn als Variablen figurieren. Drittens stellt die Konsumfunktion (316) insofern eine Verallgemeinerung der ursprünglichen KEYNESschen Hypothese dar als der Konsum auch bei Mengenrationierung weiterhin von den herrschenden Preisen abhängt. Diese Zusammenhänge wurden durch die mysteriöse Funktion C (Y) nicht in ähnlicher Weise klargemacht.

Die wichtigste zu ziehende Lehre ist jedoch diese: Wird die Einkommensbeschränkung der Haushalte um – sagen wir – fünf Geldeinheiten verschärft, dann schränken sie den Konsum um *weniger* als fünf Geldeinheiten ein, weil unter den getroffenen Annahmen *gleichzeitig* die Ersparnis zurückgeht. War also die (wertmäßige) marginale Konsumneigung in der ursprünglichen Formulierung aus § 77 notwendig gleich Eins, so ist sie jetzt positiv und kleiner Eins. Die Ersparnis wirkt bei Rationierungen gleichsam als „Puffer".

Führen wir die Anwendung unserer Graphik noch etwas weiter, indem wir eine Rationierung der Haushalte auf dem *Gütermarkt* annehmen.

In der Abbildung (81) sind die Haushalte auf dem Gütermarkt rationiert, auf dem Arbeitsmarkt dagegen nicht. Die Schranken $\bar{C}_1$ bzw. $\bar{C}_2$ lösen zwei Reaktionen aus: Einesteils nehmen die Haushalte ihre Arbeitsangebote zurück, anderenteils aber erhöhen sie die Ersparnis, weil diese als späterer Konsum substitutiv zum gegenwärtigen Konsum ist. Mit anderen Wor-

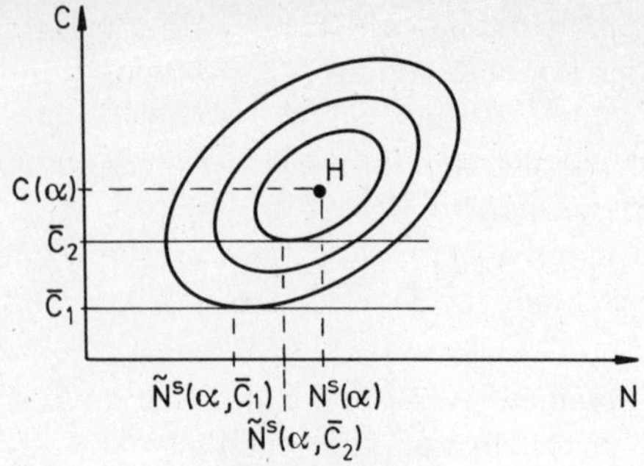

Abbildung 81

ten: Die Haushalte weichen der betreffenden Beschränkung auf dem Gütermarkt aus, indem sie das Potential zukünftigen Konsums erhöhen. Die Neokeynesianischen Haushaltsgleichgewichte sind in der Graphik als Tangentialpunkte der Indifferenzkurven mit den waagerechten Tangenten erkenntlich, welche den Gütermarktbeschränkungen zugeordnet sind. Formal lauten die Maximumbedingungen bei einer Gütermarktrationierung in Analogie zu (313):

$$\frac{\partial V(\bar{C}, (1-N))}{\partial N} = 0 . \tag{317}$$

Und daraus folgt wiederum das effektive Arbeitsangebot als eine Funktion, die jeder Schranke $\bar{C}$ ein bestimmtes Arbeitsangebot zuordnet:

$$\tilde{N}^s = \tilde{N}^s(\alpha, \bar{C}). \tag{318}$$

Durch Zusammenfassung des entsprechenden Graphen mit dem der effektiven Konsumfunktion erhalten wir das sogenannte *Keil-Diagramm:*

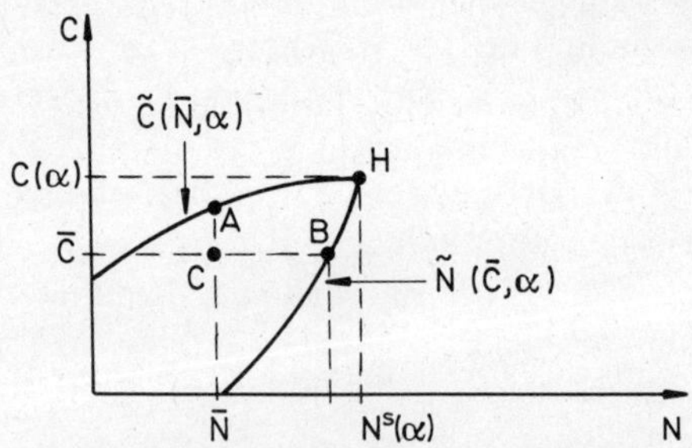

Abbildung 82

Im Keildiagramm wird das Verhalten der Haushalte für alle denkbaren Konstellationen der Rationierung auf dem Arbeits- und Gütermarkt beschrieben:

- Im Neoklassischen Fall treten *keine* Mengenbeschränkungen auf und die Haushalte realisieren den Punkt H.
- Bei alleiniger Rationierung auf dem *Arbeitsmarkt* wählen die Haushalte den Konsum nach Maßgabe der effektiven Konsumfunktion (z. B. Punkt A).
- Bei alleiniger Rationierung auf dem *Gütermarkt* wählen die Haushalte das Arbeitsangebot nach Maßgabe der effektiven Arbeitsangebotsfunktion (z. B. Punkt B).
- Werden sie schließlich auf *beiden* Märkten rationiert, so verbleibt ihnen kein Freiheitsgrad, und die effektiven Nachfragen im Sinne von Drèze liegen *innerhalb* des Keils (z. B. Punkt C).

Halten wir das wichtigste Einzelergebnis dieses Paragraphen fest. Vermöge der Ersparnisbildung bewirkt eine Arbeitsmarktrationierung nicht einen wertmäßig gleichen Rückgang der Konsumnachfrage. Vielmehr geht der Einkommensverlust *teilweise* zu Lasten des Konsums und *teilweise* zu Lasten der Ersparnis. Umgekehrt führen Konsumbeschränkungen nicht zu einem wertmäßig äquivalenten Rückgang des Arbeitsangebotes, weil in diesem Fall die Ersparnis zunimmt. Demnach wirkt die Ersparnis gleichsam als „Puffer"; ohne sie würde der Keil in Abbildung 82 zu einer Geraden durch den Punkt H degenerieren.

§ 80 Das Neokeynesianische Modell

Nach den mehr einführenden Betrachtungen der vorigen Paragraphen können wir jetzt das Neokeynesianische Modell im ganzen erörtern[24]. Wir beginnen mit der Spezifizierung des Verhaltens von Haushalten, Unternehmen und dem Staat, um anschließend die Märkte insgesamt und die verschiedenen möglichen Konstellationen der Rationierung zu besprechen. Im nächsten Paragraphen können wir daraufhin die Rolle der Wirtschaftspolitik aus Neokeynesianischer Sicht erörtern.

Haushalte. Der repräsentative Haushalt fragt Konsumgüter nach, bietet Arbeitskraft an, bildet monetäre Ersparnisse, empfängt ein Gewinneinkommen und zahlt Steuern. Das „Geld" übernimmt in diesem Modell hauptsächlich die Rolle eines intertemporalen Wertaufbewahrungsmittels.

---

24 Das Modell fußt zum großen Teil auf den Darstellungen von BARRO/GROSSMAN und MALINVAUD. Vgl. BARRO, R.J. und H.I. GROSSMAN (1976) Money, Employment and Inflation; a.a.O. MALINVAUD, E. (1977) The Theory of Unemployment Reconsidered; a.a.O.

Wir können es auch als ein unverzinsliches Wertpapier ansehen, das vom Staat ausgegeben und von den Privaten nachgefragt wird. Aus dem zweiperiodigen Maximierungskalkül der Haushalte folgt eine Nutzenfunktion:

$$U = U\left(C, (1 - N), \frac{\Delta M_H}{P}\right). \tag{319}$$

Die Nutzenfunktion ist in den Argumenten Konsum, Freizeit und reale Ersparnis definiert und weist die üblichen Eigenschaften auf, nämlich positive erste Ableitungen und abnehmende Grenzraten der Substitution. Randlösungen seien ausgeschlossen. Der Haushalt unterliegt einer Budgetbeschränkung:

$$P \cdot C + \Delta M_H = w \cdot N + \pi_0 - T^n. \tag{320}$$

Konsumausgaben ($P \cdot C$), Ersparnis (ΔM_H) und nominale Steuerzahlungen (T^n) müssen durch Lohneinkommen ($w \cdot N$) und das nominale Gewinneinkommen (π_0) finanziert werden. Bei π_0 handelt es sich um die Gewinne der *Vorperiode*, die zu Beginn der laufenden Periode an die Haushalte ausgeschüttet werden. Da die gewünschte Kassenhaltung (M_H^d) und der Geldbestand zu Anfang der Periode (M_0) *Bestandsgrößen* sind, ist

$$\Delta M_H := M_H - M_0 \tag{321}$$

als *Stromgröße* (exakter: als Bestandsveränderungsgröße) aufzufassen.

Für den repräsentativen Haushalt, der ex definitione eine Art Durchschnittshaushalt ist, lassen sich einige „pathologische" Verhaltensweisen ausschalten, ohne die Allgemeinheit des Modells wesentlich zu beeinträchtigen. Wir nehmen erstens an, daß Konsum, Freizeit und Ersparnis *absolut superior* sind, so daß nicht etwa bei steigendem Gewinneinkommen der Konsum absolut zurückgeht. Die absolute Inferiorität mag in bezug auf *einzelne* Güter sehr wohl in Betracht kommen, aber es ist unwahrscheinlich, daß das Konsumgüterbündel *insgesamt* absolut inferior ist; ähnliches gilt für Freizeit und Ersparnis. (Die relative Inferiorität ist damit natürlich nicht ausgeschlossen.) Zweitens seien Konsum, Freizeit und Ersparnis *Nettosubstitute*, was bedeutet, daß die reinen Substitutionseffekte $\partial x_i/\partial P_j$ $(i \neq j)$ positiv sind ($x_i \in$ {Konsum, Freizeit, Ersparnis}).

Drittens soll der Substitutionseffekt einer Reallohnänderung den Einkommenseffekt überwiegen, womit der übliche Zusammenhang zwischen Arbeitsangebot und Reallohn besteht. Schließlich sei angenommen, daß die nominale Ersparnis positiv auf Preisniveausteigerungen reagiert. Damit ergeben sich die *hypothetischen* Verhaltensfunktionen der Haushalte:

$$C(\alpha) = C(\underset{(-)}{P}, \underset{(+)}{w}, \underset{(+)}{\pi_0}, \underset{(+)}{M_0}, \underset{(-)}{T^n}) \tag{322}$$

$$N^s(\alpha) = N^s(\underset{(-)}{P}, \underset{(+)}{w}, \underset{(-)}{\pi_0}, \underset{(-)}{M_0}, \underset{(+)}{T^n}) \tag{323}$$

$$M_H^d(\alpha) = M_H^d(\underset{(+)}{P}, \underset{(+)}{w}, \underset{(+)}{\pi_0}, \underset{(+)}{M_0}, \underset{(-)}{T^n}) \tag{324}$$

$$\text{mit} \quad \alpha := (P, w, \pi_0, M_0, T^n)\,. \tag{325}$$

Die hypothetischen Funktionen hängen allein von den Preisvariablen und den exogenen Einkommensbestandteilen ab, die wir im folgenden mit „α" abkürzen.

Eine Rationierung der Haushalte findet auf dem Gütermarkt, dem Arbeitsmarkt oder beiden statt. In diesen Fällen ergeben sich die *effektiven Clower-Nachfragen* als:

$$\tilde{C} = \tilde{C}(\alpha, \underset{(+)}{\bar{N}}) \quad \text{und} \quad \tilde{M}_H^d = \tilde{M}_H^d(\alpha, \underset{(+)}{\bar{N}}) \tag{326}$$

$$\tilde{N}^s = \tilde{N}^s(\alpha, \underset{(+)}{\bar{C}}) \quad \text{und} \quad \tilde{M}_H^d = \tilde{M}_H^d(\alpha, \underset{(-)}{\bar{C}}) \tag{327}$$

$$\tilde{M}_H^d = \tilde{M}_H^d(\alpha, \underset{(-)}{\bar{C}}, \underset{(+)}{\bar{N}})\,. \tag{328}$$

Durch diese Gleichungen werden die im vorigen Paragraphen deduzierten Verhaltensweisen bei Mengenrationierung wiedergegeben: Eine Lockerung der Arbeitsmarktrationierung erhöht das Einkommen und damit die Konsum- und Geldnachfrage (Gleichung 326); wird die Rationierung auf dem Gütermarkt abgeschwächt, so nimmt das Arbeitsangebot zu und die Geldnachfrage ab (Gleichung 327); und bei Rationierung auf beiden Märkten schließlich erhält man die Geldnachfrage durch Auflösen der Budgetbeschränkung, wobei die Reaktionen unmittelbar ersichtlich sind (Gleichung 328).

Zuletzt definieren wir die *nominale marginale Konsumneigung* und die *nominale marginale Arbeitsneigung:*

$$c' := \frac{\partial P\tilde{C}}{\partial w\bar{N}} \tag{329}$$

$$n' := \frac{\partial w\tilde{N}^s}{\partial P\bar{C}}\,. \tag{330}$$

Die nominale marginale Konsumneigung gibt an, wie stark die Konsumausgaben auf eine Erhöhung des Arbeitseinkommens reagieren; sie ist nur bei einer Rationierung der Haushalte auf dem Arbeitsmarkt definiert. Wir wählten den kleinen Buchstaben „c“, um sie von der realen marginalen Konsumneigung $C' := dC/dY$ der Keynesianischen Theorie zu unterscheiden. Bei einer Lockerung der Gütermarktrationierung steigt das Arbeitsangebot, was durch die nominale marginale Arbeitsneigung n′ ausgedrückt wird. Aus unseren bisherigen Annahmen folgt:

$$0 < c' < 1 \tag{331}$$

$$0 < n' < 1. \tag{332}$$

Nehmen wir zur Illustration an, die Haushalte seien bei einem Nominallohn von $w = 2$ auf dem Arbeitsmarkt rationiert. Infolge einer Lockerung der Arbeitsmarktrationierung um eine Einheit steigt demzufolge ihr Arbeitseinkommen um zwei Einheiten. Diese werden sie nach (326) *sowohl* zum Kauf zusätzlicher Güter *als auch* zur Vergrößerung der Ersparnis verwenden. Die Zunahme der Konsumausgaben liegt damit irgendwo zwischen Null und Zwei; die nominale marginale Konsumneigung also zwischen Null und Eins. Ganz analog läßt sich für die nominale marginale Arbeitsneigung argumentieren. Wir vermerken indes, daß n′ im allgemeinen nicht der Reziprokwert von c′ ist.

Unternehmen. Das repräsentative Unternehmen verhalte sich als Mengenanpasser und sei bestrebt, seinen Gewinn

$$\pi = P \cdot Y - w \cdot N \tag{333}$$

zu maximieren. Dabei ist eine Neoklassische Produktionsfunktion mit positiven, fallenden Grenzerträgen zu beachten, die für $N \to 0$ unbeschränkt wachsen:

$$Y = f(N). \tag{334}$$

Nach dem Lagrange-Verfahren ergeben sich hieraus ohne weitere Annahmen die *hypothetischen* Funktionen, bzw. deren Reaktionen:

$$Y(\alpha) = Y(\underset{(+)}{P}, \underset{(-)}{w}) \tag{335}$$

$$N^d(\alpha) = N^d(\underset{(+)}{P}, \underset{(-)}{w})\,. \tag{336}$$

Wir verwenden auch hier den Vektor „α“ zur Abkürzung, wobei die Reaktionen der Unternehmen auf Änderungen von π_0, M_0 und T^n freilich gleich Null sind. Im Falle der Rationierung auf dem Arbeits- bzw. Gütermarkt berechnen die Unternehmen ihre *effektiven Clower-Nachfragen* allein nach Maßgabe der Produktionserfordernisse neu:

$$\tilde{Y}(\bar{N}) = f(\bar{N}) \tag{337}$$

$$\tilde{N}^d(\bar{Y}) = f^{-1}(\bar{Y}) \tag{338}$$

Hieraus folgt unmittelbar, daß die Unternehmen im Gegensatz zu den Haushalten nicht auf beiden Märkten *bindend* rationiert werden können. Zwar können $\bar{N}$ und $\bar{Y}$ beide zugleich unterhalb der hypothetischen Plangrößen liegen, aber nicht unterhalb der effektiven. Diese Asymmetrie ist darin begründet, daß im Unternehmenssektor kein Äquivalent zur Ersparnis der Haushalte modelliert ist; nur bei Zulassung einer *Lagerhaltung* wäre eine bindende Rationierung auf beiden Märkten möglich.

Wir können aus (338) unmittelbar folgern, daß die Klassisch-Neoklassische Arbeitsmarkttheorie in bestimmten Fällen irrelevant ist. Bekanntlich ließ die Existenz einer Unterbeschäftigung aus Klassisch-Neoklassischer Sicht nur den Schluß auf einen überhöhten Reallohn zu, wenn wir von mikroökonomischen Friktionen und strukturellen Problemen einmal absehen. Jeder Leser wird sich des Diagramms für den Arbeitsmarkt entsinnen, anhand dessen diese Auffassung begründet wurde. Aus Sicht der Neokeynesianischen Theorie ist hingegen auch beim „richtigen" oder gar einem zu niedrigen Reallohn die Existenz von Unterbeschäftigung möglich:

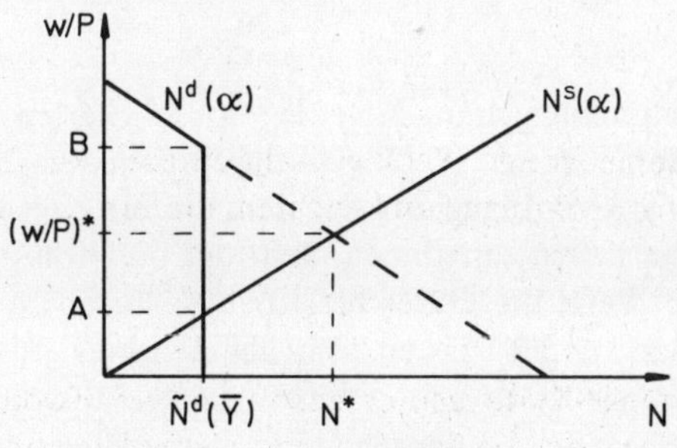

Abbildung 83

Aufgrund einer Absatzschranke $\bar{Y}$ benötigen die Unternehmen lediglich $\tilde{N}^d(\bar{Y})$ Arbeitskräfte, die *unabhängig* vom Reallohn nachgefragt werden, solange dieser unterhalb von „B" liegt. Der Reallohn mag gar auf das Niveau „A" sinken: zur Beschäftigungszunahme kommt es auch dann nicht. Und auch beim „markträumenden" Reallohn (w/P)* werden nicht

N^*, sondern nur $\tilde{N}^d(\bar{Y})$ Arbeitskräfte beschäftigt. Damit gibt die Neokeynesianische Theorie eine entscheidungslogische Begründung der Keynesianischen Formel, mangelnde Nachfrage führe zu Unterbeschäftigung. Erst mit der dualen Entscheidungshypothese ist also das zunächst merkwürdig anmutende Verhalten des Unternehmenssektors bei einer Investitions- oder Liquiditätsfalle erklärt. In der ursprünglichen Keynesianischen Theorie wurden derlei Überlegungen nicht angestellt. Freilich ist die Konstruktion einer Abbildung 83 billig, und es erhebt sich die Frage nach der Stabilität solcher Situationen. Aber damit würden wir dem Späteren vorgreifen.

Wir definieren die *Geldnachfrage der Unternehmen* als Differenz von tatsächlichen und ausgeschütteten Gewinnen:

$$\Delta M_F^d := \pi - \pi_0. \tag{339}$$

Diese Vereinbarung hat lediglich den Sinn, das Modell zu schließen. Die Geldnachfrage der Unternehmen folgt nicht aus einem Maximierungskalkül, sondern ist eine rein buchhalterische Notwendigkeit: Wenn der tatsächliche Gewinn (π) beispielsweise den ausgeschütteten (π_0) übersteigt, so horten die Unternehmen den Differenzbetrag, welcher in der Folgeperiode zur Ausschüttung kommt[25].

Staat. Als Staat modellieren wir eine homogene Einheit, die „Regierung“ und „Zentralbank“ in einem ist und ihre Aktivitäten nach politischen Gesichtspunkten unter Beachtung einer Budgetrestriktion ausrichtet:

$$P \cdot G = T^n + \Delta M^s. \tag{340}$$

Die Budgetbeschränkung steht für einen konsolidierten Staatshaushalt, die nominale Güternachfrage $P \cdot G$ wird durch Erhebung von Steuern T^n und Geldschöpfung ΔM^s finanziert. Auf dem Gütermarkt konkurriert der Staat mit den Haushalten um die Produktion, und somit stellt sich die Frage, auf welche Weise die Güter bei einer Nachfragerationierung zwischen diesen beiden verteilt werden. Wir nehmen hier eine *prioritäre* Rationierung an: Der Staat setzt seine Nachfrage stets durch, und allein die Haushalte werden in ihrer Güternachfrage möglicherweise beschränkt. Diese Prämisse ist nicht einengend; genausogut könnte von einer propor-

---

25 Wir unterstellen, daß die Geldnachfrage des Unternehmenssektors bei Lohnerhöhungen weniger stark sinkt als die Geldnachfrage der Haushalte zunimmt. Dies garantiert die Stabilität des Modells im Walrasianischen Fall (Bruttosubstitutionalität).

tionalen Rationierung ausgegangen werden, ohne daß sich die qualitativen Ergebnisse ändern würden.

Märkte. Die ökonomischen Aktivitäten der Haushalte, der Unternehmen und des Staates lassen sich nun in ein geschlossenes Modell einbringen, welches einen Gütermarkt, einen Arbeitsmarkt sowie einen Geldmarkt aufweist. Für die hypothetischen Pläne gelten dabei die Gleichgewichtsbedingungen:

$$C(\alpha) + G = Y(\alpha) \tag{341}$$

$$N^d(\alpha) = N^s(\alpha) \tag{342}$$

$$\Delta M_H^d(\alpha) + \Delta M_F^d(\alpha) = \Delta M^s\,. \tag{343}$$

Die Walrasianischen Eigenschaften des Modells sind klar: Wir wählen das Geld als Numéraire, vernachlässigen den Geldmarkt und spezifizieren die Preisanpassungsregeln:

$$\frac{dP}{dt} = H_1[C(\alpha) + G - Y(\alpha)]\,; \qquad H_1(0) = 0\,,\ H_1' > 0 \tag{344}$$

$$\frac{dw}{dt} = H_2[N^d(\alpha) - N^s(\alpha)]\,; \qquad H_2(0) = 0\,,\ H_2' > 0\,. \tag{345}$$

Dabei sind die H_i vorzeichenerhaltende Funktionen, wie in § 78 erklärt. Bei einer Überschußnachfrage auf dem Gütermarkt steigt das Preisniveau, bei einem Überschußangebot sinkt es. Analog nimmt der Nominallohn infolge einer Überschußnachfrage auf dem Arbeitsmarkt zu und sinkt bei einem Überschußangebot. Der Geldmarkt ist nach dem Gesetz von Walras mindestens dann geräumt, wenn auch die beiden anderen Märkte im Gleichgewicht sind. Am einfachsten lassen sich die dynamischen Eigenschaften des Modells in der folgenden Graphik veranschaulichen[26]:

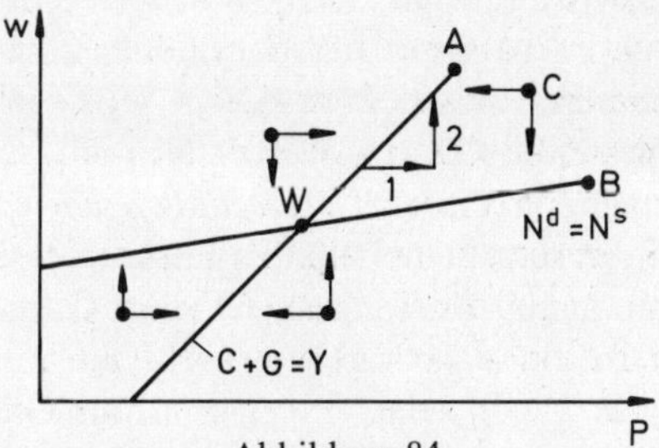

Abbildung 84

26 Die Graphik wurde unter Voraussetzung von Existenz und Eindeutigkeit des allgemeinen Gleichgewichtes konstruiert. In Abschnitt *5.6. des Mathematischen Anhanges beweisen wir die lokale Stabilität und zeigen, wie hieraus die relative Steigung der beiden Gleichgewichtsloki folgt.

Der *Gleichgewichtslokus* C + G = Y ist der geometrische Ort aller Preis/Lohn-Kombinationen, die einen Ausgleich von Angebot und Nachfrage auf dem Gütermarkt herbeiführen. Seine positive Steigung ergibt sich aus folgendem: Ausgehend von der Markträumung nimmt bei steigendem Preisniveau das Güterangebot zu und die Nachfrage ab; es entsteht ein Überschußangebot (Pfeil 1). Zur Etablierung eines erneuten Gleichgewichtes muß der Nominallohn steigen, woraufhin das Güterangebot ab- und die Güternachfrage zunimmt (Pfeil 2). Folglich besteht entlang dieses Gleichgewichtslokus ein positiver Zusammenhang zwischen Preisniveau und Nominallohn: der Lokus weist eine positive Steigung auf. Analog gilt für den Arbeitsmarkt, daß steigende Preise, verbunden mit steigender Arbeitsnachfrage und sinkendem Arbeitsangebot, durch eine Lohnzunahme, einhergehend mit sinkender Nachfrage und zunehmendem Angebot, kompensiert werden müssen. Also besitzt der Gleichgewichtslokus $N^d = N^s$, definiert als geometrischer Ort aller Preis/Lohn-Kombinationen, die einen Ausgleich der hypothetischen Arbeitsmarktpläne bewirken, eine positive Steigung[27].

Durch die vier Doppelpfeile der Abbildung werden die dynamischen Eigenschaften des Modells angedeutet. Im Punkte C etwa besteht auf beiden Märkten ein Überschußangebot, weshalb das Preisniveau und der Nominallohn sinken. Wegen der Stabilität des Walrasianischen Gleichgewichtes wird sich die Ökonomie, ausgehend von einer beliebigen Stelle, dem Punkte W nähern, und zwar entweder in direkter Linie oder in „spiralförmiger" Annäherung. Im Punkte W schließlich sind der Gütermarkt, der Arbeitsmarkt und der Geldmarkt geräumt.

Soweit zur Allgemeinen Gleichgewichtstheorie. Das spezifisch Neue der Neokeynesianischen Theorie besteht nun darin, daß die *hypothetischen* Markträumungsloki durch *effektive* ersetzt werden. Beschränken wir unsere Überlegungen zunächst auf den Lokus WA der Abbildung 84. Entlang WA fallen das hypothetische Güterangebot und die hypothetische Güternachfrage zusammen. *Aber:* WA liegt links von WB, dem Gleichgewichtslokus des Arbeitsmarktes. Links von WB besteht jedoch wegen zu hoher Löhne bzw. zu geringer Preise ein *Überschußangebot* auf dem Arbeitsmarkt. Deshalb sind die Haushalte bei allen Punkten entlang WA auf dem Arbeitsmarkt rationiert, und sie werden auf dem Gütermarkt nicht ihre hypothetische, sondern die *effektive* Güternachfrage äußern. Damit verschiebt sich der Lokus WA in seiner Eigenschaft als Gleichgewichtslokus des Gütermarktes. Seine Definitionsgleichung (341) müssen wir ersetzen

27 In Abschnitt *4.4. des Mathematischen Anhanges leiten wir die positive Steigung der Gleichgewichtsloki analytisch her.

durch:

$$\tilde{C}(\alpha,\bar{N}) + G = Y(\alpha) \tag{346}$$

Damit sind wir am Kern der Neokeynesianischen Theorie: Die Markträumungsbedingungen für einen Markt lassen sich nicht unabhängig von den gerade herrschenden Verhältnissen am jeweils anderen Markt herleiten. Wenn die Haushalte auf dem Arbeitsmarkt rationiert sind (und das ist entlang WA immer der Fall), dann signalisieren sie am Gütermarkt nicht ihre hypothetische Güternachfrage, und der Lokus WA wird belanglos. Wir nennen das einen *Spill-over:* Werden Wirtschaftssubjekte auf einem Markt rationiert, so ändern sie ihr Verhalten auf den jeweils anderen Märkten. Somit besteht auch über die *Mengen* eine Interdependenz der Märkte.

Indem ganz analog für die übrigen Gleichgewichtsloki argumentiert wird, gelangen wir zur *effektiven Klassifikation* der verschiedenen Regionen[28]:

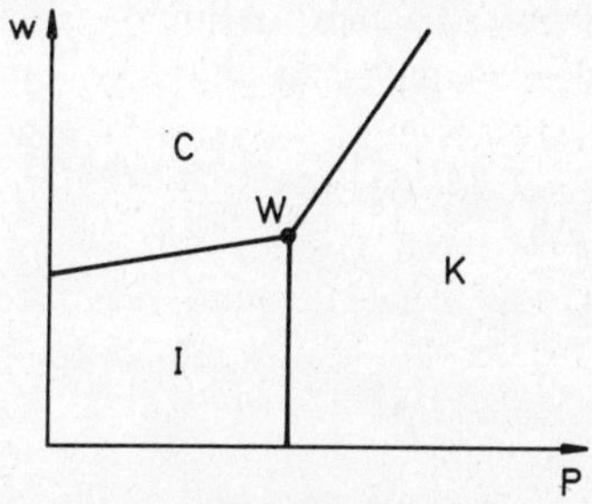

Abbildung 85

Die effektiven Markträumungsloki geben jene Kombinationen von Preisen und Löhnen an, die zur Übereinstimmung der effektiven Pläne auf den jeweiligen Märkten führen. Durch sie wird der Preis/Lohn-Raum in drei Regionen (oder Regimes) eingeteilt, für die sich folgende Bezeichnungen eingebürgert haben[29].

---

28 Die Eigenschaften der effektiven Markträumungsloki werden in Abschnitt *4.4 des Mathematischen Anhanges abgeleitet. Die Steigung der Begrenzungslinie von I und K ist unbestimmt und wurde nach dem „Prinzip des mangelnden Grundes" als senkrecht angenommen.

29 Die Graphik geht unter anderem zurück auf Benassy, J.-P. (1973) Disequilibrium Theory; unveröff. Diss., CRMS Working Paper No. 185; Berkeley: University of California. Barro, R.J. und H.I. Grossman (1976) Money, Employment and Inflation; a.a.O. Malinvaud, E. (1977) The Theory of Unemployment Reconsidered; a.a.O.

Klassische Unterbeschäftigung (C): In dieser Region sind die Haushalte auf beiden Märkten rationiert. Es besteht auf dem Gütermarkt eine Übernachfrage und auf dem Arbeitsmarkt ein Überangebot.

Keynesianische Unterbeschäftigung (K): Hier existiert auf beiden Märkten ein Überangebot. Folglich sind die Unternehmen auf dem Gütermarkt und die Haushalte auf dem Arbeitsmarkt rationiert.

Zurückgestaute Inflation (I): In dieser Region besteht auf beiden Märkten eine Übernachfrage. Also sind die Unternehmen auf dem Arbeitsmarkt und die Haushalte auf dem Gütermarkt rationiert.

Wir verstehen diese Bezeichnungen als fachsprachliche Ausdrücke, deshalb sollte ihnen nicht eine Bedeutung beigelegt werden, die sie nicht haben. Daß Klassiker und Neoklassiker so etwas wie die „Klassische Unterbeschäftigung" im Auge gehabt haben, mag ja noch angehen. Wesentlich fraglicher ist jedoch, ob die „Keynesianische Unterbeschäftigung" als KEYNES-Interpretation herhalten kann; wir meinen eher, daß sie eine geeignete Interpretation der *Keynesianischen* Theorie darstellt. Man möge darüber hinaus beachten, daß die drei Regionen nicht eigentlich durch bestimmte Preis/Lohn-Kombinationen definiert sind, sondern vielmehr durch die Konstellation bindender Rationierungen, und zwar in folgender Weise:

$$\text{C:} \quad \tilde{C}(\alpha, \bar{N}) + G > Y(\alpha) \quad \text{und} \quad N^d(\alpha) < \tilde{N}^s(\alpha, \bar{C}) \tag{347}$$

$$\text{K:} \quad \tilde{C}(\alpha, \bar{N}) + G < Y(\alpha) \quad \text{und} \quad \tilde{N}^d(\bar{Y}) < N^s(\alpha) \tag{348}$$

$$\text{I:} \quad C(\alpha) + G > \tilde{Y}(\bar{N}) \quad \text{und} \quad N^d(\alpha) > \tilde{N}^s(\alpha, \bar{C})\,. \tag{349}$$

Diese Rationierungs-Konstellationen, und nichts sonst, sind das Abgrenzungsmerkmal der Regionen. So läßt sich beispielsweise nicht von einem überhöhten Reallohn auf Klassische Unterbeschäftigung schließen[30]. Denkbar wäre weiterhin eine vierte Region U (*Unterkonsumtion*) mit den folgenden Eigenschaften[31].

$$\text{U:} \quad C(\alpha) + G < \tilde{Y}(\bar{N}) \quad \text{und} \quad \tilde{N}^d(\bar{Y}) > N^s(\alpha)\,. \tag{350}$$

Aber hierbei wären die Unternehmen auf beiden Märkten bindend rationiert, was – wie wir oben sahen – nicht möglich ist. Die Region U stellt

30 Die einflußreiche Interpretation MALINVAUDS war hinsichtlich dieser Frage stellenweise überzogen. Vgl. zur Kritik HILDENBRAND, K. und W. HILDENBRAND (1978) On Keynesian Equilibria with Unemployment and Quantity Rationing; Journal of Economic Theory **18**, 255–277.

31 Dieser Terminus stammt von MUELLBAUER und PORTES, die ein Modell mit Lagerhaltung verwenden. Vgl. MUELLBAUER, J. und R. PORTES (1978) Macroeconomic Models with Quantity Rationing; a.a.O.

bei Verwendung von Gleichheitsrelationen in (350) einen Grenzfall dar und fällt mit der Begrenzungslinie der Regionen I und K zusammen.

Betrachten wir die Abbildung 85 nun ein wenig genauer. In W finden wir das Walrasianische Gleichgewicht. Dieses ist die einzige Kombination von Preisniveau und Nominallohn, die keinerlei Rationierungen bewirkt; deshalb stimmt dieser Punkt mit dem Punkt W aus Abbildung 84 überein. Abseits des Walrasianischen Gleichgewichtes wird stets mindestens eine der Marktparteien rationiert, so daß die hypothetischen Gleichgewichtsloki durch davon verschiedene effektive ersetzt werden mußten.

Jeder Punkt, das heißt: jede Preis/Lohn-Kombination der Abbildung 85 steht nun für ein *Mengengleichgewicht.* Zu jedem gegebenen Preisvektor passen die Wirtschaftssubjekte so lange ihre Angebots- und Nachfragepläne an, bis diese miteinander vereinbar sind. Wir müssen jetzt den *Anpassungsprozeß* zum Mengengleichgewicht erklären, der in den einzelnen Regionen unterschiedlich ausfällt.

Bei *Klassischer Unterbeschäftigung* sind die Haushalte auf beiden Märkten rationiert, die Unternehmen dagegen auf keinem. Weil die Haushalte auf dem Arbeitsmarkt rationiert sind, nehmen sie ihre Güternachfrage zurück, und umgekehrt vermindern sie das Arbeitsangebot, weil sie auf dem Gütermarkt einer Beschränkung unterworfen sind. Das Mengengleichgewicht wird demnach unmittelbar durch eine doppelte Planrevision der Haushalte erreicht, während die Unternehmen ohnehin ihre hypothetischen Nachfragen aufrechterhalten, weil sie sich mit keiner Beschränkung konfrontiert sehen. Im Mengengleichgewicht sind schließlich alle Drèze-Nachfragen kompatibel.

Im Falle *Keynesianischer Unterbeschäftigung* sind die Verhältnisse etwas komplizierter. Denn hierbei sind die Haushalte und Unternehmen wechselseitig rationiert, und es ist ein spezieller dynamischer Prozeß zum Mengengleichgewicht erforderlich: ein *Mengentâtonnement.* Betrachten wir hierzu das folgende Diagramm:

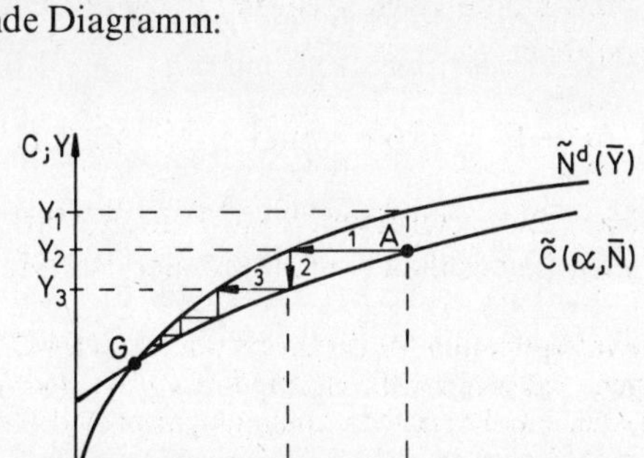

Abbildung 86

Wir finden in der Abbildung die Produktionsfunktion des Unternehmenssektors sowie die im vorigen Paragraphen abgeleitete effektive Konsumfunktion. Die Staatsnachfrage wurde ohne Beschränkung der Allgemeinheit nullgesetzt, da sie den Anpassungsprozeß nicht berührt. Nehmen wir zum Ausgang den Punkt A mit der Beschäftigung N_1. Bei dieser Beschäftigung fragen die Haushalte Güter in Höhe von Y_2 nach, was man leicht anhand der Konsumfunktion erkennt. Andererseits bieten die Unternehmen nach Maßgabe der Produktionsfunktion Y_1 an. Die effektiven Pläne bezüglich des Gütermarktes sind nicht miteinander vereinbar, ein Mengengleichgewicht liegt nicht vor.

Infolge der Gütermarktrationierung werden die Unternehmen nun das effektive Güterangebot im Sinne von Drèze auf Y_2 einschränken und *gleichzeitig* die Arbeitsnachfrage auf N_2 senken (Pfeil 1). Denn nur N_2 Arbeitseinheiten werden zur Produktion von Y_2 benötigt. Nun sind zwar die Gütermarktpläne (im Sinne von Drèze) kompatibel, aber nicht die Arbeitsmarktpläne, denn die Haushalte sind nun auf N_2 rationiert bzw. stärker rationiert. Auch dies ist also kein Mengengleichgewicht.

Durch die Rationierung auf N_2 fühlen sich die Haushalte veranlaßt, das effektive Arbeitsangebot im Sinne von Drèze auf N_2 einzuschränken *und* den Konsum auf Y_3 zurückzunehmen. Und damit beginnt das Spiel wechselseitiger Rationierung von neuem. Es währt so lange, bis der Punkt G, das Mengengleichgewicht, erreicht ist. Hier endlich sind die effektiven Drèze-Nachfragen bzw. -angebote allesamt miteinander vereinbar: Das Mengengleichgewicht ist erreicht.

So ein Mengentâtonnement mag ein langwieriger Prozeß sein; innerhalb des Neokeynesianischen Modells muß indes vorausgesetzt werden, daß er vor Eintreten der Preisreaktionen abgeschlossen ist.

Bei *zurückgestauter Inflation* ist ebenfalls ein Mengentâtonnement erforderlich, weil auch hier die Haushalte und Unternehmen sich wechselseitig rationieren. Die Erklärung erfolgt analog zum obigen Fall. Wir können festhalten, daß bei wechselseitiger Rationierung der Wirtschaftssubjekte ein Mengentâtonnement erforderlich ist (Regionen K und I), nicht aber, wenn nur einer der Sektoren beschränkt ist (Regionen C und U).

Bisher haben wir nur die Mengengleichgewichte bei gegebenen Preisen analysiert. Wir wollen jetzt zur Frage übergehen, wie es um die *Preisdynamik* des Modells bestellt ist. Dazu betrachten wir die laufende Periode, in welcher der Geldbestand unverändert bleibt[32]. Reproduzieren wir zunächst die Abbildung 85 unter Anbringung einiger Änderungen:

---

32 Eine andere Möglichkeit der Dynamisierung des Modells besteht darin, die Anpassung des Geldbestandes bei gegebenen Preisen zu untersuchen. Vgl. hierzu BÖHM, V. (1978) Disequilibrium Dynamics in a Simple Macroeconomic Model;

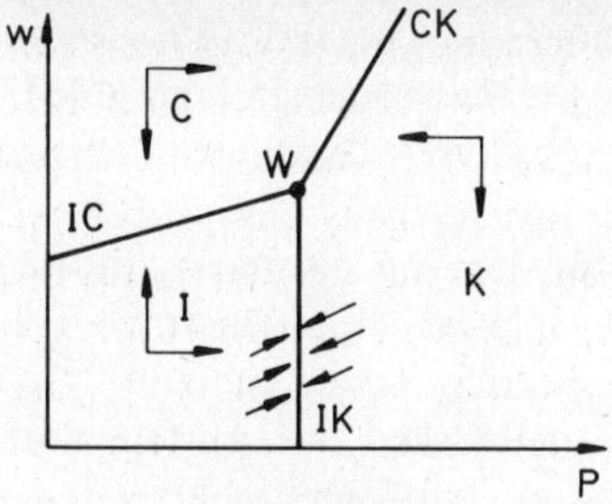

Abbildung 87

Die Pfeile symbolisieren die Bewegungsrichtungen der Preise. Vor allem vier Beobachtungen sind hier von Interesse, die teilweise freilich mehr illustrativen Charakter haben.

Erstens. Sollten die Drèze-Nachfragen die am Markt geäußerten Nachfragesignale sein, dann ist jegliche Preisdynamik des Modells *eliminiert;* jeder Punkt in Abbildung 87 steht für ein *stabiles* Gleichgewicht. Nehmen wir etwa einen Punkt aus K, der Region Keynesianischer Unterbeschäftigung. Die Haushalte sind hier auf dem Arbeitsmarkt rationiert und die Unternehmen auf dem Gütermarkt; auf beiden Märkten liegt demnach ein Überschußangebot vor, wenn man die Clower-Nachfragen betrachtet. Wir sagten, daß ein rationierter Anbieter bei einem Drèze-Angebot sein Angebot auf die betreffende Schranke zurücknimmt. Folglich gilt:

$$\frac{dP}{dt} = H_1 [\hat{C} (\alpha, \bar{N}) + G - \hat{Y}] = 0 \tag{351}$$

$$\frac{dw}{dt} = H_2 [\hat{N}^d (\bar{Y}) - \hat{N}^s] = 0 \,. \tag{352}$$

Die Funktionen H_i seien dieselben wie im Walrasianischen Fall. Und doch kommt es zu keinerlei Preisreaktionen, weil die Argumente der H_i identisch gleich Null sind. Das Güterangebot etwa wird immer der (geringeren) Nachfrage angeglichen. Versuchen wir, diesem Sachverhalt eine ökonomische Interpretation zu geben. Die „Mengenanpassung auf dem Gütermarkt" kann zum Beispiel den *Konkurs* einiger Unternehmen bedeuten, die stärker als andere rationiert sind oder über ein schwächeres fi-

Journal of Economic Theory **17,** S. 179 – 199. Wir befassen uns hier also nur mit der Preisdynamik der laufenden Periode. Man vergleiche auch BENASSY, J.-P. (1978) A Neokeynesian Model of Price and Quantity Determination in Disequilibrium; in: SCHWÖDIAUER, G. (Hrsg.) Equilibrium and Disequilibrium in Economics; Dordrecht: Reidel.

nanzielles Polster verfügen. Im Anschluß an die Konkurse existiert dann einfach kein Angebot mehr, welches einen Druck auf die Preise bewirken könnte. Auch das ist eine denkbare Möglichkeit, Angebot und Nachfrage „ins Gleichgewicht" zu bringen.

Umgekehrt könnten auf dem Arbeitsmarkt die rationierten Haushalte von einer weiteren Arbeitsplatzsuche absehen, weil ihnen die Sache aussichtslos erscheint („frustrierter Arbeitsanbieter[33]"). Ihr bloßer Wunsch nach einem Arbeitsplatz bleibt dann zwar bestehen, aber er wird nicht *am Markt* geäußert, und deshalb wird der Lohn *nicht sinken*. Der Leser beachte, daß hierbei nicht Preisstarrheiten durch Preisstarrheiten „erklärt" werden. Vielmehr werden *dauerhaft* falsche Preise durch *kurzfristige* Preisinflexibilitäten begründet.

Sicherlich ist dieses Beispiel überzogen und unrealistisch, aber wenn man annimmt, daß solche Phänomene in der Realität überhaupt eine Rolle spielen, mag es vielleicht zur Erklärung der Zähigkeit von Rezessionen etwas beitragen.

Zweitens. In der Region C wird die Preisdynamik bei einer Clower-Nachfrage gegenüber dem Walrasianischen Fall abgeschwächt, jedoch nicht aufgehoben. Bei Klassischer Unterbeschäftigung sind die Haushalte auf beiden Märkten rationiert, so daß aus Walrasianischer Sicht der Lohn fallen und die Preise steigen müßten. Unter Berücksichtigung der dualen Entscheidungshypothese ist indes die effektive Güternachfrage der Haushalte *geringer* als die hypothetische, weil die Haushalte auf dem Arbeitsmarkt rationiert sind. Weil das Güterangebot mit dem des Walrasianischen Falles übereinstimmt, muß damit gleichzeitig die *Überschußnachfrage* auf dem Gütermarkt geringer sein, so daß die Preise weniger stark steigen werden. Umgekehrt ist auch der Angebotsüberschuß auf dem Arbeitsmarkt kleiner, da die Haushalte auf dem Gütermarkt rationiert sind, und damit vermindert sich der Druck auf den Lohn. Aus den Gleichungen

$$\frac{dP}{dt} = H_1 [\tilde{C}(\alpha, \bar{N}) - Y(\alpha)] \tag{353}$$

$$\frac{dw}{dt} = H_2 [N^d(\alpha) - \tilde{N}^s(\alpha, \bar{C})] \tag{354}$$

folgt ersichtlicherweise, daß die Anpassung von Preisen und Löhnen *zäher* vonstatten gehen wird als im Walrasianischen Fall, vorausgesetzt, die Funktionen H_i sind dieselben. Jedoch wird die Tendenz zur Preisänderung

---

33 Vgl. hierzu auch das etwas ausgefeiltere Argument von VARIAN, der die Kosten der Arbeitsplatzsuche in die Nutzenfunktion der Haushalte aufnimmt. VARIAN, H.R. (1975) On Persistent Disequilibrium; Journal of Economic Theory **10,** S. 218–228.

nicht gänzlich aufgehoben – und das unterscheidet dieses Modell von dem des vorletzten Paragraphen. Sie wird nicht gänzlich aufgehoben, weil die Haushalte mit der Ersparnisbildung einen zusätzlichen Freiheitsgrad haben. Infolge der Arbeitsmarktrationierung etwa nehmen sie die Güternachfrage zwar zurück, aber ebenso die Geldnachfrage, so daß die Reduktion der effektiven Konsumnachfrage entsprechend geringer ausfällt. Die Kraft der Tendenz zur Preisänderung nimmt mit zunehmender nominaler marginaler Konsumneigung *ab.* Im Grenzfall $c' = 1$ geht der durch die Arbeitsmarktrationierung verursachte Einkommensverlust voll zu Lasten des Konsums; die effektive Konsumnachfrage sinkt dann exakt auf das Angebotsniveau, und eine Preisdynamik findet nicht statt. Dies war das Ergebnis aus § 78: Jede Preis/Lohn-Kombination schafft ein stabiles Gleichgewicht.

Drittens. Es ist nicht die Annahme eines Preis-Auktionators erforderlich, wenn wir die hypothetische Preisdynamik durch eine effektive ersetzen. Im Neoklassischen Modell der vollkommenen Konkurrenz ist bekanntlich keiner der Polypolisten zur Beeinflussung des Marktpreises in der Lage; deshalb muß auf die Fiktion eines preissetzenden Auktionators zurückgegriffen werden. KENNETH J. ARROW hat schon früh darauf hingewiesen, daß „vollkommene Konkurrenz" und „Mengenrationierung" zwei nicht zu vereinbarende Tatbestände sind[34]. Sobald nämlich ein Preis beispielsweise zu niedrig gesetzt ist, kommen die Anbieter, als Teilnehmer der kurzen Marktseite, in die Position von „Monopolisten": ihre Preis/Absatz-Funktionen verlaufen nicht mehr horizontal, sondern *fallend.* Denn aufgrund der Rationierung reagieren die Nachfrager nicht mehr unendlich preiselastisch, wenn ein Anbieter den Preis erhöht, und damit werden letztere zur Preissetzung befähigt. Die Preisanpassungsfunktionen versinnbildlichen in diesem Falle nicht länger das Wirken eines „deus ex machina", sondern lassen sich auf das Verhalten der Marktparteien zurückführen. *Dieses Preissetzungsverhalten ist auf die Beseitigung der Rationierung gerichtet*[35]. Auch wenn die Erforschung dieser Problematik alles andere als abgeschlossen

34 ARROW, K.J. (1959) Toward a Theory of Price Adjustment; in: M. ABRAMOVITZ et al. (Hrsg.) The Allocation of Economic Ressources; Stanford: Stanford University Press.

35 Freilich ist diese verhaltenslogische Hypothese verschieden von der Herleitung einer Preisdynamik aus einem Optimierungskalkül, aber immerhin noch besser als der Rekurs auf einen Auktionator. Ein Beispiel für die entscheidungslogische Begründung einer Preisdynamik wäre die bekannte Preisanpassungsregel des Monopolanbieters: $\dot{p} = H(K' - E')$, derzufolge p solange steigt, bis Grenzkosten und Grenzerlöse übereinstimmen. Vgl. hierzu etwa GORDON, D.F. und A. HYNES (1970) On The Theory of Price Dynamics; in: PHELPS, E.S. (Hrsg.) Microeconomic Foundations of Employment and Inflation; New York: W.W. Norton.

ist, wird man dies – aus rein theoretischer Sicht – als einen der interessantesten Aspekte des Neokeynesianischen Paradigmas ansehen können.

Viertens. An den Begrenzungslinien der drei Regionen C, K und I ist die konventionelle Stabilitätstheorie nicht mehr anwendbar, weil gewisse Unstetigkeiten der Differentialgleichungen auftreten. Ohne auf die hier involvierten mathematischen Schwierigkeiten eingehen zu wollen[36], möchten wir doch speziell auf den Begrenzungslokus der Regionen I und K hinweisen. Der Leser betrachte die Abbildung 87 und die entlang des Lokus IK eingezeichneten Pfeile. Offenbar sind die Pfeile einander entgegengerichtet, was seine Ursache in der fehlenden Region „U" hat. Daraus folgt konkret. Wenn der Preis/Lohn-Vektor einmal gegen IK konvergierte (und das ist zu erwarten), dann kann er sich fortan nur noch *entlang* dieses Lokus bewegen, und zwar aufwärts oder abwärts. Dies ist nur eine Illustration der Stabilitätsprobleme, welche sich bei Verwendung der dualen Entscheidungshypothese ergeben können.

Soweit zur Logik der Fixpreis-Methode. Wir sahen, daß die falschen Preise bei Neokeynesianischer Betrachtung nicht auf Irrationalität oder bösem Willen der Wirtschaftssubjekte beruhen, sondern letztlich auf *Informationsproblemen,* die der Marktwirtschaft selbst immanent sind. Verhalten sich die Wirtschaftssubjekte gemäß der dualen Entscheidungshypothese, dann äußern sie am Markt im allgemeinen Nachfragen und Angebote, die ihre eigentlichen (hypothetischen) Pläne nicht richtig wiedergeben. Die „eigentlichen" Pläne bleiben den übrigen Marktteilnehmern unter Umständen verborgen und sind im Extrem ökonomisch unwirksam.

§ 81 Wirtschaftspolitische Folgerungen

Für die diskretionäre Stabilisierungspolitik hält die Neokeynesianische Theorie eine Empfehlung parat, die man auf den Satz bringen könnte: Vor der Therapie die Diagnose! Wir sahen im sechsten Kapitel, daß Klassisch-Neoklassische und Keynesianische Vorschläge zur Behebung einer Unterbeschäftigung recht eindeutig ausfallen: hüben wurde eine Reallohnsenkung, drüben eine Ausdehnung der Staatsnachfrage oder eine Geldmengenexpansion gefordert. Aus der Neokeynesianischen Konzeption lassen sich derart klare Schlußfolgerungen nicht ableiten, und das ist theoretisch gesehen gerade der Fortschritt.

Wir werden in diesem Paragraphen zeigen, daß die Wirkungen bestimmter wirtschaftspolitischer Maßnahmen auf der jeweiligen *Region* beruhen, in der sich eine Volkswirtschaft derzeit befindet; zumindest gilt dies

36 Vgl. hierzu HONKAPOHJA, S. und T. ITO (1983) Stability with Regime Switching; Journal of Economic Theory **29,** S. 22–48.

für die Fiskal- und Geldpolitik. Was die Lohn- und Preispolitik angeht, liegt die Sache ein wenig anders, worauf wir zum Schluß eingehen.

Wenden wir uns zunächst der Fiskalpolitik zu, deren Wirksamkeit wir für die Fälle Klassischer und Keynesianischer Unterbeschäftigung analysieren wollen. Wegen der staatlichen Budgetbeschränkung (340) können zusätzliche Staatsausgaben entweder über Steuern finanziert werden (reine Fiskalpolitik) oder durch Geldschöpfung (gemischte Fiskalpolitik).

Klassische Unterbeschäftigung. Ein Mengengleichgewicht bei Klassischer Unterbeschäftigung wird beschrieben durch das Gleichungssystem:

$$\hat{C} + G - Y(\alpha) = 0 \tag{355}$$

$$N^d(\alpha) - \hat{N}^s = 0. \tag{356}$$

Wir wissen bereits, daß ein Mengengleichgewicht durch die Vereinbarkeit aller effektiven Drèze-Nachfragen gekennzeichnet ist. Weil die Unternehmen bei Klassischer Unterbeschäftigung auf keinem der Märkte rationiert sind, stimmen ihre Drèze-Nachfragen mit den hypothetischen überein. Die Drèze-Nachfragen der beidseitig rationierten Haushalte fallen dagegen mit den Schranken des jeweiligen Marktes zusammen. Die Staatsnachfrage ist exogen, und es gelte stets: $G < Y(\alpha)$. Wegen der prioritären Rationierung wird die effektive Konsumnachfrage im Sinne von DRÈZE demnach *allein* durch das Güterangebot und die Staatsnachfrage bestimmt; sie fällt mit $Y(\alpha) - G$ zusammen und hängt nicht von der Beschäftigung oder dem Vektor α ab. Das mag zunächst merkwürdig erscheinen, läßt sich aber leicht durch einen Umkehrschluß beweisen. Würde die effektive Konsumnachfrage im Sinne von Drèze beispielsweise von der Beschäftigung abhängen, dann wären die Haushalte auf dem Gütermarkt nicht bindend rationiert; dann aber würde es sich gar nicht um eine Situation Klassischer Unterbeschäftigung handeln. Umgekehrt hängt das Arbeitsangebot im Sinne von Drèze allein von der Arbeitsnachfrage ab, sofern die Haushalte auf dem Arbeitsmarkt bindend rationiert sind, was wiederum bei Klassischer Unterbeschäftigung ex definitione der Fall sein muß.

Wie beeinflußt nun eine *gemischte Fiskalpolitik* das Mengengleichgewicht bei Klassischer Unterbeschäftigung? Unter der Annahme, daß die Region C infolge dieser Maßnahme nicht verlassen wird, erhalten wir die Antwort einfach durch Differentiation des obigen Gleichungssystems nach G:

$$\frac{d\hat{C}}{dG} + 1 - 0 = 0 \tag{357}$$

$$0 - \frac{d\hat{N}^s}{dG} = 0\,. \tag{358}$$

Die Ableitungen von Y und N^d nach G sind gleich Null, weil diese Variablen nur von α abhängen, da die Unternehmen auf keinem der Märkte rationiert sind. Wir erhalten unmittelbar die Ergebnisse:

$$\frac{d\hat{C}}{dG} = -1 \tag{359}$$

$$\frac{d\hat{N}^s}{dG} = 0\,. \tag{360}$$

Wie prognostizierte doch die Klassisch-Neoklassische Theorie: Eine expansive Fiskalpolitik bewirkt ein totales Crowding-Out und ändert den Output sowie die Beschäftigung nicht. Genau das wird durch die obigen Gleichungen ausgedrückt. Jede zusätzliche Einheit an Staatsausgaben verdrängt eine Einheit privater Konsumnachfrage und läßt Produktion und Beschäftigung unberührt.

Offenbar ist also bei Klassischer Unterbeschäftigung die Fiskalpolitik ein *ungeeignetes* Therapiemittel, und das gilt sowohl für die gemischte als auch für die reine Fiskalpolitik, deren Wirkungen hier identisch sind. Wirkungsmäßig identisch sind die beiden, weil eine Steuererhöhung nicht den effektiven Konsum und das effektive Arbeitsangebot im Sinne von DRÈZE verändert, solange eine Klassische Unterbeschäftigung vorliegt. Die Klassisch-Neoklassische Diagnose wird also durch die Neokeynesianische Theorie vom Ergebnis her voll bestätigt.

Keynesianische Unterbeschäftigung. Sehen wir nun, welche fiskalpolitischen Wirkungen bei Keynesianischer Unterbeschäftigung zu erwarten sind. Hier wird das entsprechende Mengengleichgewicht beschrieben durch:

$$\hat{C}(\alpha, \hat{N}) + G - \hat{Y} = 0 \tag{361}$$

$$\hat{N}^d(\hat{Y}) - \hat{N}^s = 0. \tag{362}$$

Auf dem Gütermarkt besteht ein Angebotsüberschuß, weshalb das effektive Güterangebot im Sinne von Drèze mit der effektiven Nachfrage zusammenfällt. Ebenso stimmen auf dem Arbeitsmarkt das effektive Arbeitsangebot im Sinne von Drèze und die effektive Arbeitsnachfrage überein; denn auch hier herrscht in bezug auf die Clower-Funktionen ein Überschußangebot. Betrachten wir nun die *gemischte Fiskalpolitik*, wobei vorausgesetzt sei, daß die Ökonomie bei ihrer Anwendung innerhalb der Region K verbleibt. Durch Differentiation des Gleichungssystems ergibt sich:

$$\frac{\partial \hat{C}}{\partial \hat{N}} \cdot \frac{d\hat{N}}{dG} + 1 - \frac{d\hat{Y}}{dG} = 0 \tag{363}$$

$$\frac{d\hat{N}^d}{d\hat{Y}} \cdot \frac{d\hat{Y}}{dG} - \frac{d\hat{N}}{dG} = 0\,. \text{[37]} \tag{364}$$

Die gesuchten Multiplikatoren ergeben sich hieraus, indem die zweite Gleichung nach $d\hat{N}/dG$ aufgelöst und das Ergebnis in die erste Gleichung eingesetzt wird:

$$\frac{d\hat{Y}}{dG} = \frac{1}{1 - \partial\hat{C}/\partial\hat{N} \cdot d\hat{N}^d/d\hat{Y}} \tag{365}$$

$$\frac{d\hat{N}}{dG} = \frac{d\hat{N}^d}{d\hat{Y}} \cdot \frac{d\hat{Y}}{dG}\,. \tag{366}$$

Diese Multiplikatoren muten auf den ersten Blick hin durchaus neuartig an. Sie lassen sich jedoch wesentlich vereinfachen, indem wir die *reale marginale Konsumneigung* in Analogie zur Keynesianischen Praxis definieren:

$$C' := \frac{dC}{dY} = \frac{\partial \hat{C}}{\partial \hat{N}} \cdot \frac{d\hat{N}^d}{d\hat{Y}}\,. \tag{367}$$

Dies ist eine simple Anwendung der Kettenregel. Die Reaktion des effektiven Konsums auf das Realeinkommen ergibt sich als Produkt der Reaktion des Konsums auf die Beschäftigung sowie der Reaktion der Beschäftigung auf die Produktion. Durch Einsetzen von (367) in die obigen Multiplikatorformeln ergibt sich unmittelbar:

$$\frac{d\hat{Y}}{dG} = \frac{1}{1 - C'} \tag{368}$$

$$\frac{d\hat{N}}{dG} = \frac{1}{1 - C'} \cdot \frac{d\hat{N}^d}{d\bar{Y}}\,. \tag{369}$$

Das Ergebnis (368) ist offenbar der *elementare Multiplikator* der Keynesianischen Theorie, den wir bereits in § 36 kennenlernten. Freilich ist er

---

37 Wir setzen $\hat{N}$ anstelle von $\hat{N}^s$, weil das effektive Arbeitsangebot im Sinne von Drèze mit der Arbeitsmarktschranke bzw. der realisierten Transaktion übereinstimmt; dies folgt unmittelbar aus der Definition der Drèze-Nachfrage.

hier etwas anders begründet. Im Einkommen-Ausgaben-Modell bewirkte eine Produktionszunahme vermöge der Hypothese $C = C(Y)$ *unmittelbar* einen Anstieg des Konsums. Hier aber sind zwei Schritte zu trennen: Erstens nimmt die Arbeitsnachfrage bei steigender Produktion zu; zweitens steigt der Konsum infolge der Beschäftigungszunahme. Die Keynesianische Reaktion (dC/dY) wird also gleichsam in einen „rein technischen" ($d\hat{N}^d/d\hat{Y}$) und einen „rein psychologischen" Faktor ($\partial\hat{C}/\partial\hat{N}$) zerlegt. Dadurch wird der eigentliche Wirkungszusammenhang klarer.

Können wir unter diesen Umständen denn sicher sein, daß die reale marginale Konsumneigung C' zwischen Null und Eins liegt? Diese Frage ist bedeutsam für die Abschätzung des Multiplikators (368) und für die Stabilität des gesamten Prozesses. Ihre Beantwortung fällt eindeutig positiv aus, was sich durch Erweitung des Multiplikators (367) zeigen läßt:

$$C' = \frac{\partial P\hat{C}}{\partial w\hat{N}} \cdot \frac{w}{P} \cdot \frac{d\hat{N}^d}{d\hat{Y}}. \tag{370}$$

Der erste Faktor ist die bekannte nominale marginale Konsumneigung, die nach (328) einen zwischen Null und Eins liegenden Wert aufweist:

$$0 < c' = \frac{\partial P\hat{C}}{\partial w\bar{N}} < 1. \tag{371}$$

Demnach liegt C', die reale marginale Konsumneigung, mindestens dann zwischen Null und Eins, wenn auch der zweite Faktor in (370) innerhalb dieses Intervalls liegt, wenn also:

$$0 < \frac{w}{P} \cdot \frac{d\hat{N}^d}{d\hat{Y}} < 1. \tag{372}$$

Die erste Ungleichung in (372) ist sicherlich erfüllt; die zweite läßt sich umformen zu[38]:

$$\frac{dY}{dN} > \frac{w}{P}. \tag{373}$$

Diese Bedingung ist aber bei Keynesianischer Unterbeschäftigung sicher erfüllt. Würde nämlich die Grenzproduktivität der Arbeit *nicht* den Reallohn übersteigen, dann wären die Unternehmen auf dem Gütermarkt

38 Wir bemerken zur Erläuterung, daß dY/dN der Reziprokwert von $d\hat{N}/d\hat{Y}$ ist, was aus (334) und (335) folgt. Im Gegensatz dazu stehen c' und n', wie schon gesagt, im allgemeinen nicht in einem reziproken Verhältnis.

nicht bindend rationiert, und sie würden in diesem Falle nach der Grenzproduktivitätsregel verfahren. Bei Keynesianischer Unterbeschäftigung muß also die Grenzproduktivität der Arbeit den Reallohn übersteigen, womit eine reale marginale Konsumneigung kleiner Eins garantiert ist.

Unter diesen Umständen ist der Multiplikator (368) größer Eins. Die gemischte Fiskalpolitik wirkt demnach bei Keynesianischer Unterbeschäftigung gerade so, wie die Keynesianer es beschrieben. Auch die Beschäftigungswirkungen sind nach (369) eindeutig positiv; über den numerischen Wertebereich kann freilich nichts ausgesagt werden, da er von den gewählten Dimensionierungen der Größen Y und N abhängt.

Bisher haben wir den Fall der gemischten Fiskalpolitik betrachtet, wobei die Staatsausgaben durch Geldschöpfung finanziert wurden. (Der Geldmarkt mußte nach dem Gesetz von Walras nicht explizit betrachtet werden.) Im Falle der *reinen* Fiskalpolitik, also bei einer steuerfinanzierten Ausweitung der Staatsausgaben, sind die Umstände etwas anders, weil durch die Steuererhöhung das verfügbare Einkommen der Haushalte geschmälert wird. Wir differenzieren (361) deshalb erneut unter Setzung von $dT^n = P \cdot dG$:

$$\frac{\partial \hat{C}}{\partial T^n} \cdot P + \frac{\partial \hat{C}}{\partial \hat{N}} \cdot \frac{d\hat{N}}{dG} + 1 - \frac{d\hat{Y}}{dG} = 0 . \tag{374}$$

Gegenüber (363) ist lediglich der erste Summand hinzugetreten, während die differenzierte Gleichung für den Arbeitsmarkt (364) gänzlich unberührt bleibt. P ist die Ableitung von T^n nach G. Zur Abschätzung des ersten Summanden können wir folgende Überlegung anstellen: Bei Keynesianischer Unterbeschäftigung ist das Lohneinkommen für den Haushalt eine exogene Variable, ganz so wie die zu leistenden Steuerzahlungen. Deshalb reagiert der Haushalt auf eine wertmäßige Lockerung der Arbeitsmarktrationierung *in gleicher Weise*, wie auf eine Steuersenkung. Oder anders: die nominalen marginalen Konsumneigungen in bezug auf das Lohneinkommen und die nominalen Steuern stimmen betragsmäßig überein, weisen jedoch umgekehrte Vorzeichen auf:

$$\frac{\partial P\hat{C}}{\partial T^n} = - \frac{\partial P\hat{C}}{\partial w\hat{N}} = - c' . \tag{375}$$

Wenn wir dies und $d\hat{N}/dG$ aus (364) in die obige Gleichung einsetzen, ergibt sich durch Auflösen das *modifizierte Haavelmo-Theorem:*

$$\left. \frac{d\hat{Y}}{dG} \right|_{P \cdot dG = dT^n} = \frac{1 - c'}{1 - C'} . \tag{376}$$

Innerhalb des Keynesianischen Modells waren Zähler und Nenner identisch, so daß der Multiplikator den Wert Eins aufwies. Dieses Ergebnis gilt hier *nicht*, weil die marginalen Konsumneigungen c′ und C′ voneinander verschieden sind. Wir wissen zudem aus (367), daß C′ kleiner c′ ist. Deshalb ist der Multiplikator (373) positiv, aber *kleiner Eins:*

$$0 < \left.\frac{d\hat{Y}}{dG}\right|_{P \cdot dG = dT^n} < 1. \tag{377}$$

Dieses Ergebnis läßt sich mit der bereits erwähnten Tatsache begründen, daß die reale marginale Konsumneigung C′ einesteils „technische" und anderenteils „psychologische" Faktoren enthält, was aus (370) hervorging. Deshalb liegt die Ursache von (377) letztlich darin, daß die Unternehmen die Arbeitsnachfrage nicht um P/w, sondern um einen kleineren Betrag erhöhen, man vergleiche (373). Innerhalb der Keynesianischen Theorie wurde diese produktionstheoretische Verquickung nicht berücksichtigt, weil C′ allein das Verhalten des Haushaltssektors beschreiben sollte. Das ursprüngliche Haavelmo-Theorem gilt aus Neokeynesianischer Sicht allein in einem Spezialfall, nämlich auf dem Begrenzungslokus der Regionen C und K. Hier sind zwar die Haushalte auf dem Arbeitsmarkt rationiert, nicht aber die Unternehmen auf dem Gütermarkt, denn CK ist ja der effektive Markträumungslokus für den Gütermarkt. Auf diesem Lokus gilt deshalb in (370) die Gleichheitsrelation, die beiden marginalen Konsumneigungen c′ und C′ stimmen also nach (370) überein und der Multiplikator weist den Wert Eins auf[39]. Aber immerhin zeitigt auch die reine Fiskalpolitik einen expansiven Effekt, und im Falle der gemischten Fiskalpolitik ergab sich das Keynesianische Resultat, der elementare Multiplikator.

Abschließend wollen wir uns der *Lohn- und Preispolitik* zuwenden und damit zwangsläufig der Frage, ob eine bestimmte, „falsche" Lohnhöhe gewisse Arten der Unterbeschäftigung verursacht. Dazu benötigen wir zuerst einen wichtigen Satz: CK, der Begrenzungslokus der Regionen C und K, liegt oberhalb eines Strahles durch den Ursprung und das Walrasianische Gleichgewicht:

---

39 Interessanterweise schreiben einige Autoren KEYNES zu, gerade diesen Sonderfall im Auge gehabt zu haben: eine Rationierung der Haushalte auf dem Arbeitsmarkt, verbunden mit einer Übereinstimmung der effektiven Gütermarktpläne im Sinne von CLOWER. Vgl. etwa BARRO, R.J. und H.I. GROSSMAN (1976) Money, Employment and Inflation; a.a.O., Chapter 2, Fußnote 40. Allerdings ist der Lokus CK eine Menge mit dem Maß Null, so daß die Realisation dieses Falles extrem unwahrscheinlich ist.

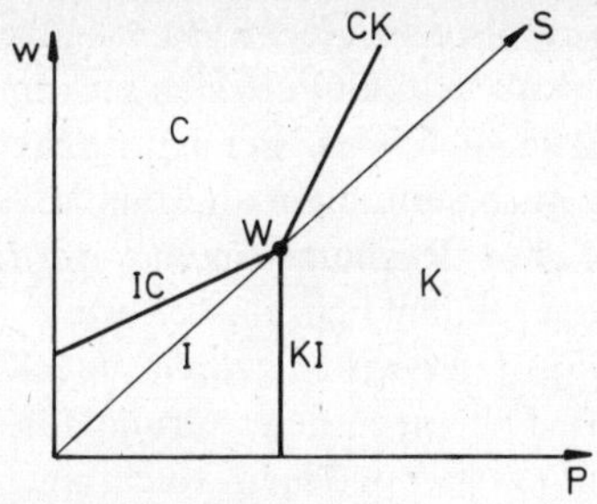

Abbildung 88

Der Strahl S besitzt die Steigung $(w/P)^*$, weil er das Walrasianische Gleichgewicht durchläuft, dem der „richtige" Reallohn $(w/P)^*$ zugeordnet ist. S ist demnach der geometrische Ort aller Gleichgewichts-Reallöhne im Walrasianischen Sinne. Wenn wir nun sagen, CK liege oberhalb von S, dann bedeutet das: werden, ausgehend vom Walrasianischen Gleichgewicht W, das Preisniveau und der Nominallohn um einen bestimmten Faktor erhöht, dann ergibt sich eine Situation Keynesianischer Unterbeschäftigung. Dieser Zusammenhang beruht substantiell auf dem *Realkasseneffekt.* Auf proportionale Änderungen von Preisen und Löhnen reagiert der Unternehmenssektor nicht, während der Haushaltssektor den Konsum einschränkt und das Arbeitsangebot erhöht, weil sich bei sonst gleichen Umständen der Realwert der Anfangskasse M_0 verminderte. Damit aber kommt es zu Keynesianischer Unterbeschäftigung[40]. Hier, wie in allen anderen Modellen, erweist sich der Realkasseneffekt als Kern des Modells.

Aus der obigen Abbildung läßt sich nun folgern:

- Ist der Reallohn geringer als im Walrasianischen Gleichgewicht und tritt Unterbeschäftigung auf, so handelt es sich um Keynesianische Unterbeschäftigung.
- Bei Beobachtung Klassischer Unterbeschäftigung ist der Reallohn zu hoch (der Umkehrschluß gilt nicht).
- Das Auftreten Keynesianischer Unterbeschäftigung ist um so wahrscheinlicher, je höher das Niveau von Löhnen und Preisen ist.

Alle drei Behauptungen lassen sich anhand der Abbildung 88 begründen. *Erstens.* Wenn der Reallohn zu niedrig ist, so handelt es sich um einen

---

40 Die formale Ableitung lautet: CK ist durch die Gleichung $\tilde{C}(\alpha,\bar{N})+G-Y(\alpha)=0$ definiert; er schließt den Punkt W mit $\bar{N}=N(\alpha)$ als Spezialfall ein. Für alle $\lambda>1$ gilt $\tilde{C}(\lambda P^*,\lambda w^*, \lambda \pi^*,\bar{N}) < \tilde{C}(P^*, w^*, \pi^*, \bar{N})$ und $N^s(\lambda P^*, \lambda w^*, \lambda \pi^*) > N^s(P^*, w^*, \pi^*)$. Dagegen sind $Y(\alpha)$ und $N^d(\alpha)$ homogen vom Grade Null und π homogen vom Grade Eins in (P,w). Damit folgt aus $W=(P^*,w^*)\in CK$ unmittelbar $(\lambda P^*,\lambda w^*)\in K$.

Punkt unterhalb des Strahles S; dieser liegt entweder in I oder in K. Falls also Unterbeschäftigung auftritt, kann es sich nur um Keynesianische Unterbeschäftigung handeln. *Zweitens.* Bei Klassischer Unterbeschäftigung muß der Reallohn zu hoch sein, denn alle Punkte aus C liegen oberhalb von S[41]. Hier ist also eine Reallohnsenkung anzuraten. *Drittens.* Wenn man Löhne und Preise gedanklich immer weiter wachsen läßt (etwa entlang des Strahles S), dann wird letztlich eine Keynesianische Unterbeschäftigung erreicht. Der eigentliche Grund für den mit Keynesianischer Unterbeschäftigung verbundenen Nachfragemangel liegt also im überhöhten Niveau von Löhnen *und* Preisen, nicht aber in der Reallohnhöhe begründet. Ersichtlichermaßen kann auch bei Keynesianischer Unterbeschäftigung eine Reallohnsenkung ratsam sein. Die eigentliche Therapie besteht also bei Anwendung der Lohn- und Preispolitik in der Senkung des Lohn- und Preisniveaus. Diese Maßnahme wird die Nachfrage über den Realklasseneffekt beleben.

Zusammengefaßt sahen wir in diesem Paragraphen, daß die Neokeynesianische Theorie sowohl Klassisch-Neoklassische als auch Keynesianische Vorschläge zur Wirtschaftspolitik zu stützen vermag. Es kommt jeweils darauf an, in welcher Region sich eine Volkswirtschaft gerade befindet, und das meinten wir mit dem eingangs ausgesprochenen Satz: Vor der Therapie die Diagnose.

§ 82 Das Gesetz von Walras bei Mengenrestriktionen

„Entweder ist das Gesetz von Walras mit der Keynesschen Theorie nicht vereinbar, oder Keynes hatte zur orthodoxen Lehre nichts grundlegend Neues hinzuzufügen". (Robert W. Clower)

Soweit Clower in seiner markigen Neuinterpretation von Keynes. Die Frage um das Gesetz von Walras, seine Bedeutung für die ökonomische Theorie und seine Gültigkeit innerhalb des Keynesschen oder Keynesianischen Modells hat die Ökonomen beschäftigt wie kaum ein anderes Detailproblem. Und mit Recht: Wer von einer „Markträumung auf allen Märkten, mit Ausnahme des Arbeitsmarktes" spricht, der leugnet die Geltung dieses Theorems. Genau das aber war die Standardformel der Keynesianer. Auf der anderen Seite erwies sich die Widerlegung des Gesetzes von Walras, das durch simple Addition von ex ante-Budgetbeschränkungen beweisbar ist, als eine harte Nuß. Und schließlich wird in fast jedem Modell ein Markt mit der Begründung „vernachlässigt", er sei ja wegen

41 In Analogie zur vorigen Anmerkung kann gezeigt werden, daß der Begrenzungslokus von C und I notwendig oberhalb von S liegt.

des Gesetzes von Walras von den übrigen Märkten abhängig. Denkwürdigerweise wurde diese Praxis auch und gerade von den Keynesianern geübt – lag hierin nicht ein Widerspruch?

Betrachten wir die Sache mit dem in den vorigen Paragraphen entwikkelten Begriffsapparat. Wenn wir die Budgetbeschränkung der Haushalte und des Staates aus dem vorletzten Paragraphen übernehmen und zur dortigen Gewinndefinition des Unternehmenssektors addieren, so folgt ohne weiteres:

$$P[C + G - Y] + w[N^d - N^s] + [\Delta M_H^d + \Delta M_F^d - \Delta M^s] = 0. \quad (378)$$

Aus der Koinzidenz von Angebot und Nachfrage auf dem Güter- und Arbeitsmarkt folgt demnach zwingend, daß auch der Geldmarkt geräumt ist. Die obige Gleichung darf nicht als ex post-Identität mißverstanden werden; sie bezieht sich vielmehr auf die *hypothetischen Pläne* der Sektoren und beruht auf der Tatsache, daß kein Wirtschaftssubjekt mehr auszugeben beabsichtigt als es einzunehmen plant. Weil die Wirtschaftssubjekte im Modell von WALRAS stets ihre hypothetischen Pläne realisieren können, mag ohne weiteres ein Markt aus der Betrachtung herausgenommen werden: Das Gesetz von Walras *gilt* in bezug auf die hypothetischen Pläne.

Fahren wir fort mit der effektiven Nachfrage im Sinne von DRÈZE. Im Falle der *Keynesianischen Unterbeschäftigung*, um an diesem Beispiel zu argumentieren, ergibt sich das folgende Mengengleichgewicht:

$$P\underbrace{[\hat{C} + G - \hat{Y}]}_{(=0)} + w\underbrace{[\hat{N}^d - \hat{N}^s]}_{(=0)} + \underbrace{[\Delta\hat{M}_H^d + \Delta\hat{M}_F^d - \Delta M^s]}_{(=0)} = 0\,. \quad (379)$$

Auf dem Gütermarkt sind die Unternehmen rationiert; sie vermindern ihr Drèze-Angebot auf die effektive Nachfrage. Analog sind die Haushalte auf dem Arbeitsmarkt mit einer Schranke konfrontiert, und auch sie nehmen ihr dortiges Drèze-Angebot auf die effektive Nachfragemenge zurück. Beide Märkte weisen demnach eine Überschußnachfrage von *null* auf. Der Geldmarkt hingegen war so *definiert*, daß dort keine Mengenbeschränkung auftreten kann. Die effektive Geldnachfrage und das effektive Geldangebot gleichen sich genau aus. Deshalb *gilt* das Gesetz von Walras in bezug auf die effektiven Drèze-Nachfragen. Wenn wir also ein Mengengleichgewicht bei Keynesianischer Unterbeschäftigung betrachteten, so war die Vernachlässigung eines Marktes legitim.

Zuletzt wollen wir an einem Gegenbeispiel zeigen, daß das Gesetz von Walras in bezug auf die Clower-Nachfragen *nicht gilt*, jedenfalls nicht allgemein. Greifen wir dazu wiederum auf ein Gleichgewicht bei Keynesianischer Unterbeschäftigung zurück:

$$P\underbrace{[\tilde{C} + G - \tilde{Y}]}_{(<0)} + w\underbrace{[\tilde{N}^d - \tilde{N}^s]}_{(<0)} + \underbrace{[\Delta\tilde{M}_H^d + \Delta\tilde{M}_F^d - \Delta M^s]}_{(=0)} < 0\,. \quad (380)$$

Auf dem Gütermarkt äußern die Unternehmen ihr hypothetisches Angebot trotz der Rationierung; hier besteht folglich ein Angebotsüberschuß. Ähnlich halten die Haushalte auf dem Arbeitsmarkt ihr hypothetisches Angebot aufrecht; ergo weisen beide Märkte eine negative Überschußnachfrage auf. Schließlich zeigt die folgende Überlegung, daß der Geldmarkt eine effektive Überschußnachfrage von null aufweist: Erstens gibt es auf dem Geldmarkt, wie oben schon gesagt wurde, keine bindende Rationierung. Zweitens wissen wir aus Formel (276), daß in Abwesenheit einer Rationierung auf einem bestimmten Markt die dortigen Clower- und Drèze-Pläne *identisch* sind. Deshalb stimmt der dritte Summand in (380) mit dem dritten Summanden in (379) überein und muß dasselbe Vorzeichen haben. Die Überschußnachfrage auf dem Geldmarkt ist deshalb notwendig gleich null.

Weil nun die ersten beiden Summanden in (380) negativ sind und der dritte Summand verschwindet, ist die Summe aller Überschußnachfragen negativ: Das Gesetz von Walras gilt nicht in bezug auf die Clower-Pläne. *Gleichwohl* bleibt es unbenommen, den Geldmarkt aus der Betrachtung herauszunehmen, weil er im Mengengleichgewicht geräumt ist und dort keine bindenden Rationierungen auftreten können. Damit ist die Analysetechnik der vorausgegangenen Paragraphen gerechtfertigt.

Hieraus folgt: Die notorische Keynesianische Behauptung, es sei eine Räumung aller Märkte mit Ausnahme des Arbeitsmarktes möglich, ist nicht falsch, weil das Gesetz von Walras in bezug auf die Clower-Nachfragen nicht allgemein gilt. Und doch kann immer der Geldmarkt aus der Betrachtung herausgenommen werden, ohne daß sich ein widersprüchliches Modell ergibt.

Das wichtigste Ergebnis dieser Neubetrachtung des Gesetzes von Walras ist eine Einschränkung des *Sayschen Theorems.* Das Saysche Theorem, einer der zentralen Lehrsätze der Klassischen Lehre, besagte:

„Jedes Angebot schafft sich seine Nachfrage.“

Mills auf Seite 85 wiedergegebene Begründung, nach der Güter mit Hilfe von Gütern gekauft werden, ist unbefriedigend, weil sie sich auf ex post-Größen bezieht; die eigentliche Basis des Sayschen Theorems ist vielmehr das Gesetz von Walras, das besagt, jedermann würde nur dann *planen,* etwas anzubieten, wenn er gleichzeitig *plant,* etwas anderes nachzufragen. Wenn man die Angebots- und Nachfragepläne aller Wirtschaftssubjekte addiert, müssen Gesamtangebot und Gesamtnachfrage also notwendig zusammenfallen.

Die Betrachtung von Gleichung (380) zeigt jedoch, daß man das Saysche Theorem einschränken muß, weil das Gesetz von Walras nicht in jeder Hinsicht gilt. Die folgende Formulierung erscheint angemessen:

„Jedes *realisierte* Angebot schafft sich seine Nachfrage."

Wenn ein Arbeiter etwa plant, Arbeit im Werte von 4000,– pro Monat anzubieten und diesen Plan verwirklichen kann, dann wird er auch für 4000,– pro Monat Güter nachfragen (oder Teile des Einkommens verleihen, so daß andere die entsprechenden Güter nachfragen). Kann er den Angebotsplan aber *nicht* realisieren, so wird auf dem Gütermarkt auch keine entsprechende Nachfrage signalisiert werden. Weil diese Überlegung ebenso für Unternehmen gilt, lautet das allgemeine Prinzip, daß sich jedes realisierte Angebot seine Nachfrage schafft. Ein empirisch feststellbarer „Nachfragemangel" beruht nach dieser Überlegung nicht auf einer Sättigung, sondern auf einer Angebotsrationierung, und geht deshalb letztlich auf den Umstand zurück, daß einige Preise nicht ihrem Gleichgewichtsniveau entsprechen.

§ 83 Resümee

Wir wollen abschließend die Hauptpunkte dieses Kapitels zusammenfassen und die an der Neokeynesianischen Theorie geübte Kritik skizzieren.

Der ursprüngliche Anstoß für die Entwicklung der Neokeynesianischen Theorie war das Interesse an einer Klärung des Verhältnisses von „Keynes und den Klassikern", ein Thema, welches die Ökonomen nun seit einem halben Jahrhundert beschäftigt. Clower hat glaubwürdig argumentiert, daß die sogenannte „Neoklassische Synthese" zu einer solchen Klärung nicht viel beitragen kann: Der dort enthaltene Baustein der Konsumfunktion (und nicht nur dieser!) widerspricht der Neoklassischen Theorie, und dieser Widerspruch kann auch durch noch so viele Plausibilitätsüberlegungen nicht behoben werden. Die „Neuinterpretation von Keynes", mag man nun davon halten was man will, hat zumindest eine überzeugende Interpretation der *Keynesianischen* Theorie geliefert; und es ist wohl nicht übertrieben zu sagen, daß erst die Neokeynesianische Theorie den Namen einer „Neoklassischen Synthese" verdient.

Mit der Rationierung, der dualen Entscheidungshypothese und des daraus folgenden Phänomens eines „spill-over" wurde die statische Makrotheorie auf eine entscheidungslogische Basis gestellt. Dabei kommt es nicht so sehr auf die umstrittene Nutzenmaximierung an als vielmehr auf die Berücksichtigung von Budgetrestriktionen, die allein ein geschlossenes und konsistentes Modell garantiert. Hier liegt auch das eigentliche Problem der Neoklassischen Synthese: Welcher Ökonom hat sich nicht irgendwann einmal gefragt, warum die Geldnachfrage bei einer Liquiditätsfalle unbeschränkt wachsen kann, ohne daß der Konsum davon betroffen wird? Natürlich ist die Frage falsch gestellt, weil mit der LM-Kurve ein Bestandsgleichgewicht modelliert ist, und eine Geldnachfrage als Stromgröße in diesem Modell nicht existiert. Aber daß solche Fragen (und ähnliche, die begründet sind) überhaupt aufkommen können, ist der immanente Mangel eines jeden Modells, das durch Nebeneinanderreihung verschiedener Verhaltensannahmen „konstruiert" wird. Wieviel der „Keynesianischen Verwirrung" hätte womöglich vermieden werden können, wenn CLOWER zwanzig Jahre früher geschrieben hätte! Ganz unabhängig davon, wie man sonst zur Neokeynesianischen Theorie stehen mag, kann ihr zugestanden werden, daß die Argumentation wesentlich durchsichtiger ist als im Keynesianischen Modell – mag letzteres auch auf den *ersten* Blick hin verständlicher sein.

Über diese etwas akademischen Erwägungen hinaus läßt sich feststellen, daß die Neokeynesianische Theorie auch zu einem gewissen Umdenken der wirtschaftspolitisch orientierten Ökonomen geführt hat. Es ist im Bereich der statischen Makrotheorie nicht länger notwendig, sich zur Klassisch-Neoklassischen oder zur Keynesianischen Theorie zu bekennen und künftig deren respektive Empfehlungen zu beherzigen. Vielmehr führt die Neokeynesianische Theorie in aller Eindringlichkeit vor Augen, daß bezüglich der Unterbeschäftigung ein *Diagnoseproblem* besteht; folgerichtig liefert sie keine unbedingten, sondern konditionierte Therapievorschläge und verlagert damit den möglichen Dissens von der theoretischen auf die empirische Ebene. Im Zusammenhang mit der Neoklassischen Synthese hatten wir von einem „Kompromiß" der Wirtschaftstheoretiker gesprochen. Ein derartiger Konsens auf Basis der Neokeynesianischen Theorie ließe sich in die folgenden Punkte fassen:

1) Die Neoklassische Entscheidungslogik ist und bleibt Basis der Theorie. Sie ermöglicht den Aufbau eines konsistenten Modells, innerhalb dessen keine irgendwie gearteten „Sickerverluste" auftreten: jedes Individualverhalten unterliegt einer Budgetrestriktion.

2) Das „Gesetz des Marktes", die Neoklassische Preisdynamik, wird *im Prinzip* akzeptiert; es gibt in der Realität jedoch weder einen Auktionator noch ein Analogon hierzu. Deshalb findet Tausch zu „falschen" Preisen statt.

3) Es gibt allen Grund zu der Annahme, daß die Mengen gegenüber den Preisen schneller reagieren. Für die Preisbewegungen sind deshalb nicht die hypothetischen, sondern die effektiven Überschußnachfragen relevant. Preisänderungen sind auf die Beseitigung bestehender Rationierungen gerichtet; nur in diesem Falle hat ein Wirtschaftssubjekt in ansonsten „vollkommener" Konkurrenz den Anreiz zur Preisänderung.

4) Bezüglich der Wirtschaftspolitik ist eine Situation Keynesianischer Unterbeschäftigung möglich. Es kann sein, daß weiterhin eine Tendenz zum Walrasianischen Gleichgewicht besteht; ob indes bis zu dessen Eta-

blierung gewartet werden soll, ist eine politische sowie eine Frage der angewandten Wirtschaftstheorie. Im Modell erweisen sich die übliche Fiskalpolitik sowie ordnungspolitische Maßnahmen zur Förderung der Preisflexibilität als wirksam.

Nun zur an der Neokeynesianischen Theorie geübten Kritik, die wir in drei Gruppen aufgliedern wollen.

1. Kritik. Der am häufigsten anzutreffende Einwand bezieht sich – wie könnte es anders sein? – auf die Fixpreisannahme. Hier muß sorgfältig zwischen verschiedenen Nuancierungen der Kritik unterschieden werden. Wenn erstens behauptet wird, die Neokeynesianische Theorie sei eine Theorie mit exogenen, starren Preisen, so ist dieser Einwurf völlig gegenstandslos, was nach den Ausführungen in §§ 78 und 80 wohl keiner Begründung bedarf. Zweitens wurde von BARRO argumentiert, typisch für das Neokeynesianische Modell sei der Verzicht beidseitig vorteilhafter Tauschakte durch die Wirtschaftssubjekte, wie er in der „trägen" und nach BARROS Auffassung irrationalen Preisdynamik des Modells zum Ausdruck komme. Freilich unterliegt BARROS Argument der Neuklassische Rationalitätsbegriff, und da sich für den allgemeinen Fall kaum ein optimales Preissetzungsverhalten ableiten läßt, ist diese Frage als offen anzusehen. Die dritte Nuancierung der Kritik trifft das Herz der Neokeynesianischen Theorie und bezieht sich auf die äußerst fragwürdige Annahme, daß ein Mengentâtonnement *vor* Eintreten jeglicher Preisreaktionen abgeschlossen ist. Nichts anderes bedeutet es nämlich, wenn wir in der Region K zuerst die Mengengleichgewichte betrachteten und die Preisanpassungsfunktionen auf die effektiven Clower-Nachfragen (im Mengengleichgewicht) bezogen. Wie wir zeigten, ist das Mengentâtonnement ein recht komplizierter Prozeß, weshalb nicht mit dessen Beendigung vor Eintreten der Preisreaktionen gerechnet werden kann. Dies bedeutet einfach die radikale Umkehrung der Neoklassischen Anpassungsgeschwindigkeiten und ist ebensowenig befriedigend.

2. Kritik. Die Neokeynesianische Theorie fußt auf einem seiner Natur nach kurzfristigen Modell, aber wir wollen hier nicht mißverstanden werden. Die Kurzfristigkeit hängt nicht mit der sogenannten Fixpreisannahme zusammen, sondern mit der Beschränkung auf eine Periode. Denn wir sahen ja einerseits, daß die Fixpreisannahme nicht auf starre Preise abhebt; andererseits aber wurde die Geldnachfrage der Haushalte aus einem Zwei-Perioden-Optimierungskalkül abgeleitet, was die Begrenzung der Analyse auf eine Periode erzwang. Dieses Umstandes wegen gingen einige der früheren Einsichten verloren, welche auf längerfristige Phänomene und den Stationary State reflektierten. Es ist dies jedoch kein grundsätzliches Problem der Neokeynesianischen Theorie, sondern ein Problem unserer auf Einfachheit bedachten Darstellung.

3. Kritik. Das Neokeynesianische Modell kann in bezug auf seine *Reichhaltigkeit* wohl kaum mit den anderen konkurrieren; es ist durch und durch rudimentär. Zwar ist es auch hier prinzipiell möglich, das Modell um einen Wertpapier- und Kapitalmarkt zu erweitern, aber die Zusammenhänge werden dann recht verwickelt. Der große Nachteil Neokeynesianischer Modelle ist somit, daß sie – um verständlich zu sein – extrem einfach strukturiert sein müssen.

Insofern muß die Neokeynesianische Theorie vorerst als Beitrag zur „reinen Logik des Marktes" angesehen werden; ablösen kann sie die anderen Theorien schwerlich. Es bleibt abzuwarten, welche ordnungs- und prozeßpolitischen Anregungen in Zukunft von ihrer Seite kommen werden.

Literaturangaben

Zur Einführung in die Neokeynesianische Theorie sowie zur Verschaffung eines Überblicks eignen sich:

BENASSY, J.-P. (1982) The Economics of Market Disequilibrium; New York usw.: Academic Press

DRAZEN, A. (1980) Recent Developments in Macroeconomic Disequilibrium Theory; Econometrica **48**, S. 283–304

HAGEMANN, H. et al. (1981) Hrsg.: Die Neue Makroökonomik; Frankfurt a. M.: Campus

MEYER, U. (1983) Neue Makroökonomik; Berlin usw.: Springer

ROTHSCHILD, K.W. (1981) Einführung in die Ungleichgewichtstheorie; a.a.O.

Einige grundlegende Arbeiten zur Neokeynesianischen Theorie sind (in zeitlicher Reihenfolge):

CLOWER, R.W. (*1981) Die Keynesianische Gegenrevolution: Eine theoretische Kritik; in: HAGEMANN, H. et al. (Hrsg.) Die Neue Makroökonomik; a.a.O.

LEIJONHUFVUD, A. (*1974) Keynes und die Keynesianer: Ein Interpretationsvorschlag; in BRUNNER, K. et al. (Hrsg.) Geldtheorie; a.a.O.

LEIJONHUFVUD (*1973) Über KEYNES und den Keynesianismus; a.a.O.

BARRO, R.J. und H.I. GROSSMAN (1976) Money, Employment and Inflation; a.a.O.

MALINVAUD, E. (1977) The Theory of Unemployment Reconsidered; a.a.O.

Zur Kritik der Neokeynesianischen Theorie vergleiche man:

BARRO, R.J. (1979) Second Thoughts on Keynesian Economics; American Economic Review (PP) **69**, S. 54–59

KAHN, R.F. (1978) MALINVAUD on KEYNES; Cambridge Journal of Economics **1**, S. 375–388. Wiederabgedruckt in: EATWELL, J. und M. MILGATE (1983) Hrsg.: Keynes' Economics and the Theory of Value and Distribution; London: Gerald Duckworth and Co.

VOGT, W. (1979) Walras oder Keynes – zur (französischen) Neuinszenierung der Neoklassischen Synthese; in: LASKI, K. et al. (Hrsg.) Beiträge zur Diskussion und Kritik der neoklassischen Ökonomie; Berlin usw.: Springer

Mathematischer Anhang

If you do some acrobatics
with a little mathematics
it will take you far along.

If your idea's not defensible,
don't make it comprehensible
or folks will find you out,
and your work will draw attention
if you only fail to mention
what the whole thing is about.

You must talk of GNP
and of elasticity
of rates of substitution
indeterminate solution
and oligolipopsony.

(Kenneth E. Boulding)

Einleitung

Mathematik ist eine Stätte des Friedens, ohne die ich nicht wüßte, wie ich weiterleben sollte. (BERTRAND RUSSEL)

Nicht immer war die Volkswirtschaftstheorie so mathematisch angelegt wie derzeit; vielmehr gewann die Anwendung mathematischer Methoden erst während der letzten hundert Jahre zunehmend an Bedeutung. Damit erging es der Ökonomik nicht anders als der Physik und vielen weiteren Wissenschaften, die ebenfalls erst im Laufe ihrer Entwicklung mathematisiert wurden, gemäß der KANTschen Maxime: „Jede Wissenschaft bedarf einen reinen Teil." War der Einzug der Mathematik in die Wirtschaftstheorie noch äußerst kontrovers und von Methodenstreitigkeiten umwölkt, so läßt sich heute feststellen, daß die mathematischen Verfahren tradiert sind und ihren festen Platz in Forschung und Lehre einnehmen. Eine Tatsache, die wir hier nicht bewerten, sondern nur zur Kenntnis nehmen wollen.

Uns war bei der Niederschrift dieses Buches an einer eingängigen und leicht faßlichen Darbietung der Makroökonomik gelegen, die wir nicht mit mathematischen Formalismen überfrachten wollten. Doch diese Vorgehensweise forderte zweifachen Tribut: Erstens mußten einige Schritte im Text unbegründet bleiben; nennen wir nur die Abbildung 85, deren tieferen Sinn wir verbal nicht auf zwanzig Seiten umschreiben könnten. Zweitens pflegen die Autoren der makroökonomischen Fachliteratur oft recht freizügig von jenen mathematischen Techniken Gebrauch zu machen, die dem Leser hier (wie auch in vergleichbaren Texten) nicht erschlossen wurden. Dadurch entsteht eine *Kluft* zwischen Lehrbuch- und Fachliteratur, deren Folgen für die Verfasser von Referaten, Diplomarbeiten oder Dissertationen nur zu oft spürbar werden.

Aus besagten Gründen verfaßten wir diesen Mathematischen Anhang, der sich den beiden Zwecken entsprechend in zwei Teile gliedert.

Die rein mathematischen Abschnitte sollen zur Verminderung der zitierten Kluft beitragen. Sie sind in keiner Weise als umfassende Einführung gedacht, sondern vielmehr als konzentrierte und auf die Bedürfnisse der Makroökonomen zugeschnittene Exposition der wichtigsten Techniken. Mit Rücksicht auf das Prinzip wissenschaftlicher Arbeitsteilung erschienen uns vollständige Beweisführungen nicht notwendig; indessen sind die Beispiele, Erklärungen und Beweise so gehalten, daß der jeweilige Begründungszusammenhang nicht verloren geht. Dem Verständnis ist dies wohl förderlicher als eine rein „dogmatische“ Präsentation der Theoreme.

Daneben enthält der Mathematische Anhang eine Reihe von Unterabschnitten, durch einen „*“ gekennzeichnet, in denen ökonomische Anwendungsbeispiele gegeben und jene Fragen geklärt werden, deren Beantwortung wir im laufenden Text zurückstellen mußten.

1. Differentialrechnung in einer Veränderlichen

Ein kennzeichnendes Merkmal der Neoklassischen Theorie war das Denken in marginalen Änderungen: der Marginalismus. Damit gewannen die Mathematik und insbesondere die Differentialrechnung an Bedeutung, denn Ableitungen, Differentiale und Differenzen erwiesen sich als geeignetes Medium zur Beschreibung marginaler Prozesse.

1.1. Gewöhnliche Funktionen

Der Begriff einer Funktion ist für uns im weiteren grundlegend. Unter einer *reellen* (oder reellwertigen) *Funktion* versteht man eine Abbildung $f: \mathbb{D} \to \mathbb{R}$, durch die *jedem* Element des Definitionsbereiches ($\mathbb{D}$) *genau ein* Element aus $\mathbb{R}$, der Menge der reellen Zahlen, zugeordnet wird. Wir schreiben:

$$f: \ \mathbb{D} \to \mathbb{R} \quad \text{mit} \quad y = f(x); \quad x \in \mathbb{D},\ y \in \mathbb{R}. \tag{1}$$

Der *Wertebereich* einer reellen Funktion (1) ist die Menge aller y, für die gilt: $y = f(x)$; der Wertebereich ist im allgemeinen eine Teilmenge von $\mathbb{R}$. In diesem Abschnitt betrachten wir nur solche Funktionen, bei denen auch der Definitionsbereich die Menge der reellen Zahlen ist, das heißt, wir vereinbaren:

$$f: \ \mathbb{R} \to \mathbb{R} \quad \text{mit} \quad y = f(x); \quad x, y \in \mathbb{R}. \tag{2}$$

Funktionen dieses Typs heißen *gewöhnliche* reelle Funktionen; der Ausdruck „gewöhnlich" deutet hierbei an, daß nur *eine* „unabhängige" Variable, nämlich x, auftritt. In diesem Abschnitt beziehen wir uns stets auf Funktionen des Typs (2), wenn wir der Einfachheit halber von einer Funktion sprechen.

Eine Funktion heißt *stetig*, wenn $\lim_{x \to a} f(x) = f(a)$ $(x \neq a)$ für alle $a \in \mathbb{D}$ gilt oder anschaulich: wenn der Graph von f keine „Sprungstellen" oder

„isolierte Punkte“ aufweist. Wir definieren:

$$C^0 := \text{Menge der stetigen Funktionen.} \tag{3}$$

Wenn also die Stetigkeit einer Funktion vorausgesetzt werden soll, schreiben wir einfach $f \in C^0$.

1.2. Gewöhnliche Ableitungen

Durch Spezifikation einer Funktion (2) kann ein Kausalzusammenhang beschrieben werden, zum Beispiel die Abhängigkeit des Konsums vom Einkommen, wenn man y als Konsum und x als Einkommen definiert. Der Wirtschaftstheoretiker besitzt indes meist keine genauen Daten, die ihm die Spezifikation einer Gleichung $y = 0{,}8\,x + 20$ ermöglichen würden. Auch ist er mehr an allgemeinen Ergebnissen interessiert, die unabhängig von jeweiligen numerischen Werten gelten. Deshalb interessiert er sich vorrangig für die *qualitativen* Eigenschaften von Funktionen und fragt beispielsweise, ob der Graph von f einen steigenden oder fallenden Verlauf nimmt. Zur Beantwortung dieser und anderer Fragen stellt die Mathematik mit der Ableitung ein hilfreiches Instrument zur Verfügung.

Betrachten wir den Graphen einer Funktion f und seine Steigung an einer Stelle a:

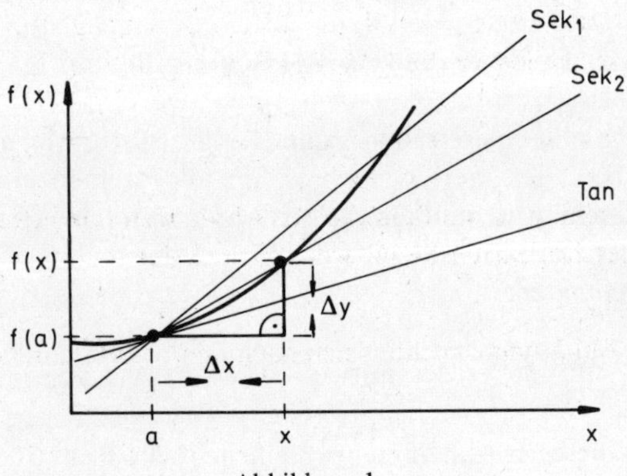

Abbildung 1

Offenbar ist die Steigung des Graphen in (a/f(a)) gleich der Steigung der Tangente (Tan) an diesen Punkt. Demgegenüber läßt sich die Steigung einer Sekante (Sek) als *durchschnittliche* Steigung des Graphen über einem Intervall auffassen. Die Steigung der Sekante 2 berechnet sich nach einer wohlbekannten Formel als:

$$m_{Sek_2} = \frac{\Delta y}{\Delta x} \left(:= \frac{f(x) - f(a)}{x - a} \right). \tag{4}$$

Aber wie erhalten wir die Steigung der Tangente? Dem Augenschein nach gehen Sekanten wie Sek_1 und Sek_2 in die Tangente über, wenn man Δx gegen Null gehen läßt:

$$m_{Tan} = \lim_{\Delta x \to 0} \frac{\Delta y}{\Delta x}. \tag{5}$$

Die Steigung der Tangente an der Stelle a, gleichbedeutend mit der Steigung des Funktionsgraphen an dieser Stelle, nennen wir die *Ableitung von f an der Stelle a* und schreiben:

$$f'(a) := \lim_{\substack{x \to a \\ x \neq a}} \frac{\Delta y}{\Delta x}. \tag{6}$$

Andere Symbole für die Ableitung sind der Differentialquotient $dy/dx|_a$ oder der Differentialoperator (D), angewandt auf die Funktion f: D f(a). Darüber hinaus ist für Ableitungen nach der Zeit die Schreibweise $\dot{y}(a)$ üblich. Der *Differentialquotient* (die *Ableitung)* ist also definiert als Grenzwert des *Differenzenquotienten.* Die Funktion f heißt *in a differenzierbar,* wenn der Ausdruck (6) dort existiert. Es ist wichtig zu verstehen, daß die in (6) definierte *lokale* Ableitung ein numerischer Wert ist. Demgegenüber ist die *globale* Ableitung

$$f'(x) \quad \text{oder} \quad \frac{dy}{dx} \tag{7}$$

selbst eine Funktion. f heißt *differenzierbar,* wenn (6) für *alle* a des Definitionsbereiches existiert bzw. wenn (7) existiert.

Beispiel: Sei $y = x^2$.

Die globale Ableitung errechnet sich nach den bekannten Regeln als:

$$f'(x) = 2x.$$

Hieraus folgt die lokale Ableitung durch Einsetzen eines bestimmten Wertes. So ist etwa

$$f'(3) = 6.$$

Vom Vorzeichen der ersten Ableitung läßt sich auf das Steigungsverhalten der Funktion schließen: Ist die globale Ableitung positiv, dann ist f auf dem ganzen Definitionsbereich *streng monoton steigend:* bei global negativer Ableitung ist f *streng monoton fallend.* Andererseits läßt das Vorzeichen der lokalen Ableitung nur einen Schluß auf das Steigungsverhalten der Funktion an einer Stelle und in einer Umgebung dieser Stelle zu.

Die *zweite Ableitung* von f ist definiert als Ableitung der (globalen) ersten Ableitung:

$$f''(x) := (f'(x))' \tag{8}$$

$$\frac{d^2f}{dx^2} := \frac{d}{dx}\left(\frac{df}{dx}\right). \tag{9}$$

Beide Symboliken bedeuten dasselbe. Die Definition wird verständlich, wenn man bedenkt, daß die globale erste Ableitung von f *selbst* eine Funktion ist – und daher selbst abgeleitet werden kann. f heißt *zweimal differenzierbar*, wenn (8) existiert. Allgemein ist die n-te Ableitung einer Funktion definiert als:

$$f^{(n)}(x) := (f^{(n-1)}(x))'. \tag{10}$$

f heißt *n-mal differenzierbar*, wenn (10) existiert. Um eine kurze Schreibweise zur Hand zu haben, definieren wir:

$$C^n := \text{Menge der n-mal stetig differenzierbaren Funktionen.} \tag{11}$$

Stetige Differenzierbarkeit erfordert hierbei, daß die n-te Ableitung eine stetige Funktion ist. Der Ausdruck $f \in C^1$ besagt also, daß die erste Ableitung von f existiert und stetig ist. In diesem Fall ist f selbst stetig, so daß von stetiger Differenzierbarkeit auf Stetigkeit geschlossen werden kann (aber nicht umgekehrt). Das bedeutet aber, C^1 ist eine Teilmenge von C^0. Ebenso gilt, daß C^n eine Teilmenge von C^{n-1} ist.

Oft stellt sich in der Wirtschaftstheorie das Problem, daß eine Variable (y) von einer anderen (x) abhängt, diese aber wiederum von einer dritten (t). Die typische Frage lautet dann: „Wie reagiert y auf Änderungen von t?“ Darauf erhalten wir die Antwort aus der

Kettenregel: Seien $f, g: \mathbb{R} \to \mathbb{R}$ mit $y = f(x)$ und $x = g(t)$ zwei Funktionen aus C^1. Dann existiert eine Funktion

$$h: \mathbb{R} \to \mathbb{R} \quad y = h(t) \quad \text{aus } C^1,$$

und es gilt:

$$h'(t) = f'(g(t)) \cdot g'(t) \quad \text{bzw.} \quad \frac{dy}{dt} = \frac{dy}{dx} \cdot \frac{dx}{dt}. \tag{12}$$

Beispiel: Der Erlös eines Unternehmens (y) hänge ab von der Zahl der zum Preis von Fünf verkauften Produkte (x):

$$y = f(x) = 5 \cdot x \Rightarrow f'(x) = 5 .$$

Zur Durchführung der Produktion werden t Arbeiter eingestellt, die je vier Produkte erzeugen:

$$x = g(t) = 4 \cdot t \Rightarrow g'(t) = 4 .$$

Wie reagiert der Erlös bei Einstellung eines weiteren Arbeiters? Lösung nach (12):

$$\frac{dy}{dt} = 5 \cdot 4 = 20 .$$

Der Erlös steigt mithin um zwanzig Einheiten.

1.3. Satz von Taylor

Der Satz von Taylor ist für unsere Zwecke das wichtigste Theorem der Differentialrechnung, weil sich damit viele weitere Ergebnisse beweisen lassen. Beginnen wir mit einer Funktion

$$y = 3x + 2 . \tag{13}$$

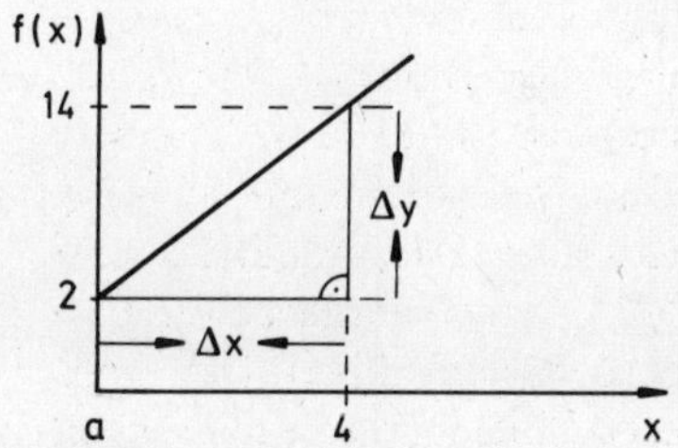

Abbildung 2

Die Grundidee der sogenannten *Taylor-Entwicklung* besteht darin, alle Funktionswerte ausgehend von einer bestimmten Stelle zu errechnen; wählen wir etwa die Stelle a = 0. Für die Steigung der Geraden (identisch mit der Steigung ihrer Tangente) gilt überall:

$$f'(x) = \frac{\Delta y}{\Delta x} \tag{14}$$

$$\Leftrightarrow \Delta y = f'(x)\,\Delta x . \tag{15}$$

Änderungen des Funktionswertes lassen sich nach (15) aus Änderungen von x berechnen, indem man mit der Konstanten f′(x) multipliziert. Gehen wir also von a = 0 aus und wählen eine Änderung von „Vier". Dann ist nach (15):

$$f(4) - f(0) = f'(0) \cdot (4 - 0)\,. \tag{16}$$

Der Funktionswert f(0) sei bekannt. Dann berechnet sich f(4) aus:

$$f(4) = f(0) + f'(0) \cdot (4 - 0) \tag{17}$$

$$\Leftrightarrow \quad f(4) = 2 + 3 \cdot 4 = 14\,. \tag{18}$$

Mit f(0) aus der Funktionsgleichung (13) und deren Ableitung fanden wir f(4) = 14. Eben diesen Wert erhalten wir auch durch direktes Einsetzen von a = 4 in (13). Man sagt, die Funktion wurde nach der Stelle a = 0 entwickelt, und allgemein gilt für die Geraden offenbar:

$$f(x) = f(0) + f'(0) \cdot (x - 0)\,. \tag{19}$$

Wenden wir uns nun der etwas komplizierteren Funktion

$$y = x^2 + 5 \tag{20}$$

zu. Anhand des Graphen wird sofort deutlich, daß wir die Regel (19) hier *nicht* anwenden können:

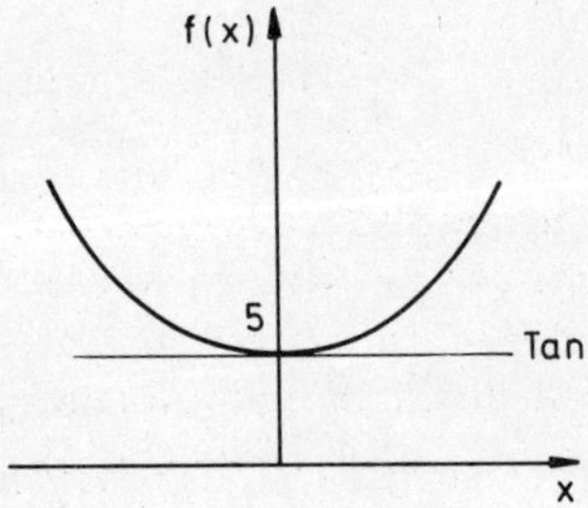

Abbildung 3

Es werde nach der Stelle a = 0 entwickelt, an der die Tangente einen horizontalen Verlauf aufweist: f′(0) = 0. Bei Anwendung von (19) kämen wir zum Resultat, daß f auf Änderungen von x überhaupt nicht reagiert, und dies ist ein Fehler, der offenbar auf die Abweichung des Graphen vom Verlauf einer Geraden zurückzuführen ist. Es fragt sich nun, ob nicht unter Berücksichtigung höherer Ableitungen korrekt nach der Stelle $a = 0$ entwickelt werden kann. Das ist tatsächlich möglich unter Verwendung der Regel:

$$f(x) = f(0) + f'(0) \cdot (x - 0) + \tfrac{1}{2} f''(0) \cdot (x - 0)^2 . \tag{21}$$

Diese Formel ist weder naheliegend, noch unmittelbar einsichtig; wir können jedoch ihre Richtigkeit zeigen. Berechnen wir dazu $f(4)$, wobei nach $a = 0$ entwickelt wird:

$$f(4) = 5 + 0 \cdot (4 - 0) + \tfrac{1}{2} \cdot 2 \cdot 4^2 = 21 . \tag{22}$$

Durch direktes Einsetzen in die Funktionsgleichung überprüft man leicht, daß dieses Ergebnis korrekt ist. Nun läßt sich zwar (21) auf alle quadratischen Funktionen anwenden, nicht aber auf Polynome höheren Grades – geschweige denn andere Funktionsklassen. Die Mathematiker suchten deshalb nach einem Entwicklungsverfahren, das auf *alle* differenzierbaren Funktionen anwendbar ist, und sie fanden es mit dem

Satz von Taylor: Sei $f: \mathbb{R} \to \mathbb{R}$ mit $y = f(x)$ Element von C^{n+1}. Für die Entwicklung von f nach einer Stelle a gilt:

$$\begin{aligned} f(x) = f(a) &+ f'(a) \cdot (x - a) + \tfrac{1}{2} f''(a) \cdot (x - a)^2 + \ldots \\ &+ \frac{1}{n!} f^{(n)}(a) \cdot (x - a)^n + R_{n+1} , \end{aligned} \tag{23}$$

wobei

$$R_{n+1} := \frac{1}{(n+1)!} f^{(n+1)}(z) \cdot (x - a)^{n+1} \quad \text{mit} \quad z \in [a, x] . \tag{24}$$

Der Satz von Taylor besagt also: Jede genügend oft differenzierbare Funktion kann als *Potenzreihe* geschrieben werden, wie in (23) gezeigt. Das in (24) definierte *Restglied nach Lagrange* unterscheidet sich von den übrigen Summanden nur dadurch, daß die Ableitung an einer *zwischen* x und a liegenden Stelle z berechnet wird. Die Kernaussage des Satzes lautet demnach, daß ein solches z stets existiert. Der Satz von Taylor ist bei geeigneter Wahl von z keine Näherungsformel, sondern gibt den Funktionswert einer beliebigen Stelle *exakt* an.

Unsere Formel (21) entpuppt sich als Spezialfall des Satzes von TAYLOR: Man muß einfach $a = 0$ setzen und bedenken, daß bei einer ganzrationalen Funktion zweiten Grades die dritte und alle weiteren Ableitungen verschwinden. Deshalb genügen bereits die ersten drei Summanden zur Berechnung des exakten Wertes.

Der Satz von Taylor sichert darüber hinaus, daß die Entwicklung nach jedem beliebigen Glied abgebrochen werden kann. Da wir im weiteren allein die Formeln mit den Restgliedern erster und zweiter Ordnung benötigen, fassen wir diese in die beiden Korollare[1]:

Korollar 1 (Mittelwertsatz): Sei f wie oben definiert und Element von C^1. Dann gilt für die Entwicklung mit dem Restglied erster Ordnung:

$$f(x) = f(a) + f'(z) \cdot (x - a) \quad \text{mit} \quad z \in [a, x] . \tag{25}$$

Korollar 2: Sei f wie oben definiert und Element von C^2. Dann gilt für die Entwicklung mit dem Restglied zweiter Ordnung

$$f(x) = f(a) + f'(a) \cdot (x - a) + \tfrac{1}{2} f''(z) \cdot (x - a)^2 \tag{26}$$

mit $z \in [a, x]$.

1.4. Gewöhnliche Differentiale

In vielen ökonomischen Veröffentlichungen wird extensiver Gebrauch von Differentialen gemacht. Indes ist auch knapp zwei Jahrhunderte nach CAUCHY noch nicht allgemein bekannt, was damit eigentlich gemeint ist. Wieder geht es darum, Funktionswerte ausgehend von einer bestimmten Stelle a zu berechnen. Im Gegensatz zur oben besprochenen Taylor-Formel handelt es sich bei den Differentialen jedoch um *lineare Approximationen* (Näherungen). Durch *Vernachlässigung* des Restgliedes zweiter Ordnung erhalten wir aus (26):

$$f(x) = f(a) + f'(a) \cdot (x - a) + \varepsilon . \tag{27}$$

Diese Näherungsformel entspricht *nicht* der Taylor-Entwicklung mit dem Restglied erster Ordnung (25), bei der die Ableitung an einer Stelle z bewertet wird, die im allgemeinen von a verschieden ist. Der Fehler (ε) ist gerade das Restglied zweiter Ordnung. Wir definieren nun die *Differentiale* dy und dx als:

$$dy := f(x) - f(a) - \varepsilon \tag{28}$$

$$dx := x - a . \tag{29}$$

1 Ein *Theorem* ist ein bewiesener Satz; ein *Korollar* ist ein Satz, der sich unmittelbar aus einem vorherigen ergibt; ein *Lemma* ist ein Hilfssatz.

In der nachstehenden Abbildung wird die Variable x, ausgehend von einer Stelle a, um den *endlichen* Wert dx oder Δx verändert. Der Funktionswert variiert dabei um Δy, jedoch gibt uns (30) nur den Näherungswert dy:

$$dy = f'(a) \cdot dx \,. \tag{30}$$

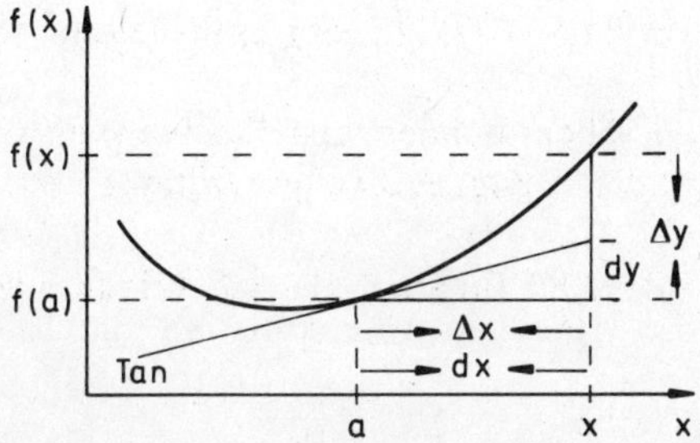

Abbildung 4

Wir können also festhalten, daß die Differentiale für endliche Änderungen stehen, dx für die exakte Änderung der Variablen x gebraucht wird und synonym zu Δx geschrieben werden kann und dy eine Approximation von Δy ist, der tatsächlichen Änderung des Funktionswertes. Daraus folgt unmittelbar, daß die häufig zu sehende Schreibweise

$$\Delta y = \frac{dy}{dx} \cdot \Delta x \tag{31}$$

im allgemeinen falsch ist. Sie ist genau dann richtig, wenn f eine lineare Funktion ist oder dy/dx als Restglied erster Ordnung aufgefaßt und an einer Stelle $z \in [x, a]$ evaluiert wird.[2] Den Formeln (26) und (30) kann entnommen werden, daß der Fehler ε dem Restglied zweiter Ordnung entspricht:

$$\varepsilon = \tfrac{1}{2}\, f''(z) \cdot (x - a)^2 \,. \tag{32}$$

Für $x \to a$ konvergiert ε gegen Null; deshalb läßt sich durchaus präzise sagen, daß der Fehler für genügend kleine dx beliebig klein wird.

---

2 Vorausgesetzt freilich, daß Δy wie in (4) definiert ist.

Beispiel: Sei $y = f(x) = x^2 + x \Rightarrow f'(x) = 2x + 1$.

Es soll das Differential der Funktion an der Stelle $a = 2$ berechnet werden. Zuerst gilt:

$$f'(2) = 5 .$$

Somit folgt für das Differential aus (30):

$$dy = 5 \cdot dx .$$

Beispielsweise ergibt sich für $x = 4$ bzw. $dx = 2$ die Näherung:

$$dy = 5 \cdot 2 = 10 .$$

Überprüfen wir die Güte der Approximation durch Berechnung der Funktionswerte:

$$f(2) = 6 \quad \text{und} \quad f(4) = 20 \Rightarrow \Delta y = 14 .$$

Die tatsächliche Änderung von y beträgt also 14; es ergab sich ein Fehler $\varepsilon = 4$.

1.5. Konkavität und Konvexität

In diesem Unterabschnitt treffen wir die letzten Vorbereitungen zur Behandlung der Extrema. Wir nennen eine Funktion aus der Anschauung heraus streng konkav, wenn ihr Graph sich stets von der Abszisse wegkrümmt, vorausgesetzt, er befindet sich oberhalb der Abszisse. Im umgekehrten Fall heißt die Funktion streng konvex oder konvex.

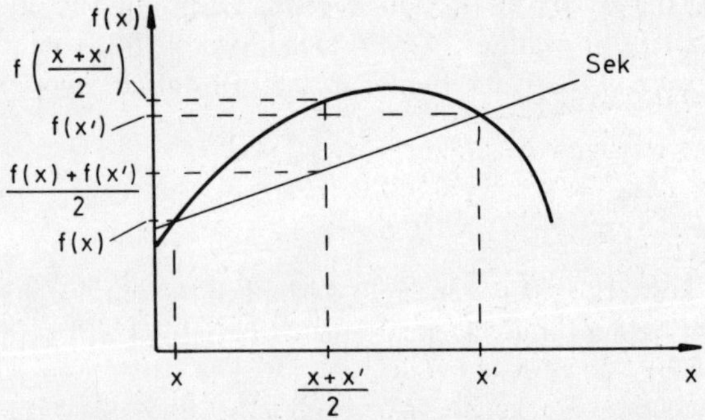

Abbildung 5

Um zu einer analytischen Definition dieser Eigenschaften zu gelangen, sei der Graph in Abbildung 5 betrachtet, der offensichtlich streng konkav ist. Charakteristisch ist hierbei, daß der Graph stets *oberhalb* einer Geraden liegt, die ihn in zwei beliebigen Punkten schneidet. Die Funktionswerte aller Stellen zwischen x und x′ berechnen sich durch Linearkombination der Argumente

$$f(t\,x + (1-t)\,x'), \tag{33}$$

wobei t eine Zahl zwischen Null und Eins ist. Demgegenüber erhält man die Gerade offenbar durch Linearkombination der beiden Funktionswerte f(x) und f(x′):

$$t\,f(x) + (1-t)\,f(x'). \tag{34}$$

Für t = 0,5 etwa erhält man den Mittelwert von f(x) und f(x′). Wir sagten nun, der Graph von f müsse bei einer streng konkaven Funktion stets oberhalb einer Sekante liegen, und damit gelangen wir zur folgenden

Definition 1: Eine Funktion $f\colon \mathbb{R} \to \mathbb{R}$ heißt *streng konkav* auf einem Intervall, wenn für alle x, x' $(x \neq x')$ dieses Intervalles und alle t mit $0 < t < 1$ gilt:

$$f(t\,x + (1-t)\,x') > t\,f(x) + (1-t)\,f(x'). \tag{35}$$

Sie heißt *konkav*, wenn in (35) die Gleichheitsrelation zugelassen ist, *streng konvex*, wenn die echte Kleiner-Relation und *konvex*, wenn die Kleiner-Gleich-Relation dort gilt.

Um eine Funktion auf Konkavität oder Konvexität zu testen, ist das Kriterium (35) etwas schwerfällig, weil der Beweis seiner Geltung sich rechnerisch meist als schwierig erweist. Es gilt aber das

Theorem 1: Sei $f\colon \mathbb{R} \to \mathbb{R}$ auf einem Intervall $I = [a, b]$ zweimal stetig differenzierbar. f ist auf I

- immer dann streng konkav, wenn $f''(x) < 0$; $x \in I$
- immer dann streng konvex, wenn $f''(x) > 0$; $x \in I$
- genau dann konkav, wenn $f''(x) \leq 0$; $x \in I$
- genau dann konvex, wenn $f''(x) \geq 0$; $x \in I$.

Die Formulierung „immer dann“ weist darauf hin, daß die ersten beiden Bedingungen hinreichend, aber nicht notwendig sind: f″ darf an *abzählbar* vielen Stellen verschwinden.

Nehmen wir an, die zweite Ableitung sei auf dem Intervall echt negativ. Weil f″ ex definitione die Steigung von f′ angibt, muß f′ streng monoton fallen. Da aber wiederum f′ für die Steigung von f steht, muß die Steigung des Graphen ständig abnehmen. Durch Vergleich mit Abbildung 5 sieht man, daß f in diesem Fall konkav ist: Die Steigung des dort skizzierten Graphen nimmt global ab.

Ganz analog lassen sich die übrigen drei Kriterien erklären. Aus dem Theorem folgt weiterhin, daß die Geraden als einziger Graphentyp sowohl (global) konkav als auch konvex sind.

1.6. Extrema

Wie oft stellt sich in der Ökonomik oder in der Ökonomie das Problem der Maximierung oder Minimierung einer Funktion! Die Mathematik hilft dabei in zweierlei Hinsicht: Erstens gibt sie überhaupt die Kriterien an die Hand, bei deren Verwendung man die Stelle eines Extremums finden kann. Damit lassen sich gleichzeitig die Charakteristika einer in bestimmtem Sinn optimalen Situation erfassen.

Was die Theoriebildung angeht, ist ein zweiter Aspekt nicht weniger wichtig. Unter der Prämisse nämlich, *daß* die Wirtschaftssubjekte sich so gut als möglich einrichten, erhält man im Umkehrschluß Informationen über komparativ-statische und dynamische Eigenschaften eines Systems. Diese Tatsache ist weniger offensichtlich, wir wollen sie aber im Auge behalten.

Definition 2: Eine Funktion $f: \mathbb{R} \to \mathbb{R}$ besitzt an einer Stelle $a \in \mathbb{R}$

- ein *lokales Maximum* genau dann, wenn für alle x einer genügend kleinen Umgebung gilt: $f(x) \leq f(a)$,
- ein *lokales Minimum* genau dann, wenn für alle x einer genügend kleinen Umgebung gilt: $f(x) \geq f(a)$.

Bei Geltung der echten Kleiner- bzw. Größer-Relation heißt das lokale Maximum bzw. Minimum lokal *eindeutig*[3], wobei freilich $x \neq a$.

Im Hinblick auf die untenstehende Abbildung wird jedermann sagen, daß die Funktion an der Stelle a ein lokales Maximum aufweist. Nach Definition 2 nimmt die Funktion an der Stelle b ein lokales Minimum an, ebenso in der Umgebung von b. Aber im Gegensatz zum Maximum in a ist das Minimum in b nicht eindeutig.

Aber ob nun eindeutig oder nicht: Charakteristisch für lokale Extrema ist die horizontale Tangente; ergo muß die erste Ableitung an der Stelle eines lokalen Extremums verschwinden, sofern sie existiert.

---

3 Bei *absoluten Extrema* müssen, im Unterschied zu den lokalen, die Ungleichheitsrelationen für *alle* x des Definitionsbereichs gelten.

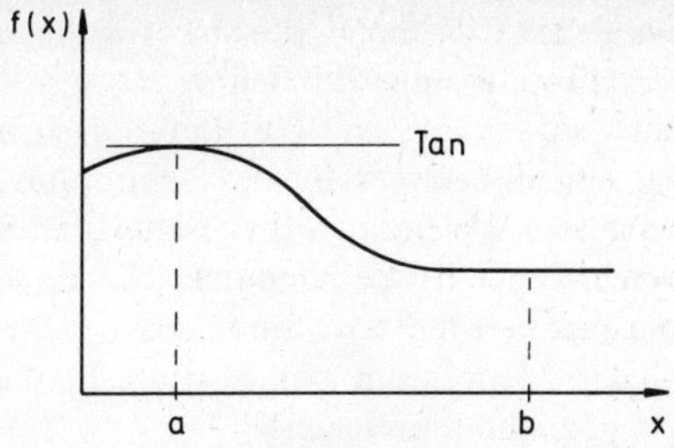

Abbildung 6

Aber das ist nicht hinreichend: Die wohlbekannte Parabel dritter Ordnung etwa ($f(x) = x^3$) weist an der Stelle $a = 0$ einen *Sattelpunkt* auf; es handelt sich hierbei nicht um ein lokales Extremum, obwohl die erste Ableitung verschwindet.

Deshalb nennen wir $f'(a) = 0$ die notwendige Bedingung oder die *Bedingung erster Ordnung* für ein lokales Extremum. Die *Bedingungen zweiter Ordnung* erfordern, daß die Funktion in einer Umgebung von a konkav oder konvex ist. Im ersten Falle handelt es sich um ein lokales Maximum, im zweiten um ein lokales Minimum. Aus der Abbildung 6 sollte dies unmittelbar ersichtlich sein.

Theorem 2: Eine Funktion $f: \mathbb{R} \to \mathbb{R}, f \in C^2$ mit $a \in \mathbb{R}$

- besitzt in a dann ein lokales Maximum, wenn $f'(a) = 0$ und f in einer Umgebung von a konkav ist.
- besitzt in a dann ein lokales Minimum, wenn $f'(a) = 0$ und f in einer Umgebung von a konvex ist.

Diese Bedingungen sind zusammengenommen notwendig und hinreichend.

Allein ist das Theorem 2 für uns in doppelter Hinsicht unbefriedigend. Erstens sind wir fast immer an *eindeutigen* Extrema interessiert, und zweitens ist die Konkavität bzw. Konvexität einer Funktion oft schwer feststellbar. Für unsere Zwecke wichtiger ist deshalb das folgende

Korollar 3:

- Das Maximum aus Theorem 2 ist genau dann eindeutig, wenn f in einer Umgebung von a streng konkav ist. Das ist *immer* dann der Fall, wenn $f''(a) < 0$.
- Das Minimum aus Theorem 2 ist genau dann eindeutig, wenn f in einer Umgebung von a streng konvex ist. Das ist *immer* dann der Fall, wenn $f''(a) > 0$.

Jene Bedingungen zweiter Ordnung, die sich auf die zweiten Ableitungen beziehen, sind zusammen mit den Bedingungen erster Ordnung *hinreichend*, aber nicht notwendig. Denn die Funktion $f(x) = x^4$ weist etwa an der Stelle $a = 0$ ein eindeutiges lokales Minimum auf und ist dort streng konvex; die zweite Ableitung indes ist an der Stelle $a = 0$ nicht positiv, sondern gleich Null. Wir sprechen in solchen Ausnahmefällen von *irregulären* Extrema und werden uns im weiteren nicht mehr damit befassen. Für ein *reguläres* Extremum sind also die Bedingungen $f'(a) = 0$ und $f''(a) \lesseqgtr 0$ notwendig und hinreichend.

Wir wollen jetzt anhand des Satzes von Taylor exemplarisch zeigen, daß die Bedingungen $f'(a) = 0$ und $f''(a) < 0$ hinreichend für ein eindeutiges lokales Maximum sind. An der Stelle a soll also gemäß Definition 2 gelten:

$$f(x) < f(a) \tag{36}$$

für alle $x \neq a$ einer genügend kleinen Umgebung von x. Die Taylor-Entwicklung mit dem Restglied erster Ordnung lautet:

$$f(x) = f(a) + f'(z) \cdot (x - a)\,. \tag{37}$$

Wir beweisen zuerst die Notwendigkeit der Bedingung erster Ordnung durch Widerspruch. Angenommen, $f'(a)$ wäre positiv. Dann existiert eine Umgebung von a, in der f' ebenfalls positiv ist, denn die erste Ableitung ist ja nach Voraussetzung eine stetige Funktion. Durch geeignete Wahl von x liegt das „z" aus (37) in dieser Umgebung, so daß auch $f'(z)$ positiv ist. Dann aber ist nach (37) $f(x) > f(a)$, was gegen die Definition eines lokalen Maximums verstößt. Also kann $f'(a)$ nicht positiv sein. Umgekehrt würde bei Annahme von $f'(a) < 0$ für alle $x < a$ ein Widerspruch entstehen, so daß $f'(a)$ auch nicht negativ sein kann. Ergo muß $f'(a)$ verschwinden.

Daß die Bedingung $f''(a) < 0$ bei $f'(a) = 0$ hinreichend für ein eindeutiges Maximum ist, beweisen wir durch eine Taylor-Entwicklung mit dem Restglied zweiter Ordnung:

$$f(x) = f(a) + f'(a) \cdot (x - a) + \tfrac{1}{2} \cdot f''(z) \cdot (x - a)^2\,. \tag{38}$$

Wie wir gerade feststellten, ist $f'(a) = 0$, weshalb sich (38) unmittelbar vereinfachen läßt zu:

$$f(x) = f(a) + \tfrac{1}{2} \cdot f''(z) \cdot (x - a)^2\,. \tag{39}$$

Damit die Definition (36) des eindeutigen Maximums erfüllt ist, muß das Restglied zweiter Ordnung offenbar negativ sein, denn genau dann ist $f(x) < f(a)$ für alle $x \neq a$ einer Umgebung von a. Weil der quadrierte Term auf alle Fälle positiv ist, hängt das Vorzeichen des Restgliedes allein von $f''(z)$ ab. Dieses muß nach dem Obengesagten negativ sein.

Die Stelle z kann nun links oder rechts von a liegen und sich a beliebig nähern, je nach Wahl von x. Wenn nun $f''(a)$ nach Aussage von Korollar 3 *negativ* ist, dann muß folgerichtig auch $f''(z)$ für alle z einer genügend kleinen Umgebung negativ sein. Denn die zweite Ableitung ist ja nach Voraussetzung eine stetige Funktion. Damit ist gezeigt, daß $f'(a) = 0$ und $f''(a) < 0$ zusammengenommen hinreichend für ein eindeutiges Maximum sind.

*1.7. Gewinnmaximierung

Demonstrieren wir die gerade gewonnenen Ergebnisse an einem ökonomischen Beispiel. Ein Unternehmen, das ein Gut unter Einsatz eines Faktors produziere, verhalte sich als Mengenanpasser und sei bestrebt, seinen Gewinn

$$\pi = p \cdot y - q \cdot x \tag{40}$$

zu maximieren, wobei p, q, y und x für den Produkt- und Faktorpreis sowie die Produktions- und Faktoreinsatzmenge stehen. Dabei hat das Unternehmen die Produktionsfunktion

$$y = f(x) \tag{41}$$

zu beachten, welche überall positive Grenzerträge aufweise, die für $x \to 0$ unbeschränkt wachsen. Diese letzte Annahme treffen wir, um „Randlösungen" auszuschließen, die etwa auftreten können, wenn der Faktorpreis im Hinblick auf die erreichbare Grenzproduktivität zu hoch ist; dann wird das Unternehmen nämlich möglicherweise nichts produzieren. Nach Einsetzen der Produktionsfunktion in (40) ist der Gewinn nur noch von der Variablen x abhängig:

$$\pi(x) = p \cdot f(x) - q \cdot x\,. \tag{42}$$

Das Theorem 2 liefert uns die Bedingung erster Ordnung für ein Gewinnmaximum:

$$\frac{d\pi(x)}{dx} = p \cdot f'(x) - q \stackrel{!}{=} 0 \tag{43}$$

$$\Leftrightarrow \qquad p \cdot f'(x) = q\,. \tag{44}$$

Notwendig für ein Gewinnmaximum ist also, daß die mit dem Produktpreis multiplizierte Grenzproduktivität (*Wertgrenzproduktivität*) dem Faktorpreis entspricht. Die letzte Gleichung kann bei Vorgabe einer konkreten Produktionsfunktion nach x aufgelöst werden, und durch Einsetzen der Lösungen in (41) erhält man die möglicherweise gewinnmaximale Produktionsmenge.

Aber wie steht es um die Bedingungen zweiter Ordnung für ein Gewinnmaximum? Aus (44) errechnen wir sofort die zweite Ableitung der Gewinnfunktion:

$$\frac{d^2\pi}{dx^2} = p \cdot f''(x)\,. \tag{45}$$

Bei positivem Produktpreis hängt das Vorzeichen der zweiten Ableitung der Gewinnfunktion allein von $f''(x)$ ab. Mit den Sätzen des letzten Unterabschnitts können wir nun folgende Aussagen machen:

- Ein lokales Gewinnmaximum in $a \in \mathbb{R}^+$ liegt genau dann vor, wenn die Produktionsfunktion in einer Umgebung von a *konkav* ist.
- Das lokale Gewinnmaximum ist eindeutig, wenn die Produktionsfunktion dort *streng konkav* ist.
- Diese Bedingung ist mindestens dann erfüllt, wenn $f''(a)$ *negativ* ist; es handelt sich dann um ein reguläres Gewinnmaximum.

Darüber hinaus läßt sich zeigen: Ist die zweite Ableitung *global* echt negativ (die Produktionsfunktion global streng konkav), dann existiert auf ganz $\mathbb{R}^+$ *genau ein* reguläres Gewinnmaximum, das zugleich das absolute Gewinnmaximum ist.

Diese letzte Voraussetzung war mit Annahme einer Neoklassischen Produktionsfunktion erfüllt. Bei einer Klassischen Produktionsfunktion ist f'' dagegen zuerst positiv und ab einer bestimmten Stelle negativ (die Produktionsfunktion zuerst streng konvex und dann streng konkav). In diesem Falle ergeben sich aus der Lösung von (44) typischerweise zwei Stellen, an denen die Bedingung erster Ordnung erfüllt ist. Aus (45) kann entnommen werden, daß es sich einmal um ein reguläres Gewinnminimum, das andere Mal um ein reguläres Gewinnmaximum handelt. Bei gewinnmaximierendem Verhalten *ignorieren* die Unternehmer den Abschnitt mit steigenden Grenzerträgen; insofern bedeutet die Annahme einer Neoklassischen Produktionsfunktion keine Beschränkung der Allgemeinheit.

2. Lineare Algebra

Die Reichweite von Funktionen in einer Variablen ist, wie sich leicht denken läßt, sehr beschränkt; wesentlich interessanter sind Funktionen in mehreren Veränderlichen. Zur Handhabung der notorischen „n Dimensionen“ müssen wir uns vorerst noch einige Hilfsmittel aus der linearen Algebra beschaffen.

2.1. Vektoren

Als *Vektor des R^n* bezeichnen wir ein geordnetes Tupel von n reellen Zahlen:

$$\mathbf{x} := (x_1, x_2, \ldots, x_n) \quad \text{mit} \quad x_i \in \mathbb{R}, \quad i = 1 \ldots n. \tag{46}$$

Die x_i heißen *i-te Komponente* des Vektors. Der Vektor kann in Zeilen- oder Spaltenschreibweise notiert werden. Reelle Zahlen, oft *Skalare* genannt, können wir als eindimensionale Vektoren auffassen, wenn wir unter *Dimension* die Zahl der Komponenten verstehen. Im weiteren sind Vektoren stets durch *kleine, fettgedruckte* Buchstaben bezeichnet.

Über einige Trivialitäten können wir schnell hinweggehen. Zwei Vektoren $\mathbf{x}$ und $\mathbf{x}'$ des $\mathbb{R}^n$ heißen *gleich*, wenn ihre jeweils i-ten Komponenten übereinstimmen; natürlich müssen sie die gleiche Dimension aufweisen. Zwei Vektoren gleicher Dimension werden addiert (subtrahiert), indem man ihre entsprechenden Komponenten paarweise addiert (subtrahiert). Das neutrale Element bezüglich der Addition ist der *Nullvektor:* $\mathbf{0} = (0, 0, \ldots, 0)$. Ein Vektor heißt *positiv,* wenn keine seiner Komponenten negativ und mindestens eine echt positiv ist.

Für zwei Vektoren gleicher Dimension ist das *Skalarprodukt* (oder innere Produkt) definiert als:

$$c = \mathbf{a} \cdot \mathbf{b} = a_1 b_1 + a_2 b_2 + \ldots + a_n b_n. \tag{47}$$

$\mathbf{a}$ und $\mathbf{b}$ sind zwei n-dimensionale Vektoren, jedoch ist das Ergebnis (c) einer Skalarmultiplikation stets eine reelle Zahl.

Beispiel: Sei $\mathbf{a} = (2; 1; 5)$ und $\mathbf{b} = (10; 4; 2)$.
Das Skalarprodukt berechnet sich als:

$$c = (2; 1; 5) \cdot (10; 4; 2) = 20 + 4 + 10 = 34\,.$$

Durch Skalarprodukte lassen sich komplexe Verhältnisse höchst einfach schreiben. Nehmen wir etwa ein Unternehmen, das n Güter mit im allgemeinen verschiedenen Verkaufspreisen produziert. Durch Definition eines Preisvektors **p** und eines Mengenvektors **x** läßt sich der Gesamterlös einfach schreiben als:

$$\text{Erlös} = \mathbf{p} \cdot \mathbf{x} \; (= p_1 x_1 + \ldots + p_n x_n)\,. \tag{48}$$

Man sieht, wie nützlich eine so simple Definition wie (47) sein kann.

Betrachten wir nun eine Menge von m Vektoren des $\mathbb{R}^n$. Einer dieser Vektoren heißt *linear abhängig,* wenn er als Linearkombination der übrigen dargestellt werden kann, das heißt, wenn reelle Zahlen r_j existieren, so daß

$$\mathbf{x_i} = r_1 \mathbf{x_1} + \ldots + r_m \mathbf{x_m}\,, \tag{49}$$

wobei rechts über alle $\mathbf{x_j}$ summiert wird, mit Ausnahme natürlich von $\mathbf{x_i}$ selbst. Der Vektor $\mathbf{x_i}$ heißt *linear unabhängig* genau dann, wenn keine derartigen r_j existieren. Das *System* der m Vektoren heißt linear unabhängig, wenn *jeder* Vektor des Systems linear unabhängig ist.

2.2. Matrizen und Determinanten

Ein rechteckiges geordnetes Schema mit m Zeilen und n Spalten nennen wir eine *Matrix.* Wir sprechen von einer *reellen Matrix,* wenn das Schema allein reelle Zahlen enthält:

$$\mathbf{A} = \begin{pmatrix} a_{11} & a_{12} & \ldots & a_{1n} \\ a_{21} & a_{22} & \ldots & a_{2n} \\ \ldots & \ldots & \ldots & \ldots \\ a_{m1} & a_{m2} & \ldots & a_{mn} \end{pmatrix}; \quad \mathbf{A} \in \mathbb{R}^m \times \mathbb{R}^n\,. \tag{50}$$

Matrizen werden im weiteren durch *große, fettgedruckte* Buchstaben kenntlich gemacht. Die a_{ij} heißen *Elemente* der Matrix. Eine Matrix nennt man *quadratisch,* wenn die Zeilen- und Spaltenzahl übereinstimmt, wenn also $m = n$. Eine quadratische Matrix heißt *symmetrisch,* wenn

$a_{ij} = a_{ji}$ für alle i, j von 1 bis n. Die *Hauptdiagonale* einer Matrix ist die Menge aller a_{ii}; die Hauptdiagonale verläuft also von links oben nach rechts unten. Die *Spur* einer Matrix, geschrieben Sp(**A**), ist die Summe der Elemente auf der Hauptdiagonalen.

Beispiele:

$$\mathbf{A} = \begin{pmatrix} 1 & 3 & 9 \\ 2 & 4 & 1 \\ 6 & 8 & 6 \end{pmatrix} \qquad \mathbf{B} = \begin{pmatrix} 1 & 2 & 3 \\ 2 & 5 & 4 \\ 3 & 4 & 9 \end{pmatrix}.$$

Beide Matrizen sind quadratisch. Aber nur **B** ist symmetrisch, wie man durch Spiegelung der Werte „2", „3" und „4" an der Hauptdiagonalen erkennt. Die Hauptdiagonale von **B** ist (1, 5, 9). Ihre Spur Sp(**B**) ist folglich $1 + 5 + 9 = 15$.

Zwei Matrizen werden addiert (subtrahiert), indem man ihre entsprechenden Elemente paarweise addiert (subtrahiert); freilich müssen die Matrizen hierbei die gleiche Zeilen- und Spaltenzahl aufweisen. Die *Transponierte* $\mathbf{A}^T$ einer Matrix $\mathbf{A} = (a_{ij})$ ist die Matrix (a_{ji}), die man durch Vertauschung der Zeilen- und Spaltenindizes erhält. Eine symmetrische Matrix stimmt mit ihrer Transponierten überein.

Definition 3: Seien $\mathbf{A} \in \mathbb{R}^l \times \mathbb{R}^m$ und $\mathbf{B} \in \mathbb{R}^m \times \mathbb{R}^n$ zwei reelle Matrizen. Sei weiterhin $\mathbf{a}_i$ $(i = 1 \ldots l)$ der i-te Zeilenvektor von **A** und $\mathbf{b}_j$ $(j = 1 \ldots n)$ der j-te Spaltenvektor von **B**. Dann heißt die Matrix $\mathbf{C} \in \mathbb{R}^l \times \mathbb{R}^n$ mit den Elementen

$$c_{ij} = \mathbf{a}_i \, \mathbf{b}_j$$

das *innere Produkt* von **A** und **B**.

Jedes Element von **C** berechnet sich mithin als Skalarprodukt zweier Vektoren, eine Prozedur, die sich am einfachsten in der sogenannten *Falkschen Anordnung* durchführen läßt.

Beispiel: Sei $\mathbf{A} = \begin{pmatrix} 1 & 3 \\ 2 & 4 \end{pmatrix}$, $\mathbf{B} = \begin{pmatrix} 9 & 8 \\ 2 & 3 \end{pmatrix}$.

Die Matrix-Multiplikation in der Falkschen Anordnung ergibt:

$$\begin{array}{cc|cc} & & 9 & 8 \\ & & 2 & 3 \\ \hline 1 & 3 & 15 & 17 \\ 2 & 4 & 26 & 28. \end{array}$$

Das neutrale Element der Matrix-Multiplikation heißt *Einheitsmatrix;* die Einheitsmatrix ist quadratisch und enthält auf der Hauptdiagonalen Einsen, sonst Nullen.

Beispiel: Sei **A** wie oben gegeben und **E** die Einheitsmatrix der entsprechenden Dimension. Durch Multiplikation läßt sich zeigen, daß $\mathbf{A}\cdot\mathbf{E}=\mathbf{A}$:

$$\begin{array}{cc|cc} & & 1 & 0 \\ & & 0 & 1 \\ \hline 1 & 3 & 1 & 3 \\ 2 & 4 & 2 & 4\,. \end{array}$$

Matrizen können auch mit Vektoren multipliziert werden, denn ein Zeilenvektor läßt sich als Matrix des $\mathbb{R}^1\times\mathbb{R}^n$, ein Spaltenvektor als Matrix des $\mathbb{R}^n\times\mathbb{R}^1$ auffassen. Zeilenvektoren werden in der Literatur oft durch ein hochgestelltes „T" gekennzeichnet und als Transponierte der entsprechenden Spaltenvektoren aufgefaßt. Wir übernehmen diese Konvention nicht und setzen stets die geeignete Schreibweise zur Durchführung einer Multiplikation voraus.

Wir kommen nun zu den Determinanten, das sind reelle Zahlen, die quadratischen Matrizen in bestimmter Weise zugeordnet werden. Die *Determinante* der Matrix **A** schreiben wir als $|\mathbf{A}|$ und definieren (für $\mathbf{A}\in R^n\times R^n$):

$$|\mathbf{A}|:=\sum_{j=1}^{n} a_{ij}(-1)^{i+j}|\mathbf{A}_{ij}| \quad \text{und} \quad |a_{ij}|:=a_{ij}\,. \tag{51}$$

Dabei ist $\mathbf{A}_{ij}$ jene Matrix, die man aus **A** durch Streichen der i-ten Zeile und j-ten Spalte erhält. (51) ist eine jener berüchtigten rekursiven Definitionen, die auf den ersten Blick nicht leicht verständlich sind: wird doch eine Determinante als Summe eines Ausdrucks erklärt, der selbst aus Determinanten besteht. Gleichwohl ist (51) nicht zirkulär, denn gleichzeitig wird vereinbart, die Determinante einer reellen Zahl (einer 1×1-Matrix) sei diese reelle Zahl selbst. Die Determinante der Matrix **A** aus dem $\mathbb{R}^n\times\mathbb{R}^n$ wird auf Determinanten der Matrizen $\mathbf{A}_{ij}$ zurückgeführt, die dem $\mathbb{R}^{n-1}\times\mathbb{R}^{n-1}$ angehören. Diese Prozedur wird solange wiederholt, bis **A** in 1×1-Matrizen zerlegt ist, deren Determinanten diese Matrizen selbst sind.

Beispiel: Sei $\mathbf{A}=\begin{pmatrix}2 & 3\\ 4 & 5\end{pmatrix}$.

Durch Anwendung der Definition (51) erhalten wir:

$$|\mathbf{A}| = 2 \cdot (-1)^2 \cdot |\mathbf{A_{11}}| + 3 \cdot (-1)^3 \cdot |\mathbf{A_{12}}| .$$

$\mathbf{A_{11}}$ entsteht durch Streichen der ersten Zeile und ersten Spalte; ist also das Element 5. Ebenso ist $\mathbf{A_{12}}$ gleich dem Element 4, und so ergibt sich:

$$|\mathbf{A}| = 2 \cdot 5 + (-3) \cdot 4 = -2 .$$

Allgemein folgt aus der Definition (51) für eine 2×2-Matrix:

$$\begin{vmatrix} a & b \\ c & d \end{vmatrix} = a\,d - b\,c . \tag{52}$$

Die Determinante einer 3×3-Matrix errechnet sich, indem man (etwa) die Elemente der ersten Zeile mit den Determinanten der verbleibenden 2×2-Matrizen unter Berücksichtigung der Vorzeichen multipliziert.

Beispiel: Sei $\mathbf{A} = \begin{pmatrix} 3 & 2 & 0 \\ 3 & 4 & 1 \\ 4 & 6 & 2 \end{pmatrix}$.

Durch „Entwicklung nach der ersten Zeile" kommt man zu:

$$|\mathbf{A}| = 3 \cdot \begin{vmatrix} 4 & 1 \\ 6 & 2 \end{vmatrix} + 2\,(-1) \cdot \begin{vmatrix} 3 & 1 \\ 4 & 2 \end{vmatrix} + 0 \cdot \begin{vmatrix} 3 & 4 \\ 4 & 6 \end{vmatrix} = 2 .$$

Zur Vereinfachung der Sprechweise nennen wir den Ausdruck

$$(-1)^{i+j}\,|\mathbf{A_{ij}}| \tag{53}$$

den *Kofaktor* des Elements a_{ij}. Danach kann man die Determinanten als Summe der Elemente einer Zeile, multipliziert mit ihren Kofaktoren, bezeichnen. Angemerkt sei, daß bei der Berechnung der Determinante nach *jeder* beliebigen Zeile oder auch Spalte entwickelt werden kann.

Abschließend erklären wir eine Art Division für Matrizen. Im Bereich der reellen Zahlen ergibt die Multiplikation einer reellen Zahl mit ihrem Reziprokwert stets die Eins, das neutrale Element bezüglich der Multiplikation. In Analogie hierzu definieren wir für quadratische Matrizen die *Inverse:*

$$\mathbf{A^{-1}} \text{ ist die Inverse zu } \mathbf{A} \Leftrightarrow \mathbf{A} \cdot \mathbf{A^{-1}} = \mathbf{E} . \tag{54}$$

Die Inverse ist gleichsam als Reziprokwert der Matrix **A** aufzufassen; multipliziert ergeben die beiden das neutrale Element der Multiplikation (**E**).

Theorem 3: Sei **A** eine quadratische Matrix. Eine Inverse existiert genau dann, wenn die Determinante von **A** verschieden von Null ist. Es existiert dann genau eine Inverse, und diese berechnet sich als:

$$\mathbf{A}^{-1} = (a_{ij}^{-1}) \quad \text{mit} \quad a_{ij}^{-1} = \frac{(-1)^{i+j}\,|\mathbf{A}_{ji}|}{|\mathbf{A}|}. \tag{55}$$

Dies führt zu der griffigen verbalen Formel: „Die Inverse berechnet sich als Eins durch Determinante mal Transponierte der Matrix der Kofaktoren." Nehmen wir ein einfaches

Beispiel: Sei $\mathbf{A} = \begin{pmatrix} 2 & 4 \\ 2 & 5 \end{pmatrix}$.

Zur Bestimmung der Inversen müssen zuerst die Determinante von **A** und die vier Kofaktoren berechnet werden:

$$|\mathbf{A}| = 2, \quad |\mathbf{A}_{11}| = 5, \quad -|\mathbf{A}_{12}| = -2, \quad -|\mathbf{A}_{21}| = -4, \quad |\mathbf{A}_{22}| = 2.$$

Jetzt müssen die jeweils durch $|\mathbf{A}|$ zu dividierenden Kofaktoren nur noch „zusammengebaut" werden, wobei die Spalten- und Zeilenindizes zu vertauschen sind. Das Ergebnis lautet:

$$\mathbf{A}^{-1} = \begin{pmatrix} 5/2 & -2 \\ -1 & 1 \end{pmatrix}.$$

Der Leser möge sich überzeugen, daß **A** und $\mathbf{A}^{-1}$ miteinander multipliziert die Einheitsmatrix ergeben.

2.3. Lineare Gleichungssysteme

Nach diesen etwas trockenen Exkursionen kommen wir nun zu einem anwendungsorientierten Problem, den linearen Gleichungssystemen. Ein *lineares Gleichungssystem* wird geschrieben als:

$$\begin{array}{l} a_{11}x_1 + a_{12}x_2 + \ldots + a_{1n}x_n = b_1 \\ a_{21}x_1 + a_{22}x_2 + \ldots + a_{2n}x_n = b_2 \\ \ldots\ldots\ldots\ldots\ldots\ldots\ldots\ldots\ldots\ldots \\ a_{m1}x_1 + a_{m2}x_2 + \ldots + a_{mn}x_n = b_m\,. \end{array} \tag{56}$$

Die *Koeffizienten* des Gleichungssystems, nämlich die a_{ij} und die b_i, sind gegebene Zahlen, die Variablen x_j gesucht. Im weiteren beziehen wir uns nur auf den Fall, daß die Zahl der Gleichungen und die Zahl der Variablen übereinstimmen, daß also m = n. Unter Verwendung der Matrix-Notation können wir das Gleichungssystem wesentlich kompakter schreiben:

$$\mathbf{A} \cdot \mathbf{x} = \mathbf{b} \quad \text{mit} \quad \mathbf{A} \in \mathbb{R}^n \times \mathbb{R}^n ; \quad \mathbf{x}, \mathbf{b} \in \mathbb{R}^n . \tag{57}$$

Durch Ausführung der Matrixmultiplikation in (57) erhält man das Gleichungssystem (56). (57) heißt *homogenes* Gleichungssystem, wenn **b** der Nullvektor ist; ansonsten heißt es *inhomogen.* Wir wollen nun an einem einfachen Beispiel verschiedene Lösungsmethoden zeigen:

$$\begin{aligned} 2x_1 + 4x_2 &= 2 \\ 2x_1 + 5x_2 &= 3 . \end{aligned} \tag{58}$$

Oder in Matrixschreibweise:

$$\begin{pmatrix} 2 & 4 \\ 2 & 5 \end{pmatrix} \begin{pmatrix} x_1 \\ x_2 \end{pmatrix} = \begin{pmatrix} 2 \\ 3 \end{pmatrix} . \tag{59}$$

Die elementare Lösungsmethode ist nun das *Einsetzungsverfahren.* Wir lösen die erste Gleichung in (58) nach $2x_1$ auf und setzen in die zweite ein:

$$2x_1 = 3 - 5x_2 \tag{60}$$

$$(3 - 5x_2) + 4x_2 = 2 \tag{61}$$

$$x_2 = 1 ; \quad x_1 = -1 . \tag{62}$$

So glatt sich dieses Verfahren hier auch präsentiert: bei umfangreichen Gleichungssystemen ist es recht zeitraubend und ineffizient, weil jedesmal anders vorgegangen werden muß. Einen kompakten Lösungsweg bietet dagegen die

Cramersche Regel: Sei (57) gegeben und $|\mathbf{A}| \neq 0$. Dann gilt

$$x_i = \frac{1}{|\mathbf{A}|} \begin{vmatrix} a_{11} \dots b_1 \dots a_{1n} \\ \dots\dots\dots\dots\dots \\ a_{n1} \dots b_n \dots a_{nn} \end{vmatrix} \tag{63}$$

$$\Leftrightarrow x_i = \frac{1}{|\mathbf{A}|} \sum_{j=1}^{n} b_j (-1)^{i+j} |\mathbf{A}_{ij}| . \tag{64}$$

Verbal ausgedrückt, erhält man die Lösung für die i-te Variable, indem man die Determinante der Matrix berechnet, die aus **A** durch Substitution der i-ten Spalte durch den Vektor **b** entsteht und anschließend durch die Determinante von **A** dividiert. (64) ist nur eine andere Schreibweise hierfür: Dort wird die Determinante der neugebildeten Matrix durch Entwicklung nach der i-ten Spalte berechnet. Lösen wir das Gleichungssystem (59) nach der Cramerschen Regel: Weil es um die Variable x_1 geht, muß die erste Spalte der Koeffizientenmatrix gestrichen und durch **b** ersetzt werden. Ihre Determinante ist:

$$\begin{vmatrix} 2 & 4 \\ 3 & 5 \end{vmatrix} = -2 . \tag{65}$$

Da $|\mathbf{A}| = 2$, folgt hieraus unmittelbar die Lösung (62). x_2 wird entsprechend berechnet.

Das letzte der vorgestellten Lösungsverfahren besteht darin, die Matrix **A** zu invertieren. Aus der allgemeinen Problemstellung (57) folgen die Lösungen unmittelbar:

$$\mathbf{x} = \mathbf{A}^{-1} \cdot \mathbf{b} . \tag{66}$$

Die Inverse muß von links an den Vektor **b** heranmultipliziert werden, weil die Matrixmultiplikation im allgemeinen *nicht kommutativ* ist, das heißt, die Faktoren können im allgemeinen nicht vertauscht werden. Demonstrieren wir auch das Inversionsverfahren in concreto. Die Inverse der Koeffizientenmatrix berechneten wir bereits am Ende von 2.2., durch Einsetzen dieser Lösung folgt sofort:

$$\begin{pmatrix} x_1 \\ x_2 \end{pmatrix} = \begin{pmatrix} 5/2 & -2 \\ -1 & 1 \end{pmatrix} \begin{pmatrix} 2 \\ 3 \end{pmatrix} . \tag{67}$$

Und durch Multiplikation erhalten wir:

$$\begin{pmatrix} x_1 \\ x_2 \end{pmatrix} = \begin{pmatrix} -1 \\ 1 \end{pmatrix} . \tag{68}$$

Wieder gelangten wir zu den Lösungen (62); allerdings war der Zeitaufwand – der Inversion wegen – viel größer. Das Inversionsverfahren und die Cramersche Regel sind nicht besonders attraktive Lösungsverfahren, sofern konkrete Zahlenwerte gegeben sind. In diesem Fall sind das Gaussche Eliminationsverfahren und sogar das Einsetzungsverfahren effizienter. In der Wirtschaftstheorie aber wird meist nicht mit konkreten numerischen Werten gearbeitet, und hierbei empfiehlt sich die Anwendung der Cramerschen Regel durchaus. Das Inversionsverfahren benötigen wir für einen späteren Beweis; mit seiner Hilfe läßt sich auch die Gültigkeit der Cramerschen Regel zeigen, was wir dem Leser zur Übung überlassen wollen.

2.4. Das Eigenwertproblem

Unter dem *Eigenwertproblem* verstehen wir die Aufgabe, zu einer gegebenen Gleichung

$$\mathbf{A} \cdot \mathbf{x} = \lambda \cdot \mathbf{x} \text{ mit } \mathbf{A} \in \mathbb{R}^n \times \mathbb{R}^n, \mathbf{x} \in \mathbb{R}^n, \lambda \in \mathbb{R} \tag{69}$$

mit gegebener quadratischer Matrix **A** reelle Zahlen λ zu finden, für die (69) erfüllt ist. Der triviale Fall $\mathbf{x} = \mathbf{0}$ soll dabei ausgeschlossen sein. Derartige reelle Zahlen nennen wir *Eigenwerte* oder *charakteristische Wurzeln* der Gleichung (69). Den zu einem Eigenwert gehörigen Lösungsvektor der Gleichung nennen wir *Eigenvektor.* Formen wir zunächst die Gleichung etwas um, indem beide Seiten mit der Einheitsmatrix **E** entsprechender Dimension multipliziert werden:

$$\mathbf{A} \cdot \mathbf{x} = \mathbf{E} \cdot \lambda \cdot \mathbf{x}\,. \tag{70}$$

Die linke Seite blieb ex definitione unverändert. Auf beiden Seiten der Gleichung stehen nun quadratische Matrizen, multipliziert mit einem Vektor, so daß wir subtrahieren können:

$$\mathbf{A} \cdot \mathbf{x} - \mathbf{E}\,\lambda\,\mathbf{x} = \mathbf{0} \tag{71}$$

$$(\mathbf{A} - \mathbf{E}\,\lambda)\,\mathbf{x} = \mathbf{0}\,. \tag{72}$$

Damit wird die Sache schon ein wenig durchsichtiger: (72) ist ein *homogenes* lineares Gleichungssystem mit der Koeffizientenmatrix $(\mathbf{A} - \mathbf{E}\,\lambda)$. Ein homogenes System besitzt immer eine *triviale* Lösung $\mathbf{x} = \mathbf{0}$; es besitzt dann und nur dann *nichttriviale* Lösungen $\mathbf{x} \neq \mathbf{0}$, wenn die Determinante der Koeffizientenmatrix verschwindet (diesen Satz wollen wir hier nicht beweisen). Damit haben wir einen Anhaltspunkt für die Lösung des Eigenwertproblems, denn der Leser mag sich vergegenwärtigen, daß die Elemente der Koeffizientenmatrix $(\mathbf{A} - \mathbf{E}\,\lambda)$ nicht gegeben sind, weil es ja gerade um die Bestimmung der λ geht. Nach dem Obengesagten erhält man die Eigenwerte durch Nullsetzen der Determinante:

$$|\mathbf{A} - \mathbf{E}\,\lambda| = 0\,. \tag{73}$$

(73) heißt *charakteristische Gleichung* der Matrix **A**; zu jeder gegebenen Matrix **A** läßt sich eine charakteristische Gleichung aufstellen. Die

Matrix $(\mathbf{A} - \mathbf{E}\lambda)$ hat nun folgende Gestalt:

$$(\mathbf{A} - \mathbf{E}\lambda) = \begin{pmatrix} a_{11} - \lambda & a_{12} & \dots & a_{1n} \\ a_{21} & a_{22} - \lambda & & a_{2n} \\ \dots & \dots & \dots & \dots \\ a_{n1} & a_{n2} & \dots & a_{nn} - \lambda \end{pmatrix}. \tag{74}$$

Denn die Einheitsmatrix enthält ja Einsen entlang der Hauptdiagonalen und Nullen sonst. Nichttriviale Lösungen sollen also existieren, wenn die Determinante von $(\mathbf{A} - \mathbf{E}\lambda)$ verschwindet. Diese Determinante ist aber ein *Polynom n-ten Grades* in λ. Beispielsweise erhalten wir bei der Berechnung der Determinante einer 2×2-Matrix ein Polynom zweiten Grades, wie aus (74) unmittelbar ersichtlich ist. Der Leser benötigt nun folgende Information: Ein Polynom n-ten Grades besitzt genau n Nullstellen (nicht notwendig verschieden), die teilweise *reell* und teilweise *komplex* sind. Eine *komplexe Zahl* z ist definiert als Summe einer reellen Zahl und einer reellen Zahl, multipliziert mit der *imaginären Einheit*, der Wurzel aus -1:

$$z = a + b\,i \quad \text{mit} \quad a, b \in \mathbb{R} \quad \text{und} \quad i := \sqrt{-1}\,. \tag{75}$$

Man sagt, die komplexe Zahl bestehe aus einem *Realteil* (a) und einem *Imaginärteil* (b i). Ist ein Eigenwert komplex, so auch der zugehörige Eigenvektor, denn $\mathbf{A}$ soll reell sein.

Damit haben wir das Eigenwertproblem insofern gelöst, als die Auffindung der Eigenwerte durch Nullsetzen eines Polynoms n-ten Grades auffindbar sind. Die Koeffizienten des Polynoms setzen sich aus den Koeffizienten der Matrix $\mathbf{A}$ zusammen. Zu jedem Eigenwert existiert eine nicht abzählbare Menge von Eigenvektoren, die sämtlich linear abhängig sind. Denn allgemein gilt: Hat ein homogenes Gleichungssystem eine nichttriviale Lösung $\mathbf{x}^*$, so sind auch alle $k\,\mathbf{x}^*$ Lösungen, mit $k \in \mathbb{R}$. Erörtern wir nun ein einfaches

Beispiel: Es sei $\mathbf{A} = \begin{pmatrix} 3 & 1 \\ 4 & 3 \end{pmatrix}$. Welches sind die Eigenwerte und die Eigenvektoren der Matrix $\mathbf{A}$?

Zuerst stellen wir nach (73) die charakteristische Gleichung der Matrix $\mathbf{A}$ auf:

$$\begin{vmatrix} 3 - \lambda & 1 \\ 4 & 3 - \lambda \end{vmatrix} = 0\,.$$

Die Berechnung der Determinante ergibt:

$$\lambda^2 - 6\lambda + 5 = 0 .$$

Dies ist eine quadratische Gleichung. Ihre beiden Lösungen erhalten wir nach der „p/q-Formel“:

$$\lambda_{1/2} = 3 \pm \sqrt{9-5} \Rightarrow \lambda_1 = 1 \quad \text{und} \quad \lambda_2 = 5 .$$

Berechnen wir nun exemplarisch die zu λ_1 gehörigen Eigenvektoren. Nach (72) gilt unter Einsetzung der errechneten Werte:

$$\begin{pmatrix} 2 & 1 \\ 4 & 2 \end{pmatrix} \begin{pmatrix} x_1 \\ x_2 \end{pmatrix} = \begin{pmatrix} 0 \\ 0 \end{pmatrix} .$$

Klarerweise sind die beiden Gleichungen linear abhängig. Durch Auflösen der ersten nach x_2 erhalten wir die zu λ_1 gehörige Lösungsmenge linear abhängiger Vektoren:

$$\mathbf{x_1} = (x_1, -2x_1) .$$

Dabei kann für x_1 jede reelle Zahl eingesetzt werden. Zu λ_2 ergibt sich $\mathbf{x_2} = (x_1, 2x_1)$ als Lösungsmenge.

2.5. Quadratische Formen

Eine *quadratische Form* ist ein Ausdruck:

$$\mathbf{x} \cdot \mathbf{A} \cdot \mathbf{x} \quad \text{mit} \quad \mathbf{x} \in \mathbb{R}^n ; \quad \mathbf{A} \in \mathbb{R}^n \times \mathbb{R}^n \tag{76}$$

mit einer gegebenen quadratischen Matrix **A** und dem Variablenvektor **x**. Hierbei muß **x** einmal als Zeilen- und einmal als Spaltenvektor geschrieben werden, damit die Multiplikation in (76) ausführbar ist. Warum (76) quadratische Form heißt, wollen wir wieder an einem Beispiel zeigen.

Beispiel: Es sei $\mathbf{A} = \begin{pmatrix} 1 & 1 \\ 1 & 1 \end{pmatrix}$ die Koeffizientenmatrix von (76). Die zu **A** gehörige quadratische Form ist:

$$\begin{aligned} \mathbf{x} \cdot \mathbf{A} \cdot \mathbf{x} &= (x_1, x_2) \begin{pmatrix} 1 & 1 \\ 1 & 1 \end{pmatrix} \begin{pmatrix} x_1 \\ x_2 \end{pmatrix} \\ &= (x_1, x_2) \begin{pmatrix} x_1 + x_2 \\ x_1 + x_2 \end{pmatrix} \\ &= x_1^2 + 2x_1x_2 + x_2^2 . \end{aligned}$$

Wir sehen also durch Ausführen der Multiplikation: $\mathbf{x} \cdot \mathbf{A} \cdot \mathbf{x}$ ist lediglich eine kompakte Schreibweise für eine quadratische Form mit n (hier: zwei) Variablen. Von Interesse sind nun solche quadratische Formen, die für *alle* $\mathbf{x}$ ein bestimmtes Vorzeichen aufweisen. Dafür hat man den Ausdruck der Definitheit geprägt.

Definition 4: Eine quadratische Form bzw. die entsprechende Matrix heißt *positiv definit*, wenn $\mathbf{x} \cdot \mathbf{A} \cdot \mathbf{x}$ für beliebige $\mathbf{x} \neq \mathbf{0}$ positiv ist. Sie heißt *negativ definit*, wenn $\mathbf{x} \cdot \mathbf{A} \cdot \mathbf{x}$ für beliebige $\mathbf{x} \neq \mathbf{0}$ negativ ist. Sie heißt *positiv semidefinit*, wenn sie für alle $\mathbf{x}$ nicht negativ und *negativ semidefinit*, wenn sie für alle $\mathbf{x}$ nicht positiv ist.

Die Definitionen der Definitheit bzw. Semidefinitheit konnten sich sowohl auf die quadratische Form, als auch auf die Koeffizientenmatrix beziehen, denn zu jeder quadratischen Form existiert eine Koeffizientenmatrix. Offensichtlich ist die Matrix $\mathbf{A}$ unseres obigen Beispiels positiv semidefinit, denn im letzten Umformungsschritt ergab sich eine binomische Formel: $(x_1 + x_2)^2$. Dieser Ausdruck ist gleich Null, wenn $x_1 = -x_2$, sonst positiv. Den meisten quadratischen Formen bzw. Matrizen sieht man aber durchaus nicht ihre Definitheit oder Semidefinitheit an. Es gibt jedoch notwendige und hinreichende Bedingungen, die wir ohne Beweis wiedergeben wollen durch das

Theorem 4: Eine symmetrische Matrix $\mathbf{A} \in \mathbb{R}^n \times \mathbb{R}^n$ ist

– genau dann positiv definit, wenn

$$|a_{11}| > 0 \quad \text{und} \quad \begin{vmatrix} a_{11} & a_{12} \\ a_{21} & a_{22} \end{vmatrix} > 0 \quad \text{und} \ldots \text{und} \quad |\mathbf{A}| > 0,$$

– genau dann negativ definit, wenn

$$|a_{11}| < 0 \quad \text{und} \quad \begin{vmatrix} a_{11} & a_{12} \\ a_{21} & a_{22} \end{vmatrix} > 0 \quad \text{und} \ldots \text{und} \quad (-1)^n |\mathbf{A}| > 0,$$

– genau dann positiv semidefinit, wenn alle Hauptminoren positiv sind oder verschwinden;
– genau dann negativ semidefinit, wenn alle Hauptminoren i-ter Ordnung ($i = 1 \ldots n$) das Vorzeichen $(-1)^i$ aufweisen oder verschwinden.

Wir nennen die obigen Determinanten Hauptminoren. Die *Hauptminoren* sind also Determinanten von Untermatrizen, die symmetrisch um die Hauptdiagonale liegen und durch Streichen von k i-ten Zeilen und Spalten entstehen, wobei $k < n$. Die Zahl der Zeilen bzw. Spalten eines Hauptminors nennen wir seine *Ordnung*. a_{11} ist demnach ein Hauptminor erster Ordnung (wie auch alle übrigen Elemente der Hauptdiagonalen), und $|\mathbf{A}|$ selbst ist der Hauptminor n-ter Ordnung. Nach dem obigen Theorem müssen nicht alle Hauptminoren auf ihr Vorzeichen getestet werden, sondern nur die „links oben" liegenden; wir nennen sie die *führenden Hauptminoren*. Das ist leicht einzusehen, denn bei positivem a_{11} und positivem Hauptminor zweiter Ordnung (wie im Theorem), muß auch a_{22} positiv sein.

Verbal lauten die Bedingungen demnach: Bei einer positiv definiten Matrix müssen alle Hauptminoren positiv sein; bei einer negativ definiten Matrix dagegen abwechselnd positiv und negativ, beginnend mit dem negativen Vorzeichen.

Beispiel 1: Ist die Matrix $\mathbf{A} = \begin{pmatrix} 1 & 2 & 1 \\ 2 & 5 & 2 \\ 1 & 2 & 2 \end{pmatrix}$ definit?

Wir betrachten gemäß Theorem 4 die führenden Hauptminoren:

$$|1| > 0 \quad \text{und} \quad \begin{vmatrix} 1 & 2 \\ 2 & 5 \end{vmatrix} > 0 \quad \text{und} \quad \begin{vmatrix} 1 & 2 & 1 \\ 2 & 5 & 2 \\ 1 & 2 & 2 \end{vmatrix} > 0 .$$

Also ist die Matrix **A** *positiv definit.*

Beispiel 2: Ist die Matrix $\mathbf{B} = \begin{pmatrix} 1 & 1 & 1 \\ 1 & 1 & 1 \\ 1 & 1 & 1 \end{pmatrix}$ definit?

Die führenden Hauptminoren sind in diesem Fall

$$|1| > 0 \quad \text{und} \quad \begin{vmatrix} 1 & 1 \\ 1 & 1 \end{vmatrix} = 0 \quad \text{und} \quad \begin{vmatrix} 1 & 1 & 1 \\ 1 & 1 & 1 \\ 1 & 1 & 1 \end{vmatrix} = 0 .$$

Deshalb ist **B** *positiv semidefinit.* Durch Ausführen der Multiplikation läßt sich die quadratische Form $\mathbf{x} \cdot \mathbf{B} \cdot \mathbf{x}$ in $(x_1 + x_2 + x_3)^2$ umformen. Es ist offensichtlich, daß dieser Ausdruck beispielsweise für $\mathbf{x} = (2; -2; 0) \neq \mathbf{0}$ verschwindet.

Beispiel 3: Die *Einheitsmatrix* ist nach Theorem 4 positiv definit. Die *Nullmatrix* ist sowohl positiv semidefinit als auch negativ semidefinit.

3. Differentialrechnung in mehreren Veränderlichen

Welcher Ökonom ist noch nicht der berüchtigten „Interdependenz“ volkswirtschaftlicher Größen begegnet? Zweifellos hängt in der Realität alles von allem ab, und man ist aus reiner Not gezwungen, wenige Zusammenhänge herauszugreifen, die man für wichtig erachtet. Indes kann die Vereinfachung im Normalfall nicht so weit getrieben werden, daß jede ökonomische Größe von jeweils nur *einer* anderen abhängt; derartige Monokausalitäten sind meist nicht haltbar. Deshalb müssen wir uns jetzt mit Funktionen in mehreren Veränderlichen befassen, ein Unterfangen, das durch die Hilfsmittel der linearen Algebra sehr erleichtert wird.

3.1. Funktionen in mehreren Veränderlichen

Wir definieren eine reelle Funktion in mehreren Veränderlichen als eine Abbildung:

$$f\colon\ \mathbb{R}^n \to \mathbb{R} \quad \text{mit} \quad y = f(\mathbf{x})\,; \quad y \in \mathbb{R},\ \mathbf{x} \in \mathbb{R}^n\,. \tag{77}$$

Hierdurch wird *jedem* Vektor $\mathbf{x}$ des $\mathbb{R}^n$ *genau eine* reelle Zahl y zugeordnet. Eine Funktion (77) heißt *stetig*, wenn $\lim_{\mathbf{x}\to\mathbf{a}} f(\mathbf{x}) = f(\mathbf{a})$ $(\mathbf{x} \neq \mathbf{a})$ für alle $\mathbf{a} \in \mathbb{R}$ gilt, und wir schreiben $f \in C^0$.

3.2. Partielle Ableitungen. Der Gradient

In 1.2. definierten wir die gewöhnliche Ableitung einer Funktion als Grenzwert des Differenzenquotienten und interpretierten sie als Steigung des Funktionsgraphen. Für Funktionen in, sagen wir, zwei Veränderlichen bezeichnet der Ausdruck „Steigung“ nichts Bestimmtes, weil es bei einer solchen „gebirgeartigen“ Funktion Steigungen in alle möglichen Richtungen gibt. Von Interesse sind dabei die Steigungen in Richtung der *Koordinatenachsen* der unabhängigen Variablen – und deren gibt es bei einer Funktion in n Variablen genau n. Sie werden beschrieben durch die partiellen Ableitungen der Funktion. Zum Beispiel ist $\partial y/\partial x_1$ die Steigung des Graphen in Richtung der x_1-Achse oder anders: die Änderungsrate des Funktionswertes, wenn x_1 variiert wird und alle übrigen Argumente *festgehalten* werden. Da aber nur jeweils eine Variable verändert wird, können wir die partielle Ableitung auf die gewöhnliche zurückführen.

Definition: Sei $f: \mathbb{R}^n \to \mathbb{R}$ mit $y = f(\mathbf{x})$ und $h: \mathbb{R} \to \mathbb{R}$ mit $y = h(x_i)$, wobei $f(\mathbf{x}) = h(x_i)$, sofern alle $x_j \neq x_i$ fest sind.

Dann ist die *partielle Ableitung* von f nach x_i definiert als:

$$f_i = \frac{\partial f}{\partial x_i} := \frac{dh}{dx_i}. \tag{78}$$

Die partielle Ableitung ist also nichts weiter als eine gewöhnliche Ableitung, wenn alle Variablen bis auf eine festgehalten werden. Man symbolisiert die partielle Ableitung mit einem stilisierten d (∂) (und nicht mit einem kleinen griechischen Delta (δ)). Die Funktion (77) heißt *an einer Stelle* $\boldsymbol{a}$ *nach* x_i *differenzierbar*, wenn der Grenzwert des Differenzenquotienten (78) dort existiert. Sie heißt *nach* x_i *differenzierbar*, wenn besagter Grenzwert an jeder Stelle existiert, und sie heißt schließlich *differenzierbar*, wenn alle partiellen Ableitungen an jeder Stelle existieren. Sind letztere zusätzlich stetig, so schreiben wir $f \in C^1$.

Höhere partielle Ableitungen sind als partielle Ableitungen von partiellen Ableitungen definiert. Dabei wird die Anzahl der höheren partiellen Ableitungen sehr rasch recht umfangreich; für eine Funktion in zwei Veränderlichen erhält man beispielsweise vier zweite partielle Ableitungen (falls existent), die durch Differentiation der beiden ersten partiellen Ableitungen berechnet werden:

$$\begin{aligned} f_{11} &:= \frac{\partial^2 f}{\partial x_1^2}, \qquad f_{12} := \frac{\partial^2 f}{\partial x_1\, \partial x_2} \\ f_{21} &:= \frac{\partial^2 f}{\partial x_1\, \partial x_2}, \quad f_{22} := \frac{\partial^2 f}{\partial x_2^2}. \end{aligned} \tag{79}$$

Ableitungen der Art f_{ij}, f_{ji} $(i \neq j)$ werden *Kreuzableitungen* genannt. Sie geben an, mit welcher Rate sich die Steigung des Graphen in Richtung der i-ten Variablen ändert, wenn die j-te Variable verändert wird. Für die Kreuzableitungen gilt der

Satz von Schwarz: Sei $f: \mathbb{R}^n \to \mathbb{R}$, $f \in C^2$. Dann ist $f_{ij} = f_{ji}$ für alle $i, j = 1 \ldots n$.

Es ist demnach gleichgültig, in welcher Reihenfolge man ableitet. Da wir die partielle Ableitung auf die gewöhnliche zurückführten, lassen sich alle bekannten Ableitungsregeln auch hier anwenden.

Für spätere Zwecke definieren wir den *Gradienten* einer Funktion f: $\mathbb{R}^n \to \mathbb{R}$ aus C^1 als Vektor ihrer partiellen Ableitungen:

$$\operatorname{grad}(f) := \left(\frac{\partial f}{\partial x_1}, \frac{\partial f}{\partial x_2}, \ldots, \frac{\partial f}{\partial x_n}\right). \tag{80}$$

Beispiel: Sei $y = x_1^2 + 5x_2$.
Dann ist $\operatorname{grad}(f) = (2x_1, 5)$.

Ist der Gradient nun selbst eine Funktion? Offenbar wird jedem Vektor $\mathbf{x}$ des $\mathbb{R}^n$ ein Vektor des $\mathbb{R}^n$ zugeordnet und nicht, wie bisher, eine reelle Zahl. Da aber Vektoren des $\mathbb{R}^n$ als Elemente dieses Raumes aufgefaßt werden können, handelt es sich weiterhin um eine vollständige und eindeutige Abbildung. Wir erweitern deshalb den Begriff der Funktion auf den eines Vektorfeldes:

Definition 5: Eine Abildung f: $\mathbb{R}^m \to \mathbb{R}^n$, die *jedem* Vektor des $\mathbb{R}^m$ *genau einen* Vektor des $\mathbb{R}^n$ zuordnet, heißt *vektorwertige Funktion* oder *Vektorfeld.*

Der Gradient ist demnach ein spezielles Vektorfeld. Durch Vektorfelder können wir in kompakter Weise *Systeme* von Funktionen in n Veränderlichen beschreiben. Betrachten wir hierzu ein weiteres

Beispiel: Gegeben seien zwei Funktionen

$$y^1 = f^1(x_1, x_2) \quad y^2 = f^2(x_1, x_2).$$

Dieses Funktionensystem bildet ein Vektorfeld und wir schreiben:

$$f\colon \quad \mathbb{R}^2 \to \mathbb{R}^2 \quad \text{mit} \quad \mathbf{y} = \mathbf{f}(\mathbf{x})\,; \quad \mathbf{y}, \mathbf{x} \in \mathbb{R}^2.$$

Vektorfelder sind im weiteren durch *Fettdruck* des Funktionssymbols kenntlich gemacht. Die einzelnen Funktionen des Vektorfeldes unterscheiden wir durch *hochgestellte* Indizes, damit keine Verwechslung mit den partiellen Ableitungen möglich ist, die durch *niedriggestellte* Indizes bezeichnet werden. Durch ein Vektorfeld kann etwa eine Produktionstechnologie sehr kompakt beschrieben werden, bei der n Produkte unter Einsatz von m Faktoren hergestellt werden.

3.3. Kettenregel

Auch und gerade bei Funktionen in mehreren Veränderlichen treten oft „indirekte Abhängigkeiten" auf, die es zu analysieren gilt. So hängt beispielsweise der Gesamterlös einer Mehrproduktunternehmung von den Verkaufsmengen aller dort produzierten Güter ab, diese aber wiederum über die Produktionsfunktionen von den eingesetzten Faktoren. Glücklicherweise existiert auch für solch komplexe Fälle eine Kettenregel:

Theorem 5: Sei $f: \mathbb{R}^n \to \mathbb{R}$ mit $y = f(\mathbf{x})$ eine Funktion aus C^1 und $\mathbf{g}: \mathbb{R} \to \mathbb{R}^n$ mit $\mathbf{x} = \mathbf{g}(t)$ ein Vektorfeld, dessen Komponenten g^i Funktionen aus C^1 seien ($i = 1 \ldots n$).

Dann existiert eine Funktion $h: \mathbb{R} \to \mathbb{R}$ aus C^1 mit $y = h(t)$ und es gilt:

$$\frac{dy}{dt} = \operatorname{grad}(f) \cdot \frac{d\mathbf{x}}{dt}. \tag{81}$$

Umschreiben wir das Theorem verbal: Die reelle Variable y hängt von n Veränderlichen ab, die im Vektor $\mathbf{x}$ zusammengefaßt sind. Jede Komponente x_i befindet sich wiederum in Abhängigkeit von einer Variablen t: Durch das Vektorfeld $\mathbf{x} = \mathbf{g}(t)$ wird jeder reellen Zahl t genau ein Vektor $\mathbf{x}$ zugeordnet. Natürlich hängt dann y indirekt von t ab, was durch die Funktion h beschrieben wird. Die Ableitung dieser Funktion berechnet sich nach (81) als Skalarprodukt des Gradienten von f mit der Ableitung des Vektorfeldes. Für den Fall $n = 1$ erhalten wir die gewöhnliche Kettenregel (12). Für $n = 2$ ergibt sich bei Ausführung der Skalarmultiplikation:

$$\frac{dy}{dt} = \frac{\partial y}{\partial x_1} \cdot \frac{dx_1}{dt} + \frac{\partial y}{\partial x_2} \cdot \frac{dx_2}{dt}. \tag{82}$$

Dieser Ausdruck wird manchmal die *totale Ableitung* von f nach t genannt. Die totale Ableitung ist hier offenbar die Summe zweier „Teilwirkungen": Der erste Summand gibt, analog zur gewöhnlichen Kettenregel, die „durch x_1 vermittelte Wirkung" einer Änderung von t auf y an; der zweite Summand die „durch x_2 vermittelte Wirkung". Durch Addition der beiden erhält man die „Gesamtwirkung" einer Änderung von t auf y.

Beispiel: Sei $y = 2x_1 + 4x_2$, $x_1 = t^2$, $x_2 = 3t$.

Aus (81) folgt für die totale Ableitung sofort:

$$\frac{dy}{dt} = 2 \cdot 2t + 4 \cdot 3 = 4t + 12.$$

Dennoch gibt es einige für uns bedeutsame Probleme, die wir mit dem schon recht mächtigen Theorem 5 nicht analytisch behandeln können. Deshalb gehen wir noch einen Schritt weiter und ersetzen die Funktion f des Theorems 5 durch ein *Vektorfeld:*

$$\begin{aligned} y^1 &= f^1(x_1, \ldots, x_n) \\ y^2 &= f^2(x_1, \ldots, x_n) \\ &\ldots\ldots\ldots\ldots\ldots\ldots \\ y^n &= f^n(x_1, \ldots, x_n)\,. \end{aligned} \tag{83}$$

Definition 6: Seien die Funktionen f^i $(i = 1 \ldots n)$ des Vektorfeldes (83) Elemente von C^1. Dann heißt die Matrix

$$\mathrm{Jac}(f) := \begin{pmatrix} f^1_1 & f^1_2 & \ldots & f^1_n \\ f^2_1 & f^2_2 & \ldots & f^2_n \\ \ldots & \ldots & \ldots & \ldots \\ f^n_1 & f^n_2 & \ldots & f^n_n \end{pmatrix}$$

des Vektorfeldes *Jacobi-Matrix.* Sie ist selbst ein Vektorfeld.

Die Jacobi-Matrix besteht also aus den jeweils n partiellen Ableitungen der n Funktionen (83): Sie ist *quadratisch.* Wir können die Jacobi-Matrix auch als Vektor von Gradienten auffassen, denn in der i-ten Zeile findet sich der Gradient der i-ten Funktion des Vektorfeldes.

Beispiel: Sei $y^1 = 3x_1^2 + 5x_2$, $y^2 = x_1^3 + 1$ ein Vektorfeld. Die Jacobi-Matrix ist dann:

$$\mathrm{Jac}(\mathbf{f}) = \begin{pmatrix} 6x_1 & 5 \\ 3x_1^2 & 0 \end{pmatrix}.$$

Durch Definition der Jacobi-Matrix können wir das Theorem 5 nun auf Vektorfelder ausdehnen:

Theorem 6: Sei $\mathbf{f}\colon \mathbb{R}^n \to \mathbb{R}^n$ mit $\mathbf{y} = \mathbf{f}(\mathbf{x})$ ein Vektorfeld und $\mathbf{g}\colon \mathbb{R} \to \mathbb{R}^n$ mit $\mathbf{x} = \mathbf{g}(t)$ ein Vektorfeld, wobei alle Funktionen f^i und g^i Elemente von C^1 seien.

Dann existiert ein Vektorfeld $\mathbf{h}\colon \mathbb{R} \to \mathbb{R}^n$ mit Komponenten h^i aus C^1 und

$$\mathbf{y} = \mathbf{h}(t)$$

und es gilt:

$$\frac{d\mathbf{y}}{dt} = \mathrm{Jac}(\mathbf{f}) \cdot \frac{d\mathbf{x}}{dt}\,. \tag{84}$$

Dieser Satz wird sofort klar, wenn man die Matrix-Multiplikation für die i-te totale Ableitung durchführt:

$$\frac{dy^i}{dt} = \text{grad}\,(f^i) \cdot \frac{d\mathbf{x}}{dt}\,. \tag{85}$$

(85) ergab sich aus der Überlegung, daß die i-te Zeile der Jacobi-Matrix ja gerade der Gradient von f^i ist. Diese Gleichung stimmt aber mit (81) überein. Die Lösung (84) ist also gleichsam ein Vektor von Lösungen (81).

Das Theorem 6 läßt sich ohne weiteres auf den Fall übertragen, daß $\mathbf{x}$ von m Variablen $\mathbf{t}$ abhängt; in diesem Fall sind in (84) zwei Jacobi-Matrizen zu multiplizieren.

3.4. Satz von Taylor

Im ersten Abschnitt erwies sich der Satz von Taylor als wichtigstes Hilfsmittel für die Einführung von Differentialen einerseits und den Beweis der Extremalbedingungen andererseits; so ist es auch hier. Beginnen wir heuristisch mit einer linearen Funktion:

$$y = f(x_1, x_2) = 2x_1 + 3x_2 + 4\,. \tag{86}$$

Die Funktionswerte lassen sich beispielsweise durch Entwicklung nach der Stelle (0, 0) berechnen, und zwar nach der Formel:

$$f(x_1, x_2) = f(0, 0) + f_1(0, 0)\,x_1 + f_2(0, 0)\,x_2\,. \tag{87}$$

Dieser Ausdruck entspricht der Formel (19), nur daß hier die Änderungen zweier Variabler berechnet und addiert werden müssen. Die partiellen Ableitungen f_1 und f_2 sind in unserem Beispiel konstant ($f_1 = 2$ und $f_2 = 3$); für die Berechnung von f (1, 5) ergibt sich also beispielsweise:

$$f(1, 5) = 4 + 2 \cdot 1 + 3 \cdot 5 = 21\,. \tag{88}$$

Dasselbe Ergebnis folgt durch unmittelbares Einsetzen in die Funktionsgleichung (86). Freilich gilt (87) auch hier allein für lineare Funktionen, denn nur in diesem Falle sind die partiellen Ableitungen konstant und geben tatsächliche Änderungsraten an. Bei nichtlinearen Funktionen krümmt sich der Graph stets von der Tangentialfläche (bzw. Tangentialhyperfläche) weg, so daß (87) nur eine Näherung sein kann.

Der Satz von Taylor gibt die exakten Lösungen für Restglieder beliebiger Ordnung; allein ist er so kompliziert, daß wir nur die speziellen Formeln für Restglieder erster und zweiter Ordnung angeben wollen:

Theorem 7: Sei f: $\mathbb{R}^n \to \mathbb{R}$ mit $y = f(\mathbf{x})$ Element von C^1. Dann gilt für die Entwicklung nach einer Stelle $\mathbf{a} \in \mathbb{R}^n$ mit dem Restglied erster Ordnung

$$f(\mathbf{x}) = f(\mathbf{a}) + \text{grad}\,(f(\mathbf{z})) \cdot (\mathbf{x} - \mathbf{a})\,, \qquad (89)$$

wobei $\mathbf{z} \in [\mathbf{a}, \mathbf{x}]$.

Diese Formel läßt sich entsprechend der Bemerkungen zu (87) interpretieren. $f(x_1, x_2)$ etwa wird berechnet, indem sowohl die Reaktionen der Funktion in bezug auf x_1 als auch in bezug auf x_2 berücksichtigt und addiert werden. Bei n Veränderlichen muß die Änderung der i-ten Variablen mit ihrer partiellen Ableitung multipliziert und die Summe dieser Ausdrücke ermittelt werden: Das Skalarprodukt in (89) ist nur eine kurze Schreibweise hierfür.

Definition 7: Sei f: $\mathbb{R}^n \to \mathbb{R}$ Element von C^2. Dann heißt die Matrix

$$\text{Hess}\,(f) := \begin{pmatrix} f_{11} & f_{12} & \dots & f_{1n} \\ f_{21} & f_{22} & \dots & f_{2n} \\ \dots & \dots & \dots & \dots \\ f_{n1} & f_{n2} & \dots & f_{nn} \end{pmatrix}$$

die *Hesse-Matrix* von f. Nach dem Satz von Schwarz ist sie *symmetrisch.*

Wie der Gradient eine Art Analogon zur gewöhnlichen ersten Ableitung ist, entspricht die Hesse-Matrix als Zusammenfassung der zweiten partiellen Ableitungen in gewisser Weise der gewöhnlichen zweiten Ableitung. Bei Verwendung der Hesse-Matrix läßt sich der Satz von Taylor mit dem Restglied zweiter Ordnung kompakt schreiben:

Theorem 8: Sei f: $\mathbb{R}^n \to \mathbb{R}$ mit $y = f(\mathbf{x})$ Element von C^2. Dann gilt für die Entwicklung nach einer Stelle $\mathbf{a} \in \mathbb{R}^n$ mit dem Restglied zweiter Ordnung:

$$f(\mathbf{x}) = f(\mathbf{a}) + \text{grad}\,(f(\mathbf{a})) \cdot (\mathbf{x} - \mathbf{a}) + \tfrac{1}{2}\,\text{Hess}\,(f(\mathbf{z})) \cdot (\mathbf{x} - \mathbf{a})^2\,, \qquad (90)$$

wobei $\mathbf{z} \in [\mathbf{a}, \mathbf{x}]$.

Schreiben wir die Taylor-Entwicklung mit dem Restglied zweiter Ordnung für eine Funktion in zwei Veränderlichen auf:

$$\begin{aligned} f(x_1, x_2) = f(\mathbf{a}) + f_1(\mathbf{a})(x_1 - a_1) + f_2(\mathbf{a})(x_2 - a_2) + \\ + \tfrac{1}{2}[f_{11}(\mathbf{z})(x_1 - a_1)^2 + f_{12}(\mathbf{z})(x_1 - a_1)(x_2 - a_2) + \\ + f_{21}(\mathbf{z})(x_2 - a_2)(x_1 - a_1) + f_{22}(\mathbf{z})(x_2 - a_2)^2]\,. \end{aligned} \tag{91}$$

Es sei bemerkt, daß der dritt- und zweitletzte Summand identisch sind (Satz von Schwarz) und deshalb zusammengefaßt werden können. Dadurch nimmt das Restglied zweiter Ordnung die Gestalt einer binomischen Formel an.

3.5. Partielle und totale Differentiale

Beginnen wir mit einer stetig differenzierbaren Funktion (77) in mehreren Veränderlichen. Ihr *partielles Differential* ist ein Ausdruck

$$\delta f = f_i \cdot dx_i\,. \tag{92}$$

Das partielle Differential ist eine lineare Approximation jener Funktionsänderung, die aus Variation von x_i bei Konstanthaltung aller übrigen Variablen resultiert. Damit entspricht das partielle Differential exakt dem gewöhnlichen, wie auch die partielle Ableitung der gewöhnlichen entspricht. Partielle Differentiale werden mit einem kleinen Delta (δ) geschrieben.

Wie aber ändert sich der Funktionswert näherungsweise, wenn wir *alle* Variablen x_i verändern? Heuristisch können wir sagen, daß diese Wirkung sich durch Addition der partiellen Differentiale ergibt; wir nennen dies das *totale Differential:*

$$\begin{aligned} df = f_1\,dx_1 + f_2\,dx_2 + \ldots + f_n\,dx_n \\ \Leftrightarrow\ dy = \operatorname{grad}(f) \cdot \mathbf{dx}; \quad \mathbf{dx} := (dx_1, \ldots, dx_n)\,. \end{aligned} \tag{93}$$

Anhand des Satzes von Taylor mit dem Restglied zweiter Ordnung können wir uns leicht über die Natur des totalen Differentials klarwerden: Durch Vernachlässigung des Restgliedes zweiter Ordnung in (90) erhalten wir unmittelbar (93). Dabei steht dy für $f(\mathbf{x}) - f(\mathbf{a}) - \varepsilon$ und dx_i für $x_i - a_i$. In (93) seien die partiellen Ableitungen an der Stelle $\mathbf{a}$ evaluiert. Weil das Restglied in der Taylor-Formel (90) für $\mathbf{x} \to \mathbf{a}$ offenbar gegen Null konvergiert, ist die durch (93) angegebene Approximation um so besser, je kleiner die Änderungen der x_i gewählt werden.

Beispiel: Sei $y = f(x_1, x_2) = x_1^2 + 3x_2$.

Das totale Differential von f an der Stelle (1, 2) ist definiert als:

$$dy = f_1(1, 2)\,dx_1 + f_2(1, 2)\,dx_2 .$$

Durch Berechnung der lokalen partiellen Ableitungen ergibt sich:

$$dy = 2\,dx_1 + 3\,dx_2 .$$

Setzen wir etwa $dx_1 = 1$ und $dx_2 = 3$:

$$dy = 2 \cdot 1 + 3 \cdot 3 = 11 .$$

Die exakte Änderung des Funktionswertes erhalten wir durch Ermittlung von f (1, 2) und f (2, 5) und Bildung der Differenz:

$$\Delta y = 19 - 7 = 12 .$$

Somit betrug der Fehler: $\varepsilon = 1$.

3.6. Konkavität und Konvexität

Die in 1.5. definierten Begriffe lassen sich auf Funktionen in mehreren Veränderlichen übertragen. So ist beispielsweise die im Text gezeigte Neoklassische Produktionsfunktion mit zwei Faktoren aller Anschauung nach konkav, also „nach oben gewölbt". Freilich sind Eigenschaften wie Konkavität und Konvexität für Funktionen in mehr als zwei Veränderlichen nicht geometrisch vorstellbar, weil die Anschauung bei mehr als drei Dimensionen versagt. Gleichwohl kann die Konkavität oder Konvexität als rein analytische Eigenschaft für Funktionen in beliebig vielen Veränderlichen definiert werden.

Definition 8: Eine Funktion $f: \mathbb{R}^n \to \mathbb{R}$ heißt *streng konkav* auf einem Intervall, wenn für alle Vektoren $\mathbf{x}, \mathbf{x}'$ $(\mathbf{x} \neq \mathbf{x}')$ aus diesem Intervall und alle t mit $0 < t < 1$ gilt:

$$f(t\,\mathbf{x} + (1-t)\,\mathbf{x}') > t\,f(\mathbf{x}) + (1-t)\,f(\mathbf{x}') . \tag{94}$$

Sie heißt *konkav,* wenn in (94) die Gleichheitsrelation zugelassen ist, *streng konvex,* wenn die echte Kleiner-Relation und *konvex,* wenn die Kleiner-Gleich-Relation dort gilt.

Auch hier besitzen wir ein Kriterium zur Prüfung einer Funktion auf Konkavität bzw. Konvexität.

Theorem 9: Sei f: $\mathbb{R}^n \to \mathbb{R}$ auf einem Intervall $\mathbf{I} = [\mathbf{a}, \mathbf{b}] \subset \mathbb{R}^n$ zweimal stetig differenzierbar. f ist auf **I**

– immer dann streng konkav, wenn Hess $(f(\mathbf{x}))$ negativ definit ist für alle $\mathbf{x} \in \mathbf{I}$,
– immer dann streng konvex, wenn Hess $(f(\mathbf{x}))$ positiv definit ist für alle $\mathbf{x} \in \mathbf{I}$,
– genau dann konkav, wenn Hess $(f(\mathbf{x}))$ negativ semidefinit ist für alle $\mathbf{x} \in \mathbf{I}$,
– genau dann konvex, wenn Hess $(f(\mathbf{x}))$ positiv semidefinit ist für alle $\mathbf{x} \in \mathbf{I}$.

Wir wollen diesen Satz nicht allgemein beweisen; er wird jedoch im nächsten Unterabschnitt angesprochen.

Beispiel: $y = x_1^{0,4} x_2^{0,4}$ ist eine Standard-Produktionsfunktion mit positiven, abnehmenden Grenzerträgen. Ist sie streng konkav?

Wir berechnen den Gradienten:

$$\operatorname{grad}(f) = (0{,}4\, x_1^{-0,6}\, x_2^{0,4};\ 0{,}4\, x_1^{0,4}\, x_2^{-0,6})$$

und hieraus die Hesse-Matrix:

$$\operatorname{Hess}(f) = \begin{pmatrix} -0{,}24\, x_1^{-1,6}\, x_2^{0,4} & 0{,}16\, x_1^{-0,6}\, x_2^{-0,6} \\ 0{,}16\, x_1^{-0,6}\, x_2^{-0,6} & -0{,}24\, x_1^{0,4}\, x_2^{-1,6} \end{pmatrix}.$$

Nach Theorem 9 ist f streng konkav, wenn die Hesse-Matrix negativ definit ist. Nach Theorem 4 berechnen wir die führenden Hauptminoren:

$$|f_{11}| = -0{,}24\, x_1^{-1,6}\, x_2^{0,4} < 0$$

$$|\operatorname{Hess}(f)| = 0{,}032\, x_1^{-1,2}\, x_2^{-1,2} > 0\,.$$

Daher ist die Hesse-Matrix (für alle positiven x_1, x_2) negativ definit und somit f streng konkav.

3.7. Extrema

Der größte Teil des bisher besprochenen Stoffes war vorbereitend auf diesen Unterabschnitt angelegt: die Extremierung von Funktionen in mehreren Veränderlichen ist, was uns eigentlich interessiert. Die Definition eines Extremums und die Klassifikation in lokale, eindeutige und reguläre Extrema verläuft ganz so, wie in 1.6 besprochen, deshalb gehen wir hier nicht mehr darauf ein. Wir stellen den zentralen Satz voran und gehen anschließend zu Beweisen, Erläuterungen und Beispielen über.

Theorem 10: Eine Funktion $f: \mathbb{R}^n \to \mathbb{R}$, $f \in C^2$ mit $\mathbf{a} \in \mathbb{R}^n$

- besitzt in **a** dann ein lokales Maximum, wenn $\operatorname{grad}(f(\mathbf{a})) = 0$ und f in einer Umgebung von **a** konkav ist.
- besitzt in **a** dann ein lokales Minimum, wenn $\operatorname{grad}(f(\mathbf{a})) = 0$ und f in einer Umgebung von **a** konvex ist.

Korollar 4:

- Das Maximum aus Theorem 10 ist mindestens dann eindeutig, wenn $\operatorname{Hess}(f(\mathbf{a}))$ negativ definit ist.
- Das Minimum aus Theorem 10 ist mindestens dann eindeutig, wenn $\operatorname{Hess}(f(\mathbf{a}))$ positiv definit ist.

Die Bedingungen erster Ordnung für ein lokales Extremum fordern, daß der Gradient an der Extremalstelle gleich dem Nullvektor ist. Oder anders: daß *alle* partiellen Ableitungen dort verschwinden. Anschaulich ausgedrückt müssen alle Tangenten an einer Extremalstelle waagerecht verlaufen, was für den Fall einer Funktion in zwei Veränderlichen graphisch demonstriert werden kann:

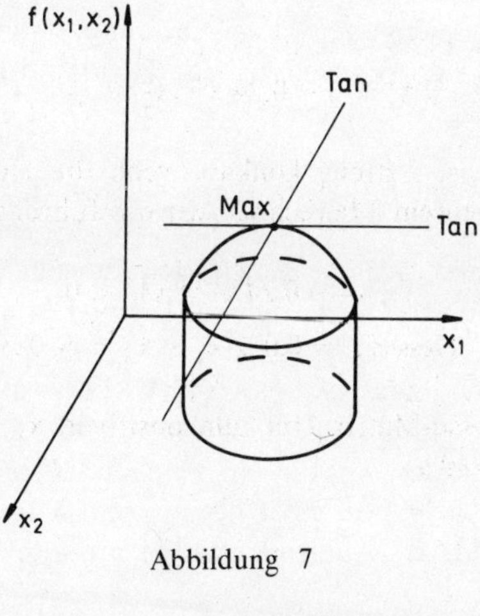

Abbildung 7

Die Bedingungen zweiter Ordnung scheinen sich der unmittelbaren Anschauung zu entziehen, aber wir werden sie sogleich in fast vollständiger Analogie zu 1.6 beweisen. Vorweg sei bemerkt, daß nach Theorem 9 die negative Definitheit der Hesse-Matrix in $\mathbf{a}$ (und in einer Umgebung von $\mathbf{a}$) bedeutet, daß die Funktion dort streng konkav ist. Aus der Abbildung ist sofort ersichtlich, daß dies zusammen mit den horizontalen Tangenten ein relatives Maximum impliziert, welches darüber hinaus lokal eindeutig ist.

Ziehen wir zum Beweis der Bedingung erster Ordnung für ein lokales Maximum die Taylor-Formel mit dem Restglied erster Ordnung heran:

$$f(\mathbf{x}) = f(\mathbf{a}) + \operatorname{grad}(f(\mathbf{z})) \cdot (\mathbf{x} - \mathbf{a}) . \tag{95}$$

An der Stelle $\mathbf{a}$ eines eindeutigen Maximums gilt ex definitione:

$$f(\mathbf{x}) < f(\mathbf{a}) \tag{96}$$

für alle $\mathbf{x} \neq \mathbf{a}$ einer genügend kleinen Umgebung von $\mathbf{a}$. Nehmen wir nun an, einige Komponenten von grad $(f(\mathbf{a}))$ wären positiv. Dann kann $\mathbf{x}$ so gewählt werden, daß grad $(f(\mathbf{z}))$ ebenfalls positiv ist (also positive Komponenten enthält). Denn der Gradient setzt sich ja aus n stetigen Funktionen zusammen, und wenn mindestens eine partielle Ableitung in $\mathbf{a}$ positiv ist, dann ist sie auch in einer Umgebung von $\mathbf{a}$ positiv. Dann aber wäre für bestimmte $\mathbf{x} > \mathbf{a}$ das Skalarprodukt in (95) positiv, was der Definition des Maximums zuwiderliefe. Also kann grad $(f(\mathbf{a}))$ nicht positiv sein und auch nicht negativ, weil sich dann ein analoger Widerspruch ergibt. Also ist grad $(f(\mathbf{a}))$ gleich dem Nullvektor.

Zum Beweis der Bedingung zweiter Ordnung entwickeln wir zunächst nach der Stelle $\mathbf{a}$ unter Verwendung der Taylor-Formel mit dem Restglied zweiter Ordnung:

$$f(\mathbf{x}) = f(\mathbf{a}) + \operatorname{grad}(f(\mathbf{a})) \cdot (\mathbf{x} - \mathbf{a}) + \tfrac{1}{2} \cdot \operatorname{Hess}(f(\mathbf{z})) \cdot (\mathbf{x} - \mathbf{a})^2 . \tag{97}$$

Der Gradient muß aber, wie wir gerade sahen, an der Stelle $\mathbf{a}$ verschwinden. Damit vereinfacht sich die Taylor-Formel:

$$f(\mathbf{x}) = f(\mathbf{a}) + \tfrac{1}{2} \cdot \operatorname{Hess}(f(\mathbf{z})) \cdot (\mathbf{x} - \mathbf{a})^2 . \tag{98}$$

Damit die Definition (96) für ein eindeutiges Maximum erfüllt ist, muß das Restglied in (98) offenbar negativ sein. Unter Vernachlässigung des Faktors $\frac{1}{2}$ können wir es folgendermaßen umschreiben:

$$(\mathbf{x} - \mathbf{a}) \cdot \operatorname{Hess}(f(\mathbf{z})) \cdot (\mathbf{x} - \mathbf{a}) . \tag{99}$$

Der Leser möge sich davon überzeugen, daß diese Umformung stimmt, obwohl die Matrix-Multiplikation im allgemeinen nicht kommutativ ist.

(99) ist offenbar eine *quadratische Form*. Wenn Hess (f(**z**)) negativ definit ist, dann nimmt die quadratische Form für alle $\mathbf{x} \neq \mathbf{a}$ negative Werte an, und damit ist der Definition des eindeutigen Maximums genügt.

Wenn nun, wie in Korollar 4 vorausgesetzt, Hess (f(**a**)) negativ definit ist, dann auch Hess (f(**z**)) in einer Umgebung von **a**, denn die zweiten Ableitungen (als Komponenten der Hesse-Matrix) sind ja nach Voraussetzung stetige Funktionen. Also ist die negative Definitheit von Hess (f(**a**)) zusammen mit grad (f(**a**)) = 0 hinreichend für ein eindeutiges Maximum. Damit ist der erste Satz von Korollar 4 bewiesen; der Beweis für die Minimum-Bedingung verläuft ganz analog.

Beispiel: Besitzt $y = f(x_1, x_2) = x_1^2 + 2x_2^2$ lokale Extrema?

Zuerst berechnen wir den Gradienten:

$$\text{grad}(f) = (2x_1; 4x_2) \stackrel{!}{=} \mathbf{0}.$$

Die Bedingung erster Ordnung für ein Extremum ist demnach an der Stelle (0; 0) erfüllt, und nur dort. Im nächsten Schritt berechnen wir die Hesse-Matrix:

$$\text{Hess}(f) = \begin{pmatrix} 2 & 0 \\ 0 & 4 \end{pmatrix}.$$

Die Hesse-Matrix ist in diesem einfachen Falle konstant. Wir ermitteln nach Theorem 4, daß sie positiv definit ist:

$$|f_{11}| = 2 > 0 \quad \text{und} \quad |\text{Hess}(f(\mathbf{0}))| = 8 > 0.$$

Daraus läßt sich nach Korollar 4 schließen, daß die Funktion an der Stelle (0; 0) ein eindeutiges Minimum aufweist.

3.8. Extrema unter Nebenbedingungen

Oft kann eine Funktion nicht schlechthin, sondern nur bei zusätzlicher Beachtung einer Nebenbedingung maximiert werden. Im einfachsten Fall ist die Nebenbedingung eine Gleichung; das Problem kann dann mit Hilfe einer sogenannten Lagrange-Funktion gelöst werden. Das Lagrange-Verfahren können wir als eine reine Technologie zur Auffindung von Extrema unter Nebenbedingungen ansehen. Der spezifische „Trick" besteht darin, aus der zu extremierenden Funktion und der Nebenbedingung (bzw. den Nebenbedingungen) eine künstliche Funktion zu bilden, die konventionell extremiert wird, wie oben beschrieben. Betrachten wir zuerst den entsprechenden Satz:

Theorem 11: Zu extremieren sei eine Funktion $f: \mathbb{R}^n \to \mathbb{R}$, $f \in C^2$ mit $y = f(\mathbf{x})$ unter Einhaltung von m Nebenbedingungen $g^i: \mathbb{R}^n \to \mathbb{R}$, $g^i \in C^2$ mit $g^i(\mathbf{x}) = 0$ $(i = 1 \dots m)$. Es gelte $m < n$, und die Gradienten der m Nebenbedingungen seien linear unabhängig.

Die *Lagrange-Funktion* L ist definiert als:

$$L(\boldsymbol{\lambda}, \mathbf{x}) = f(\mathbf{x}) + \lambda_1 g^1(\mathbf{x}) + \dots + \lambda_m g^m(\mathbf{x}), \tag{100}$$

mit $\boldsymbol{\lambda} := (\lambda_1, \dots, \lambda_m)$.

f besitzt an einer Stelle $\mathbf{a} \in \mathbb{R}^n$ unter den Nebenbedingungen $g^i(\mathbf{a}) = 0$

- genau dann ein reguläres Maximum, wenn $\operatorname{grad}(L(\bar{\boldsymbol{\lambda}}, \mathbf{a})) = \mathbf{0}$ und $\operatorname{Hess}(L(\bar{\boldsymbol{\lambda}}, \mathbf{a}))$ negativ definit ist.
- genau dann ein reguläres Minimum, wenn $\operatorname{grad}(L(\bar{\boldsymbol{\lambda}}, \mathbf{a})) = \mathbf{0}$ und $\operatorname{Hess}(L(\bar{\boldsymbol{\lambda}}, \mathbf{a}))$ positiv definit ist.

Lemma 1: Zur Überprüfung der Definitheit von Hess (L) berechne man ihre führenden Hauptminoren k-ter Ordnung, wobei k von $(2m + 1)$ bis $(n + m)$ laufe. Die Matrix Hess (L) ist nun

- genau dann positiv definit, wenn jene Hauptminoren das Vorzeichen $(-1)^m$ aufweisen.
- genau dann negativ definit, wenn jene Hauptminoren das Vorzeichen wechseln und der Hauptminor $(2m + 1)$-ter Ordnung das Vorzeichen $(-1)^{m+1}$ aufweist.

Wir wollen zur Erläuterung dieser beiden Sätze die einzelnen Schritte des Lagrange-Verfahrens darstellen.

1. Schritt: Man schreibe die Nebenbedingungen jeweils so um, daß auf der rechten Seite eine Null steht.

2. Schritt: Jetzt addiere man einfach die zu extremierende Funktion mit den Nebenbedingungen, wobei jede Nebenbedingung mit einer Unbekannten λ_i multipliziert wird. Das Ergebnis ist die Lagrange-Funktion (100), die von n Variablen $\mathbf{x}$ und m Variablen $\boldsymbol{\lambda}$ abhängt.

3. Schritt: Der „Clou" des Lagrange-Verfahrens liegt nun in folgendem. Die Funktion f weist genau dann ein Extremum unter den Nebenbedingungen $g^i = 0$ auf, wenn die Lagrange-Funktion L den *konventionellen* Extremalbedingungen genügt. (Was nicht heißt, daß L selbst ein Extremum aufweisen muß, aber das ist ja auch nicht erforderlich.) Also muß der Gradient von L nullgesetzt werden, wie es Theorem 10 für den Fall ohne Nebenbedingungen vorschreibt. Weil L eine Funktion in $n + m$ Variablen ist, erhalten wir daraus $n + m$ Gleichungen, die prinzipiell nach den x_i und λ_j aufgelöst werden können.

4. Schritt: Nehmen wir nun an, $(\bar{\boldsymbol{\lambda}}, \mathbf{a})$ sei eine Stelle, an der die Bedingungen erster Ordnung für ein Extremum der Lagrange-Funktion erfüllt sind. Nach den üblichen Maximierungsregeln wissen wir, was zu tun ist: es muß nämlich die Hesse-Matrix an der Stelle $(\bar{\boldsymbol{\lambda}}, \mathbf{a})$ berechnet werden. Ihre Definitheit entscheidet darüber, ob ein Extremum vorliegt, und wenn ja: welches.

5. Schritt: Bei einer Funktion in zwei Variablen sowie einer linearen Nebenbedingung würde die Hesse-Matrix der Lagrange-Funktion folgendermaßen aussehen:

$$\text{Hess}\,(L) = \begin{pmatrix} 0 & g^1 & g^2 \\ g^1 & f_{11} & f_{12} \\ g^2 & f_{21} & f_{22} \end{pmatrix}$$

Dies rechnet man leicht durch Differentiation des Gradienten von L nach λ, x_1 und x_2 nach. Die Überprüfung der *Definitheit* ist hier *einfacher* als im „konventionellen" Falle, weil die partiellen Ableitungen der Nebenbedingung (g^i) nicht beliebige Werte annehmen können. Dies ergibt sich daraus, daß sie den Bedingungen erster Ordnung genügen müssen. Deshalb müssen nach Lemma 1 nicht *alle* Hauptminoren auf ihr Vorzeichen untersucht werden, sondern nur $(n - m)$ derselben. Dies können wir hier nicht beweisen; der Leser vergewissere sich jedoch, daß die Bedingungen der Definitheit aus Lemma 1 für $m = 0$ (keine Nebenbedingung) in die üblichen Kriterien aus Theorem 4 übergehen. Durch Überprüfung der Definitheit ist das Problem der Extremierung einer Funktion unter Nebenbedingungen schließlich gelöst.

Beispiel: Die Funktion $y = f(x_1, x_2) = x_1 \cdot x_2$ sei unter der Nebenbedingung $2x_1 + 3x_2 - 12 = 0$ zu extremieren. Wir stellen zuerst die Lagrange-Funktion (100) auf:

$$L(\lambda, x_1, x_2) = x_1 \cdot x_2 + \lambda \cdot (2x_1 + 3x_2 - 12)$$

Durch Nullsetzen des Gradienten erhalten wir die drei Bedingungen erster Ordnung für ein Extremum:

$$\begin{aligned} L_\lambda &= 2x_1 + 3x_2 - 12 \overset{!}{=} 0 \\ L_1 &= x_2 + 2\lambda \overset{!}{=} 0 \\ L_2 &= x_1 + 3\lambda \overset{!}{=} 0 \end{aligned}$$

Die Ableitung nach λ ergab dabei die oben angeführte Nebenbedingung, was allgemein der Fall ist. Durch Eliminierung von λ aus den letzten beiden Gleichungen ergibt sich $x_1 = 3/2 \cdot x_2$. Eingesetzt in die erste Gleichung erhalten wir daraus die Lösungen:

$$x_1 = 3 \quad \text{und} \quad x_2 = 2 .$$

Zuletzt muß die Definitheit der Hesse-Matrix überprüft werden. Dazu leiten wir den obigen Gradienten der Lagrange-Funktion jeweils nach λ, x_1 und x_2 ab. Bei diesem einfachen Beispiel ergibt sich eine konstante Hesse-Matrix:

$$\text{Hess}(L) = \begin{pmatrix} 0 & 2 & 3 \\ 2 & 0 & 1 \\ 3 & 1 & 0 \end{pmatrix} .$$

Wenden wir jetzt das Lemma 1 an. Es ist $2m + 1 = 3$ und $n + m = 3$. Also haben wir nur den führenden Hauptminor dritter Ordnung zu überprüfen, das aber ist die Determinante der Hesse-Matrix selbst:

$$|\text{Hess}(L)| = 12 > 0 .$$

Dies ist das Vorzeichen von $(-1)^{m+1} = 1$; also ist die Hesse-Matrix nach Lemma 1 negativ definit. Ergo weist die Funktion f unter der Nebenbedingung g an der Stelle (3; 2) ein reguläres Maximum auf.

*3.9. Gewinnmaximierung

Wir wollen nun die Extremierung von Funktionen in mehreren Veränderlichen an einem wohlbekannten ökonomischen Beispiel demonstrieren. Betrachtet sei ein Unternehmen, das ein Produkt unter Einsatz zweier Faktoren herstellt:

$$y = f(\mathbf{x}) ; \qquad \mathbf{x} = (x_1, x_2) . \tag{101}$$

Vermöge der Produktionsfunktion wird jedem Vektor $\mathbf{x}$ ein bestimmter Output y zugeordnet. Abgesehen von zweifacher stetiger Differenzierbarkeit weise die Produktionsfunktion folgende Eigenschaften auf:

$$f_i > 0 ; \quad f_{ii} < 0 ; \quad \lim_{x_i \to 0} f_i \to \infty ; \quad i = 1, 2 . \tag{102}$$

Für die Kreuzableitungen setzen wir vorerst nichts weiter voraus. Zum gegebenen Preis p beträgt der Erlös p y. Die Gesamtkosten schreiben wir als Skalarprodukt $\mathbf{q}\,\mathbf{x}$, wobei $\mathbf{q}$ der gegebene Vektor der Faktorpreise ist.

Die zu maximierende Gewinnfunktion ist als Differenz von Erlösen und Kosten definiert. Durch Einsetzen der Produktionsfunktion erhalten wir damit:

$$\pi (x_1, x_2) = p\, f(x_1, x_2) - \mathbf{q}\, \mathbf{x}\,. \tag{103}$$

Das ist eine Funktion in zwei Veränderlichen. Nach Theorem 10 lautet die notwendige Bedingung für ein Gewinnmaximum, daß der Gradient der Gewinnfunktion verschwindet; daraus erhalten wir die beiden Gleichungen:

$$\frac{\partial \pi}{\partial x_1} = p\, f_1 (x_1, x_2) - q_1 \stackrel{!}{=} 0 \tag{104}$$

$$\frac{\partial \pi}{\partial x_2} = p\, f_2 (x_1, x_2) - q_2 \stackrel{!}{=} 0\,. \tag{105}$$

Dies ist der bekannte Satz, daß im Gewinnmaximum Grenzerlös und Grenzkosten für jeden Faktor übereinstimmen müssen. Oder anders: Die Grenzproduktivität eines jeden Faktors muß seinem „Schattenpreis" q_i/p entsprechen. Aber diese Bedingungen sind noch nicht hinreichend für ein Gewinnmaximum; befassen wir uns also mit der Bedingung zweiter Ordnung aus Theorem 10. Danach ist erforderlich, daß π konkav, die Hesse-Matrix der Gewinnfunktion also negativ semidefinit ist. Wir berechnen die Hesse-Matrix durch Differentiation des Gradienten aus (104) und (105) nach $\mathbf{x}$:

$$\text{Hess}\,(\pi) = \begin{pmatrix} p\, f_{11} & p\, f_{12} \\ p\, f_{21} & p\, f_{22} \end{pmatrix}. \tag{106}$$

Das läßt sich leicht umformen zu:

$$\text{Hess}\,(\pi) = p \begin{pmatrix} f_{11} & f_{12} \\ f_{21} & f_{22} \end{pmatrix}. \tag{107}$$

Die Hesse-Matrix ist nach Theorem 4 genau dann negativ semidefinit, wenn

$$f_{11} < 0 \tag{108}$$

$$\begin{vmatrix} f_{11} & f_{12} \\ f_{21} & f_{22} \end{vmatrix} = 0\,. \tag{109}$$

Das bedeutet aber: Eine *konkave* Produktionsfunktion impliziert ein lokales Gewinnmaximum, das freilich nicht lokal eindeutig sein muß.

Desweiteren: Ist die Hesse-Matrix der Produktionsfunktion negativ definit, dann ist die Produktionsfunktion *streng konkav* und das Gewinnmaximum *regulär*. Und darüber hinaus läßt sich zeigen: Ist die Hesse-Matrix überall negativ definit (die Produktionsfunktion global streng konkav), dann ist das Gewinnmaximum *global eindeutig*, das heißt, es existiert zu jedem Preisvektor *genau ein* reguläres Gewinnmaximum.

Und diese Ergebnisse lassen sich ohne weiteres auf den n-Faktor-Fall übertragen. Sie verdeutlichen die Bedeutung der Annahme strenger Konkavität der Produktionsfunktion für die Existenz eindeutiger Maxima. Ist eine Produktionsfunktion teils streng konvex, teils streng konkav (Ertragsgesetz), dann sind die Bedingungen erster Ordnung an mehreren Stellen erfüllt, und es wird eine Faktoreinsatzkombination im streng konkaven Bereich gewählt.

4. Implizite Funktionen

Innerhalb der mathematischen und nicht-mathematischen Wirtschaftstheorie besitzen komparativ-statische Betrachtungen einen großen Stellenwert. Durch die anfangs vielleicht etwas trocken erscheinende Theorie der impliziten Funktionen können wir das Kernproblem der komparativen Statik in voller Allgemeinheit behandeln und anhand seiner rein logischen Struktur die Beziehungen zum Extremierungs-Problem aufzeigen.

4.1. Explizite und implizite Funktionen

Nähern wir uns dem Begriff der impliziten Funktion durch Hinzuziehung eines ganz einfachen Beispiels. Es gebe reelle x_1, x_2, so daß

$$F(x_1, x_2) = 0 . \tag{110}$$

Man nennt F eine *explizite Funktion*, weil sie bereits nach den „unabhängigen Variablen" x_1 und x_2 aufgelöst ist. Darüber hinaus ist F konstant, wobei wir die Konstante ohne Beschränkung der Allgemeinheit als Null annahmen. Man überlege nun folgendes: Wenn $F(x_1, x_2)$ stets gleich Null ist, sind die Variablen x_1 und x_2 nicht wirklich unabhängig, weshalb viele Mathematiker diesen Ausdruck überhaupt verwerfen. Vielmehr scheint x_2 durch Wahl eines bestimmten Wertes für x_1 bereits vorgegeben zu sein. Das zu vermuten heißt aber, die Existenz einer *impliziten Funktion* zu behaupten:

$$x_2 = f(x_1) , \quad \text{so daß} \quad F(x_1, f(x_1)) = 0 . \tag{111}$$

Es stellen sich zwei Fragen: Erstens, existiert eine derartige implizite Funktion tatsächlich? Zweitens, wenn ja, welche Eigenschaften besitzt sie? – Die Fragen muten trivial an, ist doch nichts leichter, als etwa die explizite Funktion

$$F(x_1, x_2) = 4x_1 - 2x_2 = 0 \tag{112}$$

nach x_2 aufzulösen:

$$x_2 = f(x_1) = 2x_1 . \tag{113}$$

In diesem Fall konnte die implizite Funktion (113) auf einfachste Art ermittelt werden. Im allgemeinen ist dies indes nicht möglich, man betrachte etwa folgende Funktion:

$$F(x_1, x_2) = x_2 \cdot \sin(x_1) - x_1 e^{x_2} = 0 . \tag{114}$$

Hier kann *nicht* nach x_2 aufgelöst werden – zumindest nicht mit einigen elementaren Umformungen. Und doch ist denkbar, daß eine implizite Funktion *existiert.* Wir benötigen also

- ein Kriterium für die Existenz impliziter Funktionen und
- ein Verfahren, mit dessen Hilfe Aussagen über die Eigenschaften der impliziten Funktion gemacht werden können, *ohne* daß explizit aufgelöst werden muß.

Diesen Problemen ist der vorliegende Abschnitt gewidmet.

4.2. Implizite Differentiation in zwei Veränderlichen

Beginnen wir mit der soeben angeführten Funktion

$$F(x_1, x_2) = 0 , \tag{115}$$

die für gewisse Vektoren des $\mathbb{R}^2$ definiert und stetig differenzierbar sei. Um zu Aussagen über Existenz und Eigenschaften der impliziten Funktion zu gelangen, differenzieren wir die Gleichung (115) gemäß Theorem 5 *nach* x_1:

$$\frac{\partial F}{\partial x_1} + \frac{\partial F}{\partial x_2} \frac{dx_2}{dx_1} = 0 . \tag{116}$$

Die Ableitung der rechten Seite von (115) war selbstverständlich gleich Null. Links wurde F nach der Kettenregel differenziert; der Leser vergleiche (116) mit (81). Die Anwendung einer Kettenregel ergibt sich aus der Tatsache, daß wir die Existenz einer impliziten Funktion

$$x_2 = f(x_1) \tag{117}$$

und die Existenz ihrer Ableitung

$$\frac{dx_2}{dx_1} = f'(x_1) \tag{118}$$

vermuteten.

Wenn die implizite Funktion existiert und stetig differenzierbar ist, dann ist dx_2/dx_1 in (118) offenbar ihre erste Ableitung, und wir erhalten durch Auflösen:

$$\frac{dx_2}{dx_1} = -\frac{\partial F/\partial x_1}{\partial F/\partial x_2}. \tag{119}$$

Den gerade vollzogenen Schritt bezeichnen wir als *implizite Differentiation.* Wir konnten also die Ableitung einer impliziten Funktion berechnen, ohne ihre Funktionsgleichung überhaupt zu kennen. Die Existenz der Funktion ist gesichert, sofern $\partial F/\partial x_2$ von Null verschieden ist. Denn in diesem Fall existiert nach (119) die Ableitung der impliziten Funktion und damit diese selbst (was natürlich kein strenger Beweis ist).

Beispiel: Sei $x_1^2 - 6x_2 = 0$.

Die Ableitung der impliziten Funktion ergibt sich nach (119):

$$\frac{dx_2}{dx_1} = -\frac{2x_1}{-6} = x_1/3.$$

Zum selben Ergebnis gelangt man durch Berechnung der impliziten Funktion:

$$x_2 = x_1^2/6$$

und Bildung der gewöhnlichen Ableitung.

4.3. Satz über implizite Funktionen

Wir gehen nun gleich zu einem wesentlich allgemeineren Fall über, der sich auf das Grundproblem der komparativen Statik schlechthin bezieht. Gegeben sei ein Vektorfeld von n stetig differenzierbaren Funktionen. Jede Funktion hänge ab von n Variablen **x** und einem Parameter t. Die Klassifikation in Variablen und Parameter ist willkürlich und bemißt sich nach der jeweiligen Problemstellung; in der Sprache der Ökonomen sind **x** die endogenen Variablen, und t ist eine exogene Variable. Alle Funktionen des Vektorfeldes seien konstant:

$$\mathbf{F}(\mathbf{x}, t) = \mathbf{0}. \tag{120}$$

Wir bemerken am Rande, daß etwa das Keynesianische Modell die Struktur (120) aufweist: Es sind n Gleichungen gegeben, die alle so umgeformt werden können, daß rechts Nullen stehen. Damit werden n endogene Variablen simultan bestimmt. Weiterhin existiert eine exogene Variable (sagen wir: die Staatnachfrage), deren *Wirkung* auf die endogenen Größen untersucht werden soll. Aus mathematischer Perspektive ist das die Frage nach impliziten Funktionen der Art $\mathbf{x} = \mathbf{g}(t)$, bzw. nach deren Eigenschaften.

Differenzieren wir nun (120) unter Anwendung des Theorems 6, wobei $\mathrm{Jac}_{\mathbf{x}}(\mathbf{F})$ die Jacobi-Matrix des Vektorfeldes in bezug auf die Variablen $\mathbf{x}$ bezeichne:

$$\frac{d\mathbf{F}}{dt} = \mathrm{Jac}_{\mathbf{x}}(\mathbf{F}) \cdot \frac{d\mathbf{x}}{dt} + \frac{\partial \mathbf{F}}{\partial t} = \mathbf{0}\,. \tag{121}$$

Von Gleichung (84) unterscheidet sich (121) nur insofern, als $\mathbf{F}$ (im Unterschied zur damaligen Funktion $\mathbf{f}$) neben den $\mathbf{x}$ auch *direkt* von t abhängt, so daß ein Summand hinzutritt. Klarerweise ist $d\mathbf{F}/dt$ identisch Null, weil das Vektorfeld aus konstanten Funktionen besteht. Wir können (121) folgendermaßen interpretieren: Änderungen von t beeinflussen die Funktionswerte $\mathbf{F}$ *direkt*, was durch den zweiten Summanden angezeigt wird, aber auch *indirekt*, indem sie die $\mathbf{x}$ verändern, die ihrerseits Variationen von $\mathbf{F}$ bewirken. Weil die Funktionswerte $\mathbf{F}$ unverändert bleiben, müssen sich die direkten und indirekten Wirkungen zu Null summieren.

Die Gleichung (121) weist offensichtlich die Struktur eines linearen Gleichungssystems in Matrixschreibweise auf, wobei $d\mathbf{x}/dt$ die gesuchten Größen sind. Durch Subtraktion des rechten Summanden und Inversion der Jacobi-Matrix (sofern möglich) erhalten wir die Lösungen im Handumdrehen:

$$\frac{d\mathbf{x}}{dt} = -\,\mathrm{Jac}_{\mathbf{x}}(\mathbf{F})^{-1} \cdot \frac{\partial \mathbf{F}}{\partial t}\,. \tag{122}$$

Bezogen auf das Keynesianische Modell gibt uns (122) die Wirkung einer Änderung der Staatsausgaben (t) auf alle endogenen Variablen ($\mathbf{x}$) an. Der Vorteil liegt darin, daß es nicht erforderlich ist, Funktionen der Art Y(G) und i(G) zu kennen, die man meist auch gar nicht ermitteln *kann.* Vielmehr lassen sich die „Multiplikatoren" dY/dG usw. unter Kenntnis der partiellen Ableitungen *unmittelbar* aus dem Modell berechnen. – Fassen wir die bisherigen Ergebnisse zusammen in den

Satz über implizite Funktionen: Sei $\mathbf{F}: \mathbb{R}^{n+1} \to \mathbb{R}^n$, $F^i \in C^1$ $(i = 1 \ldots n)$ ein Vektorfeld mit

$$\mathbf{F}(\mathbf{x}, t) = \mathbf{0} \quad \text{für manche} \quad \mathbf{x} \in \mathbb{R}^n,\ t \in \mathbb{R}\,.$$

$Jac_{\mathbf{x}}(\mathbf{F})$ bezeichnet die Matrix der partiellen Ableitungen $\partial F^i/\partial x_j$, und für einen Punkt $(\mathbf{x_0}, t_0)$ mit $\mathbf{F}(\mathbf{x_0}, t_0) = \mathbf{0}$ gelte:

$$|Jac_{\mathbf{x}}(\mathbf{F}(\mathbf{x_0}, t_0)| \neq 0 .$$

Dann existiert genau ein implizites Vektorfeld $\mathbf{g}: \mathbb{R} \supset \mathbb{D} \rightarrow \mathbb{W} \subset \mathbb{R}^n$ mit

$$\mathbf{x} = \mathbf{g}(t) \quad \text{oder gleichbedeutend} \quad x_i = g^i(t) \quad (i = 1 \dots n),$$

das der Gleichung $\mathbf{F}(\mathbf{x}, t) = \mathbf{0}$ in einer Umgebung des Punktes $(\mathbf{x}_0, t_0)$ genügt.

Die partiellen Ableitungen $\partial x_i/\partial t = \partial g^i/\partial t$ existieren, und es gilt:

$$\frac{d\mathbf{x}}{dt} = -Jac_{\mathbf{x}}(\mathbf{F})^{-1} \cdot \frac{\partial \mathbf{F}}{\partial t} \tag{123}$$

$$\Leftrightarrow \frac{dx_i}{dt} = -\frac{|Jac_{\mathbf{x}}^i(\mathbf{F})|}{|Jac_{\mathbf{x}}(\mathbf{F})|} \quad (i = 1 \dots n). \tag{124}$$

In (124) ist $Jac_{\mathbf{x}}^i(\mathbf{F})$ jene Matrix, die aus $Jac_{\mathbf{x}}(\mathbf{F})$ durch Substitution der i-ten Spalte durch $\partial \mathbf{F}/\partial t$ entsteht.[1]

Wenn die Wirkungen von m Parametern auf die **x** analysiert werden sollen, wird der Satz über implizite Funktionen einfach m-mal angewandt. (Beispiel: Wirkungen der Geld- *und* Fiskalpolitik im Keynesianischen Modell.) Das bedeutet keine Mehrarbeit, weil die Inverse unverändert bleibt und nur der Vektor $\partial \mathbf{F}/\partial t$ jeweils „ausgewechselt" wird. Durch den Satz über implizite Funktionen wird das Problem der komparativen Statik vollständig beschrieben. – Das sei nun in einer Reihe von Anwendungsbeispielen gezeigt.

*4.4. Die Steigung von Gleichgewichtsloki

Schon die implizite Differentiation in zwei Veränderlichen erweist sich als ausgesprochen nützlich zur Ermittlung der Steigung von Gleichgewichtsloki. Ein Gleichgewichtslokus ist bekanntlich eine Menge von

1 GALE und NIKAIDÔ haben einen tieferen Satz bewiesen, wonach unter wesentlich strengeren Voraussetzungen auf die globale Existenz impliziter (bzw. dort: inverser) Funktionen geschlossen werden kann. Insbesondere muß hierbei gefordert werden, daß alle Hauptminoren der Jacobi-Matrix positiv sind und das Vektorfeld **F** nach t aufgelöst werden kann. Vgl. D. GALE und H. NIKAIDÔ (1965): The Jacobian Matrix and Global Univalence of Mappings; Mathematische Annalen **159**, S. 81–93.

Variablen **x**, die auf einem Markt ein Gleichgewicht konstituieren. Da die Gleichgewichtsloki typischerweise in einem zweidimensionalen Koordinatensystem dargestellt werden, können wir oft mit der Regel (119) arbeiten, die der einfachste Spezialfall des Satzes über implizite Funktionen ist:

$$F(x_1, x_2) = 0 \quad \Rightarrow \quad \frac{dx_2}{dx_1} = -\frac{\partial F/\partial x_1}{\partial F/\partial x_2} \quad \text{falls} \quad \frac{\partial F}{\partial x_2} \neq 0 . \tag{125}$$

Um die Steigung eines Gleichgewichtslokus zu ermitteln, wird in drei Schritten vorgegangen:

1. Man schreibe die Gleichung des betreffenden Marktes in der Form $F(x_1, x_2) = 0$.
2. Man spezifiziere als x_1 und x_2 *jene* Variablen, die auf den Achsen des Koordinatensystems abgetragen sind, in dem der Gleichgewichtslokus dargestellt werden soll.
3. Man differenziere implizit nach der Regel (125).

Steigung der IS-Kurve. Die Gleichung der IS-Kurve lautet:

$$S(Y) = I(i) + G . \tag{126}$$

Im ersten Schritt schreiben wir sie um:

$$S(Y) - I(i) - G = 0 . \tag{127}$$

Zweiter Schritt: Auf den Achsen des IS/LM-Systems sind die Variablen Y und i abgetragen.

Dritter Schritt: Also muß (127) implizit nach Y und i differenziert werden:

$$\left.\frac{di}{dY}\right|_{IS} = -\frac{dS/dY}{-dI/di} = \frac{dS/dY}{dI/di} < 0 . \tag{128}$$

Es wurde also (127) der Regel (125) zufolge nach Y differenziert (das ist der Zähler) und nach i (das ist der Nenner). Wenn die marginale Sparneigung positiv und die Reagibilität der Investition auf den Zins negativ ist, besitzt die IS-Kurve eine negative Steigung. Bei einer Investitionsfalle (dI/di = 0) darf nicht implizit differenziert werden, da der Nenner in (128) verschwindet. Denn eine senkrechte IS-Kurve genügt nicht der mathematischen Definition einer Funktion. In der Grenzbetrachtung sehen wir jedoch, daß die IS-Kurve um so steiler verläuft, je geringer die Reagibilität der Investition in bezug auf den Zins ist. Wird doch der Bruch (128) um so größer, je geringer der Nenner ist.

Steigung der LM-Kurve. Das Verfahren ist völlig analog:

$$L(Y,i) - \frac{M}{P} = 0 \tag{129}$$

$$\left.\frac{di}{dY}\right|_{LM} = -\frac{\partial L/\partial Y}{\partial L/\partial i} > 0 \,. \tag{130}$$

Wir sehen: Die Steigung der LM-Kurve wird um so geringer, je höher die Zinselastizität der Geldnachfrage ist. Für die Liquiditätsfalle erhalten wir:

$$\left.\frac{di}{dY}\right|_{LM} = \lim_{\partial L/\partial i \to -\infty} -\frac{\partial L/\partial Y}{\partial L/\partial i} = 0 \,. \tag{131}$$

Also weist die LM-Kurve bei unendlicher Zinselastizität der Geldnachfrage einen waagerechten Verlauf auf.

Steigung der Y^d-Kurve. Nun wird die Sache etwas vertrackter. Wir leiteten die Y^d-Kurve graphisch aus dem IS/LM-System ab, dem Nachfragesektor der Volkswirtschaft. Mathematisch bedeutet das: Der Zusammenhang zwischen P und Y, den Koordinatenvariablen im Y^d-Schema, wird nicht durch eine, sondern durch zwei Gleichungen beschrieben:

$$F^1: \quad S(Y) - I(i) - G = 0 \tag{132}$$

$$F^2: \quad L(Y,i) - \frac{M}{P} = 0 \,. \tag{133}$$

Es geht also um die implizite Ableitung eines Vektorfeldes, und wir müssen den Satz über implizite Funktionen anwenden. Aber welche Variable spielt hier welche Rolle?

Erstens: Auf der Abszisse des P/Y-Diagramms ist das Realeinkommen Y abgetragen, und es soll dP/dY ermittelt werden. Folglich ist Y der Parameter t.

Zweitens: Die beiden Gleichungen dienen bei gegebenem Y zur Bestimmung von P und i; diese beiden entsprechen also den Variablen $\mathbf{x}$.

Nach diesen Vorüberlegungen erhalten wir das Resultat unmittelbar aus (124):

$$\frac{dP}{dY} = -\frac{\begin{vmatrix} F^1_Y & F^1_i \\ F^2_Y & F^2_i \end{vmatrix}}{\begin{vmatrix} F^1_P & F^1_i \\ F^2_P & F^2_i \end{vmatrix}} = -\frac{\begin{vmatrix} \frac{dS}{dY} & -\frac{dI}{di} \\ \frac{\partial L}{\partial Y} & \frac{\partial L}{\partial i} \end{vmatrix}}{\begin{vmatrix} 0 & -\frac{dI}{di} \\ \frac{M}{P^2} & \frac{\partial L}{\partial i} \end{vmatrix}} \tag{134}$$

Im Nenner finden wir die Determinante der Jacobi-Matrix in bezug auf die beiden Variablen P und i. Da nach der Ableitung der *ersten* Variablen gefragt ist (P), wurde gemäß (124) im Zähler die *erste* Spalte gestrichen und durch die partielle Ableitung des Vektorfeldes nach Y ersetzt. Durch Berechnung der Determinanten ergibt sich:

$$\frac{dP}{dY} = -\frac{dS/dY \cdot \partial L/\partial i + \partial L/\partial Y \cdot dI/di}{M/P^2 \cdot dI/di} < 0\,. \tag{135}$$

Durch bloßes Einsetzen der postulierten Vorzeichen für die partiellen Ableitungen haben wir auf analytischem Wege die negative Steigung der Y^d-Kurve hergeleitet. Aus dem Bruch (135) ist sofort ablesbar, daß dieser Gleichgewichtslokus bei einer Investitions- oder Liquiditätsfalle senkrecht verläuft.

Steigung der hypothetischen Gleichgewichtsloki. Im elften Kapitel erörterten wir die Klassifikation der Regionen aus Neoklassischer und Neokeynesianischer Sicht. Wir wollen nun zuerst zeigen, daß die hypothetischen Markträumungskurven den abgebildeten Verlauf nehmen. Dazu nehmen wir jeweils die Gleichgewichtsbedingung für den Gütermarkt und Arbeitsmarkt und differenzieren implizit nach w und P:

$$C = Y: \quad C(\alpha) - Y(\alpha) = 0 \tag{136}$$

$$\left.\frac{dw}{dP}\right|_{C=Y} = -\frac{\overset{(-)}{\partial C/\partial P} - \overset{(+)}{\partial Y/\partial P}}{\underset{(+)}{\partial C/\partial w} - \underset{(-)}{\partial Y/\partial w}} > 0 \tag{137}$$

$$N^d = N^s: \quad N^d(\alpha) - N^s(\alpha) = 0 \tag{138}$$

$$\left.\frac{dw}{dP}\right|_{N^d=N^s} = -\frac{\overset{(+)}{\partial N^d/\partial P} - \overset{(-)}{\partial N^s/\partial P}}{\underset{(-)}{\partial N^d/\partial w} - \underset{(+)}{\partial N^s/\partial w}} > 0\,. \tag{139}$$

Aus den im Text begründeten Vorzeichen der partiellen Ableitungen konnte geschlossen werden, daß beide Gleichgewichtsloki eine positive Steigung aufweisen. Warum wir aber unterstellten, daß die des Gütermarktlokus größer ist, läßt sich erst im Zusammenhang mit der Stabilitätsanalyse erörtern.

Steigung der effektiven Gleichgewichtsloki. Im Neokeynesianischen Modell wurden die hypothetischen Gleichgewichtsloki durch effektive ersetzt. Wir erwähnten bereits im Text, daß nur zwei derselben eine eindeutige Steigung aufweisen, während die Steigung des Begrenzungslokus der Regionen I und K im Vorzeichen unbestimmt ist. Der Begrenzungslokus (CK) der Regionen Klassischer und Keynesianischer Unterbeschäftigung ist definiert durch die Gleichung:

$$\text{CK:}\quad \tilde{C}(\alpha, \bar{N}) - Y(\alpha) = 0\,. \tag{140}$$

In der Region C nämlich liegt auf dem Gütermarkt ein Nachfrageüberschuß vor, in K ein Angebotsüberschuß. Auf der Begrenzungslinie CK müssen folglich die effektiven Pläne vereinbar sein. Da die Haushalte sowohl in C als auch in K auf dem Arbeitsmarkt rationiert sind, die Unternehmen aber nicht, mußte in (140) die effektive Güternachfrage der Haushalte dem hypothetischen Angebot der Unternehmen gegenübergestellt werden. Durch implizite Differentiation erhalten wir:

$$\left.\frac{dw}{dP}\right|_{CK} = -\frac{\overset{(-)}{\partial \tilde{C}/\partial P} + \overset{(+)}{\partial \tilde{C}/\partial \bar{N} \cdot \partial N^d/\partial P} - \overset{(+)}{\partial Y/\partial P}}{\underset{(+)}{\partial \tilde{C}/\partial w} + \underset{(-)}{\partial \tilde{C}/\partial \bar{N} \cdot \partial N^d/\partial w} - \underset{(-)}{\partial Y/\partial w}}\,. \tag{141}$$

Bei der Differentiation von C nach P bzw. w wurde dabei die Kettenregel (80) angewandt. Das Vorzeichen des Zählers scheint ambivalent, da der erste und zweite Summand entgegengesetzte Vorzeichen aufweisen; ebenso verhält es sich mit dem Nenner. Was den Zähler angeht, ist folgende Interpretation möglich: Ein Preisniveauanstieg vermindert in direkter Wirkung den effektiven Konsum; andererseits stimuliert er die Arbeitsnachfrage und erhöht so das Lohneinkommen der Haushalte. Die indirekte Wirkung ist also positiv.

Und doch ist das Vorzeichen des Zählers eindeutig negativ, wie wir durch einige elementare Umformungen zeigen können:

$$\begin{aligned} &\partial\tilde{C}/\partial P + \partial\tilde{C}/\partial\bar{N} \cdot \partial N^d/\partial P - \partial Y/\partial P \\ &= \frac{\partial\tilde{C}}{\partial P} + c' \frac{w}{P} \cdot \frac{P}{w} \cdot \frac{\partial Y}{\partial P} - \frac{\partial Y}{\partial P} \\ &= \frac{\partial\tilde{C}}{\partial P} + (c' - 1) \frac{\partial Y}{\partial P} < 0 . \end{aligned} \tag{142}$$

Im ersten Schritt verwendeten wir dabei die Definition der wertmäßigen marginalen Konsumneigung ($\partial P\tilde{C}/\partial w\bar{N}$) und die Tatsache, daß $\partial Y/\partial P = w/P \cdot \partial N^d/\partial P$. Letzteres ergibt sich wiederum sofort aus:

$$Y = f(N) \tag{143}$$

$$\frac{\partial Y}{\partial P} = f'(N) \cdot \frac{\partial N^d}{\partial P} = \frac{w}{P} \cdot \frac{\partial N^d}{\partial P} . \tag{144}$$

Denn im hypothetischen Unternehmensgleichgewicht stimmen ja nach (44) die Faktorproduktivität und der „Realpreis“ oder „Schattenpreis“ des Faktors überein. Ergo läßt sich aus (142) schließen, daß der Zähler negativ ist, da, wohlgemerkt, die wertmäßige marginale Konsumneigung kleiner Eins ist.

Die Untersuchung des Nenners verläuft völlig analog und führt zum Ergebnis, daß dieser positiv ist. Damit ist aber die Steigung von CK nach (141) *eindeutig positiv.*

Wir überlassen dem Leser zur Übung den Nachweis, daß auch IC, der Begrenzungslokus für die Regionen Klassischer Arbeitslosigkeit und zurückgestauter Inflation, eindeutig positiv verläuft. Der Ansatz lautet:

$$\text{IC:} \quad \tilde{N}^s(\alpha, \bar{C}) - N^d(\alpha) = 0 . \tag{145}$$

Hinweis: Beim Beweis ist die wertmäßige marginale Arbeitsneigung zu verwenden, die nach den Bemerkungen im Text positiv und kleiner Eins ist.

Damit ist die im elften Kapitel gezeigte effektive Klassifikation der Regionen nachgewiesen.

4.5. Eigenschaften von Nachfragefunktionen

Dies ist ein typisches Problem der Wirtschaftstheorie: Wie können aus gegebenen Produktionsfunktionen, Nutzenfunktionen etc. die zugehörigen Nachfrage- und Angebotsfunktionen hergeleitet werden? Die Antwort lautet lapidar: Im allgemeinen gar nicht. Höchstens aber dann, wenn *numerische* Funktionen vorgegeben sind. An numerisch spezifizierten Funktionen ist aber wiederum der Wirtschaftstheoretiker wenig interessiert.

Aus diesem Dilemma führt allein die Theorie der impliziten Funktionen, die gestattet, wenigstens über die Eigenschaften von Nachfrage- oder Angebotsfunktionen Aussagen zu machen.

Wir wollen dies am Beispiel des Unternehmens aus *3.9 darlegen; indes läßt sich die hier vorgetragene Methodik auf alle derartigen Probleme anwenden. – In *3.9 betrachteten wir ein Unternehmen, das ein Gut unter Einsatz zweier Faktoren herstellt. Als Bedingungen erster Ordnung für ein Unternehmensgleichgewicht (Gewinnmaximum) erhielten wir:

$$p\, f_1(x_1, x_2) - q_1 = 0 \tag{146}$$

$$p\, f_2(x_1, x_2) - q_2 = 0\,. \tag{147}$$

Die Indizes der Funktionen stehen dabei für die partiellen Ableitungen. Es sei nun gefragt, ob sich aus diesen Bedingungen gewisse Eigenschaften des Nachfrageverhaltens der Unternehmung ableiten lassen. „Wie reagiert das Unternehmen auf eine Erhöhung des Faktorpreises q_1?“ Unsere Analytik wäre ziemlich fruchtlos, wenn derart einfache Fragen nicht beantwortet werden könnten, und doch ist die Lösung nicht zu offensichtlich.

Grundlegend ist folgende Überlegung: Die beiden obigen Bedingungen müssen für jeden Vektor $(p, \mathbf{q})$ erfüllt sein, wenn sich das Unternehmen gewinnmaximierend verhält. Insbesondere müssen sie bei einem Anstieg von q_1 *vor* und *nach* der Preisänderung erfüllt sein. Deshalb sind (146) und (147) explizite *konstante* Funktionen. Damit aber existieren möglicherweise implizite Funktionen der Art $x_i = f^i(p, \mathbf{q})$ – und gerade an diesen sind wir ja interessiert. Können wir schon nicht nach $\mathbf{x}$ auflösen, so liefert der Satz über implizite Funktionen doch Aussagen über ihre Existenz und mehr: ihre Eigenschaften.

Wir haben also oben ein System mit zwei Gleichungen und zwei Variablen x_1 und x_2 sowie einem Parameter q_1. p und q_2 werden als konstant betrachtet. Die Anwendung des Satzes über implizite Funktionen

(124) führt unmittelbar zu den Steigungen der Faktornachfragefunktionen:

$$\frac{dx_1}{dq_1} = -\frac{\begin{vmatrix} -1 & p f_{12} \\ 0 & p f_{22} \end{vmatrix}}{\begin{vmatrix} p f_{11} & p f_{12} \\ p f_{21} & p f_{22} \end{vmatrix}} = \frac{p f_{22}}{\begin{vmatrix} p f_{11} & p f_{12} \\ p f_{21} & p f_{22} \end{vmatrix}} \tag{148}$$

$$\frac{dx_2}{dq_1} = -\frac{\begin{vmatrix} p f_{11} & -1 \\ p f_{21} & 0 \end{vmatrix}}{\begin{vmatrix} p f_{11} & p f_{12} \\ p f_{21} & p f_{22} \end{vmatrix}} = \frac{-p f_{21}}{\begin{vmatrix} p f_{11} & p f_{12} \\ p f_{21} & p f_{22} \end{vmatrix}}. \tag{149}$$

Auf den ersten Blick hin sieht die Sache ziemlich hoffnungslos aus: Die Determinante im Nenner kann jedes beliebige Vorzeichen aufweisen; darüber hinaus kann sie auch verschwinden, so daß die Faktornachfragefunktionen nicht einmal existieren. Aber: *Die Jacobi-Matrix aus (148) und (149) ist identisch mit der Hesse-Matrix (106).* Aus der Information, daß die Hesse-Matrix bei einem regulären Gewinnmaximum negativ definit ist, können wir *schließen*, daß die obige Jacobi-Matrix eine positive Determinante aufweist.

Damit ist nicht nur die Existenz der Faktornachfragefunktionen in einer Umgebung des Gewinnmaximums gesichert, sondern es lassen sich auch Aussagen über ihre Eigenschaften machen. Aus (148) ergibt sich, daß die Faktornachfrage auf Änderungen des *eigenen* Preises stets *negativ* reagiert; dies folgt aus der Negativität von f_{22}.

Nennen wir nun zwei Faktoren *substitutiv*, wenn ihre Kreuzpreiselastizität positiv, *komplementär*, wenn die Kreuzpreiselastizität negativ ist. Aus (149) ist dann zu entnehmen: Zwei Faktoren sind substitutiv, wenn die entsprechende Kreuzableitung negativ ist; sie sind komplementär, wenn die Kreuzableitung positiv ist.

Interpretieren wir die beiden Faktoren in Anlehnung an das Klassisch-Neoklassische Modell als Arbeit und Kapital. Aus (149) ist zu ersehen, daß die Investitionsnachfrage genau dann vom Reallohn unabhängig ist, bzw. die Arbeitsnachfrage genau dann unabhängig vom Zins, wenn die Kreuzableitungen verschwinden. Deshalb trafen wir in § 19 diese Annahme; anderenfalls hätten sich viele Komplikationen ergeben, und insbesondere wäre die graphische Präsentation in dieser Form nicht möglich gewesen. Diese Prozedur hätte gleichzeitig kein wesentliches neues Resultat erbracht. Durch Nullsetzung der Kreuzableitungen wurde gleichzeitig die globale strenge Konkavität der Produktionsfunktion gesichert, so daß die Erörterung des Gewinnmaximums sich auf die Bedingungen erster Ordnung beschränken konnte.

Wir halten fest, daß durch den Satz über implizite Funktionen Aussagen über Nachfrage- oder Angebotsfunktionen möglich sind, ohne daß diese explizit bekannt wären. Zu definitiven Ergebnissen gelangt man bei Verwendung jener Informationen, die man aus den Extremalbedingungen erhält. Damit wird der rein logische und innige Zusammenhang zwischen Extremalproblemen einerseits und der komparativen Statik andererseits deutlich – zwei Gebieten, die zunächst so verschieden und unabhängig voneinander anmuteten.

*4.6. Fiskalpolitik im Keynesianischen Modell

Zum Abschluß wollen wir zeigen, wie sich der Satz über implizite Funktionen zur Analyse wirtschaftspolitischer Maßnahmen anwenden läßt; dabei betrachten wir exemplarisch die Fiskalpolitik im Keynesianischen Modell.

Beginnen wir mit dem einfachsten Fall: der Fiskalpolitik bei konstantem Preisniveau. Hierfür ziehen wir das IS/LM-Modell heran:

$$S(Y) - I(i) - G = 0 \tag{150}$$

$$L(Y, i) - \frac{M}{P} = 0\,. \tag{151}$$

Hier liegt ein Modell mit zwei endogenen Variablen, dem Realeinkommen und dem Zins, und einem Parameter, den Staatsausgaben, vor. Das reale Geldangebot ist per Annahme konstant. Der Satz über implizite Funktionen (Gleichung (124)) liefert uns die gesuchten Multiplikatoren dY/dG und di/dG, deren Vorzeichen die Wirkungsrichtung staatlicher Ausgaben anzeigen:

$$\frac{dY}{dG} = -\frac{\begin{vmatrix} -1 & -I_i \\ 0 & L_i \end{vmatrix}}{\begin{vmatrix} S_Y & -I_i \\ L_Y & L_i \end{vmatrix}} = \frac{L_i}{S_Y L_i + I_i L_Y} > 0 \tag{152}$$

$$\frac{di}{dG} = -\frac{\begin{vmatrix} S_Y & -1 \\ L_Y & 0 \end{vmatrix}}{\begin{vmatrix} S_Y & -I_i \\ L_Y & L_i \end{vmatrix}} = \frac{-L_Y}{S_Y L_i + I_i L_Y} > 0\,. \tag{153}$$

Die Indizes stehen wie immer für die partiellen Ableitungen. Im Nenner der Multiplikatoren ist die Jacobi-Matrix des IS/LM-Systems zu finden; in den Zählern sehen wir jene Matrizen, die aus der Jacobi-Matrix durch Streichen der i-ten Spalte und Substitution durch den Vektor (−1; 0) hervorgehen. Jener Vektor enthält die partiellen Ableitungen der Gleichungen nach G. Aus den Vorzeichen der partiellen Ableitungen geht hervor, daß zusätzliche Staatsausgaben bei festem Preisniveau sowohl das Realeinkommen als auch den Zins erhöhen. Weiter läßt sich ablesen: Ist, wie im Neoklassischen Modell, die Geldnachfrage nicht zinselastisch ($\partial L/\partial i = 0$), dann erfolgt keine Erhöhung des Realeinkommens. Bei einer Investitionsfalle ($dI/di = 0$) geht (152) in den elementaren Multiplikator $1/S'$ über, desgleichen bei einer Liquiditätsfalle ($\partial L/\partial i \to -\infty$). Im letzteren Fall ist darüber hinaus die Zinswirkung gleich Null, wie aus (153) unmittelbar ersichtlich ist.

Behandeln wir nun den analytisch anspruchsvolleren Fall *flexibler Preise.* Hier erwies sich die Herleitung der Wirkungen – wie wir im sechsten Kapitel sahen – als schwierig, da konterkarierende Effekte auftraten und die Nettowirkung nicht intuitiv ersichtlich war. Um so fruchtbarer ist deshalb eine mathematische Behandlung des Problems, die zu eindeutigen Ergebnissen führen wird. Zunächst sei das auf Seite 151 beschriebene Keynesianische Modell mit starrem Nominallohn wiedergegeben, wobei allerdings das Gleichungssystem leicht umgeformt und $w = \bar{w}$ gesetzt wurde:

$$N^d\left(\frac{\bar{w}}{P}\right) - N = 0 \tag{154}$$

$$Y - f(N) = 0 \tag{155}$$

$$S(Y) - I(i) - G = 0 \tag{156}$$

$$L(Y, i) - \frac{M}{P} = 0. \tag{157}$$

Dieses System enthält mit Y, N, i und P vier *endogene Variablen,* aber auch der Reallohn kann zusätzlich als endogen betrachtet werden, da er sich bei festem w aus der Lösung für P ergibt. Das Arbeitsangebot spielt in (154) keine Rolle, da sich die Arbeiter auf der längeren Marktseite befinden und also die Beschäftigung ausschließlich durch die Arbeitsnachfrage bestimmt wird.

Der *Parameter* des Modells sind die Staatsausgaben. Damit sind die Verhältnisse geklärt, und wir erhalten die Multiplikatoren durch Anwendung des Satzes über implizite Funktionen. Zur Abkürzung wird im weiteren das Symbol

$$X := \frac{\partial N^d}{\partial(\bar{w}/P)} \cdot \left(-\frac{\bar{w}}{P^2}\right) > 0 \tag{158}$$

verwendet, das ist die Ableitung der Arbeitsnachfrage nach dem Preisniveau. Nur den ersten Multiplikator schreiben wir vollständig hin; die übrigen mag der Leser zur Übung selbst berechnen.

$$\frac{dY}{dG} = -\frac{\begin{vmatrix} 0 & -1 & 0 & X \\ 0 & -f_N & 0 & 0 \\ -1 & 0 & -I_i & 0 \\ 0 & 0 & L_i & \dfrac{M}{P^2} \end{vmatrix}}{\begin{vmatrix} 0 & -1 & 0 & X \\ 1 & -f_N & 0 & 0 \\ S_Y & 0 & -I_i & 0 \\ L_Y & 0 & L_i & \dfrac{M}{P^2} \end{vmatrix}} = -\frac{L_i \cdot f_N \cdot X}{|Jac|} > 0 \tag{159}$$

$$\frac{dN}{dG} = -\frac{L_i \cdot X}{|Jac|} > 0 \tag{160}$$

$$\frac{di}{dG} = \frac{\dfrac{M}{P^2} + L_Y \cdot f_N \cdot X}{|Jac|} > 0 \tag{161}$$

$$\frac{dP}{dG} = -\frac{L_i}{|Jac|} > 0 \tag{162}$$

$$\frac{d\left(\dfrac{\bar{w}}{P}\right)}{dG} = \frac{d\left(\dfrac{\bar{w}}{P}\right)}{dP} \cdot \frac{dP}{dG} = \frac{(\bar{w}/P^2) \cdot L_i}{|Jac|} < 0 \tag{163}$$

$$\text{mit} \quad |Jac| = -I_i \cdot \frac{M}{P^2} - X \cdot f_N \cdot (S_Y \cdot L_i + I_i \cdot L_Y) > 0. \tag{164}$$

Allgemein muß zur Berechnung des i-ten Multiplikators die i-te Spalte der Jacobi-Matrix (das ist die Matrix im Nenner des Bruches in Gleichung (159)) gestrichen und durch den Vektor (0; 0; − 1; 0) ersetzt werden, dessen Komponenten die Ableitungen der vier Gleichungen nach G sind.

Augenscheinlich sind alle Vorzeichen eindeutig bestimmt: Als Folge einer expansiven Fiskalpolitik werden im Rahmen dieses Modells Realeinkommen und Beschäftigung steigen, ebenso das Preisniveau und der Zins. Hingegen wird der Reallohn sinken. Durch das eindeutige Vorzeichen der Multiplikatoren ist sichergestellt, daß der anfänglich expansive Effekt der Fiskalpolitik nicht durch den Preisniveauanstieg und die damit verbundene Zinssteigerung überkompensiert wird. Dies lehrten uns geometrische Anschauung und verbale Ausführungen *nicht*.

5. Gewöhnliche Differentialgleichungen

War der vorige Abschnitt hauptsächlich der komparativen Statik gewidmet, so bezieht sich dieser auf die dynamische Theorie. Wir befassen uns vorrangig mit Stabilitätsfragen und zeigen, welch enger Zusammenhang zwischen den komparativ-statischen und den dynamischen Eigenschaften eines Systems besteht.

5.1. Funktionen- und Funktionalgleichungen

Nach Absolvenz der üblichen mathematischen Propädeutika mögen viele Leser bisher nur mit Funktionengleichungen vertraut sein und die Problematik der Funktionalgleichungen nicht kennen. Um den Unterschied deutlich zu machen, definieren wir eine *Funktionengleichung* als eine Gleichung oder ein Gleichungssystem der Art:

$$F(x_1, \ldots, x_n) = 0 . \tag{165}$$

Hierbei sind eine (oder mehrere) Funktionen F gegeben, und gesucht werden jene Variablen **x**, die die Gleichung(en) (165) erfüllen. Derartige Variablen nennt man *Lösungen* der Funktionengleichung.

Beispiel: $x^2 - 2 = 0$ ist eine Funktionengleichung mit den Lösungen

$$x_1 = \sqrt{2} \quad \text{und} \quad x_2 = -\sqrt{2} .$$

Jedes lineare Gleichungssystem ist ein System von Funktionengleichungen.

Im Gegensatz hierzu lautet eine *Funktionalgleichung* im allgemeinen Fall:

$$F(f^1(\mathbf{x}), \ldots, f^n(\mathbf{x})) = 0 . \tag{166}$$

Wieder ist F gegeben; gesucht sind aber im Unterschied zu (165) *Funktionen* f^i, die (166) *identisch* erfüllen. „Identisch" bedeutet, daß die Gleichung für *alle* zugelassenen Variablenwerte **x** erfüllt sein muß. Derartige Funktionen f^i heißen *Lösungen* der Funktionalgleichung.

Beispiel: $f^1(x) - (f^2(x))^2 = 0$ ist eine Funktionalgleichung mit den gesuchten Funktionen f^1 und f^2. Eine Lösung für $x \in \mathbb{R}$ ist

$$f^1(x) = x^2\,, \qquad f^2(x) = x\,,$$

denn durch diese beiden Funktionen wird die Funktionalgleichung für *alle* reellen x-Werte erfüllt.

Eine im Hinblick auf Anwendungen wichtige Teilmenge der Funktionalgleichungen sind die Differentialgleichungen. Wir definieren eine *gewöhnliche Differentialgleichung n-ter Ordnung* als

$$F(x, f(x), f'(x), \ldots, f^{(n)}(x)) = 0\,. \tag{167}$$

(167) heißt *Differentialgleichung*, weil neben der Variablen x und der gesuchten Funktion f deren Ableitungen als Argumente figurieren. Sie heißt *gewöhnliche* Differentialgleichung, weil die gesuchte Funktion nur von einer Variablen abhängt (Gegenbegriff: *partielle* Differentialgleichungen). Außerdem heißt sie gewöhnliche Differentialgleichung *n-ter Ordnung*, da die höchste auftretende Ableitung von der Ordnung n ist. Betrachten wir eine gewöhnliche Differentialgleichung erster Ordnung:

$$F(x, f(x), f'(x)) = 0\,. \tag{168}$$

Beispiel: $f(x) - f'(x) = 0$ ist eine gewöhnliche Differentialgleichung erster Ordnung. Eine Lösung mit $x \in \mathbb{R}$ lautet:

$$f(x) = e^x \Rightarrow f'(x) = e^x\,.$$

Weil die Ableitung der Exponentialfunktion die Exponentialfunktion selbst ist, erfüllt $f(x) = e^x$ die obige Differentialgleichung für alle reellen x.

Bedauerlicherweise existiert nun für (168) *kein* allgemeines Lösungsverfahren; es gibt allein bestimmte *Typen* von gewöhnlichen Differentialgleichungen erster Ordnung, die nach vorgegebenen Regeln lösbar sind.

5.2. Lösung einer linearen Differentialgleichung

Der für uns relevante Typ ist die *gewöhnliche lineare Differentialgleichung erster Ordnung mit konstanten Koeffizienten:*

$$y'(x) = k\,y(x) + c \quad \text{mit} \quad c, k, x, y \in \mathbb{R}; \quad k \neq 0\,. \tag{169}$$

Zur Abkürzung der Sprechweise nennen wir sie im weiteren einfach die lineare Differentialgleichung. Uns interessiert nun, ob eine Funktion y(x) existiert, durch die (169) für alle reellen x-Werte erfüllt wird. Die Antwort hierauf fällt positiv aus:

Theorem 12: Gegeben sei eine Differentialgleichung (169). Es existiert eine Menge von Lösungen, die durch

$$y(x) = a \cdot e^{kx} - \frac{c}{k}; \quad a \in \mathbb{R} \tag{170}$$

vollständig beschrieben wird.

Nehmen wir die Vollständigkeit der Lösungsmenge hin, und überprüfen wir ihre Richtigkeit. Dazu differenzieren wir (170) nach x:

$$y'(x) = a \cdot k \cdot e^{kx}. \tag{171}$$

Der Exponentialterm wurde nach der Kettenregel abgeleitet; die Konstante $-c/k$ fiel naturgemäß weg. Wir überzeugen uns durch Einsetzen der Lösung (170) und ihrer Ableitung (171) in die Differentialgleichung (169) von der Richtigkeit des Theorems:

$$a \cdot k \cdot e^{kx} = k \cdot \left[a \cdot e^{kx} - \frac{c}{k}\right] + c. \tag{172}$$

Ganz offenbar ist (172) für alle reellen x erfüllt; ergo beschreibt das Theorem 12 die Lösungsmenge korrekt. Indes gibt uns das Theorem keine *eindeutige* Lösung, weil die Konstante a beliebig gewählt werden kann – dies entspricht dem Problem der unbestimmten Konstanten bei der Integration. Wir erhalten mit (170) also eine *Schar* von Funktionen, die der Differentialgleichung genügen und nennen die Lösung $a = 0$ *trivial*, alle anderen Lösungen *nichttrivial*. Demnach ist die triviale Lösung die konstante Funktion $y(x) = -c/k$. Aus der Tatsache, daß es sich bei den Lösungen um eine Funktionenschar handelt, geht hervor, daß wir durch zusätzliche Vorgabe eines Punktes eine *eindeutige* Lösung erhalten. Durch den Punkt wird gleichsam eine Funktion der Schar ausgewählt. Die Aufgabe, eine Differentialgleichung bei zusätzlicher Vorgabe eines Punktes zu lösen, nennen wir das *Anfangswertproblem.*

Theorem 13: Sei ein Anfangswertproblem gegeben durch die lineare Differentialgleichung

$$y'(x) = k\,y(x) + c \quad \text{mit} \quad c, k, x, y \in \mathbb{R}; \quad k \neq 0 \tag{173}$$

und einen Punkt

$$y_0 = y(x_0) \qquad (174)$$

Dann existiert genau eine Lösung

$$y(x) = \left(y_0 + \frac{c}{k}\right) e^{k(x - x_0)} - \frac{c}{k} \,. \qquad (175)$$

Der Leser möge sich durch Differentiation der Lösung überzeugen, daß sie die Differentialgleichung erfüllt. Für $x = x_0$ verschwindet der Exponent der Lösung; der Exponentialausdruck ist dann gleich Eins ($e^0 = 1$) und $y(x_0) = y_0$. Damit erfüllt (175) die Anfangsbedingung.

Beispiel: Gegeben sei die Differentialgleichung

$$y'(x) = 2\,y(x) + 4$$

mit der Anfangsbedingung

$$y(0) = 1 \,.$$

Aus Theorem 13 ergibt sich sofort die eindeutige Lösung

$$y(x) = 3\,e^{2x} - 2 \,,$$

deren Richtigkeit man durch Differentiation und Setzung von $x = 0$ leicht überprüft.

*5.3. Stabilität eines Marktes

Ein Marktgleichgewicht heißt *stabil*, wenn der herrschende Preis über ein Tâtonnement stets gegen den markträumenden Preis konvergiert. Es heißt (asymptotisch) *lokal stabil*, wenn der herrschende Preis bei kleinen Abweichungen gegen den Gleichgewichtspreis konvergiert. Die Überprüfung eines Marktes auf Stabilität setzt die Existenz eines Gleichgewichtspreises voraus, nicht aber dessen Eindeutigkeit. Mit den Ergebnissen des letzten Unterabschnitts können wir einen Markt analytisch auf Stabilität untersuchen. Dazu definieren wir eine *Überschußnachfragefunktion* als Differenz von Nachfrage und Angebot zum jeweiligen Preis:

$$E(p) := D(p) - S(p) \,. \qquad (176)$$

Während die komparative Statik sich mit den Charakteristika des Marktgleichgewichtes (im theoretischen Sinn) befaßt sowie mit Änderungen des Gleichgewichtes bei Verschiebungen der Angebots- oder Nachfragekurve, untersuchen wir in der dynamischen Betrachtung etwaige Anpassungsprozesse, wenn der Markt sich *nicht* im Gleichgewicht befindet. Es gelte hierbei das „Gesetz des Marktes“:

$$p'(t) = H(E(p(t))) \quad \text{mit} \quad H(0) = 0\,; \quad H' > 0\,. \tag{177}$$

Das „Gesetz des Marktes“ fordert, daß der Preis steigt, wenn die Überschußnachfrage positiv ist, und umgekehrt. Bei Gleichheit von Angebot und Nachfrage ($E = 0$) bleibt der Preis unverändert, da $H(0) = 0$. Die Funktion H gibt die Änderungsgeschwindigkeit des Preises an. Da sich der Preis im Gleichgewicht nicht ändert, definieren wir einen Gleichgewichtspreis p^* durch:

$$H(E(p^*)) = 0\,. \tag{178}$$

Bei hinlänglicher Betrachtung erweist sich (177) als eine gewöhnliche Differentialgleichung erster Ordnung; wir suchen also eine Funktion $p(t)$, die (177) zu jedem Zeitpunkt t erfüllt. Da aber über die Funktionen E und H nichts Näheres bekannt ist, läßt sich die Differentialgleichung (177) nicht lösen; wir bemerkten im vorigen Abschnitt, daß für gewöhnliche Differentialgleichungen erster Ordnung kein allgemeines Lösungsverfahren existiert.

Hier ist nun folgender Kniff hilfreich. Wäre (177) eine *lineare* Differentialgleichung mit konstanten Koeffizienten, dann könnte sie nach Theorem 12 oder 13 ohne weiteres gelöst werden. Wir *linearisieren* die rechte Seite deshalb durch eine Taylor-Entwicklung mit dem Restglied zweiter Ordnung, wobei nach der Gleichgewichtsstelle p^* entwickelt und das Restglied vernachlässigt wird:

$$H(E(p)) \doteq H(E(p^*)) + H' \cdot E' \cdot (p - p^*)\,. \tag{179}$$

Es wurde dabei nach der Kettenregel differenziert; die Ableitungen H' und E' sind an den Stellen $H'(E(p^*))$ bzw. $E'(p^*)$ bewertet. Wegen der Vernachlässigung des Restgliedes ist (179) eine Approximation und kann lediglich zum Test auf lokale Stabilität dienen. Nach Definition (178) ist der erste Summand gleich Null, so daß sich (179) vereinfacht zu:

$$H(E(p)) \doteq H' \cdot E' \cdot (p - p^*)\,. \tag{180}$$

In der Folge vernachlässigen wir das Approximationssymbol „$\doteq$“. Die ökonomische Bedeutung von (180) ist klar. Der Preis ändert sich um so schneller, je stärker er von seinem Gleichgewichtswert abweicht; bei positiver Abweichung ($p > p^*$) sinkt er (falls E' negativ ist) und umgekehrt. Zur Abkürzung der Schreibweise definieren wir

$$k := H' \cdot E' . \tag{181}$$

Dadurch läßt sich die Differentialgleichung (177) umschreiben:

$$p'(t) = k\,(p(t) - p^*) . \tag{182}$$

Mit (182) liegt aber eine lineare Differentialgleichung vom Typ (173) vor, mit $p(t)$ als der gesuchten Funktion $y(x)$ und $-k\,p^*$ als Konstante c. Durch Vorgabe eines beliebigen Preises zum Zeitpunkt Null

$$p_0 = p(0) \tag{183}$$

erhalten wir ein Anfangswertproblem, das sich mit Theorem 13 im Handumdrehen lösen läßt:

$$p(t) = (p_0 - p^*) \cdot e^{kt} + p^* . \tag{184}$$

Der Leser überzeuge sich, daß die Lösung (184) sowohl der Differentialgleichung (182) als auch der Anfangsbedingung (183) genügt. Damit ist das dynamische Verhalten des Marktes in einer Umgebung von p^* beschrieben. Das Marktgleichgewicht ist immer dann lokal stabil, wenn

$$\lim_{t \to \infty} p(t) = p^* , \tag{185}$$

wenn also der Preis im Zeitablauf gegen seinen Gleichgewichtswert konvergiert. Unter welcher Voraussetzung ist diese Bedingung erfüllt? – Offenbar hängt das Konvergenzverhalten der Funktion (184) allein vom *Vorzeichen von k* ab: Ist k negativ, dann strebt der Exponentialterm für $t \to \infty$ gegen Null; und damit strebt $p(t)$ gegen p^*. Bei positivem k wird der Exponentialterm umgekehrt immer größer; der Markt „explodiert“. In der nachstehenden Graphik ist das Preisanpassungsverhalten für ein k und verschiedene p_0 gezeigt.

Bei negativem k konvergiert $p(t)$ (asymptotisch) gegen p^*, wobei wiederum drei Fälle zu unterscheiden sind:

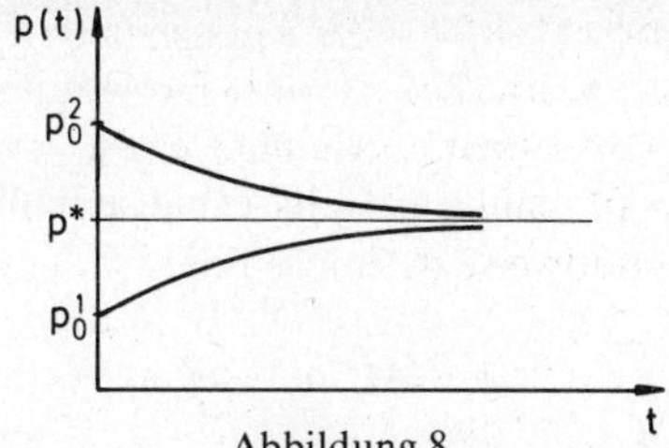

Abbildung 8

– Mit $p_0 > p^*$ ist der Koeffizient $(p_0 - p^*)$ der Exponentialfunktion in (184) positiv; der Exponentialterm fällt streng monoton, und so auch der Preis. Deshalb wird letztlich p^* erreicht.
– Mit $p_0 < p^*$ ist es gerade umgekehrt: der Preis steigt im Zeitablauf streng monoton und erreicht schließlich p^*.
– Mit $p_0 = p^*$ endlich ist der Koeffizient des Exponentialterms Null. Damit ist nach (184) $p(t) = \text{konst.} = p^*$. Dies entspricht der ökonomischen Forderung, daß der Preis sich nicht ändert, wenn auf dem Markt ein Gleichgewicht besteht.

Aber nun zum Vorzeichen von k. Wegen $H' > 0$ hängt es ausschließlich vom Vorzeichen der Ableitung E' ab, man vergleiche (181). E' ist aber definitorisch gleich $D' - S'$, und wir können deshalb sagen:

Bei einem Tâtonnement-Prozeß ist ein Marktgleichgewicht genau dann lokal stabil, wenn die Überschußnachfrage bei steigendem Preis sinkt, wenn also die Nachfragekurve im Gleichgewicht eine (wertmäßig) geringere Steigung aufweist als die Angebotskurve.

5.4. Lösung eines Systems linearer Differentialgleichungen

Das Ergebnis des vorigen Unterabschnitts erwies sich als plausibel und zugleich kaum erstaunlich, weil es aus der geometrischen Anschauung unmittelbar einsichtig ist. Im Falle mehrerer verbundener Märkte indes versagt die Intuition, so daß die mathematische Analyse hier deutlich höhere Grenzerträge aufweist. Doch zuvor müssen wir uns mit der Lösung von Systemen linearer Differentialgleichungen vertraut machen. Da dies ein ziemlich kompliziertes Unterfangen ist, stellen wir folgende Beobachtung voran:

Lemma 2: Die Stabilität eines Anfangswertproblems (173), (174) ist von der Konstanten c *unabhängig.*

Der mathematische Beweis folgt sofort aus der Lösung (175) des Anfangswertproblems: Das Konvergenzverhalten der Lösung für $x \to \infty$

hängt allein vom Vorzeichen des Exponenten ab und nicht von c. Für das ökonomische Beispiel des vorigen Unterabschnitts hat dies die Konsequenz, daß die lokale Stabilität von der Wahl des Anfangswertes p_0 unabhängig ist. Die Größen p_0 und p^* sind mitentscheidend für das „früher oder später" der Etablierung eines Gleichgewichtes; bezüglich der Frage aber, ob dieses *überhaupt* erreicht wird, sind sie irrelevant.

Deshalb können wir uns ab sofort auf *homogene* lineare Differentialgleichungen beschränken, bei denen die Konstante c verschwindet.

Wir nennen das Vektorfeld

$$\mathbf{y}'(x) = \mathbf{K} \cdot \mathbf{y}(x) \quad \text{mit} \quad \mathbf{y}\colon \mathbb{R} \to \mathbb{C}^n, \; \mathbf{K} \in \mathbb{R}^n \times \mathbb{R}^n; \quad \mathbf{K} \neq \mathbf{0} \tag{186}$$

ein *System* gewöhnlicher homogener linearer Differentialgleichungen erster Ordnung mit konstanten Koeffizienten, kurz: ein System homogener linearer Differentialgleichungen. Ausgeschrieben lautet es:

$$\begin{aligned} y^{1\prime}(x) &= k_{11}\, y^1(x) + \ldots + k_{1n}\, y^n(x) \\ &\ldots\ldots\ldots\ldots\ldots\ldots \\ y^{n\prime}(x) &= k_{n1}\, y^1(x) + \ldots + k_{nn}\, y^n(x)\,. \end{aligned} \tag{187}$$

Es handelt sich mithin um ein System mit n Gleichungen und n unbekannten Funktionen, und aufgegeben ist die Suche nach einer Lösung $\mathbf{y}(x)$, die (186) bzw. (187) für *alle* zugelassenen x erfüllt. Das scheint ein recht umfangreiches Problem zu sein, denn die n gesuchten Funktionen müssen simultan bestimmt werden, da jede Ableitung in einem bestimmten Verhältnis zu den übrigen Lösungen stehen soll. In Analogie zu Theorem 12 (mit c = 0) wählen wir versuchsweise einen Lösungsansatz:

$$\mathbf{y}(x) = \mathbf{a} \cdot e^{\lambda x} \quad \text{mit} \quad \mathbf{a} \in \mathbb{C}^n, \lambda \in \mathbb{C}\,.^{1} \tag{188}$$

Die Ableitungen der vermuteten Lösungen berechnen sich nach der Kettenregel als

$$\mathbf{y}'(x) = \lambda \cdot \mathbf{a} \cdot e^{\lambda x}\,. \tag{189}$$

Soll unsere Vermutung richtig sein, dann müssen (188) und (189) die Differentialgleichung (186) erfüllen, das heißt

$$\lambda \cdot \mathbf{a} \cdot e^{\lambda x} = \mathbf{K} \cdot \mathbf{a} \cdot e^{\lambda x}\,. \tag{190}$$

1 $\mathbb{C}$ ist die Menge der in 2.4 erörterten komplexen Zahlen.

Die Frage nach einer Lösung von (186) verlagert sich jetzt also auf die Frage nach der Existenz von Vektoren **a** und Zahlen λ, die der Gleichung (190) genügen. Bei Auffindung derartiger Vektoren und Zahlen ist das Problem gelöst. Durch Eliminierung des Exponentialterms und Multiplikation mit der Einheitsmatrix erhalten wir aus (190)

$$\mathbf{E} \cdot \lambda \cdot \mathbf{a} = \mathbf{K} \cdot \mathbf{a} \tag{191}$$

$$\Leftrightarrow \quad (\mathbf{K} - \mathbf{E}\,\lambda)\,\mathbf{a} = \mathbf{0}\,. \tag{192}$$

Bei (192) handelt es sich nun um das wohlbekannte *Eigenwertproblem* aus 2.4 (Gleichung (72)). Das Eigenwertproblem besitzt auf alle Fälle die triviale Lösung $\mathbf{a} = \mathbf{0}$, mit der (190) ganz offensichtlich erfüllt ist. Nichttriviale Lösungen ergeben sich – wie wir wissen – durch Nullsetzen der Determinante von $(\mathbf{K} - \lambda\,\mathbf{E})$:

$$|\,\mathbf{K} - \mathbf{E}\,\lambda\,| = 0\,. \tag{193}$$

(193) ist die charakteristische Gleichung der gegebenen Matrix **K**. Sie ist ein Polynom n-ten Grades in λ:

$$b_0\,\lambda^n + b_1\,\lambda^{n-1} + \ldots + b_{n-1}\,\lambda + b_n = 0\,. \tag{194}$$

Dieses Polynom erhalten wir einfach durch Berechnung der Determinante in (193); die auftretenden Koeffizienten b_i setzen sich folglich aus den Elementen der Matrix **K** zusammen. Durch Ausrechnen von (194) erhalten wir also die gesuchten Eigenwerte und zu jedem Eigenwert wegen (192) eine Menge von linear abhängigen Eigenvektoren. Nennen wir diese λ_i bzw. $\mathbf{a}_i$, dann ergibt sich die *Lösung* des Systems (187) durch Linearkombination der n Lösungen (188):

$$\mathbf{y}(x) = \mathbf{a}_1\,e^{\lambda_1 x} + \ldots + \mathbf{a}_n\,e^{\lambda_n x}\,. \tag{195}$$

Damit ist das Problem grundsätzlich gelöst; es sind lediglich noch einige Anmerkungen zu machen. Zuerst einmal erscheint die „Lösungsvielfalt" des Problems befremdlich: Zu jedem Eigenwert gehört eine nicht abzählbare Menge von Eigenvektoren, die freilich linear abhängig sind. Somit sind alle $\mathbf{a}_i$ in (195) nur bis auf eine multiplikative Konstante bestimmt. Aber dies ist ein Analogon zur unbestimmten Konstanten des Theorems 12, die sich nur bei Vorgabe einer Anfangsbedingung fixieren ließ. Ähnlich ist es hier: durch Vorgaben von jetzt n Anfangsbedingungen wird die Lösung *eindeutig* bestimmt.

Zweitens muß gesagt sein, daß eine Gleichung n-ten Grades wie (194) tatsächlich n Lösungen hat, die freilich weder verschieden noch reell sein müssen. Erfahrungsgemäß macht das Auftreten komplexer Eigenwerte Schwierigkeiten. Jedem komplexen Eigenwert ist ein komplexer Eigenvektor zugeordnet, so daß (195) komplexe Terme enthält. Man kann indes zeigen, daß die komplexen Lösungen immer paarweise auftreten und je zwei derselben zu zwei *reellen* Lösungen kombiniert werden können. Also läßt sich (195) immer in reeller Form schreiben. Fassen wir das Ergebnis zusammen.

Theorem 14: Gegeben sei ein System homogener linearer Differentialgleichungen mit konstanten Koeffizienten:

$$\mathbf{y}'(x) = \mathbf{K} \cdot \mathbf{y}(x) \tag{196}$$

$$\text{mit} \quad \mathbf{y}\colon \mathbb{R} \to \mathbb{C}^n, \ \mathbf{K} \in \mathbb{R}^n \times \mathbb{R}^n \quad \text{und} \quad \mathbf{K} \neq \mathbf{0}.$$

Dann existiert eine Menge von Lösungen, die durch

$$\mathbf{y}(x) = \mathbf{a}_1 e^{\lambda_1 x} + \ldots + \mathbf{a}_n e^{\lambda_n x} \tag{197}$$

vollständig beschrieben wird. Die λ_i und $\mathbf{a}_i$ sind die Eigenwerte bzw. Eigenvektoren der charakteristischen Gleichung von $\mathbf{K}$. Sie sind reell oder komplex; die Lösung (197) kann indes immer in reeller Form dargestellt werden.

Beispiel: Gegeben sei das System

$$y^{1\prime}(x) = -3y^1(x) + 2y^2(x)$$
$$y^{2\prime}(x) = -4y^1(x) + y^2(x).$$

Gemäß Theorem 14 berechnen wir die Eigenwerte aus der charakteristischen Gleichung:

$$\begin{vmatrix} -3-\lambda & 2 \\ -4 & 1-\lambda \end{vmatrix} = 0 \quad \Leftrightarrow \quad \lambda^2 + 2\lambda + 5 = 0.$$

Daraus ergeben sich die beiden Lösungen:

$$\lambda_1 = -1 + 2i \quad \text{und} \quad \lambda_2 = -1 - 2i.$$

Eingesetzt in die Gleichung $(\mathbf{K} - \mathbf{E}\lambda)\,\mathbf{a} = \mathbf{0}$ finden wir hierzu zwei Eigenvektoren bzw. zwei Mengen von linear abhängigen Eigenvektoren:

$$\mathbf{a}_1 = (1;\, 1+i) \quad \text{und} \quad \mathbf{a}_2 = (1;\, 1-i).$$

Somit lauten die Lösungen nach (197):

$$y^1(x) = e^{(-1+2i)x} + e^{(-1-2i)x}$$

$$y^2(x) = (1+i)\, e^{(-1+2i)x} + (1-i)\, e^{(-1-2i)x}\,.$$

Wie man leicht nachrechnet, erfüllen diese beiden Funktionen die obigen Differentialgleichungen.

Gerade im Hinblick auf dieses Beispiel mag der Leser sich fragen, welcher interpretatorische Gehalt denn einer komplexen Lösung beizulegen sei. Wir geben deshalb ohne nähere Diskussion ein Lemma an, wonach komplexe Lösungen in reelle transformiert werden können.

Lemma 3: Es sei $\mathbf{a}_i\, e^{\lambda_i x}$ ein komplexer Summand der Lösung (197). Dann existiert ein zweiter (konjugiert-komplexer) Summand, und die beiden lassen sich in zwei reelle Summanden überführen:

$$e^{ax}\,(\mathbf{r} \cdot \cos(b\,x) - \mathbf{s} \cdot \sin(b\,x)) \qquad (198)$$

$$\text{und} \quad e^{ax}\,(\mathbf{r} \cdot \sin(b\,x) + \mathbf{s} \cdot \cos(b\,x))\,. \qquad (199)$$

Hierbei sind a und b der Real- bzw. Imaginärteil des Eigenwertes $\lambda_i = a + b \cdot i$ und $\mathbf{r}$ und $\mathbf{s}$ der Real- bzw. Imaginärteil des zugehörigen Eigenvektors $\mathbf{a}_i = \mathbf{r} + \mathbf{s} \cdot i$.

Unter Anwendung dieses Hilfssatzes können wir die obigen komplexen Lösungen des Beispiels ohne weiteres umformen:

$$y^1(x) = e^{-x} \cdot (\sin(2\,x) + \cos(2\,x)) \qquad (200)$$

$$y^2(x) = e^{-x}\, 2 \cdot \cos(2\,x)\,. \qquad (201)$$

Diese Lösungen folgten unter Anwendung des obigen Lemmas aus dem Eigenwert λ_1 und dem Eigenvektor $\mathbf{a}_1$. (Für die beiden anderen folgt dasselbe Ergebnis.) Diese reellen Lösungen sind nun recht gut interpretierbar. Es handelt sich um gedämpfte harmonische Schwingungen. Denn die trigonometrischen Terme bewirken Schwankungen, deren betragsmäßige Amplitude höchstens gleich Eins ist; der Exponent weist hingegen ein negatives Vorzeichen auf und erzwingt die asymptotische Konvergenz gegen die Abszisse.

Bereits hier können wir einen für die Wirtschaftstheorie bedeutsamen Schluß ziehen. Die Eigenwerte seien nun reell oder komplex: in jedem Fall wird das Konvergenzverhalten der Lösung allein durch die *Realteile* der Eigenwerte bestimmt. Das ist nach Gleichung (197) für reelle Eigen-

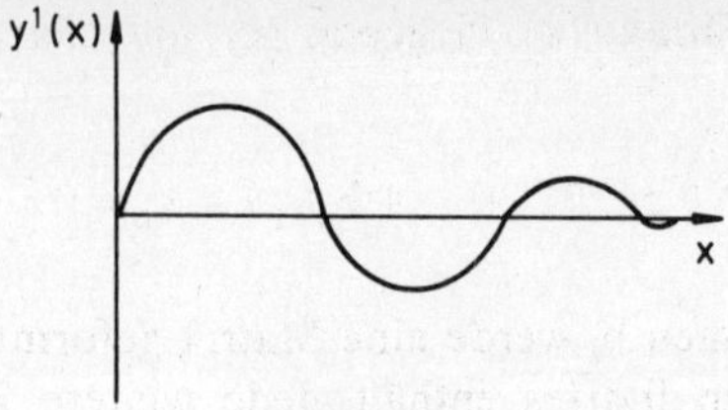

Abbildung 9

werte offensichtlich: negative λ_i garantieren die Konvergenz der Lösungen gegen den Nullvektor. Im komplexen Fall gelangen wir durch Anwendung von Lemma 3 zu den Lösungen (198) bzw. (199), und auch hier hängt das Konvergenzverhalten allein von den Realteilen (a) der Eigenwerte ab.

Die *Imaginärteile* der Eigenwerte bestimmen indes, ob die Lösung *monoton* konvergiert (Abbildung 8) oder *harmonisch* (Abbildung 9). Bei verschwindenden Imaginärteilen ergibt sich die monotone Konvergenz, sonst die harmonische.

Wir nennen die Lösung eines homogenen linearen Systems (in enger Definition) *stabil* genau dann, wenn sie für $x \to \infty$ gegen den Nullvektor konvergiert. Und so lassen sich die Ergebnisse zusammenfassen in den

Stabilitätssatz: Die Lösungen des homogenen linearen Systems (186) sind genau dann stabil, wenn die Eigenwerte der Matrix **K** *ausschließlich* negative Realteile aufweisen.

Allerdings müssen zur Auffindung der Eigenwerte die n Nullstellen des Polynoms (194) gesucht werden – eine mühsame Aufgabe, da die Koeffizienten b_i überdies nicht gegeben, sondern ihrerseits komplizierte Ausdrücke der Elemente von **K** sind. So gesehen kann sich die rein rechnerische Durchführung der Stabilitätsanalyse als schwierig erweisen.

Man hat zur Abkürzung dieser Prozedur Kriterien entwickelt, anhand derer das Vorzeichen der Eigenwerte *ohne* explizite Berechnung derselben überprüft werden kann. Zwei dieser Kriterien wollen wir hier wiedergeben:

Lemma 4: Es seien die Voraussetzungen von Theorem 14 erfüllt, und **K** sei eine 2×2-Matrix. Die Eigenwerte von **K** sind genau dann negativ, bzw. besitzen genau dann negative Realteile, wenn

$$\mathrm{Sp}\,(\mathbf{K}) < 0 \quad \text{und} \quad |\mathbf{K}| > 0 . \tag{202}$$

Lemma 5: (Routh-Hurwitz) Gegeben sei die charakteristische Gleichung

$$b_0\,\lambda^n + b_1\,\lambda^{n-1} + \ldots + b_{n-1}\,\lambda + b_n = 0\,.$$

Aus den Koeffizienten b_i werde eine Matrix geformt, deren erste Zeile die b_i mit ungeraden Indizes enthält. Jede weitere Zeile werde durch Verminderung der Indizes um Eins erzeugt, wobei für b_i mit negativem Index eine Null gesetzt wird:

$$\mathbf{B} = \begin{pmatrix} b_1 & b_3 & b_5 & b_7 & b_9 & \ldots \\ b_0 & b_2 & b_4 & b_6 & b_8 & \ldots \\ 0 & b_1 & b_3 & b_5 & b_7 & \ldots \\ 0 & b_0 & b_2 & b_4 & b_6 & \ldots \\ 0 & 0 & b_1 & b_3 & b_5 & \ldots \\ \ldots & \ldots & \ldots & \ldots & \ldots & \ldots \end{pmatrix}$$

B ist quadratisch. Die Realteile aller Eigenwerte von **K** sind genau dann negativ, wenn alle führenden Hauptminoren von **B** bis zur Ordnung n und alle b_i $(i = 1 \ldots n)$ positiv sind.

Bisher haben wir uns nur mit der Stabilität *linearer* Systeme befaßt, und der Anwendungsbereich unserer lokalen Stabilitätsanalyse erscheint demgemäß begrenzt. Tatsächlich aber bereitet der Fall nichtlinearer Systeme kaum Schwierigkeiten; durch den folgenden Satz ist er auf den oben behandelten Fall linearer Systeme zurückführbar:

Theorem 15: Sei $\mathbf{y}'(x) = \mathbf{F}(\mathbf{y}(x))$ mit $\mathbf{y}\colon \mathbb{R} \to \mathbb{C}^n$; $\mathbf{F}\colon \mathbb{C}^n \to \mathbb{C}^n$; $\mathbf{F} \in C^l$; $x \in \mathbb{R}$ ein System gewöhnlicher Differentialgleichungen erster Ordnung und $\mathbf{y_0}$ ein Gleichgewicht, das heißt, $\mathbf{F}(\mathbf{y_0}) = \mathbf{0}$. Dieses Gleichgewicht ist immer dann lokal asymptotisch stabil, wenn die Eigenwerte der Jacobi-Matrix $\mathrm{Jac}(\mathbf{F}(\mathbf{y_0}))$ ausschließlich negative Realteile aufweisen.

Wir können diesen Satz in folgender Weise plausibel machen: Das obige Funktionensystem (oder Vektorfeld) **F** kann durch eine Taylor-Entwicklung nach der Stelle $\mathbf{y_0}$ mit dem Restglied zweiter Ordnung linearisiert werden. Bei Vernachlässigung des Restgliedes erhalten wir damit eine *lineare* Differentialgleichung der Form (186), wobei deren Matrix **K** die Jacobi-Matrix $\mathrm{Jac}(\mathbf{F}(\mathbf{y_0}))$ ist. Überprüften wir weiter oben die Eigenwerte der Matrix **K**, so sind hier nun die Eigenwerte der Jacobi-Matrix zu untersuchen. Die Vernachlässigung des Restgliedes ist innerhalb der *lokalen* Stabilitätsanalyse zulässig, weil die Terme höherer Ordnung in der Taylor-Reihe (hier: $(\mathbf{x} - \mathbf{a})^2$ aus (90)) gegenüber dem Term erster Ordnung (also $(\mathbf{x} - \mathbf{a})$) „klein“ sind. *Der Term erster Ordnung dirigiert in* *der Umgebung des Gleichgewichtes das Stabilitätsverhalten des nichtlinearen Systems.* Der Leser beachte jedoch, daß die Stabilität des linearisierten Systems laut obigem Satz nur *hinreichend* für die Stabilität des nichtlinearen Systems ist, aber nicht *notwendig:* Wenn nämlich das linearisierte System indifferent ist (also weder stabil noch instabil), so entscheiden die Terme höherer Ordnung über das Konvergenzverhalten der Lösung.

*5.5. Stabilität des IS/LM-Modells

Wir kommen nun zu einigen ökonomischen Anwendungen der Stabilitätstheorie. Begonnen sei mit der Untersuchung der dynamischen Stabilität des IS/LM-Modells bei festem Preisniveau:

$$I(i) - S(Y) = 0 \tag{203}$$

$$L(Y, i) - \frac{M}{P} = 0 \,. \tag{204}$$

Dabei haben wir die exogene Staatsnachfrage fortgelassen, weil sie das dynamische Verhalten des Modells nicht beeinflußt. Es existiere eine Lösung (Y*, i*) des Gleichungssystems, die sich graphisch als Schnittpunkt der Kurven darstellt. Die Quintessenz der „Keynesianischen Logik" liegt in den beiden folgenden Anpassungsprozessen:

$$Y'(t) = H_1 [I(i) - S(Y)] \quad \text{mit} \quad H_1(0) = 0; \quad H_1' > 0 \tag{205}$$

$$i'(t) = H_2 \left[L(Y, i) - \frac{M}{P} \right] \quad \text{mit} \quad H_2(0) = 0; \quad H_2' > 0 \,. \tag{206}$$

Demnach steigt das Realeinkommen, wenn die Investitionsnachfrage die Ersparnis übertrifft; es sinkt, wenn die Ersparnis die Investitionsnachfrage übersteigt. Bei I = S bleibt das Realeinkommen unverändert.

Die Zinsbewegung wird durch den Geld- bzw. Wertpapiermarkt bestimmt: Bei einer Überschußnachfrage auf dem Geldmarkt (einem Überschußangebot auf dem Wertpapiermarkt) steigt der Zins über fallende Wertpapierkurse, und umgekehrt. Bei Übereinstimmung von Angebot und Nachfrage auf diesen Märkten bleibt der Zins unverändert.

Wird nun die simultane Anpassung von Realeinkommen und Zins zum Gleichgewicht führen, ausgehend von einem Punkt in der Umgebung von (Y*, i*)? Zur Beantwortung dieser Frage wenden wir das Theorem 15 an und berechnen die Jacobi-Matrix des Systems nichtlinearer Differentialgleichungen (205), (206); evaluiert an der Stelle (Y*, i*):

$$\mathrm{Jac} = \begin{pmatrix} -H_1' \cdot \frac{dS}{dY} & H_1' \cdot \frac{dI}{di} \\ H_2' \cdot \frac{dL}{dY} & H_2' \cdot \frac{dL}{di} \end{pmatrix} \tag{207}$$

Wir wissen aus Theorem 15, daß das Gleichgewicht lokal stabil ist, wenn die Jacobi-Matrix ausschließlich negative Realteile aufweist. Dies aber ist nach Lemma 4 der Fall, wenn die Jacobi-Matrix eine negative Spur und eine positive Determinante besitzt. Die Berechnung ergibt, daß dies zutrifft:

$$\mathrm{Sp}\,(\mathrm{Jac}) = -H_1' \cdot \frac{dS}{dY} + H_2' \cdot \frac{dL}{di} < 0 \tag{208}$$

$$|\mathrm{Jac}| = -H_1' \cdot H_2' \cdot \frac{dS}{dY} \cdot \frac{dL}{di} - H_1' \cdot H_2' \cdot \frac{dI}{di} \cdot \frac{dL}{dY} > 0\,. \tag{209}$$

Wir können demnach schließen: Das Gleichgewicht im IS/LM-Modell ist lokal asymptotisch stabil; bei einer „kleinen" Abweichung werden Realeinkommen und Zins stets zum Gleichgewicht tendieren.

Es sei angemerkt, daß sich die dynamische Stabilität des Keynesianischen Modells mit flexiblem Preisniveau nicht allgemein zeigen läßt; der Leser mag dies selbst überprüfen. Indes ist das Keynesianische Modell unter der Annahme stabil, daß die Reaktionen von Einkommen und Zins gegenüber der Preisniveauanpassung wesentlich schneller ablaufen, und diese Forderung ist bei der Konstruktion der Y^d-Kurve gleichsam schon „mitgedacht". So gesehen erscheint auch die Umkehrung der relativen Anpassungsgeschwindigkeiten im Neokeynesianischen Modell nicht als wirkliches Novum.

*5.6. Stabilität des Neokeynesianischen Modells

Im elften Kapitel konstruierten wir ein Modell, anhand dessen sowohl die Neoklassische als auch die Neokeynesianische Sicht des Wirtschaftsprozesses erörtert wurde. Wir wollen nun seine Stabilität bei einem Preistâtonnement analysieren.

Zu betrachten sind der Güter- und der Arbeitsmarkt; auf jedem dieser beiden erfolgt eine Preisanpassung nach folgenden Regeln:

$$P'(t) = H_1\,[C\,(P, w) - Y\,(P, w)] \quad \text{mit} \quad H_1(0) = 0\,; \quad H_1' > 0 \tag{210}$$

$$w'(t) = H_2\,[N^d\,(P, w) - N^s\,(P, w)] \quad \text{mit} \quad H_2(0) = 0\,; \quad H_2' > 0\,. \tag{211}$$

Infolge einer positiven Überschußnachfrage auf dem Gütermarkt steigt das Preisniveau und umgekehrt. Bei einer positiven Überschußnachfrage auf dem Arbeitsmarkt steigt der Nominallohn, und auch hier gilt die Umkehrung. Im allgemeinen Gleichgewicht (P*, w*) bleiben beide Preise unverändert.

Während des Preis-Tâtonnements laufen nun beide Reaktionen gleichzeitig ab, und die Überschußnachfrage eines jeden Marktes hängt ja von beiden Preisen ab. Dadurch ergibt sich eine verwickelte Interdependenz: Steigt hüben der Preis infolge einer Überschußnachfrage, so ändern sich drüben Angebot und Nachfrage; dies bewirkt drüben eine Preisänderung, die zuletzt nach hüben zurückwirkt. Wird also das Marktgleichgewicht lokal stabil sein?

Auch hier berechnen wir wegen Theorem 15 zuerst die Jacobi-Matrix, evaluiert an der Stelle (P*, w*):

$$\mathrm{Jac} = \begin{pmatrix} H_1'(C_P - Y_P) & H_1'(C_w - Y_w) \\ H_2'(N_P^d - N_P^s) & H_2'(N_w^d - N_w^s) \end{pmatrix}. \tag{212}$$

Hierbei bedeuten C_P die Ableitung des Konsums nach P usw.

Wenn die Spur dieser Matrix negativ ist und ihre Determinante positiv, dann besitzen ihre Eigenwerte nach Lemma 4 ausschließlich negative Realteile, und das Gleichgewicht ist laut Theorem 15 lokal stabil. Die Spurbedingung ist erfüllt, was sich unmittelbar aus den Annahmen im Text ergibt:

$$H_1'(C_P - Y_P) + H_2'(N_w^d - N_w^s) < 0\,. \tag{213}$$

Dagegen erweist sich die Determinantenbedingung zunächst als unschlüssig; durch Eliminierung der hier irrelevanten (weil positiven) H_i' erhalten wir:

$$(C_P - Y_P)(N_w^d - N_w^s) - (C_w - Y_w)(N_P^d - N_P^s) > 0\,. \tag{214}$$

Dieser Term läßt sich in folgender Weise interpretieren: Wenn die Überschußnachfragen „im Durchschnitt" stärker auf Änderungen des *eigenen* Preises reagieren als auf Änderungen des jeweils *anderen* Preises, dann ist das linke Produkt betragsmäßig größer als das rechte, und weil es positiv ist, ist die Stabilitätsbedingung erfüllt. Es soll nun gezeigt werden, daß dies tatsächlich zutrifft.

Dazu ziehen wir das Gesetz von Walras heran, wobei ohne Beschränkung der Allgemeinheit die den Staat betreffenden Größen vernachlässigt werden, weil sie das dynamische Verhalten des Modells nicht beeinflussen:

$$P\,(C - Y) + w\,(N^d - N^s) + \Delta M = 0\,. \tag{215}$$

Hierbei steht „ΔM" als Kürzel für die private Geldnachfrage. Das Gesetz von Walras folgt (wie im Text gezeigt) aus der Addition der Budgetbeschränkung und der Gewinndefinition; es gilt im Neoklassischen Fall auch außerhalb des Gleichgewichtes. Leiten wir nun (215) unter Anwendung der Produktregel nach P ab:

$$P\,(C_P - Y_P) + (C - Y) + w\,(N_P^d - N_P^s) + \Delta M_P = 0\,. \tag{216}$$

An der Gleichgewichtsstelle (P*, w*) verschwindet die Überschußnachfrage (C – Y), und damit folgt aus (216)

$$|C_P - Y_P| > \frac{w}{P}\,(N_P^d - N_P^s)\,, \tag{217}$$

da ΔM_P den Annahmen des Textes zufolge positiv ist. Ganz analog folgt durch Differentiation von (215) nach w unter Beachtung von $\Delta M_w > 0$ die Ungleichung:

$$|N_w^d - N_w^s| > \frac{P}{w}\,(C_w - Y_w)\,. \tag{218}$$

Durch Multiplikation der Ungleichungen (217) und (218) und anschließende Eliminierung der Betragsstriche finden wir, daß die Determinantenbedingung erfüllt ist:

$$(C_P - Y_P)\cdot(N_w^d - N_w^s) > (C_w - Y_w)\cdot(N_P^d - N_P^s)\,. \tag{219}$$

Damit ist nachgewiesen, daß das Neokeynesianische Modell bei einem Preistâtonnement lokal stabil ist.

Wir behandeln abschließend das *Korrespondenzprinzip.* Das Korrespondenzprinzip, wie SAMUELSON es formulierte, besagt ganz allgemein, daß ein Zusammenhang zwischen den dynamischen und den komparativstatischen Eigenschaften eines Systems bestehen kann. In Kenntnis bestimmter dynamischer Eigenschaften ist oft die Bestimmung komparativstatischer Ergebnisse möglich – dasselbe gilt auch umgekehrt. Wir geben hierzu ein Anwendungsbeispiel.

Mit den Gleichungen (137) und (139) leiteten wir in Abschnitt *4.4 die positive Steigung der hypothetischen Gleichgewichtsloki im Neokeynesianischen Modell her. Dies waren rein komparativ-statische Betrachtungen, und wir konnten seinerzeit nicht feststellen, ob einer der beiden Loki steiler verläuft; gemäß der vorigen Notation ergab sich:

$$\left.\frac{dw}{dP}\right|_{C=Y} = -\frac{C_P - Y_P}{C_w - Y_w} > 0 \tag{220}$$

$$\left.\frac{dw}{dP}\right|_{N^d=N^s} = -\frac{N_P^d - N_P^s}{N_w^d - N_w^s} > 0\,. \tag{221}$$

Im Text aber wurde behauptet, daß der Gleichgewichtslokus des Gütermarktes eine *größere* Steigung aufweise:

$$\left.\frac{dw}{dP}\right|_{C=Y} > \left.\frac{dw}{dP}\right|_{N^d=N^s} \tag{222}$$

$$\Leftrightarrow \frac{C_P - Y_P}{C_w - Y_w} < \frac{N_P^d - N_P^s}{N_w^d - N_w^s}\,. \tag{223}$$

Dies wollen wir nun beweisen. Dazu sei in (223) kreuzweise multipliziert, wobei eine Vertauschung des Ungleichheitszeichens notwendig wird:

$$(C_P - Y_P)\cdot(N_w^d - N_w^s) > (C_w - Y_w)\,(N_P^d - N_P^s)\,. \tag{224}$$

Wenn die Ungleichung (224) erfüllt ist, dann weist der Gleichgewichtslokus für den Gütermarkt tatsächlich eine größere Steigung auf. (224) ist aber identisch mit der Stabilitätsbedingung (214)! Damit können wir aus der Bedingung für die dynamische Stabilität auf eine komparativ-statische Eigenschaft des Modells schließen. Oder anders: die obige Ungleichung impliziert sowohl dynamische als auch komparativ-statische Eigenschaften des Modells. Diese beiden so verschieden anmutenden Gebiete sind also rein logisch miteinander verbunden. Der Zweck des Korrespondenzprinzips ist darin zu sehen, daß anhand der Kenntnis dynamischer Eigenschaften Aussagen zur komparativen Statik möglich sind – und umgekehrt.

Allerdings müssen wir vermerken, daß die Ungleichung (224) nur im Walrasianischen Gleichgewicht (P*, w*) und in einer Umgebung desselben gilt, eine Tatsache, die sich unmittelbar aus der obigen Argumentation ergibt. Weil wir jedoch im Text die *Eindeutigkeit* des Gleichgewichtes voraussetzen, muß der Gleichgewichtslokus für den Gütermarkt rechts von W oberhalb und links von W unterhalb des Gleichgewichtslokus für den Arbeitsmarkt verlaufen. Damit ist die Abbildung 84 begründet.

Literaturangaben

Zur *reinen Mathematik* und in bezug auf den hier behandelten Stoff empfehlen wir drei Bücher:

In einem zweibändigen Taschenbuch behandelt O. FORSTER die gesamte Differential- und Integralrechnung in einer und mehreren Veränderlichen. Dort findet der Leser die Beweise für praktisch alle Sätze der Abschnitte 1., 3. und 4.:

FORSTER, O. (1980, 1981) Analysis 1 & 2; Braunschweig, Wiesbaden: Vieweg

Zur Theorie der Differentialgleichungen verweisen wir auf ein etwas älteres Buch, das didaktisch vorzüglich geschrieben ist:

KAMKE, E. (1964) Differentialgleichungen; Leipzig: Akademische Verlagsgesellschaft Geest und Portig

Eine unserer Ansicht nach sehr gelungene, weil zugleich strenge und anwendungsorientierte Darstellung der linearen Algebra findet sich mit HADLEY, der alle Sätze des Abschnitts 2. beweist:

HADLEY, G. (1961) Linear Algebra; Reading usw.: Addison-Wesley

Was die zahlreichen Bücher zum Thema *Mathematik für Ökonomen* angeht, verweisen wir vor allem auf zwei Autoren, die jeweils superbe Darstellungen der Optimierungstheorie (INTRILIGATOR) und der dynamischen Theorie (GANDOLFO) liefern. Beide Bücher sind kaum schwieriger als dieser Anhang, didaktisch bestechend und geradezu gespickt mit Anwendungsproblemen:

INTRILIGATOR, M.D. (1971) Mathematical Optimization and Economic Theory: Englewood Cliffs: Prentice-Hall

GANDOLFO, G. (1980²) Economic Dynamics: Methods and Models; Amsterdam usw.: North-Holland

Darüber hinaus empfiehlt sich weiterhin die Lektüre des „Klassikers“ SAMUELSON. Die zweite erweiterte Auflage seiner „Foundations“ aus dem Jahre 1983 spricht wohl für sich:

SAMUELSON, P.A. (1947) Foundations of Economic Analysis; Cambridge usw.: Harvard University Press

Literaturverzeichnis

(Die mit einem „*" gekennzeichneten Titel sind Übersetzungen fremdsprachiger Texte; das Original ist in diesen Fällen stets mitaufgeführt.)

ABRAMOVITZ, M. et al. (1959) Hrsg.: The Allocation of Economic Ressources; Stanford: Stanford University Press

ACKLEY, G. (1978) Macroeconomics: Theory and Policy; New York usw.: Macmillan

ALBERT, H. (1967) Marktsoziologie und Entscheidungslogik; Neuwied usw.: Luchterhand

ANDEL, N. (1983) Finanzwissenschaft; Tübingen: Mohr

ANDO, A. und F. MODIGLIANI (1965) The Relative Stability of Monetary Velocity and the Investment Multiplier; American Economic Review **55,** S. 693–728

ARCHIBALD, G.C. und R.G. LIPSEY (1958) Monetary and Value Theory: A Critique of Lange and Patinkin; Review of Economic Studies **26,** S. 1–22

ARROW, K.J. (1959) Toward a Theory of Price Adjustment; in: M. ABRAMOVITZ et al. (Hrsg.) The Allocation of Economic Ressources; a.a.O.

ARROW, K.J. (1964) The Role of Securities in the Optimal Allocation of Risk-Bearing; Review of Economic Studies **31,** S. 91–96

ARROW, K.J. und F.H. HAHN (1971) General Competitive Analysis; San Francisco: Holden-Day

AZARIADIS, C. (1975) Implicit Contracts and Underemployment Equilibria; Journal of Political Economy **83,** S. 1183–1202

BARRO, R.J. (1974) Are Government Bonds Net Wealth?; Journal of Political Economy **82,** S. 1095–1117

BARRO, R.J. (1979) Second Thoughts on Keynesian Economics; American Economic Review (PP) **69,** S. 54–59

BARRO, R.J. und H.I. GROSSMAN (1976) Money, Employment and Inflation; Cambridge usw.: Cambridge University Press

BAUMOL, W.J. (1952) The Transaction Demand for Cash: An Inventory Theoretic Approach; Quarterly Journal of Economics **66,** S. 545–556

BENASSY, J.-P. (1973) Disequilibrium Theory; unveröff. Diss. CRMS Working Paper No. 185, Berkeley: University of California

BENASSY, J.-P. (1975) Neo-Keynesian Disequilibrium Theory in a Monetary Economy; Review of Economic Studies **42,** S. 502–523

BENASSY, J.-P. (1977) On Quantity Signals and the Foundations of Effective Demand Theory; Scandinavian Journal of Economics **79,** S. 147–168

BENASSY, J.-P. (1978) A Neokeynesian Model of Price and Quantity Determination in Disequilibrium; in: SCHWÖDIAUER, G. (Hrsg.) Equilibrium and Disequilibrium in Economic Theory; a.a.O.

BENASSY, J.-P. (1982) The Economics of Market Disequilibrium; New York usw.: Academic Press

BLAUG, M. (1968²) Economic Theory in Retrospect; London: Heinemann

BLAUG, M. (*1971) Systematische Theoriegeschichte der Ökonomie; München: Nymphenburger Verlagshandlung

BLINDER, A.M. und R.M. SOLOW (1973) Does Fiscal Policy Matter?; Journal of Public Economics **2**, S. 319–337

BÖHM, V. (1978) Disequilibrium Dynamics in a Simple Macroeconomic Model; Journal of Economic Theory **17**, S. 179–199

BOMBACH, G. et al. (1976) Hrsg.: Der Keynesianismus I & II; Berlin usw.: Springer

BOULDING, K.E. (1955) In Defence of Statics; Quarterly Journal of Economics **69**, S. 485–502

BOULDING, K.E. (*1971) Zur Verteidigung der Statik; in: JOCHIMSEN, R. und H. KNOBEL (Hrsg.) Gegenstand und Methoden der Nationalökonomie; a.a.O.

BRUNNER, K. und A.H. MELTZER (1972) A Monetarist Framework for Aggregative Analysis; in: Kredit und Kapital, Beiheft **1**

BRUNNER, K. und A.H. MELTZER (*1974) Ein Monetaristischer Rahmen für die Aggregative Analyse; in: BRUNNER, K. et al. (Hrsg.) Geldtheorie; a.a.O.

BRUNNER, K. und A.H. MELTZER (1976) An Aggregative Theory for a Closed Economy; in: STEIN, J.L. (Hrsg.) Monetarism; a.a.O.

BRUNNER, K. et al. (1974) Hrsg.: Geldtheorie; Köln: Kiepenheuer und Witsch

BUCHANAN, J. (1969) An Outside Economist in Defense of Pesek and Saving; Journal of Economic Literature **7**, S. 812–814

BUCHANAN, J. (*1974) Ein Outside-Ökonom verteidigt Pesek und Saving; in: BRUNNER, K. et al. (Hrsg.) Geldtheorie; a.a.O.

BUITER, W. (1980) Walras' Law and All That: Budget Constraints in Period Models and Continuous Time Models; International Economic Review **21**, S. 1–16

CAGAN, Ph. (1956) The Monetary Dynamics of Hyperinflation; in: FRIEDMAN, M. (Hrsg.) Studies in the Quantity Theory of Money; a.a.O.

CHANG, W.H., D. HAMBERG und J. HIRATA (1983) Liquidity Preference as Behaviour Toward Risk is a Demand for Short-Term Securities – Not Money; American Economic Review **73**, S. 420–427

CHICK, V. (1973) Financial Counterparts of Saving and Investment and Inconsistencies in Some Simple Macro Models; Weltwirtschaftliches Archiv **109**, S. 621–643

CLAASSEN, E.-M. (1980²) Grundlagen der Geldtheorie; Berlin usw.: Springer

CLAASSEN, E.-M. (1980) Grundlagen der makroökonomischen Theorie; München: Vahlen

CLOWER, R.W. (1965) The Keynesian Counter-Revolution: A Theoretical Appraisal; in: HAHN, F.H. und F.P.R. BRECHLING (Hrsg.) The Theory of Interest Rates; a.a.O.

CLOWER, R.W. (*1981) Die Keynesianische Gegenrevolution: Eine theoretische Kritik; in: HAGEMANN, H. et al. (Hrsg.) Die Neue Makroökonomik; a.a.O.

The Commission on Money, Credit and Commerce (1963) Hrsg.: Stabilization Policies; Englewood Cliffs: Prentice-Hall

CROOME, D. und H.G. JOHNSON (1970) Hrsg.: Money in Britain, 1959–1969; London: Oxford University Press

DAVIDSON, P. (1978²) Money and the Real World; Basingstoke usw.: Macmillan

DEBREU, G. (1959) Theory of Value; New York: Wiley

DEBREU, G. (*1976) Werttheorie; Berlin usw.: Springer

DRAZEN, A. (1980) Recent Developments in Macroeconomic Disequilibrium Theory; Econometrica **48**, S. 283–304

DRÈZE, J. (1975) Existence of an Exchange Equilibrium under Price Rigidities; International Economic Review **16**, S. 301–320

DUWENDAG, D. et al. (1977²) Geldtheorie und Geldpolitik; Köln: Bund-Verlag

EATWELL, J. und M. MILGATE (1983) Keynes' Economics and the Theory of Value and Distribution; London: Gerald Duckworth

EBEL, J. (1971) Portefeuilleanalyse: Entscheidungskriterien und Gleichgewichtsprobleme; Köln usw.: Carl Heymanns

EHRLICHER, W. und W.-D. BECKER (1978) Hrsg.: Die Monetarismus-Kontroverse; Kredit und Kapital, Beiheft **4**

EHRLICHER, W. et al. (1975[5]) Hrsg.: Kompendium der Volkswirtschaftslehre; Göttingen: Vandenhoek und Ruprecht

EICHNER, A.S. (1979) Hrsg.: A Guide to Post-Keynesian Economics; London usw.: Macmillan

EICHNER, A.S. (*1982) Hrsg.: Über Keynes hinaus; Köln: Bund-Verlag

ESHAG, E. (1963) From Marshall to Keynes; Oxford: Basil Blackwell

FELDERER, B. und ST. HOMBURG (1986) Eine Fehlinterpretation des Keynesianischen Modells; Jahrbücher für Nationalökonomie und Statistik **201,** S. 457–468.

FISCHER, ST. (1977) Long-Term Contracts, Rational Expectations and the Optimal Money Supply Rule; Journal of Political Economy **85,** S. 191–205

FISCHER, ST. (1980) Hrsg.: Rational Expectations and Economic Policy; Chicago: Chicago Press

FITOUSSI, J.-P. (1983) Hrsg.: Modern Macroeconomic Theory; Oxford: Basil Blackwell

FITOUSSI, J.-P. (1983) Modern Macroeconomic Theory: An Overview; in: Fitoussi, J.-P. (Hrsg.) Modern Macroeconomic Theory; a.a.O.

FOLEY, D.K. (1975) On Two Specifications of Asset Equilibrium in Macroeconomic Models; Journal of Political Economy **83,** S. 303–324

FORSTER, O. (1980, 1981) Analysis 1 & 2; Braunschweig usw.: Vieweg

FRANCKE, H.-H. (1981) Portfolioeffekte öffentlicher Kreditnahme; Berlin: Duncker und Humblot

FRIEDMAN, B. (1979) Optimal Expectations and the Extreme Information Assumptions of ‚Rational Expectations' Macromodels; Journal of Monetary Economics **5,** S. 23–41

FRIEDMAN, M. (1948) A Monetary and Fiscal Framework for Economic Stability; American Economic Review **38,** S. 245–264. Wiederabgedruckt in: LINDAUER, J. (1968) Hrsg.: Macroeconomic Readings; a.a.O.

FRIEDMAN, M. (1956) The Quantity Theory of Money: A Restatement; in: FRIEDMAN, M. (Hrsg.) Studies in the Quantity Theory of Money; a.a.O.

FRIEDMAN, M. (1956) Hrsg.: Studies in the Quantity Theory of Money; Chicago: Chicago Press

FRIEDMAN, M. (1957) A Theory of the Consumption Function; Princeton: Princeton University Press

FRIEDMAN, M. (1968) The Role of Monetary Policy; American Economic Review **58,** S. 1–17

FRIEDMAN, M. (1969) The Optimum Quantity of Money and Other Essays; Chicago: Aldine

FRIEDMAN, M. (1970) The Counterrevolution in Monetary Theory; London: Institute of Economic Affairs for the Wincott Foundation, Occasional Paper 33

FRIEDMAN, M. (*1970) Die optimale Geldmenge und andere Essays; München: Verlag Moderne Industrie

FRIEDMAN, M. (*1970) Die Quantitätstheorie des Geldes: Eine Neuformulierung; in: FRIEDMAN, M. Die optimale Geldmenge und andere Essays; a.a.O.

FRIEDMAN, M. (*1970) Die Rolle der Geldpolitik; in: FRIEDMAN, M. Die optimale Geldmenge und andere Essays; a.a.O.

FRIEDMAN, M. (*1973) Die Gegenrevolution in der Geldtheorie; in: KALMBACH, P. (Hrsg.) Der neue Monetarismus; a.a.O.

FRIEDMAN, M. und D. MEISELMAN (1963) The Relative Stability of Monetary Velocity and the Investment Multiplier in the United States, 1897–1958; in: The Commission on Money, Credit and Commerce (Hrsg.) Stabilization Policies; a.a.O.

FRIEDMAN, M. und A.J. SCHWARZ (1963) A Monetary History of the United States, 1867–1960; Princeton: Princeton University Press

GAHLEN, B. (1979) Arbeitslosigkeit und Inflation als Problem der wirtschaftspolitischen Beratung; in: LASKI, K. et al. (Hrsg.) Beiträge zur Diskussion und Kritik der neoklassischen Ökonomie; a.a.O.

GALE, D. und H. NIKAIDÔ (1965) The Jacobian Matrix and Global Univalence of Mappings; Mathematische Annalen **159,** S. 81–93

GANDOLFO, G. (1980²) Economic Dynamics: Methods and Models; Amsterdam usw.: North-Holland

GARVY, G. (1975) Keynes and the Economic Activities of Pre-Hitler Germany; Journal of Political Economy **83,** S. 391–405

GARVY, G. (*1976) Keynesianer vor Keynes; in: Bombach, G. et al. (Hrsg.) Der Keynesianismus II; a.a.O.

GORDON, D.F. und A. HYNES (1976) On the Theory of Price Dynamics; in: PHELPS, E.S. (Hrsg.) Microeconomic Foundations of Employment and Inflation; a.a.O.

GORDON, R.J. (1976) Recent Developments in the Theory of Inflation and Unemployment; Journal of Monetary Economics **2,** S. 185–219

GRANDMONT, J.-M. (1983) Money and Value – A Reconsideration of Classical and Neoclassical Monetary Theories; Cambridge usw.: Cambridge University Press

GRANDMONT, J.-M. und G. Laroque (1976) On Temporary Keynesian Equilibria; Review of Economic Studies **43,** S. 53–67

GURLEY, J.G. and E.S. SHAW (1960) Money in a Theory of Finance; Washington, D.C.: The Brookings Inst.

HADLEY, G. (1961) Linear Algebra; Reading usw.: Addison-Wesley

HAGEMANN, H. et al. (1981) Hrsg.: Die Neue Makroökonomik; Frankfurt a.M.: Campus

HAHN, F.H. und F.P.R. BRECHLING (1965) Hrsg.: The Theory of Interest Rates; London: Macmillan

HAMMANN, D. (1979) Phillips-Kurve, rationale Erwartungen und die kontrakttheoretische Betrachtung des Arbeitsmarktes; Konjunkturpolitik **25,** S. 156–177

HANSEN, A.H. (1941) Fiscal Policy and Business Cycles; New York: W.W. Norton

HANSMEYER, K.-H. (1975) Lehr- und Methodengeschichte; in: EHRLICHER, W. et al. (Hrsg.) Kompendium der Volkswirtschaftslehre; a.a.O.

HARCOURT, G.C. (1977) Hrsg.: The Microfoundations of Macroeconomics; London: Macmillan

HAYEK, F.A.v. (1933) Monetary Theory and the Trade Cycle; London: Jonathan Cape

HESSE, H. (1983) Theoretische Grundlagen der „Fiscal Policy"; München: Vahlen

HICKS, J.R. (1935) A Suggestion for Simplifying the Theory of Money; Economica **2,** S. 1–19. Wiederabgedruckt in: HICKS, J.R. (1967) Critical Essays in Monetary Theory; a.a.O.

HICKS, J.R. (1937) Mr. Keynes and the 'Classics': A Suggested Interpretation; Econometrica **5,** S. 147–159. Wiederabgedruckt in: HICKS, J.R. (1967) Critical Essays in Monetary Theory; a.a.O.

HICKS, J.R. (1939) Value and Capital; Oxford: Oxford University Press. Zweite Auflage 1946 ebd.

HICKS, J.R. (1965) Capital and Growth; Oxford: Clarendon Press

HICKS, J.R. (1967) Critical Essays in Monetary Theory; Oxford: Clarendon Press

HICKS, J.R. (1974) The Crisis in Keynesian Economics; Oxford: Basil Blackwell

HICKS, J.R. (1976) Some Questions of Time in Economics; in: TANG, A.M. et al. (Hrsg.) Evolution, Welfare and Time in Economics; a.a.O.

HILDENBRAND, K. und W. HILDENBRAND (1978) On Keynesian Equilibria with Unemployment and Quantity Rationing; Journal of Economic Theory **18,** S. 255–277

HONKAPOHJA, S. und T. ITO (1983) Stability with Regime Switching; Journal of Economic Theory **29,** S. 22–48

HÖRNIG, B. und W. ENGELMANN (1983) Portfoliotheorie; Das Wirtschaftsstudium (WISU) **12,** S. 267–268 und 314–316

INTRILIGATOR, M.D. (1971) Mathematical Optimization and Economic Theory; Englewood Cliffs: Prentice-Hall

JARCHOW, H.-J. (1978^{4}) Theorie und Politik des Geldes, 2 Bd.; Göttingen: Vandenhoek und Ruprecht

JOCHIMSEN, R. und H. KNOBEL (1971) Hrsg.: Gegenstand und Methoden der Nationalökonomie; Köln: Kiepenheuer und Witsch

JOHNSON, H.G. (1970) Recent Developments in Monetary Theory – A Comment; in: CROOME, D. und H.G. JOHNSON (Hrsg.) Money in Britain, 1959–1969; a.a.O.

JOHNSON, H.G. (1971) The Keynesian Revolution and the Monetarist Counterrevolution; American Economic Review (PP) **61,** S. 1–14

JOHNSON, H.G. (*1973) Die Keynesianische Revolution und die Monetaristische Konterrevolution; in: KALMBACH, P. (Hrsg.) Der neue Monetarismus; a.a.O.

JOHNSON, H.G. (*1974) Neue Entwicklungen in der Geldtheorie: Ein Kommentar; in: BRUNNER, K. et al. (Hrsg.) Geldtheorie; a.a.O.

KAHN, R.F. (1931) The Relation of Home Investment to Unemployment; Economic Journal **41,** S. 173–198

KAHN, R.F. (1977) Malinvaud on Keynes; Cambridge Journal of Economics **1,** S. 375–388. Wiederabgedruckt in: EATWELL, J. und M. MILGATE (1983) Hrsg.: Keynes' Economics and the Theory of Value and Distribution; a.a.O.

KALMBACH, P. (1973) Hrsg.: Der neue Monetarismus; München: Nymphenburger Verlagshandlung

KAMKE, E. (1964) Differentialgleichungen; Leipzig: Akademische Verlagsanstalt Geest und Portig

KATH, D. und N. EUBA (1975) Die makroökonomische Portfoliotheorie; Wirtschaftswissenschaftliches Studium (WiSt) **4,** S. 458–464

KEYNES, J.M. (1936) The General Theory of Employment, Interest and Money; London. Nachdruck New York usw. 1964: Harcourt and Brace

KEYNES, J.M. (*1936) Allgemeine Theorie der Beschäftigung, des Zinses und des Geldes; München usw.: Duncker und Humblot

KLEIN, L. (1966^{2}) The Keynesian Revolution; New York: Macmillan

KORSCH, A. (1976) Der Stand der beschäftigungspolitischen Diskussion zur Zeit der Weltwirtschaftskrise in Deutschland; in: BOMBACH, G. et al. (Hrsg.) Der Keynesianismus I; a.a.O.

KREGEL, J.A. (1975^{2}) The Reconstruction of Political Economy. An Introduction to Post-Keynesian Economics; London: Macmillan

[illegible], W. (1969^{2}) Produktionstheorie; Tübingen: Mohr

KUHN, TH.S. (1970²) The Structure of Scientific Revolutions; Chicago: Chicago University Press

KUHN, TH.S. (*1981⁵) Die Struktur wissenschaftlicher Revolutionen; Frankfurt a.M.: Suhrkamp

LAKATOS, I. und A. MUSGRAVE (1970) Hrsg.: Criticism and the Growth of Knowledge; Cambridge: Cambridge University Press

LANDMANN, O. (1976) KEYNES in der heutigen Wirtschaftstheorie; in: Bombach, G. et al. (Hrsg.) Der Keynesianismus I; a.a.O.

LANDMANN, O. (1982) Die Stabilisierungspolitik im Spannungsfeld von Gleichgewichts- und Ungleichgewichtstheorie; Kyklos **35,** S. 3–38

LANGE, O. (1942) Say's Law: A Restatement and Criticism; in: LANGE, O. et al. (Hrsg.) Studies in Mathematical Economics; a.a.O.

LANGE, O. et al. (1942) Hrsg.: Studies in Mathematical Economics; Chicago: Chicago University Press. Neudruck ebd. 1968

LASKI, K. et al. (1979) Hrsg.: Beiträge zur Diskussion und Kritik der neoklassischen Ökonomie; Berlin usw.: Springer

LATSIS, SP.J. (1976) Hrsg.: Method and Appraisal in Economics; Cambridge usw.: Cambridge University Press

LEIJONHUFVUD, A. (1967) Keynes and the Keynesians: A Suggested Interpretation; American Economic Review (PP) **57,** S. 401–410

LEIJONHUFVUD, A. (1968²) On Keynesian Economics and the Economics of Keynes; Oxford: Oxford University Press

LEIJONHUFVUD, A. (*1973) Über Keynes und den Keynesianismsus; Köln: Kiepenheuer und Witsch

LEIJONHUFVUD, A. (1974) Keynes Employment Function; History of Political Economy **6,** S. 164–170

LEIJONHUFVUD, A. (*1974) Keynes und die Keynesianer: Ein Interpretationsvorschlag; in: BRUNNER, K. et al. (Hrsg.) Geldtheorie; a.a.O.

LERNER, A.P. (1944) The Economics of Control; New York: Macmillan

LINDAUER, J. (1968) Hrsg.: Macroeconomic Readings; New York usw.: The Free Press

LIPPE, P.M.v.d. (1977²) Wirtschaftsstatistik; Stuttgart usw.: Fischer

LIPSEY, R.G. (1960) The Relation between Unemployment and the Rate of Change of Money Wages in the United Kingdom, 1886–1957 – A Further Analysis; Economica **27,** S. 1–37

LIPSEY, R.G. (1979⁵) An Introduction to Positive Economics; London: Weidenfels and Nicholson

LIPSEY, R.G. (*1971) Einführung in die positive Ökonomie; Köln: Kiepenheuer und Witsch

LUCAS, R.E.Jr. (1973) Some International Evidence on Output-Inflation Tradeoffs; American Economic Review **63,** S. 326–334

LUCAS, R.E.Jr. (1975) An Equilibrium Model of the Business Cycle; Journal of Political Economy **83,** S. 1113–1144

LUCAS, R.E.Jr. (1976) Econometric Policy Evaluation: A Critique; in: Journal of Monetary Economics, Supplement **1**

LUCAS, R.E.Jr. (1977) Understanding Business Cycles; Journal of Monetary Economics, Supplement **5**

LUCAS, R.E.Jr. (1980) Methods and Problems in Business Cycle Theory; Journal of Money, Credit and Banking **12,** S. 696–715

LUCAS, R.E.Jr. (1980) Rules, Discretion and the Role of the Economic Adviser; in: FISCHER, ST. (Hrsg.) Rational Expectations and Economic Policy; a.a.O.

MACHLUP, F. (1983) The Rationality of 'Rational Expectations'; Kredit and Kapital **16,** S. 172–183

MALINVAUD, E. (1977) The Theory of Unemployment Reconsidered; Oxford: Basil Blackwell

MARKOWITZ, H.M. (1959) Portfolio Selection; New York usw.: Wiley. Zweite Auflage New York 1970: Yale University Press

MARSHALL, A. (1890[1]) Principles of Economics. Nachdruck der achten Auflage London 1952: Macmillan

MARSHALL, A. (*1905) Handbuch der Volkswirtschaftslehre; Stuttgart usw.: Cotta

MARSHALL, A. (1926) Official Papers by Alfred Marshall; London: Macmillan

MAYER, TH. (1975) The Structure of Monetarism; Kredit und Kapital **8,** S. 191–218 und 293–316

MAYER, TH. (*1978) Die Struktur des Monetarismus; in: EHRLICHER, W. und W.-D. BECKER (Hrsg.) Die Monetarismus-Kontroverse; a.a.O.

METZLER, L.A. (1951) Wealth, Saving and the Rate of Interest; Journal of Political Economy **59,** S. 93–116

METZLER, L.A. (*1974) Vermögen, Sparen und Zinssatz; in: BRUNNER, K. et al. (Hrsg.) Geldtheorie; a.a.O.

MEYER, U. (1983) Neue Makroökonomik; Berlin usw.: Springer

MILL, J.ST. (1848) Principles of Political Economy, 2 Bd.; London: Parker. Nachdruck Toronto 1965: University Press

MILL, J.ST. (*1924) Grundsätze der politischen Ökonomie, 2 Bd.; Jena: Fischer

MINSKY, H.P. (1975) John Maynard Keynes; London: Macmillan

MODIGLIANI, F. (1977) The Monetarist Controversy or, Should We Forsake Stabilization Policy; American Economic Review **67,** S. 1–19

MODIGLIANI, F. (*1978) Die monetaristische Kontroverse. Oder: sollten wir auf Stabilitätspolitik verzichten?; in: EHRLICHER, W. und W.-D. BECKER (Hrsg.) Die Monetarismus-Kontroverse; a.a.O.

MONISSEN, H.G. (1973) Die relative Stabilität von Kreislaufgeschwindigkeit des Geldes und Investitionsmultiplikator: Eine Zusammenfassung der Diskussion; Jahrbuch für Sozialwissenschaft **24,** S. 300–330

MUELLBAUER, J. und R. Portes (1978) Macroeconomic Models with Quantity Rationing; Economic Journal **88,** S. 788–821

MUELLER, M.G. (1967) Hrsg.: Readings in Macroeconomics; New York usw.: Holt, Rinehart and Winston

MUSGRAVE, R. (1959) The Theory of Public Finance; New York usw.: McGraw-Hill

MUSGRAVE, R. (*1974) Finanztheorie; Tübingen: Mohr

MUTH, J. (1961) Rational Expectations and the Theory of Price Movements; Econometrica **29,** S. 315–335

NELDNER, M. (1982) Chronische Unterbeschäftigung bei flexiblen Löhnen und Preisen?; Zeitschrift für die gesamte Staatswissenschaft **138,** S. 695–710

NEUBAUER, W. (1978) Über die Unmöglichkeit einer monetaristischen Geldpolitik; in: EHRLICHER, W. und W.-D. BECKER (Hrsg.) Die Monetarismus-Kontroverse; a.a.O.

NEUMANN, M.J.M. (1979) Rationale Erwartungen in Makromodellen; Zeitschrift für Wirtschafts- und Sozialwissenschaften **99,** S. 371–401

OTT, A.E. (1978) Preistheorie; Darmstadt: Wissenschaftliche Buchgesellschaft

PARKIN, M. (1983) Modern Macroeconomics; Scarborough: Prentice-Hall

PATINKIN, D. (1948) Price Flexibility and Full Employment; American Economic Review **38,** S. 543–564. Wiederabgedruckt in: MUELLER, M.G. (1967) Hrsg.: Readings in Macroeconomics; a.a.O. LINAUER, J. (1968) Hrsg.: Macroeconomic Readings; a.a.O.

PATINKIN, D. (1956) Money, Interest and Prices; New York: Harper and Row. Zweite Auflage ebd. 1965.

PESEK, B.P. and TH.S. SAVING (1967) Money, Wealth and Economic Theory; New York: Macmillan

PHELPS, E.S. (1967) Phillips Curves, Expectations of Inflation and Optimal Unemployment over Time; Economica **34,** S. 254–281

PHELPS, E.S. (1970) Hrsg.: Microeconomic Foundations of Employment and Inflation; New York: W.W. Norton

PHELPS, E.S. and J.B. TAYLOR (1977) Stabilizing Powers of Monetary Policy under Rational Expectations; Journal of Political Economy **85,** S. 163–190

PHILLIPS, A.W. (1958) The Relation between Unemployment and the Rate of Change of Money Wages in the United Kingdom, 1886–1957; Economica **25,** S. 283–299. Wiederabgedruckt in: MUELLER, M.G. (1967) Hrsg.: Readings in Macroeconomics; a.a.O.

PIGOU, A.C. (1943) The Classical Stationary State; Economic Journal **53,** S. 343–351

POPPER, K.R. (1936) Logic of Scientific Enquiry; Neudruck New York 1961: Basic Books

POPPER, K.R. (*1973[5]) Logik der Forschung; Tübingen: Mohr

QUIRK, J. und R. SAPOSNIK (1968) Introduction to General Equilibrium Theory and Welfare Economics; New York usw.: McGraw-Hill

RICARDO, D. (1817[1]) Principles of Political Economy and Taxation. Nachdruck der dritten Auflage London 1924: G. Bell and Sons

RICARDO, D. (*1921[3]) Grundsätze der Volkswirtschaft und Besteuerung; Jena: Fischer

RICHTER, R., U. SCHLIEPER and W. FRIEDMANN (1981[4]) Makroökonomik. Eine Einführung; Berlin usw.: Springer

ROBINSON, J. (1956) The Accumulation of Capital; London: Macmillan

ROBINSON, J. (1962) Economic Philosophy; London: Watts

ROBINSON, J. (*1965) Die Akkumulation des Kapitals; Wien: Europa-Verlag

ROBINSON, J. (*1965) Doktrinen der Wirtschaftswissenschaft; München: Beck

ROBINSON, J. und J. EATWELL (1974) An Introduction to Modern Economics; London: McGraw-Hill

ROBINSON, J. und J. EATWELL (*1974) Einführung in die Volkswirtschaftslehre; München: Verlag Moderne Industrie

ROTHSCHILD, K.W. (1981) Einführung in die Ungleichgewichtstheorie; Berlin usw.: Springer

Sachverständigenrat zu Begutachtung der gesamtwirtschaftlichen Entwicklung (SVR) Bundestags-Drucksache **11/5786.** Bonn: Verlag Dr. Hans Heger

SAMUELSON, P.A. (1946) Lord Keynes and the General Theory; Econometrica **14,** S. 187–200

SAMUELSON, P.A. (1947) Foundations of Economic Analysis; Cambridge: Harvard University Press. Zweite, erweiterte Auflage ebd. 1983.

SAMUELSON, P.A. und R.M. SOLOW (1960) Analytical Aspects of Anti-Inflation Policy; American Economic Review (PP) **50,** S. 177–194. Wiederabgedruckt in: MUELLER, M.G. (1967) Hrsg.: Readings in Macroeconomics; a.a.O.

SANTOMERO, A.M. und J.J. SEATER (1978) The Inflation-Unemployment Trade-Off: A Critique of the Literature; Journal of Economic Literature **16,** S. 499–544

SARGENT, TH.S. (1976) The Observational Equivalence of Natural and Unnatural Rate Theories in Macroeconomics; Journal of Political Economy **84,** S. 631–640

SARGENT, TH.S. (1976) A Classical Macroeconomic Model of the United States; Journal of Political Economy **84,** S. 207–237

SARGENT, TH.S. (1979) Macroeconomic Theory; New York: Academic Press

SARGENT, TH.S. (*1982) Makroökonomik; München: Oldenbourg

SARGENT, TH.S. und N. Wallace (1976) Rational Expectations and the Theory of Economic Policy; Journal of Monetary Economics **2,** S. 169–183

SCHNEIDER, E. (1953) Der Streit um Keynes; Jahrbücher für Nationalökonomie und Statistik **165,** S. 89–122

SCHNEIDER, E. (1966[13]) Einführung in die Wirtschaftstheorie, Bd. I; Tübingen: Mohr

SCHNEIDER, H.-K. (1975) Methoden und Methodenfragen der Volkswirtschaftstheorie; in: EHRLICHER, W. et al. (Hrsg.) Kompendium der Volkswirtschaftslehre; a.a.O.

SCHRÖDER, W. (1978) Theoretische Grundstrukturen des Monetarismus; Baden-Baden: Nomos

SCHUMANN, J. (1980) Grundzüge der mikroökonomischen Theorie; Berlin usw.: Springer

SCHUMPETER, J.A. (1954) History of Economic Analysis; London: Allen and Unwin

SCHUMPETER, J.A. (*1968) Geschichte der ökonomischen Analyse; Göttingen: Vandenhoek und Ruprecht

SCHWÖDIAUER, G. (1978) Hrsg.: Equilibrium and Disequilibrium in Economic Theory; Dordrecht: Reidel

SHACKLE, G.L.S. (1955) Uncertainty in Economics; Cambridge: Cambridge University Press

SHILLER, R.J. (1978) Rational Expectations and the Dynamic Structure of Macroeconomic Models – A Critical Review; Journal of Monetary Economics **4,** S. 1–44

SMITH, A. (1776[1]) An Inquiry into the Nature and Causes of the Wealth of Nations. Nachdruck Oxford 1976: Clarendon

SMITH, A. (*1974) Der Wohlstand der Nationen; München: Beck

STEIN, J.L. (1976) Hrsg.: Monetarism; Amsterdam usw.: North-Holland

STEIN, J.L. (1982) Monetarist, Keynesian and New Classical Economics; Oxford: Basil Blackwell

STOBBE, A. (1976[5]) Volkswirtschaftliches Rechnungswesen; Berlin usw.: Springer

SVENSSON, L.E.O. (1977) Effective Demand and Stochastic Rationing; Review of Economic Studies **47,** S. 339–355

SVENSSON, L.E.O. (1981) Effective Demand in a Sequence of Markets; Scandinavian Journal of Economics **83,** S. 1–21

TANG, A.M. et al. (1976) Hrsg.: Evolution, Welfare and Time in Economics; Lexington: Lexington Books

TAYLOR, J.B. (1979) Staggered Wage Setting in a Macro Model; American Economic Review (PP) **69,** S. 108–113

TOBIN, J. (1956) The Interest Elasticity of Transaction Demand for Cash; Review of Economics and Statistics **38,** S. 241–247

TOBIN, J. (1958) Liquidity Preference as Behaviour Towards Risk; Review of Economic Studies **25,** S. 65–86

TOBIN, J. (1961) Money, Capital and Other Stores of Value; American Economic Review (PP) **51,** S. 26–37

TOBIN, J. (1969) A General Equilibrium Approach to Monetary Theory; Journal of Money, Credit and Banking **1,** S. 15–29

TOBIN, J. (1970) Money and Income: Post Hoc ergo Propter Hoc?; Quarterly Journal of Economics **84**, S. 301–317

TOBIN, J. (*1974) Ein allgemeiner Gleichgewichtsansatz zur Geldtheorie; in: BRUNNER, K. et al. (Hrsg.) Geldtheorie; a.a.O.

TOBIN, J. (*1978) Grundsätze der Geld- und Staatsschuldenpolitik; Baden-Baden: Nomos

TOBIN, J. (1980) Are New Classical Models Plausible Enough to Guide Policy?; Journal of Money, Credit and Banking **12**, S. 788–799

TOBIN, J. (1980) Asset Accumulation and Economic Activity; Oxford: Basil Blackwell

TOBIN, J. (*1981) Vermögensakkumulation und wirtschaftliche Aktivität; München: Oldenbourg

TOBIN, J. und W. BUITER (1976) Long-Run Effects of Fiscal and Monetary Policy on Aggregate Demand; in: Stein, J.L. (Hrsg.) Monetarism; a.a.O.

VARIAN, H. (1975) On Persistent Disequilibrium; Journal of Economic Theory **10**, S. 218–228

VOGT, WINFRIED (1979) Walras oder Keynes – zur (französischen) Neuinszenierung der neoklassischen Synthese; in: LASKI, K. et al. (Hrsg.) Beiträge zur Diskussion und Kritik der neoklassischen Ökonomie; a.a.O.

WALD, A. (1936) Über einige Gleichungssysteme der mathematischen Ökonomie; Zeitschrift für Nationalökonomie **7**, S. 637–670

WALRAS, L. (1884) Eléments d'économie politique pure ou théorie de la richesse sociale; Lausanne. Nachdruck New York 1970: Franklin

WALRAS, L. (*1954) Elements of Pure Economics; London: Allen and Unwin

WALSH, V.CH. and H. GRAM (1980) Classical and Neoclassical Theories of General Equilibrium; New York usw.: Oxford University Press

WEINTRAUB, E.R. (1979) Microfoundations. The Compatibility of Microeconomics and Macroeconomics; Cambridge usw.: Cambridge University Press

WEINTRAUB, E.R. (1983) On The Existence of a Competitive Equilibrium: 1930–1954; Journal of Economic Literature **21**, S. 1–39

WICKSELL, K. (1898) Geldzins und Güterpreise; Jena: Fischer. Neudruck Aalen 1968: Scientia

Namenverzeichnis

Sachverzeichnis